责任编辑：杜文丽　孙兴民
封面设计：徐　晖
责任校对：方雅丽

图书在版编目（CIP）数据

宽窄哲学研究与辩证法 / 文兴吾　著 . —北京：人民出版社，2021.1
ISBN 978－7－01－023081－8

I.①宽…　II.①文…　III.①辩证法－研究　IV.① B015

中国版本图书馆 CIP 数据核字（2021）第 001497 号

宽窄哲学研究与辩证法
KUANZHAI ZHEXUE YANJIU YU BIANZHENGFA

文兴吾　著

人 民 出 版 社 出版发行
（100706　北京市东城区隆福寺街 99 号）

保定市北方胶印有限公司印刷　新华书店经销

2021 年 1 月第 1 版　2021 年 1 月北京第 1 次印刷
开本：710 毫米 × 1000 毫米 1/16　印张：34.75
字数：509 千字

ISBN 978－7－01－023081－8　定价：85.00 元

邮购地址 100706　北京市东城区隆福寺街 99 号
人民东方图书销售中心　电话（010）65250042　65289539

目　录

前　言

　　成都作为中国重要的历史文化名城，有着深厚的"宽窄文化"底蕴。古老少城中的宽窄巷子，是成都三大历史文化名城保护街区之一。武侯祠中的"宽严对联"："能攻心则反侧自消，从古知兵非好战；不审势即宽严皆误，后来治蜀要深思"，为世人所称颂。进入21世纪，在推进中国特色哲学社会科学体系建设的过程中，"宽窄哲学"受到重视；2017年3月20日，四川省社会科学院揭牌宽窄哲学研究院，拉开了宽窄哲学研究的帷幕。

　　2018年9月，中共四川省社会科学院党委书记李后强教授与李明泉、汤柱国共同主编的《宽窄九章——写给大众的哲学》一书由光明日报出版社出版。

　　2018年10月，首届"宽窄哲学高峰论坛"在成都京川宾馆举行，来自中共中央党校、中共中央政策研究室、中国社会科学院，以及在蓉高校、社科研究单位的120余名专家学者共同参加了论坛。中共中央党校哲学教研部副主任、全国应用哲学研究会会长董振华作了题为"宽窄辩证法与生活哲学"的主题演讲；中共中央政策研究室《学习与研究》原总编辑薛宝生，中国社会科学院哲学研究所副所长、《哲学研究》主编崔唯航，分别以"宽窄思维和中庸宽容的价值""宽窄哲学的历史方位和时代意义"为题，进行了主题演讲。

　　在2019年12月举办的第二届"宽窄哲学高峰论坛"上，又一批国内哲学界的知名学者，如复旦大学张汝伦教授、北京师范大学沈湘平教授等发表了精彩演讲。

我于 1992 年从西南交通大学调入四川省社会科学院，先后担任过四川省社会科学院科学学与自然辩证法研究所副所长、科学学研究所所长、科学学与人力资源研究所所长、哲学研究所所长，院学术委员会副主任；现为四川省社会科学院"哲学与社会发展"重点学科首席专家。作为宽窄哲学研究的积极参与者，在"2018 宽窄哲学高峰论坛"上，我作了"要深入开展'宽窄哲学与辩证法'研究"的发言；此后，不断地强调这个问题。我提出，构建"宽窄哲学"要分"三步走"：第一步是收集材料，表达思想，抒发理论愿景；第二步是整理材料，论述思想，批判理论愿景；第三步才是脚踏实地地构建理论。《宽窄九章——写给大众的哲学》的出版，标志着第一步已经完成。在以收集材料为主体的第一阶段，通过普遍联系的辩证眼光，认识和阐述"宽窄无所不包""宽窄渗透在万事万物之中"，明确"宽窄"是关系范畴、"宽窄说"是辩证矛盾学说，是十分重要的。这一阶段及其特点，可以与"古希腊阶段"的朴素辩证法相比拟。在第二阶段上，哲学的规范化研究及其批判性思维是必需的也是非常重要的；必须从一般性的联想，进步到规范的学理性论述。亟待解决的核心问题是，宽窄哲学究竟是一种什么样的辩证哲学？其后，还需要说明它对于哲学的发展有何重大意义。①

然而，要回答宽窄哲学是什么样的辩证法？就必须厘清辩证法是什么这一基本问题。这是由辩证法理论至今"仁者见仁，智者见智"的纷争状况所决定。

众所周知，波普尔在"辩证法是什么"（1937 年）一文中对黑格尔辩证法和马克思主义辩证法进行了激烈的批判，在现代哲学中产生了广泛的影响。尽管长期以来我国的哲学教科书对波普尔的批判持简单的否定态度，但是，在不断深化的马克思主义辩证法研究中，不少学者都对波普尔的批判给予了一定的肯定。例如，吉林大学贺来教授写道："我们应该克服一种简单化的态度，即认为分析哲学对辩证法的诘难和批判纯属无中生有，甚至认为它是资产阶级哲

---

① 文兴吾：《创建宽窄哲学的理论审视与实践逻辑》，《学术论坛》2019 年第 6 期。

学家对辩证法毫无根据的诬蔑和谩骂。……分析哲学对辩证法的批判和否定绝不是空穴来风，而是有其深刻的历史根源和理论背景的，它是与辩证法理论的历史状态内在相关的……那就是：由于在历史上，辩证法长期处于'无根'状态，人们长期以知性化和实体化的方式理解辩证法，致使辩证法呈现出一幅扭曲的形象"①。孙正聿教授也曾写道："当我们毫无例外地把一些问题简化为'一方面'和'另一方面'的时候，当我们论证一些问题空洞地强调'作用'与'反作用'的时候……我们是否会联想到恩格斯所批评的'官方的黑格尔派'？我们是否警惕自己把'辩证法'变成了'变戏法'？"②当前，我国有一大批学者从事着马克思主义辩证法的深入研究乃至重建工作。但是，即使像孙正聿这样的知名学者的工作，也是不能令人满意的。

　　孙正聿在2012年出版的《马克思主义辩证法研究》一书中写道："'运动'是不间断性与间断性的统一，是事物的每一瞬间既在某一点又不在某一点，是事物存在的每一瞬间都既是它自身又不是它自身，因而'运动'就是'矛盾'。"③这段话，是把黑格尔为解答历史上著名的"芝诺运动悖论"而提出的、广为流传的"位移运动矛盾表述"——"运动的意思是说：在这个地点而同时又不在这个地点"④——作为"真"，而写下的；从而与波普尔提出的"表达物理过程不能违反形式逻辑的矛盾律"重要观点相冲突。波普尔之所以反对"辩证矛盾"，正是认为承认"辩证矛盾"就将放弃"表达物理过程不能违反形式逻辑的矛盾律"的原则，使"科学理论的纠错机制"失效。另一方面，早在1980年代

---

① 贺来：《辩证法的生存论基础——马克思辩证法的当代阐释》，中国人民大学出版社2004年版，第55—56页。

② 孙正聿：《马克思主义辩证法研究》，北京师范大学出版社2012年版，第8页。

③ 孙正聿：《马克思主义辩证法研究》，北京师范大学出版社2012年版，第19页。

④ 黑格尔讲道，"运动的意思是说：在这个地点而同时又不在这个地点；这就是空间和时间的连续性，——并且这才是使得运动可能的条件。芝诺在他一贯的推理里把这两点弄得严格地相互反对了。我们也使空间和时间成为点积性的；但同样也必须容许它们超出限制，这就是说，建立这限制作为没有限制，——作为分割了的时点，但又是没有被分割的。"（黑格尔：《哲学史讲演录》第一卷，贺麟、王太庆译，商务印书馆1959年版，第289页）

末，我在《哲学动态》和《哲学研究》的文章①中就已经阐明了：相对论的建立从根本上否定了"黑格尔位移运动矛盾表述"的合理性。理由如下：相对论采用"时空关系学说"否定牛顿绝对时空观，是与黑格尔一致的；但是，它对物质运动现象进行描述（或反映）采用了"四维时空"概念。在相对论的概念逻辑中，物体的机械运动也就是物体在某一时刻在某一地方 (x_1, y_1, z_1, t_1)，在另一时刻在另一地方 (x_2, y_2, z_2, t_2)，根本不存在物体"在这个地点而同时又不在这个地点"这种情况。具体地讲，如果讨论两物体间沿 X 轴方向的直线运动，那么被描述物体的一个时空点为 (x_1, t_1)，其下一个时空点就为 (x_2, t_2)。若 $t_1 \neq t_2$，$x_1 = x_2$，那么物体处于相对静止状态；若 $t_1 \neq t_2$，$x_1 \neq x_2$，那么物体处于相对运动状态。若言 $t_1 = t_2$（同时）而 $x_1 \neq x_2$（物体在不同地点），则是不可能有的状况；这无论对经典物理学还是相对论物理学，都是一样。即是说，黑格尔的运动命题与近现代物理学的科学思想不相容。②为卓有成效地推进辩证唯物主义哲学体系的科学性、完备性建设，近年我进一步强调了这个问题。③

我的哲学研究生涯，一开始就与探寻辩证法的真谛相联系。20 世纪 80 年代，作为一个酷爱哲学的物理系本科毕业生，我为现代物理学的哲学问题所激动，同时被一个个不断提出的"新矛盾"所困扰。在攻读自然辩证法专业硕士研究生前后，我相继发表论文《微观客体是波粒二象性的矛盾体吗?》④和《"波

---

① 文兴吾：《机械运动表述新议》，《哲学动态》1988 年第 8 期；《相对论时空理论及其评价再探讨》，《哲学研究》1989 年第 12 期。

② 一般而论，当对同一现象的描述存在着多种命题时，如果其中有一个已经直接或间接地经受了严格的科学实验检验，或有严密的科学逻辑基础，被确定为真，那么其余的要想为真，就必须与它相容，如果不相容，则被它否证。这种做法黑格尔也是同意的。黑格尔曾写道，"哲学与自然经验不仅必须一致，而且哲学科学的产生和发展是以经验物理学为前提和条件。"（黑格尔：《自然哲学》，梁志学等译，商务印书馆 1980 年版，第 9 页）

③ 文兴吾：《位移运动的矛盾问题：辩证唯物主义哲学体系基础问题研究》，《学术论坛》2017 年第 6 期；《问题哲学研究及其"矛盾"问题》，《学术论坛》2019 年第 1 期；《问题与矛盾：问题哲学及其前沿问题》，《社会科学文摘》2019 年第 7 期。

④ 文兴吾：《微观客体是波粒二象性的矛盾体吗?》，《哲学动态》1985 年第 9 期。

粒二象性是自然界的一个基本矛盾"吗?》[1] 提出:微观客体不是波粒二象性的矛盾体,因为波动性和粒子性这两个对立面在微观客体那里与辩证法主张的作为推动事物运动的原动力,作为发展过程自身的内容和实质的辩证矛盾相去甚远。同时指出:微观客体的波粒二象性确实是一个具有重大科学革命意义的基本概念,它的发现直接导致了量子力学的建立,但是,当量子力学建立起来以后,对于量子力学的理论基础的追究,已经大大超出了以往自然科学的研究范围,涉及许多重大的认识论和方法论问题。倘若我们仍然坚持"微观客体是波粒二象性的矛盾体"这种似是而非、仿佛既坚持了辩证法又找到了终极原因的观点,就势必使人们沉醉于一种虚假的满足之中,从而妨碍我国科学界和哲学界的进一步探讨,对我国自然科学和哲学的发展将起到一定的消极作用。

对于 20 世纪 80 年代以来我国学术界对"传统的马克思主义哲学教科书"进行的批判,我持有辩证的态度:认为这些批判既有积极的方面,也有消极的方面;既有恰当的,也有不恰当的。例如,我在《中国社会科学》2012 年第 10 期发表论文《对"传统的历史唯物主义叙述体系"批判的批判》[2],指出了复旦大学俞吾金教授对"传统的马克思主义哲学教科书"的批判是不恰当的。我的认识是:"肖前等在二十世纪八九十年代主编的马克思主义哲学教科书较好地发掘和总结了马克思恩格斯的生态哲学思想、意识形态理论和科学技术观,形成了历史唯物主义的一个良好的表述体系;传统的历史唯物主义的叙述体系已遭受严峻挑战的观点,是俞吾金未能正确地看待西方学术界的研究成果,以及未能正确认识和理解历史唯物主义传统叙述方式造成的。"[3]然而,我始终坚持:量子力学中的波粒二象性不是自然界的一个基本矛盾,黑格尔关于位移运动的矛盾命题是不恰当的。

迄今为止,辩证法是什么?辩证法的真谛是什么?学术界对其的肯定性认

①　文兴吾:《"波粒二象性是自然界的一个基本矛盾"吗?》,《中国社会科学》1987 年第 3 期。
②　文兴吾:《对"传统的历史唯物主义叙述体系"批判的批判》,《中国社会科学》2012 年第 10 期。
③　文兴吾:《关于历史唯物主义传统叙述方式的改变问题——与俞吾金先生商榷》,《社会科学研究》2014 年第 4 期。

识，仍然暧昧不明——这是我的一个基本认识。① 因此，为了有效地回答"宽窄哲学是什么样的辩证法"这个问题？我必须自行厘清辩证法是什么，辩证法的真谛是什么。本书按照历史和逻辑统一的方法，重新追溯了辩证法的来龙去脉。我从古希腊辩论的辩证法开始，逐步讨论了起源于苏格拉底、柏拉图和赫拉克利特的早期辩证法，亚里士多德的辩证法，中国古代朴素辩证法，欧洲中世纪的辩证法，近代科学先驱者的辩证法，近代科学的自然观及其演变，德国古典哲学中的辩证法；阐述了黑格尔创造的对辩证法的新理解，以及马克思恩格斯对黑格尔辩证法的继承与创新。对于马克思主义辩证法的现当代研究，我梳理了：苏联哲学界对马克思主义辩证法的认识，英美分析哲学的批判，西方马克思主义的研究，当代中国马克思主义辩证法研究。我的研究遵从了波普尔的问题哲学提出的科学方法论。我认识到黑龙江大学张奎良教授对实践辩证法的研究是最有说服力的，并由此提出：马克思主义哲学既是"实践唯物主义、辩证唯物主义和历史唯物主义的高度统一"，也是"实践唯物主义与实践辩证法的高度统一"。

沿着马克思主义哲学既是"实践唯物主义、辩证唯物主义和历史唯物主义的高度统一"也是"实践唯物主义与实践辩证法的高度统一"的基本认识，我高度重视了西方马克思主义的"空间转向"，重视了生存论辩证法的研究成果；明确提出：在实践辩证法视域中，马克思恩格斯基于"人化自然"的身体哲学思想与空间社会化探讨，海德格尔的空间生存论解构，梅洛-庞蒂的现象空间学说，列斐伏尔的社会空间理论，基本阐明了空间的身体本源论思想。一经重视当代空间辩证法的研究成果"空间的身体本源论"并将其贯彻到底，通过对三个场景或经验事实的讨论，我得出："宽窄"作为特定的、个体的、灵魂和肉体统一的人与外部事物的关系，被身体直接经验为"畅通与受阻"；长期以来被人们看作是关于空间属性的"宽窄"意识，本身却是决定空间概念存在

---

① 文兴吾：《问题哲学研究及其"矛盾"问题》，《学术论坛》2019 年第 1 期；《问题与矛盾：问题哲学及其前沿问题》，《社会科学文摘》2019 年第 7 期。

的"根据",即人类关于"身体实践活动空间"的宽窄意识,是人类空间学说的基础。基本的思维行程如下:我们首先有着"身体"的意识,有着"身体空间"的意识,有着"身体实践活动空间"的意识。身体空间的意识,身体实践活动空间的意识,就是人的存在的尺度的意识,人的实践活动空间的意识;是我们与外部世界事物空间并存关系的意识,是我们对自身与外部事物运动的广延性、伸张性的意识。当我们在思想中把阻碍我们的东西都排除掉的时候,我们的道路,我们的行走就宽阔起来。当我们把这样的抽象继续下去,得到的就是空无一物的欧几里德几何空间。

上述这些依据现代科学研究方法论所取得的创新性认识,切实阐明了在何种意义上"我们就只有从人的立场才能谈到空间、广延的存在物等等"①,不仅解决了历史上的遗留问题,丰富和发展了当代哲学对辩证法、空间观的研究,丰富和发展了马克思主义辩证法与空间观,也使宽窄哲学研究拥有了真正的逻辑起点。把这些创新性认识与列斐伏尔提出的空间生产理论相关联,我提出:宽窄哲学是关于人生发展和人类发展空间生产的辩证哲学。正如当代不断深入的哲学研究揭示出,表述事物的运动、变化、发展等辩证性质,不需要也不应该停留于说一些诸如"既大又小""既是又不是""既在同一个地方又不在同一个地方"的"矛盾表述";宽窄哲学也不应该纠缠于"既宽又窄""宽窄相通""宽窄转换""宽窄互变"之上。辩证法的本质特征,不在于概念的"矛盾表述",而在于它是对人类生命体运动、变化、发展最一般规律的研究;生存论辩证法及实践辩证法是其最新的合理形态。相应地,宽窄哲学作为一种辩证学说,是对人类生命体运动、变化、发展中普遍存在的"宽窄问题"进行研究的学问。人类生命体运动、变化、发展中普遍存在的"宽窄问题",也就是人类与人生发展的"空间生产"问题。

追问宽窄哲学是什么样的辩证学说,追问辩证法是什么?本书最后得到的认识是:辩证法是表征人类关于"广义的发展"意识的知识系统,宽窄哲学是

① 康德:《纯粹理性批判》,邓晓芒译,人民出版社2004年版,第31页。

表征"狭义的发展"意识的知识系统。所谓"广义的发展",等同于现行马克思主义哲学教科书表述的"发展"。所谓"狭义的发展",是指人、人类社会从低级向高级、从无序向有序、从简单向复杂的上升运动;是指给人、人类社会带来福祉的"空间生产"。这些认识,对于丰富和发展马克思主义哲学的发展理论具有重要意义。

1888 年,马克思逝世 5 年后,恩格斯在《路德维希·费尔巴哈和德国古典哲学的终结》一书中谈论了辩证唯物主义的发展观:"一个伟大的基本思想,即认为世界不是既成事物的集合体,而是过程的集合体,其中各个似乎稳定的事物同它们在我们头脑中的思想映象即概念一样都处在生成和灭亡的不断变化中,在这种变化中,尽管有种种表面的偶然性,尽管有种种暂时的倒退,前进的发展终究会实现,——这个伟大的基本思想,特别是从黑格尔以来,已经成了一般人的意识,以致它在这种一般形式中未必会遭到反对了。但是,口头上承认这个思想是一回事,实际上把这个思想分别运用于每一个研究领域,又是一回事。"[1]1915 年,列宁在阅读黑格尔的《哲学史讲演录》时写下了一段话:"对于'发展原则',在 20 世纪(还有 19 世纪末)'大家都同意'。——是的,不过这种表面的、未经深思熟虑的、偶然的、庸俗的'同意',是一种窒息真理、使真理庸俗化的同意。——如果一切都发展着,那么一切就都相互过渡,因为发展显然不是简单的、普遍的和永恒的生长、增多(或减少)等等。——既然如此,那首先就要更确切地理解进化,把它看作一切事物的产生和消灭、相互过渡。——其次,如果一切都发展着,那么这是否也同思维的最一般的概念和范畴有关?如果无关,那就是说,思维同存在没有联系。如果有关,那就是说,存在着具有客观意义的概念辩证法和认识辩证法。此外,还必须把发展的普遍原则和世界、自然界,运动、物质等等的统一的普遍原则联结、联系、结合起来。"[2]列宁的这段话事实上是指出了:对于"发展原则",有许多问题是

---

[1] 《马克思恩格斯选集》第四卷,人民出版社 1995 年版,第 244 页。
[2] 《列宁全集》(第 2 版)第 55 卷,人民出版社 1990 年版,第 215—216 页。

需要深入研究的。

本书从黑格尔把辩证法作为绝对精神发展的表征，马克思把辩证法作为人类生存与实践的发展规律的表征，恩格斯把辩证法作为自然、人类社会和思维运动和发展的普遍规律的表征，得出结论：辩证法是表征人类关于"广义的发展"意识的知识系统。这个判断作出后，我们的脑际中浮现出这样的一些画面：亚里士多德与柏拉图在辩论——"吾爱吾师，吾更爱真理"；哥白尼与托勒密在辩论，伽利略、笛卡尔、培根在与亚里士多德辩论；牛顿高举着反射式望远镜和牛顿力学公式，标示着一个阶段的发展成果和新的发展历程的开始……。以"辩证法"表征"发展"，体现了人类文化在知识的批判与创新中的不断积累与壮大，体现了人类物质生产实践、社会政治实践和科学文化实践的持续进步——"尽管有种种暂时的倒退，前进的发展终究会实现。"

对于健全的人类理智而言，发展是存在的，是无可怀疑的。如果人类思想没有发展，人类知识为何会越来越多？如果人类社会没有发展，人类生存与活动的空间为何越来越广阔？如果自然界没有发展，人类社会和人类思维又何以能够出现？承认人类社会和人类思维是从自然界发展而来的，这是与"神创论"根本对立的现代观念。因此，问题不在于有没有发展，而在于如何用概念的逻辑来表达它；一如列宁所言："问题不在于有没有运动，而在于如何用概念的逻辑来表达它。"① 如何用概念的逻辑去表达"发展"，本书提出：在当代知识体系中，人类知识的发展模式可以用波普尔的进化认识论与知识增长模式的概念系统来表征。而自然界的发展，则由相应的自然科学的研究成果来表征。但是，自然界的任何发展，包括天体、地球、生命和人类四大起源及其演化，都是以"新的空间结构的产生与变化"为表现形式与存在方式。对于人类社会发展的概念表达，本书已明确将其界定为"狭义的发展"：是指人、人类社会从低级向高级、从无序向有序、从简单向复杂的上升运动；是指给人、人类社会带来福祉的"空间生产"。我们把维护人和自然和谐关系而实现"人和物的扩大再

① 《列宁全集》（第 2 版）第 55 卷，人民出版社 1990 年版，第 216 页。

生产"的"空间生产"称为"社会发展",把给人、人类社会持续存在带来福祉、使之从低级状态过渡到高级状态的"空间生产"称为"社会发展"。就满足人的存在需要而言,人的劳动——物质资料的生产——包含着两种含义的空间生产:既是实现物质资料的生产,使物质资料由不满足人的特定需要的空间形式,转化为满足人的特定需要的空间形式;同时,是在延长人存在的时间,拓展人的生存空间。本书阐明了:人的需要与空间生产,是人的固有属性;并且从"人的生存需要"→"人的物质资料生产(劳动)"→"产品(商品)空间生产"→"技术运用"→"技术空间生产"→"社会关系空间生产"→"人的发展空间生产"阐明了:需要和劳动是人的本性,而人的发展则是在不断满足需要的实践过程中实现的一种丰富和完善人的本性的结果。

空间生产,始终对应着人和人类社会的生存与发展问题,是力图使人和人类社会的生存与发展空间"由窄变宽"的实践活动。人类生命体运动、变化、发展中普遍存在的"宽窄问题",也就是人类与人生发展的"空间生产"的基本问题。于是,宽窄哲学作为一种辩证学说,是对人类生命体运动、变化、发展中普遍存在的"宽窄问题"进行研究的学问。换言之,宽窄哲学是关于人生发展和人类发展空间生产的辩证哲学。我相信,在本书阐明了宽窄哲学是关于人生发展和人类发展空间生产的辩证哲学之后,"宽窄哲学与可持续发展""宽窄哲学与构建人类命运共同体""宽窄哲学与科学生死观""宽窄哲学与中庸之道""宽窄哲学与诗意栖居"等等研究成果,在不久的将来,都会问世。

本书共六章,内容可分成两部分。前三章为第一部分,谈论了宽窄哲学研究是如何兴起的,前期有哪些研究成果、提出了哪些观点,并且从合规律性、合法性、合理性三个方面对宽窄哲学研究进行了辩护,进而阐明了推进宽窄哲学研究持续发展亟待解决的基本问题。后三章作为第二部分,追溯了辩证法的来龙去脉,梳理了马克思主义辩证法与时空观的现当代研究,讨论了实践辩证法及空间观与宽窄哲学的关系,给出了我对辩证法与宽窄哲学的一系列创新性认识,并在"结语"中概括了这些新认识。

写作这本书,既是对我几十年知识积累的检阅,也使我对人生的意义与价值有了更深刻的理解。2020 年，我的慈母曹德华女士迎来 90 华诞，而我的慈父文在中先生已是 96 岁高龄。谨以此书献给我的慈父慈母。天行健，君子以自强不息；地势坤，君子以厚德载物。

最后，我向为本书的出版付出辛劳的人民出版社孙兴民编审、杜文丽编辑致以深深的谢意。

文兴吾
2020 年 4 月 18 日

第一章　宽窄文化与宽窄哲学的兴起

第一节　宽窄文化概说

一、文化概说

文化是人类社会的特有现象。马克思主义把文化的实质与人的发展作统一的理解，认为文化的实质即人化，是人类在改造自然、社会和人本身的历史过程中，赋予物质和精神产品全部总和以及人的行为方式以人化的形式的特殊活动。

在人类历史发展过程中，人类为了生存，不断地亲近自然、了解自然、适应自然、依赖自然、利用自然，并在一定条件下能动地改造自然，使自然界不断满足自身的需要，从而产生了在自然界中生存、生产、享受和发展的一种特殊方式。这种特殊方式就是人与自然之间的文化。这种文化把人与其他动物区分开来。与此同时，人们在前进发展过程中，也必须与周围其他人以及个体自身之间的关系进行协调、处理、融合和调整，进而形成各种各样的社会文化、政治文化。所以，文化伴随着人类的诞生而出现，人类世界在漫长的岁月里逐渐形成人与自然、人与人、人与自身三大文化主题。在三大文化主线中，人与自然之间的关系更多和更直接地影响着人类的生存与发展，影响着人类的智力与情感；而人与人之间的关系相对于人与自然的关系更为复杂和微妙。

从词源上看，西方语言中的"文化"一词起源于拉丁语的 cultura，意指对土地的耕耘、加工和改良，含有在自然界中劳作取得收获物的意思。尔后罗马思想家和演说家西塞罗又指出"精神文化是哲学"，认为如同农民耕种土地一样，对理智也要进行加工。文化一词又在知识水平、教育程度、思想修养的意义上被使用着。① 汉语中的"文"原指纹理，"化"指变易、生成。"文"与"化"并用是在战国末年："(刚柔交错，)天文也。文明以止，人文也。观乎天文，以察时变；观乎人文，以化成天下。"② 这里，"天文"是指天道自然规律，"人文"是指人与人之间的人伦关系。通过观察人文，以文教化，使天下人达到文明状态，这就是汉语中的"文化"一词的最初含义。后来，"文化"又被理解为统治者的施政方法，它是与"武功""武威"相对立的"文治"和"教化"的总称。汉朝刘向说："凡武之兴，为不服也。文化不改，然后加诛。"③ "文化"是与"武功"相辅相成的统治方法。与此相关，"文化"也是"礼乐法度"的代名词，含有"人为"之意。可见，无论是在古代西方，还是在古代中国，"文化"一词都突出了"人为的"或"教化的"性质，都是指人所确立的不同于外部自然与生物本能的行为规范和价值体系。

作为"马克思主义理论研究和建设工程重点教材"，2009 年首次出版的《马克思主义哲学》，对文化的内涵与特征进行了以下阐释：

　　一般说来，人们在两种意义上使用"文化"这一概念。

　　广义的文化是指人所创造的不同于自在自然和自身生物本能的东西，

---

① 肖前主编：《马克思主义哲学原理》下册，中国人民大学出版社 1994 年版，第 686 页。

② 《易·贲卦·传》。"刚柔交错"四字各本俱无，朱熹《周易本义》曰："先儒说天文上当有刚柔交错四字，理或然也"，据补。(《马克思主义哲学》编写组：《马克思主义哲学》，高等教育出版社、人民出版社 2009 年版，第 233 页)

③ 《说苑·指武》。(肖前主编：《马克思主义哲学原理》下册，中国人民大学出版社 1994 年版，第 686 页)

如生产工具、社会制度、观念习俗等。马克思认为，在历史的早期阶段，人类主要使用"自然产生的生产工具"，人的生存主要依靠提供生活资料的自然资源；在历史的较高阶段，人类主要使用"由文明创造的生产工具"，人的生存主要依靠提供生产资料的自然资源。"在文化初期，第一类自然富源具有决定性的意义；在较高的发展阶段，第二类自然富源具有决定性的意义。"[①]马克思在这里所说的文化，就是这一意义的文化。

广义的文化包括物质文化、行为文化和观念文化三种基本形态。其中，物质文化涵盖了人类文化的所有物化形式，主要是指直接满足人的生存需要，维持个体生命再生产和社会再生产的那些文化产品，包括经过加工的自然物品以及加工这些产品的生产工具。行为文化是指调整个体与个体、个体与群体、个体与社会之间交往的方式，是规范个体行为的方式，这些共同的行为方式通常体现为各种制度。因此，行为文化又被称为制度文化。精神文化是指个体、群体和社会所有精神活动及其成果的总称，是由符号系统所构成的观念形态。

狭义的文化就是指观念文化，其中既包括风俗习惯、社会心理等自发形态的文化，也包括艺术、科学、哲学等自觉形态的文化。这一意义上的文化是指与经济、政治相对应的文化，是毛泽东所说的以社会心理和意识形式为主要内容的"观念形态的文化"。

从总体上看，文化具有人为性、群体性、历史性三个基本特征。

首先，文化具有人为性。文化不是天然给定的，而是人类超越自在自然和生物本能而形成的人为的行为规范、价值体系、理论形式，等等。纯粹的自然运行只服从自然规律，而人的生存不仅受自然规律的制约，而且要遵循人类所创造的行为规范和价值体系。

其次，文化具有群体性。文化所代表的是历史积淀下来的、被一定群体所共同认可和遵循的行为规范和价值体系，它对个体的存在具有先在的

[①]　《马克思恩格斯全集》第44卷，人民出版社2001年版，第586页。

给定性和约束性。个人的偶尔的行为，或者只被某个人所运用而不为群体认可的行为方式构不成文化；个人如果明显背离生活于其中的文化，其生存就将陷于困境。

最后，文化具有历史性。文化是历史的产物。文化的生成并不是一次性给定的，相反，任何文化模式都存在着内在的超越性和进步的可能性。社会形态的变化和文化自身的内在矛盾推动着文化的自我更新，呈现出历史性。

从根本上说，文化是人类活动的产物。人类在实践活动中改造了自然界，创造了社会，形成了文化。人创造文化，文化又塑造人。从这个意义上说，人是一种文化存在物。人不仅制造生产工具，而且创造、使用符号。人通过把生产工具置于人与自然之间，使人与动物区别开来；人通过把范畴等符号置于人与自然现象之网中间，使本能的野蛮人转化为自觉的文明人。文化、文明的发展体现着人的发展，并凝聚着人的创造力。①

应该明确：任何一个社会的物质文化、行为文化和精神文化都不是纯粹的，它们相互渗透而形成一个"文化圈"或"文化场"，它们之间是相互影响、相互作用的。首先，精神文化对于文化形态有着特殊意义，它体现着文化主体的价值取向，因而是把这一文化形态与另一文化形态区别开来的特殊性所在。其次，精神文化、行为文化归根到底是由物质文化所决定和制约的，行为文化和精神文化所达到的历史水平，以及人类发展所达到的程度，是由物质文化所达到的水平所决定的。最后，精神文化不仅受到物质文化的制约，还受到行为文化的规定。行为文化具有双重性质：一方面，行为文化由物质文化所规定；另一方面，行为文化特别是社会的政治文化，又对精神文化起巨大的规范作用。

---

① 《马克思主义哲学》编写组：《马克思主义哲学》，高等教育出版社、人民出版社 2009 年版，第 234—235 页。

二、成都的"宽窄巷子"

1. 成都的历史沿革

成都是中国西部的历史文化名城，古蜀文明发祥地。早在距今约 4500 年至 3700 年，成都平原已出现被后世称为"宝墩文化"的一系列古蜀先民的聚落中心。这些聚落中心均已夯筑了城墙，建筑了祭祀和集会的场所。根据"金沙遗址"出土的大量历史遗存，基本可以推定，至迟在殷商晚期至西周初期，今天成都一带已经成为古蜀王国的中心都邑所在；而成都商业街战国船棺葬群的发现则进一步证明，至迟在战国早期，今成都市区中心已经出现比较规范的古典城市，极有可能就是古籍所说的古蜀最后一个王朝"开明王朝"的国都。[①]

公元前 316 年，秦灭蜀，以其地设置蜀郡，在蜀王旧都一带置成都县，为蜀郡治所。公元前 311 年，蜀郡守张若在蜀国都城成都的基础上，修筑成都大城和少城，城市规制仿照秦都咸阳，这一重大事件被后世公认为成都建城的标志。此后，蜀郡守李冰在蜀人治水事业的基础上主持修建都江堰水利工程。都江堰把成都平原造就成为富饶的"天府之国"，为成都城市的发展奠定了物质基础，使成都迅速成为西南地区的经济、政治、文化中心。

自秦代兴建成都大城 2000 多年以来，成都城市或毁而重建，或扩而新建，城址从未迁徙，"成都"这一名称也从未改变，在中国众多历史文化名城之中是绝无仅有的。关于成都一名的来历，据宋人乐史的《太平寰宇记》记载，是借用西周建都的历史经历：周太王（周朝先祖）迁到岐山，一年之后成了村落，两年之后成了城邑，三年之后成了都市；即：一年而所居成聚，二年成邑，三年成都而得名蜀都。蜀语成都二字的读音就是蜀都。"成"者毕也、终也，"成都"的含义就是蜀国终了的都邑，或者说最后的都邑。

两汉时期，成都城市经济得到长足发展，到西汉末年已成为仅次于长安的

---

① 成都市人民政府网："成都概况·历史沿革"，http://www.chengdu.gov.cn/chengdu/rscd/lswh.shtml。

全国第二大手工商业都会。成都不仅是西南地区最大的商品经济活动的中心，也是"南方丝绸之路"的起点和重要口岸。从两汉至三国蜀汉，成都精美的蜀锦一直受到官方和民间高度赞赏和欢迎；这一时期，成都因出现一座专门织造蜀锦的官营作坊"锦官城"而获得"锦官城"和"锦城"两个别称。唐代，以成都为中心的"剑南西川道"是全国最富庶的地区，当时有"扬一益二"之说。中唐以下，成都又成为唐王朝的"南京"。五代前、后蜀和两宋，成都的繁荣再一次达于鼎盛，后蜀主孟昶曾下令在成都城上遍植芙蓉，成都故此得到"蓉城"的别称。宋代，四川地区被划分为益州路、梓州路、利州路、夔州路，简称"川峡四路"，"四川"一名即由此而得，成都为益州路治所在。元代，建置四川等行中书省，简称四川省，以成都为治所，这是成都为省治之始。明代，在四川建置四川承宣布政使司，成都为布政使司治所。

明末清初，成都地区先后发生张献忠大西军、明军及清军之间的多次战争，城市遭到毁灭性的打击，整个城池成为一片废墟，四川省的治所也一度被迫从成都移往川北的阆中；从康熙到乾隆，清政府推行"湖广填四川"的移民政策，鼓励垦荒占田，使川西平原和成都城市经济再度繁荣。经过康熙、乾隆年间的两次重建和扩建，一座宏伟的成都新城又重新屹立于原来的旧城址之上。清代，四川承宣布政使司改为四川省，成都为四川省治。民国初年，成都仍为四川省治所在地。1922 年，成都、华阳两县合并为市，成立市政公所，县治保留。1928 年，成都市政府建立，成都市为省辖市、省会。1949 年 12 月，成都解放，始为川西行政公署驻地。1952 年 9 月 1 日，中华人民共和国中央人民政府撤销各行署、恢复四川省建制后，在成都成立四川省人民政府。

1989 年 2 月，经国务院批准，成都市的经济和社会发展计划在国家计划中实行单列，享有省一级经济管理权限，成为全国 14 个计划单列市之一。1994 年 5 月，经中央机构编制委员会通过，将计划单列市确定为副省级市，成都加强了省级机构统筹规划和协调的地位和作用，成为全国 15 个副省级市之一。

2016 年 4 月，经国务院同意，发改委、住建部印发《成渝城市群发展规划》，明确成都要以建设国家中心城市为目标。

2019 年 5 月 9 日，在澳大利亚黄金海岸举行的国际世界运动会协会 2019 年全会上，成都获得 2025 年第十二届世界运动会举办权。世界运动会是非奥项目最高水平的国际综合性运动会，它与奥运会相互促进、相互补充，共同致力于在世界范围内促进体育运动的发展和奥林匹克精神的传播。成都是中国大陆首个申办这项赛事的城市。

2.宽窄巷子：老成都的记忆，成都人生活方式的代言地

成都拥有武侯祠、杜甫草堂、永陵、望江楼、青羊宫、文殊院、明蜀王陵、昭觉寺等众多历史名胜古迹和人文景观。成都也是四川大熊猫栖息地，拥有大熊猫基地。而宽窄巷子，是老成都的记忆；是成都人生活方式的代言地。

宽窄巷子位于四川省成都市青羊区长顺街附近，由宽巷子、窄巷子、井巷子平行排列组成，全为青砖黛瓦的仿古四合院落，这里也是成都遗留下来的较成规模的清朝古街道，与大慈寺、文殊院一起并称为成都三大历史文化名城保护街区。

"追述宽窄巷子的往事前缘，首先有两个历史上的地名会跃然纸上：一个是战国时期成都的核心城郭——少城，一个是清朝时期成都少城里的一个特别街区——满城，它们都跟宽窄巷子的由来有关。"[①] 康熙五十七年（公元 1718 年），在平定了准噶尔之乱后，选留千余兵丁驻守成都，在当年少城基础上修筑了满城。清朝居住在满城的只有满蒙八旗，满清没落之后，满城不再是禁区，百姓可以自由出入，有些外地商人乘机在满城附近开起了典当铺，大量收购旗人家产。形成了旗人后裔、达官贵人、贩夫走卒同住满城的独特格局。此间的宽巷子名叫兴仁胡同，窄巷子名叫太平胡同，井巷子叫如意胡同（明德胡同）。

辛亥革命以后，清朝总督赵尔丰随后交出政权，拆除了少城的城墙，一些达官贵人来此辟公馆、民宅，于右任、田颂尧、李家钰、杨森、刘文辉等先后定居在这里，蒋介石也曾经来过，使得这些古老的建筑得以保存下

---

① 苏伟、杨茜西：《行走在宽窄之间》，旅游教育出版社 2011 年版，第 16 页。

来。① 民国初年，当时的城市管理者下文，将"胡同"改为"巷子"。

民国三十七年（1948 年），一次城市勘测中，传说当时的工作人员在度量之后，便随手将宽一点的巷子标注为"宽巷子"，窄一点的那条就是"窄巷子"，有井的那一条就是"井巷子"。②

新中国成立后，将房子分配给了附近的国营单位用来安置职工，"文革"时期又对房屋进行了重新分配。

20 世纪 80 年代，宽窄巷子被列入《成都历史文化名城保护规划》。

2003 年，成都市宽窄巷子历史文化片区主体改造工程确立，在保护老成都真建筑的基础上，形成以旅游休闲为主、具有鲜明地域特色和浓郁巴蜀文化氛围的复合型文化商业街，并最终打造成具有"老成都底片，新都市客厅"内涵的"天府少城"，宽窄巷子街区正式出现在世人的词典中。2008 年 6 月 14 日（第三个中国文化遗产日），宽窄巷子作为"5·12 大地震"后成都旅游恢复的标志性事件向公众开放。

改造后的宽窄巷子，面积为 479 亩，整体空间风貌较为完整，延续了清代川西民居风格，街道在形制上属于北方胡同街巷，其主要特色为"鱼脊骨"形的道路格局。这种格局形式便于街道居民能自发式管理，奠定了安静、悠闲的生活基调。宽窄巷子的街道空间尺度由两旁的建筑和院墙所界定，街巷宽度内宽巷子 7 米左右，窄巷子 5 米左右，而沿街建筑为 1—2 层，高度也在 5—8 米，这样形成的街道断面高宽比约为 1∶1。

宽窄巷子地处城市中心区，在成都市总体战略布局历史文化名城展示体系与历史文化遗产保护体系中都占有重要地位。宽窄巷子是成都唯一遗留下来的清朝古街道，既有南方川西民居的特色，也有北方满蒙文化的内涵，是老成都"千年少城"城市格局和百年原真建筑格局的最后遗存，也成了北方胡同文化在成都以及在中国南方的"孤本"。作为"老成都记忆"的标志性文化景观，

---

① 成都少城建设管理有限责任公司："宽窄巷子，最成都——缘起·溯源宽窄"，http://www.kzxz.com.cn/yuanqi.php?cid=91&tid=234&l=cn。

② 苏伟、杨茜西：《行走在宽窄之间》，旅游教育出版社 2011 年版，第 25 页。

它是成都这座古老城市最鲜活的重要物证，见证了成都2300年来城市建设发展与演变；中国的满城制度在全国几十个重要城市中，成都是保存最为完整的一处，宽窄巷子完整体现了清朝满城近300年的历史演变。

宽窄巷子的历史文化背景，造就了它规划与建筑的独特风格：完整的城池格局与兵营的结合，北方胡同与四川庭院的结合，民国时期的西洋建筑与川西民居的结合。这些特征造就了宽窄巷子的建筑艺术特色，使之成为当今城市风貌趋同大潮中稀缺的城市文化资源。

宽窄巷子是成都休闲都市、市井生活的最佳体现。从清朝满城时期的八旗子弟提笼架鸟、莳花弄草；到民国时期达官贵人觥筹交错、大宴宾朋，再到现如今文人游客一杯清茶、一把竹椅品味生活。宽窄巷子已经成为典型成都生活的写照。

宽窄巷子保护工程，不仅将宽窄巷子的原真民居建筑作为保护重点，更将宽窄巷子留下的城市人文精神作为发掘和保护的核心。该工程充分利用百年原真宅院深厚的文化底蕴，以"新会馆式休闲经济院落"为创意，以美食、休闲、旅游为背景，将文化传承与经济发展完美结合，从而使成都这座"休闲之都"的生活方式得到了最大的展现。宽窄巷子的生活方式，就是成都的生活方式。

改造后的宽巷子是"闲生活"区，以旅游休闲为主题。代表了最成都、最市井的民间文化；原住民、龙堂客栈、精美的门头、梧桐树、街檐下的老茶馆……构成了宽巷子独一无二的吸引元素和成都语汇，呈现了现代人对于一个城市的记忆。在这条巷子中游览，能走进老成都生活体验馆，感受成都的风土人情和几乎要失传了的一些老成都的民俗生活场景。而四合院中，可以品尝盖碗茶，吃上正宗的川菜。新建的宅院式精品酒店等，各具特色的建筑群落，给富有传统气息的巷子点缀上了时尚的气息，仍是老成都的"闲生活"。

窄巷子是"慢生活"区，以品牌商业为主题。这里是国际化的业态，是拥有世界眼界的时尚中心；同时又是最成都的生活，在巷子里品味缓慢的下午和时光的停驻。成都是天府，窄巷子就是成都的"府"。一为收藏，一为丰富，改造后的窄巷子展示的是成都的院落文化。院落，上感天灵，下沾地气。这种院落文化代表了一种精英文化，一种传统的雅文化。宅中有园，园里有屋，屋中有院，院中有树，树上有天，天上有月……这是中国式的院落梦想，也是窄巷子的生活梦想，是老成都的"慢生活"。

井巷子是"新生活"区；以时尚年轻为主题，是成都的新生活区域——酒吧区。这里是成都的夜晚最热闹的地方，是华灯初上的成都风，是笑靥如花的芙蓉女子。井巷子是宽窄巷子的现代界面，是宽窄巷子最开放、最多元、最动感的消费空间——在成都最美的历史街区里，享受丰富多彩的美食；在成都最精致的传统建筑里，享受声色斑斓的夜晚；在成都最经典的悠长巷子里，享受自由创意的快乐。井巷子，是老成都的"新生活"。

历史学者谭继和认为，从外观看，宽巷子有些窄，窄巷子反而有些宽，错位视觉宛若人生舞台：宽巷子的"窄"是逍遥人生的印记，窄巷子的"宽"是安逸生活的回忆。逍遥安逸、慢游闲散、行云流水、顺其自然的生活享受和生活态度，是成都人的精髓，是仙源故乡人居环境的神韵。以至于南来北往的背包客，都愿意在成都的闹市中寻找别有洞天的清幽，歇歇脚，喝杯茶，似乎宽窄巷子就是一方休憩地，浸润在成都的都市气质之中，演变成了成都的城市灵魂。

文化学者易中天在《读城记》中说："如果说北京是帝王贵胄、文人学者、市井小民共生共处的地面，那么，成都则更多的是平民的乐土。"宽窄巷子，是真正"成都人生活方式"的代言地，是成都"休闲经济学"理论的展示地；是文化助推经济的明证地；是成都城市品味、城市精神的彰显地；是成都的城市指纹；是成都发向世界的名片。①

宽窄巷子作为国家 AA 级旅游景区，享有"中国特色商业步行街""四川省历史文化名街""四川省文化产业示范基地""四川十大最美街道"等称誉。

---

① 李后强、李明泉、汤柱国主编：《宽窄九章——写给大众的哲学》，光明日报出版社 2018 年版，第 84 页。

获得 2008 年"中国创意产业项目建设成就奖"、"中国娇子天府榜样 2009 年度传媒大奖",2010 年获得第五届中国元素国际创意大奖"文献奖"、建设成都杰出事件奖,2011 年评为"成都新十景",2012 年获北京国际设计周年度设计奖。

三、武侯祠的"宽严对联"①

成都武侯祠诸葛亮殿正中有一副楹联,被推为武侯祠诸联之冠。联曰:

> 能攻心则反侧自消,从古知兵非好战;
>
> 不审势即宽严皆误,后来治蜀要深思。

此联为清人赵藩撰书。赵藩(1851—1927 年),字抛村,一字介庵,晚号石禅老人,白族,云南剑川县人。光绪二十八年(1902 年)冬十一月上旬,时任四川盐茶使的赵藩游览武侯祠,追思诸葛亮治军理政的成绩,并联想新任四川总督岑春谊备用武力镇压民众的情况,遂书写此联。联语虽意在"讽谏",但客观上却对诸葛亮一生用兵和施政的功业进行了高度概括和科学总结。

联语的意思说:在处理军、政事务中,能采取高明的攻心战术,以德义服人,那么,怀有贰心、疑虑不安的对立面便会自然消除;自古以来,深知用兵之道的军事家,并不是单凭借武力、爱好战争。如果不能审时度势,把握事实真相,那么,其政令无论是宽是严,都会因与实际不符而产生失误,后来治理蜀地的人应当深深思考。

赵藩的这个见解和议论,并非凭空而来,而是他研究了诸葛亮治蜀的行政业绩,从中概括出来的认识。在诸葛亮的军、政活动中,能"攻心"和能"审势以定宽严"的事例颇多,而可以直接作为这副联语的立论基础并常为人所乐

---

① 李后强、李明泉、汤柱国主编:《宽窄九章——写给大众的哲学》,光明日报出版社 2018 年版,第 66—69 页。

道的事实，则以"平定南中""以法治蜀""挥泪斩马谡"等为最突出。①

1. 攻心：心战为宽，兵战为窄

上联言诸葛亮的军事成就，而其主要特点是"攻心"。所谓"攻心"，即从精神上、心理上战胜对方，并使人心服。自古以来那些真正懂得军事的人并不在于"好战"，而是注意从精神上或心理上摧毁敌人，也只有这样，才能有效地解除敌对双方的对立情绪，从而保持长久的安定局面。诸葛亮真正做到了这一点，他的"七擒孟获"便是中国战争史上以"攻心"取胜的典范。诸葛亮北伐中原前，为了解除后顾之忧，曾于蜀建兴三年（225 年）三月先率军平定南中。他采纳了马谡"攻心为上，攻城为下；心战为上，兵战为下"的策略，对南中夷军的首领孟获"七擒七纵"，从而使得孟获心服口服。当最后一次诸葛亮又要放孟获回去时，孟获便不肯走了，说："公，天威也。南人不复反矣。"这样一来，不但南中叛乱被很快平定，而且诸葛亮不留一兵一卒，南中社会仍能保持安定。更有意思的是，孟获其人此后也担任了蜀汉的御史中丞，孟获手下的有些将领还参加了由诸葛亮领导的北伐。由此可见，化敌为友、化不安定因素为积极因素的"攻心"战略，在诸葛亮手中的纯熟运用。而赵藩对诸葛亮用兵特点的把握，也可谓深得其要领。

2. 审势：当宽则宽，当严则严

下联言诸葛亮的"治蜀"，而其特点是"审势"，即对形势的准确把握。经验证明，只有对形势的特点有了准确的判断之后，才能制定出与之相适应的政策，当宽则宽，当严则严。否则，不明形势随意施政，则政策无论"宽"或"严"，都是注定要失误的。赵藩认为，在"审势"以"治蜀"方面，诸葛亮也为后人做出了榜样。事实正是如此。当刘备集团入蜀之初，法正就曾劝诸葛亮

---

① 张志烈：《史鉴·政论·哲理——谈赵藩撰诸葛亮殿联语》，《地方文化研究辑刊（第六辑）》，巴蜀书社 2013 年版，第 213—216 页。

要学习"高祖入关，约法三章"，"缓刑弛禁，以慰其望"，即应先施恩惠，放宽刑罚，以收人心。但诸葛亮通过对蜀地形势的深入分析，却得出了与法正相反的结论。他在著名的《答法正书》中指出，刘备入蜀与当年高祖入咸阳所面临的是两种完全不同的时代背景。秦朝政苛，高祖法宽，故能顺应人民的意愿，从而促进国家的安定和生产的发展。但蜀中的统治者刘璋原本就暗弱，以致形成了德政不举、威刑不肃、蜀中豪强专权自恣的散漫局面，如再对他们一味施行恩惠，只会纵容姑息，促使其气焰愈来愈烈，更不明君臣之道了。对此，只能"威之以法""限之以爵"，这样才能使人们感到恩惠之不易、禄位之可贵，从而令上下有节，人人守法，以达到社会安定、国家大治之目的。因此，诸葛亮对蜀中反叛势力的镇压毫不手软，对一些违纪官员的处理也十分果断。而蜀国经过诸葛亮这样一番严刑峻法治理之后，不但没有发生动乱，反而出现了"吏不容奸，人怀自厉，道不拾遗，强不侵弱，风化肃然"（陈寿语）的社会景象。而对诸葛亮本人，也是"邦域之内，咸畏而爱之，刑政虽峻而无怨者"。约莫岑春煊的治蜀，不看当时形势，只知一味模仿诸葛亮的严刑峻法，以至弄得民怨沸腾，社会不宁，故而赵藩才有"后来治蜀要深思"之句。之后，岑春煊虽然暗中采纳了赵藩的这一建议，但却对赵藩进行打击，将赵藩由掌管全省盐茶财政的盐茶道贬为边远地区的永宁道。

　　需要明确，赵藩的上下两联虽各有侧重，但又是互相联系、辩证统一的。用兵固然要"攻心"，而理政岂可不知人心？施政要"审势"，用兵更要深明形势，把握时机。诸葛亮在通常情况下，也都是将"审势"与"攻心"两者结合起来使用，他的"择主""隆中对"，以及他对"赤壁之战"形势的分析和一系列运作，便是明显的例证。汉末诸侯纷争，群英并起，应该说其时可供知识分子选择的"老板"颇多，但诸葛亮却选中了当时尚无立足之地的刘备。为什么呢？因为他通过对全局的综合分析和深入思考（即所谓"审势"），已经预计到了天下将要"三分"，而自己只有加入到刘备集团，先促其"三分"格局的形成，然后再伺机统一中国，以实现其"大一统"的愿望；这是其一。其二，刘备其人素以"仁厚"著称，且是帝室之胄，较之曹操、孙权无疑更得人心。于是，诸葛亮在对刘备进行了多次考验（即所谓"三顾"）并发表了他对时局的看法（即所谓"隆中对"）之后，遂出山相助刘备。可以说，诸葛亮的"择主"本身就已考虑到了形势的特点与人心的向背这两方面的因素，而"隆中对"更堪称是对这两者的科学总结与远景规划。至于赤壁之战前他到东吴的"舌战群儒"，以及他对孙权、周瑜的"激将之法"并最终促成了以少胜多的"赤壁之战"的胜利，也无不体现出他对形势的精辟分析和对不同人物心理的准确把握。可以说，"审势"与"攻心"既是诸葛亮施政与用兵的主要特点，同时也是成就他功业的重要原因。

3.挥泪斩马谡的宽窄辩证

马谡，襄阳人，从荆州跟随刘备入蜀，先后做过绵竹、成都县令和越巂太守。才气过人，深得诸葛亮器重，常与其谈论军政大事，而且是"自昼达夜"。在诸葛亮南征时，他所献的"攻心"策略被采纳，收到良好的实效。然而，马谡在诸葛亮第一次北伐时，于街亭之役，主观武断，教条式照搬兵法，兵败并导致诸葛亮战略部署被打乱，使这次军事行动半途而废。马谡也因此受到军法惩处，被诸葛亮挥泪斩首。许多人都认为马谡作为一个"俊杰"，是"智计之士"，认为杀之可惜。当朝大臣蒋琬就认为诸葛亮斩马谡实在有些过分。《三国志》裴注引《襄阳记》载："蒋琬后诣汉中，谓亮曰，昔楚杀得臣，然后文公喜可知也，天下未定而戮智计之士，岂不惜乎！"但诸葛亮考虑问题的角度显然与众不同，他又何尝不知天下未定正当用人之时的重要性呢？但为严明法纪，又不得不狠心斩马谡来明法示众。所以他流着泪对蒋琬说："孙武所以能制胜于天下者，用法明也。是以杨干乱法，魏绛戮其仆。四海分裂，兵交方始，若复废法，何用讨贼邪！"其实，戮谡明法只是诸葛亮治国治军的手段，还有更深层的内涵：马谡是随刘备入蜀的，与诸葛亮交往甚厚，诸葛亮也一直"视谡犹子"。本来诸葛亮对他寄予厚望，才将街亭重地交与他镇守，街亭败后，诸葛亮为平息军队怨气，也是给原来的刘璋旧部做出交代，不得不斩马谡以息民心，一是为申明军纪，二是给益州人士做出表率，一箭双雕。①

　　著名哲学家、数学家、逻辑学家，诺贝尔文学奖获得者伯特兰·罗素 ②
曾写道，"公元前 600 年直到今天这一全部漫长的发展史上，哲学家们可以分
成为希望加强社会约束的人与希望放松社会约束的人。"③ 希望放松社会约束，
即是"宽"；罗素说，这批哲学家是自由主义分子，他们大都崇尚理性、科
学，反对不理智的激情，反对一切深刻形式的宗教。希望加强社会约束，即是
"窄"；罗素说，这批哲学家推崇纪律，推崇教条体系。历史走到今天，我们不
能说"宽"就是进步，"窄"就是禁锢，他们每一方都有各自正确与错误的地
方。比如，过分倡导自由主义与个人主义，会导致社会不团结；过分讲究纪律
和遵循传统，又会导致社会僵化。两千多年来，"宽"与"窄"就是这样在西
方哲学发展中不断流动、冲击、碰撞、博弈、融合，尝试着建立更新的社会秩
序，解决困惑人类的恒久谜题。④

四、生活中的"宽窄感悟"

　　《宽窄九章——写给大众的哲学》一书的"前言"，在论及"宽窄与场域生

---

①　梅铮铮：《诸葛亮用人治国之道散论——从成都武侯祠著名"攻心"联说起》，《成都大学学
　　报（社会科学版）》2001 年第 2 期，第 66—68 页。

②　1950 年，罗素获得诺贝尔文学奖的"颁奖词"前几段话如下："1946 年，罗素的巨著《西方
　　哲学史》问世时，他本人已经 74 岁，从他巨著中的各种深沉的功力来看，我们才了解他是
　　经过多么艰难困苦的努力才有了这一成果。……半个世纪以来，由于罗素个人思想的高超，
　　使他一直成为全球瞩目与争论的中心，他自己除了固定的写作与研究以外，也随时准备迎
　　接任何战斗，未曾一日懈怠。在人类知识和数理方面，他的研究成果可以与牛顿在力学上
　　的成就相媲美。但并不是由于他在这方面的成就而获得诺贝尔文学奖，而是因为他能够把
　　一般性的哲学思想成功地介绍给人们，他这样做，是对哲学家始终保持兴趣的最成功的范
　　例。"（《20 世纪诺贝尔文学奖颁奖演说词全编》，毛信德等译，百花洲文艺出版社 2001 年版，
　　第 383—384 页）

③　罗素：《西方哲学史》上卷，何兆武、李约瑟译，商务印书馆 1963 年版，第 22 页。

④　李后强、李明泉、汤柱国主编：《宽窄九章——写给大众的哲学》，光明日报出版社 2018 年
　　版，第 2 页。

成"时写道：

    当人在一个大幅超越自身尺度的环境独处，比如在剧场中央放一张床，你睡得着吗？人会产生恐惧感，因为人体无法去把握这个"场"。人的双臂延伸3到6倍，才是最适中的尺度。超过这个尺度，人们就会感觉空旷，无所适从，一有风吹草动便担惊受怕。过宽或过窄，都让人无法好好地生活。合理的范围才是人需要的尺度。"黄金分割法"由古希腊毕达哥拉斯提出，指将整体一分为二，较大部分与整体的比值等于较小部分与较大部分的比值，其表达方式为：宽与长的比等于、约等于0.618。这是最佳的比例尺度，适用于绘画、雕塑、音乐、建筑及管理、工程设计等领域。

    川西园林就是宽窄"场"的体现，它以"文、秀、清、幽"为特色，杜甫草堂、武侯祠、罨画池等是其典型代表。中国传统艺术山石盆景依照中国山水画"丈山尺树"的理论，以小见大，由窄现宽，往往以枝小叶细的木本植物布置于浅口水盆中，以更好地体现山水的秀丽英姿，是为"立体的画，无声的诗"。川派盆景采用棕丝剪扎的方法和讲究树干的弯曲，常用罗汉松、地柏、银杏、黄楠树和六月雪等攀扎出曲折多变的树形，悬根露爪，如游龙戏珠，自有一番雍容典雅的气质，形成具有四川特色的竹石盆景。这种景观，体现的就是一种艺术审美场，使人流连忘返，爱不释手。

    宽窄之间通过空间的划分、界限的确立、物体比例和外在形状的规范，形成一种富有内涵力、附着力、包孕性、生发性的"场"。宽窄的"场"，是一种智慧的体现，是智能、智力、智商的一种表达。宽窄之间有了"场"，才有内在的一种氛围、一种气场、一种气度，置身场中，人们才能感到宽窄适中、宽窄得当、宽窄得体、宽窄顺眼。如果"场"不对，扭曲变形破损，就缺乏了正气势、正能量、正价值，成为变态的"场"。宽窄之场是要按照真善美的价值尺度、视界尺度、眼光尺度来观照营造的。宽窄这种"场"需要体现和表达主体和客体的需要，主体是人自身，客体是我们的对象。①

以上谈到的"宽窄适中、宽窄得当、宽窄得体、宽窄顺眼"，也就是人们的"宽窄感悟"。对于为什么人们会有"宽窄适中、宽窄得当、宽窄得体、宽窄顺眼"的"宽窄感悟"，作者把它归结于"宽窄场"的作用使然；认为"宽窄之间通过空间的划分、界限的确立、物体比例和外在形状的规范，形成一种富有内涵力、附着力、包孕性、生发性的'场'。宽窄的'场'，是一种智慧的体现，是智能、智力、智商的一种表达。宽窄之间有了'场'，才有内在的一种氛围、一种气场、一种气度，置身场中，人们才能感到宽窄适中、宽窄得当、宽窄得体、宽窄顺眼。"这种观点的正确性是三言两语阐述不了的。在此，有必要简略地讲一讲历史上的大哲学家笛卡尔、康德对类似"宽窄感悟""宽窄观念"等问题的见解。

笛卡尔被誉为"近代哲学之父"。其哲学的逻辑起点是"我思故我在"，由此确立了"我思"是一切知识的逻辑前提，确立了理性的地位。接下来，他以"普遍数学"为方法论，按照分析和综合的方法论规则，把"自我"作为第一原则，建立了"明白清楚"的真理的内在标准，一步一步地推导出关于心灵、上帝和物质（广延）的确定知识。

笛卡尔把所有的观念分为三类：天赋的、外来的、虚构的，这是按照观念的不同来源而做出的区分。虚构的观念是思想自己制造出来的，天赋的和外来的观念都是由思想以外的原因所造成的。因此，上述三种观念可合并为两种：思想自己制造出来的和由外部原因造成的。笛卡尔接着证明，思想自己制造出来的观念是不真实的，而在外部原因所造成的观念中，有一些是真实的，有一些是不真实的。前者指上帝造成的观念，后者指可感事物造成的观念。笛卡尔

---

① 李后强、李明泉、汤柱国主编：《宽窄九章——写给大众的哲学》，光明日报出版社 2018 年版，"前言"：第 17 页。

的问题是："上帝"观念是从哪里来的呢？"广延"观念是从哪里来的呢？是我们的思想自己制造出来的呢，还是由一个外部原因造成的呢？笛卡尔生活在基督教传统之中，他理所当然地肯定每一个人都有明白、清楚的"上帝"观念，以及"上帝"的观念具有无限的完满性。笛卡尔推演道：由"我思"只能推知"我在"，除此，不能推知别的。所以，我是不完满的。完满的天赋观念不可能来自于不完满的、有缺陷的我，完满的观念只能来自于完满的实体——上帝。所以，上帝是存在的。

笛卡尔所说的"天赋观念"有三个标志：来自上帝、明白清楚、与实在相符合。笛卡尔说，我们关于广延的观念也是天赋的，因为它也有这三个标志。所谓广延，不是指具体事物的形状大小；即使世界上没有三角形的事物，我们也会有三角形的观念；另外，我们关于事物形状的感觉可能是模糊的，但我们关于某一个形状，如三角形、四边形等，却是明白、清楚的。那么，这些明白、清楚的观念是从哪里来的呢？是我们的心灵制造出来的吗？不是，因为不管我们是否认识到，三角形的特征，如三角之和等于 180 度，两条边之和大于一边等，都在观念之中。这些明白、清楚的观念来自对于外物的感觉吗？也不是，因为三角形的特征不因感觉变化而变化，我们感觉到的只是大大小小的三角形的事物，它们的共同性质却是不可感的。造成广延的观念的原因既然不是我们的心灵或外部事物，那么它只能是上帝。就是说，广延的观念是上帝在我们的心灵中造成的。这就保证了我们关于广延的观念能够与外部事物相符合。笛卡尔说，上帝既然是无限完满的，他绝不可能欺骗我们。因此，上帝在我的思想中产生的观念必定是真实的，这就是我们关于广延的天赋观念必定与外部事物的形状相符合的原因所在。[①] 于是，"宽窄适中、宽窄得当、宽窄得体、宽窄顺眼"的"宽窄感悟"——作为广延的观念，是来源于上帝给予的天赋观念，是上帝在我们的心灵中造成的。

对于康德来说，空间（与时间）是使人类认识成为可能的先天直观形式。

---

① 赵敦华：《西方哲学简史》，北京大学出版社 2001 年版，第 217 页。

他不再根据上帝的某种属性，也不再根据我们面对的世界及其中的各种事物的秩序来构想空间，而是把空间构想为人类与世界及诸事物打交道的方式本身。换言之，不是世界与诸事物已有的现成秩序让我们看到了空间，而是我们朝向世界与诸事物的观看本身为它们赋予了空间秩序；并不是各种外部事物已经预先处在物理空间之中，然后我们通过现象来获得几何空间的观念，恰恰相反，是我们的先天直观形式使我们每时每刻都能够拥有并运用一个几何空间来构成各种各样的物理空间，来理解外部事物的空间秩序。① 康德写道：

> 空间不是某种客观的实在的东西，它既不是实体，也不是偶性，也不是关系；而是主观的东西，是观念的东西，是按照固定的规律仿佛从精神的本性产生出的图式，要把外部感知的一切都彼此排列起来。
>
> ……
>
> 空间作为某个客观的、实际的存在者或者这样一种属性，其概念虽然是想象的，但在与所有可感事物的关系中，却仍然不仅是极为真实的，而且是外感觉中一切真理的基础。因为事物只有以心灵的力量为中介，才能以某种形象显现给感官，心灵的力量则按照固定的、其本性天赋的规律排列一切感觉。因此，既然只有符合空间的原初公理及其结论（按照几何学的规定）的东西才是可以给予感官的，那么，即使它们的原则只是主观的，这些东西也必然与它们一致，因为这样也是与它们自己一致，而就自然能够进入感官而言，感性的规律就成为自然的规律。这样，就几何学中所证明的空间所有属性而言，自然就非常精确地服从几何学的规定，这些规定不是从假设出发虚构的，而是直观地给定的，作为自然某个时候能够向感官显现所借助的一切现象的主观条件。②

---

① 刘胜利：《身体、空间与科学——梅洛-庞蒂的空间现象学研究》，江苏人民出版社 2014 年版，第 3—4 页。

② 李秋零主编：《康德著作全集》第 2 卷，中国人民大学出版社 2004 年版，第 412—413 页。

在《纯粹理性批判》一书中，康德又写道：

> 空间不是什么从外部经验中抽引出来的经验性概念。因为要使某些感觉与外在于我的某物发生关系（也就是与在空间中不同于我所在的另一地点中的某物发生关系），并且要使我能够把它们表象为互相外在、互相并列，因而不只是各不相同，而且是在不同的地点，这就必须已经有空间表象作基础了。因此空间表象不能从外部现象的关系中由经验借来，相反，这种外部经验本身只有通过上述表象才是可能的。①
>
> 时间不是什么从经验中抽引出来的经验性的概念。因为，如果不是有时间表象先天地作为基础，同时和相继甚至都不会进入到知觉中来。只有在时间的前提之下我们才能想象一些东西存在于同一个时间中（同时地），或处于不同的时间内（相继）。②

康德这两段话的意思是说，人们关于空间和时间观念不是从经验中来的，不是对于事物之间的空间和时间关系的反映。这是因为，人们要想确定事物之间上下、左右、前后的关系，首先头脑里就得有一个上、下、左、右、前、后的空间观念，否则就不能确定事物之间的上下、左右、前后的空间关系。同样，人们要想确定事物之间的同时、继续的关系，首先头脑里就得有一个同时、继续的时间观念，否则，也不能确定事物之间的同时、继续的时间关系。因此，康德得出的结论是，空间和时间观念为人脑先天地所固有，不仅不是从经验中来的，而且是经验(事物)之所以可能具有空间和时间秩序的前提条件。在他看来，数学知识之所以具有普遍性和必然性，根源于人心中时间和空间观念的先天性。正因为时间观念是先天的，算术命题（如"7 + 5 = 12"）才具有普遍性和必然性。正因为空间观念是先天的，几何学公理（如"两点之间直

---

① 康德：《纯粹理性批判》，邓晓芒译，人民出版社 2004 年版，第 28 页。
② 康德：《纯粹理性批判》，邓晓芒译，人民出版社 2004 年版，第 34 页。

线最短”）才具有普遍性和必然性。①

五、知识产品中的“宽窄理念”

古希腊著名哲学家柏拉图把理智的对象称作理念，意为“心灵的眼睛看到的东西”②。主张理念与个别事物相分离，是柏拉图学说的一个鲜明特点。

1.“中庸”思想的宽窄理念③

中国哲学讲中庸之道。“中”字在甲骨文中本是一根旗杆飘着旗帜的意思，体现出旗杆两边均衡、宽窄适中。“中”者，不偏不倚的“度”；“庸”者，平常也，通“用”。中指不偏，庸指不易。中庸即中用。中庸就是持之以恒的成功之道。事物的宽窄不适中，过宽与过窄，都不能为世人所用，不能为社会、生活服务，也就不具有现实价值和发展意义。中国的建筑讲究左右要对称，宽窄要适度；中国的园林也是在讲宽窄；堪舆学④，注重布局的宽窄适度、对称，达到人与环境的和谐共生。

中国传统文化最大的特征就是讲对称、讲中庸、讲均衡，不偏不倚。中国传统神话里所谓“天圆地方”“天宫天庭”“龙宫”“不周山”等，都涉及一种空间结构及形状。传说中的所有空间里面，都讲均衡、适度、对称。事物的均衡就是保持一种平衡，由各个支点来保持不倾斜。如一旦失衡失度，就会带来

---

① 冒从虎、王勤田、张庆荣：《欧洲哲学通史》下卷，南开大学出版社 1986 年版，第 139 页。

② 赵敦华：《西方哲学简史》，北京大学出版社 2001 年版，第 53 页。

③ 李后强、李明泉、汤柱国主编：《宽窄九章——写给大众的哲学》，光明日报出版社 2018 年版，“前言”：第 19—20 页。

④ 即风水学，传统五术之一相术中的相地之术，即临场校察地理的方法，是用来选择宫殿、村落选址、墓地建设等的方法及原则。原意是选择合适的地方的一门学问。风水的历史相当久远，在古代，风水盛行于中华文化圈，是衣食住行的一个很重要的因素。有许多与风水相关的文献被保留下来。由文献中可知，古代的风水多用作城镇及村落选址，还有宫殿建设，后来发展至寻找丧葬地形。《淮南子》中有：“堪，天道也；舆，地道也。”

倾斜、颠覆和轰毁。中国神话大多都表现人与自然、自然运行的失衡与平衡的矛盾运动及其抗争，力图达到世界新的平衡。宽窄是建立在均衡、平衡、稳固、稳定、牢固基础之上的。中国哲学的基本思想突出事物发展的平衡、稳固和基础深厚。倘若宽窄之间某一点出了问题，便失去了均衡。所以，宽窄要适度、宽窄要均衡，宽窄要保持中庸状态。

宽窄是对和谐世界的追求，这也是中国传统哲学的追求。《易传》讲："乾道变化，各正性命，保合太和，乃利贞。""太和"，就是最上等的和谐，最好的和谐状态。北宋哲学家张载在《正蒙》提出："太和所谓道，中涵浮沉、升降、动静、相感之性，是生絪缊、相荡、胜负、屈伸之始。其来也几微易简，其究也广大坚固。起知于易者乾乎！效法于简者坤乎！散殊而可象为气，清通而不可象为神。不如野马、絪缊，不足谓之太和。语道者知此，谓之知道；学《易》者见此，谓之见《易》。"张载所言：太和便是道，是最高的理想追求，是最佳的整体和谐状态，即"太和中容万物"也。"絪缊""野马"的比喻，说明气茫茫无际，充盈太虚，升降飞扬，从未停息，这就是太和之道的真实相状。其性质是"一物两体"，虚与气统一。这种和谐是包含着浮沉、升降、动静等矛盾，即"宽窄"的和合状态。儒家进一步阐述了要实现"和"的理想，最根本的途径是"持中"，并通过对持中原则的体认和践履，去实现人与自然、人与人、人与社会、人与内心之间的和谐与平衡，这就是"极高明而道中庸"，因此中庸之道是中国古代哲学的基本精神之一，这也正是宽窄的精髓要义。

中庸之道的主要原则有三条：一是慎独自修，二是忠恕宽容，三是至诚尽性。强调不偏不倚，保持中正平和，其根本的途径是修身、齐家、治国、平天下，达到"致中和，天地位焉，万物育焉""与天地参"的天人合一境界。这里的"中庸"已进入一种至善、至仁、至诚、至道、至德、至圣的道德理想阶段，将"宽窄"所需要表达的"中和""适度"思想上升为理想人格范畴。这是"宽窄"思想与传统儒家思想的合二为一。众所周知的一副形容弥勒佛的对联："大肚能容，容天下难容之事；开口便笑，笑世间可笑之人。"这里的"宽窄"是在讲忠恕宽容。

在四川乐山凌云寺也有这么一副对联："笑古笑今，笑东笑西，笑南笑北，笑来笑去，笑自己原无知无识；观事观物，观天观地，观日观月，观来观去，观他人总有高有低。"对联中谈及古今东西、天地日月诸多事物，由眼界的"宽"到自身的"窄"，引人深思。人们常说的宰相肚里能撑船也是在赞扬一个人的宽广肚量。这里的宽窄已成为一把道德标尺、人格标杆了。

2.古代诗人、艺术家的宽窄运用

宽窄，体现了人们对世界有形和无形空间的衡量和把握。宽窄不仅仅是一个物理空间、建筑空间、居住空间、生活空间，它更多的是一种包含丰富意味和想象力的精神空间。不仅巴蜀诗人咏叹宽窄，历代诗人也以宽窄入诗，描写宽窄多姿多彩的韵况。初唐王绩写道"柳行疏密布，茅斋宽窄裁"（《在京思故园见乡人问》）；中唐白居易有"君知天地中宽窄，雕鹗鸾凤各自飞"（《对酒》）；晚唐李商隐抒写"衣带无情有宽窄，春烟自碧秋霜白"（《燕台四首·春》）；元代张翥吟叹"休轻拆。待他归看，旧时宽窄"（《忆秦娥》）；明朝王宠描述"歌曲出玲珑，舞袖随宽窄"（《郊游与诸公作》）；清代席佩兰感叹"去时宽窄难凭准，梦里寻君作样看"（《寄衣曲》）。这些描写虽然多指空间形态，但却更深层次地揭示了事物的宽窄变化及其多样性、丰富性。[1]

陈子昂是四川遂宁人，他的旷世绝作《登幽州台歌》：

前不见古人，
后不见来者，
念天地之悠悠，
独怆然而涕下。

---

[1] 李后强、李明泉、汤柱国主编：《宽窄九章——写给大众的哲学》，光明日报出版社 2018 年版，"前言"：第 18 页。

是他随建安王武攸宜出征契丹的时候写的。从字面上看,《登幽州台歌》所抒发的是孤独感,是登高望远者在无穷的宇宙参照下体悟到个体的渺小和生命的短暂,蕴含着"个体之窄与宇宙之宽"的哲学意味。同时,诗中表达的不是一味的悲凉,而是悲壮慷慨,在巨大的悲哀之中透露着对功业和不朽的执着渴望。一股挣扎的、激昂的崇高悲壮之气使诗篇充溢着惊心动魄的力量和盛唐之音的气魄。在艺术上,其意境雄浑,视野开阔。全诗语言奔放,富有感染力,虽然只有短短四句,却在人们面前展现了一幅境界雄浑、浩瀚空旷的艺术画面。

巴蜀作家多有激情澎湃、出语宏阔之作。司马相如、扬雄、王褒的"汉赋",铺张扬厉,以大为美;苏洵、苏轼的散文开阖抑扬、纵横恣肆、豪情奔放、波澜壮阔,诗歌作品中的"豪放"之声更是时有所闻;其他诸如苏舜钦、李调元的诗歌作品也自有一种雄健豪迈的风格。对豪放的追求显然已成了巴蜀文人的一大传统。尤其是到了唐代,帝国的强盛,帝王的提倡,作为文化的代表,诗歌迈入了全盛时期。其中,豪放的诗风,迅速崛起,同大唐气象互为摩荡,构成一道奇异的人文景观,令人叹为观止。尤其是盛唐时期,李白的横空出世,他那"谪仙人"般天生超迈不羁的品格,铸就了他特有的诗风——激昂、飘逸、壮阔、浪漫。豪放,几乎成为李白诗歌中无时无刻不在的标签。正是李白天才型的禀赋和才调,才将诗的艺术境界推向了一个令后人难以企及的高峰。豪放,也因而从此成为诗风的重要一格,为后世众多人所激赏、所崇尚、所仿效发扬。①

宋代的豪放,人们首先想到的是苏轼,但相对李白的豪放,二者又有明显的区别。李白的豪放之中带有"白发三千丈"的愁闷和怨气,苏轼的豪放却带着"大江东去"的沉稳和开放;李白的豪放是大唐帝国强盛的展示和延伸,苏轼的豪放是宋初文化深厚底蕴的沉淀和哲理的沉思。李白的豪放可谓宽中有

___

① 毛若、毛晓红:《巴蜀文化对李白浪漫主义诗风形成的影响》,《新西部》2010年第8期,第116—117页。

窄，而苏轼却是窄中有宽。以不得志为例，李白则怨声载道，"大道如青天，我独不得出"；苏轼则乐天知命、安贫乐道。苏轼被贬黄州时，既受到政治监视，经济上也很窘困，以至于向郡中请求故地以维持生计。可他不但没有埋怨、大发牢骚，而且还写下了著名的《定风波》：

> 莫听穿林打叶声，何妨吟啸且徐行。竹杖芒鞋轻胜马，谁怕！一蓑烟雨任平生。
> 料峭春风吹酒醒，微冷，山头斜照却相迎。回首向来萧瑟处，归去，也无风雨也无晴。

在晚年的《自题画诗》中，苏轼说：问汝平生功业，惠州、黄州、瞻州。而这三个地方恰恰都是作者的被贬之地，并且生活也是最艰苦的。宋太祖赵匡胤曾经立下一条誓言：不杀士大夫。可是，我们可以通过被贬之人的贬谪地知道这个人犯罪的大小。苏轼最远的被贬到今天的海南岛，也就是说，如果有死刑的话，苏轼早没命了。但纵观苏轼的诗词，我们很难找到他的愤愤不平，更多的是如"大江东去"般豪迈的胸襟、洒脱的个性和从容的气度。即使受到重用时，也没有像李白那样"仰天大笑出门去，我辈岂是蓬蒿人"，而是泰然处之，居安思危。乐天知命、豁达闲适、不以物喜、不以己悲是苏轼的典型性格特征。[①]

顺便指出，著名科学哲学家赖欣巴哈曾写道："在整个哲学史上，我们发现哲学思维总是和诗人的想象连在一起；哲学家发问，诗人回答。因此，我们在阅读各种哲学体系的陈述时，应该把注意力多放在所提的问题上，而少放在所作的回答上。基本问题的发现，其本身就是对于智力进步的重要贡献，当哲学史被看作是问题史时，它所提供的方面要比被视为诸体系的历史时丰富多彩

[①] 李后强、李明泉、汤柱国主编：《宽窄九章——写给大众的哲学》，光明日报出版社 2018 年版，第 71—72 页。

得多。"① 这段话，对于深入开展宽窄哲学研究是有教益的。

此外，宽窄在艺术上的最早的有效运用，应该说是"透视构图法"在绘画中的运用。透视构图法运用于绘画，并不是始自文艺复兴。意大利罗马城附近，始建于公元前 4 世纪的庞贝遗址中的精美壁画，表明两千年前罗马人就能够精确运用焦点透视进行绘画。但是在此后的一千多年里，这种技法消失了，取而代之的是基督教会那些"失真"的画像。文艺复兴艺术家重新发现了透视法，并将其奉为至高无上的构图准则。正如达·芬奇所说：透视构图法"不过是在一个非常透明的玻璃背后看一个地方或一个物体，在其表面将物体可以描绘下来。这些物体和视点的连线形成一个锥形，锥形连线与玻璃平面相交"②。从本质上讲，是在平面的画面上，以各种颜色斑块的宽窄面积搭配，实现对"立体"的物体的"平面表征"。根据文艺复兴时代的美术史家瓦萨里的观点，欧洲再次恢复对空间的描绘，大约是在 13 世纪末期。乔托在其作品中首先使用"近大远小"的透视方法，以便在平面上产生一个错觉空间。随着透视技法不断成熟，对空间的描绘更加准确、理性，制造出逼真的空间感，让观众产生了身临其境的感觉。

3. 科学世界的宽窄尺度

20 世纪以来，科学技术的发展突飞猛进，极大地提高了人类认识自然、利用自然、改造自然和保护自然的能力。现代科学已经揭示，千姿百态的自然界实际上是存在不同层次的；科学哲学家从空间尺度着眼进行了划分：微观世界、宏观世界、宇观世界，微观世界、宏观世界、宇观世界又划分为若干小的层次；如图 1—1 和表 1—1 所示。③

---

① 赖欣巴哈：《科学哲学的兴起》，伯尼译，商务印书馆 1983 年版，第 25 页。

② 《芬奇论绘画·透视篇》。转引自冯雷：《理解空间：20 世纪空间观念的激变》，中央编译出版社 2017 年版，第 5 页。

③ 钱时惕：《科技革命的历史、现状与未来》，广东教育出版社 2007 年版，第 100—101 页。

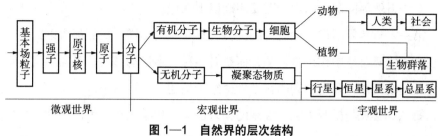

图1—1　自然界的层次结构

表1—1　自然界的层次结构、特点及相应的科学理论

特点 / 层次		空间尺寸	运动形式	相应科学理论
微观世界	基本场粒子	10^{-24}—10^{-20} 米	基本场粒子的量子运动	统一量子场论
	强子	10^{-18}—10^{-15} 米	强子（含粒子）的量子运动	量子色动力学
	原子核	10^{-15}—10^{-14} 米	原子核（含强子）的量子运动	原子核理论
	原子	10^{-10}—10^{-9} 米	原子（含电子）的量子运动	量子力学
	分子	10^{-9}—10^{-7} 米	分子（含原子、电子）的量子运动	量子化学
宏观世界	非生命世界 / 物理性物质	10^{-6}—10^{6} 米	宏观物理运动	力学、声学、热学、电磁学、光学
	非生命世界 / 化学性物质	10^{-6}—10^{2} 米	宏观化学运动	无机化学、有机化学、分析化学、物理化学
	生命世界 / 生物大分子	10^{-8}—10^{-7} 米	分子级生命运动	分子生物学
	生命世界 / 细胞	10^{-6}—10^{-5} 米	细胞级生命运动	细胞学、病毒学
	生命世界 / 生物个体	10^{-5}—10 米	个体级生命运动	植物学、动物学、微生物学、生理学
	生命世界 / 生物群体	10—10^{5} 米	群体级生命运动	生物进化学、生态学
宇观世界	行星	10^{5}—10^{8} 米	宇宙运动中的行星运动	行星天文学
	恒星	10^{6}—10^{12} 米	宇宙运动中的恒星运动	恒星天文学
	星系	10^{16}—10^{19} 米	宇宙运动中的星系运动	星系天文学
	总星系	10^{27} 米	宇宙运动	宇宙学

对于自然界的层次结构，需要明确以下认识。

第一，自然界不像近代流传的机械图景认识的那样，最后都可以归结到原子在牛顿绝对时空中作机械运动，而是有多种基本运动形式，不同层次有不同特点及运动规律，要用不同的科学理论给予描述。

第二，宏观与微观关系。宏观的物理运动、化学运动、生命运动都是建立在不同的微观层次（分子、原子、原子核、强子、基本场粒子）运动的基础之上。宏观运动中包含着微观运动，但不能归结为微观运动。在宏观物理、化学、生命运动之中，化学运动包含着物理运动，生命运动又包含着物理、化学运动。高级运动包含着低级运动，但不能归结为低级运动。20世纪的科学发展已经充分说明，在很长时期以来（直至19世纪）流行的还原论是不正确的。

第三，宇观与宏观、微观关系。宇观运动指的是与宇宙整体结构及演化相关之运动，宇观中的行星、恒星、星系包括在宇宙之中，但它们的运动包含着两个部分，一部分是与宇宙整体运动有关的，例如行星、恒星、星系的形成及发展，它们要用宇宙学描述；另一部分与宇宙整体运动相对独立，例如地球在太阳系中的运动，属于宏观机械运动，可用牛顿力学描述。

第四，总星系是当今科学认识到的"最大尺度"。

在一般的科学著述中，时常把宇宙与总星系同等看待，在这个意义上，宇宙的空间范围其半径约150亿光年。根据目前的观测资料，宇宙由多个层次的天体系统所组成，其顺序为：星球、星团、星系、星系团、超星系团、总星系等。

星球：是宇宙结构中的基元单位，包括恒星（例如太阳），行星（例如地球）、卫星（例如月亮）、彗星（例如哈雷彗星）、流星等。

星团：由十个以上的恒星组成，被各成员恒星的引力束缚在一起的恒星群，称为星团。星团可分为疏散星团和球状星团两大类。疏散星团一般包括十几个到几百个恒星，形状不规则。球状星团的特点在于恒星集中分布在一个较小的空间内，呈圆球或椭球形状，它所包含的星球比疏散星团多得多，从几万颗到几十万颗以上。

星系：由几十亿到几千亿颗恒星以及星际物质和尘埃物质等构成的天体系统，称为星系。我们所在的银河系就是一个普通的星系。银河系估计有 1000 亿颗以上的恒星，形状呈扁球形，绝大多数星体都密集在扁球的中心平面附近。银河系以外的星系，称为河外星系。到目前为止，天文学家发现的河外星系总数有十亿以上。

星系团：由十几个乃至上千个星系集聚在一起，相互之间有一定力学联系的集团，称为星系团。目前已经发现上万个星系团，距离我们远达 70 亿光年之外。若干个星系团集聚在一起再构成更高一级的天体系统，称为超星系团，或简称超星系。超星系团的质量可达 10^{15}—10^{17} 太阳质量。

总星系：银河系及河外星系总称为总星系，它是我们目前天文学观测手段所达的最大范围，约 150 亿光年。总星系一般亦称之为宇宙。但有一些人认为，这个总星系只是我们人类认识现在达到的范围，在此之外，存在着无数的天体系统，因此，这个总星系不能称之为宇宙，而只能称之为"我们的宇宙"或"宇宙岛"。

地球最近的恒星是太阳，其次是处于半人马座的比邻星。前者距地球的平均距离是 1.495 亿千米，发出的光到达地球需要 8 分钟；后者发出的光到达地球需要 4.22 年。

天体之间的距离大多非常遥远，人们不得不用天文单位和光年来表示如此巨大的距离。一天文单位是指地球到太阳的平均距离，约等于 1.5×10^8 千米。一光年是指速度约为每秒 30 万千米的光在一年中行经的距离，约等于 94605 亿千米。可观测宇宙的尺度约为 150 亿光年，即约 1.5×10^{23} 千米。

第五，纳米材料是当今人类生活中已有效运用的"最小尺度"材料。

20 世纪 60 年代，诺贝尔物理学奖获得者、曾对原子弹的发展作出过重要贡献的美国著名科学家理查德·费曼曾预言：如果我们对物体微小规模上的排列加以某种控制的话，我们就能使物体得到大量的异乎寻常的特性，就会看到材料的性能产生丰富的变化。他所说的材料，就是现在的纳米材料。

纳米是一种度量单位，1 纳米（nm）等于 10^{-9} 米，即百万分之一毫米、十亿分之一米。1 纳米相当于头发丝直径的 10 万分之一，大约是三四个原子的宽度。目前，学术共同体将处于 1—100nm 纳米尺度范围内的超微颗粒及其致密的聚集体，以及由纳米微晶所构成的材料，统称为纳米材料，包括金属、非金属、有机、无机和生物等各种粉末材料。

纳米材料研究，是目前材料科学研究的一个热点。纳米材料是纳米技术应用的基础，相应发展起来的纳米科技则被公认为是 21 世纪最具有前途的科研领域。所谓纳米科学，是指研究纳米尺寸范围（0.1—100nm）之内的物质所具有的物理、化学性质和功能的科学。纳米科技，其实就是一种用单个原子、分子制造物质的科学技术；它以纳米科学为理论基础，研究新工艺方法，制造新材料、新器件。

纳米微粒，一般在 1—100nm 之间，其粒度介于原子簇和超细微粒间，处于宏观物体和微观粒子交界的过渡区域，因而具有许多既不同于宏观物体、又不同于微观粒子的特性。从结构上看，纳米固体中包含纳米级粒度的颗粒组元及颗粒间的界面组元。由于颗粒极小，使得界面组元的占总量的比例显著增加。例如，当纳米微粒直径为 5nm 时，材料中的界面组元体积约占总体积的 50%，即组成材料的原子约有一半是分布在界面上。这些原子排列的无序度、混乱度均较传统的晶态与非晶态为高，因而界面组元的结构既与晶体（特征是"长程有序"）不同，也与非晶体（"长程无序、短程有序"）不同，而是一种长、短程均无序的"类气体"的固体结构。因此，一些研究人员把纳米材料称为晶态、非晶态之外的第三态晶体材料。

纳米材料有奇特的物理、化学和生物学的性质。最引人注目的是纳米材料的熔点特别低。例如，块状的金熔点是 1064℃，而纳米金的熔点只有 330℃，降低了 734℃；又如，纳米级银微粉的熔点，由块状银的 962℃降低为 100℃。这一特性不仅可使低温条件下烧结成合金（粉末冶金）成为现实，而且可望将一般互不相溶的金属冶炼成合金；制成质量轻、韧性好等特殊性能的超级钢及特种合金。对于需要在高温烧结的材料，制成纳米材料后，便可使它们的烧结温度大为降低。若干因熔点不同、相变温度不同难以烧结成复相材料的特殊组分，形成纳米微粉后，因其熔点下降、相变温度降低，则可在较低温度下进行固相反应，而得到烧结性能良好的复相材料。例如：过去，陶瓷材料因性脆、烧结温度高等缺点，限制了其应用范围；现在室温下合成的纳米 TiO2 陶瓷，在 80—180℃ 范围内可产生高达 100％ 的塑性变形，韧性极好。由于烧结温度降低，能在比一般陶瓷低 600℃ 温度下达到后者相似的硬度。如在次高温下将纳米陶瓷颗粒加工成型，再作表面处理，就能得"表硬内韧"的新材料——表面保持一般陶瓷的硬度，内部则具有纳米材料的韧性和延展性的高性能陶瓷。

纳米材料还可以广泛应用于生物和医药领域中。纳米微粒比人体中红血球（6—9 微米）小得多，可在血液中自由运动。因此，注入各种对人体无害的纳米微粒可直接到达体内的任一部位，以检察病变、对症治疗。将不易为人体吸收的药物（如维生素等）制成纳米微粉或悬浮液，则极易吸收；如将其做成药膏贴在患处，药物可经皮肤直接吸收而无须注射，省去了注射感染等问题。纳米微粒还可用于人体的细胞分离或细胞染色，也可用来携带 DNA 进行 DNA 治疗基因缺陷症。试验表明，如将药物放入磁性纳米微料内部，并在体外加以导向，使药物集中到患病的组织中，则可利用纳米药物阻断毛细血管而"饿死"癌细胞，大大地提高药物治疗的效果。

4. 现代宇宙学研究中的宽窄相连

现代宇宙学说，既在研究宇宙大爆炸后膨胀的最大尺度问题，也在研究宇宙大爆炸前最短时间的状态问题；并且把最大尺度的宇宙膨胀问题与最小的基本粒子的量的问题，紧密地结合起来。理论的发展为什么会使得最宽与最窄的两极相连？这要从广义相对论的建立，导致现代宇宙学的不断深入地研究与发展说起。

1916 年爱因斯坦建立广义相对论后，马上就有许多人据此构造宇宙模型。爱因斯坦于 1917 年发表了《根据广义相对论对宇宙学所作的考查》一文，将广义相对论用于宇宙学问题，并建立了一个有限无边的静态宇宙模型。几乎与爱因斯坦同时，荷兰天文学家德西特得出了一个膨胀的宇宙模型。1922 年，前苏联物理学家弗里德曼得出了均匀各向同性的膨胀或收缩模型。

弗里德曼进一步发现，广义相对论宇宙学方程的解，并不是如爱因斯坦所希望的那样只有唯一解，而是有一组不同的解，其中每一个解都描述一个不同类型的宇宙。存在三种基本的类型，分别叫做开放的、闭合的、平直的宇宙模型。对于开放模型，宇宙是膨胀的，并且将一直膨胀下去。对于封闭模型，宇宙膨胀到一定程度，将会转而收缩，然后再膨胀，再收缩。而平坦模型则是前两种的临界状态。在这种宇宙模型里，从任何一点进行观测都会发现，在它周围的天体，或者一致地远离而去，或者一致地向它靠拢，而且远离速度或靠拢速度是和天体与观察者之间的距离成正比的。

弗里德曼的模型，是从广义相对论场方程逻辑地导出的。这就意味着，如果我们承认广义相对论，似乎就必须对宇宙作出这样的预言：宇宙在膨胀，或者宇宙在收缩，其速度正比于距离。这可谓科学史上一桩最大的预言。一方面，因为它预言的范围大到涉及整个天文学的空间；另一方面，因为它要打破一种非常长久的传统观念——宇宙是静态的。以弗里德曼模型为代表的相对论宇宙学，一开始并不为人重视，因为它主要是一些数学推导，而没有观测事实支撑。但是，到了1929年，情况发生了根本的变化。这种变化来源于哈勃定律的问世。

1910—1920年间，美国天文学家斯莱弗测定了一些星系的光谱，发现它们的光谱向红光方向偏移，而按多普勒效应解释应得出这些星系正在远离我们而去的结论。多普勒效应，是波动所特有的一种效应：一列迎面而来的火车的汽笛声会变得刺耳，而背面远去时又变得发闷。运动物体发出的波，在固定参照系的观察者看来会发生变化，迎向观察者时波长变短（频率变高）；对于光谱而言就是蓝移。背离观察者时，波长变长（频率变低），就是红移。星系光谱的红移，表明星系在远离我们而去。反过来，也可以根据红移量计算出星系背离我们而去的退行速度。所有的天体都远离地球，这并不意味着地球或者太阳系是宇宙的中心；如同气球上均匀分布一些斑点，在膨胀时，从任何一个斑点看来其他斑点都远离自己而去。1929年，哈勃考察了斯莱弗的工作，并结合自己对河外星系的测定，提出了著名的哈勃定律：星系的红移量与它们离地球的距离成正比。这一定律被随后进一步的观测所证实。

哈勃定律公布后，人们惊喜地发现，它所展示的星系的退行表明了宇宙大尺度膨胀现象，这正是弗里德曼模型所预言的。科学界被震动了：研究整个宇宙的宇宙学确实是可能的，它的预言居然被证实了。

既然宇宙在膨胀，也就是在"由小变大""由窄变宽"。比利时天体物理学家及神学家乔治·亨利·勒梅特，于1927年得到的广义相对论宇宙学方程的解，与弗里德曼的结果类似；然而，最使勒梅特感兴趣的是，方程的解也许可以揭示宇宙的起源。历史上，正是勒梅特第一次描述了类似后来叫做"大爆炸"的理论。他认为，一定存在某个时期，在此期间组成现在的宇宙的一切万物都被压缩到一个只有太阳30倍大的空间内——"原始原子"，后来发生猛烈爆炸，碎片向四面八方散开，形成了今天的宇宙。但他当时还没有足够的核物理知识来描述爆炸后宇宙演化的具体过程和细节。另外，勒梅特当时还低估了宇宙的年龄。

20世纪40年代，1933年逃到美国的苏联裔物理学家伽莫夫与他的同事美国人阿尔费尔和赫尔曼开始进一步研究宇宙膨胀论中的早期密集状态。后来，前苏联天体物理学家译尔多维奇、英国的霍伊尔和泰勒、美国的迪克和皮伯尔斯等人，又在1964年左右，分别独立地研究了这个问题，逐渐形成了热大爆炸宇宙学派。大爆炸宇宙学说的主要观点是，宇宙不但不断在膨胀，而且宇宙的温度也在不断降低，即宇宙有一个从热到冷的演化史。在早期的宇宙中，温度及密度都是非常高的。那时，宇宙间只有一些质子、中子、电子、光子及中微子等粒子形态的物质，它们之间达到热平衡态。

目前，大爆炸宇宙学说已经成为宇宙演化学说中的标准模型。它之所以被科学界所承认，主要有两个重要的观测依据：一是氦的丰度，二是背景辐射。微波背景辐射是大爆炸宇宙学说最令人信服的证据。这种无处不在的强度均匀的宇宙辐射，被比作是大爆炸30万年之后的宇宙的"褪色了的照片"，也是表明宇宙曾经比现在更热更稠密的最直接的证据。

目前，在观测和理论研究的基础上，物理学家和宇宙学者联合勾画出了一种可能的宇宙早期的图像。这一图像是：宇宙发端于距今150多亿年前的一次大爆炸，起初并没有粒子和辐射，有的只是一种单纯而对称的真空状态以指数方式膨胀着。这种膨胀比稍后阶段按弗里德曼模型中的膨胀要剧烈得多，称为"暴胀"。今天自然界的四种基本相互作用，即引力、弱力、电磁力、强力，那时是不区分的。随着宇宙的膨胀和降温，真空发生了一系列相变，好像水在降到零摄氏度时变成冰那样。在大爆炸后 10^{-43} 秒，发生超统一相变，引力作用首先分化出来，这时夸克和轻子可以相互转变；到大爆炸后 10^{-35} 秒，大统一相变结束，强作用与电磁作用、弱作用分离，物质与反物质之间的不对称性开始出现；10^{-10} 秒以后，弱电相变发生，弱作用和电磁作用分离，完成了四种基本相互作用逐一分化的过程。从 3 分钟以后，经过约 15 万年，宇宙的温度降到 4000K，电子与原子核结合为稳定的原子，光子不再被自由电子散射，从此宇宙变得透明。又过了几十亿年，中性原子在引力作用下逐渐凝聚为原星系，原星系聚在一起形成等级式结构的星系集团。与此同时，原星系本身又分裂，形成千千万万的恒星，开始了恒星的起源和演化的过程。在亿万颗恒星中，有一颗就是太阳，在太阳系的演化中出现了能认识宇宙的人类。

现在我们要问：宇宙进一步将如何演化？

前面谈到，弗里德曼的宇宙模型揭示了宇宙是开放的、闭合的、平直的这三种可能性。换句话说，宇宙或者将一直膨胀下去，或者在膨胀到一定时候又开始收缩，或者总在以上两种极端情形之间摇摆。

如果宇宙是开放的或平直的，其最终的命运将是一个绝对寂静的结局。渐渐地，随着宇宙不断地膨胀，越来越多的恒星将耗尽它们的核燃料而成为白矮星、中子星及黑洞。白矮星最终将完全燃尽成为一个死寂的叫做黑矮星的天体。最后，随着最后一批发光恒星的死亡和通过霍金辐射的黑洞蒸发，空间没有了可用的能量，没有了恒星能源的驱动力或来自任何其他燃料源的能量，所有的物理过程都到了完全停止的时刻。这一最后状态，叫做"热寂"，将构成时间本身的终结。

如果宇宙是闭合的，则是另一番景象。在未来的某一时刻，哈勃膨胀将停止，转而成为普遍收缩。当空间本身向里收缩时，天空所有的星系都将逆转它们的行程，转为互相接近。最后，在一个极相似于时间反转的大爆炸事件中，宇宙将缩聚成为一个奇异性的大小为数字点的区域。

科学家已经证明这几种不同的可能性，可由宇宙的质量密度参数 Ω 来描绘。宇宙的质量密度是指整个可观察到的宇宙每立方米体积中的质量的平均值。理论物理学家们找到了一个公式，该公式说明了质量密度 Ω 是如何影响宇宙未来的。如果 Ω 比 1 大（意思是如果整个太空平均每 10 立方米有 1 个以上的氢原子），宇宙最终将停止膨胀并会收缩；那将是一个"封闭"的宇宙。如果 Ω 比 1 小（整个太空平均每 10 立方米的氢原子少于 1 个），宇宙将永远膨胀下去；那将是一个"开放"的宇宙。如果 Ω 正好等于 1，那么宇宙的密度为"临界密度"，这使得它以刚好不至于坍塌的速度膨胀，膨胀的速度一直在减小但膨胀永远不会停止；那将是一个"扁平"的宇宙——暴胀理论。

5. 现代人类诞生中的宽窄相通

人类起源于非洲，这是当今学术共同体的主流观点。这种观点最早由达尔文在 1871 年出版的《人类的由来》一书中提出。全世界几大洲的人，起源于一个洲，这本身就是一种"宽窄相通"。而非洲起源论，后来又有"多源论"和"单源论"之分。

多源论认为，100 万至 200 万年前，直立人由非洲扩展到其他大陆后，分别独立演化为现代非洲、亚洲、大洋洲、欧洲人。按照"多源论"的说法，北京猿人等中国直立猿人依旧是现代中国人的祖先。

在"多源论"盛行的年代里，人们搞不懂：世界各地差距巨大的各种古人类是如何共同进化为现代人这相差不大的物种的？现在世界各地的现代人虽外貌差距很大，但身体本质上差距是很小的，不可能是由不同的祖先进化而来的呀！按照"多源论"，现代地理区的各人群（被称为"人种"者），曾被分开达100 万至 200 万年之久。

新兴的分子生物学向"多源论"发出了致命的一击，这支长矛就是伯克利加利福尼亚大学对线粒体 DNA 的研究。伯克利加利福尼亚大学的阿伦·威尔逊和他的同事，仔细检查细胞内叫做线粒体的细小器官中的遗传物质 DNA。当来自母亲的卵和来自父亲的精子融合时，变成新的胚胎，胚胎细胞的一部分线粒体只来自卵子，因此线粒体 DNA 只由母系遗传。线粒体 DNA 特别适合经过一代代的追溯去探究进化的过程。由于线粒体 DNA 是通过母系遗传的，即从母亲，到女儿，到女儿的女儿，到女儿的女儿的女儿……；因而追溯过程最后会导向一位单一的女性祖先。

在对人的线粒体 DNA（基因）研究的基础上，卡恩和威尔逊于 1987 年在《自然》杂志上发表文章，称他们从全世界抽样了 148 名妇女进行线粒体 DNA 研究结果表明，人类共同起源于 20 万年前一位非洲女性。这个老祖母的后代分别有几支进入亚洲和欧洲，同时分别消灭了亚洲的北京猿人和欧洲的尼安德特人而进化为黄种人和白种人。（应当注意，这一女人是多达上万人的群体中的一个，她不是一个只与她的亚当在一起的夏娃）

接下来，这种称之为"线粒体夏娃假说"的理论，也就是现代人的单一起源论，在解释非洲黑种人、白种人的起源上取得了巨大的成功；中国的一些人类学家进行的分子生物学研究也支持这一学说。于是，单一起源论成为了主流学说；尽管中国科学院古脊椎动物与古人类研究所吴新智院士坚决反对所谓的人类起源于非洲的假说。按照"单源论"的说法，现代中国人的祖先在 5 万年前到达中华大地的时候就一点都不像猴子了，北京猿人并非我们的直系祖先。

第二节　宽窄哲学开端的研究成果

2017 年 3 月 20 日，四川省社会科学院与四川中烟工业有限责任公司签订战略合作框架协议，并为联合开办的"宽窄哲学研究院"揭牌；拉开了宽窄哲学研究的帷幕。2018 年 9 月，《宽窄九章——写给大众的哲学》一书就问世，体现了速度和效率，更体现了"宽窄哲学研究院"研究的强大功力。中共四川省社会科学院党委书记李后强教授①，为开启与推进宽窄哲学研究，发挥了重要作用。

一、"宽窄诸论"

李后强教授是宽窄哲学重要推动者。他在研讨宽窄哲学的多次大会、小会上提出并论述了宽窄狭义相对论、宽窄广义相对论、宽窄数码论、宽窄量子论、宽窄模糊论、宽窄控制论、宽窄突变论、宽窄信息论、宽窄混沌论、宽窄分形论、宽窄复数论、宽窄孤波论、宽窄耗散论、宽窄协同论、宽窄超循环论和宽窄价值论、宽窄相变论，拓展了宽窄学的内涵和外延，努力为宽窄学的发展构建理论框架。其中宽窄狭义相对论、宽窄广义相对论和宽窄数码论、宽窄量子论、宽窄模糊论，以"宽窄相对论与模糊论（代序）"为名，集中呈现在《宽窄九章——写给大众的哲学》一书中。

在"宽窄相对论与模糊论（代序）"一文的开篇处，李后强写道：

> 在无限可分的多维世界里，宽窄只是一个过程和层级。宽窄地位可以交换，可以配对形成 DNA 双股结构，可以相互渗透形成太极结构。只有在日常的欧式空间里，宽窄才有明确意义。在拓扑学中只有位置没有大

---

① 李后强系理学博士，1992 年被破格晋升为四川大学物理系教授，时年 30 岁；同年获"四川省十大杰出青年"称号。1993 年成为"国务院政府特殊津贴"获得者，1994 年获"中国青年科技奖"，1995 年入选国家教委"跨世纪优秀人才培养计划"（环境类），1997 年当选为中国共产党"十五大"代表。他除在自然科学领域作出重大贡献外，在自然辩证法研究领域也取得重大成果。1995 年，中国自然辩证法研究会会刊《自然辩证法研究》杂志在其创刊 10 周年之际，表彰了 20 篇优秀论文，李后强的论文"关于分形理论的哲学思考"名列第一；而一些更著名的人物，如于光远、龚育之，分别名列第八和第九。2011 年出任中共四川省社会科学院党委书记。

小，在模糊学中只有数值没有边界，在黎曼几何中不承认平行线的存在。在相对论中，空间可以折叠，维数可以变换，时间可以膨胀。在量子论中，任何物质都有波粒二象性，既是波动又是粒子，位置和速度不能同时确定。在弦理论中，把物质细分到极限时都是一段细弦，波动构成物质，大千世界是一场正在演奏的交响乐，空间弥漫的是波动和频率。宽窄是空间的形，是引力场，是价值场，是人生观和世界观的折射反映。宽窄是物质也是波动，是有形也是无形，是历史也是现实，是符号也是运算，是曲线更是文化，是视觉更是心态，是尺寸更是境界，是几何更是哲学。在过去，宽窄是一种比较和感觉；在眼前，宽窄是一种记忆和传统；在未来，宽窄是一种品味和价值。宽窄蕴含着深刻的哲理，特别是包含着丰富的美学、数学、心理学和物理学等知识。比如，与模糊数学、量子力学、粒子物理、黎曼几何、微分几何等关系非常密切。本文我们提出"宽窄狭义相对论""宽窄广义相对论"和"宽窄量子论""宽窄数码论""宽窄模糊论"供大家思考和研究。①

"宽窄相对论与模糊论（代序）"一文，阐述了七个问题，分别是：宽窄的几何流变，宽窄的复杂几何，宽窄狭义相对论，宽窄广义相对论，宽窄量子论，宽窄数码论，宽窄模糊论。

1. 宽窄的几何流变与复杂几何

对于第一个问题"宽窄的几何流变"，李后强阐述了从古希腊的欧几里得几何学到 19 世纪的"非欧几何"的演进。对于第二个问题"宽窄的复杂几何"，他阐述了"在不同几何学中，宽窄不同"；他写道：

---

① 李后强、李明泉、汤柱国主编：《宽窄九章——写给大众的哲学》，光明日报出版社 2018 年版，"代序"：第 2 页。

从常识和直观上讲，宽窄是一个几何学概念。但是，在不同几何学中，宽窄不同。欧氏几何、罗氏几何、黎曼（球面）几何是三种各有区别的几何。这三种几何各自所有的命题都构成了一个严密的公理体系，每个体系内的各条公理之间没有矛盾，因此这三种几何都是正确的。在平面上，两点间的最短距离是线段，但是在双曲面上，两点间的最短距离则是曲线，因为平面上的最短距离在平面上，那么曲面上的最短距离也只能在曲面上，而不能跑到曲面外抻直，故这个最短距离只能是曲线。在黎曼几何（椭圆面）的三角形的内角和都大于180度，但任何罗巴切夫斯基三角形（双曲面）的内角和都永远小于180度。黎曼几何在物理上非常有用，因为光在空间上就是沿着曲线跑的，并非是直线。在宏观低速的牛顿物理学中，我们所处的空间可以近似看成欧式空间，在此空间里只能见到日常生活中的现象，难见奇迹；在涉及到强大引力时，时空要用黎曼几何刻画。黎曼将曲面本身看成一个独立的几何实体，提出了几何学研究的对象应是一种多重广义量。黎曼几何中的一个基本问题是微分形式的等价性问题，它与偏微分方程、多复变函数论、代数拓扑学等学科互相渗透，相互影响，在现代数学和理论物理学中有重大作用。研究黎曼几何要知道这些概念：度量张量、黎曼流形、列维-奇维塔联络、曲率、曲率张量、李群等。在20世纪20年代，嘉当开创并发展了外微分形式与活动标架法，建立了李群与黎曼几何之间的联系，影响极其深远，并由此发展了线性联络及纤维丛的研究。……在黎曼空间、规范场、纤维丛中，宽窄概念得到新拓展和新提升，出现多样化和转化性，并且与微观世界有深厚关联。比如，在原子内电子与原子核所占据空间极小，绝大部分是空的，但我们看不到空隙，因为有电子云，高速运动产生视觉错乱，相对质量很大。①

---

① 李后强、李明泉、汤柱国主编：《宽窄九章——写给大众的哲学》，光明日报出版社2018年版，"代序"：第4—5页。

2. 宽窄狭义与广义相对论

李后强指出："宽，相对更大尺寸就是窄；窄，相对更小尺寸就是宽。所以，宽窄是相对的，是暂时的，与所在时空有关。黎曼几何可以看成是欧式几何的推广。欧式几何中的度量是零曲率的，而黎曼几何研究更一般的度量，在不同的度量下，空间的曲率是不同的。……黎曼几何是关于曲面的几何。因此，把欧式空间的宽窄放在黎曼空间，情况就会变化。"

对于第三个问题"宽窄狭义相对论"，他写道：

> 我们模仿爱因斯坦的思想，提出了"宽窄狭义相对论"，它研究在惯性系统和在高速时（四维时空）的宽窄演变情况，爱因斯坦的狭义相对论是针对惯性系统和高速情况，假设光速不变。"狭义"表示它只适用于惯性参考系，理论的核心方程式是洛伦兹变换（群）。

> 狭义相对论预言了牛顿经典物理学所没有的一些新效应（相对论效应）。在接近光速时，时间膨胀（变慢）、长度收缩（沿运动方向）、横向多普勒效应、质速关系、质能关系等，这些已经被许多高精度实验所证实。狭义相对论是对牛顿时空理论的拓展，要理解狭义相对论就必须理解四维时空（三维加时间），其数学形式为闵可夫斯基几何空间。

> 在狭义相对论中，速度不同，时间不同，长度不同，因此宽窄不同。在高速尤其是接近光速时，速度增大，运动物体的相对质量增大，相对长度缩短，物体会变形，空间缩小（甚至成为一点），浓度或密度增大。质能关系是，能量 $E = mc^2$，m 是质量，c 是光速。也就是说，质量可以转变成能量（核能），高能可以转变成质量（制造新物质）。[1]

对于第四个问题"宽窄广义相对论"，李后强指出：

---

[1] 李后强、李明泉、汤柱国主编：《宽窄九章——写给大众的哲学》，光明日报出版社 2018 年版，"代序"：第 5—6 页。

广义相对论是描写物质间引力相互作用的理论……这一理论首次把引力场解释成时空的弯曲，空间可以折叠，维度可以变换，引力场影响时间和距离的测量。因此，在广义相对论里，宽窄无法确定，我们提出了"宽窄广义相对论"，它研究在强大引力和黎曼时空中宽窄演变情况。

要理解广义相对论，就要了解引力场、时间膨胀、黑洞、引力透像、引力波、量子场论等。爱因斯坦认为，巨大质量的物体会有巨大引力，某些大质量恒星会终结为一个黑洞，它能使时空中的某些区域发生极度的扭曲以至于连光都无法逸出；光线在引力场中的偏折会形成引力透镜现象，这使得人们能够观察到处于遥远位置的同一个天体的多个成像。广义相对论还预言了引力波的存在，现已被直接观测所证实。此外，广义相对论还是现代宇宙学的膨胀宇宙模型的理论基础。狭义相对论只适用于惯性系，它的时空背景是平直的四维时空，而广义相对论则适用于包括非惯性系在内的一切参考系，它的时空背景是弯曲的黎曼时空。①

"虫洞"是广义相对论的预言，它是能连接两个遥远时空的多维空间隧道（时空细管），也叫时间洞和爱因斯坦-罗森桥，连接过去、现在、未来及其他宇宙。

"虫洞"可以做瞬间的空间转移或时间旅游，暗物质维持着"虫洞"出口的开启，把"负质量"或"负能量"传递到"虫洞"中就能打开"虫洞"开关，只要强化其结构稳定，就能让太空飞船穿越，进入新的时空。在引力很弱时，相对论与牛顿力学一致；在引力强大时，时空是四维弯曲的，弯曲结构与物质能量密度和动量密度的分布有关。空间可以折叠，就是说，遥远的两点能折叠在一起，距离为零。可见，在相对论里，宽窄不确定，与引力、质量、速度有关，宽可能变窄，窄可能变宽，地位可以对易，宽窄可以配对形成类似于生物遗传基因 DNA 的双股螺旋结构，也可

---

① 李后强、李明泉、汤柱国主编：《宽窄九章——写给大众的哲学》，光明日报出版社 2018 年版，"代序"：第 6 页。

以相互渗透形成太极镶嵌结构，你中有我，我中有你。①

3.宽窄数码论

对于第五个问题"宽窄数码论"，李后强指出：

由于不同颜色的物体，其反射的可见光的波长不同，白色物体能反射各种波长的可见光，黑色物体则吸收各种波长的可见光，所以能用黑白相间的条码转换成相应的电流。如果把窄定义为0(黑)，把宽定义为1(白)，那么根据布尔代数和计算机原理，可以编制宽窄码。

一维条码只记载宽度信息，不记载长度信息，可以识别商品的基本内容，例如商品名称、价格等，但并不能提供商品更详细的信息，要调用更多的信息，需要电脑数据库的进一步配合。二维码是点阵图形，能记载宽度和长度，信息密度高，数据量大，具备纠错能力，不但具有识别功能，而且可显示更详细的商品内容。例如衣服名称、价格、材料、尺寸大小以及一些洗涤注意事项等，无需电脑数据库的配合，简单方便。在代码编制上巧妙地利用构成计算机内部逻辑基础的"0""1"比特流的概念，使用若干个与二进制相对应的几何形体来表示文字数值信息。

在一维码中，构成条码的基本单位是模块，模块是指条码中最窄的条或空，模块的宽度通常以 mm 或 mil（千分之一英寸）为单位。所有单元只有两种宽度，即宽单元和窄单元，其中的窄单元即为一个模块。宽窄比是重要参数：对于只有两种宽度单元的码制，宽单元与窄单元的比值称为宽窄比，一般为2—3左右（常用的有2∶1、3∶1）。宽窄比较大时，阅读设备更容易分辨宽单元和窄单元，因此容易阅读。可见，把宽窄数值化，就能开辟新领域和新用途，建立"宽窄数码论"，主要处理数码编制

---

① 李后强、李明泉、汤柱国主编：《宽窄九章——写给大众的哲学》，光明日报出版社 2018 年版，"代序"：第6—7页。

和光电信号。①

4. 宽窄量子论

对于第六个问题"宽窄量子论",李后强指出:

　　在量子力学里,有一个著名的测不准原理,它表明,粒子的位置与动量(或速度)不可同时被确定,位置的不确定性与动量的不确定性遵守不等式 $\triangle x \triangle p \geq h/4\pi$,其中 h 是约化普朗克常数。类似的不确定性关系式也存在于能量和时间,角动量和角度等物理量之间。该原理表明:一个微观粒子的某些物理量(如位置和动量,或方位角与动量矩,还有时间和能量等),不可能同时具有确定的数值,其中一个量越确定,另一个量的不确定程度就越大。

　　测量一对共轭量的误差(标准差)的乘积必然大于常数 $h/4\pi$(h 是普朗克常数)是海森堡在 1927 年首先提出的,它反映了微观粒子运动的基本规律——以共轭量为自变量的概率幅函数(波函数)构成傅立叶变换对。根据海森堡的表述,测量这动作不可避免地搅扰了被测量粒子的运动状态,因此产生不确定性,位置的不确定性与动量的不确定性是粒子的秉性,说明微观世界是不确定的,是模糊的,因为有波粒二象性,就是同时具有粒子性和波动性。波和粒子被认为是同一现象的两个不同表现。

　　德布罗意认为,一切微观粒子,包括电子和质子、中子,都具有波粒二象性。他把光子的动量与波长的关系式 $P = h/\lambda$ 推广到一切微观粒子上,指出:具有质量 m 和速度 v 的运动粒子也具有波动性,这种波的波长等于普朗克恒量 h 跟粒子动量 mv 的比,即 $\lambda = h/(mv)$,这个关系式后来就叫作德布罗意公式。

---

① 李后强、李明泉、汤柱国主编:《宽窄九章——写给大众的哲学》,光明日报出版社 2018 年版,"代序":第 7—8 页。

弦理论是理论物理的一个分支学科，一个基本观点是，自然界的基本单元不是电子、光子、中微子和夸克之类的点状粒子，而是很小很小的线状的"弦"（包括有端点的"开弦"和圈状的"闭弦"或闭合弦）。在弦理论中的这些弦正如小提琴上的弦，能产生振荡模式，或者共振频率，其波长可以确定。弦理论认为每一种振动模式都对应着一种粒子，特定弦的振动频率决定了粒子的能量和质量，一根弦的不同振动模式可以形成我们现在所熟知的基本粒子。能量与物质是可以转化的，故弦理论并非证明物质不存在。

弦理论模型认为，组成所有物质的最基本单位是一小段"能量弦线"，大至星际银河，小至电子、质子、夸克一类的基本粒子都是由这占有二维时空的"能量线"所组成。弦理论可以解决和黑洞相关的问题。弦理论中的弦尺度非常小，存在着几种尺度较大的薄膜状物体（简称为"膜"），我们所处的宇宙空间可能是 9 + 1 维时空中的 D3 膜。弦理论是现在最有希望将自然界的基本粒子和四种相互作用力统一起来的理论。在量子论和弦理论中，现实世界就是一部正在演奏的交响乐，复杂而美丽，宽窄只是一个过程、一个阶段、一个层级、一个波动，既是无也是有，可以无影无踪，可以美妙动人，可以烟消云散。"是非成败转头空""古今多少事都付笑谈中"，充满人生哲理和自然辩证法。①

5. 宽窄模糊论

对于第七个问题"宽窄模糊论"，李后强指出：

如果把窄定为 0，把宽定为 1，在 [0,1] 区间内，就有无穷个小区间，都是小数，并且边界可能不清晰（不是整数），这就是模糊数学研究的问题。比如，从窄变宽，从宽变窄，可以是量变也可以是质变，质、量、度

---

① 李后强、李明泉、汤柱国主编：《宽窄九章——写给大众的哲学》，光明日报出版社 2018 年版，"代序"：第 8—9 页。

可能不清楚。模糊数学又称 Fuzzy 数学，是研究和处理现实世界中许多界限不分明甚至是很模糊的问题的数学工具。

1965 年美国控制论学者 L.A. 扎德发表论文《模糊集合》，标志着这门新学科的诞生。传统的、经典的集合论只把自己的表现力限制在那些有明确外延的概念和事物上，并规定：每一个集合都必须由确定的元素所构成，元素对集合的隶属关系必须是清晰的。

模糊数学将经典的集合论扩展为模糊集合论，乘积空间中的模糊子集就给出了一对元素间的模糊关系。从纯数学看，集合概念的扩充使许多数学分支都增添了新的内容。例如模糊拓扑学、不分明线性空间、模糊代数学、模糊分析学、模糊测度与积分、模糊群、模糊范畴、模糊图论、模糊概率统计、模糊逻辑学等，其中有些领域已取得重要成果。

模糊数学发展的主流是在实际应用方面，最重要的应用领域应是计算机智能。由于有模糊集的描述方式，凡是人们运用概念进行判断、评价、推理、决策和控制的过程都可以用模糊数学的方法来处理。例如模糊聚类分析、模糊模式识别、模糊综合评判、模糊决策与模糊预测、模糊控制、模糊信息处理等，已经发挥着非常重要的作用，并已获得显著经济效益。可见，把宽窄模糊化，就能拓展新视野，带来新效益。①

6. 宽窄相变论

2019 年 5 月 9 日，宽窄哲学研究院在四川省社会科学院召开"宽窄哲学与产品构建座谈会"，李后强阐述了宽窄相变论。他提出：世界是由宽窄构成，宽窄可以转化；宽与窄之间，存在一个壁垒或隧道，只有打通这个壁垒、墙壁，世界才是一体的、统一的。研究宽窄相变论要从拓扑相变、虚实相变、阴阳相变、质能相变、主体相变、突变理论、超循环理论、临界现象与标度理论

---

① 李后强、李明泉、汤柱国主编：《宽窄九章——写给大众的哲学》，光明日报出版社 2018 年版，"代序"：第 10—11 页。

等八个方面入手。他讲道：

拓扑相变是宽窄之魂：拓扑相变是一种特殊的、没有对称破缺的相变，宽窄变换的最高境界是无形、无痕，润物细无声、分享大无边，宽窄变换可以类比成拓扑相变。

虚实相变是宽窄之韵：宽窄变换是交响曲，有韵律节奏，是虚实的结合。可以定义实为窄，虚为宽，二者结合就是复数。通过在复数空间探讨宽窄的性质，说明虚实相通，宽窄相连。

阴阳相变是宽窄之本：宽窄是视角差异，是心理记忆。如果把宽窄定义为阴阳，宽窄变换就是阴阳统一。如果把宽窄定义为黑白，宇宙的黑洞和白洞就是宽窄隧道。

质能相变是宽窄之神：宽窄变换最精彩和神奇之处，就是质量与能量的转化，质量和能量在本质上是等价的，说明宽窄可以转化。

主体相变是宽窄之易：宽窄产品是要交易的，只有交易了才是商品。厂家是窄，市场是宽。公司是宽，用户是窄。

突变理论是宽窄之途：宽窄有渐变，也有突变。宽窄变换，包括宽窄产品的味道，首先要有稳定的坚实基础，其次是要把控外在条件，最后是要摸清突变的途径。

超循环理论是宽窄之进：超循环不仅能自我再生，自我复制，而且还能自我选择，自我优化，指导其他环节再生，从而向更高的有序状态进化。超循环理论对研究宽窄演化规律以及对复杂系统的处理都有深刻的影响，特别是对宽窄产品开发及企业转型升级有重要启示。

临界现象与标度理论是宽窄之表：宽窄变换的相变点就是临界点。空间维数是宽窄的主要参数，维数越大形态越宽，维数越小形态越窄。矛盾源于空间维数，宽窄变换可以化解矛盾。[1]

---

[1] 袁红兵：《宽窄哲学与产品构建座谈会成功举办》，2019年5月10日《企业家日报》，第1版。

二、宽窄哲学研究开端的几次研讨会

1.2017 年三次研讨会

2017 年 3 月 23 日，宽窄哲学研究院召开首次宽窄哲学座谈会，会议由四川省社会科学院副院长李明泉研究员主持，中共四川省社会科学院党委书记李后强教授到会并讲话，四川中烟工业有限公司副巡视员、工会主席汤柱国参加会议。来自电子科技大学、四川师范大学和四川省社会科学院的专家学者开展了研讨。

李后强教授提出宽窄哲学需要研究的十二个重要问题：

（1）在真理性上，宽窄是相对的还是绝对的、是感性认识还是理性认识？

（2）在认识性上，宽窄是感知、知觉还是印象？是主观还是客观的？

（3）在本质性上，宽窄的本质与现象、形式与内容是什么？

（4）在物理性上，宽窄与时间、空间的关系是什么？

（5）在动因上，宽窄发生的内因与外因是什么？

（6）在联系性上，宽窄的联系、发展与矛盾如何表征？是差异协同还是对立统一？

（7）在发展方式上，宽窄演变是质变还是量变？是波浪式还是螺旋式运动？

（8）在指导性上，宽窄思想如何在产品上体现？

（9）在抽象刻画上，宽窄演变的质、量、度如何表征？

（10）在世界观上，宽窄与立场、观点、方法的关系。

（11）在中国性上，宽窄与中国传统哲学思想的关系。

（12）在学科性上，宽窄与心理学、逻辑学、数学、美学的关系。

电子科技大学马克思主义教育学院院长吴满意教授认为，宽窄文化黏附性好，要准确把握宽窄文化定位、阐释宽窄文化的内在涵义。

四川师范大学历史学院原院长谢元鲁教授认为，宽窄概念可以归结于途径选择，而途径即"道"，道为中国哲学根本概念，有道就有宽窄。

四川省社会科学院研究员谭继和指出，历史不乏有关宽窄的理论，要在宽窄中寻找"中道"。宽窄首先是生活哲学，其次是思维方式，再次是天地哲理。

李明泉在总结发言中指出，宽窄哲学的核心是"中道"，是关于"度"的把握，这个"度"是人化了的尺度，是人的审美、意识在物体上的投射，我们在把握"宽窄"这个概念时，要按照人的需求、人的价值、人的规律来阐释、研究宽窄哲学问题。宽窄是物理空间，更是哲学空间、美学空间和思维空间，宽窄不仅在过去有效，在当前和未来也能指导我们的工作生活。[①]

2017 年 5 月 8 日，宽窄哲学研究院在四川省社会科学院召开宽窄哲学研讨会，来自四川省委政策研究室、四川省社会科学院、四川大学、西南交通大学、西南财经大学、四川师范大学、西南民族大学、成都理工大学、《读城》杂志社等机构的专家学者 30 余人齐聚一堂，围绕宽窄哲学展开研讨。中共四川省社会科学院党委书记李后强教授到会并讲话。四川中烟工业有限公司副巡视员、工会主席汤柱国参加会议。会议由四川省社会科学院副院长李明泉研究员主持。

李后强在此次会议分享了他关于宽窄狭义相对论，宽窄广义相对论，宽窄量子论，宽窄数码论，宽窄模糊论的思考。

汤柱国向与会专家介绍了四川中烟宽窄品牌的缘起与文化内涵，希望宽窄研究能够讲好有品位的品牌故事，发展适应大众的时代哲学。

西南财经大学教授、博士生导师曾获认为，宽窄包含了人类的无限欲望与有限实现之间的矛盾，践行宽窄贵在履责。

四川大学政治学院教授、博士生导师黄金辉从心理与精神、方法论与应用的角度阐释了宽窄的内涵。

西南交通大学教授、博士生导师田雪梅提出，宽窄文化与天府文化高度契合，应当将宽窄哲学的理念、方法融汇于天府文化发展的全过程。

[①] 曾江：《四川省社科院召开宽窄哲学座谈会》，中国社会科学网，2017 年 4 月 2 日，http://ex.cssn.cn/gd/gd_rwxn/201704/t20170402_3474798.shtml。

西南民族大学管理学院教授张为波结合具体事例，从管理学的角度论述了宽窄的边界问题。

四川师范大学历史文化与旅游学院教授王川从时间与空间合一、时间与空间转换的角度论述了宽窄的辩证关系，指出宽窄是人生哲学、实践哲学。

四川省委政策研究室文化处处长谢圣赞指出宽窄哲学是四川走向世界的纽带，宽窄之中有文化，宽窄之中有历史，宽窄之中有哲学。

《读城》杂志总编辑韩毅提出要重视宽窄哲学的传播和运用，要将宽窄与供给侧改革等热点联系起来。

成都理工大学文法学院副教授周世祥对宽窄的辩证关系进行了详细论证，指出宽即窄、宽中有窄、宽可变窄、由宽至窄、无宽无窄。

四川省社会科学院哲学与文化研究所所长、研究员李后卿提出宽窄的"三论"，即认识论、方法论和实践论，认为宽窄即是个体的智慧，也是国家的"治道"。

李明泉在总结讲话中指出，宽窄哲学博大精深，是四川文化的代表和符号。宽窄是生存智慧、生活哲学，是心理、文化、审美、价值空间，具有无限的解释可能。宽窄哲学研究院将开展系列活动，推出系列研究成果，着力打造宽窄观、宽窄学、宽窄说。

笔者在此次研讨会上作了题为"宽窄哲学的定位与建构思考"的发言，《企业家日报》将其发表。全文转录如下。

宽窄是相对概念，也是对立概念。基于对立与统一思维，我的发言着重谈一下发展宽窄哲学的定位问题，这是一个"窄"的问题。我谈三点：第一，宽窄哲学是认识论，是人生哲学、生活哲学，而不是本体论。第二，宽窄哲学体系应该如何建构。第三，宽窄哲学在现实中的运用。

第一，世上本无宽窄，宽窄是人的认识产生的相对概念。宽窄哲学不是本体论，而是认识论。既不能像黑格尔哲学"有、无、变""质、量、度"那样演绎展开，也不能像《道德经》"道生一、一生二、三生万物"那样演绎展开，不能像阴阳相生相克那样展开。中国的"道""阴阳"都缺乏定义，处于浓厚的"原始思维"状态。

第二，宽窄哲学不能直接运用概念或范畴进行演绎论证或推理，那么宽窄哲学体系应该如何构建呢？答案是通过讲宽窄哲学故事来构建。历史上，柏格森的"生命哲学"、玻尔的"互补哲学"，就是通过讲世间万物的存在与演变以"生命的冲动"或"对立面的互补（合二为一）"为基础的"故事"而构建起来的。柏格森还因其哲学著作《创造进化论》，获得1928年诺贝尔文学奖。

宽窄哲学"故事"演绎大致如下。自然：天、地，天宽地窄，地球只是"沧海一粟"。人生：生、死，生与死之间是生活。人类进化的实现，社会进步的过程，可用"宽、窄"理念来讲述：既是由宽到窄，也是由窄到宽。社会实践：交往、生产。人类社会要存在，首先必须生产，而生产是社会交往下的生产。人类交往、生产既是由宽到窄，也是由窄到宽。个人的社会实践，也存在宽窄互补、宽窄有度的问题。宽窄哲学是在辩证唯物主义哲学、实践唯物主义哲学指导下的一种生活哲学。包含"宽窄互补原理""宽窄有度原理"。

第三，在运用方面，"宽窄"文化的核心理念是"正直豁达、智慧精微"。正直是做人之原则：正直是宽窄的高度，是有勇气坚持自己的信念；豁达是宽窄的广度，是一种大度和宽容，是一种博大的胸怀，洒脱的态度。智慧是宽窄的深度，是方法论，是能够根据环境形势的变化报以积极的态度，懂得顺势而为，趋势而上。精微是精细微妙，是力求精益求精、尽善尽美、是一种全力以赴的奋进状态。更白话的诠释应是：鼓励、激励人们"心胸要宽，做事要窄"（心胸不宽，不能创新闯关；做事不窄，没有工匠精神）。①

---

① 文兴吾：《宽窄哲学的定位与建构思考》，2017年5月23日《企业家日报》，第3版。

2017 年 7 月 13 日，宽窄哲学研究院第三次举行宽窄哲学座谈会。来自四川大学文学与新闻学院、西南交通大学马克思主义学院、四川师范大学马克思主义学院、成都信息工程大学、成都医学院、华西都市报、成都市社会科学院和四川省社会科学院等专家学者参加了会议。

李后强首先就宽窄价值论进行交流；提出了如前所述的宽窄价值论的十大定律，以及必须要辨析和克服传统价值论的十大误区。

四川大学文新学院教授黎风指出，要运用宽窄智慧理性地辩证地看待成都盆地意识、休闲之都和慢生活，这其实包含着家园意识、亲情文化，是人文与经济同步发展，现代工业与人文生活相容相宜，是可持续的发展。

四川省社会科学院研究员杨先农认为宽窄哲学很有本土味道，从当代哲学、传统文学、历史遗迹都有支撑。

西南交通大学马克思主义学院教授严冰从发展战略、发展策略、发展谋略等角度讨论了宽窄的价值。

成都医学院教授李永忠从空间、时间、人生三个维度挖掘宽窄哲学的内涵，提出建立宽窄哲学流派，提炼具有本土特色的宽窄文化符号，紧扣传统文化和当代中国实践研究宽窄哲学等建议。

2.2018 年宽窄哲学高峰论坛

2018 年 10 月 20 日，由宽窄哲学研究院、《中华文化论坛》编辑部共同主办的"2018 宽窄哲学高峰论坛"，在成都京川宾馆举行。来自中共中央党校、中共中央政策研究室、中国社会科学院、四川大学、电子科技大学、西南财经大学、西南交通大学、西南民族大学、西南石油大学、四川省社会科学院等科研机构和高校的专家学者共同参加了本次论坛，并围绕论坛主题"宽窄哲学与优品生活"进行深入研讨。

中共四川省社会科学院党委书记李后强教授为论坛致辞并作了主题演讲。

他讲道：宽窄在心，宽窄在蜀，"宽窄学"诞生在成都。他从宽窄维度观、人生观、变换观、曲面观、价值观、整体论等六个方面进行了阐述，指出在目前的宽窄研究中，已经提出宽窄相对论、价值论、模糊论、智慧学等，现在应该进行总结，建立"宽窄系统论"和"宽窄学"，完善宽窄概念、范畴、原理和应用。他以系统论的思想，提出了宽窄控制论、宽窄突变论、宽窄信息论、宽窄混沌论、宽窄分形论、宽窄复数论、宽窄孤波论、宽窄耗散论、宽窄协同论、宽窄超循环论，拓展了宽窄学的内涵和外延。他强调：宽窄系统学和宽窄学是辩证法、是认识论、是世界观、是大智慧、是大概念、是大学问。

其后，中共中央党校哲学教研部副主任、博士生导师、全国应用哲学研究会会长董振华，中共中央政策研究室《学习与研究》原总编辑、中国老区建设促进会副会长薛宝生，中国社会科学院哲学研究所副所长、《哲学研究》主编、博士生导师崔唯航，分别作了题为"宽窄辩证法与生活哲学""宽窄思维和中庸宽容的价值""宽窄哲学的历史方位和时代意义"的主题演讲，从各个维度阐述对宽窄哲学现象的观点和看法。

董振华认为，就"宽窄"这个哲学命题的提出来说，它是立足于四川本地文化的命题，而且是中国传统文化中的一个核心命题。

对于宽窄辩证法怎么理解呢？董振华从生活的本质展开论述，"生活只有对人来讲才叫生活，生活的本质是人的生命存在方式。文化是人的生命实践和生命体验。从罗素到黑格尔都有类似的表达：要想了解一个民族，就要了解这个民族的文化，而了解民族文化，就要了解它的哲学。因为哲学就是民族的智慧，就是民族文化的精髓。"他说，《周易》里有句话，"形而上者谓之道，形而下者谓之器"，"道"就集中体现了这个民族的智慧。"道"和"器"是什么关系呢？道器不离，道由器显，器由道生，道在器中，器以载道。道是器之灵魂和本质，器是行道之资具。这里面就蕴含丰富的宽窄辩证法。董振华认为宽窄辩证法的思想精髓，可以从《道德经》里去寻找，"有无相生，难易相成，长短相形，高下相倾"等等，这都是一种宽窄辩证法。

董振华赞同李后强的看法，宽窄就是心学，因为没有人的"心"，没有人的思想，就没有宽窄概念；宽窄实际上是一种文化存在。他说：这个文化存在，在每个民族每个国家中，它的表达方式可能不同，"黑格尔在《哲学史讲演录》

里把人类文明分为三大文明：一个是欧洲文明，第二个是中国文明，第三个是印度文明。他认为，文明的背后是文化，而文化的灵魂是哲学。这三个文明分别对应三种文化：古希腊文化、中国先秦文化和印度文化，而这三种文化的核心和灵魂也就是那三种哲学：希腊哲学，中国哲学和印度哲学。"进而言之：黑格尔用哲学家的特有角度，对三种文化、三种哲学背后的思维方式、体现的智慧和逻辑特质，做了一个非常深刻的表达。西方哲学是纯粹的理性，中国哲学是实用的理性。理性就要承认真和假。但是西方的理性表现为要么真，要么假，非黑即白，这是形式逻辑。而中国的理性表现为有真亦有假，可能真，也可能假，也就是说我们在宽和窄、真和假、黑和白之间并不完全分明，这种逻辑叫辩证逻辑。印度哲学是非理性的，表现就是无节制的想象，印度哲学与逻辑无关。三种哲学不分优劣、高低，各有优点。

董振华还说：宽与窄二者是不分的，宽本来就是窄，窄本来就是宽，宽窄不是对立，它俩本来就是一体的。天和人不是分开的，天人是合一的。而道和器是不离的，道是宽，器是窄。凡是有形的东西都是有局限性的，而道是无局限性的，但是道和器是不离的。这就进入了中国的智慧，即东方智慧。佛教也有这样的智慧，《心经》里面讲"空即是色，色即是空"，这就是指形形色色的万事万物，实际上不离背后的本质。"有无相生"也是这个意思，"有"是存在，"无"不是没有，有和无是一个相对概念，实际上无本身就是一种存在，无是用一种无的方式而存在。"这里边有一个概念，黑格尔已经接触了这个概念，这个概念就是它在《逻辑学》中讲的实有和应有的关系问题。"

董振华认为，能够通达最高智慧的不是西方哲学，而是东方哲学。到了最高境界是一个什么境界？就是不能说，就是说不出来，只能悟。因为你说出来就是明确规定，一旦行规定就是具体的，就是有限的了。而最高境界它是无限的，它没法行规定。所以《道德经》第一句话讲的就是"道可道，非常道"，就是这个意思。而佛家也讲"不可说"，也是这个意思。

董振华说，"我没有证据证明马克思直接读了《道德经》，但是我知道《道德经》在德国非常受欢迎，它的发行量仅次于《圣经》。所以说，我可以这么说，不管马克思是有意无意，他肯定受到了中国文化的影响，而中国智慧是什么智慧呢？就是天人合一的智慧。将来如果要解决人类面对的一系列危机，最终必须靠中国的智慧。"他解释道，马克思在《1844 年经济学哲学手稿》里，还用了他们西方的术语来表达中国天人合一观念。他所设想的未来的理想社会——共产主义是什么？马克思认为，这种共产主义作为完成了的自然主义等于人道主义，作为完成了的人道主义等于自然主义，它是人与自然界之间、人与人之间矛盾的真正解决，是存在与本质、对象化与自我确证、自由与必然、个体与类之间斗争的真正和解。"天人合一，自然就是天，那么人就是人。天人合一实际上是科学和哲学的联姻，也就是工具和价值的合体，而避免工具与价值的分裂。"董振华认为，这里边也充分体现了宽窄思想。《道德经》为人类继续生存发展下去，指明了一个方向。①

薛宝生在演讲中强调：对于宽窄、对于哲学，我们要打开脑洞，要注重从其他学科的角度重新解读我们原有的一些理念。我们的数字中国、数学中的世界，实际是对应现实世界的一个虚拟世界。从数学的角度，从物理学角度，可以完全解释我们现在的世界，只是我们现在的能力不够，没有在这方面下很大功夫。特别是从文科学科起步的专家，注意从这些源头解释问题，非常重要。②他讲道：

> 我觉得李后强书记讲得好，点成线，线成面，面成球。点、线、面、球之后的概念就是宇宙。宇宙有两个，一个是内心的宇宙，一个是现实的宇宙。宇宙当然是很大的，用这些概念来看待宽和窄的问题，我们发现"宽窄"有概括不了的东西，有变幻的东西，但是也有很能说明和解释宽窄概念的东西。
>
> 我们不能要求宽窄概念能够完全解释世界的历史和现实，但是确实可

---

① 董振华：《宽窄辩证法与生活哲学》，2018 年 11 月 30 日《企业家日报》，第 7 版。
② 薛宝生：《宽窄思维和中庸宽容的价值》，2018 年 11 月 30 日《企业家日报》，第 7 版。

以给我们很多重要的启发。

　　线由点组成。点可以代表很多。如果再成为面，成为球，这成为所谓整体论的关系，模糊论的关系；已经说不清了。包括我们现在的网络世界，它是非常立体化的多能的一个，可以涵盖一切的东西。

薛宝生进一步讲道，从点和线面球等的关系来说，"我们可以由它理解个人和群体等的关系。"个人在社会以及这个时空中，应该用什么样的方式来应对环境，薛宝生提到"度"的概念。

　　如果一条线这边代表一个极端，那边代表另一个极端，我认为最高的人生智慧应该在中间。比如政府的治理，偏向一边人群的政策，这边人群就说好，偏向另一边，另一边的人群就说好，我认为这都不是好政策，大家都认可但都不满意的政策，可能是最好的政策。这就是"度"的把握。人生的智慧和政治的智慧恰恰都在这个度的把握上。

　　"度"也是生命哲学和生活哲学的命题，这就联系到要把握好度，也就是把握"中庸"的概念。在政治领域，或者在行政领域也是有意义的。度就是分寸，就是尺度。但是尺度不是死的，尺度是由人来把握的，所以它既有科学的因素，又有艺术的因素。度本身在实施的过程中间，既表现为对科学的尊崇，也是艺术素质的展现。按认识事物三境界的说法，第一步是看山是山，看水是水。第二步，以艺术的触角，看山不是山，看水不是水。经过这两个过程之后，实际上一个创新的形态出现。①

崔唯航演讲的开篇之辞是"宽窄哲学可以说是凝聚了巴蜀智慧的精华，这是我的总体认识。"② 他接下来讲道：

① 薛宝生：《宽窄思维和中庸宽容的价值》，2018 年 11 月 30 日《企业家日报》，第 7 版。
② 崔唯航：《宽窄哲学的历史方位和时代意义》，2018 年 11 月 30 日《企业家日报》，第 7 版。

宽窄两字，在这里是一个元概念。哲学家擅长概念思维，但在他们那里，概念与概念具有不同的层次，最高层次的概念叫做元概念，比如说，什么是善，什么是美，什么是公正等等，用通俗的话说，元概念也叫大概念。大概念是哲学研究的主要对象。与大概念相对的是小概念，小概念大致说来，就是关于具体的概念，比如一把桌子、一把椅子，这是小概念，哲学研究一般不处理这样具体的问题。

宽窄作为一个大概念来说，其主要特点就是内涵极其丰富和丰厚，很难用一句话两句话来概括。举例说，我们找一下新华字典，找一下现代汉语词典，甚至从网上百度一下，查一下什么是宽窄，我想我们一定能查到，但是查到的任何答案我们都不会完全满意。因为我们没有办法给它简单下个定义，哪怕给宽窄下一百个定义，也不能穷尽其含义。因为刚才大家从不同侧面已经充分展现了宽窄的重要内涵。

对于宽窄这样的元概念，它的特点其实是一种生生不息，在不同的境遇下，你对它的解读都会有新的含义。所以说对于这样的概念，就给我们留下了一种非常广阔的阐释空间，从不同的角度可以发现它的不同的意义。

在此，我想借用一下德国哲学家康德的视角来理解"宽窄"。学哲学的人都知道，康德发起了哥白尼革命，他从根本上转变了哲学的发展方向。我们经常讲，一种哲学，只有超越了康德，才可能是好的哲学，否则，如果回避康德，绕道而行，那么只能有坏的哲学。

在哲学层面上讲宽窄哲学，这个宽窄是一个元概念，是一个在哲学上非常高的层面。所以我们把握这个概念的时候，确实需要哲学的高度。

我们经常讲的时间空间，其实它是外来词汇，不是我们中华文化的本土话语。现在我们特别强调中国话语，所以如果用中国话语来说空间的话，可以换一个词。这个词讲空间我觉得讲得更好，而且更有文化，这个词就是方位。我们中国人讲一个事物、一个居所，其方位在哪，我觉得更好，不一定叫空间。这一点也是我想讲的第一个方面，就是从哲学的角度来，从方位的角度来看宽窄，来看宽窄哲学。

崔唯航本次主题演讲的题目为"宽窄哲学的历史方位和时代意义",为何在方位前面加了两个字,叫历史方位?崔唯航说,想从历史方面的角度来探讨宽窄和宽窄哲学,看看它会有什么样的意义。他讲道:

这几天应该说有特殊的意义,是一个特殊的日子。特殊在哪里?特殊在于恰逢党的十九大召开一周年。党的十九大报告内容非常丰富,最重要的、最具重大意义的,就是报告中的这一句话:经过长期努力,中国特色社会主义进入了新时代,这是我国发展新的历史方位。

只有理解了历史方位,才能够理解我们的新时代。如果从历史方位的角度来看,那么宽窄的意义就更加非同凡响。大家在讲宽窄的时候,不仅是空间,不仅是方位,而且都有历史,这里面我觉得可供挖掘的地方非常多,我们完全可以站在历史方位的高度来进一步挖掘宽窄哲学的重大意义。

我们讲新时代,讲宽窄哲学,对中国的哲学研究有什么重大的意义?今年是改革开放40周年,我们很重要的工作就是回顾和反思这40年来中国的哲学发展的历程,我们思考的一个重要问题,就是在哲学研究中,理论创新还弱一些,原创性的少。其中一个重要方面就是概念供给不足,我们还没有创造出能够充分反映我们时代特色和实践特征的哲学概念。

参加本次论坛,我带了一本书,是成都著名学者贺麟先生写的《50年来的中国哲学》。这是贺麟于上世纪40年代写的之前50年的中国哲学,也就是说至今一百多年来我们都面临着西学东渐的问题。这本书的第一段就讲西学东渐的过程,西方的思想文化蜂拥而进。其实,贺麟发现的问题也是这样,西学东渐影响非常大,属于我们中国人的汉语哲学还比较薄弱。在这个方面,我觉得提出标识性概念的任务极其繁重,这也是我们中国学者的一个使命和担当。在这一点上,宽窄哲学也隐含着这方面的意义,不仅仅是要构建一个宽窄哲学的概念系统,更多的是要有一种家国情怀,一种具有时代特征的使命和担当。在这方面,贺麟先生做了非常好的表率，推进汉语哲学。我们需要沿着贺先生开创的道路构建我们的标识性的概念。标识性概念，核心还是要回到宽窄，宽窄有很大的发展共性。我觉得如果我们阐释得好，能真正进入我们的学术文化思想领域、哲学领域，将大有可为。我们有这么好的条件，有这么多人的支持和推动，我个人觉得非常有信心，宽窄哲学在未来汉语哲学的建构中，一定能发挥非常重要的作用。①

三、《宽窄九章——写给大众的哲学》的出版

2018 年 9 月，李后强、李明泉、汤柱国共同主编的《宽窄九章——写给大众的哲学》一书由光明日报出版社出版。该书由李后强的"宽窄相对论与模糊论（代序）"一文，李明泉、李昊原撰写的"前言"——"宽窄：衡量和把握万物的尺度"，以及正文九章，共同组成。书中还有四川中烟工业有限责任公司总经理彭传新的"跋"——"宽窄哲学的应用"。

"宽窄相对论与模糊论（代序）"，内容包括七部分，已在李后强的"宽窄诸论"中介绍。

前言"宽窄：衡量和把握万物的尺度"，内容包括八部分，分别是：宽窄与感知尺度；宽窄与空间转换；宽窄与量质互变；宽窄与场域生成；宽窄与巴蜀智慧；宽窄与中庸之道；宽窄与价值尺度；宽窄与生命智慧。

第一章"西方哲学中的宽窄"，内容包括六部分，分别是：现实和幻想的夹缝：希腊神话中的宽窄；奇点和无限的循环：宇宙形成中的宽窄；思辨与实证的统一：辩证思维中的宽窄；尺度与规律的联系：审美标准中的宽窄；肉体与灵魂的升华：生命价值中的宽窄；中庸与适度的把握：追求和谐中的宽窄。

第二章"中华文化中的宽窄"，内容包括五部分，分别是：天地与我为一，万物与我并生；宽窄循环，损益盈虚；身心合一，宽窄相济；出门如有碍，谁

_____

① 崔唯航：《宽窄哲学的历史方位和时代意义》，2018 年 11 月 30 日《企业家日报》，第 7 版。

谓天地宽；好风凭借力，送我上青云。

第三章"巴蜀文化中的宽窄"，内容包括九部分，分别是：从四塞之国到天府之国；从盆地意识到包容鼎革；从金牛古道到"一带一路"；从四六分水到逢正抽心；从雄关漫道到不胜不休；从宽严皆误到辩证施政；从天地悠悠到大江东去；从少不入川到天下之盐；从宽窄巷子到世界名片。

第四章"宽窄与生命智慧"，内容包括四部分，分别是：宽窄中的生命之门；宽窄中的生命体悟；宽窄中的生命修为；宽窄中的生命超越。

第五章"宽窄与生存智慧"，内容包括三部分，分别是：自然中的宽窄法则；社会中的宽窄秩序；自我中的宽窄真谛。

第六章"宽窄与生活智慧"，内容包括三部分，分别是：个人生活的宽窄之趣；家庭生活的宽窄之乐；社交生活的宽窄之美。

第七章"宽窄与生态智慧"，内容包括三部分，分别是：顺天之时，因地之宜；天生一物，必有一路；取之有道，用之有度。

第八章"宽窄与商业智慧"，内容包括十二部分，分别是：消费投资与宽窄平衡；政府市场与宽窄相宜；国际贸易与宽窄有度；鱼和熊掌与宽窄取舍；义利之辨与宽窄之道；囚徒困境与宽窄博弈；市场竞争与宽窄视野；价值利润与宽窄思维；企业营销与宽窄变奏；战略决策与宽窄机变；识人用人与宽窄相济；时间管理与宽窄之用。

第九章"宽窄启示录"，内容包括四部分，分别是：宽窄自我观：小我与大我；宽窄身心观：独乐与同乐；宽窄治理观：严苛与宽厚；宽窄世界观：杂多与整一。

该书的"后记"写道：

本书旨在以通俗浅显的方式向大众阐释宽窄哲学的一般原理，因此本书不是严格意义上的学术著作，但也非一般意义上的通俗读物，而是二者兼具，这就带来更高的写作难度。课题组前后数次开会讨论提纲，几易其稿。研究过程中，对于"宽窄"这一全新的哲学命题我们常常感到力有不逮，虽竭尽所能但谬误和不妥之处仍在所难免，请广大读者和方家不吝赐教，诸多问题有待进一步探索。①

在 2018 年 10 月 20 日的"2018 宽窄哲学高峰论坛"上，笔者曾对《宽窄九章——写给大众的哲学》一书评价道：书名大气，用语机巧，虚实得当。"序"和"前言"气势恢宏，哲思深刻，文笔清新，相得益彰；堪称科学与艺术融合的结晶。正文九章，从古往今来、东方西方、知识与实践等各个方面诠释宽窄哲学现象，探讨宽窄哲学体系，言说宽窄哲学在应用和实践层面的意义；每一章的"一级标题"下都设有"宽窄说"，这在形式上和内容上都是十分精当的：既令人感受到书的内容都紧扣"宽窄"，又令"宽窄"引人入胜（圣）。

① 李后强、李明泉、汤柱国主编：《宽窄九章——写给大众的哲学》，光明日报出版社 2018 年版，第 223 页。

第二章　宽窄哲学研究的"三性"审视

宽窄哲学研究的"三性"审视，是对创建宽窄哲学、开创宽窄哲学研究的合规律性、合法性与合理性进行理论审视。卓有成效地开展这项工作，首先需要明确宽窄哲学与"社会科学技术也是第一生产力"论断的关系。

第一节　宽窄哲学与"社会科学技术也是第一生产力"

一、"宽窄哲学的应用"愿景

《宽窄九章——写给大众的哲学》一书中，有四川中烟工业有限责任公司总经理彭传新的"跋"——"宽窄哲学的应用"[①]。

该文开篇之处写道：

> 市场经济需要哲学，二者并行不悖。如果市场经济不需要哲学、排斥哲学，那么，就不会有培根、洛克、伏尔泰、卢梭、狄德罗、康德、黑格

[①] 李后强、李明泉、汤柱国主编：《宽窄九章——写给大众的哲学》，光明日报出版社 2018 年版，第 219—222 页。

尔，更不用说马克思和恩格斯了。他们都是生活在资本主义市场经济条件下，他们的哲学思想也是在市场经济中生长起来的。但是，从古希腊的泰勒斯、苏格拉底、柏拉图，到中国的老子、庄子，这些极富威望的大牌哲学家，把哲学研究到了殿堂级高度，但在"致富能力"上似乎不太在行。自古至今以哲学致富、腰缠万金的哲学家还未见过。作为一个生产卷烟的企业，四川中烟不好好抓质量、促生产，却"玩"起了哲学研究，这是咋回事？四川中烟就是要打破"哲学贫困"的魔咒，尝试把文化变为产品、把哲学变为货币。

该文在结束处写道：

把宽窄思想、宽窄文化和宽窄哲学转化为文化的生产力、现实的生产力和社会的生产力，把哲学与生产有机结合，把文化现象打造成文化行为，这是我们的落脚点。因此我们要从窄走向宽、从小走向大、从低走向高、从盆地走向全球，……把文化变为力量，把哲学变为货币，由一个产品展示中国、由一个烟草演绎人生、由一个企业透视社会、由一个中国说明世界。打出四川风格、巴蜀文化、中国理念、中国力量。

该文勾勒的"宽窄哲学的应用"愿景，契合了笔者20年前发表的论文《社会科学技术也是第一生产力》的观点。

二、"社会科学技术也是第一生产力"

20年前的1999年，笔者在《社会科学研究》发表论文《社会科学技术也是第一生产力》①。这篇论文，在当时是有创新性的，光明日报主办的《文摘报》

---

① 文兴吾：《社会科学技术也是第一生产力》，《社会科学研究》1999年第5期，第16—20页。

进行了摘载，中国人民大学复印报刊资料《社会科学总论》1999年第4期进行了全文转载。之所以发表这篇论文，是因为对于"社会科学技术也是第一生产力"这种判断，我国学术界是存在争议的，即使在肯定"社会科学技术也是第一生产力"的人群中，也存在着理解和认识上的巨大差异。笔者认为要正确地把握它、阐释它，需要注意以下几方面的问题。

第一，把握和阐释"社会科学技术也是第一生产力"命题，不能简单地从生产力的定义出发，而应从实际发生和发展的过程出发，从精神与物质相互转化的关系出发。相关的主要论述如下。

　　"科学技术是第一生产力"命题，从哲学的角度看，是物质和精神相互转化的形而上领域的问题；在经验领域中，则是对生产力和科学技术自身历史发展结果的既成事实的一种陈述。科学技术就其知识形态而言，仅仅是一种精神生产力，属于一般社会生产力范畴。

　　作为精神生产力的科学技术，一旦运用到生产实践领域，同物质生产活动相结合，就将发挥出巨大的物质力量，转化为物质生产力或称直接生产力。历史上，马克思提出"生产力中也包括科学"，邓小平提出"科学技术是第一生产力"，都不是从生产力的定义出发进行逻辑推演的结果。"科学技术是第一生产力"论断，正如江泽民同志所指出，是"邓小平同志总结了二次世界大战以来特别是七八十年代世界经济发展的新趋势和新经验"提出来的，是以科学技术应用到生产中所起的重大作用为根据的。因此，我们把握和阐释"社会科学也是第一生产力"命题尤其应该注意从实际发生和发展的过程出发。

　　在"科学技术是第一生产力"论断中，"第一"指的是最关键、作用最大的意思。一般说来，自然科学的功能主要是认识和变革"物"，实现物质变换；社会科学的功能主要是研究人和社会，实现行为变换。二者在社会化生产活动中是有机地结合在一起的。马克思指出："人们在生产中不仅仅同自然界发生关系。他们如果不以一定方式结合起来共同活动和相互交换其活动，便不能进行生产。为了进行生产，人们便发生一定的联系和关系；只有在这些社会联系和社会关系的范围内，才会有他们对自然界的关系，才会有生产。"①当代社会化大生产，一方面使活动的分工越来越细了，专业化水平越来越高；另一方面，又使经济生活和政治生活、生产和交往，物质生产和精神生产中各个分散的活动日益为人们的联合活动所取代，人类活动的各个领域、层次的相互依赖性大大增强了。联合活动、互相依赖活动的普遍化、社会化、复杂化，客观上要求在生产实践、社会管理和决策中，以对社会科学成果的自觉运用来代替经验的成规，使社会活动过程受到科学的控制并按照科学的原则加以改造，合理地配置和协调生产力中的各种要素，提高各种资源的使用效益，自觉地控制和调节人类活动的间接的、较长远的影响和后果。社会科学技术在促进生产力发展中发挥着愈来愈大的作用，也是当代世界经济发展的新趋势和新经验。

管理科学的发展及其对生产力的巨大推动作用，是社会科学技术也是第一生产力的典型例证。历史上，"泰罗制"在美国的推行，使美国企业的劳动生产率提高了3倍；工人收入普遍翻了一番，资本家的利润则增加了两倍。对于泰罗制，列宁称其为"榨取血汗钱的'科学'制度"，并指出它"一方面是资产阶级剥削的最巧妙的残酷手段，另一方面是一系列的最丰富的科学成就"。在论及无产阶级夺取政权后如何"提高劳动生产率"这一根本任务时，列宁指出："应该在俄国组织对泰罗制的研究和传授，有系统地试行这种制度并使之适用。"②这就清楚地告诉我们，泰罗制及其应用超出了生产关系和意识形态的范围：一方面表明了资产阶级是为追逐利润而在生产的组织和管理上应用社会科学，另一方面也为无产阶级提高劳动生产率提供了有效手段，它是社会科学技术生产力功能的体现。自泰罗制以来，尤其是第二次世界大战以后，管理科学取得了长足的发展。随

① 《马克思恩格斯选集》第一卷，人民出版社1995年版，第362页。
② 《列宁选集》第三卷，人民出版社1995年版，第492页。

着如何看待管理中人的本质特性这一核心问题的进化，西方现代企业管理经历了"经济人与 X 理论"→"社会人与人际关系理论"→"自我实现的人与 Y 理论"→"复杂人与超 Y 理论"→"决策人与决策理论"，形成了反映社会化大生产内在规律的、以发挥人的内在能力为重点的一整套组织管理制度、理论和方法。70 年代发端于美国的企业文化理论，是在经验主义管理、科学管理、行为科学管理的基础上逐渐演变产生的一种最新现代管理学说，目的是以精神（感情）的、物质的、文化的手段，增强企业的向心力、凝聚力，激发职工的积极性和创造精神，提高企业经济效益。其背景一方面是由于国际间经济竞争使人们意识到不能简单地利用资源、财务和技术来赢得竞争，而必须借助于文化。另一方面则是西方管理理论逻辑发展的产物，也是西方尤其是美国应付日本企业价值观（团队精神）挑战的产物。企业文化理论自 80 年代初传入我国后，经过我国学术界和企业界的共同创造，一些优秀企业已在企业文化建设方面取得显著成效，极大地提高了企业的综合实力和市场竞争力。"强而有力的企业文化是持续发展的不竭源泉"逐渐成为我国企业家的共识，昭示着"社会科学技术也是第一生产力"亦将成为我国企业家的自觉认识。①

第二，自然科学技术与社会科学技术的统一是推动生产力发展的根本动力；社会科学技术通过为自然科学技术创设转化为第一生产力的机制和桥梁，使自身也成为第一生产力。相关的主要论述如下②。

科学技术转化为现实生产力的前提是科学家发明创造的科学知识，而科学家的成长、科学家队伍的建设、科学研究的条件、科学研究的组织管理等等，都是一系列社会活动的展开，没有社会科学的参与，这些活动将

---

① 文兴吾：《社会科学技术也是第一生产力》，《社会科学研究》1999 年第 5 期，第 16—17 页。
② 文兴吾：《社会科学技术也是第一生产力》，《社会科学研究》1999 年第 5 期，第 17—19 页。

无法进行。尤其是第二次世界大战以来，科学研究活动进入了国家规模，科学研究成为一种建制，成为一项国家事业，从而使企业和政府都直接参与科学事业。动用大量人力、物力、财力资源的美国阿波罗登月计划、星球大战计划，西欧的尤里卡计划，日本的人类新领域研究计划等等，都是为抢占科技制高点和世界高科技产品市场，推动和加强本国实力地位的政府行为。如此规模宏大的科学事业，不发挥社会科学的组织作用是不可能完成的。

"科学技术是第一生产力"的时代，决不仅仅是自然科学家的好奇心和技术专家的发明所制造出来的。科学技术转化为生产力是一种社会经济行为，有着客观的社会耦合运行系统。科学转化为生产技术和管理技术，从而转化为现实的生产要素，必须以管理者与劳动者科学文化素质的提高和科学知识物化为相应的物质设备及物质手段为前提。从根本上说，取决于相应的经济关系、经济结构所产生的社会需求。没有这种社会需求，技术进步就没有动力。因此，要推动科学技术更有效、更迅速地向生产力转化，必须要有符合科学技术转化为生产力客观规律的一整套相应的社会体制和政策，如经济体制和政策、企业体制和政策、科研体制和政策、教育体制和政策、市场体制和政策等等。这就是说，自然科学能否畅通无阻地转化为生产力，在很大程度上取决于社会科学提供的转化机制和转化环境是否优良……

自然科学和技术的进步不会自动地、同步地导致经济增长和社会进步，要使自然科学技术有效地转化为直接的生产力，必须充分发挥社会科学在制度建设、制度改革方面的重要作用。我国的现实情况充分地说明了这一点。与发达国家相比，我国的科技水平不算太高也不能说低，有的领域我们甚至还处于世界领先水平，但是经济状况相比之下就相当落后了，在一些领域还出现了"成果是中国的多，商品从外国进口的多"这种不合理的局面。这种局面表明了我国科技进步与经济发展之间存在着严重的脱节现象，不仅制约着经济建设的快速发展，也限制了科技进一步发展的潜力。自 80 年代以来，在邓小平同志"要进一步解决科技与经济结合的问题"以及"新的经济体制，应该是有利于技术进步的体制。新的科技体制，应该是有利于经济发展的体制。双管齐下，长期存在的科技与经济脱节的问题，有可能得到比较好的解决"的思想指引下，我国不断深化经济体制和科技体制的改革，努力建立促进科学技术转化为生产力的机制，取得了一定的成绩。但还远远不够，还需要进一步深化改革来解决。

实施可持续发展战略，从另一个侧面说明我们必须承认：只有自然科学技术与社会科学技术的统一才是第一生产力。20 世纪是科学技术在开发和改造自然的征途上凯歌高奏、所向无敌的时代，也是科学技术给人类带来严重忧患和巨大灾难的危机时代。自然科学的发展本来是为了谋求人类生存环境的改善、生活水准的提高，但核力量在军备竞争中的应用潜伏着毁灭人类的危险；森林的过度砍伐、可燃矿物的大量燃烧，以及对自然资源的破坏性开采等等，使人类社会面临着一系列新的威胁。资源匮乏、环境污染、生态失衡、人口爆炸已成为当今人类生死攸关的全球问题。科学技术空前放大了人类征服和改造自然的力量，同时也空前放大了人类破坏生态和毁灭自身的力量。中国科学院院士何祚庥写道："试问这是不是由于科学发生了'异化'，因而科学竟然起来危害人类本身？不！这是因为人类所面临的问题本来就不限于科学技术问题，因此，人类必须重视这个问题，必须学会管理自己，控制自己，约束自己，不再使自己的那种'无意识'的行为危及自身的生存环境……自然科学必须学会与社会科学合作。"[1]80 年代后期以来，人们开始重视运用科学技术的力量调节人与自然的紧张关系，发挥科学技术保护社会生产力和人类福利增长的生态基础的职能。现代科学技术出现了"生态学化"的新趋势，形成了一系列社会科学与自然科学相融合的边缘性新学科，如生态学、环境科学等等。社会科学通过提供新的生态意识和发展观，努力引导社会生产力在良好的生态

---

[1]　何祚庥：《相互学习，相互协作》，《哲学研究》1991 年第 1 期，第 17 页。

基础上持续发展。从整体上讲，"可持续发展观及可持续发展战略的实施，在一定范围、一定程度上对于（科技发展产生的）负面效应的消除或克服是有效的，但仍然远远不够。只有把科技革命与社会主义运动结合起来，把科技革命与人类生活共同伦理、行为规范的建设结合起来，把科学文化与人文文化结合起来，并建立起马克思所说的统一的'人的科学'，科技发展的负面效应才能真正地消除与克服；同时，科技发展的正面效应才能得到充分而有效的发挥。"[1]

第三，社会科学自身的发展为转化为直接生产力开辟了道路，创造了条件。相关的主要论述如下。

首先，随着社会科学基础理论的日趋成熟，建立具有应用价值的社会科学应用理论是其发展的必然；社会科学开始实现了基础研究和应用研究的分化。社会科学不再只是倾向于对历史事变作科学的解释、对社会发展法则作理性寻求，或者将信念与价值观系统化于一个严密的体系之中，而是努力在实践层次上去研究并解决社会生产发展和社会进步的问题。[2]

人文学科与社会科学相对独立地确立起来，不仅有利于两大类学科的建设与发展，而且有利于充分发挥各自的功能、特点为经济发展和社会进步服务。把人文学科与社会科学、自然科学并列是现代欧美国家学科分类的一种常见的做法。我国正式提出"人文学科"是近些年的事，一些大学成立了人文社会科学院。在学科不断走向大综合的今天，尽管我们很难在人文学科和社会科学之间划分一条泾渭分明的界线，但是二者的侧重和特点还是比较清楚的。具体说来，以政治学、经济学、法学、社会学、管理学、公共关系学等为代表的社会科学，严格的科学性和事实性是它们的特

---

[1]　钱时惕：《当代科技革命的特点及发展趋势》，《哲学研究》1998 年第 1 期，第 9 页。

[2]　文兴吾：《社会科学技术也是第一生产力》，《社会科学研究》1999 年第 5 期，第 19 页。

性；哲学、伦理学、美学、文学艺术、宗教学、历史学、教育学以及真正意义上的心理学、语言学等等，是以本体性的人的生存价值、生存意义为对象的人文学科，它们从本性上与其说不是或者说主要不是对于事实的认可和认同，而毋宁说是人类基于自身的生存自由追求所进行的价值创造和意义创造，侧重于对个体的人以及文化的意义世界的研究。从功能上讲，人文学科侧重于培养人的自我意识，提高人的素质并保存和发扬人类优秀文化传统，而社会科学侧重于对社会结构、社会组织、社会运作和变革的普遍性和规律性的认识，解决社会矛盾，促进社会发展。在现代社会中，社会科学成果可以直接通过软科学研究作用于各个层次、各个方面的制度建设与改革、战略规划与发展预测、科学决策与管理等等，转化为现实的生产力；人文学科的成果由于缺乏直接的功利性，还得经社会科学研究整合后，沿着为社会经济发展提供正确的人文导向，提高生产力中最活跃的因素即人的素质等渠道，转化为现实的生产力。然而，人们清楚地认识到：以人和文化传统的意义世界探讨为核心的人文学科，实质上是一种价值论的学科群，它为人类的未来发展起着一种导航作用。市场经济本身具有价值上的盲目性，需要人文性的价值引导；人文学科对自然科学技术和社会科学技术发展也起着提供动力、确定目标、端正方向的巨大作用。这也就是为什么在最讲功利的市场经济条件下，人文学科反而受到更多关注的原因。①

此外，笔者还在《社会科学技术与意识形态》② 一文中讨论过社会科学与意识形态、社会技术与意识形态、社会科学技术与意识形态的关系，讨论过意识形态与企业文化的关系。该文在当时也是颇有创新性：中国人民大学报刊复印资料《社会科学总论》1999 年第 4 期进行了全文转载，《科学技术哲学》

---

① 文兴吾：《社会科学技术也是第一生产力》，《社会科学研究》1999 年第 5 期，第 19—20 页。
② 文兴吾：《社会科学技术与意识形态》，《社会科学研究》2001 年第 1 期，第 151—155 页。

2001 年第 3 期也进行了全文转载。拙文写道：

　　任何意识形态都是一种关于社会的意识（思想或观念），但并不是所有关于社会的意识都是意识形态。意识形态是一个具有独特含义的概念，它指一定阶级或集团的思想家对特定社会关系反映后建立的，包括一定的政治、法律、哲学、道德、艺术和宗教等社会学说的完整的思想体系，其目的是为了建立或巩固一定的政治制度以维护本阶级或利益集团的根本利益，是该阶级或集团的政治纲领、行为准则、价值取向和社会理想的理论根据。从思维和存在、观念与现实的一般关系看，意识形态也像科学一样是现实世界的一种反映，但意识形态是按特定阶级的价值尺度去描述或解释世界，而科学则要求按照客观世界的本来面目去描述或解释世界；意识形态的核心原则是维护特定阶级的价值标准并使之普遍化，科学的核心原则是符合客观世界的真实联系及其规律性。这些本质的区别，决定了作为科学体系重要组成部分的社会科学是不能归属于意识形态范畴的。①

　　社会科学是通过社会技术为特定的阶级和集团的利益服务的。科学解决"是什么"和"为什么"问题，技术则解决"做什么"和"怎样做"问题。社会科学命题如自然科学命题那样是"描述性的"。社会技术的特征是"规范性的"，即是说：给定某目的的前提下，人们应该怎么做。社会技术根据社会科学的理论，根据社会调查得来的资料，制订政策、计划与方案，拟定可操作的程序和规则，以解决社会面临的问题。很显然，在社会技术的制定和实施过程中，存在着实践主体对社会科学理论按特定的目的、方向进行选择、重组、整合；不同阶级或利益集团是按不同的目的、方向制定和运用社会技术处理、调整、变革人与人之间的相互关系和利益的。即是说，社会技术是与实施者的价值观或意识形态紧密联系的。社会技术与意识形态的联系须臾不可分离，这是一个基本事实，是谁都不会也不可能

---

① 文兴吾：《社会科学技术与意识形态》，《社会科学研究》2001 年第 1 期，第 152 页。

否认的。①

应该看到，社会科学通过社会技术为特定阶级或集团的意识形态服务，是在不同的层面上大量地发生着的。"人们通常所说的阶级性，如社会意识形态的阶级性，实际上并不仅仅是指根本对立阶级在重大社会政治问题上见解相背，还常常指人们的利益多寡和地位高低会影响到他们的思想观念……这样一种功利性也可以说就是'广义的阶级性'。"②在我国社会主义市场经济体制下，每一个企业都是一个特定的利益集团，都参与着市场的竞争，为在市场竞争中立于不败之地建立和发展起来的企业文化，也就是企业的"意识形态"。对于企业文化，我们曾作出过如下讨论："它是一个企业内部人员共同持有的价值标准、基本信念、行为规范和行政准则的总和，是一个企业独特精神和风格的具体反映。强而有力的企业文化在企业的持续发展和进步中具有五大功能：一是导向功能，通过企业文化活动，将员工引导到企业确定的目标上来；二是约束功能，运用企业文化的力量形成一种行为准则来约束和规范职工的行为；三是凝结功能，把职工自身价值的实现与企业的兴衰紧密联系，团结全体职工为企业的兴旺而努力奋斗；四是融合功能，利用文化活动教育和熏陶员工，改变其旧有的思想观念，使之自觉地融合于集体之中；五是辐射功能，运用企业文化开展对外宣传、交流，扩大企业的社会影响和知名度，对社会产生辐射作用。"③对照本文……关于意识形态概念的理解的文字，足以清楚地看到：特定企业的"企业文化"也就是特定企业的"意识形态"。因此，社会科学通过社会技术为企业文化服务，也就是为企业的意识形态服务，由此推动企业的生产力和综合实力的提高。这也正是社会科学由知识形态潜在的生产力，转化为现实的、直接的生产力的有效途径。这也说明：社会科学

---

① 文兴吾：《社会科学技术与意识形态》，《社会科学研究》2001年第1期，第153页。

② 陈昌曙：《关于社会科学划界的几个问题》，《社会科学辑刊》1997年第6期，第35—36页。

③ 文兴吾：《强而有力的企业文化是持续发展的不竭源泉》，《四川政报》1999年第21期，第28页。

的生产力功能与社会科学的意识形态功能是能够统一的。①

第二节　哲学研究的演进与宽窄哲学的"合规律性"

一、围绕"部门哲学""应用哲学"兴起的争论

在我国绚丽多彩的哲学研究中，"部门哲学""问题哲学"近些年受到越来越多的关注。《学术月刊》2013 年第 2 期发表王金福与陈忠的讨论文章《哲学的死亡与复活——从马克思、恩格斯反哲学的立场看"部门哲学"、"应用哲学"的兴起》和《哲学本性与"部门哲学"、"应用哲学"的合法性——以"城市哲学"为例兼与王金福教授商榷》，讨论了关于"部门哲学""应用哲学"的一些基本问题。

王金福指出：在中国改革开放以来的哲学发展中，出现了一种现象、一个热潮，就是建立了名目繁多的各种哲学，如"自然哲学""历史哲学""社会哲学""政治哲学""法哲学""经济哲学""货币哲学""文化哲学""艺术哲学""道德哲学""管理哲学""发展哲学""医学哲学""体育哲学""数学哲学""生命哲学""教育哲学""科技哲学""语言哲学""环境哲学""生态哲学""城市哲学"等等，人们把这些新兴的哲学叫"部门哲学"或"应用哲学"；他对这种热潮提出了否定性的批判意见。②

对于王金福的批判，陈忠进行了如下有系统的分析与回答。

第一，反思哲学史，所有能够产生深远影响的哲学研究都是一种从问题出发的思考、批判与探索。哲学的本质也就是一种"问题学"，一种努力解决主

① 文兴吾：《社会科学技术与意识形态》，《社会科学研究》2001 年第 1 期，第 154—155 页。

② 王金福：《哲学的死亡与复活——从马克思、恩格斯反哲学的立场看"部门哲学"、"应用哲学"的兴起》，《学术月刊》2013 年第 2 期，第 5—12 页。

体所遭遇重大问题的"问答逻辑",一种对人们所遭遇的重大问题、根本问题以特定方式所进行的不断的反思、探索、追问与解答。① 陈忠指出:

> 哲学有很多特点,有两个比较鲜明:一是问题性,一是语境性。所谓"问题性",是指哲学总是与人们遭遇的重大问题相关。所谓"语境性",是指任何形态的哲学都是处于具体语境下的思想者对所遭遇问题的一种非终极性、语境式解答。问题的长存,决定了哲学的长存;问题的多样,决定了哲学形态的多样;语境的多样与变迁,决定了哲学形态的多样与变迁;在问题与语境的具体统一与时空转换中,哲学不断生成、不断发展、不断转换,没有一种哲学能够成为永恒的真理。
>
> 哲学是问题与语境的统一。从"问题"与"语境"来看马克思哲学,对马克思、恩格斯哲学贡献的评价可能会更加客观、经得起推敲。马克思、恩格斯的哲学贡献,是在近代条件下,面对资本逻辑主导下的综合社会失序、社会发展问题,提出了以把握近代资本社会变迁规律为内容的新世界、新哲学,在近代资本社会条件下具体实现了哲学的问题性、语境性。但马克思、恩格斯不可能具体地遭遇、解答人类在过去、现在、未来的所有重大问题。不断自觉地面对新问题、新语境,不断自觉地对新问题做出新探索、新回答,同时包容、借鉴、学习或批判对新问题的其他方式解答,是所有形态的哲学包括马克思哲学不成为固化意识形态和僵化教条的一个重要条件。
>
> "部门哲学""应用哲学"在本质上正是强调从"问题"与"语境"出发的哲学形态,其本质是一种自觉的"问题哲学""语境哲学",而不是王金福教授所理解的从原则出发的抽象哲学,对哲学原理的抽象运用。当然,也确有一些研究者借用、套用既有的哲学原理与概念进行所谓的"部

---

① 陈忠:《哲学本性与"部门哲学"、"应用哲学"的合法性——以"城市哲学"为例兼与王金福教授商榷》,《学术月刊》2013 年第 2 期,第 14 页。

门哲学""应用哲学"研究。但这并不是"部门哲学""应用哲学"研究的主流。退一步说，即使是这种借用、套用式的研究，对生活、对哲学，也不是没有意义。在一个哲学日益成为人们所追求的主体素养的背景下，应该以一种更为宽容、民主，而非垄断、排他的方式理解、包容人们对哲学的诸多所谓非专业的理解与运用。

从"部门哲学""应用哲学"的主流看，不管是"经济哲学""发展哲学""管理哲学""文化哲学"还是"生态哲学"，以及正在兴起的"城市哲学"，这些"部门哲学""应用哲学"的根本特点是从当代社会所遭遇的重大问题出发，对这种问题的本质进行深入的研究，揭示这种问题产生的原因，不断形成关于这些问题的更为全面的"世界观"、问题与事实图景，并努力寻找解决这些问题的更为全面、合理、可持续的方式与路径。哲学本身的问题性、语境性，"部门哲学""应用哲学"的问题性、语境性，决定了"部门哲学""应用哲学"作为哲学而存在的知识合法性。①

第二，马克思、恩格斯在哲学史上的革命，是在倡导一种从生活与实践出发，为生活与实践服务的理论与哲学研究，反对从文本与语录出发进行教条式的研究。如果从马克思、恩格斯的文本而不是其精神实质出发反对哲学创新、理论创新，可能与马克思、恩格斯的本意，与哲学本身的精神实质并不相符。全面认识哲学本身的生活性、实践性，有利于理解和确认"部门哲学""应用哲学"的正当性、合法性。② 陈忠指出：

> 哲学在本质上是一种生活哲学、实践哲学。哲学的生活性、实践性，生活与实践对哲学意义表现在两个层面。

---

① 陈忠：《哲学本性与"部门哲学"、"应用哲学"的合法性——以"城市哲学"为例兼与王金福教授商榷》，《学术月刊》2013 年第 2 期，第 14—15 页。
② 陈忠：《哲学本性与"部门哲学"、"应用哲学"的合法性——以"城市哲学"为例兼与王金福教授商榷》，《学术月刊》2013 年第 2 期，第 15 页。

其一，对象意义。感性的生活、感性的实践而非知识化的文本，是哲学研究的根本对象。哲学是一种源于生活和实践，服务于生活和实践，随生活和实践不断发展，并接受生活与实践检验的一种根本性的、鲜活的生活与实践智慧。哲学文本包括任何伟大哲学家的文本都只是帮助人们切入生活与实践的一种中介或工具。文本研究、文本依据当然重要，但如果仅仅停留在文本研究、文本解读，而不真实地进入与切入现实生活、感性实践，即使这种研究或文本把"生活""实践"作为自己的标志，也只能是抽象的研究，只能遭遇"冷落和倒退"。当代哲学研究之所以遭遇一些困境，一些研究之所以受众越来越少，其重要原因就是不去真实地切入现实生活，而只停留在对传统文本的解读上，甚至以传统文本为依据干扰、阻碍现实生活、理论创新。事实上，并不存在一种独断、终极正确的文本，也不存在独断、终极正确的文本解读方式。一种文本或文本解读方式的真正价值，恰恰在于能够帮助人们进行新的理论与哲学创新，启发人们进入生活，留下或打开新的理论空间与研究可能。马克思、恩格斯所批判的抽象哲学研究，恰恰是那种从文本出发，而非从感性生活与感性实践出发，阻碍人们直面生活实践的所谓研究。

其二，视域意义。人们往往更多地从"对象"这个层面理解生活和实践对于哲学的意义。其实，生活与实践对于哲学的意义更体现在"视域"这个层面。生活和实践是哲学的根本对象，更是哲学发展的新空间、新平台、新线索、新视域。反思一下哲学的发展，可以发现，哲学之所以不断发展，哲学史之所以不断重写，其重要原因正在于生活和实践的推进为哲学发展自身，重新认识和发现自身提供了新线索、新视域。如果没有社会问题、社会秩序的凸显，社会秩序问题的严重性、重要性超过了自然秩序，柏拉图和亚里士多德的哲学可能就不会产生。如果没有工具与科学问题的凸显，培根、笛卡儿的哲学可能不会产生。如果没有自然秩序与社会秩序，人与世界在近代的新冲突，休谟、康德等的哲学可能不会产生。如果没有东西方文化与秩序之间、国家与社会之间的新冲突，黑格尔哲学可能不会产生。如果没有资本逻辑对社会生活的全面侵入，可能就没有马克思的哲学。如果没有主体际性的断裂、现代人精神危机的严重化，可能就不会有胡塞尔、萨特等的哲学。如果没有交往的普遍化及符号与实在之间的冲突，可能就不会产生语言哲学，等等。哲学的任何一步新发展、新理解，都与生活、实践所提供的新线索、新视域内在相关。

新生活、新实践、新问题催生新哲学，新哲学开启新世界观，新世界观的形成又推进人们进行更新的实践、建构更新的生活。在生活与实践的多层关联、不断互动中，不断兴起"部门哲学""应用哲学"是历史的必然、哲学发展的必然。中国改革开放以来不断兴起的"发展哲学""城市哲学"等诸多"部门哲学""应用哲学"，其根本意义正在于不断开启哲学面对生活、进入实践、反思哲学自身的新路径、新可能。①

对于"实践哲学"已经得到太多理论研究和知识倡导的当代中国而言，哲学来源于实践、生活，还是来源于知识、文本，这个问题本身已经不再是一个理论问题，而成为一个感性生活与感性实践的问题。从文本出发、在抽象逻辑层面倡导"实践哲学"，同真实研究"实践哲学"是两个问题。只有以开放的态度，感性地面对生活，真实进入感性生活，才能真实地推进哲学的繁荣与发展，才能真正获得哲学发展的新视域、新空间。对哲学发展新对象、新视域、新线索的不断进入和开启，是"部门哲学"、"应用哲学"在方法论层面的合法性依据。②

第三，需要深究的问题是，作为世界观理论的哲学是否不需要"观世界"，能否独立地"观世界"。哲学作为"观世界"重要结果的世界观理论而非固化的意识形态，是否需要同其他学科相交往，同不断发展、不断产生新可能的世

---

① 陈忠：《哲学本性与"部门哲学"、"应用哲学"的合法性——以"城市哲学"为例兼与王金福教授商榷》，《学术月刊》2013年第2期，第15—16页。

② 陈忠：《哲学本性与"部门哲学"、"应用哲学"的合法性——以"城市哲学"为例兼与王金福教授商榷》，《学术月刊》2013年第2期，第16—17页。

界相联系。哲学作为关于世界观的学问，其深层特点是什么。是一种抽象地从经典文本出发的关于如何研究世界观的方法论，还是同不断进行生成、整合的其他学科一起，面向、研究充满无限可能的生活世界。① 陈忠指出：

> 从哲学的生成与发展看，哲学研究从来没有独立地存在过。一方面，真正的哲学研究总是对人的生活实践特别是人们所遭遇的重大问题的研究，真正的哲学研究从来不是文本性的、引经据典式的。另一方面，真正的哲学研究与哲学发展从来不由哲学这个学科单独完成，只有在同其他学科的合作、跨界、交往、互动中，哲学自身才能获得生命、得到发展。"跨界"研究、跨学科研究，是哲学甚至所有学科和知识得以推进的一个必需条件、机制保障。反思一下人们熟知的古代哲学、近代哲学、现当代哲学，有哪一种形态的哲学是单独、非跨界发展的。人们所了解的古希腊的所有哲学家，都不仅仅具有哲学家的身份或名分，而且是同时性地进行多学科意义上的跨界研究，对那个时代所面对的社会秩序、自然秩序、政治秩序等重大问题进行深入的反思。苏格拉底、柏拉图、亚里士多德既是哲学家，又是政治学家、社会学家，甚至是科学家。在反思的意义上，哲学研究的非独立性，是古希腊哲学发展与哲学繁荣的一个机制性保障。到了近代，与科学发展的专业化、生产分工的专业化相契合，人类的知识生产方式开始分化，具有不同具体研究对象的具体学科开始不断兴起。但哲学并没有成为一种独立的学科，而是在同其他学科的深层交往中进入了一个多样繁荣的新时期。主要具有自然科学背景的培根、笛卡儿、莱布尼茨，主要具有社会科学背景的洛克、卢梭、霍布斯，或同时具有自然科学与社会科学背景的休谟、康德、黑格尔，都在思考人类所面对重大自然、政治、社会、经济等时代重大问题的同时，以跨界研究的方式深刻推进了哲

---

① 陈忠：《哲学本性与"部门哲学"、"应用哲学"的合法性——以"城市哲学"为例兼与王金福教授商榷》，《学术月刊》2013年第2期，第17页。

学自身的发展。而晚近以来的哲学家，看似日益专业化的哲学研究、哲学家，其实仍是以跨界的方式而存在。不管是新黑格尔主义、生命哲学、实用主义，或是分析哲学、语言哲学、科技哲学，或者现象学、存在主义、结构主义，或者后结构主义、后现代主义，所有真正有重大影响的哲学思潮、哲学流派，其深层发展机制都是直面新的重大时代问题进行跨界研究。跨界研究也是马克思、恩格斯推进哲学研究的知识机制。同其他所有伟大的思想家一样，马克思、恩格斯从来就没有进行过专业、独立的哲学研究。

正是在对重大、根本性的社会问题、经济问题、政治问题、文化问题、生态问题等关注、反思中，在对部门性问题、应用性问题的思考中，马克思、恩格斯才得以形成其所谓的哲学思想、世界观理论。所以，马克思、恩格斯更主要的不被人们称为哲学家，或者不仅仅被人们称为哲学家，而是更多的或主要的被人们称为政治学家、经济学家、社会学家等。其理论也往往被人们称为政治哲学、经济哲学、社会哲学。在这个意义上，可以说，马克思、恩格斯本人就是进行"部门哲学"与"应用哲学"研究的杰出代表，所有的哲学家都是"部门哲学家""应用哲学家"。

哲学从来就没有真正以独立学科、独立知识的方式存在过。不管是从起源还是从变迁看，哲学本身就是"部门哲学""应用哲学"，"部门哲学""应用哲学"是哲学的更本真含义。

这里的问题在于，如何在跨界意义上确认哲学的特殊性。既然所有的知识生产都是具有跨界性的，那么，哲学进行跨界研究的特点何在，在跨界中哲学是否还存在。比较一下哲学的跨界性与其他学科的跨界性，可以发现，哲学的跨界性主要具有两个特点。其一，哲学以一种更具批判性、"脱域"性的方式进行跨界研究。哲学从来不满足于对已有知识的总结，而是努力发现已有知识之后（之外、之上、之内、之下）的新知识。哲学总是努力追求另一种可能，追求已知世界之后、在已有跨界之后的另一种可能、另外的可能性世界。其二，哲学以一种更为自觉的方式追求可能性知识。如果说，其他学科往往会满足于建立起自身的理论假设、理论体系，那么，真正的哲学研究从来都是自觉批判、怀疑已有知识假设、知识体系、知识谱系、知识历史的合理性，甚至不断怀疑哲学自身已有的出发点、知识体系等的合理性。在这个意义上，哲学从来没有以完成的形式存在。哲学从来以一种自觉的批判精神存在，以不断自觉追求新的可能性知识与新的可能性世界的方式存在。哲学与哲学史始终是一种自觉的未完成状态。

哲学研究就是"部门研究"与"应用研究"，跨界性、可能性是作为"部门哲学"与"应用哲学"而存在的哲学的重要特点。"经济哲学""政治哲学""文化哲学""生态哲学""发展哲学""城市哲学"的当代兴起，不仅不是哲学的倒退，反而是哲学的发展，是哲学自觉进行跨界研究、可能性研究的一种重要形式。①

这个世界是一个综合的可能性世界，日益需要进行自觉的跨界性、可能性研究。在跨界中寻找另一种可能，是"部门哲学"与"应用哲学"，也是哲学的重要特点。对现有知识与实践的批判与超越，对新知识与新实践的不断寻找，使人们可以冷静而充满希望地面对未来，这是"部门哲学""应用哲学"之所以不断繁荣的重要原因。"部门哲学""应用哲学"的知识合法性，深寄于哲学与人类知识生产机制的"跨界""可能"本性。②

第四，"部门哲学""应用哲学"的兴起是否玷污了哲学的神圣性、纯洁性？这里，问题的关键在于，如何认识哲学的文化与伦理本性。哲学是一个"小微"学科，还是一个"宏大"学科？哲学是神圣性的，还是世俗的？是普通人、所有人都可以在生活中运用的日常"活"智慧，还是只能由少数专家读懂、操练、

---

① 陈忠：《哲学本性与"部门哲学"、"应用哲学"的合法性——以"城市哲学"为例兼与王金福教授商榷》，《学术月刊》2013年第2期，第17—18页。

② 陈忠：《哲学本性与"部门哲学"、"应用哲学"的合法性——以"城市哲学"为例兼与王金福教授商榷》，《学术月刊》2013年第2期，第18页。

垄断的神圣"死"知识？① 陈忠指出：

反思哲学的总体变迁，可以发现，不断日常化、不断成为常人智慧，是哲学存在与发展的一个重要趋势。在文明的早期，也是哲学的早期，哲学是少数人的专用知识、专用智慧，具有神圣性，是少数有闲阶层甚至个别"哲学王"、"圣人"才可能拥有的垄断性的知识、秘笈。这一点与人类文明早期生产力、社会分工等已有发展但又水平、程度较低有关。在那个阶段，多数人主要忙于生存、生计，还无暇也没有条件去总结、反思生成于生活与生产本身的知识与智慧，只有少数人能够成为生活及其智慧的较专业的观察者、总结者、反思者、提炼者、传播者。在那个时代，哲学成为王者之学、圣人之学，成为宏大之学，有其历史必然性与阶段合理性。

近代以来，与生产力、社会总财富、社会分工的发展相适应，有更多的人可以把全部时间或一部分时间用来观察、总结、反思、提炼、传播知识与智慧。这个时期的哲学有三个特点。其一，哲学家不断增多。与文明早期相比，更多的人特别是更多的普通人成为了哲学家。比如，以磨镜片为生，同时进行哲学思考的斯宾诺莎。哲学不再主要仅仅由王者与圣人所专有，开始成为普通人的智慧。非垄断化、世俗化、民主化，成为哲学的一个重要特点。其二，哲学流派不断增多。与不断分化、专业化的生产与生活方式基本同步，新的哲学不断产生，服务于生产、生活、科技、统治的哲学新思潮与流派不断产生。"政治哲学""社会哲学""科技哲学"等不断兴起。部门化、应用化成为哲学的一个重要特点。其三，哲学的功能日益多样化、世俗化。哲学从一个神圣性的"宏大学科"，变成碎片化、世俗化的"小微学科"。与社会生活的发展、社会领域的相对独立化相伴，哲学不再主要是服务于政治统治的工具，而日益成为社会生活本身的一个

---

① 陈忠：《哲学本性与"部门哲学"、"应用哲学"的合法性——以"城市哲学"为例兼与王金福教授商榷》，《学术月刊》2013 年第 2 期，第 18 页。

重要内容和部分，成为丰富、充实社会生活、世俗生活的内在需要。小微化、日常化是哲学发展的总体趋势，是当代哲学的重要特征。

哲学的小微化、世俗化、非垄断化、非神圣化，与社会整体的民主化是一种相互作用的关系。一方面，没有社会的发展，没有社会结构的变迁，没有社会生活的民主化，没有社会领域的不断崛起，也就没有诸多哲学新流派、新思潮的产生与存在。当社会生活本身还没有民主化时，普遍产生具有民主性的哲学是不可能的。但当社会生活本身已经实质性地民主化时，垄断和独占哲学也就不再可能。另一方面，哲学自身的民主化、非垄断化、非神圣化，又对社会生活的民主化具有重要的确认与推动作用。虽然，思维落后于生活是一个常见的现象，但思维也往往具有一定的超前性、引领性。当一种符合社会发展趋势的思想、知识、哲学，为更多的人掌握时，会对社会生活的进步提供强大动力。在这个意义上，没有知识生活包括哲学研究的民主化，也就没有社会生活的民主化。自觉克服、破除知识与哲学的垄断，是推进社会民主的一个重要内容、重要方式。

知识与哲学的垄断，对社会发展具有巨大的阻碍作用。没有知识的民主，也就没有社会的民主；没有哲学的民主，也就没有生活的民主。破除哲学的垄断，已经成为推进社会发展的必需。哲学垄断的一个深刻的问题或原因，在于哲学自身的盲目自信、教条化、意识形态化，认为自己掌握了世界的终极本质、社会生活的全部内容、社会发展的终极规律。而问题的关键在于，生产与生活从起源起就是复杂的，在当代，社会生活、生活世界已经更为复杂且仍在发展。而任何一种形态的知识包括哲学，都是具体的人在具体条件下的具体产物，并不具有终极的神圣性。如果哲学家把自身想象为终极正确的，就把本来鲜活的哲学变成了僵死的教条，把鲜活的意识变成了没有生命的固化的意识形态。而马克思哲学的生命力，恰恰在于不脱离鲜活的社会生活，不把自己变成教条。任何把马克思哲学固化的要求，看似在维护马克思哲学的神圣性、纯洁性，其实是在把马克思哲学变成没有生命的木乃伊。

"城市哲学"等"部门哲学""应用哲学"之所以在批判与质疑中仍不断繁荣，其根本原因、根本合法性依据，在于这种研究适应了社会发展和当代社会的民主化、生活化趋势。合法性有诸多层面的含义，但其最根本的含义是人心向背，是人们的接受程度，是社会发展的需要。人心向背是最根本的法律、法则，最根本的自然法。从大的历史进程看，当一种成文法违背人心向背这个根本的自然法时，这种成文法终会被修改甚至抛弃。当一种文本或对文本的解读，违背了人心向背、社会需要这个根本的自然法、合法性依据，也终会被冷落甚至抛弃。对"部门哲学"和"应用哲学"而言，如果这种研究成为一种僵化的教条，成为只有少数人可以掌握的垄断性、神圣化知识，那么，这种"部门哲学"与"应用哲学"也终将被抛弃。①

二、从元哲学到问题哲学

相关研究指出：从元哲学中经部门哲学再到问题哲学，是迄今为止哲学发展的一条基本轨迹；由宏观走向微观、由抽象走向具体、由思辨走向实证，是现当代哲学发展的一个基本趋势。②

1. 从元哲学到部门哲学

"哲学"的原初本义就是"爱智慧"，哲学即是求得智慧的学问。"爱智慧"无疑包了一种不断探索、追问、追寻的精神，而哲学追寻智慧的最直接表现，即是怀疑和批判的精神，这正如罗素所说过的，哲学的根本特征是批判，它批判性地考察运用于科学和日常生活中的那些原则。怀疑与批判既是哲学的重要特征，也是进行哲学思考的出发点。作为一种理性精神，哲学的"批判"不是简单的否定、排斥；"批判精神"的精髓在于追问根据、探询理由。作为

---

① 陈忠：《哲学本性与"部门哲学"、"应用哲学"的合法性——以"城市哲学"为例兼与王金福教授商榷》，《学术月刊》2013年第2期，第18—19页。

② 韩美群、左亚文：《从元哲学到问题哲学》，《湖北社会科学》2014年第10期，第109页。

一种人类精神活动，哲学的质疑、追问与批判，又是建立在对现实及思想本身反思的基础上的。反思构成了人类思想的哲学维度，也决定和体现了哲学思维的根本特性。① 曾祥云进一步指出：

> 人类通过各种方式把握世界而形成了关于世界的思想，而人类把握世界的所有方式及其所形成的关于世界的所有的思想，则又成为哲学反思的对象。这就意味着，作为世界观、认识论、历史观和价值观的统一，哲学不仅具有极其广阔的研究领域，也由此形成了极其丰富的理论内容。中西方哲学发生发展的历史表明，哲学反思的基本维度通常是按照以下两个层面来展开的：一是对于构成思想对象的存在即整个世界的最根本特性的内在把握，由此形成了各种各样的普遍性形而上学或本体论哲学。二是对构成世界的各个部分或者说人类社会特定实践领域的反思，由此则形成了各种各样的部门哲学或者说领域哲学。因此，从这一意义上说，部门哲学是相对于一般哲学理论即普遍性形而上学或本体论哲学而言的，它是运用哲学反思思维方式对构成现实世界特定实践领域的整体性把握而形成的哲学理论。比如：政治哲学是运用哲学反思思维方式对人类政治领域的一种根本性把握，而经济哲学则是运用哲学思维方式反思人类经济世界而形成的哲学理论。哲学反思的社会实践领域不同，就形成了各种不同的具体的部门哲学。②

从部门哲学与一般哲学理论或者说第一哲学的关系来说，部门哲学总是体现着第一哲学的普遍特质，但它又是第一哲学不可替代的，是对第一哲学的延伸和发展。所谓第一哲学，在不同时代有不同的内容，在古代是本体论，在近代是认识论，在现代则似为广义的实践哲学，但不论在何时代，它们都构成了哲学的核心内容。从思维方式、知识类型等方面来说，

① 曾祥云：《论部门哲学的性质与特征》，《湘潭大学学报（哲学社会科学版）》2012年第5期，第108页。
② 曾祥云：《论部门哲学的性质与特征》，《湘潭大学学报（哲学社会科学版）》2012年第5期，第108—109页。

部门哲学与第一哲学具有一致性，二者都是以对思维进行反思的方式确定人对存在的观念与行动，谋求思维和存在的同一，达到对对象普遍本质的揭示即对必然性的认识。但是，这并不意味着部门哲学与第一哲学可以相互取而代之。二者的主要区别，在于反思的对象或者说反思的范围有所不同。作为理论活动，第一哲学是对整个人类世界存在的总体性把握，部门哲学则是对构成人类世界的各个部分的总体性把握。从这两个总体性把握中可出看出，作为一种哲学理论，部门哲学思考的维度和反思方式不仅不能脱离第一哲学的根本特性而独辟蹊径，相反，它总是在体现着第一哲学的普遍特质。从这一点上来说，部门哲学的思考视角不可能超出和超越第一哲学的理论视野。但是，部门哲学因其反思的对象是人类社会特定的实践领域而不是整个人类世界，因此，其具体研究内容与第一哲学有所不同。从这个意义上说，部门哲学又是第一哲学不可替代的。同时，由于部门哲学并不是以特定实践领域的个别现象或具体科学中的个别理论作为批判反思的对象，而是对特定社会实践领域或者说世界的某个部分的整体性把握，因此，部门哲学与一般哲学理论或者说第一哲学的关系，就像整体与部分的关系，二者是相互包含、互为条件的。部门哲学对于构成人类世界的各个部分的把握，是以第一哲学对于整个人类世界的把握为前提的，没有第一哲学对于整个人类世界的总体性把握，也就不会有对人类世界的各个部分的透彻理解，不可能有对构成人类世界的各个部分的总体性把握。反之，第一哲学对于整个世界的整体把握，又是以部门哲学对于构成世界的各个部分的总体把握为中介和条件的。没有对人类世界的各个部分的总体把握，第一哲学就难以实现其对于人类世界的整体性把握。从这个意义上来说，部门哲学既是对第一哲学的延伸与拓展，也是对第一哲学的补充与发展。①

---

① 曾祥云：《论部门哲学的性质与特征》，《湘潭大学学报（哲学社会科学版）》2012 年第 5 期，第 109—110 页。

韩美群、左亚文阐述了"由宏观走向微观、由抽象走向具体、由思辨走向实证,是现当代哲学发展的一个基本趋势",写道:

> 如果说古代和近代哲学重在建构宏大的思辨体系哲学的话,那么,现当代哲学则在"拒斥形而上学"的旗帜下,开始向实证哲学、部门哲学转化。后现代哲学则进一步通过所谓的解构由宏大转向细小、由思辨走向日常。在我们看来,后现代的理论致思就在于以问题为导向切入人们的社会生活,从而使哲学更加贴近实际、贴近人生。①
>
> 现当代哲学的转型与其发展的内在逻辑密切相关。普列汉诺夫曾揭示了思想发展所遵循的"矛盾律"。所谓"矛盾律",是指理论思想总是在自我矛盾的对立中曲折向前演进的。当一种理论观点提出来后,经过一定的发展,它必然会因惯性的作用而超越它的适用范围而走到它的反面。于是,后起的理论就要从另一个角度来纠正前人的偏颇,但矫枉往往过正,因而新的理论中又蕴含了新的偏向。这又需要理论自身在继续纠正其错误中向前行进,这就是理论发展不可解脱的自我循环的"矛盾律"。哲学的发展也是如此。当传统的思辨形而上学日益抽象而远离实际时,面向生活、经验和实证的呼声就会提上议事日程,成为现当代哲学研究的新的主题。在一定意义上,现当代的科学主义和人本主义两大哲学潮流就是这种"矛盾律"作用的产物。后现代哲学所奉行的解构之法与细小叙事,也不过是现当代哲学循着其自身发展的逻辑进一步向前演化的必然结果。②

2. 问题哲学研究在我国的演进

如前所述,陈忠在与王金福的争论文章中就已经讲道:哲学的本质也就是一种"问题学",一种努力解决主体所遭遇重大问题的"问答逻辑",一种对人

---

① 韩美群、左亚文:《从元哲学到问题哲学》,《湖北社会科学》2014 年第 10 期,第 109 页。

② 韩美群、左亚文:《从元哲学到问题哲学》,《湖北社会科学》2014 年第 10 期,第 110 页。

们所遭遇的重大问题、根本问题以特定方式所进行的不断的反思、探索、追问与解答。

20世纪以来，对"问题"在认识过程中的作用和机制首先做出较深入和系统的思考的，当推实用主义学派的哲学家杜威。而波普尔则是对"问题"理论研究最有影响的哲学家；20世纪50年代以后，他的工作使得科学界和哲学界摈弃了"科学研究始于观察"的传统观念，并普遍地接受了"科学研究始于问题"的新观念。波普尔提出："应当把科学设想为从问题到问题的不断进步——从问题到愈来愈深刻的问题"，"科学和知识的增长永远始于问题，终于问题——愈来愈深化的问题，愈来愈能启发新问题的问题。"[①]

1977年，劳丹在《进步及其问题——一种新的科学增长论》一书中写道："科学的主旨在于解决问题。这一观点虽然显得平淡无奇，但很少有人对之进行详细的探讨。问题可划分成哪几类？是什么决定着一个问题比另一个问题更重要？如何确定问题解答的合适性？非科学问题和科学问题有什么关系？这些问题都需要详加探讨。"[②]一经对"问题"提问，即进行"元问题"研究，也就进入了问题哲学研究领域。1987年，在莫斯科召开的第八届国际逻辑、科学方法论和科学哲学大会上，一些学者提出了建立"问题学"的任务。我国学者林定夷就是创建"问题学"的先行者之一。

1990年，林定夷在《哲学研究》上发表了直接打出"问题学"旗号的论文《问题学之探究与"问题"的定义》[③]。1992—1994年，他完成"中华社会科学学术基金课题""问题与科学研究——问题学之探究"，结项成果经进一步完善后于2006年出版。[④]此后，2009年出版《科学哲学——以问题为导向的科学方法

---

① 卡尔·波普尔：《猜想与反驳——科学知识的增长》傅季重等译，上海译文出版社1986年版，第317—318页。
② L.劳丹：《进步及其问题——一种新的科学增长论》，刘新民译，华夏出版社1998年版，第5页。
③ 林定夷：《问题学之探究与"问题"的定义——兼答魏发辰先生》，《哲学研究》1990年第4期。
④ 林定夷：《问题与科学研究——问题学之探究》，中山大学出版社2006年版。

论导论》①，2016 年出版《问题学之探究》；后者试图以较简要的方式阐述作者长期探索并认为有望成为科学哲学的一门新的分支学科的"问题学"理论。②

2003 年，晏辉发表论文《哲学问题与问题哲学——论一种可能的哲学观》，主张一种问题式的哲学致思路径。该文强调：哲学是研究问题的，而就问题的性质而言，有真问题和假问题；真问题中有根本问题、核心问题；有些问题为特定时代所独有，有些问题为几个时代甚至整个人类社会所共有。哲学作为一种理论自觉，由其使命和品格决定，它理应关注人类生活中的真问题、核心问题或根本问题；问题哲学应成为哲学发展的主流形态。③

2005 年，张掌然在其博士论文"问题论"的基础上出版《问题的哲学研究》一书；提出问题的哲学研究是一种元问题研究，是一种关于问题的方法论研究。该书由"问题的心理学研究""问题的语言—逻辑研究""问题的科学哲学研究""问题的技术哲学研究""问题的一般哲学研究""马克思主义问题观""问题是什么""问题的结构""问题的基本特征""问题的基本功能""问题的发现""问题的评价""问题的选择""问题的解决"共十四章组成。

2006 年年初，《中国社会科学》杂志编发了陈先达的论文《哲学中的问题与问题中的哲学》；同年 5 月，《中国社会科学》杂志与《学术界》杂志共同召开了"当前哲学研究的问题学术研讨会"，倡导以哲学的方式思考重大的时代性问题和中国发展问题，以自觉的问题研究推进哲学的创新与发展。《中国社会科学》2006 年第 5 期和第 6 期以"当代哲学研究的前沿问题"为题推出了

---

① 林定夷：《科学哲学——以问题为导向的科学方法论导论》，中山大学出版社 2009 年版。

② 就林定夷的探索来看，"问题学"至少包括以下内容：(1)"问题"在科学研究中的作用和地位。(2)"问题"的实质，"科学问题"的界定。(3) 科学目标与科学问题的关系。(4) 科学进步的动力学机制。(5) 产生科学问题的通道。(6) 科学中问题的结构与问题逻辑。(7) 科学问题的价值评价及评价模式。(8) 科学问题的难度评价及评价模式。(9) 科学中问题分解的一般模式。(10) 科学中"问题序"的结构与逻辑。(11) 问题与科学发现：事实的发现与理论的发明。(12) 解决问题的方法论探究。(林定夷：《问题学之探究》，中山大学出版社 2016 年版，第 62—63 页)

③ 晏辉：《哲学问题与问题哲学——论一种可能的哲学观》，《学术研究》2003 年第 10 期。

参加会议的学者衣俊卿、孙周兴、景海峰、甘绍平、俞吾金、郭贵春、任平、欧阳康、冯平、鞠实儿等人的 10 篇文章，主要是对各自研究领域的问题、思考路径、未来前景的深入思考和进一步探讨。其中，衣俊卿的论文为《哲学问题与问题哲学》。衣俊卿说：使用"哲学问题"和"问题哲学"两个概念，来分别表达社会转型期哲学研究的问题的两个基本维度。前者指涉哲学研究的对象和主题，后者指涉哲学研究的方式和范式。前者的问题是哲学研究面临的问题，后者的问题是哲学自身的问题。当一种哲学在转变的社会历史时期和文明时期，不能捕捉新的哲学问题，不能确立新的哲学主题，它无疑会落伍；当一种哲学在转变的社会历史时期和文明时期，依旧用不变的研究方法和范式来把握新的哲学问题和哲学主题，它就成了一种"问题哲学"，其自身必须成为哲学反思和批判的对象。

2012 年，田丰、成龙、冯立鳌出版《问题的哲学——人生的困惑及其破解理路的探索》。该书指出：问题观是一种世界观、历史观、价值观、认识论和方法论，问题哲学本质上是实践哲学、反思哲学、批判哲学。该书不仅探讨了问题与时代、认识、评价的关系，而且还研究了问题与生活、文化、能力乃至人生等多方面的关系，力图为人们提供发现问题、探索问题、解决问题的指南和钥匙。

2014 年，左亚文分别与韩美群、汤玉红合作发表论文《从元哲学到问题哲学》《再论问题与问题哲学》。前文指出：从元哲学经部门哲学再到问题哲学，是迄今为止哲学发展的一条基本轨迹；哲学意义上的问题是指事物内在矛盾的外在显现和表征，真正的问题哲学是指那些渗透在具体事物之中且与人的精神本质相关联的普遍性问题；探讨问题哲学不是通过所谓举例或活用哲学来印证某种先验的原理和观点，而是运用批判的非常规的方式积极关注和深入透析社会生活中那些具有哲学意义的问题。后文指出：问题哲学不同于具体问题，它力图在众多具体问题中寻找那些实证科学无法实证而又具有普遍性的问题；问题哲学的推进必须以本体哲学为指导寻找感兴趣的切入点提炼问题哲学，并结合当今中国实际进行合理的问题定位。

2016—2017 年，马雷发表论文《论"问题导向"的科学哲学》，并与幸小勤合作发表论文《"问题"理论研究及其未来走向》；阐明了一部科学哲学史就是一部以问题为导向的对科学知识的增长和进步进行探讨的历史。

从以上对问题哲学研究的梳理可见："问题哲学"一词指称的对象，在我国学术界并没有统一的认识；当前，主要有两种不同观点。其一是把问题哲学视为一种专门研究"元问题"（问题的共性）的哲学，其二是把问题哲学视为一种"强调以问题导向""主张问题式的哲学致思路径"的哲学研究。它们的共同之处，当以"部门哲学"来关联。林定夷、张掌然致力的"问题学""问题哲学"是对"元问题"的研究，本质上是致力于"部门哲学"研究；而"部门哲学"的研究则直接体现和践行着"强调以问题导向""主张问题式的哲学致思路径"的哲学观。在部门哲学发展起来后，哲学还要进一步研究经济、管理、艺术等更为专门领域中具有哲学意义的普遍性问题，这就产生着更具体、更深入的"问题哲学"：它在众多具体问题中所寻找的是那些实证科学无法实证而又具有普遍性的问题，如哈贝马斯提出的话语伦理学、交往活动中的语言行为理论，利奥塔关于高科技社会中的知识状况的思想等，这些思想理论实际上开辟了许多哲学研究的新领域。林定夷、张掌然等致力的"元问题"研究得出的一般规律，对具体的问题哲学研究有一定的参考借鉴乃至指导意义；而具体的问题哲学研究及其取得的成果，又将反过来为"元问题"研究的丰富和发展提供"养分"或"新经验材料"。

本书第六章将阐明宽窄哲学与马克思的实践唯物主义与实践辩证法直接关联，是实践唯物主义与实践辩证法领域中的"部门哲学"与"问题哲学"。笔者赞同杨耕所言：实践唯物主义、辩证唯物主义、历史唯物主义不是三个不同的"主义"，而是同一个"主义"，即马克思新唯物主义三个不同称谓，是从三个不同维度反映了同一个世界观，即马克思主义世界观的特征。用"实践唯物主义"称谓马克思主义哲学，是为了凸显马克思主义哲学的实践维度及其首要性、基本性，马克思主义哲学不仅以一种新的方式解释世界，更重要的，是要改变世界，实现人的自由而全面发展；用"辩证唯物主义"称谓马克思主义哲学，是为了凸显马克思主义哲学的辩证法维度及其批判性、革命性，辩证法在本质上是批判的和革命的；用"历史唯物主义"来称谓马克思主义哲学，是为了凸显马克思主义哲学的历史维度及其彻底性、完备性，自从历史也得到唯物主义的解释之后，一条新的哲学发展道路和理论空间也从这里开辟出来了。①因此，宽窄哲学既是实践唯物主义领域中的"部门哲学"与"问题哲学"，也是辩证唯物主义领域中的"部门哲学"与"问题哲学"，也是历史唯物主义领域中的"部门哲学"与"问题哲学"。本书最终将阐明：宽窄哲学是关于人生发展和人类发展空间生产的辩证哲学。

第三节　爱因斯坦的概念创造方法论与宽窄哲学的"合法性"

宽窄哲学的提法，最初源于四川中烟工业有限责任公司的产品开发与企业文化建设，而不是出自于哲学的殿堂，因此遭到一些人的轻谩和诟病。然而，这种轻谩和诟病现象是非理性的，是经不起分析的；只是一种不恰当的偏见。下面论及的知识创造领域中的"他者占先"现象、爱因斯坦的"概念是思维的自由创造"论断及其"概念创造方法论"，折射了宽窄哲学研究的"合法性"。这里的合法性，从广义上讲，就是指的合规律性，有存在的根据，有合理性，有方法论根据；从狭义上讲，指有权威的科学方法论支撑。

一、知识创造领域中的"他者占先"现象

这里的"他者"，沿用的西方后殖民理论中一个常见的术语，并按其语义

---

① 杨耕：《论辩证唯物主义、历史唯物主义、实践唯物主义的内涵——基于概念史的考察与审视》，《南京大学学报（哲学·人文科学·社会科学版）》2016年第2期，第5页。

而运用。在后殖民的理论中，西方人往往被称为主体性的"自我"，殖民地的人民则被称为"殖民地的他者"，或直接称为"他者"。"他者"（the other）和"自我"（self）是一对相对的概念，西方人将"自我"以外的非西方的世界视为"他者"，将两者截然对立起来。所以，"他者"概念实际上潜含着西方中心的意识形态。

近代自然科学的源头是古希腊的自然哲学与希腊化时期乃至古罗马时期的科学，这是一个基本的历史事实。在古希腊时期，一些人在不能得到国家支持和未纳入有用知识范畴的情况下进行了一系列对自然界的抽象思索。古希腊人对宇宙的思索和对抽象知识的非功利追求，其努力是没有先例的。在先前的"水利文明"中，如中国、古埃及、古巴比伦、古印度等，知识以实用为归宿和目的。然而，希腊时期却有一种十分强调知识的哲学内涵的独特理念，脱离了任何社会和经济目标。例如，柏拉图在《理想国》中写过一段影响很大的话，讥讽了那种认为研究几何学或者天文学应该服从农业、军事、航海或编制历法需要的说法。柏拉图坚持认为，对自然知识的追求必须脱离琐屑的技艺和技术活动。由此看来，也许可以说古希腊人是把自然哲学当做娱乐消遣，或者是为了实现有关理性人生和哲学思考的更高目标。总之，希腊时期的自然知识探索，代表了一类新型的科学活动——有意识地对自然界进行理论探索。亚里士多德在他的名著《形而上学》一书中曾经写道，哲学与科学的产生与发展需要三个条件：一是"惊异"，即人们对自然和社会现象的困惑与惊奇，激励了好奇心与求知欲；二是"闲暇"，即有从事脑力劳动的物质条件，当时的奴隶制为贵族和自由民提供了优裕的生活和时间，从事理性思辩；三是"自由"，即思考的自由，古希腊的城邦民主制为哲学和科学的自由思想提供了空间。

到了近代，科学认识活动发展为比较系统、比较成熟的认识活动，具有了下列特点：（1）有一批专门从事科学认识活动的科学家，具有丰富的专业知识；（2）组成一定的群体，进行各种形式的学术交流活动；（3）采用一套专门的认识方法、研究方法和认识工具；（4）采用一套专门术语、专门符号，并以此建构一定的理论体系；（5）不仅能成功地解释已出现的自然现象，并对尚未出现的自然现象作出预言，并可以通过观察、实验来验。① 随着科学对于世界各个方面分门别类地深入研究，形成了许多学科领域；于是，学科领域内部是"同行"，学科领域之外就是"他者"。另一方面，随着科学以科学实验为基础，科学研究与生产实践的关系越来越疏离，即科学研究的经验材料来源于科学实验而不是生产实践；于是，生产实践部门成为科学研究部门的"他者"。知识的创造主要来自于生产知识的科研单位，本学科的知识创新主要来自于本学科的知识生产者，已成为学术界的"无意识"的观念。知识创造领域中的"他者"观念，实际上潜含着"知识的创造，以专门的（专业的）科学研究部门为中心"的意识形态。然而，科学史上却存在着数不胜数的"他者占先"现象。最典型的莫过于作为自然科学基本原理的能量守恒与转化原理的发现；因为，对其进行开创性研究与论述的两个人，一个是医生，另一个是啤酒生产商。前者是德国人迈尔，后者是英国人焦耳。

1840 年到 1841 年年初，迈尔在一艘海轮上当了几个月的随船医生。这段船上的生活虽然不长，却开阔了迈尔的视野，激发了他的科学联想。更重要的是这段旅程成为了他在物理学上作出成就、从医学的途径得出能量守恒的结论的起点。

当海轮驶经热带海域时，很多船员患了肺炎，在医治中迈尔发现病人的静脉血比在欧洲时见到的病人的静脉血的颜色要红些。当地医生告诉他，这种现象在热带地区是到处可见的。他还听到海员们说，下雨时海水比较热。这些现象引起了迈尔的深思。

迈尔在大学学医时，曾研究过拉瓦锡的氧化学说及其他的一些新的化学理论。在拉瓦锡的氧化学说的启发之下，他想到，食物中含有化学能，它像机械能一样可以转化为热。人体的体热是由于人所吃进的食物与血液中的氧化合而释放出来的。在热带高温情况下，机体只需要吸收食物中较少的热量，所以机体中食物的燃烧过程减弱了，因此静脉血中留下了较多的氧。另外，雨滴降落

———————————

① 林德宏：《科技哲学十五讲》，北京大学出版社 2004 年版，第 161—162 页。

所获得的活力，也会产生出热来。迈尔认为，除了人体体热来自由食物转化而来的化学能之外，人体动力也来自同一能源。这样看来，热能、化学能、机械能都是等价的，而且是可以相互转化的。

1842 年，迈尔写了《关于无机界能量的说明》一文，以比较抽象的推理方法提出了能量守恒与转化原理。迈尔从"无不生有，有不变无"和"原因等于结果"等哲学观念出发，表达了物理、化学过程中力的守恒的思想。在文章的结尾部分，迈尔设计了一个简单的实验，粗略地求出了热功相互转化的当量关系。

迈尔文章的思辨风格使得学界不能接受，第一次投稿时被一家科学杂志退了回来，后来虽然在另一家杂志上刊登了，但没有引起注意。此后，迈尔又写了几篇文章，继续阐述他的能量守恒和转化原理。他的计算和证明更加严格，推广的范围也越来越宽，包括了化学、天文学和生命科学。可是，他依然得不到人们的理解，长期的孤军奋战使他精神高度紧张。1849 年，他从三层楼上跳下自杀，人虽然没有死，但两腿严重骨折。1851 年，他被送进精神病院接受原始而又残酷的治疗，身心遭受进一步的摧残。但是，迈尔的晚年终于看到了自己的工作得到了应得的荣誉，1871 年，他被英国皇家学会授予科普利奖章。

与迈尔几乎同时提出能量守恒原理的英国物理学家焦耳。焦耳是一位富有的啤酒酿造商的儿子，幼年时因身体不好，一心在家里念书。父亲支持他搞科学研究，在家里为他搞了一个实验室，焦耳因而从小就对实验着迷，而且特别热衷于精密的测量工作。1833 年，父亲退休，焦耳不得不经营他家的啤酒厂，但在业余时间，他继续进行关于热量和机械功的测定工作。

1840 年，焦耳测量电流通过电阻线所放出的热量，得出了焦耳定律：导体在单位时间内放出的热量与电路的电阻成正比，与电流强度的平方成正比。焦耳定律给出了电能向热能转化的定量关系，为发现普遍的能量守恒和转化原理打下了基础。

1843 年，焦耳用手摇发电机发电，将电流通入线圈中，线圈又放在水中以测量所产生的热量。结果发现，热量与电流强度的平方成正比。这个实验显示了机械作功如何转变为电能，最后转变为热。

1847 年，焦耳设计了在一个绝热容器中用叶轮搅动水的方法，更精确地测定了热功当量，测得热功当量为每千卡热量相当于 423.85 千克米的功。热功当量现代值为：J = 427 千克·米／千卡。

焦耳认为，热功当量的测定是对热之唯动说的有力支持，也是对能量不灭原理的一个重要表述。

焦耳的划时代的工作也没有引起应有的注意。也许因为他只是一位业余的实验爱好者。1847 年，在英国科学促进会的年会上，焦耳希望报告他正在做的测量热功当量的实验。会议主席只允许他作简短的口头描述。

到了大约 1850 年，以焦耳实验为基础的能量守恒原理得到了公众的认同。为争取这一局面，德国物理学家赫尔姆霍茨作出了重要的贡献。1847 年，赫尔姆霍茨发表了《论力的守恒》一文，系统、严密地阐述了能量守恒原理（在德语中，"力"一词向来在"能量"的意义上被使用）。首先，他用数学化形式表述了在孤立系统中机械能的守恒。接着，他把能量的概念推广到热学、电磁学、天文学和生理学领域，提出能量的各种形式相互转化和守恒的思想。他将能量守恒原理与"永动机之不可能"相提并论，使这一原理拥有更有效的说服力。

二、爱因斯坦"概念创造方法论"

爱因斯坦的概念创造方法论对现代的自然科学家和科学哲学有深刻的影响。爱因斯坦认为科学研究要有经验背景，要与经验呼应，但科学认识不是从经验事实中按归纳法引出的，不存在着从经验到理论的必然性的逻辑通道，而是要通过自由思考来创造或发明新的概念，并以它为中心来建立新的理论体系，再从理论推演出与经验相符的结论来。爱因斯坦讲道："科学力求理解感性知觉材料的关系，也就是用概念来建立一种逻辑结构，使这些关系作为逻辑结果而纳入这样的逻辑结构。对构造全部结构的概念和规划的选择是自由的。

只有结果才是选择的根据。那就是说，选择应当造成感性经验材料之间的正确关系。"[①]1952 年，他还为这种方法论作出了图示[②]，如图 2—1 所示。

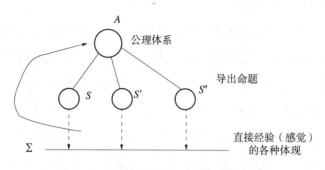

图 2—1 爱因斯坦概念创造方法论示意图

图 2—1 中：Σ是已知的直接经验，A 是公理或一般性的假设，由它们推出一定的结论来。这样，公理的演绎推导使我们由 A 通过逻辑道路得出各个个别结论 S。然后 S 可以同Σ相联，这也就是所谓的用实验来验证。爱因斯坦强调：A 和 S 中出现的概念同直接经验之间不存在必然的逻辑联系。他说，"从心理状态方面来说，A 是以Σ为基础的。但是 A 同Σ之间不存在任何必然的逻辑联系，而只有一个不是必然的直觉的（心理的）联系，它不是必然的，是可以改变的"[③]；但他认为概念与直接经验之间，最终必须要有可靠无误的现实的"对应"，"如果这种对应不能可靠无误地建立起来（虽然在逻辑上它是无法理解的），那么逻辑机器对于'理解真理'将是毫无价值（比如，神学）。"[④]1924年，爱因斯坦在"评理论物理学中问题的提法上的变化"一文中指出："我们用感性知觉只能间接地得到关于外在世界的客体的知识。广义的物理学所面临的任务是建立这样一些关于实际发生的事件和现象的概念，以便在那些为我们的感官所感知的知觉之间确立起有规律的联系。显然，只有借助于思辨的理论

---

① 《爱因斯坦文集》第一卷，许良英等编译，商务印书馆 1976 年版，第 235 页。

② 《爱因斯坦文集》第一卷，许良英等编译，商务印书馆 1976 年版，第 541 页。

③ 《爱因斯坦文集》第一卷，许良英等编译，商务印书馆 1976 年版，第 541 页。

④ 《爱因斯坦文集》第一卷，许良英等编译，商务印书馆 1976 年版，第 542 页。

才能完成这个任务。现在，大家都知道，科学不能仅仅在经验的基础上成长起来，在建立科学时，我们免不了要自由地创造概念，而这些概念的适用性可以后验地用经验方法来检验。"①

爱因斯坦在表述"概念是思维的自由创造"这一观点时，曾经用过不同的用语。起初（1918 年），爱因斯坦指出从感性材料到概念或原理的建立"并没有逻辑的道路；只有通过那种以对经验的共鸣的理解为依据的直觉"②；后来，这种"以对经验的共鸣的理解为依据的直觉"往往与"自由发挥幻想"③"理智的自由发明"④"思维的自由创造"⑤"大胆思辨"⑥"用创造性的想象力去理解和连贯"⑦ 等语词，在相同或近似的意义下交错使用。不管用语如何变化，其基本意思始终如一：概念（或原理、定律）不能从直接经验通过逻辑过程（"归纳""推导"等）产生，而只有通过非逻辑过程（"直觉""假说""猜测""想像"等）创造出来。

爱因斯坦的"概念是思维的自由创造"论断及其"概念创造方法论"，既能够很好地解释哲学中的知识创造与发展，也能很好地解释科学中的知识创造与发展。前者以古希腊哲学家泰勒斯"世界源于水"命题为例，后者以德国科学家魏格纳提出的大陆漂移学说为例。

泰勒斯（约公元前 624—前 547 年）生于地中海东岸爱奥尼亚地区的希腊殖民城邦米利都（今土耳其境内）。泰勒斯认为，世界万物的本原是"水"，万物起源于水并复归于水。这句话的意义在于，从思维方式上，泰勒斯提出了一个普遍性的命题，它追求和找到的本源是物质性的本源，而不是其他任何精神的东西。他力求从自然界本身说明自然界——用水的无定形和流动性来描绘自

---

① 《爱因斯坦文集》第一卷，许良英等编译，商务印书馆 1976 年版，第 309 页。
② 《爱因斯坦文集》第一卷，许良英等编译，商务印书馆 1976 年版，第 102 页。
③ 《爱因斯坦文集》第一卷，许良英等编译，商务印书馆 1976 年版，第 263 页。
④ 《爱因斯坦文集》第一卷，许良英等编译，商务印书馆 1976 年版，第 314 页。
⑤ 《爱因斯坦文集》第一卷，许良英等编译，商务印书馆 1976 年版，第 409 页。
⑥ 《爱因斯坦文集》第三卷，许良英等编译，商务印书馆 1979 年版，第 495 页。
⑦ 爱因斯坦、英费尔德：《物理学的进化》，周肇威译，上海科学技术出版社 1962 年版，第 2 页。

然界的生成和变化，这种超越经验的抽象思维和综合思考开创了人类以科学分析和哲学概括认识世界的新纪元。因而，泰勒斯被誉为西方科学—哲学的开拓者和奠基人。进一步讲，古希腊自然哲学家用自然事物来解释自然界，驱逐了超自然的鬼神观念，这是古希腊人开始具有自主意识的体现，标志着古代西方人的精神觉醒，标志着人类自然观的一次巨大进步；开创了唯物主义精神之追求的先河，奠定了人类理论科学发展的基础。

泰勒斯之所以得出万物源于水的结论，可能是因为他发现一切生命都离不开水。种子只有在潮湿的地方才能生根发芽，而且，他一定也发现大地处于海洋的包围之中，而湿气总是充盈在大地的每一角落。基于对水是万物本原的认识，泰勒斯认为，大地浮在水上，是静止的，地震是由水的运动造成的，就像船在水面上随水晃动那样，水所蒸发出的湿气滋养着地上万物，也滋养着天上日月星辰甚至整个宇宙。

1910 年，时年 30 岁的魏格纳提出"大陆漂移"概念时，只是一个德国的气象学家，对于地质学、地球物理学界来说是一个"他者"。当时，魏格纳因病在家休息；卧病在床、百无聊赖之时，经常凝视着地图出神。有一天，他突然产生一个奇妙的问题：大西洋两岸的轮廓竟是如此对应，特别是巴西东端的直角突出部分，与非洲西岸呈直角凹进的几内亚湾非常吻合；自此以南，巴西海岸每一个突出部分，都恰好和非洲西岸同样形状的海湾相对应；相反，巴西海岸每有一个海湾，非洲方面就有一个相应的突出部分。这难道是偶然的巧合？此时，一个新思想的火花一下子跃入他的脑际——这些大陆早先可能曾经是连在一起的，只是后来才慢慢地分开。

魏格纳提出这个想法，看起来似乎是偶然产生的，其实并不完全是这样。那时，他正在专心研究地球历史上的气候变化，许多问题使他迷惑不解。比如说，在伦敦、巴黎和格陵兰这些冷热不同的地方从几亿年前的岩层里找到了热带羊齿植物的化石，说明那时这些地方应该都是热带；在今天地处热带的巴西和非洲，却从地层中发现了许多古代冰川的遗迹，说明那时这些地方是寒带。同样一个地球，远古的气候情况为何跟今天正好相反呢？他一时找不到合适的答案。他想到，如果这些大陆曾经移动过地方，它们原先在地球上的位置和今天并不一样，那么这些难题就可以得到圆满解释。这里，也潜在地孕育着大陆漂移的思想，不过还是相当模糊的，在凝视世界地图时，他的这一潜在的思想火花骤然迸发出来。

1912 年，魏格纳发表了"根据地球物理学论地壳（大陆和海洋）的形成"和"大陆的水平位移"两次演讲，提出了大陆漂移假说。1915 年，魏格纳出版了《海陆的起源》一书，系统地阐述了大陆漂移说。

既然"概念是思维的自由创造"，从感性材料到概念或原理的建立"并没有逻辑的道路；只有通过那种以对经验的共鸣的理解为依据的直觉"，也就很容易理解知识创造领域中的"他者占先"现象了。因为，概念不能从直接经验通过逻辑过程（"归纳""推导"等）产生，而只有通过非逻辑过程（"直觉""假说""猜测""想像"等）创造出来，那么，在科学的发展中被证明为有用的、正确的概念，最初就不一定是"本学科的资深专家"提出来的，而可能就是"他者"所为。一旦明确这些，在宽窄哲学的发展问题上，我们也就没有理由过分看重"宽窄哲学"概念的来源。即是说，"宽窄哲学"概念是谁提出来，并不重要，重要的是"宽窄哲学"能否引起专业的哲学家的重视，并对其继续进行论证而推进其发展。换言之，历史上"大陆漂移"的概念是由气象学家魏格纳提出，还是由地球物理学界的资深专家提出，也并不重要；重要的是：这个概念能否得到科学界的认同与发展。

三、大陆漂移学说发展的启示

魏格纳的大陆漂移说是一种"活动论"地质学的思想，与此相对，以往大地构造学理论却是"固定论"的思想，即地壳都在原地升降，如有水平方向的推挤和位移，不过数公里、数十公里规模，像这种几千公里的大陆漂移是不可想象的。

魏格纳的《海陆的起源》在 1915 年发表时，适逢硝烟弥漫的第一次世界大战。战后魏格纳三次再版了该书，并被译为英、法、西班牙、日、俄等各种文字。20 世纪 20 年代至 30 年代初，许多人在读这部名著时，一方面为它的新颖和独到而震惊、激动，另一方面却又持有怀疑的态度。在人们心中一向是安如磐石的大陆，居然像船一样，可以漂浮活动，这实在不可思议。在那时，一些年轻的地质学家热情地为此理论欢呼，认为开创了地质学的新时代，魏格纳所在的汉堡附近的德国海洋观象台，成了世界各地大陆漂移说支持者朝拜的圣地。但老一代地质学家均不承认这一新的学说，在他们看来，它只依据了一些表面现象，而提不出一个有说服力的物理模型。这就在大地构造领域中形成对立的两大学派：以海陆位置固定不变的观点为核心的传统固定论和以大陆漂移说为主体的活动论。两派之间展开了激烈的论战。

魏格纳最初的理论断言，硅铝质的大陆块就像一座座桌状冰山一样沉浮，航行在较重的硅镁层上，大陆硅铝块就在这硅镁层上漂移着。1925 年，英国著名地球物理学家杰弗里斯根据地球纬度变化资料计算认为，硅铝层底部岩石粘性系数大于 10^{20}，而要发生流动，粘性系数需小于 10^{18}，因此漂移是不可能的。

为回答大陆漂移的动力从何而来，魏格纳提出了两种力：地球自转离心力和潮汐摩擦力。他认为，正是这两种力驱动大陆漂移。而大多数地球物理学家认为，这两种力实在太小，并不足以驱使深厚、庞大的陆地作大规模漂移。例如，地球自转离心力所引起的离极漂移力，有人计算出它的最大值（在 45° 纬度处），不过是重力大小的三百万分之一，而且潮汐摩擦力也相当有限。一块比较小的澳大利亚大陆就大约有 7×10^9 亿吨重，一般人不大相信这样小的力可以推动大陆。杰弗里斯更是持否定态度。根据他的计算，这种离极力对地壳产生的剪应力只有 400 达因／厘米 ^{2}，其产生的应变率只有 0.8×10^{-27}／秒。地壳移动 1 弧度（57° 17′ 44.8″）需要 30 亿年，因此用它解释不了魏格纳的大尺度漂移。

这样一来，尽管魏格纳从海岸形状、地质古生物和古气候等方面有力地论证大陆发生了漂移，然而，他对大陆漂移的方式和动力所作的解释，却不能自圆其说。事实上，魏格纳本人也不讳言他学说的薄弱环节正是在力学方面。他曾经说过，漂移理论中的牛顿还没有出现。

1926 年 11 月，美国石油地质学家协会在纽约举行首届大陆漂移学说讨论会，后于 1928 年出版了题为《大陆漂移说》的论文集。在 14 个主要发言人中，5 人赞同漂移说，2 人持保留态度，7 人反对。这些反对者大都是知名的学术权威。如芝加哥大学的钱伯伦（R.T.Chamberlin）、耶鲁大学的舒赫尔特（C.Schuchert）、霍普金斯大学的贝里（E.W.Berry）等人，他们对漂移说提出许多异议。舒赫尔特说，很明显，魏格纳随心所欲地把坚硬的地壳看作是柔软的，以便把两个美洲从北到南拉长达 15000 哩。贝里说：魏格纳的方法是不科学的，无视大量与假设不符的事实，然后自我陶醉，以主观想象当作客观事实。

魏格纳在一片反对声中继续坚持为自己的理论搜集证据，特别是直接的第一手证据。为此，他 1929、1930 年他多次去格陵兰岛考察，冒着零下 65℃ 的严寒，长途跋涉。1930 年 11 月 2 日，魏格纳第四次考察格陵兰，由于疲劳过度，心力衰竭，倒在了茫茫雪原上，直到次年 4 月，一支庞大的搜索队才找到了他的遗体。

魏格纳的不幸去世，使大陆漂移说失去了一位坚定的倡导者，20 世纪 30 年代以后，漂移理论逐渐悄无声息。

导致大陆漂移说复活的首先是古地磁学的研究。20 世纪 50 年代，英国地球物理学家克莱克特和兰康在研究古地磁时发现，英伦三岛在 2 亿年间向北移动了可观距离。英伦三岛的磁倾角现在为 65°，而 2 亿年前则为 30°，可见当时英伦三岛所在的纬度比现在低得多。另外，对陆地上的岩石作古地磁测定，可绘出古地磁极的迁移曲线。一个地磁极（南极或北极）只应有一条迁移曲线，然而，在不同大陆上相对于同一个地磁极所作的古地磁测定，得到的地磁迁移轨迹却并不相同。这表明，各大陆在以不同的路线漂移。

古地磁研究的发现，完全独立地证实了大陆曾经漂移，由此激发了科学家们对大陆漂移说研究的兴趣。英国地球物理学家布拉德等人利用电子计算机计算了大西洋两岸的种种联合情况，计算结果几乎弥合无隙（平均误差小于一度）。这又从几何上为大陆漂移说提供了形象而有力的佐证。于是，被遗弃已达二十年之久的大陆漂移说又得以复活、重放光辉。

对大陆漂移学说的复兴起极大推动作用的是关于海洋地质学的研究。随着科学技术的发展，人们用超声波回声探测海深，既方便快捷又十分准确，由此探知海底并不平坦，而是沟壑纵横、起伏不平。通过对各大洋的全面声波测探，发现有一条连贯各大洋洋底的中央海岭。这条海岭长达6.4万公里，人称洋中脊。海洋地质探测进一步发现，海底的岩石比海洋动物的历史要短很多，海底只有1亿多年，而海洋动物至少有5亿年历史。这说明海底处在变动之中，并从根本上否定了大陆固定论关于海陆同样古老的思想。

1961年，美国地质学家赫斯等人提出了海底扩张理论，他们认为，在大洋的中脊有一条裂谷，地幔中的炽热的熔岩从这个裂缝溢出，到达顶部后向两侧分流。熔岩冷却后形成新的海底地壳，并推动原来的海底地壳向两边扩张，老地壳到深海沟或岛弧带时就下沉钻入地幔之中，被地幔吸收。由于海洋地壳不断更新（大约二、三亿年更新一次），海底没有比中生代更老的地层。在海底扩张过程中，各大陆也就发生了大幅度的水平移动。海底扩张学说为大陆漂移说提供了驱动力的解释，魏格纳所期待的漂移理论中的牛顿终于出现了。但是，这与魏格纳的设想不同：不是大陆单独像船一样在海洋地壳上漂移，而是岩石圈（包括大陆地壳和海洋地壳等）驮在地幔对流体上慢慢移动。

海底扩张说提出时，也面临着强大保守势力的攻击，主要创立者赫斯也不期望很快能得到承认。但他比魏格纳幸运多了，不到几年，洋底磁异常现象的发现、关于横断大洋中脊转换断层的研究，以及深海钻探所获得的大量资料，均进一步证实了海底扩张说。到了1967年，地质学界大多数人已接受了该理论，活动论终于开始成了地学的主导思想。

随着海底扩张说的确立，人们开始重新思考大陆漂移问题。由于海底扩张，地壳在水平方向上发生了较大的位移，但大陆的整体形状并没有大的改变，非洲与巴西海岸线的相吻合就证明了这一点，这促使地质学家们进一步提出了板块学说。1965 年，加拿大地球物理学家威尔逊最早提出了"板块"一词。当年，他同赫斯一起访问剑桥，同那里的地质学家们共同讨论了大陆漂移说的发展问题，其间，板块构造学说在海底扩张说的基础上脱颖而出。

板块构造理论主张，整个地球表面是由几个坚硬的板块构成的。由于地球内部温度和密度的不均匀分布，地幔内的物质发生了热对流，在热对流的带动下，各大板块之间发生相对运动，它们或被拉开，或被挤压，在板块之间被拉开的地方出现了裂谷，海底扩张运动实际上是在地幔流的推动下板块向海洋裂谷两侧的运动。所谓大陆漂移，其实是板块在地幔流上漂移，即不仅大陆在漂移，大陆所附着于其上的海底也在漂移。板块学说是大陆漂移学说的新形式。

1968 年，法国地质学家勒比雄在前人研究的基础上，提出了六大板块的主张；这六大板块是：欧亚板块、非洲板块、美洲板块、印度板块、南极板块和太平洋板块。其中仅太平洋板块由海洋地壳组成，其余都既包括了海洋地壳也包括了大陆地壳。

板块学说很好地解决了魏格纳生前一直没有解决的漂移动力问题，使地质学在一个新的高度上获得了全面的综合。

20 世纪六七十年代，为检验和研究板块构造学说，组织了一系列的国际合作计划。其中著名的有：1963—1971 年的国际地壳上地幔计划，1972—1977 年的国际地球动力学计划，还有国际海洋勘探十年计划，联合海洋学会地球深部取样计划和深海钻探计划等。1980 年提出的岩石圈计划，拟定了地壳和上地幔的形成和发展等 13 项主要研究项目，标志着板块构造的发展进入了一个新阶段，即：初期它以海洋走向陆地、地球物理学挑战地质学为标志，80 年代起则以陆地走向海洋、地质学推动地球物理学发展为标志。①

回顾大陆漂移学说发展的历史过程，对认识与理解宽窄哲学研究可以有如下启示。

第一，宽窄哲学概念的提出，只是问题研究的起点，而不是终点。

---

① 文兴吾：《现代科学技术概论》，四川人民出版社 2007 年版，第 117—120 页。

第二，宽窄哲学概念是谁提出来，并不重要，重要的是宽窄哲学概念能否引起专业的哲学家的重视，并对其进行论证而推进其发展；一个概念是否被采纳或确认，是由学科的专家来决定的，而不是由提出者决定的。换言之，宽窄概念究竟是不是一个哲学概念，宽窄概念的哲学道路究竟能够走多远，这都是由专业的哲学科学共同体最后决定的。

第三，正如大陆漂移学说最后的理解，与魏格纳最初的理解大相径庭，宽窄哲学最后的理解，也会与初创者的意蕴有很大的区别。

第四节　劳斯的科学实践哲学与宽窄哲学的"合理性"

这里的"合理性"，从狭义上讲，是由某个理论在进行支撑；从广义上讲，也就是具有合规律性与合法性等等，因为任何一个理论，都是建立在揭示某种规律基础上的，而揭示规律又必须采用正确的方法。宽窄文化，与成都相关联，因此是一种地域文化。宽窄哲学，根源与宽窄文化，因此也就是一种地方性哲学。然而，凡哲学又强调普遍性，具有普适性；这形成一种矛盾。吉尔兹的"地方性知识"理论，劳斯的科学实践哲学，奠定了消除这种矛盾的基础。

一、吉尔兹的"地方性知识"理论

20世纪70年代，美国著名文化人类学家克利福德·吉尔兹（Clifford Geertz）提出"地方性知识"（Local knowledge），作为他在解释人类学中创造的中心概念。地方性知识概念在人类学界原本有多种提法，如本土知识或土著知识（Indigenous knowledge）、传统知识（Traditional knowledge）、民族科学或种族科学（Ethno-science），等等。80年代初，吉尔兹将其在耶鲁大学法学院的系列演讲集结命名为《地方性知识：从比较的观点看事实和法律》，出版了一部阐释人类学的论文集。从其文本可以看出，"地方性知识"这一概念意指各民族在其自身的生存历史实践中所形成的特有的认知方式和思维方式，以及与此相联系的语言、神话、宗教、艺术、民俗等文化文本，其本质是"文化持有者的内部眼界"。地方性知识概念一经提出，即暗合了后现代主义思潮的理论主张，成为各种后现代主义对抗"全球化""科学化""统一化""西方化"的有力工具。

自2000年吉尔兹《地方性知识：阐释人类学论文集》的中文本问世以来，国内对地方性知识的关注度逐年上升。通常认为，地方性知识更多地体现为一种知识观念，它主要是从知识产生形成的情境、知识适用的范围两个向度界定知识的本质。从民俗学角度来看，地方性知识是那些民间传统知识，即针对自然环境、生态资源而建立起来的专属性认识和应用体系。目前，比较教育和课程论领域的研究者借用"地方性知识"来重新审视文化整合与本土关怀；一些文化生态学领域的研究者认为地方性知识以其独特的地域性、灵活性和开放性，在区域内生态治理和环境保护以及社会和谐方面有着独特的本土优势；法学研究者则借用"地方性知识"来讨论内生规则与制定法的互动及法律移植问题。

从吉尔兹的观点看，地方性知识有三个重要的特征。第一，地方性知识总是与西方知识形成对照。虽然这里并没有直接说明西方知识是普遍的，但是这种分类就是把西方以外的知识与西方知识作为知识的两极：一端是西方知识，另一端是西方以外的其他地方性知识。即是说，知识的地方性，是就它们与西方知识的关系而言的。第二，地方性知识还指代与现代性知识相对照的非现代知识。由于在西方文化中，根深蒂固的西方中心主义的影响，不仅使得其他民族和国家的科学或者自然知识很难被视为与西方近代发展所形成的科学同样有效的东西，而且也使得在欧陆哲学传统中，特别是在法国，那些尊重其他民族知识的学者仍然把所有区别西方科学的其他种类的自然知识称为"人种科学"，或被称为"非正规科学"。非现代性也可能同样存在两个维度的理解：一是历史的维度，地方性知识总不是现代仍然起作用的知识；二是当下的维度，地方性知识所发挥的作用只局限于当地，而不是现代社会。第三，地方性知识一定是与当地知识掌握者密切关联的知识，是不可脱离 Who、Where 的知识。而普遍性知识则无需询问知识是谁的和在什么具体情境中。这个 Who 也许是当地的个体，也许是一个民族，总之，它不是西方意义的理性的、普遍的人。

二、劳斯的"科学实践哲学"理论

劳斯（Joseph Rorse）作为美国新生代科学哲学家，20 世纪 90 年代创立了"科学实践哲学"。他批判了传统科学哲学把科学仅仅看作知识体系的理论优位观，提出以科学实践为基础、文化和权利及其地方性知识本性为特征的新科学观，试图在实践的基础上重构以讨论科学实践活动为特征的科学哲学。清华大学吴彤教授认为，科学实践哲学就是要确立以下基本观点：一切知识都是地方性知识，科学知识在本性上是地方性的；因为"一切科学家的实践活动都是局部的、情境化的，是在特定的实验室内或者特定的探究场合的，从任何特定场合和具体情境中获得的知识都是局部的、地方性的，走向所谓的普遍性是科学家转译的结果。"[1]

"科学实践哲学"，顾名思义，就是把"科学实践"而非"科学文本"作为主要的研究对象。劳斯指出，"我强调的是科学研究是一种实践活动，这种实践不仅重新描绘了世界，也重构了世界"[2]。他并不否认科学是一种表象世界的理论，但更重视审视作为实践活动的科学。何为实践？劳斯认为，"实践不仅仅是行动者的活动，而且是世界的重组，其中这些活动有意义"[3]，"把实践设

[1] 吴彤：《两种"地方性知识"——兼评吉尔兹和劳斯的观点》，《自然辩证法研究》2007 年第 11 期，第 91 页。
[2] 约瑟夫·劳斯：《涉入科学：如何从哲学上理解科学实践》，戴建平译，苏州大学出版社 2010 年版，第 117 页。
[3] 约瑟夫·劳斯：《涉入科学：如何从哲学上理解科学实践》，戴建平译，苏州大学出版社 2010 年版，第 122 页。

想为有意义的情境或世界的重组"①。显然,劳斯的实践不是纯粹的物质性改造世界的活动,而是把主体的意义建构活动亦包含着其中。进一步地,他将其实践观展开为 10 个基本论点。概括地说,实践具有过程性(实践是一个过程)、连续性(实践往复不断)、相对性(实践模式不固定)、权力性(实践总是包含权力关系)、构成性(实践被不断建构)、动态性(实践不断在变化)、反主体性(实践塑造主体而不是相反)、情境性(实践在具体情境中展开)、普遍性(实践囊括物质实践、话语实践)和开放性(实践是自发开放的)。②

劳斯科学实践观的创新不限于实践概念,更重要的在于它所蕴含的科学哲学新进路或新理念。首先,不是强调科学在实践中的应用,不能把科学的实践意涵局限在科学应用于技术的方向上,而是强调实践技能和操作对于科学的决定性意义,强调实验室活动在科学实践中的核心位置。科学是实践和行动的领域,而不仅仅是信念和理性的领域。其次,应该从认知主体所处的具体社会情境、日常实践的角度来分析科学,而不是从追问主体何以趋向于客观和真理。因此,以知识归因为中心任务的知识论必须转向社会情境分析,研究科学如何在实际情境中发生,研究科学实践的日常模式,在持续不断的运动、运用或活动中理解科学。与理论优位相反,实践优位强调经验、日常实践性介入、具体实践模式、社会情境、非观念的物质性或操作性因素(如仪器、操作或现象)在科学实践活动中的决定性作用。实践优位从具体社会情境理解科学知识,意味着反对把科学知识看作普遍性一致性的客观真理。③

科学实践哲学中的地方性知识概念,是一种哲学规范性意义上的概念,指的是知识的本性就具有地方性,特别是科学知识的地方性,而不是专指产生于非西方地域的知识。劳斯说,"理解是地方性的、生存性的,指的是它受制于

---

① 约瑟夫·劳斯:《涉入科学:如何从哲学上理解科学实践》,戴建平译,苏州大学出版社 2010 年版,第 27 页。

② 刘永谋:《论约瑟夫·劳斯科学实践哲学的理论创新》,《自然辩证法研究》2014 年第 4 期,第 123 页。

③ 刘永谋:《论约瑟夫·劳斯科学实践哲学的理论创新》,《自然辩证法研究》2014 年第 4 期,第 124 页。

具体的情境，体现于代代相传的解释性实践的实际传统中，并且存在于由特定的情境和传统所塑造的人身上。"① 另一方面，他所关注的科学，是与其强调的实践场所，即科学家们工作的实验室（当然也可推及到诊所、田野等场合）密不可分的，"科学知识的经验品格只有通过在实验室中把仪器运用于地方性的塑造时方能确立。"② 即劳斯所谈论的是源于在实验室的具体情境中实践，作为"地方性知识"的科学知识。换言之，科学知识的地方性，主要是指在知识生成和辩护中所形成的特定情境，诸如特定文化、价值观、利益和由此造成的立场和视域，等等。这种地方性取决于科学主要是一种人类的地方性实践活动，具体的科学家无法离开具体的实验室进行科学活动。地方性知识与普遍性知识并非造成对应关系，而是在地方性知识的观点下，根本不存在普遍性知识。普遍性知识只是一种地方性知识转移的结果。③ 科学实践哲学的方法论意义在于，它告诉人们，哲学的价值应体现在科学实验及其传播的过程之中，而非凌驾于其上。④

三、关于"地方性知识"的扩散过程

按照科学实践哲学的观点，传统观念中的"现代科学"本身就是一个矛盾的术语，因为它同时意味着"普遍的"与"西方的"。"西方的"本身就是一个地方性概念，"普遍的"却是一个全球性概念。这就是"空间与真理的矛盾"。任何科学知识无疑都是出自某一特定的实验室空间，然而，现代科学能够消除

① 劳斯：《知识与权力——走向科学的政治哲学》，盛晓明等译，北京大学出版社 2004 年版，第 66 页。

② 劳斯：《知识与权力——走向科学的政治哲学》，盛晓明等译，北京大学出版社 2004 年版，第 113 页。

③ 吴彤：《两种"地方性知识"——兼评吉尔兹和劳斯的观点》，《自然辩证法研究》2007 年第 11 期，第 90 页。

④ 蔡仲：《现代科学何以能普遍化？——科学实践哲学的思考》，《江苏社会科学》2015 年第 1 期，第 113 页。

其建构过程的西方性，从一个实验室扩散到其他实验室，从西方传播到非西方世界，变成普遍真理。这是怎样的一回事呢？一种回答是："现代科学的普遍性是一种生成的结果。它是实验室的标准化、思维方式的标准化与体制安排的标准化、西方科学与非西方知识，聚集在全球化这一历史机遇中生成的。因此，普遍性不是'方法论过滤'造成的既成事实，也不是西方霸权的阴谋，而是人类与物质世界在特定的全球化情境中相聚所造就的历史与现状。"①

劳斯把实验室中获得的科学知识向实验之外的扩散过程视为从一种地方性知识转变为另一种地方性知识的过程。传统观点认为，科学知识在实验室之外的扩展，经过了去情境化成为普遍性知识，不仅适用于某个实验室，而是普遍适用。而劳斯看来，科学知识扩散并未走地方性到普遍化的路线。他认为，"地方性的实验室是科学的经验特征得以建构的地方，而这样的建构是通过实验人员的地方性、实践性的能知来实现的。实验室里产生的知识被拓展到实验室之外，这不是通过对普遍规律（在其他地方可以例证化的）概括，而是通过把处于地方性情境的实践适用到新的地方性情境来实现的。"②因而，对科学实践的社会情境分析彻底将自然科学知识看作地方性的，并非普遍性的客观真理。劳斯认为，通过"转译"在实验室获得的地方性知识实现向外扩散从而走向另一种地方性知识。经过了转译，科学知识并未真正去情境化，而只是经过了标准化的过程，仍然是一种地方性知识，但是经过标准化它可以适用于新的社会情境。③

劳斯思想主要包含在三本著作《知识与权力——走向科学的政治哲学》（1987）、《涉入科学：如何从哲学上理解科学实践》（1996）和《科学实践如何

---

① 蔡仲：《现代科学何以能普遍化？——科学实践哲学的思考》，《江苏社会科学》2015年第1期，第112页。

② 劳斯：《知识与权力——走向科学的政治哲学》，盛晓明等译，北京大学出版社2004年版，第129—130页。

③ 刘永谋：《论约瑟夫·劳斯科学实践哲学的理论创新》，《自然辩证法研究》2014年第4期，第126页。

重要——重提哲学的自然主义》（2006）中，它们分别提出了所谓的"科学的政治哲学""科学的文化研究""哲学的自然主义"三种科学哲学研究方案。这三本书以不同的方式强调：应该把科学当作实践活动来理解。其中，《知识与权力》作为劳斯成名作原创性最强，后两本书主要是对该书主题的重复或回应，影响远不及前者。《知识与权力》受到了福柯"知识—权力理论"的巨大影响，甚至可以说是福柯理论向自然科学领域的全面移植。

在谱系学 ① 中，福柯提出了一整套的所谓"微观权力分析"，知识—权力理论是微观权力分析的重要组成部分，是将它运用于知识、科学领域的结果。② 福柯曾这样论述知识与权力的"共生"关系："权力制造知识（而且，不仅仅是因为知识为权力服务，权力才使用知识）；权力和知识是直接相互连带的；不相应地建构一种知识领域就不可能有权力关系，不同时预设和建构权力关系就不会有任何知识。"③"我们屈服于权力来进行真理的生产，而且只能通过真理的生产来行使权力。在所有的社会中都是如此，但我相信在我们的社会中，权力、法律和真理之间关系的组织方法非常特别。"④ 他认识到：现代权力是一种知识化、技术化权力，它离不开知识；反过来，现代知识是一种权力化、力量化的知识，它离不开权力。一方面，权力在逼迫我们生产真理，权力为了运转需要这种真理；另一方面，我们必须服从真理，真理的传播帮助实现权力的效力。现代权力运行过程本身就是一个知识生产的过程，比如说，对罪犯进行惩罚的过程同时也是犯罪学、精神病学等知识逐渐发展和完善的过程。现代权力的运行必须要用知识来说明、指导和合理化，比如说，对犯人量刑、改造，都是在相应的学说指导之下来完成，而不是盲目的。指导人们的行动，

①　谱系学的概念是福柯哲学中的核心概念之一，此概念来自尼采《道德的谱系》。谱系学不仅仅是一种分析方法，而且也是一种基于尼采权力意志之上的哲学观点。

②　刘大椿、刘永谋：《思想的攻防——另类科学哲学的兴起和演化》，中国人民大学出版社 2010年版，第 165—166 页。

③　米歇尔·福柯：《规训与惩罚：监狱的诞生》，刘北成、杨远婴译，生活·读书·新知三联书店 2003 版，第 29 页。

④　米歇尔·福柯：《必须保卫社会》，钱翰译，上海世纪出版集团 1999 年版，第 23 页。

产生权力后果，是现代知识无法摆脱的宿命。实际上，现代知识不仅不是与行动无关的，相反还是以能产生操作性的、实践性的权力效应为荣。作为一种指导实践的知识，其生产和传播不可避免地涉足权力领域。那些没有权力效果的知识，会被人们所抛弃。总之，考虑现代权力就不能不考虑现代知识，考虑现代知识就不能不考虑现代权力，在这个意义上可以说，权力和知识在现代社会成了一个知识—权力、真理—权力的"共生体"。①

刘大椿和刘永谋指出：

在福柯的理论中，权力与知识的关系就像小丑鱼和海葵的生物共生关系，相互依存、相互帮助，但又相互独立、相互分离。知识和权力仍然是两个不同的领域，但它们在现代社会总是一同出现、一同运转。

他不是把这一问题简单地归结为政权、意识形态对知识、知识分子的单向的压制、干预，而是从现代权力的知识化和现代知识的权力功能的角度来看待这一问题。权力和知识之间的关系是建设性的、相互支持和渗透的，而不是破坏—反抗、压抑—屈从的关系。②

福柯还提出了"真理制度"的概念。他认为，在现代社会中，知识和权力的这种复杂的共生关系，最终形成了所谓的"真理制度"——"每个社会都有其真理制度，都有其关于真理，也就是关于每个社会接受的并使其作为真实事物起作用的各类话语的总政策；都有其作用于区分真假话语的机制和机构，用于确认真假话语的方式；用于获得真理的技术和程序；都有其责任说出作为真实事物起作用的话语的人的地位。""真理以流通方式与一些生产并支持它的权力制度相联系，并与由它引发并使它继续流通的权力效能相联系。这就是真理

---

① 刘大椿、刘永谋：《思想的攻防——另类科学哲学的兴起和演化》，中国人民大学出版社2010年版，第167—168页。

② 刘大椿、刘永谋：《思想的攻防——另类科学哲学的兴起和演化》，中国人民大学出版社2010年版，第168页。

制度。"①

刘大椿和刘永谋指出，福柯的"真理制度"是现代社会中权力和知识相互支持、相互渗透的制度化、实在化的产物，写道：

在传统科学史看来，知识史是真理战胜无知、经验战胜偏见、推理战胜狂想的历史。在谱系学看来，知识史是战争史，是一些知识对另一些知识的战斗。真理问题重要的不是"如何获得真理"的问题，而是"真理是如何成为真理"的问题。"如何获得真理"的问题是认识论问题，"真理如何成为真理"是谱系学的问题。对此，福柯的回答是"权力"，即权力让真理成为真理。"知识通过自身的形态，通过相互敌对的掌握者和通过它们内在权力的后果相互对立。"②在这些斗争中，权力和国家直接或间接地进行了干预。

福柯将这一干预过程称为"知识纪律化"过程。"知识纪律化"过程有四个步骤：取消和贬低无用的、不能普适的、经济上昂贵的知识；对知识进行规范化，使各种知识之间可以交流、互换，知识者也可以交流和互换；知识等级划分，从特殊的、最具体的知识到最普遍的知识，直至最形式化的知识；金字塔式的集中，从而使控制知识成为可能，保证了知识的挑选、自下而上的传播、自上而下的指导与组织。

福柯认为，"知识纪律化"过程是18世纪以来即古典时代之后的现象。18世纪以前，科学或者说标准不止一种，哲学组织着知识的交流。现在，知识中的一部分才被称为科学，哲学的基础作用消失了。科学接替了哲学的基础作用，它成为"知识警察"，进行分类、等级化、学科化，等等。于是，在知识内部产生了纪律检查，检查实际不涉及叙述的内容、真理性，而是叙述的规则：谁在说？叙述处于哪个层次？可以归入哪一类？但

① 福柯：《福柯集》，杜小真编选，上海远东出版社2003年版，第445—446页。
② 米歇尔·福柯：《必须保卫社会》，钱翰译，上海世纪出版集团1999年版，第169页。

是，这种"知识纪律化"过程是在真理性标准的名义下进行的，知识之间的等级被解释为客观性上的差别。①

劳斯的实验室研究效仿福柯的监狱研究，试图把知识权力分析理论移植到实验室中，形成所谓的"实验室微观社会学"。劳斯理解的实验室权力运作，可以分为三方面的内容：对自然环境的监控，对主体的规训，对社会情境的重组。② 通过对实验室微观科学研究场所的考察，劳斯进一步强化了如下观点，即实验不仅仅是理论的附属物，而且还在科学发展中扮演着独立的、重要的角色，实验室场所是科学的经验特征得以建构的地方，并通过实验人员的地方性、实践性技能来实现。实验室产生的知识被拓展到实验室之外，这种拓展并不是对普遍规律的概括，而是通过把处于地方性情境的实践适用到新的地方性情境来实现的。③

传统观点认为，科学家在活动过程中运用权力与其他机构没有两样，政治影响、职业发展、财政限制、法律禁止、意识形态的扭曲等涉及权力的问题都出现在科学中，但这些因素都被视为外在因素，与科学的内部因素区别开来；因此，对科学来说，科学的真理性、进步性能且只能从"内部"方面即认知的、理性的、思想的方面进行解释，政治的、社会的、个体心理学的因素都属于科学发展的非本质的外在因素。劳斯显然不同意任何此类的固定区分，按照他的科学实践概念，所谓的内在、外在之间的界线本不存在；只有具体情境中的科学实践，不存在独立的知识或理论内容。他的观点是：科学的本质体现于且只体现于实践之中，而科学实践中权力与政治的关系应当成为科学哲学合理的研究内容。科学实践的权力关系不仅对于科学是重要的，而且还扩展到科学

---

① 刘大椿、刘永谋：《思想的攻防——另类科学哲学的兴起和演化》，中国人民大学出版社 2010 年版，第 169—170 页。

② 刘永谋：《论约瑟夫·劳斯科学实践哲学的理论创新》，《自然辩证法研究》2014 年第 4 期，第 125 页。

③ 戴建平：《约瑟夫·劳斯的科学实践哲学方案》，《安徽大学学报（哲学社会科学版）》2009 年第 6 期，第 8 页。

之外，对社会权力和政治关系也产生了重要影响。因此，劳斯提出要"走向科学的政治哲学"。①

　　在中国，当代科学技术源自西方，这是人们普遍承认的一个事实。在历史上，明清时期的西学东渐，拉开了西方科学大规模传入中国的序幕。中国的科学技术，就是从那个时期，开始了自己的历史转型，逐步实现了与西方科学的接轨，并最终发展成为与全世界一致的现代科学技术。换言之，中国现当代的科学技术，是近现代西方科学技术这种"地方性知识"扩散的结果。正因如此，考察西方科学技术当时是循何渠道、通过哪种载体，以什么样方式传入中国的，当时的中国社会是如何看待和接纳西方科学的，等等，成为中国科技史乃至史学界关注的重点。中国科学院自然科学史研究所韩琦教授在论文《科学、知识与权力——日影观测与康熙在历法改革中的作用》②及专著《通天之学——耶稣会士和天文学在中国的传播》③中，将西方天文学在中国的传播置于政治史、社会史和宗教史的语境中加以讨论，力图完整勾勒明清时期西方天文学在中国的传播历程。作者在书中做了大量案例探讨，以案例来展示当时皇权和知识交织作用的社会背景，分析了各层次人士诸如皇子、传教士、钦天监官员、士大夫等在知识传播中所扮演的不同角色。作者还具体揭示了康熙皇帝如何利用西方天文学知识在朝臣面前树立自己的权威，达到控制汉人和洋人的目的。《通天之学》一书旨在揭示天主教传教士来华与欧洲天文学传入中国的具体过程，还原真实的历史，为此，作者系统查阅研读了国内外所藏清代历算著作、官方文献和清人文集，获取了大量第一手资料，并与欧洲所藏原始西文档案资料互证，为该书的写作奠定了坚实的资料基础。作者对上述资料的解读，填补了多项明清科学史研究的空白。资料充实是该书的显著特点之一。不夸张地

---

① 戴建平：《约瑟夫·劳斯的科学实践哲学方案》，《安徽大学学报（哲学社会科学版）》2009年第6期，第8—9页。

② 韩琦：《科学、知识与权力——日影观测与康熙在历法改革中的作用》，《自然科学史研究》2011年第1期，第1—18页。

③ 韩琦：《通天之学——耶稣会士和天文学在中国的传播》，生活·读书·新知三联书店2018版。

说，作者以耶稣会士和天文学为主题，以坚实的第一手资料为依据，给读者描绘了一幅在全球史和跨文化视野下天主教与欧洲天文学传入中国的诸面相的写实画卷。"①

回顾劳斯的"科学实践哲学"理论与西方天文学在中国的确立过程，对认识与理解宽窄哲学研究可以有如下启示。

第一，正如我们在明确知识创造领域中的"他者占先"现象、爱因斯坦的"概念是思维的自由创造"论断及其"概念创造方法论"之后，就不应该对"宽窄哲学的提法最初源于四川中烟工业有限责任公司的产品开发与企业文化建设，而不是出于哲学的殿堂"有所轻谩和诟病；在明确劳斯的"科学实践哲学"理论与西方天文学在中国的确立过程后，也就不应该再对"宽窄哲学出自地域文化，是一种地方性知识"有所轻谩和诟病。

第二，按照劳斯的"科学实践哲学"理论，科学理论的传播并不是靠着知识的标准化就能够实现，必须要与"社会的需要"有效地结合起来。建立理论，获取真理，是一回事；把理论扩散开来，使之在更广宽的社会中成为有效的知识，进而使"理论揭示的真理"确立起来，又是一回事。换言之，真理的确立与传播，不是简单地靠着真理自身与掌握真理的人就可以确立与传播开来；"尽管好酒不怕巷子深，但是成为好酒还要会吆喝。"理论传播与扩散，与"社会的需要"有着很大的关系。对于西方天文学在中国的传播，如何打开的第一个缺口，科学史学家江晓原曾写道：

> 明末来华的耶稣会士从 1629 年开始，历五年修成《崇祯历书》。《崇祯历书》卷帙庞大，其中"法原"即理论部分，占到全书篇幅的三分之一，系统介绍了西方古典天文学理论和方法，如欧洲古典的几何模型方法和明确的地圆概念；而且着重阐述了托勒密、哥白尼、第谷三人的思想。
>
> ……

———————————

① 关增建：《西方天文学如何传入中国》，2019 年 5 月 15 日《中华读书报》第 16 版。

《崇祯历书》在明末修成之后，争论十年，对决八次，以中法的全面失败告终，终于使崇祯帝确信西方天文学方法的优越。就在耶稣会士们的"通天捷径"即将走通之际，却又遭遇"鼎革"之变。1644 年，汤若望在清军入京之后，立刻决定与清廷合作，他将《崇祯历书》略作改编，转献清廷。在此新旧交替之际，汤若望及时为清人送上一部新的历法，使之作为新朝"正统"的冠冕和象征，自然很快就得到清廷的接纳。《崇祯历书》的改编本被命名为《西洋新法历书》，立即刊刻印刷（1645 年），通行全国，成为清朝正统的官方天文学——颁行天下的新编民历封面上印有"钦天监钦奉上传依西洋新法印造时宪历日颁行天下"字样。汤若望本人则被任命为钦天监负责人——任用耶稣会士负责钦天监从此成为清朝的传统，持续了近二百年之久。[①]

恩格斯有这样一句名言："社会一旦有技术上的需要，这种需要就会比十所大学更能把科学推向前进。"[②] 而根据劳斯对"地方性知识"扩散过程的认识，也就可以引申出：一旦有社会的需要，比办十所大学都更能推动知识的扩散与真理的确立。

[①] 江晓原：《从"用夷变夏"到"西学中源"——西方天文学在近代中国的传播与兴衰》，《文明》2017 年第 3 期，第 87 页。

[②] 《马克思恩格斯选集》第四卷，人民出版社 1995 年版，第 732 页。

第三章　波普尔的科学认识论与
宽窄哲学前期成果

正确认识和评价宽窄哲学开端的研究成果，需要明确波普尔的问题哲学及其科学认识论。波普尔的批判理性主义哲学，诞生于 20 世纪 30 年代初，成长于第二次世界大战及冷战时期；是一个影响很广的哲学流派。它对西方的科学哲学影响甚大，有人认为它占有"继往开来"的地位：继逻辑实证主义衰落以后，开创出了一个新的历史主义科学哲学流派；也有人把他的科学哲学称作为"爱因斯坦—波普尔科学哲学"①。波普尔哲学对西方的自然科学界也有相当大的影响，以"试错—证伪"理论影响了一大批纯粹的自然科学家；英国著名生物学家、诺贝尔奖获得者梅多沃，英国著名天文学家邦迪，澳大利著名生物学家、诺贝尔奖获得者艾克尔斯等，都很推崇他的哲学。波普尔还直接与艾克尔斯合作，探索人脑的机制，这在当时的哲学家中是绝无仅有的。

波普尔对中国科学界和哲学界的影响，最初是通过"自然辩证法"学术平台实现的；1980 年 11 月，中国自然辩证法研究会筹委会主办了关于波普尔科学哲学的学术讨论会。我国著名科学家钱学森说："西方的卡尔·波普尔和托马斯·库恩的许多思想对我们科学技术工作者是有启发的，就像恩格斯把黑格尔哲学倒过来一样，现在西方科学哲学中很多思想也可以倒过来立正，

---

① 夏基松：《波普哲学述评》，黑龙江人民出版社 1982 年版，第 2 页。

为我所用。"①

波普尔被尊为问题哲学鼻祖。波普尔关于问题的理论研究是与他的"三个世界"的理论和进化认识论紧密联系在一起的,基本表达即"$P_1 \longrightarrow TT \longrightarrow EE \longrightarrow P_2$"所示的知识增长模式。这个模式表示,科学知识的积累是一个不断解决问题的过程,科学不是始于观察,而是始于问题(problem)。面临着问题 P_1,人们首先提出假说,作为对此问题的尝试性解决的理论,即 TT(tentativetheory)。然后,对这一假设进行严格的检验,即通过证伪消除错误,即 EE(error elimination),进而产生新的问题。如此反复,问题愈来愈深入、广泛,对问题做尝试性解决的理论的确认度和逼真度也愈来愈高。因此,波普尔的问题哲学及其科学认识论,由其提出的"三个世界"理论、进化认识论和"知识增长模式"构成。

第一节　波普尔的"三个世界"理论

一、"三个世界"划分

在波普尔看来,"存在着三个世界。第一世界是物理世界或物理状态的世界;第二世界是精神世界或精神状态的世界;第三世界是概念东西的世界,即客观意义上的观念的世界——它是可能的思想客体的世界:自在的理论及其逻辑关系、自在的论据、自在的问题境况等的世界。"②在波普尔之前,哲学家们普遍认为世界有客观世界与主观世界之分;波普尔却提出,独立于这两个世界

---

① 《中国自然辩证法研究通信》,1981年,总73期。夏基松:《波普哲学述评》,黑龙江人民出版社1982年版,第3页。

② 卡尔·波普尔:《客观知识——一个进化论的研究》,舒炜光等译,上海译文出版社1987年版,第164—165页。

之外，还存在着"世界 3"。具体地讲：世界 1 是物理世界，如物质、能量、一切生物的机体，包括动物的躯体和头脑，等等。世界 2 是人的心理现象，包括意识、感觉等心理状态和过程，这是哲学中通常所说的主观世界。世界 3 是思想的内容，是人类精神产物的世界，是客观知识的世界。思想的内容可以被物质化，成为人造产品和文化产品，如语言、艺术品、图书、机械设备、工具、房屋建筑，等等；思想内容也可以是用语言表达出来的人的意识的固定对象，如问题、猜测、理论、反驳、证据，等等。① 波普尔写道："我希望一开始就声明我是一个实在论者，有点像一个朴素的实在论者，我提出存在物理世界和一个意识状态世界，而且这两个世界是相互作用的。并且在我将要更充分地说明的意义上我相信存在一个第三世界。……关于客观第三世界的这个论点的大部分反对者当然会承认，问题、猜测、理论、论据、期刊和书籍是存在的。但他们通常都说，所有这些实体本质上都是主观精神状态或活动的行为意向的符号表现或语言表现；他们还说这些实体是交流的手段，就是说，是唤起其他人类似的精神状态或活动的行为意向的符号手段或语言手段。"② 波普尔提出下述两个思想实验，"作为证明第三世界（或多或少地）独立存在的一个标准论据"③。

实验（1）：我们所有机器和工具，连同我们所有的主观知识，包括我们关于机器和工具以及怎样使用它们的主观知识都被毁坏了；然而，图书馆和我们从中学习的能力依然存在。显然，在遭受重大损失之后，我们的世界会再次运转。

实验（2）：像上面一样，机器和工具被毁坏了，并且我们的主观知识，包括我们关于机器和工具以及怎样使用它们的主观知识也被毁坏了；但这一次是所有的图书馆也都被毁坏了，以至于我们从书籍中学习的能力也没有用了。

---

① 赵敦华：《现代西方哲学新编》，北京大学出版社 2004 年版，第 203 页。

② 卡尔·波普尔：《客观知识——一个进化论的研究》，舒炜光等译，上海译文出版社 1987 年版，第 115 页。

③ 卡尔·波普尔：《客观知识——一个进化论的研究》，舒炜光等译，上海译文出版社 1987 年版，第 116 页。

　　波普尔说，"如果你们考虑一下这两个实验，你们对第三世界的实在性、意义和自主程度（以及它对第二和第一世界的作用），也许会理解得更清楚些。因为在第二种情况下，我们的文明在几千年内不会重新出现。"①

　　波普尔把"认识论看成是关于科学知识的理论"，指出"洛克、贝克莱、休谟甚至罗素的传统的认识论从相当严格的词义上来说是离题的"②，偏离了科学知识这一研究主题。他写道："传统认识论已经在主观的意义上——在通常使用'我知道'或'我在想'这些语词的意义上——研究了知识和思想。我肯定地说，这已经把认识论研究引向枝节问题上去了：人们打算研究科学知识，实际上却研究了某种与科学知识不相干的东西。因为科学知识根本不是在通常使用'我知道'一词的意义上的知识。'我知道'意义上的知识属于我称谓的'第二世界'，即主体的世界，而科学知识属于第三世界，属于客观理论、客观问题和客观论据的世界。"③因此，需要区分两种不同意义的知识或思想的存在："（1）主观意义上的知识或思想，它包括精神状态、意识状态，或者行为、反应的意向，和（2）客观意义上的知识或思想，它包括问题、理论和论据等等。这种客观意义上的知识同任何人自称自己知道完全无关；它同任何人的信仰也完全无关，同他的赞成、坚持或行动的意向无关。客观意义上的知识是没有认识者的知识：它是没有认识主体的知识。"④弗莱格⑤写下的"我通过一个思想

① 卡尔·波普尔:《客观知识——一个进化论的研究》，舒炜光等译，上海译文出版社1987年版，第116页。

② 卡尔·波普尔:《客观知识——一个进化论的研究》，舒炜光等译，上海译文出版社1987年版，第116、117页。

③ 卡尔·波普尔:《客观知识——一个进化论的研究》，舒炜光等译，上海译文出版社1987年版，第116—117页。

④ 卡尔·波普尔:《客观知识——一个进化论的研究》，舒炜光等译，上海译文出版社1987年版，第117页。

⑤ 在波普尔看来，波尔察诺在他的《科学论》中就谈论过"自在的真理"或"自在的陈述"以与人们借以思考或把握真理的（主观的）思想过程或真的和假的陈述相对照，而弗莱格则清楚地区分了主观的思想活动即主观意义的思想和客观思想或思想内容；这些观点对于他提出"世界3"理论，始终具有最为重要的意义。

理解的，不是思想的主观活动而是它的客观内容"①这句话，很好地表达了"客观意义上的思想"的存在。波普尔还写道："这两类关系是完全不同的。一个人的思维过程既不可能与另一人的思维过程发生矛盾，也不可能与他自己在其他时候的思维过程发生矛盾；但是他的思想的内容——即自在的陈述——当然能够与另一人思想的内容发生矛盾。另一方面，内容或陈述本身不可能处于心理学关系之中：在内容或自在陈述意义上的思想和在思维过程意义上的思想属于两个全然不同的'世界'。"②

二、"世界3"与客观知识

第三世界本质上是人类心智的产物，但又具有客观自主性。把世界3同世界2区别开来的原因在于：心理和思想过程是流动的、不定型的、隐蔽的，而任何知识都有相对稳定的、固定的和公众可以接近的内容。波普尔认为："具有决定性的事情是，我们能够把客观的思想，即理论，以某种方式置于人们面前，以便人们批评、议论它们，我们必须用某种稳定的（特别是语言的）形式把它们明确地陈述出来。"③这就是说，只有把客观知识的世界与属于个人的主观世界区别之后，才会有知识自身的积累和发展，知识才能成为全人类的精神财富，而不至于仅仅存在于发明家的头脑里。"显然对科学感兴趣的一切人必然对世界3对象感兴趣。一个物理科学家首先可能主要对世界1对象——比方说，晶体和x线感兴趣。但是不久他必定会认识到许多问题取决于我们对事实的解释，即取决于我们的理论，因此也就是取决于世界3对象。同理，一个科学史家，或一个对科学感兴趣的哲学家，必然主要是世界3对象的研究者。大

---

① 卡尔·波普尔：《客观知识——一个进化论的研究》，舒炜光等译，上海译文出版社1987年版，第117页。

② 卡尔·波普尔：《无穷的探索——思想自传》，邱仁宗、段娟译，福建人民出版社1984年版，第191页。

③ 卡尔·波普尔：《无穷的探索——思想自传》，邱仁宗、段娟译，福建人民出版社1984年版，第192页。

家承认，他也可能对世界 3 理论和世界 2 思维过程之间的关系感兴趣，但是后者使他主要对它们与理论即与属于世界 3 的对象的关系感兴趣。"① 波普尔还指出，很多世界 3 的成员是按照人的思想意识进行创造的结果，但是，它们一旦被创造出来之后，就有了不依赖于人的思想的独立性。比如，自然数字序列"1，2，3，4，……"是人创造的，但是，奇数和偶数却不是人创造的，它们只是人的创造活动的一个后果。即使人们没有意识到它们，它们也自主地存在于自然数字序列之中。他说："我认为，在承认第三世界是实在的或者（可以说是）自主的同时还可以承认第三世界是人类活动的产物。人们甚至可以承认，第三世界是人造的，同时又明明是超乎人类的。它超越了自己的创造者。"② 因此，第三世界的自主性与客观实在性是一致的：第三世界的客观实在性决定了它的自主性，而它的自主性则体现了它的客观实在性。此外，自主性还意味着不可还原性。世界 3 的自主性是相对于其他两个世界而言的。每个世界都有自己固有的、其他世界所没有的特性和特殊规律；并且，这些特性和特殊规律在原则上是不可预测的，不能从其他世界的特征和规律中推测出来。自主性观念反对把知识还原为思想，把精神现象还原为物质现象。③

波普尔建构第三世界理论，为他提出的科学方法论提供关键的理论前提。波普尔认为他所主张的认识论与传统认识论相反，不是研究第二世界或世界 2 的问题，而是研究第三世界或世界 3 的问题，是"关于科学知识的理论"。他说："与认识论相干的是研究科学问题和问题境况，研究科学推测（我把它看作是科学假说或科学理论的别名），研究科学讨论，研究批判性论据以及研究证据在辩论中所起的作用；因而也研究科学杂志和书籍，研究实验及其在科学论证中的价值。或简言之，研究基本上自主的客观知识的第三世界对认识论具有决定性

---

① 卡尔·波普尔：《无穷的探索——思想自传》，邱仁宗、段娟译，福建人民出版社 1984 年版，第 193 页。

② 卡尔·波普尔：《客观知识——一个进化论的研究》，舒炜光等译，上海译文出版社 1987 年版，第 169 页。

③ 赵敦华：《赵敦华讲波普》，北京大学出版社 2007 年版，第 114 页。

的重要意义。"① 因此，"所有科学工作都是为使客观知识发展的工作。我们是使客观知识进一步发展的工人，就像建造教堂的工匠一样。"② 根据波普尔的科学发展观，科学发明是从问题开始的；但是，在一般情况下，问题不是人们有意识制造的，它们从猜测以及对猜测的批判过程中涌现出来：问题是人们创造活动的始料未及的后果。问题使得人们的主观意识集中于一个焦点，激发了主观能动性和创造性。问题在科学发明中的作用充分显示了世界3对世界2的作用。③

在波普尔的"三个世界"理论中，三个世界是统一、连贯的。它们的统一性表现为：第一，宇宙的发展按照由世界1，经过世界2，到世界3的连贯直向方向进行；第二，三个世界之间存在着相互作用。世界1和世界2、世界2和世界3之间存在着直接的相互作用，世界1和世界3之间的相互作用需要以世界2为中介。例如，世界1和世界2的相互作用表现于生理和心理之间的相互作用，世界2对世界3的作用表现于思想意识对语言、理论和艺术创作的作用，世界3通过世界2的中介与世界1之间的相互作用表现于人类知识和物质条件、自然环境之间的相互作用。④

第二节　波普尔的进化认识论与"知识增长模式"

一、波普尔的进化认识论

进化认识论有两个主题：知识和感觉；这也是传统认识论的主题。传统认识

---

① 卡尔·波普尔：《客观知识——一个进化论的研究》，舒炜光等译，上海译文出版社1987年版，第119页。

② 卡尔·波普尔：《客观知识——一个进化论的研究》，舒炜光等译，上海译文出版社1987年版，第130页。

③ 赵敦华：《赵敦华讲波普》，北京大学出版社2007年版，第115页。

④ 赵敦华：《现代西方哲学新编》，北京大学出版社2004年版，第203页。

论以物理学为模式，强调主观和客观的区分。在这种模式下，知识被视为人所特有的理性思维的结果，感觉是外界事物经过感官的改造之后留在人脑中的印记。进化认识论以生物学为模式，强调主客观的同步变化与一致性：知识的本质是生物的变异活动，感觉是在有机体与环境相一致的基础上出现的事物表象。波普尔认为，他在科学方法论中提倡的变革，是把认识论的物理学模式转变为生物学模式。波普尔把进化论的逻辑定位在"境况逻辑"："作为境况逻辑的达尔文主义可理解如下。设有一个世界，一个恒定性有限的框架，其中有变异性有限的实体。于是因变异而产生的某些实体（'适应'框架条件的那些实体）可以'生存'下来，而其他实体（与条件发生冲突的那些实体）则被淘汰掉。"① 波普尔所说的"境况逻辑"实际上指的是这样一种思维程式，它把事物存在的决定性条件理解为变异、排错，而不是遗传、保守；他写道："进化论的中心问题是：根据这个理论，不能很好地适应周围环境变化的动物必将灭亡，所以，幸存者（活到某一时刻）必定是那些能很好地适应环境的动物。这个公式简直可以说是一个重言式，因为'目前能很好地适应'的意思正好就是'具有那些迄今使它活下来的本能'。换言之，达尔文学说中有相当大的一部分不是经验性质的，而是一个逻辑的自明之理。……但是，假使现存的生物体对环境的改变和变化着的条件十分敏感，假定在生物体的特性和那些变化着的环境之间没有预先建立的协调，那么，我们就可以说这样一些话：只是在生物体产生突变、其中有些突变是对即将发生的改变做出的调节、因而包含可变性的情况下，它们才能存活下来；这样只要我们在一个正在变化着的世界上找到了活着的生物体，我们就会发现，这些幸存者就是能很好地适应环境的生物体。……因此可以说，导致了这一整个调节过程的尝试和排错的方法不是经验的方法，而是属于境况的逻辑。我认为这就解释了（可能是太简要地）达尔文学说中的逻辑的或先天的成分。"② 因此，"我的理论试

---

① 卡尔·波普尔：《无穷的探索——思想自传》，邱仁宗、段娟译，福建人民出版社1984年版，第177页。

② 卡尔·波普尔：《客观知识——一个进化论的研究》，舒炜光等译，上海译文出版社1987年版，第73—74页。

图把我们在分析从动物语言到人类语言的进化时所学到的东西应用到整个进化上去。……它采取了新达尔文主义的进化论；但它是重述了的，因为它指出它的'变异'可以被解释为多少是偶然的试错策略，而且'自然选择'可以被解释为通过排错来控制变异的一种方式。"①

波普尔把达尔文的进化论理解为境况逻辑的具体化，目的是把进化论对生命现象的解释转变为科学研究的纲领——物种的进化是如此，知识的积累、社会的发展、人的精神的成长也无不如此，这种思维程式对于生命科学、社会科学、知识论和哲学都具有指导作用。波普尔认为，知识的根本作用是解决问题；任何生物都要解决如何生存、如何适应环境的问题，在生命进化和一个有机体发展的每一阶段，我们都必须假定具有倾向和期望形式的某种知识的存在——"有机体只有在它的行动中显示一种为生存而斗争的有力的倾向或气质或脾性，才可能实际生存下来。于是，这样一种倾向往往变成一切有机体的遗传结构的一部分；它将在它们的行为中和它们的许多组织中（如果不是全部的话）显示出来。"②由此，我们可以说，任何生物都拥有必要的知识。这种广义上的知识是人类知识的前身。广义的知识的定义是：以解决问题为目标的尝试性的探索活动。③进而言之，达尔文主义对于波普尔来说是一个科学研究的纲

---

① 卡尔·波普尔：《客观知识——一个进化论的研究》，舒炜光等译，上海译文出版社 1987 年版，第 254 页。

② 卡尔·波普尔：《客观知识——一个进化论的研究》，舒炜光等译，上海译文出版社 1987 年版，第 280 页。

③ 波普尔说："探索者有一个问题要解决，这意味着他有某些知识，即使是模糊的知识。这些知识是先前通过实质上相同的试错方法而获得的。这一知识起着导向作用，它排除了完全的任意性。""动物甚至植物也是问题的解决者。并且它们也用竞争的尝试性解决和消除错误的方法来解决它们的问题。"（赵敦华：《赵敦华讲波普》，北京大学出版社 2007 年版，第 104 页）"所有知识的增长都在于修改以前的知识——或者是改造它，或者是大规模地抛弃它。知识绝不能始于虚无，它总是起源于某些背景知识——即在当时被认为是理所当然的知识——和某些困难以及某些问题。这些困难和问题通常由两个方面的冲突产生，一方面是我们背景知识中的内在期望，另一方面则是某些新的发现，诸如我们的观察、或由观察所提示的某些假设。"（卡尔·波普尔：《客观知识——一个进化论的研究》，舒炜光等译，上海译文出版社 1987 年版，第 75 页）

领；在这一纲领的理论框架中，他建立了进化认识论，使他的"试错法""猜测—反驳"等科学方法论获得了认识论乃至本体论的依据。波普尔认为，认识论的主要任务是理解人类知识与动物知识之间的连续性与非连续性。为此，他把知识分为"动物知识、前科学知识和科学知识"，指出"知识的增长是一个十分类似于达尔文叫做'自然选择'的过程的结果；即自然选择假说：我们的知识时时刻刻由那些假说组成，这些假说迄今在它们的生存斗争中幸存下来，由此显示它们的（比较的）适应性；竞争性的斗争淘汰那些不适应的假说。"[1]

1965 年，波普尔在《关于云和钟》[2] 一文中，有系统地阐明了他的进化认识论理论纲要；首先出现的是描述有机体进化序列的四段图式：

$$P \longrightarrow TS \longrightarrow EE \longrightarrow P$$

其中"P"表示问题，"TS"表示试探性解决方法，"EE"表示排除错误。但是这个序列不是简单循环的，新产生的问题与原来的问题不同。为了表明这一点，以上图示重写为：

$$P_1 \longrightarrow TS \longrightarrow EE \longrightarrow P_2$$

但是，新的图示仍然丢了一个重要的因素：试探性解决方式的多样性，尝试的多样性。因此，最后变成了如下的图示：

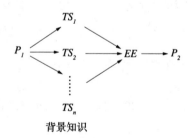

波普尔指出，从进化论的观点看，这个图示表示进化面临着生存问题，表

---

① 卡尔·波普尔：《客观知识——一个进化论的研究》，舒炜光等译，上海译文出版社 1987 年版，第 273 页。

② 卡尔·波普尔：《客观知识——一个进化论的研究》，舒炜光等译，上海译文出版社 1987 年版，第 217—267 页。

示有机体进化模式："它有多种多样的试探解决办法——变种或变异。但是只有一种排错办法——消灭有机体。"① 然而，这是一个广泛的"进化理论"，从阿里巴原虫到爱因斯坦都服从这个进化模式。

波普尔强调，他对这个图式所讲到的"问题"和"解决问题"都是"在客观的或非心理学意义上"或"从事后的认识来谈的。"② 从事后认识的意义上，我们可以说"阿米巴解决了一些问题""某些器官的进化解决了某些问题"③，因此，如波普尔所言：阿米巴原虫和爱因斯坦都是通过排错过程，在尝试性的解决中接近适应性的同一方式，来处理他们的问题的；"从阿米巴到爱因斯坦只有一步"④ 之遥。那么，这"一步之遥"的差别是什么呢？表现在以下两个方面。

第一，"阿米巴的行动不是理性的……爱因斯坦的行动是理性的。"⑤ 阿米巴原虫和其他较低级的生物并未真正意识到它们所面临的问题，而有理性的人类却常常能意识到（虽然常常并不一定清楚地意识到）他们所面临或面对的问题，并试图（有意识地）去解决它。阿米巴原虫和其他较低级的生物做出的"试探性解决办法"，即"TS"，或者是出于本能性的行为，或者是某种随机性的变异；而在人类，尤其是在科学研究中，所谓"尝试性解决办法"，即"TS"，就丰富多了，除了一般生物学意义上的反应以外，更主要的是为了解决问题而提出的种种"试探性解决方案"，包括为解决科学问题而提出的种种"试探性的假说"或理论。波普尔强调："正是在科学上，我们才最为意识到我们试图

① 卡尔·波普尔：《客观知识——一个进化论的研究》，舒炜光等译，上海译文出版社1987年版，第256页。
② 卡尔·波普尔：《客观知识——一个进化论的研究》，舒炜光等译，上海译文出版社1987年版，第258页。
③ 卡尔·波普尔：《客观知识——一个进化论的研究》，舒炜光等译，上海译文出版社1987年版，第258—259页。
④ 卡尔·波普尔：《客观知识——一个进化论的研究》，舒炜光等译，上海译文出版社1987年版，第259页。
⑤ 卡尔·波普尔：《客观知识——一个进化论的研究》，舒炜光等译，上海译文出版社1987年版，第259页。

解决的问题。"①

第二，"对自己的想法采取有意识的批判态度，的确是爱因斯坦的方法和阿米巴的方法之间的重要区别。"波普尔指出："爱因斯坦不像阿米巴，每当脑子里出现一个新的解决办法时，他总是有意识地尽力找出其中的毛病、发现其中的谬误；他批判地探讨他自己的解决办法。""这就使得以下情况成为可能：如果某个假设看来能经受住比较认真的批判，爱因斯坦就在更仔细地检查这个或那个假设之前，很快地放弃掉上百个不合适的假设。"②"这是不同于原始人和阿米巴的。这里没有批判态度，因而经常发生的只是，自然选择通过消灭承认或相信错误的假设或期望的那些有机体来排除该假设或期望。因此，我们可以说，批判的或理性的方法在于排除我们的假设以代替我们去死亡：这是体外进化的一个情况。"③

二、波普尔的"知识增长模式"

波普尔提出的前述公式"$P_1 \longrightarrow TS \longrightarrow EE \longrightarrow P_2$"是一个包含人类的体外进化，特别是"第三世界"进化（人类文化进化和科学进化等等）在内的广义的进化论模式，他甚至把它视为"事物的基本进化序列"。而当他重点在于讨论他的"知识增长模式"时，他往往是把他的上述公式作了一个小小的修改，即修改为："$P_1 \longrightarrow TT \longrightarrow EE \longrightarrow P_2$"。

1966 年，波普尔在美国丹佛大学举行的一次国际会议致开幕词，发表的题为"实在论者的逻辑观、物理观和历史观"的演讲中，就已经明确地作出了这样的修改。他讲道："关于理论成长的方式……我现在要提出一个总的图式，

① 卡尔·波普尔：《客观知识——一个进化论的研究》，舒炜光等译，上海译文出版社 1987 年版，第 258 页。

② 卡尔·波普尔：《客观知识——一个进化论的研究》，舒炜光等译，上海译文出版社 1987 年版，第 259 页。

③ 卡尔·波普尔：《客观知识——一个进化论的研究》，舒炜光等译，上海译文出版社 1987 年版，第 260 页。

我发觉它作为对理论成长的描述愈来愈有用。它是这样的：

$$P_1 \longrightarrow TT \longrightarrow EE \longrightarrow P_2$$

其中'P'代表'问题'，'TT'代表'试探性理论'，而'EE'则代表'（尝试）排除错误'，尤其是利用批判性讨论排除错误。我的四段图式试图指出，把批判或排除错误应用于试探性理论的结果，通常是新问题的突现，或者说，其实是种种新问题的突现。问题在得到解决并且其答案受过适当的考察之后，有助于产生子问题即新问题，它们较之旧问题具有更大深度、更丰富。"[1]

波普尔在演讲中进一步指出，考虑到试探性理论的多样性，"我的四段图示可以用不同方法来表达，例如，把它写成如下：

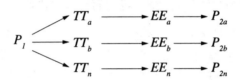

这个四段图式表明：如果可能的话，应该提出许多理论，作为解决一些给定问题的尝试，并且要批判地考查每个试探性解决方案。那样，我们便会发现每个理论都引发出新问题；而我们可以把那些有希望引发出最异常和最有意义的新问题的理论探究到底。如果新问题，比如$P2_b$原来仅是老问题P_1的化身；那么，我们说，我们的理论仅仅设法稍微转换了一下问题；而且在某些情况之下，我们可以此判决性地否弃试探性理论TT_b。"[2]

在"知识增长模式"问题上，波普尔虽然表述过上述比较复杂的形式，但是他经常使用的却是他的简化模式"$P_1 \longrightarrow TT \longrightarrow EE \longrightarrow P_2$"。他强调"这个图式分析用途很广，而且全部使用第三世界客体，如问题、猜测和批判性论据"[3]，

---

① 卡尔·波普尔：《客观知识——一个进化论的研究》，舒炜光等译，上海译文出版社 1987 年版，第 298 页。

② 卡尔·波普尔：《客观知识——一个进化论的研究》，舒炜光等译，上海译文出版社 1987 年版，第 298—299 页。

③ 卡尔·波普尔：《客观知识——一个进化论的研究》，舒炜光等译，上海译文出版社 1987 年版，第 175 页。

它不但适用于分析科学知识的增长，"而利用猜测和反驳的图式（$P_1\longrightarrow$ $TT\longrightarrow EE\longrightarrow P_2$）所做的分析也可以适用于历史"①。他还指出，"在划分（自然）科学与人文科学上费力劳神，长期以来已成为一种风气，而且已经成为一种麻烦。解决问题的方法即猜测与反驳的方法，是这两种科学都采用的。它用于恢复一篇破旧不堪的文本，也用于建立一个放射性学说。"②这就是说，利用猜测和反驳的"知识增长模式"将自然科学和人文社会科学统一起来了。

波普尔的"知识增长模式"，强调了"问题"在认识过程中、知识增长过程中的重要作用："科学始于问题""科学从问题开始（而不是从观察或理论开始，虽然问题的'背景'无疑会包括理论和神话）"③，"科学和知识的增长永远始于问题，终于问题——愈来愈深化的问题，愈来愈能启发新问题的问题。"④并且，"一种理论对于科学知识增长所能做出的最持久的贡献，就是它所提出的新问题"⑤。也就是在这个基础上，波普尔强调科学的历史就是问题的历史，或"科学问题境况的历史"⑥，"科学史不应该看成理论的历史，而应该看成问题境况及其变化（有时是感觉不出来的变化，有时是革命性的变化）的历史。这些变化是通过解决问题的各种尝试引起的。因此从历史上说，不成功的尝试对于取得进一步的成就可能像成功的尝试一样重要"⑦。在波普尔看来，"问题"

---

① 卡尔·波普尔：《客观知识——一个进化论的研究》，舒炜光等译，上海译文出版社 1987 年版，第 178 页。

② 卡尔·波普尔：《客观知识——一个进化论的研究》，舒炜光等译，上海译文出版社 1987 年版，第 196 页。

③ 卡尔·波普尔：《客观知识——一个进化论的研究》，舒炜光等译，上海译文出版社 1987 年版，第 154、191 页。

④ 卡尔·波普尔：《猜想与反驳——科学知识的增长》，傅季重等译，上海译文出版社 1986 年版，第 318 页。

⑤ 卡尔·波普尔：《猜想与反驳——科学知识的增长》，傅季重等译，上海译文出版社 1986 年版，第 318 页。

⑥ 卡尔·波普尔：《猜想与反驳——科学知识的增长》，傅季重等译，上海译文出版社 1986 年版，第 195—196 页。

⑦ 卡尔·波普尔：《猜想与反驳——科学知识的增长》，傅季重等译，上海译文出版社 1986 年版，第 187 页。

在哲学的发展中也起到了巨大的作用，他说："一个哲学家所能做的事情之一，也是可列入他的最高成就的事情之一，就是看出前人未曾看出的一个谜、一个问题，或一个悖论。这甚至是比解决这个谜更高的成就。"①

在从"问题到问题"的"知识增长模式"中，波普尔突出地强调了理性批判的作用。他认为，在人类知识增长的过程中，"我们的出发点是常识，我们获得进步的主要手段是批判"②；"科学本质上是批判的"③，"阿米巴和爱因斯坦的区别在于，尽管他（它）们都是使用尝试和排除错误的方法，但阿米巴不喜欢出错，而爱因斯坦却对错误很感兴趣：他怀着在发现错误和排除错误的过程中学习、提高的愿望，有意识地寻找自己的错误。科学的方法就是批判的方法。"④ 波普尔指出，在科学中"我们解决问题是通过试探性地提出各种竞争性理论和假说（可以说就像试探气球）；而且为了排错，使这些理论和假说受到批判性讨论和经验性检验"⑤，"科学理论的检验是它们的批判性讨论的一部分。"⑥ 强调理性的批判是波普尔的知识论的一大特色，也是他的一大贡献。迄今为止，还没有哪一种科学哲学理论是如此地强调理性批判的作用的。⑦

---

① 卡尔·波普尔：《猜想与反驳——科学知识的增长》，傅季重等译，上海译文出版社 1986 年版，第 263 页。
② 卡尔·波普尔：《客观知识——一个进化论的研究》，舒炜光等译，上海译文出版社 1987 年版，第 36 页。
③ 卡尔·波普尔：《客观知识——一个进化论的研究》，舒炜光等译，上海译文出版社 1987 年版，第 85 页。
④ 卡尔·波普尔：《客观知识——一个进化论的研究》，舒炜光等译，上海译文出版社 1987 年版，第 75 页。
⑤ 卡尔·波普尔：《客观知识——一个进化论的研究》，舒炜光等译，上海译文出版社 1987 年版，第 251 页。
⑥ 卡尔·波普尔：《客观知识——一个进化论的研究》，舒炜光等译，上海译文出版社 1987 年版，第 251 页。
⑦ 林定夷：《问题学之探究》，中山大学出版社 2016 年版，第 30 页。

第三节　对宽窄哲学前期研究成果的基本认识

本书的第一章第二节梳理了宽窄哲学前期研究成果："宽窄诸论"，宽窄哲学研究开端的几次学术研讨会，《宽窄九章——写给大众的哲学》的出版。对宽窄哲学前期研究成果的基本认识，包括分析指出前期研究成果的基本性质与深化宽窄哲学研究亟待解决的基本问题两个方面。后者，根据波普尔的问题哲学及其科学认识论，正是基于对前期研究成果的不足之处的批判而形成的；如前所述，波普尔提出："所有知识的增长都在于修改以前的知识——或者是改造它，或者是大规模地抛弃它。知识绝不能始于虚无，它总是起源于某些背景知识——即在当时被认为是理所当然的知识——和某些困难以及某些问题。这些困难和问题通常由两个方面的冲突产生，一方面是我们背景知识中的内在期望，另一方面则是某些新的发现，诸如我们的观察、或由观察所提示的某些假设。"[1] 他指出：问题不是人们有意识制造的，它们从猜测以及对猜测的批判过程中涌现出来；问题是人们创造活动的始料未及的后果。问题使得人们的主观意识集中于一个焦点，激发了主观能动性和创造性。

一、关于"宽窄的诗意与诗意的宽窄"

笔者认为：基于波普尔的问题哲学及其科学认识论对宽窄哲学前期研究成果进行评价，西南大学曹廷华[2] 教授在 2019 年 7 月发表的《宽窄的诗意与

[1] 卡尔·波普尔：《客观知识——一个进化论的研究》，舒炜光等译，上海译文出版社 1987 年版，第 75 页。
[2] 曹廷华，1939 年生，四川天全县人，西南大学教授。曾任西南师范大学中文系主任、校图书馆馆长、教育部全国高校中文学科教学指导委员，重庆作家协会副主席、重庆图书馆学会理事长等职；系国务院政府特殊津贴获得者，中国作协会员，全国优秀教师，西南大学校歌、校赋撰写者。著作有《文学概论》《美学与美育》《文艺美学》《高校图书馆与校园文化》等。

诗意的宽窄》①一文提供了一个较好的分析文本。即是说，在笔者看来，通过这篇文章能够较好地概括宽窄哲学前期研究成果的主要性质。现将该文转录如下。

在人们的日常生活中，宽窄是个非常普通的平面空间概念，是可量度的物理存在，与诸如高下、大小、深浅、方圆等一样，见惯不惊，哪来什么诗意？于道路而言，它供行走之用；于河流而言，它供水流之用；于房屋而言，它供居住之用。在这样的层面上，宽窄没有生命感，似乎与诗意扯不上什么关系。如果我们把宽窄形成的空间当作人们衣食住行的生活场境，当作人们命运遭际的一段历程，或者当作人与自然、人与社会、人与人及人与自我关系的立足点和场所，宽窄就活起来了。如果其中渗透着诸如贫富穷通、盛衰兴替的变化，爱恨情仇、生离死别的纠葛，再加上岁月流逝、天地悠悠的感触，还能说它没有诗意吗？例如巷子，或宽或窄，或深或浅，或曲或直，但只要有人活动于其中，诗意就产生了。不然，陆游怎么会写出"小楼一夜听春雨，深巷明朝卖杏花"这样寂寥而清新的名句？戴望舒怎么会写出《雨巷》这样精巧而鲜亮的名诗，"一个丁香一样地／结着愁怨的姑娘"，"撑着油纸伞／独自彷徨在悠长／悠长又寂寥的雨巷"。这深巷或雨巷宽窄的诗意，巧妙地化成了诗人笔下诗意的宽窄。宽窄的诗意化成诗意的宽窄，既可以说是"借'宽窄'之酒杯，浇自己胸中之块垒"，也可以说它源于宽窄，超越宽窄。成都有名的宽巷子、窄巷子，不就诗意盎然，名享一方吗？记得读过一首《宽窄记忆》的诗，开篇就给了这宽窄巷子浓浓的诗意，"窈窕丰腴的巷子／装着一座城市的记忆"。

当然，宽窄的诗意并不止于宽窄本身，宽窄本身也许仅有一般的形式美感。宽的开阔感，窄的紧凑感，或者说宽的畅达感，窄的细谨感，宽的平旷感，窄的线条感等。但是，这形式美感不就是一种诗意呈现么？这样

---

① 曹廷华：《宽窄的诗意与诗意的宽窄》，2019 年 7 月 13 日《华西都市报》，第 A5 版。

的形式美感，直接影响着我们的日常生活是否也有那么一点儿诗意。比如说"衣"吧，人们穿衣，除了保暖遮羞的实用功能外，还有衬托人体美、展现衣饰美的作用，于是便有了宽袍大袖或紧身小衣的穿戴讲究，宽袍大袖以见潇洒，紧身小衣以显精干。唐代诗人李贺有一首写汉代美少年秦宫的诗，"越罗衫袂迎春风，玉刻麒麟腰带红。"白居易写杨贵妃在所谓虚无缥缈的仙山形象也写了她的衣着，"风吹仙袂飘飘举，犹似霓裳羽衣舞"。这样的诗句，鲜活地勾勒出宽薄衣袂在动感中的形式之美，可谓诗情画意。至于紧身窄衣之美，人们或从比基尼中可见一斑。

再比如说"住"吧，有宽有窄，有大有小，阿房宫够宽吧？杜牧说它"覆压三百余里，隔离天日"，其壮观豪华，极尽奢靡，最终却是"楚人一炬，可怜焦土"；辛弃疾则写的是"茅檐低小，溪上青青草"，一间矮小的茅屋，而且似乎住着好几口人，够逼仄了吧？可是却荡漾着太平或开明社会状态下村居生活的乐趣："大儿锄豆溪东，中儿正织鸡笼，最喜小儿无赖，溪头卧剥莲蓬。"豪宅宽屋又如何？俗话不是说"家有万间房，只需一张床"么。陋室茅舍又如何？刘禹锡不是说："可以调素琴，阅金经"么？宽窄形式美感生发的诗意，于此可见一斑。

但是，宽窄形式美感要能生发诗意，却有一个不可或缺的基础性条件，那就是宽窄的空间中必须有活动的人和人的活动。正是在活动的人与人的活动中，宽窄无限可能地拓展着它的诗意。这里至少可以分两个层面来看：

第一个层面，宽窄会激发人们对类比器物或状态的关联性联想，如长短、大小、方圆、曲直、粗细、厚薄或丰腴窈窕等等，而这些与宽窄的关联性联想，无可置疑都会生发诗意，激发诗兴。以大小而论，有人说"大道朝天，各走一边"，有人说"你走你的阳关道，我过我的独木桥"，李白却说："大道如青天，我独不得出"，白居易则写琵琶女弹奏的琵琶是"大弦嘈嘈如急雨，小弦切切如私语"，更妙的是王维《使至塞上》的两句："大漠孤烟直，长河落日圆"，请看看，上句像不像"平面上的一条垂直线？

下句又像不像直线上的一个外切圆？这里是不是也有宽窄之诗意呢？当然有，大小弦的关系、线和面的关系，就是一种宽窄关系。

第二个层面，随关联性联想而衍生的体验性人生感悟，极大地丰富了宽窄及其关联性状态所可能展现的诗意，让诗意的宽窄远远地超越了宽窄的诗意。因为在这样的层面上，宽窄的诗意已经转化为人生的诗意，诗意的宽窄也升华为诗意的人生。从古到今，大致如此。

这一层面似乎应该有两个要点，一个是得把宽窄引入精神世界的认知，一个是把宽窄化入心灵世界的感悟。认知并非要你去探究宽窄的至理，做一个宽窄研究专家；而是说要懂得点宽窄之道，明白点宽窄之理，知道宽窄也同万物般变化无穷，含蕴无尽，在有限无限中相依相存，相对而生。虽不一定像太极那样圆转自如，但是在宏观世界"其大无外"与微观世界"其小无内"之间，它是天地间与人息息相关的一种存在，你得理解它，尊重它。也许懂得这个道理，才能感受它的诗意，才能明白何谓"穷且益坚，不坠青云之志；老当益壮，宁移白首之心"，才能明白为什么王维会有"行到水穷处，坐看云起时"的淡定。柳子厚在《马退山茅亭记》有名言曰："美不自美，因人而彰"，仿之曰："宽窄不自语，人解可得诗。"在这个意义上，可以说对宽窄的认知，是对宽窄感悟而起兴成诗的前提。

当宽窄进而化入心灵世界的感悟时，伴随着已有的认知、所积累的人生经历体验以及可能已形成的诸多关联性联想，直觉便在潜意识中不自觉地凸显，灵感勃发，见人之不能见，发人之不能发，宽窄的诗意便随即化为与众不同的诗意的宽窄，创造出独特的宽窄诗意。它或者有关于宽窄中人事景物的寄兴，或者有个体命运的感喟，或者有天地苍茫的天问，或者有岁月流逝的用情。在这样的感悟与感兴中，诗人笔下展现出或豪放、或婉约、或素朴、或绚烂的众多意象，而且让人"超以象外，得其圜中"，诗意的宽窄就升华为天地的宽窄、万物的宽窄、人生的宽窄了。这样的宽窄，在一定意义上也就淡化了宽窄，达成了诗意自由与诗境深邃。"路漫漫其修远兮，吾将上下而求索"，屈原的这条路，宽窄已经不重要，重要的是即使窄得仅可容足，而且凹凸不平，他还是要反复去走，追寻他的那个梦。

"念天地之悠悠，独怆然而涕下。"陈子昂面对广袤的天地，面对往古和未来的空寂，遗世独立的"窄"，表达着他内心的凄怆。苏轼却于宽窄以及穷通得失之类旷达开朗得多，不仅用"也无风雨也无晴"写出随遇而安，而且在《赤壁赋》里写出了宽窄自如感："白露横江，水光接天，纵一苇之所如，凌万顷之茫然。浩浩乎如冯虚御风，而不知其所止；飘飘乎如遗世独立，羽化而登仙。"以小可以驭大，以窄也可以驭宽，这便是东坡的随性而为。较之苏轼，杜甫显露的那种深沉的宽与窄的命运遭际感，也许更具普遍性。杜翁的名诗很多，《旅夜书怀》是其"五律"的代表作之一。即便我们把它说成是全篇都在写关于天地人生的宽窄感慨，也不算牵强附会。首联"细草微风岸，危樯独夜舟"，起句见小，见窄，微风、细草、夜舟、桅樯，再嵌入一个"独"字，不就只是天地山水间的一个小点儿吗？孤独的夜，孤独的船，孤独的人，实在是够"窄"的了。为衬托或强化这种孤独，颔联却承接以宏阔景象，"星垂平野阔，月涌大江流。"在这样宽广的夜空下，在这样奔腾不息的大江上，那个孤独于夜舟的人，是不是显得更寂寥，甚至还充满郁闷和凄凉呢？转向颈联"名岂文章著，官应老病休"。怎么一下子就从写景转为写人了？而且是发牢骚了？其实，这真的是顺理成章的事儿，一个面对无限广大宽阔而又涌动月光江流美景的人，需要排遣胸中的孤寂郁闷，感叹人生遭际中的冷漠无情：名真是靠文章显露的吗？官真是因老病才作罢的吗？出名的路子多得很，做官罢官的理由也多得很，怎么要给定一条窄窄的"线"来约束呢？这就叫宽窄由人不由景。前三联，可以说一窄一宽又一窄，等着尾联来"合"，所以收笔便宽窄"合龙"，感慨良深，"飘飘何所似，天地一沙鸥。"人生大致如此。把宽窄引入杜诗的解读，发现它蕴含深厚的诗意宽窄，是不是多少也有点儿诗歌读解或诠释的新意呢？只能说，对宽窄的心灵感悟越真切、越通透，对宽窄的诗意表达便越丰厚、越独特。总而言之，宽窄的诗意与诗意的宽窄，应该出自诗家一双发现美的眼睛，一种感受美的心灵，一种独特的美的创造。因此，宽窄的诗意与诗意的宽窄，在人的脚下，在人的眼中，更在人的心上。于是，可以从一粒沙看大千世界。①

曹廷华的这篇文章，不由人不想到德国著名哲学家海德格尔的《人，诗意地栖居》一文。两篇文章有着深刻的一致性。"人，诗意地栖居"一语，越来越为当今的人们所传颂；这是德国诗人荷尔德林②写于19世纪40年代的一首诗中的一句。海德格尔在《人，诗意地栖居》一文中，对该诗的如下诗句进行了字斟句酌的分析。

> 如果生活纯属劳累，
>
> 人还能举目仰望说：
>
> 我也甘于存在吗？是的！
>
> 只要善良，这种纯真，尚与人心同在，
>
> 人就不无欣喜
>
> 以神性来度量自身。
>
> 神莫测而不可知吗？
>
> 神如苍天昭然显明吗？
>
> 我宁愿信奉后者。
>
> 神本是人的尺度。
>
> 充满劳绩，但人诗意地，
>
> 栖居在这片大地上。我要说

---

① 曹廷华：《宽窄的诗意与诗意的宽窄》，2019年7月13日《华西都市报》，第A5版。

② 荷尔德林（1770—1843）是海德格尔极为推崇的德国诗人，称其为"诗人的诗人"，并著有《荷尔德林诗的阐释》（收入《海德格尔全集》第四卷）。通过对荷尔德林诗的阐释，海德格尔阐发了自己的诗学、美学和哲学思想。荷尔德林的诗歌与海德格尔的思想在许多方面已融为一体。

星光璀璨的夜之阴影

也难与人的纯洁相匹敌。

人是神性的形象。

大地上有没有尺度？

绝对没有。①

　　海德格尔的《人，诗意地栖居》一文可以分析为两部分和两个问题。第一部分中，海德格尔追问：荷尔德林为什么会说"人，诗意地栖居"，栖居与诗意何以相容。第二部分中，海德格尔追问：荷尔德林所言"人，诗意地栖居"究竟说了些什么？"我们的惟一目的是要更清晰地倾听荷尔德林在把人之栖居称为'诗意的'栖居时所表达出来的意思。"②

　　在第一部分和对第一个问题，海德格尔首先写道：

　　　　说诗人偶尔诗意地栖居，似还勉强可听。但这里说的是"人"，即每个人都总是诗意地栖居，这是怎么回事呢？难道一切栖居不是与诗意格格不入的吗？我们为住房短缺所困扰。即便不是这样，也由于劳作而备受折磨，由于趋功逐利而不得安宁，由于娱乐和消遣活动而迷惑。而如果说在今天的栖居中，人们也还为诗意留下了空间，省下了一些时间的话，那么，顶多也就是从事某种文艺性的活动，或是文学，或是音乐美术。诗歌或者被当作顽物丧志的矫情和不着边际的空想而遭到否定，被当作遁世的梦幻而遭到否定；或者，人们就把诗看作文学的一部分。……但是，如果诗的惟一存在方式自始就在文学中，那么，又如何能说人之栖居是以诗意为基础的呢？……诗人的特性就是对现实熟视无睹。诗人们无所作为，而

──────────

① 转引自海德格尔：《海德格尔文集·演讲与论文集（修订译本）》，孙周兴译，商务印书馆2018年版，第210—211页。

② 海德格尔：《海德格尔文集·演讲与论文集（修订译本）》，孙周兴译，商务印书馆2018年版，第211页。

只是梦想而已。他们所做的就是耽于想象。仅有想象被制作出来。①

然后，海德格尔话锋一转写道：

　　在我们如此粗略地宣布栖居与作诗的不相容之前，最好还是冷静地关注一下这位诗人的诗句。这个诗句说的是人之栖居。它并非描绘今天的栖居状况。它首先并没有断言，栖居意味着占用住宅。它也没有说，诗意完全表现在诗人想象力的非现实游戏中。如此，经过深思熟虑，谁还胆敢无所顾虑地从某个大可置疑的高度宣称栖居与诗意是格格不入的呢？也许两者是相容的。进一步讲，也许两者是相互包含的，也即说，栖居是以诗意为根基的。如果我们真的作此猜断，那么，我们就必得从本质上去思栖居和作诗。如果我们并不回避此种要求，我们就要从栖居方面来思考人们一般所谓的人之生存。而这样一来，我们势必要放弃通常关于栖居的观念。根据通常之见，栖居只不过是人的许多行为方式中的一种。我们在城里工作，在城外栖居。在旅行时，我们一会儿住在此地，一会儿住在彼地。这样来看的栖居始终只是住所的占用而已。

　　当荷尔德林谈到栖居时，他看到的是人类此在（Dasein）的基本特征。而他却从与这种在本质上得到理解的栖居的关系中看到了"诗意"。

　　当然，这并不意味着：诗意只不过是栖居的装饰品和附加物。栖居的诗意也不仅仅意味着：诗意以某种方式出现在所有的栖居当中。这个诗句倒是说："……人诗意地栖居……"，也即说，作诗才首先让一种栖居成为栖居。作诗是本真的置居。不过，我们何以达到一种栖居呢？通过建设。作诗，作为置居，乃是一种建设。

　　于是，我们面临着一个双重的要求：一方面，我们要根据栖居之本质

---

① 海德格尔：《海德格尔文集·演讲与论文集（修订译本）》，孙周兴译，商务印书馆2018年版，第203—204页。

来思人们所谓的生存；另一方面，我们又要把作诗的本质思为置居，一种建设，甚至是突出的建设。如果我们按这里所指出的角度来寻求诗的本质，我们便可达到栖居之本质。①

在此，海德格尔得出了栖居与作诗的一种双向建设关系：人的栖居需要诗意，而作诗是一种人的栖居；"作诗建造着栖居之本质。作诗与栖居非但并不相互排斥。而毋宁说，作诗与栖居相互要求，共属一体。"② 海德格尔又写道：

当荷尔德林说终有一死的人之栖居是诗意的栖居时，立即就唤起一种假象，仿佛"诗意的"栖居把人从大地那里拉了出来。因为"诗意"如果被看作诗歌方面的东西，其实是属于幻想领域的。诗意的栖居幻想般地飞翔于现实上空。诗人特地说，诗意的栖居乃是栖居"在这片大地上"，以此来对付上面这种担忧。于是，荷尔德林不仅使"诗意"免受一种浅显的误解，而且，通过加上"在这片大地上"，他特地指示出作诗的本质。作诗并不飞越和超出大地，以便离弃大地、悬浮于大地之上。毋宁说，作诗首先把人带向大地，使人归属于大地，从而使人进入栖居之中。③

在第二部分中，对第二个问题"要更清晰地倾听荷尔德林在把人之栖居称为'诗意的'栖居时所表达出来的意思"，海德格尔写道：

惟在一味劳累的区域内，人才力求"劳绩"。人在那里为自己争取到丰富的"劳绩"。但同时，人也得以在此区域内，从此区域而来，通过此

---

① 海德格尔：《海德格尔文集·演讲与论文集（修订译本）》，孙周兴译，商务印书馆 2018 年版，第 204—206 页。

② 海德格尔：《海德格尔文集·演讲与论文集（修订译本）》，孙周兴译，商务印书馆 2018 年版，第 221 页。

③ 海德格尔：《海德格尔文集·演讲与论文集（修订译本）》，孙周兴译，商务印书馆 2018 年版，第 208 页。

区域，去仰望天空。这种仰望向上直抵天空，而根基还留在大地上。这种仰望贯通天空与大地之间。这一"之间"被分配给人，构成人的栖居之所。我们现在把这种被分配的、也即被端呈的贯通——天空与大地的"之间"由此贯通而敞开——称为维度。①

维度②之本质乃是那个"之间"——即直抵天空的向上与归于大地的向下——的被照亮的、从而可贯通的分配。我们且任维度之本质保持无名。根据荷尔德林的诗句，人以天空度量自身而得以贯通此尺度。人并非偶尔进行这种贯通，而是在这样一种贯通中人才根本上成为人。③ 因此之故，人虽然能够阻碍、缩短和歪曲这种贯通，但他不可能逃避这种贯通。人之为人，总是已经以某种天空之物来度量自身。就连魔鬼也来自天空。……人之栖居基于对天空与大地所共属的那个维度的仰望着的测度。

这种测度不只测度大地，因而决不是简单的几何学。这种测度同样也并非测度自为的天空。测度并非科学。测度测定那个"之间"，也就是使天空与大地两者相互带来的那个"之间"。这种测度有其自身的尺度，因此有其自身的格律。④

通过不断对荷尔德林诗歌的引证与分析，海德格尔得出"作诗是一种别具一格的测度"⑤，是荷尔德林"人，诗意地栖居"表述的"深层结构"——"荷尔德林在人之本质的测度借以实现的'采取尺度'中看到了'诗意'的

---

① 海德格尔：《海德格尔文集·演讲与论文集（修订译本）》，孙周兴译，商务印书馆 2018 年版，第 211—212 页。
② 理解维度的概念，必先引入空间的存在；维度存在于空间，空间创造维度：一维是线，二维是面，三维是立体的。维数，是数学中独立参数的数目；在物理学和哲学的领域内，指独立的时空坐标的数目。
③ 人存在于天地间，始终有天人互动与相通。
④ 海德格尔：《海德格尔文集·演讲与论文集（修订译本）》，孙周兴译，商务印书馆 2018 年版，第 212—213 页。
⑤ 海德格尔：《海德格尔文集·演讲与论文集（修订译本）》，孙周兴译，商务印书馆 2018 年版，第 213 页。

本质。"①

下面，我们具体地阐述曹廷华的文章《宽窄的诗意与诗意的宽窄》与海德格尔的《人，诗意地栖居》一文所具有的深刻的一致性。

第一，它们都是从诗意而谈论人类生活的物质世界与精神世界的关系。海德格尔从追问"栖居与诗意何以相容"，得出"栖居与作诗的一种双向建设关系：人的栖居需要诗意，而作诗是一种人的栖居"。曹廷华的文章说：现实物质世界的宽窄，由于人的活动，产生了诗意；而诗意既内在于宽窄又表现于宽窄。它们都包含着：从物质到精神、从精神到物质的哲思。

第二，它们都思考了作为现实世界物质的空间的尺度，如何与存在于精神中的诗意相联系。

海德格尔的文章说：

当荷尔德林把作诗思考为一种度量时，那确实是令我们诧异的。只要我们仅仅在我们常见的意义上来看度量，那么此种诧异就是有理由的。在我们常见的意义上，借助于已知的东西（即标尺和尺码），某个未知之物被检测而成为可知的，并从而被限定在一个随时一目了然的数目和秩序之中。这种度量可以随所用的仪器的种类发生变化。但谁能担保这种常见的度量方式已经切中度量的本质了呢？难道就因为它是常见的吗？当我们听到"尺度"一词，我们立即就会想到数字，并把尺度和数字两者看作某种数量上的东西。可是，尺度之本质与数字的本质一样，并不是一种量。诚然，我们能用数字计算，但并非用数字的本质来计算。如果说荷尔德林洞察到作为一种度量的作诗，并且首要地把作诗本身当作"采取尺度"来贯彻，那么，为了对作诗进行思考，我们就必须一再来思索在作诗中被采取的尺度；我们就必须关注这种采取的方式，这种采取并不依赖某种抓取，

---

① 海德格尔：《海德格尔文集·演讲与论文集（修订译本）》，孙周兴译，商务印书馆 2018 年版，第 23 页。

根本就不在于某种把捉，而在于让那种已被分配的东西到来。①

作诗是一种别具一格的度量。……在其本质之基础中的一切度量皆在作诗中发生。因此之故，我们要注意度量的基本行为。度量的基本行为就在于：人一般地首先采取他当下借以进行度量活动的尺度。在作诗中发生着尺度之采取。作诗乃是"采取尺度"——从这个词的严格意义上来加以理解；通过"采取尺度"，人才为他的本质之幅度接受尺度。②

这个对通常的观念来说——特别地也对一切纯粹科学的观念来说——奇怪的尺度绝不是一根凿凿在握的尺棍；不过，只要我们不是用双手去抓握，而是受那种与这里所采取的尺度相应的姿态的引导，这个奇怪的尺度实际上就比尺棍更容易掌握。这是在一种采取中发生的；这种采取决不是夺取自在的尺度，而是在保持倾听的专心觉知中取得尺度。③

曹廷华的文章说：在人们的日常生活中，宽窄是个非常普通的平面空间概念，是可量度的物理存在，与诸如高下、大小、深浅、方圆等一样，见惯不惊，哪来什么诗意？但是，如果我们把宽窄形成的空间当作人们衣食住行的生活场境，当作人们命运遭际的一段历程，或者当作人与自然、人与社会、人与人及人与自我关系的立足点和场所，宽窄就活起来了。所以，宽窄形式美感要能生发诗意，有一个不可或缺的基础性条件，那就是宽窄的空间中必须有活动的人和人的活动。正是在活动的人与人的活动中，宽窄无限可能地拓展着它的诗意。其一，宽窄会激发人们对类比器物或状态的关联性联想；如长短、大小、方圆、曲直、粗细、厚薄或丰腴窈窕等，而这些与宽窄的关联性联想，无可置疑都会生发诗意，激发诗兴。其二，随关联性联想而衍生的体验性人生感

① 海德格尔：《海德格尔文集·演讲与论文集（修订译本）》，孙周兴译，商务印书馆 2018 年版，第 216—217 页。

② 海德格尔：《海德格尔文集·演讲与论文集（修订译本）》，孙周兴译，商务印书馆 2018 年版，第 213 页。

③ 海德格尔：《海德格尔文集·演讲与论文集（修订译本）》，孙周兴译，商务印书馆 2018 年版，第 215 页。

悟，极大地丰富了宽窄及其关联性状态所可能展现的诗意，让诗意的宽窄远远地超越了宽窄的诗意。因为在这样的层面上，宽窄的诗意已经转化为人生的诗意，诗意的宽窄也升华为诗意的人生。

现在，我们指出："宽窄的诗意与诗意的宽窄"一语，可以说是对宽窄哲学前期研究成果的最好的概括。所谓诗意，是诗人用一种艺术的方式，对于现实或想象的描述与自我感受的表达。[①]一如曹廷华所言——宽窄形式美感要能生发诗意，有一个不可或缺的基础性条件，那就是宽窄的空间中必须有活动的人和人的活动。由此，宽窄会激发人们对类比器物或状态的关联性联想，并随关联性联想而衍生体验性人生感悟——宽窄哲学前期研究成果正是这样的"诗意联想"的产物。"宽窄诸论"，即宽窄狭义相对论、宽窄广义相对论、宽窄数码论、宽窄量子论、宽窄模糊论、宽窄控制论、宽窄突变论、宽窄信息论、宽窄混沌论、宽窄分形论、宽窄复数论、宽窄孤波论、宽窄耗散论、宽窄协同论、宽窄超循环论和宽窄价值论、宽窄相变论，是把宽窄概念与现代科学的若干重大理论成果相联系，运用的是"类比器物或状态的关联性联想"。而《宽窄九章——写给大众的哲学》一书，除了"类比器物或状态的关联性联想"的运用外，更多的是"随关联性联想而衍生体验性人生感悟"；从其前言与各章的标题，一目了然。前言是"宽窄：衡量和把握万物的尺度"，各章的标题分别是："西方哲学中的宽窄""中华文化中的宽窄""巴蜀文化中的宽窄""宽窄与生命智慧""宽窄与生存智慧""宽窄与生活智慧""宽窄与生态智慧""宽窄与商业智慧""宽窄启示录"。

[①]　何其芳曾写道："总起来说，诗意似乎就是这样的东西：它是从社会生活和自然界提供出来的、经过创作者的感动而又能够激动别人的、一种新鲜优美的文学艺术的内容的要素。"（中华全国总工会宣传部编：《工人歌谣选》，北京工人出版社 1961 年版，序：第 4 页）海德格尔说，"作为运动着的巨流之源泉，这首独一的诗的地方蕴藏着那种最初可能对形而上学和美学的表象思维显现为韵律的东西的隐蔽本性。""诗意创作的道路更美，因为这些道路所穿过的那片土地——并且因此才构成一片带有道路的土地——就是美之领域，而那种无限的关系就在其中闪现出来。"（转引自张贤根：《艺术、审美与设计研究——一种现象学视角》，武汉出版社 2008 年版，第 56、53 页）

二、关于科学研究中的联想方法和类比方法

联想是科学研究中的一种形象思维方法。形象思维方法是以思维中的形象及其活动为依托的，涉及对表象的分解、选择、组合等加工制作活动。20多年前，笔者曾对科学研究中的"联想"方法作出过如下总结。①

联想，指的是在形象思维中由于一件事物而想到另一件事物的思维方法和思维过程。联想的发生有两种情况：一种是由当前感知的事物而想起另一有关的事物；再一种是由已经想起的一事物而想到另一事物。

联想方法之所以成为形象思维的一种基本方法，有客观与主观两个方面的原因。客观世界中各种事物的相互联系和相互作用是多种多样的，事物之间的客观联系反映到人们的思维中，便形成了主现形态上的事物联系。事物在人的思维中的主观联系，使人们能够通过这种联系达到对事物的由此及彼的把握。这是联想的客观机制。在形象思维中，事物形象的产生首先是通过感知觉、表象实现的，表象是形象思维的初级原材料。思维通过对表象的形象性加工反映事物，无非有两种方法：一种是把各种表象形象加以破坏、分解、重组，生成新的复合形象来把握；另一种则是不破坏原来的表象形象而把表象形象连接起来，形成形象链，从各种事物之间的关系来把握对象。后者就是联想的方法。

联想方法的具体形式很多，主要可分为三种，即接近联想、类比联想和对比联想。

接近联想，是指空间上或时间上接近的事物，使人由一事物而想到另一事物，在人时思维中形成联系。杜牧的诗句"远上寒山石径斜，白云生处有人家"，是空间上的接近联想；而"桃花流水鳜鱼肥""春江水暖鸭先

---

① 文兴吾：《逻辑思维与形象思维方法》，胡世禄主编：《社会科学方法学论纲》，成都科技大学出版社1996年版，第339—342页。

知"的诗句是诗人在时间上的接近联想。在接近联想中，各种事物的表象形象建立起固定的联系，形成了一串有在联想中才存在的主观形象链。之所以把它叫作形象链，是因为它并不是一个独立的思维形象，而是若干单个形象的连接，是人们凭借事物表象进行联想思维的结果。在这种形象链中，已产生了感知觉、表象所不能达到的东西，即关于事物关系的认识。如果不涉及事物的相互关系，也就不可能把两个事物在思维中联系起来。所以，接近联想尽管水平较低，但却是一种关于事物相互关系的形象思维活动，是一种开始深入事物内部的认识方法。

类比联想，是指对一事物的感受引起了对与该事物在性质上或形态上相似的事物的联想。类比联想借助于对某一类对象的了解，通过比较它与另一类对象的某些相似，达到了对后者的推测性理解。因此，类比联想是从一类特殊对象的知识过渡到另一类特殊对象的知识的形象思维方法。例如，人们用暴风雨比喻革命，用毒蛇比喻恶人，都是运用了类比联想的方法。类比联想反映的是事物的相似性。相似有质似与形似。所以，类比联想有在事物之间性质关系上展开的，也有在事物之间形态关系上展开的。所谓质似，指的事物在性质上的相似。例如，由恶人而想到毒蛇，这种类比联想就是取其质同。尽管形态极不相似，但其恶毒的本质是相似的。从恶人到毒蛇的联想，更加深刻地揭示了恶人的凶残、歹毒的本质，在思维中形成了一幅非常深刻的关于恶人的形象。所谓形似，指的是事物在形态上的相似。例如，由万山红遍的杜鹃花而联想到燎原的烈火，由绚丽的朝阳联想到殷红的鲜血，都是形态上的类比联想，由此把握了事物之间的某种关系，并通过前者加深了对后者的认识。类比联想比接近联想的范围广阔得多。事物之间在性质上或形态上的各种微妙的类似都能够成为类比联想的基础。而且，类比联想还比接近联想更有助于能动地把握事物之间的关系，因为不论类比联想起自事物的形同还是质同，都在一定程度上触及到事物的本质。

对比联想，是指由某一事物的感受而引起对某一相反事物的联想。例

如，由富人的穷奢极欲联想到穷人的僵尸横陈，由光秃的山谷联想到一望
无际的林海。事物之间的关系，不仅有时空上的接近关系和质形上的相似
关系，还有对立统一的关系。前二者是接近联想、类比联想的基础，而后
者则是对比联想的基础。对比联想对事物关系的把握，比接近联想、类比
联想更为深刻，它抓住了事物之间的矛盾关系、转化关系，因此开阔了人
的视野和加深了人的思维深度。

在形象思维中，联想不可缺少，但也有它固有的缺陷。联想对事物关
系的反映，具有很大的猜测性和随意性，因此其正确性不十分可靠，需要
用其他思维方法来补充、修正和指导。要保障联想的可靠和成功，必须使
联想建立在雄厚知识背景的基础上，并大力发挥逻辑思维方法的主导作用。

笔者在《逻辑思维与形象思维方法》一文中，在对科学研究中的联想方
法讨论后，又继续讨论过科学研究中的类比方法；指出类比不是逻辑推理的方
法，而是一种猜测的方法。因为真正意义下的逻辑推理，其结论必须是通过一
定的逻辑程序从它的前提中必然地引申出来的，但类比根本不具有这种特征。
类比是一种从特殊过渡到特殊的思维方式，它借助于对某一类对象的某种属性、
关系的认识，通过比较它与另一类对象的某种相似，而达到对后者的某种未知
属性和关系的推测性的理解和认识。这种从一类特殊的对象的知识过渡到另一
类对象的属性和关系的理解和认识，实际上总是以某种联想或假说作为"中介"
在其中起作用而实现的。类比虽然总是建立在对已有知识的分析之上，但却又
不受原有知识的限制和束缚，因而它是一种较为灵活且具魅力的探索新知识的
方法。但是，这种探索新知识的方法，无论如何不是从事实导出理论的方法，
而是从事实出发，发挥联想和想象的作用，通过构造假说来对已有事实进行解
释的方法。或者说，它是对事实背后的本质或规律进行推测或猜测的方法。①

---

① 文兴吾：《逻辑思维与形象思维方法》；胡世禄主编：《社会科学方法学论纲》，成都科技大学
出版社 1996 年版，第 349—353 页。

笔者还总结了类比方法在社会科学研究中具有如下重要作用。①

首先，类比是提出科学假说的重要途径。例如，跨文化研究（文化比较研究）的各学科都依赖的一个基本假设：将个人行为的差异当做恒常，将文化模式作为变因，研究不同文化中的行为差异。这在很大程度上就是类比于心理学的基本假设——将社会文化的条件视为恒常，研究其中个人行为的差异——而得出来的。在现代自然科学和社会科学的交叉科学、边缘科学中，有的几乎整个一门学科都是在类比的基础上建立起来的，如信息经济学、信息论美学等的主要假说都是类比于信息论而提出的。

第二，采用"模型方法"时离不开类比。采用模型方法，尤其是数学模型方法，是现代社会科学的发展趋势之一。采用模型方法实质上就包含着类比方法的应用，因为它首先就把利用模型方法研究的社会过程类比于产生这些模型的自然过程。

第三，类比虽然不具有证明的力量，但是在科学阐述和证明中，往往起着某种辅助性作用。例如，把我国目前要发展某一产业的情况，与其他国家或某一国发展该产业的历程相类比，将有助于科学地阐述我国发展这一产业的可能性，有助于制定发展这一产业的具体规划。

第四，在科学认识中，类比常常具有启发思路、提供线索、借助于某种典范而举一反三、触类旁通的作用。在这个意义上，一些经典著作不仅有科学理论上的重要意义，而且在方法上具有"典范"作用，即提供认识问题、解决问题思路的作用。因为，人们往往可以从那些"典范"中获得启迪，看出他们眼前所要解决的问题与某个范例所解决的问题之间的类似性，从而启发思路，通过类比研究解决问题。因此，熟悉社会科学史以及著名科学家解决问题的典型范例，对于科学创造是十分有益的。

---

① 文兴吾：《逻辑思维与形象思维方法》；胡世禄主编：《社会科学方法学论纲》，成都科技大学出版社 1996 年版，第 354 页。

三、推进宽窄哲学研究持续发展亟待解决的基本问题

在"2018 宽窄哲学高峰论坛"上，笔者作了"要深入开展'宽窄哲学与辩证法'研究"的发言；此后，又不断地强调这个问题。

笔者提出，构建"宽窄哲学"要分"三步走"。第一步是收集材料，表达思想，抒发理论愿景；第二步是整理材料，论述思想，批判理论愿景；第三步才是脚踏实地地构建理论。《宽窄九章——写给大众的哲学》的出版，标志着第一步已经完成。在以收集材料为主体的第一阶段，通过普遍联系的辩证眼光，认识和阐述"宽窄无所不包""宽窄渗透在万事万物之中"，是其目标和任务；思辨性构想与发散性思维、"畅想—联系"的文化研究是必需的也是非常重要的。这一阶段及其特点，可以与"古希腊阶段"的朴素辩证法相比拟。

以整理材料为主体的第二阶段，需要厘清宽窄哲学范畴与中国传统哲学范畴的关系，厘清其与西方哲学范畴尤其是近现代西方哲学理论、现当代西方哲学理论的关系，厘清其与当代中国哲学发展的关系。并且，要给宽窄哲学的研究对象、范围划界，揭示宽窄哲学的本质；要充分发挥承上启下的作用，为第三步打下坚实的基础。在第二阶段上，哲学的规范化研究及其批判性思维是必需的也是非常重要的；必须从一般性的联想，进步到规范的学理性论述。

笔者曾指出，《宽窄九章——写给大众的哲学》给人"宽窄"无所不包、"宽窄"渗透在万事万物之中的认知，这是正确的，也是该书的目标之所在。但是，如果再进一步说：万物皆"宽窄"，就会出现"僭越"问题，即越界问题。哲学强调论证的知识，当我们说"万物源于宽窄"时，"好辩的人"或许会问：这与古希腊毕达哥拉斯学派"万物源于数"是什么关系？另一方面，宽窄哲学研究的前期成果明确了"宽窄"是关系范畴，"宽窄说"是辩证矛盾学说。历史上，第一个明确提出辩证矛盾是关系范畴的黑格尔曾说道："矛盾在关系规定中……许多极平凡的例子如上与下、左与右、父与子等等以至无穷，一切都在一个事物里包含着对立。上就是非下的东西，上之被规定，只是在于它不是

下，并且只是因为有了一个下，才有上，反过来也是如此。"① 他还说，"在对比规定中……矛盾就会直接暴露出来。"②马克思主义经典作家吸取黑格尔思想中的合理内核，也是在关系意义上使用矛盾范畴的；所谓矛盾是指事物之间或事物内部所具有的那种既对立又统一的关系。然而，波普尔在"辩证法是什么"（1937年）一文中对黑格尔的辩证法和马克思主义的辩证法进行了激烈的批判。波普尔始终坚持并反复地指出，"科学是按照矛盾不能被允许和可以避免这一假设而推进的，因而发现矛盾就会迫使科学家尽一切努力去消除它……然而，黑格尔从他的辩证法三段式中却推衍出一个非常不同的教条。既然矛盾是科学进步的手段，他得出结论说，矛盾不仅是允许的和不可避免的，而且是非常有必要的。这就是黑格尔的学说，它必然要毁灭所有的论证和进步。因为，如果矛盾是不可避免的和必要的，那么，就不需要消除它们，这样，所有的进步就必然会完结。"③ 他还进一步写道："这种学说只是黑格尔主义的主要原则之一。黑格尔的意图是要自由地操纵一切矛盾。他主张'一切事情本身都是矛盾的'，为的是为一种观点辩护——这种观点不仅意味着所有科学的终结，而且意味着所有合理论证的终结。他希望承认矛盾的原因在于，他想终止合理的论证，并从而终止科学和理智的进步。通过使论证和批评成为不可能，他试图使他自己的哲学证伪一切批评，这样，就可以把自身建成为免受一切攻击的强制的独断论，建成为一切哲学发展之不可逾越的顶峰"④，"黑格尔及其学派那样提出的辩证法理论……把人们危险地引入歧途。"⑤分析哲学的非辩证法运动在现代哲学中，尤其是在英美哲学界产生了广泛的影响。吉林大学贺来

① 黑格尔：《逻辑学》下卷，杨一之译，商务印书馆1976年版，第66—67页。
② 黑格尔：《逻辑学》下卷，杨一之译，商务印书馆1976年版，第67页。
③ 卡尔·波普尔：《开放社会及其敌人》第二卷，郑一明等译，中国社会科学出版社1999年版，第80页。
④ 卡尔·波普尔：《开放社会及其敌人》第二卷，郑一明等译，中国社会科学出版社1999年版，第80页。
⑤ 卡尔·波普尔：《猜想与反驳——科学知识的增长》，傅季重等译，上海译文出版社1986年版，第462页。

教授写道："我们应该克服一种简单化的态度，即认为分析哲学对辩证法的诘难和批判纯属无中生有，甚至认为它是资产阶级哲学家对辩证法毫无根据的诬蔑和谩骂。……分析哲学对辩证法的批判和否定绝不是空穴来风，而是有其深刻的历史根源和理论背景的，它是与辩证法理论的历史状态内在相关的……那就是：由于在历史上，辩证法长期处于'无根'状态，人们长期以知性化和实体化的方式理解辩证法，致使辩证法呈现出一幅扭曲的形象"[①]，"在我们看来，分析哲学对自然主义范式的辩证法的批判是发人深思的，但它对辩证法的全面否定却又是狭隘和肤浅的。分析哲学最大功绩在于运用可检验性标准和无矛盾性标准揭露了以提供世界的'最高解释'自命、以'科学'自居的自然主义范式的辩证法的无根性。但是，自然主义范式的辩证法的无根性只能表明人们对辩证法的某种解释范式出了问题，而绝不意味着应摧毁辩证法本身。"[②]而孙正聿教授则写道："当我们毫无例外地把一些问题简化为'一方面'和'另一方面'的时候，当我们论证一些问题空洞地强调'作用'与'反作用'的时候，当我们谈论现实状况习以为常地指出'成绩主要'和'问题不少'的时候，当我们评论各种人物及其理论千篇一律分解为'贡献'和'局限'的时候，我们是否会联想到恩格斯所批评的'官方的黑格尔派'？我们是否警惕自己把'辩证法'变成了'变戏法'？"[③]

进入 21 世纪后，我国不少学者致力于辩证法的重建工作，力图确立辩证法的坚实的根基。武汉大学哲学系马克思主义哲学专业的研究师生们曾就辩证法的基本形态问题进行过多次专题研讨。陈祖华教授指出：就马克思主义辩证法（唯物辩证法）而言，自马克思、恩格斯以后，列宁、毛泽东与卢卡奇、葛兰西等沿着不尽相同的思路，对其进行了研究与阐述，再加上苏联、南斯拉

① 贺来：《辩证法的生存论基础——马克思辩证法的当代阐释》，中国人民大学出版社 2004 年版，第 55—56 页。
② 贺来：《辩证法的生存论基础——马克思辩证法的当代阐释》，中国人民大学出版社 2004 年版，第 59 页
③ 孙正聿：《在反思中发展辩证法理论——从恩格斯的相关论述谈起》，《中共天津市委党校学报》2002 年第 3 期，第 15 页。

夫，特别是西方马克思主义不少学者的探讨，形成了多种形态的辩证法，除自然辩证法、认识辩证法、历史辩证法、客观辩证法、主观辩证法外，还有启蒙辩证法、否定辩证法、总体性辩证法、主客体辩证法、多元决定的辩证法、具体辩证法、劳动辩证法、实践辩证法、人学辩证法等。在国内学术界，辩证法形态研究主要是沿着两个系列发展：一个形态系列是，矛盾辩证法——系统辩证法——生态辩证法；另一个形态系列是，本体论辩证法——认识论辩证法——实践辩证法——人学辩证法。前一系列趋向于追求更多的科学价值与某种程度的实际效用，后一系列则趋向于追求更多的人文价值。[①] 陶德麟教授指出：深化辩证法的研究可以有多种途径，但有两点是共同的。第一，是辩证法的理论内容要与当代实践和科学达到的水平相适应。20 世纪的科学发现根本改变了以往的世界图景，相对论、量子力学、基因理论、系统理论、信息理论等的出现，一方面使辩证法的基本思想得到了进一步的验证，另一方面也揭示了许多前所未知的联系，大大丰富了辩证法的内容。这些都需要纳入我们的视野，给予理论的概括，把这些思维成果提升到理论的高度，从而使辩证法具有当代的内容，使它不仅能够合理解释当代科学的一切发现，而且能为科学的进一步发展提供方法论的启示和导向。[②]

因此，宽窄哲学研究当前亟待解决的核心问题是，宽窄哲学究竟是一种什么样的辩证哲学？其后，还需要说明它对于哲学的发展有何重大意义。

此外，哲学作为通过论证形成的知识，它要启发受众，说服受众，征服受众。毛泽东同志在 20 世纪 50 年代、在我国进入社会主义之初说过的一句话："中国会变成一个大强国而又使人可亲。"短短一句，总共 16 个字，却使人感到一种内涵深刻的强大历史贯穿力。[③] 有鉴于此，我们也需要对宽窄哲学进行

① 赵士发：《辩证法及其基本形态问题研讨》，《武汉大学学报（人文科学版）》2002 年第 1 期，第 52—53 页。

② 赵士发：《辩证法及其基本形态问题研讨》，《武汉大学学报（人文科学版）》2002 年第 1 期，第 54 页。

③ 郑必坚：《中国会变成一个大强国而又使人可亲》，2019 年 9 月 18 日《人民日报》，第 13 版。

既强大又亲切的论证。宽窄哲学研究前期成果中的"宽窄诸论"，论证是强大的，但不是亲切的；很多人同意它，只是为它的强而有力所征服，而不是被说服，换言之，许多人同意它正是基于缺乏当代科学技术前沿知识而不能理解它。按照波普尔的观点，我们提出论证，是为了让更多的人对这些论证感兴趣，进而做出新的批判，由此推动知识的发展。为受众所理解，是一个很重要的问题。

历史上，有如下的一段佚事。

狄德罗是 18 世纪名扬欧洲的法国大哲学家，曾编纂过《法国大百科全书》，他曾受俄国女皇叶卡捷琳娜二世之邀，访问俄国。然而，狄德罗来到俄国后毫无忌惮地在公开场合宣扬无神论，引来俄国老臣们极大的反感。于是，他们请求女王把狄德罗赶走，而女王却认为狄德罗是自己请来的客人，就这样将其赶走着实有失尊严。老臣们献计，狄德罗是个大学者，我们也找一位地位相当的人来和他辩论，将其赶走。于是，大家想到了欧拉。欧拉是皇家科学院的数学家且笃信上帝，没有比欧拉更适合来进行"战斗"的了。就这样，狄德罗与欧拉在宫廷中就上帝是否存在进行辩论。当狄德罗来到宫廷，现场早已人头攒动。此时，右眼失明的欧拉先发制人："先生！因为 $(a + bn)/n = x$，所以上帝存在，请反驳！"虽然狄德罗也懂些数学，但是面对欧拉的公式，完全不知怎么应对，当场愣住了。一阵笑声在宫廷上爆发。狄德罗觉得遭受了羞辱，愤而要求离开俄罗斯，而这个要求得到了慷慨的批准。

第四章　辩证法及其历史发展与演进

　　辩证法作为哲学思维的方法，有着同哲学思维同样古老的历史。而在所有的哲学术语中，再没有比辩证法这一概念所交替经受的光荣与屈辱更多的了。辩证法曾作为一种思考术或真理的"催生术"而受到人们的尊敬，但由于悖论的发现以及诡辩论的流行而逐渐成为思维混乱或陷入荒谬的代名词，用来描述某人思想的荒谬与混乱。当康德把知性超出可能经验范围的误用所导致的理性的"二律背反"称之为"辩证法"或"幻相之逻辑"时，就是在贬义上使用这一术语的。①

　　然而，从黑格尔开始，这一术语的命运却又发生了戏剧性的变化。在黑格尔哲学中，尤其是在其后的马克思主义传统的哲学中，辩证法这一术语获得了完全正面的褒奖意义。于是，一如陈康先生所言，辩证法"作为一个哲学术语，没有一个共同的意义，在哲学史上不同的哲学家使用它时给予不同的意义"②。这使得任何对于辩证法的论述，都不能不从对于辩证法的概念及其历史形态的考辨开始。③ 梳理和分析辩证法的演化历程，是研究辩证法问题的基础。

---

① 康德:《纯粹理性批判》，邓晓芒译，人民出版社 2004 年版，第 261 页。
② 陈康:《论希腊哲学》，商务印书馆 1990 年版，第 193 页。
③ 王南湜:《辩证法:从理论逻辑到实践智慧》，武汉大学出版社 2011 年版，第 19 页。

第一节　古希腊的辩证法

一、古希腊概况

古代希腊，并不只是今天我们从地图上所看到的巴尔干半岛南端的希腊半岛这块地方，早在公元前一千多年，希腊人就向海外移民，在东方和西方建立了许多殖民地城邦。创造科学奇迹的古代希腊人生活在包括希腊半岛本土、爱琴海东岸的爱奥尼亚地区、南部的克里特岛以及南意大利地区在内的这块地方。

古希腊的地理位置使它容易接近古代河流文明，经过克里特岛可以到达埃及，向东从小亚细亚半岛可以到达巴比伦等国。对于学习外国文化，"希腊人不曾，也不能把其他国家的文化整个取过来，而只选择了外国文化中被认为与他们相干的那些。这其中包括了实践方面一切有用的技术；而在观念方面，主要地就是关于宇宙运行的一些解释，但是抛弃了铁器时代侵入以前和当中的衰落时期里，根据那些解释而造下的极复杂费解的神学和迷信。"[1]

古希腊文明属于所谓的二次文明，但它的生态环境和经济状况与埃及和美索不达米亚地区极不相同。近东和其他地方原始文明的出现依靠的是水利农业，而希腊城邦的粮食生产和耕作差不多完全依赖季节性的雨水和山上流下的雪水。研究表明，由于希腊没有大河和大面积富饶的冲积平原，因此水利工程的规模较小。而且，新石器时代滥伐森林和水土流失已经导致希腊的生态退化和生产能力下降，到了只能养活密度较低的人口的程度。在公元前8世纪至公元前6世纪，美索不达米亚各地不断有大量希腊移民成批拥入；足以表明希腊当时处在怎样的生态和耕种压力之下。古希腊人养不活自己，只有靠从国外进

---

[1]　贝尔纳：《历史上的科学》，伍况甫等译，科学出版社1981年版，第90页。

口粮食。古希腊比较落后的农业经济，要靠放牧山羊和绵羊，利用地下水在贫瘠的土地上种植油橄榄和葡萄来维持。葡萄酒和橄榄油这些二次产品可以用于交换，结果，古希腊文明善于航海和经商，眼界开阔。

就像希腊的群山把它的土地分割成许多隔离的谷地一样，希腊文明在政治上是分散的，由许多割据的小城邦组成。所谓城邦，是指以某一城市为核心与周围农村一起构成的小国家。公元前 8 世纪—前 4 世纪是古希腊的城邦奴隶制时期，在几万平方千米的土地上遍布着 200 多个城邦。一个地区的城邦政府只有有限的被侵蚀的土地，能够集中的财富有限，不可能像埃及的法老那样有无孔不入的官僚机器让每一项社会和文化活动都服从国家的利益。

希腊各城邦的文化是多样的，但在政治上都选择了民主政治。公元前 594 年，雅典人推举梭伦为执政官。梭伦实行了政治改革和经济调整，包括建立四百人会议、组织最高法庭、解除债务和债务奴役。公元前 508 年，雅典实行克利斯提尼改革。按 10 个地区各选 50 人组成 500 人会议，所有年满 30 岁的男性公民都有资格当选代表，代表以抽签的方式选出。500 人会议除为公民大会准备议案外，还握有最高行政权。公元前 461 年—前 429 年，雅典的民主政治达到高潮，史称伯里克利时期，公民大会是雅典最高权力机构。建立了陪审团制度，陪审员从全国公民中用抽签的办法产生，陪审团作出的决定是最后裁决。

希腊人以其有关法律和正义的政治争论的水平而闻名，其关于王国、贵族制度、民主、暴政等的分析也广为人知。理性地争论政治体制与探究自然界的结构，两者之间只相差一小步，反之亦然。这些政治争论实际上有可能就为讨论希腊科学的起源提供了方向。

希腊人热爱自由，有极富活力的民主体制；希腊人热爱真理，有异乎寻常的求知热忱。希腊人开启了西方哲学也开启了近现代科学。亚里士多德说过，哲学和科学的诞生有三个条件：一是惊异，二是闲暇，三是自由。提供希腊人以闲暇的是希腊奴隶制，提供希腊人以自由的则是希腊的城邦民主制。各邦独立自主，相互竞争，外邦人可以自由出入各邦，这就使整个希腊呈现出百花齐放、百家争鸣的局面。希腊奴隶制和城邦民主制保证了贵族和自由民优裕的生活及闲暇，这无疑更有利于科学和哲学的繁荣与发展。由于手工作业都由奴隶完成，希腊哲学家一般来说不重视亲自动手观察自然现象、亲手制造仪器工具。他们发展了高度发达的思维技巧，提出了极富天才的自然哲学理论，但在实验科学方面严重不足。这也是希腊科学的一大特点。

在人类历史上，是希腊人第一次形成了独具特色的理性自然观，这正是科学精神最基本的因素。许多古老的民族，或者只有神话或宗教式的自然观，或者缺乏对自然界的系统看法，自然界常常被认为是混乱、神秘、变化无常的，人在自然面前完全只有听从命运的摆布。希腊人则不同，他们把自然作为一个独立于人的东西加以整体地看待，把自然界看成一个有规律的、其规律可以为人们把握的对象，他们还创造了一套数学语言力图把握自然界的规律。

与世界其他地区一样，早期希腊人的自然观也是神话自然观，自然物被赋予神话色彩，自然现象被神话化为神的行为。但古希腊的神话有两个突出的特征，一是奥林匹斯山上的诸神与人类相似但不是人，即人神同构。神像人一样的有个性，有情欲，爱争斗，但同人有严格的界限。在中国神话中，人神之别非常模糊，许多人中之杰象神农、伏羲、后羿就是神，即人神同一。同构与同一有着根本的差别，中西哲学传统之差别即已在此表露出来。同构意味着，首先这是两个东西，其次才是两个东西相似；区别具有更为根本的意义。希腊神话的第二个突出特征是它完备的诸神谱系，任何一个神都有其来龙去脉，在神谱中的地位非常明白清楚。这种完备的诸神谱系，实际上是逻辑系统的原始形式。如果把诸神进一步作为自然事物的象征，那么，神谱的系统性可以看作对自然之逻辑构造的原始象征。在这种神谱中，弘扬了秩序的规则的概念，是希腊理性精神的来源之一。希腊神话这两大特征，人神相异同构和完备的诸神谱系，表现出希腊人特有的思维方式，即思想的对象性和逻辑性，这正是自然科学赖以产生的基本前提。

在希腊人看来，自然界不仅是有别于人的东西，也不仅是有规律、有秩序的，更重要的是其规律和秩序可以为人把握，因为它是数学的。对数学的重视，是希腊人最为天才的举动，也是他们留给近代科学最宝贵的财富。希腊人相信心灵是掌握自然规律最可靠的保证，因而极大地发展了逻辑演绎方法和逻辑思维。在一些特殊的科学领域里，希腊人成功地将它们数学化，并得出高度量化的结论，这些领域包括天文学、静力学、地理学和光学。它们不仅在古代世界达到了该领域最高的水平，而且对近代科学的诞生起了一种示范作用。①

二、古希腊的自然哲学

古希腊人把自然界作为一个整体来研究，那时自然科学都包括在哲学里，称为自然哲学，这既是希腊人对自然界的哲学思考，又是早期自然科学的一种特殊形态。这时的哲学家同时也是自然科学家。古希腊的自然哲学家把宇宙万物看作是由某种基本的东西演化而来，这是他们的宇宙演化观。

泰勒斯提出"世界源于水"，他的学生阿那克西米尼（约公元前585—前525年）则认为"空气"是万物的始基，空气稀薄时变成火，空气浓厚时变成风，再浓厚又变成云、水、土、石头。而赫拉克利特（约公元前544—前484）提出世界的本原是"火"，火产生一切，一切都由火的转化而成，并且复归于火。为更好地说明世界的多样性，恩培多克勒（约公元前495—前435年）提出"四根说"，把火、气、土、水四个根作为世界的本原，四个根在数量上按不同比例进行混合，构成了万物在性质和形态上的千差万别。以后的亚里士多德又吸收并改造了"四元素"思想，主张"冷热干湿"四种性质才是最基本的，提出了著名的"原性说"。

与泰勒斯元素论学派对立的是毕达哥拉斯学派，其创始人毕达哥拉斯（约公元前580—前500年）是古希腊最早的唯心主义哲学家和数学家。毕达哥拉斯学派特别重视数学。在宇宙本原问题上，主张"万物皆数"，数是世界的本原，由此产生点、线、面、体和水、土、火、气四元素，最后形成世界。他们

---

① 吴国盛：《科学的历程》（上），湖南科学技术出版社1995年版，第104—106页。

认为自然界中的一切都服从于一定的比例数，天体的运动受数学关系的支配，形成天体的和谐。宇宙中"数的和谐"思想，开创了西方自然科学定量研究的传统。在近现代科学中，从哥白尼到爱因斯坦，许多科学家都在不断追求事物之间的简单、有秩序与和谐的关系，以精确定量的方式来揭示自然界的这种关系，建立统一的理论；这在某种意义上可以说是毕达哥拉斯学派数的审美主义的再现。

一般认为，历史上最先明白地表述辩证运动观的是赫拉克利特；恩格斯在《反杜林论》一书中写道："原始的、素朴的、但实质上正确的世界观是古希腊哲学的世界观，而且是由赫拉克利特最先明白地表述出来的：一切都存在而又不存在，因为一切都在流动，都在不断地变化，不断地生成和消逝。"[1] 在赫拉克利特看来，火作为世界的实体，同时也是永恒的变化过程；火变成空气，继而变成水、土，这一切又反过来变成火。他把世界比作永恒的水流，形象地表述了自己关于普遍变化的观念：一切皆变，一切皆流，无物常住。他以"太阳每天都是新的，永远不断地更新""我们不能两次踏入同一条河流""我们存在又不存在"[2] 等说法，阐述了运动是绝对的。他还猜测到万物运动变化的源泉在于事物内部的对立面的斗争。他说："应当知道，战争是普遍的，正义就是斗争，一切都是通过斗争和必然性而产生的"[3]；还说，"相反的东西结合在一起，不同的音调造成最美的和谐，一切都是通过斗争而产生的"[4]，日和夜是一回事，善和恶是一回事，生和死是一回事，存在与非存在是同一的，等等。赫拉克利特虽然强调事物的运动，但他并没有因此而否定静止的存在。在"我们不能两次踏进同一条河流"的命题中，就包含着承认事物相对静止的思想。因

---

① 《马克思恩格斯选集》第三卷，人民出版社 1995 年版，第 359 页。

② 《西方哲学原著选读》上卷，北京大学哲学系外国哲学史教研室编译，商务印书馆 1981 年版，第 23 页。

③ 《西方哲学原著选读》上卷，北京大学哲学系外国哲学史教研室编译，商务印书馆 1981 年版，第 27 页。

④ 《西方哲学原著选读》上卷，北京大学哲学系外国哲学史教研室编译，商务印书馆 1981 年版，第 27 页。

此，他的命题是辩证的。后来他的学生克拉底鲁认为人一次也不能涉入同一河流；这就只承认事物的运动而否认了事物的相对静止，因而陷于诡辩论和相对主义。

波普尔认为，"赫拉克利特的发现长期影响希腊哲学的发展。巴门尼德、德谟克利特、柏拉图和亚里士多德的哲学都不异说是要解决赫拉克利特所发现的流变的世界这个问题。这个发现之伟大，是不会估计过高的。"①对于赫拉克利特"火是世界本原"的认识，波普尔写道："在赫拉克利特那里，对变化的强调使他得出一个理论，认为一切物质东西，不论固体、液体或气体，都好像火焰——它们是过程而不是事物，它们都是火的转化；表面上是固体的土地（它由尘土组成）也只是在转化状态中的火，甚至液体（水、海洋）也是转化了的火（并且会变成燃料，或者以油为形式）。'火首先转化为海；而海的转化，一半成为土，一半成为旋风'。于是，所有其他'元素'——土地，水和空气——是转化了的火：'一切事物都换成火，而火也换成事物；正像货物换成黄金，黄金换成货物一样。'"②

针对赫拉克利特从运动的直观产生经验性的矛盾观念，在经验性的概念之间建立起对立与统一的联系，波普尔写道："如果正义是斗争或战争，如果'命运的女神'，同时又是'正义的侍女'，如果历史，或者更确切地说，如果成功，即在战争中成功，就是功过的标准，那么，功过标准本身也必定是'在流变之中'。赫拉克利特用相对主义，用他的对立统一学说来解答这个问题。这是从他的变化学说（这个学说成为柏拉图乃至亚里士多德的理论基础）得出来的。变化着的事物必定消失某种性质和获得相反的性质。它与其说是事物，不如说是从一种状态到对立的状态的转变，因而彼此对立的状态是统一的。冷的物变成热，而热的物变成冷；湿的东西变成干，干的东西变成湿……疾病使我们懂得健康……生使我们懂得死，醒使我们懂得睡，青年使我们懂得老年，所有这

---

① 波普尔：《开放社会及其敌人》，杜汝楫、戴雅民译，山西高校联合出版社1992年版，第12页。

② 波普尔：《开放社会及其敌人》，杜汝楫、戴雅民译，山西高校联合出版社1992年版，第14页。

些都是同一的，因为一转变为另一，而另一又转变为一……相反成为相成。由于弹回和绷紧，就有联系或谐调，就像弓或弦琴的情形那样……对立双方彼此包含，最好的协调来自不协调，而且万物都在斗争中发展……上坡路和下坡路是同一的……直路和弯路是同一的……由于诸神，万物是美的、好的、和正当的；但人却把某事视为正当，而把别的事视为不正当……好和坏是同一的。"①

三、古希腊的两种辩证法

辩证法在古希腊时代具有两种不同的形式。一是运用概念的技巧（柏拉图）；一是理论上了解现实、首先是自然界本身（赫拉克利特）。辩证法的这两种本原似乎是绝对异源的，辩证法要么教会人思维（运用概念的技巧），要么就是对世界及其事物本性的一种理解；这两种知识体系，是作为逻辑的东西与本体论的东西而对峙着。但在哲学的发展中，产生了关于它们相一致的思想。"古希腊人的辩证法应当被看作是对西方哲学来说在解释发展和关于自然、人类社会和思维的普遍规律的科学史上的一定的并且是最初的阶段。……最初，辩证法思想主要是在领会自然界的情况下发展起来的，以后才在关于社会和思维的学说中逐渐形成。然而就在辩证思维的早期形式中，例如在赫拉克利特那里，一开始就孕育着认识的和社会生活的辩证法因素。"②古希腊思想家们的这种反映自然、社会和思维的辩证性质的自发辩证法，采取了两种形式：一是肯定的辩证法，即对自然社会和思维领域的某些辩证的规律性的论证和探究；二是否定的辩证法，既以"富于逻辑"的论证为手段否定那种在论辩中暴露出内在矛盾性的观点的真理性。

作为古希腊哲学家天生特性的自发辩证法，从古代哲学产生时期，就在米利都派自然哲学家那里产生了，但是作为肯定的辩证法，它在赫拉克利特那里

---

① 波普尔：《开放社会及其敌人》，杜汝楫、戴雅民译，山西高校联合出版社1992年版，第17页。
② 米·亚·敦尼克等编：《古代辩证法史》，齐云山等译，人民出版社1986年版，第23页。

采取了最明晰的形式。对于这种"肯定的辩证法",把列宁所采用的黑格尔的术语"客观辩证法"同恩格斯所提出的术语"自发辩证法"结合起来,称其为"自发的客观辩证法"是恰当的;这一术语表示希腊哲学家们虽然自己实际上已发展了辩证法的不同方面,但主观上并没有认识到辩证法,没有把这一学说称为辩证法,没有使这一学说成为自觉的理论体系。

古希腊的哲学家们是从"否定的辩证法"涵义上称谓辩证法的,"他们把它理解为进行哲学对话和辩论的艺术,以便通过对立意见的冲突来揭示真理,一句话,把它理解为解释和证明真理的艺术。这种涵义的辩证法随着自身的发展也成了研究科学问题其中也包括哲学问题的方法。"① 否定的辩证法,在爱利亚派那里已见端倪。

巴门尼德认为万物的本原不可能是具体物,只能是一种不生不灭的永恒的存在。他提出"一切是一并且是静止的"②,反对赫拉克利特"一切皆变"的思想,认为一切运动变化的事物都是"非存在",而"存在者"则是静止不动的。他说:"存在者是不动的,被巨大的锁链捆着,无始亦无终;因为产生与消灭已经被赶得很远,被真信念赶跑了。它是同一的,永远在同一个地方,居住在自身之内。"③他认为,对"存在者"来说,产生是没有的,消失也是没有的,不会有从一个地方到另一个地方的运动。他声言,"凡人们在语言中加以固定的东西,如产生和消灭,是和不是,位置变化和色彩变化,只不过是空洞的名词。"④ 十分明显,巴门尼德的矛头就是指向古代朴素的唯物主义运动观。他把静止绝对化,赋予静止比运动更重要的意义,只承认静止的真实性,而不承认运动的真实性。

芝诺作为巴门尼德的学生,为了论证老师"一切是一并且是静止的"命题,提出了否认运动存在的四个著名论证。这四个论证,是通过亚里士多德在《物

---

① 米·亚·敦尼克等编:《古代辩证法史》,齐云山等译,人民出版社 1986 年版,第 24 页。
② 《古希腊罗马哲学》,北京大学哲学系外国哲学史教研室编译,商务印书馆 1961 年版,第 49 页。
③ 《西方哲学原著选读》上卷,北京大学哲学系外国哲学史教研室编译,商务印书馆 1981 年版,第 33 页。
④ 《西方哲学原著选读》上卷,北京大学哲学系外国哲学史教研室编译,商务印书馆 1981 年版,第 33 页。

理学》中的转述而流传至今的。1987 年出版的《中国大百科全书（哲学卷）》设立了"四个悖论"[①] 辞条，作出了如下表述。

两分法　运动着的物体要达到终点，首先必须经过路途的一半，为此它又必须先走完这一半的一半，依此类推，以至无穷。假如承认有运动，这运动着的物体连一个点也不能越过。

阿基里斯与龟　全希腊跑得最快的阿基里斯永远追不上慢慢爬行的乌龟。因为，他要追上龟，首先就要到达龟所爬行的出发点，这时龟已经往前爬行了一段；当阿基里斯跑到龟的第二个出发点时，龟又爬行了一小段，阿基里斯又得赶上这一小段，以至无穷。阿基里斯只能无限地接近，但永远不能赶上它。所以，假如承认有运动，就得承认速度最快的赶不上速度最慢的。

飞矢不动　飞着的箭在不同的时间处于不同的位置，甲时在 A 点，乙时在 B 点，在连续的时间中，箭相继地在一系列的点上。既然是在某一点上，怎么能运动呢？运动实际上是一系列静止的总和。

一半等于一倍　假定有三列物体，A 列静止不动，B 列与 C 列以相等的速度按相反方向运动（见图 4—1）。当 B_1 通过 A_3，越过两个位置，到达与 A_4 并列的位置时，由于 C 列是按相反方向同速运动的，所以 B_1 在相同的时间里已通过 C 列的 4 个位置了（见图 4—2）。B 越过 C 列物体的数目，要比它越 A 列物体的数目多一倍。因此，它用来越过 C 的时间要比它用来越过 A 的时间长一倍。但是 B 和 C 用来走到 A 位置的时间却相等。一半的时间等于一倍的时间。因此说一半等于一倍。

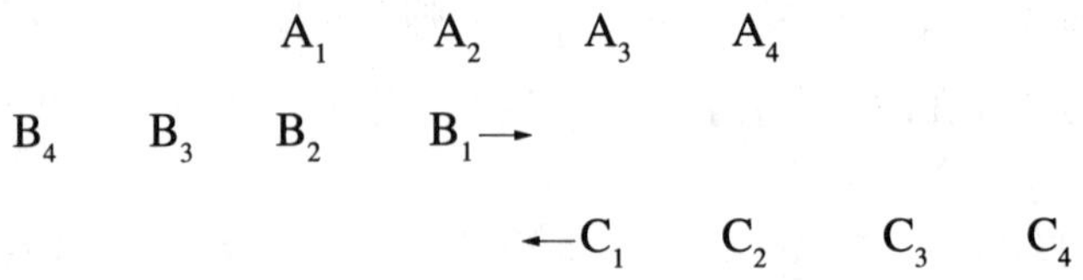

$$A_1 \qquad A_2 \qquad A_3 \qquad A_4$$

$$B_4 \qquad B_3 \qquad B_2 \qquad B_1 \rightarrow$$

$$\leftarrow C_1 \qquad C_2 \qquad C_3 \qquad C_4$$

图 4—1

[①]　中国大百科全书总编辑委员会《哲学》编辑委员会：《中国大百科全书·哲学》，中国大百科全书出版社 1987 年版，第 841 页。

$$A_1 \quad A_2 \quad A_3 \quad A_4$$
$$B_4 \quad B_3 \quad B_2 \quad B_1 \rightarrow$$
$$\leftarrow C_1 \quad C_2 \quad C_3 \quad C_4$$

图 4—2

　　巴门尼德站在唯心主义立场上，提出"思维与存在的同一性"，即"能被思维者和能存在者是同一的"[1]；同一的基础是思维，"可以言说、可以思议者存在，因为它存在是可能的，而不存在者存在是不可能的"[2]，"因为不存在者你是既不能认识（这当然办不到），也不能说出的。"[3] 他和他的学生芝诺，企图用这个论断证明承认运动是荒谬的。在他们看来，只有能够设想的东西，才是能够存在的，不能够设想的东西，决不可能存在。按着他们的观点，什么是可以设想的呢？"存在物是存在的，是不可能不存在的"，这是思维起来没有矛盾，可以设想的。那末，什么是不可设想的呢？他们认为，运动和变化就是不可设想的东西。因为设想运动、变化，就要承认存在，又要承认非存在，这是自相矛盾的。对于非存在，我们既不能认识，也不能把它说出来，因而是不可能存在的。于是，既然芝诺的四个论证表明"运动是不能说出的"，那么"运动就是不可能存在的"。

　　亚里士多德称芝诺是"辩证法的创立者"。[4] 亚里士多德是柏拉图的学生，而柏拉图又是苏格拉底的学生。历史上，柏拉图是辩证法概念的第一个使用者。黑格尔曾写道，"关于柏拉图，第欧根尼·拉尔修说过，正如泰勒斯是自然哲学的创始人，苏格拉底是道德哲学的创始人一样，柏拉图则是属于哲学的

---

[1]　《西方哲学原著选读》上卷，北京大学哲学系外国哲学史教研室编译，商务印书馆 1981 年版，第 31 页。

[2]　《西方哲学原著选读》上卷，北京大学哲学系外国哲学史教研室编译，商务印书馆 1981 年版，第 31—32 页。

[3]　《西方哲学原著选读》上卷，北京大学哲学系外国哲学史教研室编译，商务印书馆 1981 年版，第 31 页。

[4]　《古希腊罗马哲学》，北京大学哲学系外国哲学史教研室编译，商务印书馆 1961 年版，第 56 页。

第三种科学即辩证法的创始人"①。柏拉图式辩证法一词最早的阐发者，德国希腊哲学研究专家策勒尔写道："柏拉图哲学的方法的主要特色是用辩证法去探求知识。思想总是比感性知觉更优越和更正确。感性知觉并不提供给我们知识，而只提供我们意见。它们只停留在现象上，而不深入到存在界。""辩证法，顾名思义，最初指论辩的艺术，后来成为以问答方式发展科学知识的艺术，最后成了从概念上把握那存在者的艺术。因此，在柏拉图那里，辩证法成了一种科学理论，一种认识事物的真正实在的手段。"②然而，从柏拉图的表述看，在苏格拉底那里，"否定的辩证法"十分明晰地表现出来；苏格拉底才是古代意义的辩证法的真正创始人。即是说，把辩证法理解为以"对话"的方式进行讨论，通过合乎逻辑的论证来寻求真理的科学，始于苏格拉底。苏格拉底的辩证法是沿着芝诺的理性思维和逻辑推理路线发展的，但他的辩证法与芝诺不同，是具有肯定意义的积极辩证法。苏格拉底虽然也是通过揭示对方论证中的矛盾而推翻对方的结论，但他将这只看作一种手段而不是目的；他要达到的目的是要探求更高的认识普遍本质的真理，即寻求普遍性、确定性、规范性的概念的定义，如勇敢、自制、虔诚、正义、美德等等。苏格拉底的哲学活动是通过"对话"来寻求普遍定义，形成了他以逻辑思想为主要内容的辩证法；注重对人的理性思维作自觉地反思是其辩证法的基本特点；追求至善、形成真理性知识的过程，即"精神助产术"，是其辩证法意蕴。③ 他的"问答法"或者"精神助产术"影响深远。

苏格拉底的辩证法有两方面的针对性：一方面是针对希腊早期哲学的直观思维和独断倾向，主张坚持用理性思维去探究事物本质，在"对话"、论辩的过程中提升人的逻辑思维能力，寻求普遍性的真理。另一方面是反对智者的消极辩证法。智者的论辩术是从一个论证中引出另一个相反的论证，但认为这两个相反的论证都是真的。他们是从个体的主观感觉去评价每个人的逻各斯都没

---

① 黑格尔：《逻辑学》下卷，杨一之译，商务印书馆1976年版，第537页。
② 策勒尔：《古希腊哲学史纲》，翁绍军译，山东人民出版社1992年版，第137—138、139页。
③ 黄颖：《苏格拉底辩证法思想刍议》，《社会科学战线》2010年第11期，第13页。

有正义与非正义、真与假的区分，把概念看成主观随意的，没有确定意义，论辩的目的和主要技艺就是如何使弱的论证变成强的论证。苏格拉底反对智者的相对主义，不承认真理具有特殊的主观性，而主张有普遍的绝对真理。他在对话论辩中揭露对方论证中的矛盾，不像智者们那样是为了加强自己一方而战胜对方，而是为了让对方认识自己阐述问题的矛盾，双方一道去寻求普遍的绝对真理。①

试举下例，表明苏格拉底式对话方式。（苏：指苏格拉底，阿：指阿德曼托斯）

……

阿：我认为你说得很对。

苏：不知道您赞不赞同我另外一个想法？

阿：什么想法？

苏：两种原因会使工匠的技艺退化。

阿：哪两种？

苏：贫穷和富裕。

阿：那它们是怎么让技艺退化的呢？

苏：是这样的，比如一个陶工富了以后，您想想看，他还像从前一般认真对待他的手艺吗？

阿：肯定不会。

苏：那他就会慢慢变得懒惰和马虎，对吗？

阿：肯定是这样。

苏：最后变成一个蹩脚的陶工，对吗？

阿：是的，他的技艺势必大大退化。

苏：反过来，他如果贫穷到买不起工具器械工作，他同样不能做好自

①　黄颖：《苏格拉底辩证法思想刍议》，《社会科学战线》2010年第11期，第13页。

己的工作，也教不好自己的儿子或徒弟。

阿：当然。

苏：因此，贫穷和富裕都会让手艺人的手艺退化，对吧？

阿：这是必然的。

……

苏：贫富啊。富则奢侈、懒散；贫则粗野、低劣。两者都要求变革。
……①

接下去，苏格拉底和阿得曼托斯继续对话讨论，他们探讨到国家领导者怎样管理国家，怎样教育后代等等。这种对话是平等的，和谐的，是知识诱导式的对话。最后阿得曼托斯在苏格拉底的助产术帮助下，获得了真理，认可了苏格拉底的看法——"当前的首要任务是塑造一个幸福国家的模型，而不是塑造一个一味地追求个人幸福的国家模型，我们需要的是整体幸福的国家"②——而放弃了自己的陈见。

苏格拉底的对话是让参与对话的人自己反思领悟；他比以前的哲学家更为自觉地运用揭露对方的观点所依据的前提同他们的论题的自相矛盾，来动摇对方的思想信念以取胜。他说："如果我们是朋友，并且是像我和你现在一样在谈话，我的回答将缓和些，并且更以一种辩证法家的心情来和他谈；那就是说，我将不仅仅是把真理说出来，而且要用一些我所访问的人愿意承认的前提。而这正是我将努力拿来对待你的方式。"③"苏格拉底常运用他的辩证法去攻击一般人的通常意识，特别攻击智者派。当他同别人谈话时，他总是采取虚心领教的态度，好像他想要向别人就当时所讨论的问题，求得一些更深切的启示似的。根据这种意向，他向对方发出种种疑问，把与他谈话的人引导到他们

①　柏拉图：《理想国》，王铮译，重庆：重庆出版社 2016 年版，第 114 页。
②　柏拉图：《理想国》，王铮译，重庆：重庆出版社 2016 年版，第 113 页。
③　《古希腊罗马哲学》，北京大学哲学系外国哲学史教研室编译，商务印书馆 1961 年版，第 157—158 页。

当初自以为是的反面。"① 然后再用启发诱导的方法，"从具体的事例发展到普遍的原则，并使潜在于人们意识中的概念明确呈现出来"②，使对方自己做出苏格拉底想使对方接受的一般性结论。苏格拉底把这套方法叫做"精神助产术"。

需要明确，苏格拉底之前的哲学主要关心的是自然和宇宙，眼睛"盯着"的是浩瀚星空；而苏格拉底则主要关注于"人事"，"他把哲学从天上召唤下来，把它安置在城市中，引进家家户户，使它成为探究生活和道德、善与恶所必需。"③ 苏格拉底整个哲学思想立足点就是"人，认识你自己"；他不断地奔跑在整个雅典的大街和广场上，利用"精神助产术"与人辩论的目的，就是要重建雅典的伦理道德，以期为他的同胞找到通向幸福的道路。苏格拉底相信，通过治愈人们的狂妄自大，让他们知道自己不知道的，过一种经问答法检验的生活，会让他们比以前更幸福、更有德性。这就是说，苏格拉底的辩证法主要是一种关于"人生的辩证哲学"。

四、柏拉图的辩证法

"辩证法"这个词，最早见于柏拉图的著作。柏拉图是苏格拉底最出色的学生，我们正是根据他的以苏格拉底为当事人的对话录来评论苏格拉底借以探求真理的方法。由苏格拉底所开辟的古希腊哲学研究的新方向，为柏拉图所继承和发展。然而柏拉图和苏格拉底又有不同，苏格拉底只就道德来讨论道德，而柏拉图则首先研究它们的本体论和认识论的基础。

柏拉图哲学思想的发展大致分为三个时期，即早期、中期、晚期。早期也可以叫做苏格拉底对话时期，这个时期主要反映的是苏格拉底的思想和柏拉图的不成熟的思想。在这个阶段，柏拉图否定理念的可变性和矛盾性，但是承认人关于事物的观念和感性事物本身的矛盾性和可变性，他认为从这一点可以证

① 黑格尔：《小逻辑》，贺麟译，商务印书馆1980年版，第178页。
② 黑格尔：《哲学史讲演录》第二卷，贺麟、王太庆译，商务印书馆1960年版，第53页。
③ 策勒尔：《古希腊哲学史纲》，翁绍军译，山东人民出版社1992年版，第81页。

明物质世界的不完善和不真实性。这个时期的著作有《申辩》《克里托》《李思》等。中期，反映了比较典型的柏拉图哲学思想，代表作有《美诺》《斐多》《会饮》《理想国》《斐得罗》等；柏拉图不仅承认，而且开始详细研究理念的辩证法。在第三个阶段，即转向毕达哥拉斯的数论的时期，柏拉图为了比先前更加深刻地理解物质世界的事物的辩证法开始研究关于理念辩证法的学说，力图建立包括理念的理想的、世界和物质宇宙的一切存在的矛盾性的完整概念。主要著作有《巴门尼德》《智者》《蒂迈欧》《法律》等。柏拉图的著作基本上都被保留下来了，古希腊哲学的研究从柏拉图开始，才有了大量的第一手资料。

柏拉图除了把辩证法看做揭露对方论断中的矛盾以求得真理的方法之外，还给辩证法增添了新的含义。他把辩证法引入哲学，作为研究概念思维艺术的专门科学。柏拉图在古希腊哲学史上建立了一个包括本体论、认识论、自然哲学、伦理学、国家学说、美学等庞大的唯心主义体系，而他的整个学说体系的理论基础，则是理念论。

柏拉图从其唯心主义出发，把世界分为可见世界（现实世界）和可知世界（理念世界），并认为可见世界是影子，可知世界才是原型；辩证法则是人类认识理念世界的方法。他说，当一个人"企图只用推理而不要任何感觉以求达到每个事物的本身［按即理念］，并且这样坚持下去，一直到他通过纯粹的思想而认识到善本身的时候，他就达到了可知世界的极限"，"这个思想的进程叫做辩证法"。① 个别理念是以实际事物作为它的影像的，人们要认识个别理念，就必须利用个别事物，"当我们给许多个别事物加上同一的名称，我们就假定有一个理念存在。""可知世界的极限"是"善的理念"，这个"绝对第一原理"是由个别理念上升的结果。人们要认识最普遍的"善的理念"就必须凭借辩证法的力量，从"暂时的假定"逐步上升到"绝对第一原理"。然后再去把握以"第

---

① 《古希腊罗马哲学》，北京大学哲学系外国哲学史教研室编译，商务印书馆1961年版，第203页。

一原理"为根据的个别概念。柏拉图在这里讲的，实质上就是从个别到一般，又从一般到个别的认识方法。在黑格尔看来，"这种辩证法并不是我们前些时候所见的那样的辩证法，——不是把观念弄混乱的那种智者派的辩证法，而是在纯粹概念中运动的辩证法，——是逻辑理念的运动。""柏拉图的研究完全集中在纯粹思想里，对纯粹思想本身的考察他就叫辩证法。他的许多对话都包含这样意义的辩证法。"①

柏拉图哲学的理论来源主要有四个方面。一是赫拉克利特的"变"的理论。赫拉克利特的万物皆变，无物常在的观点为柏拉图所接受。他不否认感性事物的运动变化，但他认为，变动不居的感性事物不能成为哲学研究的对象。二是巴门尼德的存在论。柏拉图通过麦加拉学派接触了巴曼尼德的哲学，认为他的"存在"才是不变的真正的实在，是真正知识的对象。三是毕达哥拉斯的数论。毕达哥拉斯学派的数的哲学使他加强了对不变的本体的认识，同时，数论也似乎使他把巴门尼德的存在的唯一性，从"多"的意义上加以了解。四是苏格拉底的概念论和寻找定义的方法。他从学苏格拉底八年之久，苏格拉底在同类事物中寻找定义的哲学研究方法对他影响最大。但是，柏拉图不满足在道德范围内发现普遍定义，而是扩大到在一切事物中来寻找普遍定义，由此建立了他的理念论哲学。柏拉图所谓的理念，实际上是指一类个别事物的共同性。例如，所有的桌子都有"桌子"这样的共性；所有的个别的人，都有"人"的共性；所有的善的事物，都有"善"的共性。柏拉图把用"桌子""人""善"的名称所标识的同类个别事物的共性的东西，叫做理念，以表示他对个别事物和共性的关系具有自己的特殊的理解。

柏拉图的理念具有以下特征。②

第一，本原性。柏拉图认为，理念是万物的本原。它外在于并且先于感性的个别事物而独立存在，是个别感性事物的范型，而感性的个别事物则是它的

---

① 黑格尔：《哲学史讲演录》第二卷，贺麟、王太庆译，商务印书馆1960年版，第199、204页。
② 冒从虎、王勤田、张庆荣：《欧洲哲学通史》上卷，南开大学出版社1986年版，第106—108页。

摹本。

第二，超感性。在柏拉图看来，与可感觉的具体事物不同，理念也像巴门尼德的"存在"一样．是感官所感触不到的，只能为理性所把握。

第三，不变性和永恒性。在柏拉图看来，具体的东西都是变化的，不稳定的，而理念则是不变的、永恒的。如具体存在的床是各式各样的，可新可旧的，可成可毁的，而床的理念，也即所谓"床本身"，却是始终如一，不动不变的。

第四，绝对性。以"美"为例，在柏拉图看来，具体事物的美都是相对的、不纯粹的、不完全的，它们无论怎样美，也有不够完满的地方，即有不美的成分存在。而美的理念则不然，它是绝对的、纯粹的、完全的，决不可能既美又不美。

第五，客观性。理念客观地存在着，不依赖于人们的意志、想象。

第六，真实性。现象世界的各种具体事物虽然是可感知的，但却是虚幻的，不真实的；而理念虽然是不可感知的，但却同巴门尼德的存在一样，是唯一真实的。正如柏拉图所说，美本身、善本身（理念）是真实的存在。

第七，完善性和目的性。柏拉图的理念还具有伦理价值，服从一种善或"好"的目的。他在《斐多》篇中讲过一个相等的理念，说明现实世界里所有具体事物的相等、相似，都不可能是真正的相等、相似，"它们的相等比相等本身的相等要差一些"[①]，这些具体事物之间的相等永远把具有完善性的相等的理念作为追求的目的，但是它们又永远达不到相等的理念本身。可见，理念又是事物的目的。

第八，单一性和多数性。柏拉图认为，同类事物只有一个同名的理念，这就是说，理念是多中之一。但他又不同意巴门尼德把世界的本体归之一种唯一的存在。在他看来，巴门尼德的"存在"过于一般了，不便说明个别事物。因

---

① 《古希腊罗马哲学》，北京大学哲学系外国哲学史教研室编译，商务印书馆 1961 年版，第185—186 页。

此，他肯定不同类型的事物有相应的不同类型的理念，就是说他又承认理念的多数性。

第九，等级性。在柏拉图看来，众多的理念并不是杂乱的，而是有等级的。最低等级的理念是具体事物的理念（如桌子、床等），依次向上为关系的理念（如大于、小于），性质的理念（如黑白、冷热），数学理念，伦理理念，政治理念，最高的是善的理念。

柏拉图把辩证法看作最高等级的认识和知识，最高等级的教育和训练；"把辩证法摆在一切科学之上，作为一切科学的基石或顶峰"①。柏拉图认为，真正的知识是完全摆脱一切感性事物的，仅仅与理念有关，这种知识不是别的，正是辩证法。在柏拉图关于认识等级的划分中辩证法居最高级，占据绝对优越的地位，它不仅居于"意见"之上，而且居于一切数理科学之上。因为在他看来，一切科学都或多或少与人造物或自然物，也就是与可见世界的事物有某种关系，它们虽然对实在（理念）有某种认识，但只是"梦似地看见实在"，所以它们都不是严格意义上的知识，我们常常根据习惯称之为知识，实际上它们处在"知识"与"意见"之间，比后者要明确，比前者要模糊。只有辩证法才完全摆脱一切感性事物，只与理念有关，只与纯粹的思想有关，也才是真正的知识。柏拉图把辩证法看作最高的学问，最高等级的学习科目。其他各种学问、各种科目的学习只不过是学习辩证法的"预备性科目"，或者说是学习辩证法正文前的"序言"。这些预备性的学科指的是算术、平面几何、立体几何、天文学、谐音学。在柏拉图设计的城邦国家中只有受过辩证法的教育和训练的人才能进入统治者的行列，如果这种人能将辩证法与城邦的治理结合起来，在实践中积累经验经受考验，身心健全，坚持"正义"原则，便可成为最高的统治者，也就是"哲学王"。②"哲学王"是柏拉图理想国中用智慧去进行谋划的最高统治者，他说："除非是哲学家们当上了王，或者是那些现今号称君主的

---

① 《古希腊罗马哲学》，北京大学哲学系外国哲学史教研室编译，商务印书馆1961年版，第206页。

② 黄颂杰：《论柏拉图的辩证法》，《云南大学学报（社会科学版）》2006年第5期，第2—3页。

人像真正的哲学家一样研究哲学，集权力和智慧于一身，让现在的那些只搞政治不研究哲学或者只研究哲学不搞政治的庸才统统靠边站，否则国家是永无宁日的，人类是永无宁日的。不那样，我们拟订的这套制度就永远不会实现，永远不可能实现，永远见不到天日，只能停留在口头。这话我踌躇很久不敢说出，因为我知道这样说会犯众怒；说只有那样才能使国家和个人幸福，是很难为人理解的。"①

　　柏拉图的辩证法是探索理念之间的关系、建构理念体系的方法；特点是：完全撇开感性事物，只运用理性，通过推理进行逻辑论证；从理念出发，完全依据理念，分析和论证各种理念之间的联系和关系，上升到善的理念。当一个人靠辩证法通过推理而不需感官知觉帮助，以求发现绝对，并且一直坚持到仅靠纯粹的理性而理解绝对的善时，他就达到了理念世界的顶峰。除了辩证法，其他各种学科都必须使用假设而又不能对假设提出任何解释，唯有辩证法不需要假设而能直接上升到第一原理本身。②

　　柏拉图在后期更是运用辩证法着力于研究最普遍最抽象的理念即范畴及它们之间的关系，从而建构理念即范畴体系，他为此提出"通种"说。所谓"种"，就是指的最大的理念或范畴。他认为，有些理念是可以结合的，有些理念是不可以结合的，研究最大的理念之间的分合关系，就是所谓的"通种论"。柏拉图指出，要有一种技艺或一门学问来研究哪些"种类"（通种）可以相互结合，哪些种类相互不能结合，是否有某些种类可以贯穿所有种类，把它们联系起来，使它们结合在一起？怎样按种类进行划分？等等。这门学问必定是一切学问中最重要的，它就是"辩证法"。懂得辩证法的人能清楚地认识到，在彼此分离存在的事物（多）中有一个贯穿它们的理念（一），彼此不同的多种的理念被一种外在的理念所包含，一种理念通过许多整体而使之连成一体，而多种理念是相互分离的。这意味着懂得辩证法就能知道如何区分种类，知道若干种

---

①　《西方哲学原著选读》上卷，北京大学哲学系外国哲学史教研室编译，商务印书馆 1981 年版，第 118 页。

②　黄颂杰：《论柏拉图的辩证法》，《云南大学学报（社会科学版）》2006 年第 5 期，第 3 页。

类以何种方式能够结合，或不能结合。柏拉图运用辩证法，就是想以范畴之间的相互关联使理念论得到更加系统的表达。①

柏拉图讨论了"存在"同运动、静止的分合关系。他认为，就"存在"既不是"动"，也不是"静"而言，这三个种是相互区别的。但是"存在"不是"动"的存在，就是"静"的存在，或者是又动又静的存在。这就是说，"存在"和"运动""静止"又是可以结合的；而运动和静止都表现为"是""有"，也即"存在"，因此"运动""静止"也可以同"存在"结合。

柏拉图也指出了"运动"和"静止"的分合问题。他认为，就动不是静，静不是动而言，两者是不同的，相反的。但是，运动在作地位不变的旋转时，事物就既表现为静止，同时又确实在运动。所以"运动"和"静止"也是可以结合的。

柏拉图还讨论了"同""异"与"存在""动""静"之间的分合问题。他认为，"同"是与自己相同；同时，又是与其他相异。这样，"同""异"既是区别的，又是同中有异、异中有同，是彼此联系的。就"存在""运动""静止"而言，它们都是与自身相同，即表现为"同"；又是同其他相异，又表现为异。因此，这五个"种"是相互区别，又是相互联系的。

柏拉图还从"存在"与"非存在"的方面研究这些种的分合问题。他认为，从一个方面说，"非存在"是绝对的"无"。但当我们说它是"非存在"时，就等于说它又是存在了，因为这里表示了"是""有"、非存在的存在。这就是说，存在与非存在是可以结合的。同样，当说动是不静，同不是异时，这就说明"动""静""同""异"都可以与非存在结合，而它们又是存在的，所以"动""静""同""异"是存在，又是非存在。

综上所述，柏拉图用"通种论"把前期理念论和后期理念论作了重要的区别。这种区别表现了柏拉图从前期的绝对孤立和静止不变的理念，到后期的联系、结合和流动转换的理念的发展变化；从前期的理念之间绝对对立，到后期

---

① 黄颂杰：《论柏拉图的辩证法》，《云南大学学报（社会科学版）》2006 年第 5 期，第 4 页。

的矛盾统一的发展变化。①

　　柏拉图提出的一些问题，对西方的科学发展起到了重要的推动作用。例如，柏拉图曾向门徒们按下述思路提出一个问题：星体乃是神圣不变的永恒存在，众所周知，沿着绝对完美的路径——圆形围绕地球运行。但是，我们观察到有少数的星体是在天空中游荡着，它们在一年的行程中描绘出漫无规则的混乱图形。这些星体是行星。可以确信它们也必定是沿着均匀有序的圆周运动的，或者按它们的情况来说，是沿着复合的圆周运动的。那么，我们怎样才能说明我们对行星运动的观察结果呢？柏拉图的这个问题可以理解为："试问：必须假定每颗行星作何种均匀而有序的运动，才能说明表面上它们的不规则运动？"这个问题，推动了他的学生欧多克索（约公元前408—前355年）建立了日后为托勒密、哥白尼都采纳的行星运动的"本轮—均轮"模型的雏形。为了说明行星的不规则视运动（顺行、留和逆行）以及日月运行视运动的变化，欧多克索把他的模型构想成一个相当复杂的运动体系。据亚里士多德记载说，欧多克索为每一个行星设计了四个同心球，为日月各设计了三个同心球，加上恒星天一个同心球，他的模型共有27个同心球。对于一个行星来说，它运动的情况是这样的：最外一层同心球与恒星天同方向，同速作匀速运动；第二层同心球的转轴依附于第一层同心球之上，但与第一层的转轴方向不一致；第三层、第四层情况与此相似，行星则附着于第四层同心球之上，它的视运动即为四层同心球匀速运动的复合。在历史长河中，最终消除"本轮—均轮"模型，是近两千年后，开普勒在哥白尼学说的基础上，提出行星运动的"椭圆轨道"才实现的。

　　柏拉图认为数学是认识"理念世界"的工具，因此他特别重视数学的证明方法，竭力主张学习和研究数学。在柏拉图的哲学著作中包含着许多数学内容。古希腊柏拉图学院的门上刻着这样的文字："不懂数学者不得入内"，足见柏拉图对数学的重视。这为发挥数学抽象思维的能动作用创造了条件，推动了数学的科学化。

---

① 冒从虎、王勤田、张庆荣：《欧洲哲学通史》上卷，南开大学出版社1986年版，第126—127页。

五、亚里士多德的辩证法

柏拉图之后，亚里士多德成为古希腊最伟大的思想家、自然哲学家和科学家，也是对近代自然科学影响最大的古代学者。亚里士多德创造了与柏拉图不同的哲学体系。他不同意柏拉图的理念说，认为事物的本质寓于事物本身之中，是内在的，不是超越的。为了把握世界的真理，必须重视感性经验。就对待自然界的态度而言，这是与柏拉图完全不同的。此外，如果说柏拉图是一位综合型的学者，那么亚里士多德就是一位分科型的学者。他总结了前人已经取得的成就，创造性地提出自己的理论，在几乎每一学术领域留下了自己的著作。物理学著作主要有《物理学》《论生成和消灭》《论天》《天象学》《论宇宙》，生物学著作主要有《动物志》《论动物的历史》《论灵魂》，逻辑学著作有《范畴篇》《分析篇》，伦理学著作有《尼各马可伦理学》《大伦理学》《欧德谟斯伦理学）、还有《政治学》《诗学》《修辞学》等。他的著作几乎遍及每一个学术领域，是一位名副其实的百科全书式的学者。主要表现他的自然哲学思想特色的，是四元素说、地球中心说和运动观；集中反映他注重知识经验特点的，是生物学；对科学发展作出的最大贡献，则是他对形式逻辑的研究。

为了把自然知识上升到科学形态，亚里士多德完成了一项重要的工作，这就是他为整理已有的经验知识，从而形成理论化的科学知识体系，建立了不可缺少的工具——逻辑学。"亚里士多德是形式上确凿无疑的形式逻辑及其三段论法的创立者。"[①] 在亚里士多德看来，知识的前提必须是真的，但要从这些知识中得出具有必然性的结论，还必须进行逻辑的论证。为此，他建立了以三段论法为中心的形式逻辑，并把他的发现运用到科学理论上来。希腊化时期创立的几何学，就是运用逻辑思维进行科学研究的典范。在《几何原本》中，欧几里得首先严格定义了点、线、面、圆等基本概念，接着精心选择了无法再少

---

① W.C.丹皮尔：《科学史及其与哲学和宗教的关系》，李珩译，商务印书馆1975年版，第75页。

的 10 个命题，并采用亚里士多德关于公理和公设的区分（即公理适用于一切科学，而公设只适用于几何学），把它们列为不证自明的 5 个公理和 5 个公设，然后从这些定义、公理和公设出发，循序渐进、有条不紊地推演出 467 个命题，构成了一个完整的逻辑演绎体系。《几何原本》将古代几何学知识构成一个严密完整的体系，这是人类历史上第一次运用逻辑思维构造的科学体系，也是古代社会中唯一达到近代理论科学形态的科学著作。

形式逻辑的建立为人们提供了抽象思维和逻辑思维的工具，使人类对自然界的认识发展到一个新的阶段，也使古代科学在其萌芽过程中完成了一次跃升；开始形成以概念和逻辑的形式整理自然知识的理论体系的雏形。由此，自然科学逐渐从哲学中分化出来，产生了最初的一些独立的自然科学学科，开始了科学独立发展的历史。

马克思主义经典作家曾多次地强调指出亚里士多德哲学的辩证倾向。马克思写道，"最新哲学只是承继赫拉克利特和亚里士多德所开始的工作"[①]。恩格斯写道："古希腊的哲学家都是天生的自发的辩证论者，他们中最博学的人物亚里士多德就已经研究了辩证思维的最主要的形式"[②]，"辩证法直到现在还只被亚里士多德和黑格尔这两个思想家比较精密地研究过。"[③]

亚里士多德在创建以三段论法为核心的第一个形式逻辑体系的同时，在对前人辩证法思想的批判和继承的基础上，也提出了以辩证命题、辩证推理和辩证论证为主要内容的辩证逻辑体系。[④]

亚里士多德把芝诺的悖论式的论证方法看作是最初的辩证法，认为芝诺是辩证法的创始人。芝诺想通过对运动的四种反驳，揭示思想和命题中的矛盾来排除可感世界的变化莫测，并力求探索和证明"存在"的永恒真实。芝诺的这种通过揭示并排除思想和语言的矛盾以求得真理的方法被亚里士多德赋予辩证

①　《马克思恩格斯全集》（第 1 版）第 1 卷，人民出版社 1956 年版，第 128 页。

②　《马克思恩格斯选集》第三卷，人民出版社 1995 年版，第 358 页。

③　《马克思恩格斯全集》（第 1 版）第 20 卷，人民出版社 1971 年版，第 383 页。

④　张守夫：《被遗忘的亚里士多德辩证法》，《山东社会科学》2006 年第 4 期，第 88—91 页。

法的初始含义。然而，亚里士多德没有把智者派的论辩术（或诡辩术）看作是辩证法，他认为，智者派的论辩术是利用把人引入逻辑谬误的辩论方式，"这种方式并不属于辩证法。因此，任何辩证法者都应提防这种玩弄词语游戏的论辩方式。"① 相反，亚里士多德又盛赞苏格拉底的探索本原之路的方法，"当时辩证法尚没有足够的力量使人能够离开存在（或'是'）来研究对立物，来研究对立的双方是否属于同一门科学。有两件事公正地归之于苏格拉底，归纳推理和普遍定义，这两者都与科学的始点有关。"② 亚里士多德继承了苏格拉底这种基于生活经验，通过对话或谈话，在问答中不断揭露思维中的矛盾（思考相反的东西），并经过归纳论证，一步一步地上升到普遍的、绝对的真理和至善，最终获得普遍性定义的思维方法。

亚里士多德反对把辩证法看作是本体论，而只看作是通往本体的方法和途径，虽然两者有密切的联系。亚里士多德认为辩证法（辩证推理）与"是"论（或存在论）是两门不同性质的学问，他把前者归为逻辑学（工具论），后者属于形而上学（第一哲学）。所以，亚里士多德反对柏拉图把辩证法和理念论混为一谈；但他还是继承了柏拉图关于辩证法的众多思想。其中有：柏拉图在《理想国》中提出的辩证法是一种语义上升和语义下降的方法，即归纳和演绎的逻辑方法的雏形；在《斐德罗》中提出的辩证法的两个原则：综合和划分（或分类）原则；还肯定了柏拉图关于辩证法是思考相反对立范畴的意义的思想以及辩证法是寻求绝对的真和善理念的第一原理的思想。但是，亚里士多德反对柏拉图的上升和下降过程没有感觉经验的参与，反对这种纯概念和纯理性的推演和思辨。亚里士多德尊重和强调经验对知识的重要性，他从经验出发上升到最高的"种"最后又回到经验中来，从而创立了从普遍接受的意见出发的辩证推理理论。③

历史上，亚里士多德是第一个有系统地思考"科学是什么"的人。他在

---

① 《亚里士多德全集》第一卷，苗力田主编，中国人民大学出版社1991年版，第376页。
② 《亚里士多德全集》第七卷，苗力田主编，中国人民大学出版社1993年版，第296—297页。
③ 张守夫：《被遗忘的亚里士多德辩证法》，《山东社会科学》2006年第4期，第89页。

《后分析篇》的第一卷中写道："所谓科学知识，是指只要我们把握了它，就能据此知道事物的东西。"①即是说，科学知识是对事物的认识。那么，认识事物的什么呢？他说："只有当我们知道一个事物的原因时，我们才有了该事物的知识。"②这就是说，科学知识是关于事物原因的、必然的、普遍的、永恒的认识。他指出，科学知识是不可能靠感觉经验获得的，逻辑证明和推论是获得科学知识的方法，"我们无论如何都是通过证明获得知识的。我所谓的证明是指产生科学知识的三段论。"③在亚里士多德的著作中，获取科学知识、把自然知识上升到科学形态的"辩证论证"过程，被分成"致力于确认演绎推理前提（第一原理）的辩证推理（归纳）过程"与"运用第一原理和三段论进行科学证明、确认科学知识的演绎推理过程"两个组成部分。科学证明的演绎推理的前提有公理、假设、定义，是科学中的直接性命题和推理的出发点。证明的推理，是从确定的真理或科学的原理出发，通过有效的推理，达到真的结论；是分析的必然性推理，是为具体的科学研究活动提供一种思维工具。但是，亚里士多德指出，这些科学知识的出发点（公理等），是这个科学理论本身不可证明的，只有通过理性直觉和归纳即辩证推理来确立它们的真实性。他在《后分析篇》的第二卷中写道："如果不把握直接的基本前提，那么通过证明获得知识是不可能的"④，"一切科学知识都涉及根据。由此可以推出，没有关于基本前提的科学知识。……所以把握基本前提的必然是理会。这个结论不仅从上述考虑中可以清楚地看到，而且也因为证明的本原自身并不是证明，所以科学知识的出发点自身也不是科学知识"⑤，"很显然，我们必须通过归纳获得最初前提的知识。因为这也是我们通过感官知觉获得普遍概念的方法。"⑥

亚里士多德把归纳推理与演绎推理作为辩证论证的两个组成部分的认识，

---

① 《亚里士多德全集》第一卷，苗力田主编，中国人民大学出版社 1991 年版，第 247 页。
② 《亚里士多德全集》第一卷，苗力田主编，中国人民大学出版社 1991 年版，第 248 页。
③ 《亚里士多德全集》第一卷，苗力田主编，中国人民大学出版社 1991 年版，第 247 页。
④ 《亚里士多德全集》第一卷，苗力田主编，中国人民大学出版社 1991 年版，第 347 页。
⑤ 《亚里士多德全集》第一卷，苗力田主编，中国人民大学出版社 1991 年版，第 349 页。
⑥ 《亚里士多德全集》第一卷，苗力田主编，中国人民大学出版社 1991 年版，第 348 页。

与恩格斯、毛泽东阐述的辩证唯物主义的"科学认识过程是归纳和演绎的辩证统一"的观点既有一致性又有较大差别。恩格斯指出："归纳和演绎，正如分析和综合一样，必然是属于一个整体的。不应当牺牲一个而把另一个捧到天上去，应当设法把每一个都用到该用的地方，但是只有记住它们是属于一个整体，它们是相辅相成的，才能做到这一点。"① 毛泽东指出："这是两个认识过程：一个是由特殊到一般，一个是由一般到特殊。人类的认识总是这样循环往复地进行的，而每一次循环（只要是严格地按照科学的方法）都可能使人类的认识提高一步，使人类的认识不断深化。"② 按照辩证唯物主义的"科学认识过程是归纳和演绎的辩证统一"的观点：科学认识的过程是一个辩证发展的认识过程，归纳和演绎是实现科学认识的两个组成部分。归纳法是对经验事实的归纳，而经验事实才是人们对事物认识的出发点。演绎法使用的公理和假说，是以前的思维结果，是再思维的根据，它们最初通常也是从经验事实中抽象概括出来的。在人们的实际思维过程中，归纳与演绎是相互渗透、相互转化的。首先，归纳是从大量的经验材料开始的，搜集材料必须有一定的理论原则作指导，否则就会在经验材料中迷失方向，就不能正确地了解和评价被概括的对象。其次，归纳得出的结论，其可靠性不都是完全充分的，还必须靠演绎的补充和修正。这种补充和修正，或者是弄清归纳结论的逻辑依据，从而证明其结论，或者是举出反例，反驳其结论。无论证明或反驳，都只有演绎推理才能胜任。很显然，亚里士多德对这些内容是有基本意识的。

较大的差别在于：对于辩证唯物主义的"科学认识过程是归纳和演绎的辩证统一"而言，归纳和演绎的辩证法是指归纳和演绎的"对立与统一"关系，亦即归纳和演绎在科学认识过程中是"矛盾"关系。而对亚里士多德而言，辩证法只存在于"通过理性直觉和归纳即辩证推理，确定科学证明的前提（第一原理）"的过程中。即是说，亚里士多德的辩证法是对科学理论前提以及自身

---

① 《马克思恩格斯选集》第四卷，人民出版社1995年版，第335页。
② 《毛泽东选集》第一卷，人民出版社1991年版，第310页。

理论前提的审查、反思和批判的思维过程；辩证法的任务就在于对理论思维的前提批判和反思。

亚里士多德的辩证法理论集中在他的《论题篇》中。他把《论题篇》探究的目的和主题规定为"以便掌握辩证的推理"，开宗明义地指出：

> 本文的目的在于寻求一种探索方法，通过它，我们就能从普遍接受所提出的任何问题来进行推理；并且，当我们自己提出论证时，不至于说出自相矛盾的话。为此，我们必须首先说明什么是推理以及它有些什么不同的种类，以便掌握辩证的推理，因为这就是我们在本文中所研究的主题。①

接下来，亚里士多德指出存在两种"推理"：一是"科学证明的推理"，即由"真实的和原初的""第一原理"作出的演绎推理；一是"辩证的推理"，即"从普遍接受的意见出发进行的推理"。他写道：

> 推理是一种论证，其中有些被设定为前提，另外的判断则必然地由它们发生。当推理由以出发的前提是真实的和原初的时，或者当我们对于它们的最初知识是来自于某些原初的和真实的前提时，这种推理就是证明的。从普遍接受的意见出发进行的推理是辩证的推理。所谓真实的和原初的，是指那些不因其他而自身就具有可靠性的东西。不应该穷究知识第一原理的原因，因为每个第一原理都由于自身而具有可靠性。所谓普遍接受的意见，是指那些被一切人或多数人或贤哲们，即被全体或多数或其中最负盛名的贤哲们所公认的意见。从似乎是被普遍接受但实际上并非如此的意见出发，以及似乎从是普遍接受的意见或者好像是被普遍接受的意见出发所进行的推理就是争执的，因为并非一切似乎被普遍接受的意见就真的

---

① 《亚里士多德全集》第一卷，苗力田主编，中国人民大学出版社 1991 年版，第 353 页。

是被普遍接受了。在所谓的被普遍接受的意见中，没有一种会像争执的论证的第一原理那样非常明显地出现在表面。因为其中谬误的性质十分明显，多数人，甚至理解力很差的人也能发现。可见，在上述的那些争执型的推理中，前者称得上是推理，其余的则是争执的推论，而不是推理，因为它似乎是推理，其实并不是。

除了所有上述的推理外，还有一些从只适于某些特殊学科的前提出发而进行的虚假推论，如像在几何学及其相关学科中出现的这类推理与上述的种种推理似乎不同。因为画错图形的人既不是从真实的和原初的东西，也不是从普遍接受的意见出发来推理的。因为他没有依照定义；他也不根据一切人或多数人或贤哲们，亦即全体或多数或其中最负盛名的贤哲所公认的意见，而是从那些虽适于特定学科但并不真实的假定出发来进行推理。由于他不恰当地绘制半圆形，或是由于他使用不可能的方法画了若干直线，从而导致了错误的结论。①

通过区分不同的推理，亚里士多德就把辩证法的领域规定在"或然的和似是正确的知识"范围内；并把这种知识同在《分析篇》《形而上学》以及其他著作中所研究的确切的知识区别开来，后者是建立在必然的真理性的原理之上的可靠的知识。但是，对两种知识领域的这种划分并不意味着亚里士多德把辩证法和确切知识对立起来，因为，在他那里，它们是统一的整体的两个方面：亚里士多德要从似是正确的和或然的知识，逻辑地走向可靠的、确切的知识。换言之：在亚里士多德看来，辩证推理的方法不同于形式推理（即演绎三段论推理）；但是他没有把辩证推理与形式逻辑简单地对立起来，辩证推理的终点就是形式推理的起点，两者的结合构成辩证论证的全过程。形式推理要求保证推理的明确性、一致性和形式的必然有效性，而辩证推理则要求推理内容的合理性、正当性和实质有效性。亚里士多德倾向于把归纳性的、概括性的辩证推

① 《亚里士多德全集》第一卷，苗力田主编，中国人民大学出版社1991年版，第353—354页。

理看作是辩证论证的主要内容，它是从个别、特殊的意见上升为一般的原理的推论过程；但是要求整个辩证论证过程符合形式逻辑的思维规律，尤其要符合不矛盾律。①

于是，亚里士多德把辩证法规定为一种探索哲学本原和科学原理的哲学方法和逻辑方法；辩证法的任务就是：严格遵守形式逻辑的矛盾律而揭露和克服矛盾，把或然的和似是正确的知识——这不是可靠的、真理性的知识——引向真理。这就丰富和发展了古代传统的辩证法。古代传统的辩证法认为辩证法是借助于对话、争论和讨论而探索真理的方法，因此，辩证法从一开始就是辩证推理。首先，对话从两个矛盾的陈述开始，两个人各选一方，轮流反复陈述理由。其次，结果为一个说服了一个或者都没有说服。在对话的过程中，进行对话的人，不仅使得自己的思维变得清晰，对于自己为什么坚持这个观念，以及如何坚持该观点有了比对话之前，有了详细的真实的认识。另外，在对话的过程中，对于相反的观念的认识也从模糊到清楚，认识到了自己观念的反面及其原因，从而使己方的观念得到了纠正和充实。因此，辩证法使得认识从粗浅到深入，从迷糊到清晰，从相对到综合，从偏见到公正。亚里士多德说：辩证法"对于哲学的知识也有用，因为假如有了两方面探讨问题的能力，我们就容易在每个方面洞察出真理与谬误。此外，对于与每门学科相关的初始原理，它也有用。因为从适于个别学科的本原出发是不可能对它们言说什么的，既然这些本原是其他一切事物的最初根据，而且，必然要通过关于每个东西的普遍意见来讨论它们。辩证法恰好特别适于这类任务，因为它的本性就是考察，内含有通向一切探索方法的本原之路。"②

从以上讨论我们可以看到，亚里士多德辩证法有以下特点：第一，辩证法是科学认识的方法论，而不是本体论。第二，辩证法的首要目的是解决科学认识过程中的演绎推理的大前提的真理性、合理性、合法性问题，出发点是

---

① 张守夫：《被遗忘的亚里士多德辩证法》，《山东社会科学》2006 年第 4 期，第 90 页。
② 《亚里士多德全集》第一卷，苗力田主编，中国人民大学出版社 1991 年版，第 355 页。

普遍接受的意见；是从经验和意见出发到第一原理的过程，是对科学理论前提以及自身理论前提的审查、反思和批判的思维过程。第三，辩证法只存在于"通过归纳获得最初前提的知识"的认识过程中，"是我们通过感官知觉获得普遍概念的方法"。第四，归纳法与演绎法之间不存在用辩证法来研究的问题与关系。

第二节　中国古代朴素辩证法

我国的马克思主义哲学教科书历来强调"矛盾"是辩证法的源泉与核心。黑格尔说，"认识矛盾并且认识对象的这种矛盾特性就是哲学思考的本质"①；马克思说："黑格尔的'矛盾'"，是"一切辩证法的源泉"②；列宁说："就本来的意义讲，辩证法是研究对象的本质自身中的矛盾。"③2009年首版的"马克思主义理论研究和建设工程重点教材"《马克思主义哲学》写道：

在中国，矛盾的观念早就产生了。《易》就以阴阳变化来解释世界，《易传》称"一阴一阳之谓道"、"一阖一辟谓之变"，这就把阴阳的对立统一看成是运动变化发展的根本动力。张载从矛盾学说的高度提出了"一物两体"的思想，认为事物"动非自外"，内部对峙的两个方面的相互作用构成了事物变化的根本原因。朱熹把"一物两体"进一步概括为"一分为二"，并认为万物"无独必有对"，"凡物皆有两端"，并且"独中又自有对"。"相反相成"、"和而不同"、"一分为二"、"合二为一"，等等，都是中国古代

---

① 黑格尔：《小逻辑》，贺麟译，商务印书馆1980年版，第132页。
② 《马克思恩格斯全集》（第1版）第23卷，人民出版社1974年版，第654页。
③ 《列宁全集》（第2版）第55卷，人民出版社1990年版，第213页。

哲学对矛盾观念的理解和表达。①

一、阴阳五行学说

阴阳学说是中国古代朴素唯物主义的自然观。商代卜辞中已有了"阳"字，西周的青铜器铭文中有"阴阳"二字相连之例。"阳"从字面上推求，为日在地上，反之，有天而日不见则为"阴"。引申之，故日称太阳，和暖之气为阳气，凡向日的地方、表面、正面、南方、红色等都称之为阳；背日的一面，里面、反面、北方、黑色等称之为阴。又因日在天上，又引申之，天为阳，地为阴，上为阳，下为阴；动为阳，静为阴；气为阳，形为阴；等等。如此引申的结果，几乎把所有自然现象都分成了阴阳两类。出于气是变化的，有人又将阴阳与事物的运动变化联系起来，提出"阳至而阴，阴至而阳；日困而还，月盈而匡"（《国语·越语》），认为阴阳达到极点时，就要向其相反的方向转化。

阴阳的观念来自于对天象、气候、生物之运动变化的观察和思考。西周时，人们已用阳气和阴气来解释四季的变化和万物的繁茂与凋衰。他们认为，在冬去春来之际，气从地下向上蒸发，万物便出苗生长；如果沉滞不能蒸发，农作物便不能茁壮地生长。阴气的性质是沉滞下降的，阳气的性质是蒸发上升的，这阴阳二气相互协调，配合有序，流转正常，就风调雨顺，否则就要发生灾难。周幽王时的伯阳父，曾用阴阳二气的失调来解释发生在今陕西地区的地震现象。他说："阳伏而不能出，阴迫而不能蒸，于是有地震。"（《国语·周语上》）这就是说，阴阳二气的流转是有一定秩序的，如果发生秩序紊乱的现象，阴阳二气各失其位，就要产生地震。又如，周内史叔兴在解释陨星现象时也说是"阴阳之事"，而且认为这种现象与吉凶无关（《左传》僖公十六年）。伯阳父和叔兴等用自然现象或自然知识来解释自然的变化，是具有唯物主义因素

---

① 《马克思主义哲学》编写组：《马克思主义哲学》，高等教育出版社、人民出版社2009年版，第119—120页。

的。这些观点之所以称之为朴素唯物主义自然观的萌芽，是因为它们用对自然现象的直观或猜测去解释自然现象本身的规律性。这和当时占统治地位的"帝""神""天命"的观念是完全对立的。①

五行学说也是中国古代朴素唯物主义的自然观。五行学说的渊源很早，可追至商代的五方说，即东、南、西、北、中5个方位的观念。继五方说之后，西周出现了五材说。五材说总结了当时的科学知识，认为水、火、木、金、土5种物质是构成和滋生万物的基础。五行说是在五方说和五材说的基础上发展起来的。成书于战国时期的《尚书·洪范》道："五行，一曰水，二曰火，三曰木，四曰金，五曰土。水曰润下，火曰炎上，木曰曲直，金曰从革，土曰稼穑。润下作咸，炎上作苦，曲直作酸，从革作辛，稼穑作甘。"可见，此时五行观念不仅把水、火、木、金、土当作5种物质，而且注意到5种物质的功能属性：润下、炎上、曲直、从革、稼穑。《尚书·洪范》以后，其他一些著作中也把这五种功能属性抽象出来，作为5个相互关联的方面，分别由水、火、木、金、土来代表，形成了一种稳定的结构，并认为宇宙万物统一地具有这种五行结构。

在五行结构中，五行之间的相生相克是最基本的关系。相生，即滋助、相长、促进的意思；相克，即限制、压抑、约束之意。五行法则认为，水能使草木生长，水生木；木头能燃烧，木生火；草木燃烧的灰烬可以化为泥土，火生土；土中多埋藏金石及各种矿物，土生金；金属又能化成液体，即金生水。或者相反，水能灭火——水克火；火能使金属熔化——火克金；金石制刀斧砍伐树木——金克木；树木的根茎能钻到泥土之中，消耗土中的营养物质——木克土；土能筑堤堵水——土克水。五行之间的这种相生相克关系，是事物在正常情况下的内在联系，它们维持着事物的正常生长和协调发展。

阴阳学说和五行学说，最初并无联系。在春秋以前，常常是言阴阳者不说

---

① 北京大学哲学系中国哲学教研室：《中国哲学史》（第二版），北京大学出版社2003年版，第13页。

五行，谈五行者不讲阴阳。但到战国中后期，阴阳学说和五行学说空前地盛行起来，并逐渐把阴阳学说和五行学说统一：用阴阳来统率五行，发展成阴阳五行说，其目的是想要对自然界和人类社会做出统一的解释。《易传·系辞上》言："一阴一阳谓之道"。对于阴阳两气的发展变化，最简明扼要而意蕴无穷的描述是太极图。"易有太极，是生两仪，两仪生四象，四象生八卦。"（《易传·系辞上》）宋代理学家周敦颐在《太极图说》中描述道："太极动而生阳，动极而静，静而生阴，静极复动。一动一静，互为其根。分阴分阳，两仪立焉。阳变阴合，而生水、火、木、金、土。五气顺布，四时行焉。"唐宋时的文物和文献中已有太极图的形象。此后，太极图风行于世，成为道家的特有标识。近代，太极图又走向世界，成为中国传统文化的鲜明象征。

载于《周易》的八卦说，从其根源上说，是占卜吉凶祸福的工具，似乎充满神秘主义色彩，但它并不是凭空虚构出来的，而是人们对天地、雷风、水火、山泽等自然事物和人类本身男女生殖现象的抽象概括。八卦学说充满着朴素的辩证法思想。首先是天地对立统一，其次是雷与风、水与火、山与泽也形成对立统一。世界就是在这两种势力的相互作用、推移下发生、发展、变易和转化的。

许多道家都试图用化学的方法分离阴阳本原，从而发展了炼金术、食物养生和采制药物之学。葛洪（284—364年）把升华和蒸馏看作是炼丹中的最重要步骤，因为升华和蒸馏把加热这种阳的作用和冷却这种阴的作用结合了起来。阴阳这两种本原还可以分开为化学的形式水银和硫黄。水银主要是阴性的，硫黄主要是阳性的，二者结合就产生丹砂。丹砂是自然和人工形成金属的起点也是配制长生不死药的起点。炼金士重视真金，因为它黄得像太阳那样，表现它充满着阳的本原。但是在他们看来，丹砂高于真金，因为它是赤色的，并在加热后即产生活的金属亦即水银。

在寻求却病延年的饮食卫生种种秘方时，中国医药学也深深受到了道家的影响。一些被认为阳的成分极高的矿物如硫黄和硝石等，也被当作很好的补药或强壮剂。人身上所有脏、腑、四肢、五官、经络等等，以及一切疾病，都被认为不是属于阴的便是属于阳的。热性病是阳症，寒性病是阴症。中国医学特别注意病人的脉息。阳病的脉强而快速，阴病的脉弱而沉迟。医生必先按脉以进行诊断，然后对症下药来调理阴阳。刺激药物和辛辣药物是阳性的，清泻剂和苦味的收敛剂则是阴性的。

中国医学的权威著作、成书于战国时期的《黄帝内经》一书，充分地表明了中国古代的自然哲学思想对中国医学产生了深远的影响。《黄帝内经》系统运用了阴阳五行学说，阐明了因时、因地、因人制宜等辨证论治的原理，阐明了人体以及人体与外界环境的统一的朴素整体观念。《内经》把阴阳的对立统一看成万事万物的普遍规律，认为"阴阳者，天地之道也，万物之纲也，变化之父母，生杀之本始，神明之府也，治病必求于本"（《素问·阴阳应象大论》）；从阴阳对立统一出发，提出了"阴阳匀平"的健康观和"阴阳失平"的疾病观。《内经》十分强调医生必须掌握阴阳这个总纲，做到"谨熟阴阳，无与众谋"；认为"善诊者，察色按脉，先别阴阳"。由于阴阳失调是疾病的机理，在治疗上，《内经》把协调阴阳作为根本的指导思想，认为"谨察阴阳所在而调之，以平为期"，提出"阳病治阴，阴病治阳"的基本治则，目的在于使阴阳失调的病态转化为阴阳协调的正常状态。正是这些重要论述，《黄帝内经》的成书成为中国古代朴素整体观医学模式产生的标志。

《内经》也吸取了五行学说。《内经》认为，世界万物，包括四季气候变化、人的生理、病理乃至精神情志状态，都可以拿五行相配加以说明。以四季而论，为了与五行相配，有人将四时也分为五个变化阶段，即在夏季中再独立出一个"长夏"来。于是春为木，夏为火，长夏为土，秋为金，冬为水。以五脏相配，则肝属木，心属火，脾属土，肺属金，肾属水。以五志相配，则木主怒，火主喜，土主思，金主悲，水主恐，等等。可见，《内经》把五行归类法运用到了人体组织器官和生理功能上。

《内经》还根据五行的不同属性来分析人的生理、病理现象。在生理上，由于人是天地阴气阳气转化而来，阴阳四时的变化会在人的生理上产生相应的反应。春天的病多在肝，夏天的病多在心，秋天的病多在肺，冬天的病多在肾，长夏的病多在脾。

《内经》还用五行相生相克关系来论述人的脏腑及各器官的相互联系。《内经》认为，人的正常生理联系，体现于脏与脏，脏与腑，腑与腑，脏腑与外表组织之间的关联，并通过经络的作用来实现。五脏之间，各有不同的功能，但它们并不是各不相关，而是密切联系的。如果某一脏器功能太过，脏腑之间的功能协调被打破，人体就会出现"害则败乱，生化大病"。所以，《素问·至真要大论》说："五行之政，犹权衡也。"即控制五行的正常运动，以达到平衡为目的。①

二、天人合一的宇宙观

天人合一，是中国哲学最为重要的思想之一，几乎是儒释道各家学说都认同和主张的精神追求。虽然具体到各个学派理论、各个历史阶段里都各有不同释义，但大而化之、概括来说：天人合一，就是人类社会与自然世界之间的协调统一关系。2014 年 5 月 4 日习近平主席考察北京大学，在师生座谈会上列举中华文化中的优秀思想和理念，就提到了"天人合一"；更重要的是，2014年 5 月 15 日，习近平主席在中国人民对外友好协会成立 60 周年纪念活动上的讲话，首次提出阐释中国和平发展基因的"四观"，包括：天人合一的宇宙观、协和万邦的国际观、和而不同的社会观、人心和善的道德观。

在中华传统文化中，人与自然的关系被普遍确认为"天人关系"，这个与生态保护紧密联系的哲学命题，各家学说多有论述，其中以道、儒、佛三家最为丰富精辟。道、儒、佛的生态智慧产生于遥远的古代，却具有跨越时代的价值，其关于尊重生命、保护自然的智慧，为我们今天建设生态文明提供了不可多得的思想来源。

道家首倡"天人合一"生态伦理学思想。从总体上看，2600 多年前老子

---

① 邹成效、何天云：《论医学模式的演进》，浙江科学技术出版社 1998 年版，第 97—104 页。

的《道德经》是一部天人关系的政治哲学。《道德经》共 81 章分为两大部分，1—37 章为道经，讲述道的理论，道是指天道，是世界万物运动的普遍规律；38—81 章为德经，德是指人道，是人类行为伦理的规范。因此，《道德经》是一部"天人合一"的专著。比《道德经》更早的主要有《周易》和金文，《周易》的主要内容是占卜用的 64 卦，天人合一思想很丰富，但其天人关系却是迷信和神秘主义，难以科学应用；金文是商周时期铭刻在钟鼎上的文字，记录当时祀典、征战、结盟等活动，缺少天人关系的系统论述。老子首倡"道法自然"的生态伦理，在《道德经》第 25 章中说："人法地，地法天，天法道，道法自然"，第一次提出人与自然的关系以及如何处理人与自然之间关系的朴素观念。《道德经》第 25 章还说："道大，天大，地大，人亦大。域中有四大，而人居其一焉。"说明在道大、天大、地大、人大等宇宙四大的顺序中，道最大，是大中之大。《庄子·齐物论》更鲜明地提出"天地与我并生，而万物与我为一"；《庄子·秋水》则认为，"以道观之，物无贵贱"。这些都明确地表达了道家对人与自然平等关系的看法，反对人类凌驾于自然界，主张以道观物，以达到天人和谐。道教作为中国的原生宗教，尊老子为教祖太上老君，奉老子《道德经》为教义，表现出一种强烈的自然崇拜思想和观察自然欲望。道教践行"道法自然"的场所，不叫寺，也不叫庙，而是叫道观。道观按照古人的书写方式，应为观道，因而有"道观观道"之说；《释名》云："观者，于上观望也"，即是说道作为中华民族精神的象征，作为世界万物的本原、本根和本理，凡人只能揣摩仰望，故曰观。老子提倡行为自律；道家认为，要保持人与自然和谐相处而不违反自然规律，必须做到知足不辱、知止不殆。《道德经》第 46 章曰："祸莫大于不知足，咎莫大于欲得。"老子认为，天下最大的祸患莫过于不知足，最大的罪过莫过于贪得无厌。庄子也主张"常固自然""不以人动天"，使自己的欲望顺应自然法则，以保持人与自然的和谐统一。

儒家是中国传统文化的主流，倡导"天人合德"的生态伦理学思想。儒家生态伦理学思想与道家的出发点不一样：道家是从天谈人，从自然的视角来论述天人关系；儒家注重人的德性，强调人的礼仪，要求人们善待自然、善待万物，是从人谈天，从人的角度来阐述人天关系。儒道二家的角度虽不同，却异曲同工地肯定天与人的联系，注重人与自然和谐。儒家的核心思想是德性，主张以仁爱之心对待自然，客观上达到了人与自然界的和谐统一。所谓"天地变化，圣人效之"，"与天地相似，故不违"，"知周乎万物，而道济天下，故不过"。儒家认为，"仁者以天地万物为一体"，一荣俱荣，一损俱损。孟子最早意识到破坏山林资源可能带来的不良生态后果，并概括提炼出一个具有普遍意义的生态学法则：物养互相长消的法则。儒家还看到山林树木作为鸟兽栖息地的价值，"山林者，鸟兽之居也"，认为"山林茂而禽兽归之""树成荫而众鸟息焉"，反之，"山林险则鸟兽去之"。儒家对山林和鸟兽的生态关联形成了这样一个共识："养长时，则六畜育，杀生时，则草木殖。"儒家还看到树木能净化环境、补充自身营养，提出"树落粪本"的思想。不仅如此，儒家更为注重山林对人类的价值，提出"斧斤以时入山林，林木不可胜用也"。儒家的这些主张尽管是从政治和经济的角度考虑，但客观上使生物得以保护和永续利用，促进了自然保护。

佛家"众生平等"生态伦理学思想。佛家来源于西域，后来逐步融入了中国传统文化。佛家生态伦理学思想也很丰富，但与道家的出发点也是不一样的，道家认为自然界万事万物不分高低贵贱，人类社会也没有高低等级之分，人类只不过是自然界的一部分，人们的行为要尊重自然、顺其自然、道法自然，是从尊重自然、敬畏自然的视角来论述天人关系。实现"天人合一"。而佛家则注重"众生平等"，强调人与鸡鸭、花草等生命都是平等的，是从平等的视角来阐述天人关系，以达到"天人合一"的目标。但值得指出的是，佛家追求的"众生平等"，本质是人与猪狗等异类的平等，对人类社会高低贵贱现象，用"前世积德"来解释，采取忍耐、行善等方式来对待，客观上达到了维护皇权等级制的效果。也正因为如此，佛家在唐朝传入中国后，立即受到了皇权的青睐，并得以迅速发展。在中国传统文化中，关于尊重生命的思想表述得最为完整的是佛教禅学。在生态问题上，佛教认为，宇宙本身是一个巨大的生命之法的体系，无论是无生命物、生物还是人，都存在于这个体系之内，生物和人的生命只不过是宇宙生命的个体化和个性化的表现。在佛教理论中，人与自然之间没有明显界限，生命与环境是不可分割的一个整体。佛教提出"依正不二"，即生命之体与自然环境是一个密不可分的有机整体。佛教主张善待万物和尊重生命，并集中表现在普度众生的慈悲情怀上，倡导人们要对所有生命大慈大悲。所有生命都是宝贵的，都应给以保护和珍惜，不可随意杀生。佛教中"不杀生"的戒律乃是约束佛教徒的第一大戒。在今天看来，佛教信仰带有宗教神秘的内容，不能从根本上解决人类保护生物的问题，但它所表现出来的对生命的尊重和关爱，对于我们今天更好地保护生态环境显然有积极的意义。①

"天人合一"是一种世界观和宇宙观，是一种思维方式，代表一种值得追求的人生境界。中国文化的核心是"天人合一"思想，中国哲学的核心就是"天道决定人道，人道顺从天道"的哲学准则，这是中华民族不需论证的逻辑定式。遵道顺道，是中国人的指导思想，也是自发行为的准则，还是价值评判的标准。从哲学上讲，老子认为道是"先天地生"的世界本原，道比天更根本，天出于道。老子以为道非有非无，亦有亦无，虽存在而不同于一般事物的存在。他说，"道之为物，惟恍惟惚；惚兮恍兮，其中有象；恍兮惚兮，其中有物。窈兮冥兮，其中有精；其精甚真，其中有信。"（《道德经·二十一章》）又说："视之不见名曰夷，听之不闻名曰希，搏之不得名曰微。此三者不可致诘，故混而为一。其上不皦，其下不昧，绳绳不可名，复归于无物。是谓无状之状，无物之象，是谓惚恍。"（《道德经·十四章》）即是说，道一方面是"其中有象""其中有物"，另一方面又是"复归于无物"，是"无状之状，无物之象"。这都是表示，道是客观实在，而又无形无象。老子提出道的观念来，实际上是强调普遍规律的重要。他把普遍规律看作最高的实体，把普遍规律实体化了；这普遍规律是客观存在的，却无形无象，不同于一般事物。老子又论世界生成的过程云："道生一，一生二，二生三，三生万物。万物负阴而抱阳，冲气以为和。"（《道

---

① 李世东、林震、杨冰之：《信息革命与生态文明》，科学出版社 2013 年版，第68—70页。

德经·四十二章》）三是阴、阳与冲气，二指天、地，一是天地未分的总体，而道又在一之先。这所谓道，其实是抽象的绝对。道在域中，即在空间之中；又说："道常无为而无不为。"（《道德经·三十七章》）道是无为的，即是没有目的、没有意志的，道没有普通所谓精神作用的特点，所以道不同于近代西方唯心主义哲学家所谓超时空的绝对精神。同样，中国的"天"不是西方的"天"，中国的"天"不是神，不是上帝，中国的"天"是指自然界和客观规律。我们讲天时地利人和，天和地和人都是一回事，不是说天高高在上是神仙，而是指自然规律不可违抗。

中国古代哲学中道的观念，确有深刻复杂的涵义。道的观念至少蕴涵四层涵义：其一，事物的存在都有其变化的过程。其二，在事物变化的过程中具有相对不变的规律。其三，事物有其特殊的规律，也有统一的普遍的规律。这普遍的规律命之曰道。有些思想家则以事物变化的总过程为道。其四，有些思想家把普遍规律抬高到物质世界之上，看作最高的实体，世界的本原，于是成为一个观念的虚构。老庄、程朱都是如此。而《易大传》《管子》书和张载、王夫之等人则反对这种虚构。①

三、解析中国阴阳辩证法

中国古代朴素辩证法是一种直观辩证法。直观辩证法是辩证法的最初形态。这种形态的辩证法在古希腊期哲学和中国古代哲学中都有一定发展。直观辩证法是一种很特别的辩证法形态，这种形态的辩证法一般发生于哲学思维的童年时期，这个时期的人类社会正处在从野蛮时代到文明时代的过渡阶段，人们的思维也正处在从表象思维或前逻辑思维向概念思维或逻辑思维的过渡阶段。这时人们的思维已具有了进行抽象的能力，但这种能力还很低下，远未达

---

① 张岱年：《释"天"、"道"、"气"、"理"、"则"》，载《中国哲学范畴集》，人民出版社1985年版，第101—102、107页。

到纯粹逻辑思维的水平，因而在思维中，理性的东西与感性的东西，一般与个别，还难解难分。人们已经能够在某种程度上意识到不同事物中共同的东西、殊相中的共相，但又不能够将其用纯粹的概念表达出来，而只能借助于某种感性表象来表达。这就造成了思维上的混乱。本来，一般的东西是完全超越感性表象，不能凭借感官感知而只能通过思维去把握的，但在人类思维发展的这个阶段上，却只能借助于感性表象表达出来。于是，某种作为世界本原的东西，便既是一般的又是特定的个别事物，既是共相，又是殊相，等等。①

在阴阳辩证法中，"阴""阳"的划分具有体验特点，即从体验角度给事物归类。曾任中国科学院院长、全国人大副委员长的卢嘉锡院士主编的《中国科学技术史》写道：

阴阳观念起源于对自然的朴素认识。生活常识告诉人们，向阳的地方温暖明亮，植物容易生长，显得生机勃勃，而背阳的地方则阴暗潮湿，缺乏生机，由此人们产生了阴阳对称的观念。在西周中期以前，阴阳的基本语义是指阳光的有无、向日和背日，如《诗·大雅·公刘》说到"相其阴阳"，意为考察地利的向背寒暖，易经中《中孚·九二》说"鹤鸣在阴"，阴在这里指的是荫蔽之处。但是把宇宙万物分成两种基本属性的思想在商末期到周初已经产生，八卦的卦象以两种符号"– –""—"来描述宇宙间的变化，两种符号以有序的排列组成八卦，再组成64卦，这无疑是已经产生了用两种基本属性的变化消长描述宇宙间事物变化的思想。尽管在《易经》中并没有出现阴阳对称，但后来《易经》的十翼把两种符号解释成阴阳，认为阴代表消极、退守、柔弱，把阳代表积极、进取、刚强，这种解释应该说是得《易经》之本意的。②

---

① 王南湜：《辩证法：从理论逻辑到实践智慧》，武汉大学出版社2011年版，第19页。
② 卢嘉锡主编：《中国科学技术史》（通史卷），科学出版社2016年版，第113页。

一般说来，凡是昏暗、隐蔽、安静、冷漠的事物皆属于"阴"，凡是明亮、显著、主动、热烈的事物皆属于"阳"。"阴阳"范畴在不同语境下有不同含义，如气象上可以表示阴晴，在天文历法中可以表示日月，在人类社会中可以表示男女，在中医学里可以表示内脏与外表，筮法中可以表示阴爻和阳爻；这些含义都是"阴阳"范畴原始含义的引申。人们的体验有很多共性，这就决定了"阴"与"阳"的划分带有普遍性。同时，由于人们的体验有不同角度，因而对"阴"和"阳"的划分又有相对性。

"阴阳"范畴的基本特征在于从功能和态势方面区分事物；于是，人们用"阴""阳"相互影响、相互制约、相互贯通，解释很多自然现象和社会现象。例如，将人体内的疾病理解为阴阳失衡，将算术理解为阴阳交错，将炼丹术理解为阴阳相抱，将共振现象理解为阴阳相召。"阴阳学说""阴阳五行学说"给出的一些似是而非的理论，会使人造成一种虚假的满足，从而阻止人们深入地探讨问题的实质。各种各样的自然现象都有其内在矛盾，应当从其各自的矛盾运动来加以解释；但是阴阳家并不是这样，凡是讲不清所以然的各种复杂问题，统统都用"阴阳"二者的作用来解释。如在解释电的起因问题时，就说是"阴阳相激而为电"；在解释地震的起因问题时，也说是由于"阳伏而不能出，阴迫而不能蒸"引起的。这样解释电的现象或地震现象比起鬼神迷信的说教来，当然要好得多，但是从自然科学的角度来看，问题的本质仍然没有被说清楚。一当作出这样的解释，人们便不再去深入研究了。凡是遇到疑难问题而无法说清楚的时候，只要用万能的阴阳学说似乎就可以解释通了；于是，对于科学的发展来说，阴阳学说不能不被看成一种消极的因素。

以磁石吸铁为例，可以看到用阴阳学说来解释自然现象会有什么后果。关于磁石吸铁的现象，中国古代的人们早就观察到了，对其中的道理有阴阳说解释。宋代人陈显微说，"磁石吸铁，……皆阴阳相感，隔碍相通之理，岂能测其端倪哉？"（《古文参同契笺注解集》卷上引）这就是说，用"阴阳相感、隔碍相通"来解释之后，就不必要再做进一步的探索了。这话还有另一层意思，就是关于"阴阳相感，隔碍相通之理"，是神秘莫测的东西，人们对它是无能为力的，绝不可能"测其端倪"，因而也没必要花费无谓的功夫，只要了解那是由于"阴阳相感"的道理就够了。这实际上就阻碍了人们对磁石吸铁之类自然现象进行科学研究。清初科学家刘献庭所著的《广阳杂记》里记有这么一段话："磁石吸铁，隔碍潜通。或问余曰：'磁石吸铁，何物可以隔之？'犹子阿孺曰：'惟铁可以隔之耳，'其人去复来曰：'试之果然'。余曰：'此何必试，自然之理也。'后见一书曰：'蒜可以避磁石之吸铁'，尚未之试。"（《广阳杂记》卷一）本来，磁石为什么能够吸铁？铁又为什么能够隔磁？用"隔碍潜通"是丝毫也没有讲清楚的，但由于刘献庭受了阴阳学说的影响，认为这是自然之理，没有进行试验的必要。甚至对于蒜是否可以避磁石之吸铁的问题，刘献庭也没有做一下试验，居然让它存疑起来。刘献庭是清初的大博学家，其对待科学实验的态度尚且如此，其他坐而论道的经学大师们的态度，更可想而知了。

大连理工大学王前教授等认为[1]：现代科学已经表明，用物质形态意义上的"阴""阳"二气交互作用解释天文、气象、物理、化学、生物等领域的自然现象，确实缺乏科学理论根据和实验证据，很难在这个意义上将其视为世界本原或基本规律，这也是现在很多人认为"阴阳"范畴已经过时、没有现代价值的主要原因。然而，"阴阳"范畴不同于一般意义上的对立统一关系，因为"阴"和"阳"的划分明确指向事物的可体验的特征象征。"阴"和"阳"关系的"太极图"是中国传统文化的一个象征图示，能够将"阴阳"范畴可以解释的所有领域统摄到一起。所谓阴中有阳，阳中有阴；阴极而阳，阳极而阴；阴阳互补，相反相成，从图示上一目了然，因而就成为解释各种自然和社会现象的基本思想模型。"'阴阳'范畴之所以能在历史上长久发挥作用，关键在于它是一种有效的思想模型，而这种思想模型与人本身的存在方式、实践方式和交流方式有某种特殊的关系，这种合理'内核'是应该与其历史上在各领域中的具体解释内容相区别的。将这种合理'内核'剥离出来，就有可能发现'阴阳'范畴的现代意义和价值。""'阴阳'范畴具有现代意义的合理'内核'"可以从

---

[1]　王前、杨慧民：《"阴阳"范畴的现代解读》，《社会科学辑刊》2015年第2期，第31—35页。

三个方面来把握：第一，在理解事物存在的隐性特征与显性特征方面具有特殊价值；第二，在理解实践的顺应作用与能动作用方面具有特殊价值；第三，在理解知识的意会与明言方面具有特殊价值。

第三节　欧洲中世纪的经院辩证法

欧洲中世纪，科学沦为宗教神学的婢女，辩证法也同样是宗教神学的婢女；从基督教神学中产生的经院哲学，产生出经院辩证法。

一、基督教神学与经院哲学

基督教会将圣经看作是全部知识的来源，神父的教导是圣经的补充解释和发挥。他们从根本上否定研究自然和学习科学的必要性，奉行"圣人"奥古斯丁的教训：从圣经以外获得的任何知识，如果它是有害的，理应加以排斥；如果它是有益的，那它是会包含在圣经里的。然而，作为基督教教义的最高经典——"圣经"，实际上是许多古代作家在不同时期所写的作品和不同民族的神话、传说汇集而成。这样一部"圣经"虽通俗易懂，且颇有情趣，但有很多漏洞、破绽、荒谬、前后矛盾之处。经院哲学在总体上是从理论上论证、阐释教义，化解圣经或教父哲学中所包含的一些不协调因素，使神学进一步系统化、理论化。

作为中世纪欧洲的统治思想的基督教神学，其自身有一个演变过程，即由早期基督教神学到教父哲学再到经院哲学的系统化、理论化过程。教父哲学是在早期基督教神学的基础上发展起来的，产生于2—5世纪。"教父"是指那些将基督教信条教义化、系统化、理论化并作解释的权威。教父都是神学家，大都没有完整的哲学理论，人们一般也不称他们为哲学家。但是教父在创立神学理论时，用不同的方式处理他们所知的哲学思想，或排斥哲学，或求同存异，或改造利用。哲学史家把教父著作包含的哲学因素，如他们提出的哲学问题、使用的哲学概念和思辨推理等抽取出来概括为教父哲学。教父哲学的早期代表德尔图良（约145—220年）有一句名言："此事可信，因为它是荒谬可笑的；此事可靠，因为它是不可能的；我相信它，正因为它是荒谬的。"①典型地反映了其信仰主义与蒙昧主义思想。德尔图良认为，哲学的理性推理方法是错误的途径，他嘲笑说："不幸的亚里士多德，他为这些人发明了辩证法，即上溯下推的艺术，真命题含糊其辞，猜测远不可及，论证太苛刻，极易产生争议，以致迷惑了自己。它包含一切，但事实上什么也没有解决。"②教父哲学的最高权威奥古斯丁（354年—430年）在建立基督教神学理论时，常引用古代希腊罗马哲学（特别是柏拉图的哲学）来作论证。这就在一定程度上，把理性引入了神学，把信仰与理性结合了起来。但是，在奥古斯丁看来，"如果要明白，就应该相信；因为除非你们相信，你们就不能明白。"③教父哲学提出了一套理性应当服从信仰、哲学应当服务于神学，只有在基督教教义中才能达到神秘的自我意识的思想体系。他们认为人类认识的对象就是上帝，一切与上帝无关的知识都是不需要的；一切事件和现象只有一个原因——上帝。这样，就从根本上否定了科学。

11世纪后，西欧手工业、商业有了一定的发展，随着城市的形成与繁荣，一批大学出现，而历时200年之久的十字军东征，使西欧人重新发现古希腊的灿烂文化并形成翻译与学习古希腊学术著作的高潮。从此以后，基督教神学发生了微妙的变化。

本来，中世纪基督教神学家是按奥古斯丁的观点来解释基督教信仰：上帝从虚无中创造万物，物质世界是依附上帝的；上帝赋予人以灵魂，人们的知识，全靠上帝在人的灵魂中的光照或启示。但新发现的亚里士多德的著作（例

① 钱时惕：《科学与宗教关系及其历史演变》，人民出版社2002年版，第44页。
② 赵敦华：《西方哲学简史》，北京大学出版社2001年版，第122页。
③ 钱时惕：《科学与宗教关系及其历史演变》，人民出版社2002年版，第52页。

如《物理学》《形而上学》等）把物质世界作为研究对象，上帝只是物质运动的初因，而且不承认灵魂不朽。新发现的亚里士多德学说，给沉寂的经院哲学带来了新鲜的空气，经过激烈的斗争，亚里士多德的著作终被教会所接受（1231 年）①。

支持与反对亚里士多德学说的激烈斗争，培育、造就了后来被基督教教会推崇为"圣徒""天使博士"的著名神学家托马斯·阿奎那（1224—1274 年）。托马斯认为信仰与理性（判断、推理）得到的认识是一致的。他说："人的理性通过受造物上升到认识上帝，而信仰则相反，使我们通过上帝的启示去认识上帝。前者是上升法，后者是下降法，但二者是同一的。无论是超越理性而获得信仰，或者通过理性获得对上帝的认识，殊途同归。"② 正是由于"启示真理（信仰）"与"自然真理（理性）"的一致性，所以托马斯主张用理性来论证信仰。

托马斯·阿奎那提出了著名的五项论证以获得认识上帝的知识③：

第一，从运动这个事实，推出一个"第一推动者"。世界万事万物都在别的事物的推动下处于运动变化之中。寻根溯源，必然存在一种不需要外力来推动、却能推动外在事物的第一推动力，那就是上帝。"例如手杖动只是因为我们的手推动。所以，最后追到有一个不受其他事物推动的第一推动者，这是必然的。每个人都知道这个第一推动者就是上帝。"

第二，依据因果性原则，从结果推出一个"第一因"。现实中我们看到的是各种各样存在的事物，但它们之所以这样存在，都是由于某些原因造成的结

---

① 1209 年，教会曾查禁亚里士多德的著作，但愈是查禁，愈是引起人们的兴趣。在此期间，巴黎主教威廉（1227—1249 年任职）发现，亚里士多德学说虽有违背基督教信仰之处，但也有与基督教思想合拍方面，主张采用调和立场。罗马教皇格列高里九世（1227—1241 年在位）也感到，压制亚里士多德思想的结果适得其反，使教会变得孤立，因此，改变方针，在 1231 年发出通谕，委派一个神学家委员会，审查与删改亚里士多德的著作，使其能为基督教会所接受。
② 钱时惕：《科学与宗教关系及其历史演变》，人民出版社 2002 年版，第 52 页。
③ 《西方哲学原著选读》上卷，北京大学哲学系外国哲学史教研室编译，商务印书馆 1981 年版，第 262—264 页。

果。所有原因又有其存在的原因，最初那个没有原因的原因就是上帝。"如果去掉原因，也就会去掉结果。因此，在动力因中，如果没有第一个动力因（如果将动力因作无限制的推溯，就会成为这种情况），那就会没有中间的原因．也不会有最后的结果。这是显然不符合实际的。因此，有一个最初的动力因，乃是必然的。这个最初动力因，大家都称为上帝。"

第三，从可能和必然性来论证上帝的存在。自然界的事物，都是在产生和消灭的过程中，所以它们又存在，又不存在。如果一切事物都会不存在，那么迟早都会失去其存在。但是，如果这是真实的，世界就始终不该有事物存在了。因为事物若不凭借某种存在的东西，就不会产生。所以，如果为了说明世界是存在的，必然设想有些事物是作为必然的事物而存在的。"一切存在事物不仅是可能的，而且有些事物还必须作为必然的事物而存在。不过，每一必然的事物，其必然性有的是由于其他事物所引起，有的则不是。要把由其他事物引起必然性的事物推展到无限，这是不可能的。正如上述动力因的情形一样。因此我们不能不承认有某一东西：它自身就具有自己的必然性，而不是有赖于其他事物得到必然性，不但如此，它还使其他事物得到它们的必然性。这某一东西，一切人都说它是上帝。"

第四，从事物中发现的真实性的等级论证上帝的存在。一切事物，它们的良好、真实、尊贵等，有的具有得较多，有的具有较少。其多少的标准，是指不同的事物，按它以不同的方式和最高点近似的程度来决定。所以，世界上一定有一种最真实的东西，一种最美好的东西，一种最高贵的东西，由此可以推论，一定有一种最完全的存在。"因此，世界上必然有一种东西作为世界上一切事物得以存在和具有良好以及其他完美性的原因。我们称这种原因为上帝。"

第五，从世界的秩序（或目的因）来论证上帝的存在。世界上的人，甚至生物，它们的活动都朝着某一目标，并常常遵循同一途径，以求获得最好的结果。"但是，一个无知者如果不受某一个有知识和智慧的存在者的指挥，如像箭受射者指挥一样，那他也不能移动到目的地。所以，必定有一个有智慧的存在者，一切自然的事物都靠它指向着他们的目的。这个存在者，我们称为上帝。"

托马斯·阿奎那成功地将基督教的神学思想和亚里士多德的哲学融合在一起，建立起了庞大的经院哲学体系，一共著有 18 部巨著，其中包括集基督教思想之大成的《神学大全》《反异教大全》《哲学大全》《论存在和本质》等。他的这种神学，使科学与宗教在中世纪后期形成了一种特殊的关系：一方面，基督教神学鼓励学者用科学（理性）去论证上帝的存在及伟大，这当然给科学研究留下了一定的空间。另一方面，基督教神学规定科学（理性）必须服从神学，凡是与圣经或教会推崇的学说（如亚里士多德的学说、托勒密的地心说、盖仑的医学等）相悖的观点都被斥为异端邪说，这当然对科学研究设置了种种障碍。

托马斯利用亚里士多德的形式与质料学说和目的论思想构造了一个等级制的世界体系。在这个体系中，下层为质料，上层为形式；下层为手段，上层为目的。这个等级制的次序是：最高的目的是上帝，以下是天使、圣徒、人、生物（动物、植物）、非生物。与这种等级制的世界体系相对应的宇宙结构是这样的：地球是宇宙的中心，人处于地球上；环绕地球运转的是太阳、月亮和五大行星等七个球层。宇宙的边界是由不动的恒星构成的第八球层，在这里居住着正直的、神圣的灵魂；作为第一推动者的上帝，则处于第八球层之外。

托马斯从这种世界的等级体系来说明科学与神学之关系。科学是依赖质料的，如物理学研究的对象是物质的东西，它们远离形式；神学的对象则主要是离开物质、永远不在质料之中的东西，如上帝和天使。因此，神学比科学高级，科学应服从神学。

二、经院哲学与辩证法

公元 9 世纪后，欧洲中世纪学校的教学内容为"七艺"，包括"四艺"（代数、几何、天文、音乐）和"三科"（语法、修辞、逻辑）。11 世纪下半期起，逻辑教育成为学校的主课。这种情况与神学教学的进展有关，神学课程使用的教父语录已不能满足学生的需要。教师与学生经常在课堂上展开讨论，教师根据学生提出的问题进行研究，提出解决问题的途径与答案。神学教育和研究需要恰当地提出问题，严谨地辨析词义，正确地进行推理的能力，这些都越来越多地依赖逻辑手段。神学与逻辑的结合不但强化、深化了神学的内容，而且使人们能够重新认识教父典籍中涉及的哲学问题、命题与概念，产生出新的哲学风格和思想，教父哲学因此过渡到经院哲学。经院哲学有两个基本特征：一是它以"经院"（即教会或修道院办的学校）为生存环境，二是它以"辩证法"（即亚里士多德所说的论辩推理）为操作原则。

辩证法能否运用于神学？这是早期中世纪神学家面临的新问题。在教父时期，虽然神学家对于是否利用希腊哲学存在异议，但却一致排拒辩证法。早期护教士认为精巧烦琐的辩证法非但无助于信仰，而且会掩盖直指人心的真理。11世纪后期，随着"辩证法"在"七艺"教育中地位的提高，它与神学的关系问题再次被提上议事日程，在神学家中间引起了辩证法与反辩证法的争论。争论之焦点并不在于是否需要学习和传授辩证法，而在于辩证法能否被运用于神学。贝伦伽尔（1010—1088年）首先将辩证法用于神学讨论。他宣称，辩证法是艺术的艺术，理性的杰作；辩证法适用于一切事物，包括神圣的事物与来自神秘启示的信仰。他说理性应被用于一切地方，正因为人被赋予理性，才是惟一按上帝形象被造物。他的《论圣餐》一书将辩证法运用于关于圣餐性质的神学讨论，否认了圣餐的酒和面包是由基督的血和肉体转变而来的"实质转化"说。①

阿伯拉尔（1079—1142年）认为，辩证法的首要任务不是证明、解释，而是探索、批判。辩证法之所以能够被运用于神学，原因在于信仰中有不确定之处。阿伯拉尔在《是与否》一书中列举了156个神学论题。每个论题都有肯定和否定两种意见，这些意见都是从教会所认可的使徒和教父著作中摘录出来的，具有同等的权威性。这些论题涉及根本的教义和信条，包括：是否只有一个上帝？圣子是否有开端？上帝能否做一切事情？上帝是否知道一切？人类第

---

① 赵敦华：《西方哲学简史》，北京大学出版社2001年版，第137—138页。

一对祖先在被造时是否可朽？亚当是否得救？彼得、保罗和所有使徒是否平等？基督是不是教会的惟一基础？圣徒的工作能否使人正义？是否所有人都应被允许结婚？等等。阿伯拉尔在所有这些重大问题上列举出"是"与"否"两种意见而不表明自己的立场。《是与否》一书代表了"辩证神学"的标准形式。虽然阿伯拉尔的其他一些著作遭到教会谴责，但这部著作却成为后来神学家效仿的楷模，经院哲学的经典著作，如伦巴底的彼得的《箴言四书》、托马斯的《神学大全》等等，都有"论题"与"论辩"两种形式。论题包括赞成与反对两种意见，论辩则用逻辑分析和推理的方法证明其中一种意见的正确和另一种意见的错误。《是与否》虽然没有论辩这部分内容，但它用分歧意见表达论题的形式已经满足了辩证法的第一个、也是最重要的步骤：合适地提出问题。

阿伯拉尔在《是与否》的序言中，回答了权威的意见何以会互相矛盾的问题。他的目的并不是借此否定权威意见的合理性，而是说明用辩证法进一步探讨权威意见的合理性。他说：教父和使徒都会犯错误，例如奥古斯丁写了《更正》一书以纠正自己的错误。不过，他们的错误并不是由于信仰引起的。有些错误是由于引用伪托的权威著作或有缮写错误的《圣经》而产生，这样的教训告诉人们，对一切权威著作都要有充分的自由进行批判，而没有不加怀疑地接受的义务，否则，一切研究的道路都要被阻塞，后人用以讨论语言和论述难题的优秀智慧就要被剥夺。至于真正的权威著作为什么会显得自相矛盾的原因，阿伯拉尔说，这涉及人们对语言的不同理解以及教父著作使用语言的歧义。语言的歧义以及由此产生的理解错误是不可避免的，因为：同样一个词可以有不同的意义，它有时被用作一种意义，有时被用作另一种意义；一个意义可以用很多词表达。这些情形以及表达的异常方式，严重阻碍我们获得充分的理解。总之，无论考证著作之真伪，还是消除语言的歧义，都需要辩证法这一逻辑工具的审查。把理解教父著作时的疑问以论辩的方式提出来，便是运用辩证法的首要步骤。①

----

① 赵敦华：《西方哲学简史》，北京大学出版社 2001 年版，第 144—145 页。

　　按亚里士德的说法，闲暇是从事哲学思辨的必要条件，古希腊的学园曾为哲学的繁荣提供过这一条件。12世纪后期的城市中出现了大学的组织，大学的学制、学位制度为哲学思维提供了充裕的时间，以及更加正规的学习条件。"大学"（universitas）原意为"统一体"，它原来是教师和学生的行业公会，一般分艺学院、神学院、法学院和医学院四部分；各大学的专科各有侧重，巴黎大学和牛津大学以神学院著名。大学的艺学院和神学院，成为继希腊学园之后的哲学摇篮。更为重要的是，艺学院与神学院的分工建制使哲学与神学的矛盾更加突出。艺学院传授一切学生必修的七艺，这些知识与非基督教的古代文化有着天然联系。这里是培育亚里士多德主义的温床。逻辑学科早已使用亚里士多德著作作为教材，《伦理学》也被当作正式教材，《物理学》《形而上学》等著作不顾教会禁令不胫而走。与艺学院活跃的学术气氛相对照，哲学在神学院被奥古斯丁的传统所禁锢。一些神学家开始效法艺学院教师，引进亚里士多德主义，导致教会更为严厉的压制措施。艺学院教师首当其冲，受害尤烈。尽管教学内容有显著差别，艺学院与神学院的教学法都是固定化、程序化的经院方法。它包括授课和争辩两个教学环节。"授课"（letio）原意是"阅读"，即阅读指定教材，由教师解释教材。授课的内容被记录、整理为"注释集"。阿维洛伊对亚里士多德著作所做的评注是这类著作的样板。"争辩"有两种。一种是在课堂上开展的问题争辩，这是经常进行的正式练习。目的在于解惑、传道。问题争辩的程序一般是这样的：首先由教师提出一个论点，并由他本人或由学生针对该论点提出反驳，然后由助教对这一论点进行正面论证，并答复反驳意见。学生或教师可以针对助教的论证提出新的反驳和问题。经过反复的问答、论证与反驳，最后由教师做出最初论点是否成立的结论。另一种是"自由争辩"，在公开场所进行，是新学期开学后数周内进行的固定仪式，也在节日举行。与会者可以提出任何问题；这些问题经教师认定为"可解决的问题"（又称"精细问题"）之后，按照"问题争辩"的程序展开争论，自由争辩规模大，不局限于学术问题，后来甚至演变成大学里文化娱乐方式。"授课"与"争辩"方法的普及标志着辩证法的胜利。十三四世纪经院哲学的著作几乎全按"注释"

和"争辩"体例写成"争辩集",围绕每一个题目提出一系列论点,每一问题都有"赞成"和"反对"两种意见;作者列举维护这些意见的理由,然后逐次反驳其中一种意见的理由,并论证另一意见的理由,最后得出"赞成"或"反对"意见成立或不成立的结论。多种题目的争辩集总汇,称作"大全"。①

经院辩证法上承古希腊辩证法,下启近现代逻辑学。逻辑学真正成为一门科学,是从中世纪开始。只有到经院哲学兴起,才开始有现代意义上的逻辑学。经院辩证法作为经院哲学的逻辑学和方法论,在整个逻辑史上占有着重要地位。特别是对论辩推理的发展,极大地丰富了逻辑学在获取新知识上的可能性。

第四节　近代科学革命先驱者的辩证法

近代科学革命的产生是革命性的,既体现为自然科学与封建神学的斗争,又体现为科学以观察、实验的实证科学的传统取代古代科学的自然哲学传统;经过 16 世纪中期到 19 世纪中期三百多年的努力——以 1543 年哥白尼学说的诞生和 1859 年达尔文学说建立为标志——最终使科学从神学的统治下解放出来,走上了依靠观察、实验、数学演绎、实践证明发展科学的道路。近代学者崇尚科学,批判经院哲学,经院辩证法也处于受批判的地位,成为搞烦琐论证和诡辩术的代名词。例如,笛卡尔说:"应当研究逻辑。不过我所说的,不是指经院中的逻辑而言,因为他们的逻辑只是一种辩证法,只教人如何把我们已知的东西来向人解释,只教人没有真知灼见就来絮絮不休地议论我们所不知道的事物,因此,它不能增加人们的良知,而只能毁坏人们的良知。"②

近代科学革命先驱者的辩证法,呈现出近代科学与哲学和宗教之间一种复

---

① 赵敦华:《西方哲学简史》,北京大学出版社 2001 年版,第 152—153 页。
② 笛卡尔:《哲学原理》,关文运译,商务印书馆 1958 年版,第 xvii 页。

杂的关系。一方面，即使是最坚定的反对辩证法的人，只要他也参与到论辩中来，那么就会不自觉地运用辩证法，成为论辩中的一方。而论辩就要遵守理性论辩的规则和逻辑的规范，否则就不能被理解和接受。因此，只要是参与"摆事实，讲道理"的理性论辩，就没有人可以真的排斥辩证法的使用。辩证法本身不是诡辩术，而是科学认识的方法论。另一方面，恩格斯曾经说笛卡尔也是近代辩证法的代表，"数学中的转折点是笛卡尔的变量。有了它，运动进入了数学，因而，辩证法进入了数学"①。笛卡尔还把物质和运动联系起来，指出"物质的全部花样，或其形式的多样性，都依靠于运动。"②这些论述，有着"赫拉克利特意义上"的辩证法因素。

一、哥白尼的辩证法

自然科学产生的最早学科是天文学、数学、力学，其中，天文学涉及到人们对于宇宙的认识，这也是宗教所关心的基本问题。因此，科学与宗教之间首次激烈冲突就发生在日心说与地心说之争。恩格斯指出："自然研究用来宣布其独立并且好像是重演了路德焚烧教谕的一个革命行动，便是哥白尼那本不朽著作的出版，他用这本书（虽然是怯懦地而且可说是只在临终时）来向自然事物方面的教会权威挑战。从此自然研究便开始从神学中解放出来"③。在哥白尼逝世410周年纪念会上，爱因斯坦说，哥白尼"对于西方摆脱教权统治和学术枷锁的精神解放所做的贡献几乎比谁都要大。"④然而，从人类知识发展史看，哥白尼日心说的建立既是近代自然科学革命的开端，也是经院辩证法结下的一个硕果。

地心说与日心说之争从古就有，这是很自然的事。因为，当人们思考与研究我们生活的地球与宇宙空间的关系时，首先要考察的就是地球与那个高挂在

---

① 恩格斯：《自然辩证法》，于光远等译编，人民出版社 1984 年，第 329 页。

② 笛卡尔：《哲学原理》，关文运译，商务印书馆 1958 年版，第 45 页。

③ 《马克思恩格斯选集》第四卷，人民出版社 1995 年版，第 263 页。

④ 《爱因斯坦文集》第一卷，许良英等编译，商务印书馆 1976 年版，第 601 页。

地球之上、发光发热的天球——太阳之关系：是太阳围绕着地球旋转？还是地球围绕太阳旋转？或者别的运动方式？日心说最早的模型，可能是毕达哥拉斯学派的"宇宙中心火学说"：宇宙中心是一团熊熊的烈火，其他星球都围绕着中心火旋转。后来，阿里斯塔克（公元前310年—公元前230年）更明确提出了"太阳是宇宙中心"的学说。他认为，太阳是静止的，地球和其他五个行星围绕太阳为中心作圆周运动。阿里斯塔克的著作除《论太阳同月球的大小和距离》一书外，其余均流失了。但在阿基米德的著作中，记载着阿里斯塔克的观点，并给予了数学证明。后来，巴比伦的塞留库斯（约公元前150年）对阿里斯塔克的观点作了详细的阐述。

地心说的思想在古代各国许多学者的著作中都可以见到，但作为一种完整的理论形态，则是由托勒密所提出的。托勒密的理论，记载在13卷经典巨著《天文学大成》之中。在《天文学大成》一书中，托勒密对阿里斯塔克的地动说提出了批评：如果认为地球在运动，物体就会斜着下落，浮云、飞鸟就会随着地球一起运动。在不懂得相对性原理的古代，这种批评应该说是很有力的，日心说不被多数人接受，也是自然的。

本来，地心说与日心说之争，完全属于学术（科学）本身的争论，但由于历史原因，卷入科学与宗教之冲突。在基督教的历史中，由于托马斯把亚里士多德学说与基督教思想相结合而开辟了基督教神学发展的新道路；托马斯在吸取亚里士多德的思想时，也接受了托勒密的地心说。在基督教看来，人是上帝根据自己形象创造的，而且月星辰又是上帝为了人而创造的，因此，人居住的地方理应在宇宙的中心。这种观点，与托勒密的地心说是相符的。基督教思想与托勒密理论的结合，就形成了"地球在宇宙中心，上有天堂、下有地狱"的构想，这正是中世纪末日审判画面；再加上《圣经》上所谓"约书亚要太阳停止而不是地球停止"的故事①，以及赞美"将大地置于它牢固的基础上，使其

---

① 《圣经》"约书亚记"第10章第13节记载，约书亚率以色人与五王军作战，五王军败逃，但日已西斜，约书亚向天祷告，要太阳停止，果然奇迹出现，太阳停住了，逃敌无处藏身，约书亚大胜。

不得移动"的诗句；托勒密地心说就被纳入了基督教的思想体系。从此，反对托勒密的地心说，就有反对基督教教义之嫌。

然而，由于托马斯的思想体系，允许经过自然而通向认识上帝之路，而在这条道路上，哥白尼、伽利略、开普勒等发现的不是"日动"而是"地动"，根据"自然真理"与"天启真理"一致性原理，他们认为自己发现的宇宙图景才是上帝的真正创造物，这才引起了旷日持久的激烈斗争。

哥白尼（1473—1543年）出生于波兰托仑城的一个虔诚的基督教家庭。早年丧父，由舅父、大主教瓦琴罗德抚养成人。哥白尼从小受到宗教思想、礼仪之熏陶，早就形成了深沉的宗教信仰。1496年，哥白尼由舅父送往意大利求学，先后在意大利帕多瓦大学等几所大学学习神学、医学、天文学。当时，以意大利为中心的文艺复兴运动方兴未艾，给青年哥白尼以深刻的影响。在波仑亚大学，哥白尼认识了意大利著名数学家、天文学家诺瓦拉，并跟随其学习。诺瓦拉在测定南欧城市的纬度和黄道倾角时，所得数据与托勒密给出的不符，从而导致对托勒密体系的怀疑。诺瓦拉受毕达哥拉斯思想之影响，深信宇宙结构应该可用简单的数学关系表达出来，而不会像托勒密体系那样繁杂。

从诺瓦拉那里，哥白尼学到了天文观测技术以及希腊的天文学理论，而对希腊自然哲学著作的钻研给了哥白尼批判托勒密的地球中心说的勇气。哥白尼发现，不少天文学家早已指出托勒密体系与天文观测事实不符。

1503年，哥白尼回到波兰，在舅父身边从事神职及行政事务工作，并继续天文学观测与研究。经多年努力，约在1515年完成了《天体运行论》一书。但此书一直拖到1543年出版。为什么拖这么长的时间？其中主要原因可能有二：一是哥白尼估计到有一些人"会摘引圣经的章句加以曲解来对我的著作进行非难和攻击"[1]，因此，总是有所犹豫；另一方面，哥白尼对自己的理论不能与观测结果完全取得一致而不满，总想作进一步改进。当哥白尼见到《天体运行论》出版的书稿时，已处于弥留之际。

---

[1]　哥白尼：《天体运行论》，李启斌译，科学出版社1976年版，第6页。

在《天体运行论》一书中，哥白尼从运动的相对性出发，论证了行星的视运动是地球运动和行星运动复合的结果。他说：“无论观测对象运动，还是观测者运动，或者两者同时运动但不一致，都会使观测对象的视位置发生变化（等速平行运动是不能互相觉察的）。要知道，我们是在地球上看天穹的旋转；如果假定是地球在运动，也会显得地外物体作方向相反的运动。”①接着，他提出了地球在宇宙中的位置问题，认为地球并不在中心，而是像其他行星一样距太阳有一段距离，在自己的轨道上运行。他写道：“我们把太阳的运动归之于地球运动的效果，把太阳看成是静止的，恒星的东升西落并不受影响。然而行星的顺行、逆行、和留则不是由于行星本身的行动，却只是地球运动的反映。于是，我们认为，太阳是宇宙的中心。”②他指出，太阳系的行星在各自的圆形轨道上围绕太阳旋转，它们的轨道大致处在同一个平面上，它们公转的方向也是一致的。水星、金星、火星、木星、土星等行星依自己的轨道绕太阳转动，绕行一周的时间分别为 80 天、9 个月、2 年、12 年和 30 年。月亮围绕地球旋转，并且和地球一起绕太阳旋转。最外层则是宇宙之边界——恒星天。

哥白尼这个宇宙模型推翻了教会长期奉为圣典的托勒密学说，直接违反《圣经》中关于“地球不动，太阳在动”的说教，改变了基督教关于“地球在宇宙的中心，上有天堂、下有地狱”的世界图景。但是，写作与出版《天体运行论》一书，就哥白尼本意来说，并不是要“反叛”基督教神学；相反，在《天体运行论》一书之首，哥白尼有一个献给教皇保罗三世的“序言”，其中曾明确写道，“相信我的辛勤劳动会对以您为首的教会作出贡献。”③在哥白尼看来，托勒密体系所用一套复杂的本轮、均轮体系（数目多达 79 个），像似一个“怪物”，肯定不符合上帝的旨意，因为“造物主不造出累赘无用的东西，而有一种将多种现象归于同一原因的能力”④，而哥白尼所建立的新宇宙模型，能“显

---

① 哥白尼：《天体运行论》，李启斌译，科学出版社 1976 年版，第 15 页。

② 哥白尼：《天体运行论》，李启斌译，科学出版社 1976 年版，第 26 页。

③ 哥白尼：《天体运行论》，李启斌译，科学出版社 1976 年版，第 7 页。

④ 哥白尼：《天体运行论》，李启斌译，科学出版社 1976 年版，第 32 页。

示出宇宙具有令人赞叹的对称性和轨道的运动及大小的和谐"①，从而显示出
"神圣的造物主的庄严作品是何等的伟大啊！"②

二、伽利略的辩证法

在科学革命中，意大利天文学家和物理学家伽利略（1564—1642 年）不
仅为近代实验科学的产生和经典力学体系的建立作出了奠基性的伟大贡献，也
是传播和发展哥白尼的日心说的杰出斗士。

伽利略出生在意大利的比萨，早年曾在卡马多斯修道院学习，并加入了
修道会。在大学期间，伽利略开始学习医学，后转入物理学。1589 年，伽利
略任比萨大学数学及天文学教授。在比萨教书期间，伽利略已熟知哥白尼学
说，但他本人仍接受地球是宇宙中心的学说，并就托勒密的理论写过一篇评
论。1609 年，伽利略制造了一架望远镜，1610 年 1 月，用它观察到木星周围
有四颗卫星绕它转动；9 月，发现金星盈亏现象；10 月，又观察到太阳黑子。
由于这些发现，伽利略名声大振。但通过对这些发现之分析，伽利略体会到哥
白尼体系比托勒密体系远为优越，这促使伽利略从信奉托勒密理论向信任哥白
尼学说之转变。1632 年 3 月，伽利略出版《关于托勒密和哥白尼两大世界体
系的对话》一书，对哥白尼宇宙学的优点给予精彩陈述，并有望远镜的证据支
持。针对哥白尼学说遭到的主要责难："既然地球在围绕太阳运动，为什么我
们生活在地球上的人一点也感觉不到自己在运动？"伽利略观察与研究了各种
自然现象，特别是仔细观察与研究了在平稳的船舱内的力学现象。他注意到，
把人关在大船的船舱里，观察桌上摆着的小球、小碗里的鱼、飞行的苍蝇，或
者自己在船舱里跳跃，扔东西，不管船以何种速度前进，只要运动是匀速的，
而不是忽快忽慢、忽左忽右摆动，你就无法从其中任何一个现象来确定：船是

---

① 哥白尼：《天体运行论》，李启斌译，科学出版社 1976 年版，第 33 页。

② 哥白尼：《天体运行论》，李启斌译，科学出版社 1976 年版，第 34 页。

运动还是停着不动。伽利略指出：既然在船上的人无法通过在船内发生的现象来判断船是静止的还是在运动，那么，生活在地球上的人当然也就无法通过地球上发生的现象来判断地球是静止的还是在运动。这就回答了哥白尼学说的反对者对地动说的责难。伽利略的这一思想，后来被称为伽利略相对性原理。它可以概括地表述为：在惯性系内进行的任何力学实验都无法判断所在惯性系是处于静止还是匀速运动状态；或者说，在不同惯性系内，力学现象的规律是一样的。

在 16 世纪以前，亚里士多德运动观一直占统治地位。亚里士多德认为：物体运动的有无和快慢与它是否受到力的作用和力作用的大小有关；体积相等的物体下落的快慢与它们的重量成正比，即较重的下落快，较轻的下落慢。这种观点比较符合人们的常识，再加上亚里士多德的权威及其被宗教利用，在当时被人们敬为圣贤之言，不可触犯。对这一错误观点发起冲击的是伽利略。伽利略用逻辑推理的方法进行论证分析，发现了亚里士多德自由落体观点中的逻辑矛盾。他设想把一个重的物体和一个轻的物体捆在一起下落，会发生什么情况。若按照亚里士多德的观点，一方面，它们的重量是两个物体重量之和，也就是说两物体捆在一起理应比重的物体单独下落的速度快。但另一方面，重的物体和轻的物体捆在一起，亦即两个不同下落速度的物体捆在一起，那么下落快的重物必然被下落慢的轻物拖住而减慢下落速度，于是，两物体捆在一起的下落速度理应比重的物体单独下落的速度慢。根据亚里士多德的观点"合理地"推出了两个对立的结论，伽利略对亚里士多德的观点提出了疑问，他认为解决这一逻辑矛盾的唯一途径是：下落速度与重量无关。

伽利略并未满足于逻辑推理，而是通过实验寻求根据。他从单摆运动的研究中得到启发，设计了著名的"斜面实验"。一个小球沿斜面下滑，可以看成"冲淡重力"的条件下的落体实验。物体在垂直地自由下落时，由于降落速度很快，很难精确测定不同重量物体降落过程；但在斜面上，引起物体下落的只是重力沿斜面的分力，因而易于观测。伽利略反复进行实验，终于得到了自由落体是匀加速运动，其下落的速度和时间同物体的轻重无关的结论。伽利略在

《关于两门新科学的对话》中详细地陈述了他的控制实验方法。①

在以"斜面实验"发现和验证自由落体定律的基础上，伽利略又发现了"惯性运动"——物体在没有外力作用的情况下，不仅有保持其静止状态不变的特性，而且还有保持其匀速直线运动的特性。在这里，伽利略再次利用理想实验的威力：斜面实验表明，倾斜度越小，小球的加速度也越小；如果把斜面完全放平，并且斜面无比光滑，小球的加速度将会变为零，小球也将永远沿直线做匀速运动。

伽利略对"惯性运动"的认识，构成对亚里士多德力学观的否定。亚里士多德的力学观：必须有力作用在物体上，物体才能运动，没有力的作用，物体就会静止。而伽利略通过观察、实验和推理，得出结论：如果运动物体不受阻碍，它将速度保持不变地持续运动下去。

三、培根的辩证法

从哲学上充当近代实验科学发言人的是弗兰西斯·培根（1561—1626 年）。培根出身于伦敦一个新贵族家庭，父亲是伊丽莎白女王的掌玺大臣。培根在詹姆士一世的斯图亚特王朝时代历任宫廷要职；1613 年受命为首席检察官，1618年为大法官。尽管一生大部分时间在官场中度过，但培根从没有放弃推进人类知识的大志。作为新兴资产阶级的代言人，培根非常重视科学技术的作用，认为操纵时代、影响人类生活的力量，不是政治、宗教、思想，而是"机械技术上的发明"。培根在《论科学的价值和发展》一书中，为即将到来的科学时代而欢呼。他高度评价印刷术、火药和指南针的发明，认为它们改变了整个世界面貌。他意识到科学技术将成为一种重要的历史力量，满怀激情地写道：在所能给予人类的一切利益中，我认为最伟大的莫过于发现新的技术、新的才能和以改善人类生活为目的的物品。"知识就是力量"这句名言，就是在这样的背

---

① 伽利略：《关于两门新科学的对话》，武际可译，北京大学出版社 2006 年版，第 164—165 页。

景下提出来的。

　　培根深感中世纪的经院哲学不能增进人类对自然的认识和支配自然的能力，因此致力于创立一种新的关于实验方法的理论。培根认为对自然界的科学理解和对自然界的技术控制是相辅相成的。在他看来，很多科学原理蕴藏在工匠的日常操作中，他们的操作经验是科学知识的可贵源泉。培根认为工匠的操作方法对于自然事物具有能动地改造即实验的性质。另一方面，培根也认识到单凭经验还不足以得到自然知识，还要对经验进行一定的加工，而思维加工的材料必须来自经验。针对当时学者沉溺于思辨，而工匠虽有经验却因没有文化不能把经验的东西记载下来加以分析，培根主张把学者传统和工匠传统结合起来，从而形成"经验和理性职能的真正的合法的婚配"。他说经验主义者好像蚂蚁，只知道收集材料，理性主义者（经院哲学家）好像蜘蛛，只凭着自己吐的丝来结网，这两者都是片面的。他主张要像蜜蜂那样"从花园和田野里面的花采集材料，但是用他自己的一种力量来改变和消化这种材料。"他强调"学者与工匠的结合""知识与力量的统一"，从根本上解决思想上的贫困；他称此为"学问大革新"。马克思、恩格斯称培根是"英国唯物主义和整个现代实验科学的真正始祖"①。

　　弗兰西斯·培根认为寻找真理有两条道路：演绎和归纳。他说："寻求和发现真理的道路只有两条，也只能有两条。一条是从感觉和特殊事物飞跃到最普遍的公理，把这些原理看成固定和不变的真理，然后再从这些原理出发，来进行判断和发现中间的公理。这条道路是现在流行的。另一条道路是从感觉与特殊事物把公理引申出来，然后不断地逐渐上升，最后才达到最普遍的公理。这是真正的道路，但是还没有试过。"② 在归纳的道路上，我们可以不断地归纳，不断地提高我们所获得的判断的普遍性，即"不断地逐渐上升"。

　　1620 年出版的《新工具》一书，是培根阐述他的科学方法论的主要著作，

① 《马克思恩格斯全集》（第 1 版）第 2 卷，人民出版社 1956 年版，第 163 页。
② 北京大学哲学系编：《十六—十八世纪西欧各国哲学》，生活·读书·新知三联书店 1963 年版，第 10 页。

书中批判了经院哲学所坚持的亚里士多德那一套科学推理程序，提出了自己的实验归纳方法论。他提倡"观察、实验、经验、归纳、总结、分析，发现真理，验证真理"的新三段思想方法，反对亚里士多德的"真理、理论→解释现实→产生新体会"的旧思想方法论。他提出要循序渐进地运用归纳逻辑中判明因果联系的求同法、差异法和共变法来处理经验材料。培根提出的"三表法"，即"本质表或存在表""差异表或接近中的缺乏表""程度表或比较表"，是他对实验科学方法论的重要贡献。归纳法并非培根所首创，但培根是自觉把归纳法作为认识真理的根本方法的第一人，因而他被称为归纳主义的始祖。

培根继承了古代运动观的许多辩证法思想，他认为，运动或活动是自然界物体本身固有的特性。他说，赫拉克利特、德谟克利特等古代哲学家"都认为物质是能动的，……它在其本身之中具有着运动的原则。任何人都没有别的想法，除非公然抛开经验"。[1]他在《新工具》一书中列举了十九种"性质最普通的运动"，其中除了位移、机械运动外，还有其他一些运动形态。例如，在他所讲的"同化运动"，就是"自我增殖运动，又或者叫做简单的生殖运动"；他说，"我这里所指的不是完整物体（如植物或动物）的生殖，而是组织上有一致性的物体的相生。这就是说，这种物体把与自己有关的或至少是深深倾向于自己的另一些物体转变为自己的质体和性质。例如火焰临到气体和含油的质体时，就把自己增殖而生新的火焰，空气临到水和含水的质体时，也把自己增殖而生新的空气"[2]。这些论述虽然具有明显的朴素性、想象性，但却包含着物质的生动活泼的能动性和运动形态的多样性的可贵思想。

培根说，"第一种运动是物质中的抗拒运动"。他写道：

这是物质的每一个别部分所固有；物质凭着它才绝对地拒绝遭受消灭。任何火，任何重量即压力，任何强暴，以至任何长时间，都不能把物

---

[1] 敬永和、刘贤奇、王德生主编：《哲学基本概念的演变》，吉林人民出版社1987年版，第72页。
[2] 培根：《新工具》，许宝骙译，商务印书馆1984年版，第260—261页。

质的哪怕是极小极小的任何部分化为无，它永远总有在那里，永远总占着某些空间。你无论把它置于何种窘境，它总会借改变形式或改变位置的方法把自己解脱出来。如果这些都不行，它就原封不动存在下去。总之它绝对不会走到无有或无所在的途径上去。这种运动，在经院学者们（他们几乎总是从事物的结果及其所不能方面而不是从其内在原因方面来给事物命名和下定义的）说来，就是"两个物体不能同在一个地方"这条原理，或者就叫作"防止体积相入的运动"。关于这种运动，没有必要来举什么例子，因为它是每一物体所固有的。①

培根认为静止是运动的特殊形式。他写道：

　　第十九种也即最后一种运动虽难符于运动之名，但不容争辩也是一种运动，我把它叫作安息运动或恶动运动。如大地块体静立不动，而其端极则动向中心——不是趋于一个假想的中心，而是趋于聚合——，就是出于这种运动。又如一切具有相当密度的物体都憎恶运动，亦是出于这种倾向。实在说来，这些物体的唯一倾向就是要求不动。纵有千方百计挑诱它们运动，它仍总是尽其所能保持固有的性质；即使被迫动起来了，又总像是愿求恢复其静止状态而不再动下；至于在要求恢复静止的努力当中，它们却表现活跃，却以足够的灵敏和迅捷进行争取，好像迫不及待刻不容缓的样子。②

　　培根所谓的"安息运动或恶动运动"，实际上是指物体的惯性或质的相对稳定性。

　　培根的运动观保留着若干"赫拉克利特意义上"的辩证法因素；他从物质

---

① 培根：《新工具》，许宝骙译，商务印书馆 1984 年版，第 249—250 页。

② 培根：《新工具》，许宝骙译，商务印书馆 1984 年版，第 268 页。

具有能动的特性出发，认识到物质运动是绝对的、静止是相对的，物质运动是多样的，事物的性质可以转化。但是，总的说来，他的运动观仍然是朴素的、直观的，缺乏科学的基础。马克思曾写道：

> 英国唯物主义和整个现代实验科学的真正始祖是培根。在他的眼中，自然科学是真正的科学，而以感性经验为基础的物理学则是自然科学的最重要的部分。阿那克萨哥拉连同他那无限数量的原始物质和德谟克利特连同他的原子，都常常被他当做权威来引证。按照他的学说，感觉是完全可靠的，是一切知识的泉源。科学是实验的科学，科学就在于用理性方法去整理感性材料。归纳、分析、比较、观察和实验是理性方法的主要条件。在物质的固有的特性中，运动是第一个特性而且是最重要的特性，——这里所说的运动不仅是机械的和数学的运动，而且更是趋向、生命力、紧张，或者用雅科布·伯麦的话来说，是物质的痛苦。物质的原始形式是物质内部所固有的、活生生的、本质的力量，这些力量使物质获得个性，并造成各种特殊的差异。
>
> 唯物主义在它的第一个创始人培根那里，还在朴素的形式下包含着全面发展的萌芽。物质带着诗意的感性光辉对人的全身心发出微笑。但是，用格言形式表述出来的学说本身却反而还充满了神学的不彻底性。①

四、笛卡尔的辩证法

与培根相同时代的法国哲学家和科学家笛卡尔（1596—1650年）的思想也对近代实验科学的发展有重要影响。

笛卡尔出生于法国的一个古老的贵族家庭，他一生过得都很优裕。在自然哲学方面，他努力要做两件事情：一是研究并推广当时在力学科学中发展起来

---

① 《马克思恩格斯全集》（第 1 版）第 2 卷，人民出版社 1957 年版，第 163 页。

的数学方法，二是通过这种方法树立一个能说明自然界作用的一般机械图景。由于当时法国知识界的气氛对科学研究相当不利，笛卡尔于 1628 年去了荷兰，1637 年在荷兰出版了他的《方法论》。这本著作由两个部分组成：第一部分是数学演绎法的分析，第二部分阐述他对物质世界的大致看法。后一部分的内容在 1644 年出版的《哲学原理》中加以扩充，并在十七世纪产生极大影响。

在笛卡尔看来，培根的《新工具》强调知识来自经验是正确的，但培根把本末倒置了：经验诚然重要，但往往并不可靠，以它为基础进行推理很容易发生错误。笛卡尔认为，理性比感官的感受更可靠。他举出了一个例子：在我们做梦时，我们以为自己身在一个真实的世界中，然而其实这只是一种幻觉而已。

笛卡尔认为哲学（形而上学）是一切科学知识的基础，然而这个基础极不稳固，经院哲学的原理没有一个不是处于争论之中的，都是令人怀疑的，在这个基础上不可能建立其坚固的知识大厦。要想重建哲学的基础，关键在于找到科学的方法。笛卡尔开始考虑创立一种包含几何学和形式逻辑这两种科学的优点的新方法，这种方法既能推理严密，又能获得新知识。

笛卡尔主张科学起始于怀疑。他认为，必须怀疑被信以为真和一般被当作真理的东西，但这种怀疑并不是目的，而是为了保证认识的基础绝对可靠而没有错误。笛卡尔对物理科学中发展起来的数学方法很向往。他看到，正如研究力学的学者们把观察的范围限制在可测量的事实上一样，他也必须尽量砍掉可能提出的种种理论，而仅仅留下那些可用数学加以发展或论证的理论。同样，并不是所有可测量的性质都具有同样重要性，为了简化研究，有些必须略去，就像伽利略在研究落体时把空气阻力略去一样。此外，笛卡尔认为并不是所有能作数学处理的观念都同等重要，只有"直观给予"的观念才能为数学性质的演绎方法提供最可靠的出发点。运动、广延、上帝就是这样的观念。上帝这个观念是笛卡尔体系的主要基础，因为上帝创造了广延，并把运动放进宇宙。由于运动只是在创世时一下子赋予宇宙的，所以世界中运动的总量必然是个常量。用这样的论证方法，笛卡尔就得出他的动量守恒原理。

　　笛卡尔就是这样深信，从不可怀疑的和确定的原理出发用类似数学的方法进行论证，就可以把自然界的一切显著特征演绎出来。至于事物性质的细节一定存在某种不确定性，因为从同一命题可能演绎出不同的结论，因而在这种情况下就要引进实验，在两种对立见解中决定取舍。不过笛卡尔对他的方法的这一方面并不十分强调，他关心的主要是从基本原理推出事物的总的图式。他还认为实验只是用来说明那些从直观所给定的原理推演出来的观念；他并不像伽利略那样，认为实验可以用来决定一些原理作为演绎方法的出发点。伽利略从斜面下落球体的实验中得出他的惯性原理和物体由重力而下落的原则；并从这些实验得到的原理出发，用数学的方法，演绎出抛射体的轨迹以及其他等等。①

　　综上所述，笛卡尔倡导科学研究中的公理演绎法。他认为，必须从几个不证自明的公理出发，一步一步推出其他原理，直至构成一个能够自圆其说的知识体系，而推理的每一步都要清楚明白，只有这样才能达到真理。在他看来，只有自明性才是真正知识的基础和真理的标准，而这种自明性又只是"理性直觉"即直接推理所特有的，它既不需要经验的基础也不需要逻辑的证据。为此，笛卡尔提出了运用理性方法的四条规则："第一条是：凡是我没有明确地认识到的东西，我决不把它当成真的接受。也就是说，要小心避免轻率的判断和先入之见，除了清楚分明地呈现在我心里、使我根本无法怀疑的东西以外，不要多放一点别的东西到我的判断里。第二条是：把我所审查的每一个难题按照可能和必要的程度分为若干部分，以便一一妥为解决。第三条是：按次序进行我的思考，从认识最简单、最容易认识的对象开始，一点一点逐步上升到认识最复杂的对象；就连那些本来没有先后关系的东西，也给它们设定一个次序。最后一条是：在任何情况下，都要尽量全面考察，尽量普遍地复查，做到确信毫无遗漏。"②

---

① 斯蒂芬·F.梅森：《自然科学史》，上海外国自然科学哲学著作编译组译，上海人民出版社1977年版，第154—155页。

② 笛卡尔：《谈谈方法》，王太庆译，商务印书馆2000年版，第16页。

笛卡尔的四条方法论原则，第一条确立了理性的权威，以理性来检验一切知识，检验的标准是：清楚明白、无可置疑。第二条，就是近代哲学的分析方法，即分析是将复杂的对象分解为若干简单的部分进行解决。第三条，就是综合方法，即从分析的结果出发在理论上重现事物之整体的真实本性。第四条，就是一丝不苟的科学精神；分析和综合的过程不能半途而废，分析要彻底，综合也要全面，才能达到完全的真理。这四条规则都没有经验感觉的地位，分析和综合都是理性的方法。在这四条原则的基础上，笛卡尔建立了他的理性演绎法，并将其运用在哲学和科学的研究中。

笛卡尔建立了近代哲学的第一个体系，他被称为"近代哲学之父"是当之无愧的。他以"普遍数学"为方法论，按照分析和综合的方法论规则，把"自我"作为第一原则，建立了"明白清楚"的真理的内在标准，一步一步地推导出关于心灵、上帝和物质的确定知识。他的哲学体系像数学的公理体系一样，有简洁、严格与和谐之美。他的天赋观念论、理智至上的立场，以及身心二元论，都表现了唯理论的基本特征，对后来哲学产生了巨大影响。①

从科学研究方法论看，笛卡尔强调演绎看轻归纳，这是片面的。但在实验科学家普遍重视归纳方法的条件下，使人们充分注意到运用演绎论证进行科学研究，又有着积极的意义。此外，尽管他对经验的作用估计不足，但他对数学的贡献和强调数学方法的意义，却对后来的实验科学家有重要的帮助和启示。

五、伽利略和牛顿的"归纳—演绎"法

真正代表近代实验科学方法论的，既不是培根也不是笛卡尔，而是伽利略和牛顿。伽利略最先倡导并实践"实验加数学"的方法，即在观察实验的基础上，经过推理和计算，对现象提出假定性的说明和定量描写，并用数学公式表示出来，然后再用实验方法去考核推理结果是否正确。但是，伽利略所谓的实

---

① 赵敦华：《西方哲学简史》，北京大学出版社 2001 年版，第 217、220 页。

验已不局限于培根意义上的观测经验，还包括思想中进行的理想化的实验。

在伽利略看来，只有用数学证明了的东西，才是科学的。在伽利略的著作中，既援引了丰富的实验材料，又充满了数学证明，紧密地把观察实验同数学方法结合起来。在自由落体运动的研究中，伽利略高明之处，是设计了延缓落体运动、"冲淡"引力的斜面实验。自由落体运动太快，当时无法测定和计算，这个难题通过斜面实验的设计解决了。通过斜面实验，伽利略发现了自由落体定律和惯性原理，并发展了关于抛射体运动轨迹的理论。一个简单的斜面实验，竟然得出了一系列的基本物理定律，这说明从单纯观察发展到科学实验，确实是科学认识的一大飞跃。伽利略的研究方法，对后世产生了巨大的影响。伽利略被人们称为近代实验科学之父、近代科学方法的奠基人。

牛顿的方法可以称之为"归纳—演绎"法，但是他完全不同意笛卡尔的"先天—演绎"法，他认为，尽管从实验和观察出发的归纳论证并不能证明一般性结论，但它依然是事物的本性所容许的论证方法；因此他十分重视归纳。但是，这不意味着他忽视数学演绎，相反，公理演绎法是构成牛顿力学体系的根本方法。与从前的演绎法不同的是，牛顿认为演绎的结果必须重新诉诸实验确证。可以看出，在伽利略和牛顿这样的近代科学大师那里，实验观察与数学演绎是十分紧密地结合在一起的。

牛顿的"归纳—演绎"法的运用中，又包括"分析—综合"的方法。牛顿指出，"在自然科学里，应该像在数学里一样，在研究困难的事物时，总是应当先用分析的方法，然后才用综合的方法。这种分析包括做实验和观察，用归纳法从中得出普遍结论，并且不使这些结论遭到异议，除非这些异议来自实验或其他可靠的真理方面。……虽然用归纳法来从实验和观察中进行论证不能算是普遍的结论，但它是事物的本性所许可的最好的论证方法，并且随着归纳得愈为普遍，这种论证看来也愈为有力。如果在许多现象中没有出现例外，那么可以说，结论就是普遍的。但是如果以后在任何时候从实验中发现了例外，那时就可以说明有这样或那样的例外存在。用这样的分析方法，我们就可以从复合物论证到它们的成分，从运动到产生运动的力，一般地说，从结果到原因，从特殊原因到普遍原因，一直论证到最普遍的原因为止。这就是分析的方法；而综合的方法则假定原因已经找到，并且已把它们定为原理，再用这些原理去解释由它们发生的现象，并且证明这些解释的正确性。"①牛顿的这些科学的思想方法对科学研究产生了非常重大的影响。

牛顿在其历史性的著作《自然哲学的数学原理》一书中，明确地提出了进行科学研究的四条法则：

法则 1：探求自然事物的原因时，除了那些真的和解释现象必不可少的以外，不应增加其他原因。

法则 2：对于自然界中同一类结果，必须尽可能归之于同一种原因。

法则 3：物体的属性，凡不能增强也不能减弱者，又为我们实验所能及的范围内的所有物体所具有者，应视为一切物体的普遍属性。

法则 4：在实验哲学中，从现象中运用归纳推导出来的命题，应该看做是正确的或接近于正确的；虽然可以想象出与它相反的假说，但是没有发现其他现象足以修正它，或出现例外以前，仍然应当这样看。

第五节　近代科学的自然观及其演变

自然科学根据其发展的阶段性大致可分为古代自然科学、近代自然科学和现代自然科学。现代自然科学，通常指 20 世纪以来的自然科学；而近代自然科学，则指从 16—19 世纪这一时期的自然科学，又称为近代实验自然科学。

1687 年牛顿力学建立之后，近代科学大踏步前进。17、18 世纪的科学与19 世纪的科学相比，有两个显著的不同：从方式上看，19 世纪的科学进入了

---

① H.S. 塞耶编：《牛顿自然哲学著作选》，上海外国自然科学哲学著作编译组译，上海人民出版社 1974 年版，第 212 页。

系统地整理阶段，而 17、18 世纪的科学则是处于自然知识的收集和积累阶段。从形态上讲，19 世纪的科学进入了理论科学阶段，而 17、18 世纪的科学主要是处于经验科学阶段。这些明显的变化，不仅导致了牛顿时代以来的科学新高潮，由此也引起了自然观认识方面的根本变革。

一、近代科学的形而上学自然观

形而上学自然观是与古代自发的辩证自然观相对立的自然观，特点是以静止的、孤立的观念看待自然界。形而上学自然观的产生，是与近代自然科学早期科学实践的内容和方法紧密相关的。

近代自然科学早期，主要开展自然知识的收集和积累工作，科学家一般都采用孤立的、静止的方法来研究自然界。他们的认识程序一般是：先分别独立地认识对象，然后再考虑它同别物的联系；先认识事物的静态，然后再认识它的动态。科学认识是从感性到理性的过程，当科学家开始认识一个事物时，首先进入科学家感觉领域的是这个事物本身，而不是这个事物同其他各种事物之间的关系。例如，科学家首先看到的是这个事物的颜色、大小、形状，是这个事物自身的外貌，而不是它同别的事物联系的方式；是事物的现状，而不是它的历史。恩格斯在谈论近代自然科学早期的研究方法时说："旧的研究方法和思维方法，黑格尔称之为'形而上学的'方法，主要是把事物当作一成不变的东西去研究，它的残余还牢牢地盘踞在人们的头脑中，这种方法在当时是有重大的历史根据的。必须先研究事物，尔后才能研究过程。必须先知道一个事物是什么，尔后才能觉察这个事物中所发生的变化。"[①]

人的认识是从简单到复杂的过程，一般先认识简单事物，然后认识复杂事物；先把对象看作简单的实体，然后再把事物看作是复杂的对象。显然，孤立地认识一个事物自身，要比认识它同别物的各种联系简单；认识现状、静态、

---

① 《马克思恩格斯选集》第四卷，人民出版社 1995 年版，第 244 页。

存在，比认识历史、动态、演化简单。所以科学家在开始认识一个对象时，比较简易可行的方法，是把对象看作是孤立、静止的对象。这当然是把复杂事物简单化了，但这种研究在近代科学早期不仅是必需的，而且是富有成效的。可是这种研究方法必然会导致形而上学自然观的流行。

生命现象是自然界最复杂的现象，因此近代早期生物学更需要采用孤立、静止的方法。分类学、解剖学是早期生物学的两个基本学科，体现了生物学早期研究方法的上述特征。林奈所言"分类和命名是科学的基础"，可以看作是早期生物学的研究纲领。在分类学的早期曾流行一种十分简单的二分法，把一个"属"分成两个"种"，"非此即彼"。而圣经《马太福音》说过："是就是，不是就不是；除此以外，都是鬼话。"然而，种与种之间当然有区别，但这种区别是相对的：一个种可以变化为另一个种，在相邻两个种之间会有中间的、过渡的形态，这些形态不是"非此即彼"，而是"亦此亦彼"。生物学家在对物种进化分类时，必然要强调种的稳定性、物种界线的清晰性和确定性、物种序列的间断性，这就会自发产生生物物种不变论。林奈既是近代分类学的权威，又是物种不变论的重要代表。他说："物种是至高无上的上帝创造的。最初创造了多少物种，现在就是多少。它们虽然遵循传种接代的神的法则有所繁殖，但是每种生物永远是那个样子，不会改变。"①

在解剖学中，解剖学家关注的是生物体的部分，而不是生物体的整体。他们相信只要逐一认识了生物体的各种器官，也就知道了整个生物体。解剖学家又必须把生物体的各个器官看作是孤立的；他们要观察的是这些器官，而不是这些器官之间的联系。当解剖学家对生物体进行解剖时，生物体被看作是死体，而不是活体。他们自觉或不自觉地认为，只有把对象看作是静止不变的东西，才能仔细地观察；要了解事物是怎样变化的，首先要认识它是什么；要了解生物器官的功能，首先要了解它的结构。因此，解剖学采用的是孤立、静止的方法，提供的是生物体的孤立、静止的画面，这同样也会导致形而上学的物

① 林德宏：《科技哲学十五讲》，北京大学出版社 2004 年版，第 91—92 页。

种不变论。

形而上学自然观的中心内容，就是认为自然界绝对不变。其中最有代表性的观点，除物种不变论外，还有宇宙不变论。宇宙不变论不承认太阳系是一个历史发展过程，认为宇宙一开始就和现在一样。关于太阳系的起源，牛顿接受了托马斯·阿奎那"第一推动者"的观念，提出了神的"第一次推动"的假说。他说：太阳、行星、彗星之这样的奇异布置，实在只有靠一个全知全能的主宰才能产生。

恩格斯在概括16—18世纪自然科学发展的状况时说："把自然界分解为各个部分，把各种自然过程和自然对象分成一定的门类，对有机体的内部按其多种多样的解剖形态进行研究，这是最近400年来在认识自然界方面获得巨大进展的基本条件。但是，这种做法也给我们留下了一种习惯：把自然界中的各种事物和各种过程孤立起来，撇开宏大的总的联系去进行考察，因此，就不是从运动的状态，而是从静止的状态去考察；不是把它们看作本质上变化的东西，而是看作永恒不变的东西；不是从活的状态，而是从死的状态去考察。这种考察方法被培根和洛克从自然科学中移植到哲学中以后，就造成了最近几个世纪所特有的局限性，即形而上学的思维方式。"①恩格斯的这段话表明，形而上学自然观在16—18世纪出现并流行，有它的历史必然性。

二、近代科学的机械自然观

近代形而上学自然观具有鲜明时代特征的，是它的机械论观点。在自然观方面，机械论认为自然界是一台大机器，所有的自然运动都可以还原（归结）为机械运动；在科学观方面，机械论认为牛顿力学是科学的基础，用牛顿力学可以解释自然界的一切，甚至可以解释社会历史现象。

近代机械论的盛行有着深刻的经济根源。机器是工业生产的主要工具，带

① 《马克思恩格斯选集》第三卷，人民出版社1995年版，第359—360页。

来了高效益，所以对机器的崇拜，是近代工业文化的基本特征。弗兰西斯·培根在 1620 年曾写道，钟表制造肯定是一种微妙而又实实在在的工作，钟表的齿轮有点像天体轨道，它们有规律的交替运动有点像动物的脉搏跳动。培根的这句话可以看作是近代机械论的萌芽；钟表是人类最初制造出的精巧机械，是大型机器的雏形。波义耳认为宇宙不像中世纪的人所设想的是有机生物，而是像一座钟。伽利略最早提出"第一性"与"第二性"之分。物体的颜色、气味、声响等是第二性，它们都依赖于人感官的参与，而广延、形状是第一性，是物体的本质属性，它们是纯量的东西，可以用数学来处理。这个区分是自然数学化的基础，也是机械自然观的基础，因为正是将自然界完全还原为一个量的、数学的世界，质的东西才被抛置一边，自然界才表现出其机械性来。

在 1637 年出版的《方法论》一书中，笛卡尔给出了机械自然观的基本论点。"机械的"一词原义是"力学的"，但笛卡尔还赋予它另一层意思，即"可以用机械模型加以模仿的"。在前一种意义上，笛卡尔是很彻底的机械论者，他认为宇宙中无论天上还是地下处处充满着同样的广延物质和运动，他又将运动定义为位移运动即力学运动，而且提出运动守恒原理，使宇宙处在永恒的机械运动之中。在第二种意义上，笛卡尔也是一位很突出的机械论者，他认为人造的机器与自然界中的物体没有本质的差别。他相信，人体本质上是一架机器，它的机能均可以用力学加以解释。

笛卡尔的机械自然观，在内容上是与建立在亚里士多德学说上的中世纪世界观完全对立的。在笛卡尔的体系中，所有物质的东西都是为同一机械规律所支配的机器，动物、植物和无机物如此，人体也是如此；这样他就排除了那种认为自然界总是按照一定的等级制度构成的传统概念，排除了那种认为世间万物形成一条巨大的链条，这条链条从处在宇宙边缘的至善至美的上帝开始，经过天上等级高低不同的天神天使，直到地上各种不同等级的人、动物、植物和矿物为止的观念。在笛卡尔看来，这个世界并不像经院哲学家们所说的那样是异质的，是由各种不同的物体安排而成的，相反，无机界和有机界是由在质上相同的物体组成的一个同源的机械体系，其中每一物体都遵循着为数学方法的分析所揭示的机械规律。除了机械的世界外，笛卡尔认为还有一个精神的世界。于是，他达到一种明确的二元论。一方面有自然的物质世界，它的本质是广延；另一方面则有内在的思想王国，人只是属于靠着他的灵魂才参与的物质实在，心灵的本质属性是思维。"从笛卡尔的时候起，这种二元论就成了欧洲人思想里的一种根本看法。"①

在笛卡尔看来，物是真正死的东西，除了在开始时从上帝得到的运动之外，物不能再有其他活动。笛卡尔认为自然在整体上由规律支配，而他把自然规律和机械原理看成是同一回事；上帝完全通过在太初时确定下来的"自然规律"来统治宇宙。一旦宇宙创造出来，神就不再干涉他所创造出来的这部自动机器了。世界上物质的总量和运动的总量是常量，是永恒的；"上帝所赋予自然的规律"也是如此。中世纪的人们认为上帝在参与宇宙日复一日、年复一年的活动，上帝委派各种等级的天神天使推动天体运行，同时还不断观察并指导地球上的一切事件。异常事务，如奇迹或彗星出现那样的不祥之兆（当时认为彗星的出现是神或者魔鬼对宇宙过程的正常运动所进行的干扰）特别引起当时人们的注意。但17世纪的人们则对进行事件的正常活动感兴趣，想要发现它们具有"规律性"的运行方式。异常事变，如1572年的新星和1577年的彗星，当时就被看作是科学的问题而不是神学上的宣讲事例。而这些异常事变，导致那些不能解释它们发生原因的理论体系遭到人们的抛弃。②

继笛卡尔之后，机械自然观随着牛顿力学的建立而确立。牛顿用自己的科学实践对笛卡尔的机械自然观作了一些局部的修改，例如，自然界中除了物质与运动外还有力的作用存在，但基本看法没有变化。

---

① 斯蒂芬·F.梅森：《自然科学史》，上海外国自然科学哲学著作编译组译，上海人民出版社1977年版，第159页。

② 斯蒂芬·F.梅森：《自然科学史》，上海外国自然科学哲学著作编译组译，上海人民出版社1977年版，第159—160页。

伽利略、牛顿等人采用一种十分简便的方法研究力学，假定物体在位置移动中不发生别的物理运动，甚至都不研究同热运动的关系；假定物体的质量都集中在一个点（质点）上，不考虑物体的体积与形状；假定力的作用发生在两个物体中心（质点）的连线上，都是中心力。他们的这种方法是非常成功的。有了牛顿力学，人们不仅可以解释许多力学现象，而且可以对物体的运动状态作出准确的预言。牛顿力学通过几次重大的检验①，充分显示了它的令人信服的价值与魅力。

牛顿 1687 年出版他的《自然哲学的数学原理》时，就说他的力学有十分广泛的用途。他在第一版序言中说，他的力学是"推理力学"。"推理力学是一门能准确提出并论证不论何种力所引起的运动，以及产生任何运动所需要的力的科学。""我把这部著作叫作哲学的数学原理，因为哲学的全部任务看来就在于从各种运动现象来研究各种自然之力，而后用这些力去论证其他的现象。""我希望能用同样推理的方法从力学原理中推导出自然界的其他许多现象。"②既然牛顿力学有如此威力，牛顿本人也说可以从牛顿力学推导出其他许多自然现象，于是，各行各业的科学家都纷纷效仿牛顿，用牛顿力学来解决他们各自研究的课题，出现了持续两百多年的"牛顿力学热"。

人们用牛顿力学来解释各种自然、社会现象，所以就出现各种各样的力的概念。在近代科学史上就有重力、引力、电力、电的接触力、磁力、折射力、化学亲和力、热力、浮力、握力、死力、活力、发酵力、生命力、消化力、神经力，等等：似乎只要对某种自然现象起个力的名称，这种现象就得到了解释。为什么石头有重量？因为它有重力。为什么物体带电？因为它有电力。为什么生物有生命？因为它有生命力。为什么胃能消化食物？因为它有消化力。

---

① 第一次检验是关于地球形状的测定。第二次检验是哈雷彗星回归周期的证实。第三次检验是海王星的发现。海王星是科学家运用牛顿力学知识在"笔尖上的发现"；整个科学界都在高呼：牛顿力学法则是惟一的原则、最高的原则、永恒的原则、普遍的原则。

② H.S. 塞耶编：《牛顿自然哲学著作选》，上海外国自然科学哲学著作编译组译，上海人民出版社 1974 年版，第 11、12 页。

直到现在，在我们的日常用语中，还有听力、视力、记忆力、能力、潜力、体力、智力、创造力、说服力、感染力、想象力、动力、阻力、生产力、购买力等说法。力的概念层出不穷，令人目不暇接。[①]

机械自然观把生物、化学、物理等运动形式都归结为简单机械运动。各种物体（包括人在内）则看成是由宇宙最后基石——原子通过各种方式组合而成，因此，只要掌握了物体的机械运动规律（这已由牛顿力学定律完成），原则上，就能解释、甚至预测世界上一切的自然现象。这种机械自然观，在法国科学家拉普拉斯（1749—1827年）那里达到了顶峰。在拉普拉斯看来：我们必须把目前的宇宙状态看做是它以前状态的结果及其以后发展的原因。如果有一种智慧能了解在一定时刻支配着自然界的所有的力，了解组成它的实体的各自的位置，如果它还伟大到足以分析所有事物，它就能够用一个单独的公式概括出宇宙万物的运动，从最大的天体到最小的原子，都毫无例外，而且对于未来，就像对于过去那样，都能一目了然。这种思想被称为机械决定论。

机械自然观用机械的装置来设想自然界的万事万物，只承认机械运动是唯一的运动形式，这就必然否认自然界运动形式的多样性。既然机械运动是唯一的运动形式，而且运动的原因不在事物的内部而在外部（即由于外力的推动），那么自然界的任何变化发展就都被否定了，万事万物只有在空间上彼此并列着，并无时间上的发展，即所谓"太阳底下没有新事物"。机械运动，用伽利略的话来说，只是"部分和部分之间的简单移动，即不消灭什么，也不产生什么新东西"。因此，用机械自然观去概括世界，即认为宇宙和宇宙中的一切过去如此，现在如此，将来也还是如此；既没有新的东西出现，也没有旧的东西消失，自然界的一切过程只是物体的机械动作和它们动量的交换。于是，为了说明太阳系的起源，牛顿引入上帝的"第一推动"绝非偶然；机械自然观有着深深的形而上学自然观烙印。按照机械自然观，"在这个自然界中，今天的一

---

① 林德宏：《科技哲学十五讲》，北京大学出版社2004年版，第161—162页。

切都和一开始的时候一模一样，而且直到世界末日或万古永世，一切都仍将和一开始的时候一模一样。"① 而"如果我们以现有状态的永恒性为前提，我们就需要有一个第一推动，上帝。"②

对于近代科学的形而上学机械论自然观，恩格斯在《自然辩证法》手稿中作出了如下有系统的评价："18世纪上半叶的自然科学在知识上，甚至在材料的整理上大大超过了希腊古代，但是在观念地掌握这些材料上，在一般的自然观上却大大低于希腊古代。在希腊哲学家看来，世界在本质上是某种从混沌中产生出来的东西，是某种发展起来的东西、某种生成着的东西。在我们所探讨的这个时期的自然研究家看来，它却是某种僵化的东西、某种不变的东西，而在他们中的大多数人看来，则是某种一下子就造成的东西。科学还深深地禁锢在神学之中。它到处寻找，并且找到了一种不能从自然界本身来解释的外来的推动力作为最后的原因。如果牛顿所夸张地命名为万有引力的吸引被当作物质的本质特性，那么开初造成行星轨道的未经说明的切向力又是从哪里来的呢？植物和动物的无数的种是如何产生的呢？而早已确证并非亘古就存在的人类最初是如何产生的呢？对于这些问题，自然科学往往只能以万物的创造者对此负责来回答。哥白尼在这一时期之初向神学下了挑战书；牛顿却以神的第一推动这一假设结束了这个时期。这时的自然科学所达到的最高的普遍的思想，是关于自然界的安排合乎某种目的性的思想，是浅薄的沃尔弗式的目的论，根据这种理论，猫被创造出来是为了吃老鼠，老鼠被创造出来是为了给猫吃，而整个自然界被创造出来是为了证明造物主的智慧。当时的哲学博得的最高荣誉就是：它没有被同时代的自然知识的狭隘状况引入迷途，它——从斯宾诺莎一直到伟大的法国唯物主义者——坚持从世界本身来说明世界，并把细节的证明留给未来的自然科学。"③

① 《马克思恩格斯选集》第四卷，人民出版社1995年版，第265页。
② 恩格斯：《自然辩证法》，于光远等译，人民出版社1984年版，第254页。
③ 《马克思恩格斯选集》第四卷，人民出版社1995年版，第265—266页。

三、辩证自然观的兴起

18 世纪下半叶以来，随着自然科学从经验领域进入理论领域，自然科学本身的辩证性质和机械自然观的形而上学性质的矛盾逐渐激化。自然科学的一系列重大成就，使人们逐渐认识到自然界的演化和相互联系，在机械自然观的壁垒上打开了一个又一个缺口。

1. 发展变化思想的确立

在僵化的形而上学自然观上打开第一个缺口的，是康德 1755 年提出的有关太阳系起源的星云假说。因为康德的假说已经把太阳系理解成为一个运动、发展、变化的过程。康德研究的问题是："要在整个无穷无尽的范围内揭示把造化的各个巨大环节联结起来的系统性，要运用力学规律从大自然的初始状态推演出天体自身的形成及其运动的起源"[1]。他追求的目标是"联系起来的系统性"和"天体的形成及其运动的起源"。这表明康德不再把自然界看作一个既成事物，而是看成一个发展过程；不再用孤立、静止的方法，而是用联系、发展的观点来研究自然界了。康德认为所有的天体都有从起源到消亡的过程，"因为有这样一个自然规律：凡是有开端的东西，都将不断地接近其衰亡"[2]。针对牛顿只讲吸引不讲排斥的失误，康德认为排斥与吸引同样简单、同样确实、同样基本、同样普遍；他用这两种作用来说明天体的起源过程。他说："大自然本身就够了，神的统治是不必要的。"[3] 他反对上帝"直接插手"，反对一只"外来的手"；这只"手"就是牛顿所说的上帝的"第一次推动"。恩格斯把康德的这个学说称做是从哥白尼以来天文学取得的最大进步，认为自然界在时

---

① 《康德自然哲学文集》（注释版）上卷，李秋零译注，中国人民大学出版社 2016 年版，第162 页。

② 《康德自然哲学文集》（注释版）上卷，李秋零译注，中国人民大学出版社 2016 年版，第255 页。

③ 《康德自然哲学文集》（注释版）上卷，李秋零译注，中国人民大学出版社 2016 年版，第162 页。

间上没有任何历史的那种观念，第一次被动摇了。恩格斯指出："如果说大多数自然研究家对于思维并不像牛顿在'物理学，当心形而上学啊！'这个警告中那样表现出厌恶，那么他们一定会从康德的这个天才发现中得出结论，从而避免无穷无尽的弯路，省去在错误方向下浪费的无法估算的时间和劳动，因为在康德的发现中包含着一切继续进步的起点。如果地球是某种生成的东西，那么它现在的地质的、地理的和气候的状况，它的植物和动物，也一定是某种生成的东西，它不仅在空间中必然有并存的历史，而且在时间上也必然有前后相继的历史。如果立即沿着这个方向坚决地继续研究下去，那么自然科学现在就会进步得多。"①

19世纪，进化论获得了比较充分的发展。进化论思潮包括天体演化思想，地质进化思想，生物进化思想，以及物理学中的进化问题；这些思想集中在18、19世纪形成并完善，从而转变成为一种社会思潮。

英国地质学家赖尔用变化的观点研究地质学，向地球不变的传统观点发出挑战。赖尔在1830年出版的《地质学原理》一书中写道："地质学是研究自然界中有机物和无机物所发生的连续变化的科学；同时也探讨这些变化的原因，以及这些变化在改变地球表面和外部构造所发生的影响。"②研究地球的变化，是赖尔地质学思想的核心。他认为地球表面是个屡经变化的舞台。"很久以来，一般的见解都认为地球是静止的，一直等到天文学家告诉我们，我们才知道它是以难以想像的速度在空间运动着。地球的表面，也同样被认为自从创造以来一直没有发生过变化，一直等到地质学家的证明，我们才知道这是屡经变化的舞台，而且至今还是一个缓慢的、但永不停息的变动物体。"③引起地球表面变化的原因是各种自然因素的缓慢作用，包括水的作用和火（火山爆发）的作用。

在赖尔以前，地质学曾经历过水成论与火成论的长期争论。两派各执己

---

① 《马克思恩格斯选集》第四卷，人民出版社1995年版，第267页。

② C.莱伊尔：《地质学原理》第一册，徐韦曼译，科学出版社1959年版，第37页。

③ C.莱伊尔：《地质学原理》第一册，徐韦曼译，科学出版社1959年版，第43页。

见，水成论讲水不讲火，火成论讲火不讲水，大有水火不相容之势。这也是"非此即彼"的思维方式在作祟。赖尔则认为水火都是破坏和再造的工具。火的作用使地壳从平变成不平，水的作用则使地壳从不平变平。赖尔认为地质学的研究方法同历史学的研究方法十分相似。历史学通过古代的文物，用古今社会相比较的方法，用因果分析的方法研究历史；地质学也可以通过地质遗迹来研究过去的地质变化。历史学同各门精神科学有密切联系，地质学也同各门自然科学密切相关。他还提出"古今一致"的原则，"现在是认识过去的钥匙"。赖尔用历史的方法研究地质变化，把历史的观点带进了地质学。①

尤其要明确，与牛顿力学紧密相关的物理学中也出现了进化问题。在牛顿经典力学中，时间是无方向的，只讨论运动及其状态变化，不讨论发展、进化。把发展的观点，时间箭头问题引入物理学，是 19 世纪热力学研究所提供的。克劳修斯通过热力学第二定律的研究提出了"热寂说"。他认为宇宙总会到达这样的一天，即所有的运动都会变成热运动，最后由于热量平衡，热虽存在，但热运动没有了，宇宙就死亡，处于热寂状态。克劳修斯在这里实际提出了一个无机界的发展方向问题。

2. 普遍联系思想的确立

19 世纪自然科学在自然观上的突破，不仅表现于发展变化思想的确立，而且表现在科学逐渐揭示了自然界中的普遍联系。在这方面首先是近代化学的建立起了重要作用。恩格斯指出："从拉瓦锡以后，特别是从道尔顿以后，化学的惊人迅速的发展从另一方面向旧的自然观进行了攻击。"恩格斯这里所说的"另一方面"就是普遍联系思想的确立。

近代化学的建立从三个方面加强了普遍联系的思想。一是科学原子论的提出，揭示了一切化学过程在本质上的统一；二是元素周期律的发现，揭示了元

---

① 林德宏：《科技哲学十五讲》，北京大学出版社 2004 年版，第 101 页。

素之间的内在联系，过去似乎相互孤立的元素，现在证明它们之间存在着密切的关系；三是维勒的尿素合成，它以雄辩的事实证明，用普通的化学方法，由氰、氰酸银、氰酸铝和氨水、氯化铵等无机原料按不同途径都可以合成同一有机物——尿素。这不仅把有机化合物的神秘性彻底扫除了，而且消除了有机界和无机界之间存在已久的鸿沟。

细胞学说的建立则把动物界和植物界之间存在的巨大壁垒拆除了。不但原本天壤之别的动物和植物通过细胞有了共通之处，而且一切有机体的分化、发育、生长都建立在细胞这一共同的基础上。

能量守恒和转化定律的确立再一次揭示了自然界业已存在的普遍联系。它表明，自然界中一切运动的统一，现在已经不再是一个哲学的论断，而是自然科学的事实了。

通过 19 世纪诸多自然科学领域的发展，已经造成这样一种变化：过去被看做是孤立的、割裂的自然现象，现在被证明是统一的物质运动的不同形式；过去被当做是一成不变的东西，现在被证明是逐渐形成的。恩格斯在《自然辩证法》手稿中写道："于是我们又回到了希腊哲学的伟大创立者的观点：整个自然界，从最小的东西到最大的东西，从沙粒到太阳，从原生生物到人，都处于永恒的产生和消灭中，处于不断的流动中，处于不息的运动和变化中。只有这样一个本质的差别：在希腊人那里是天才的直觉的东西，在我们这里则是严格科学的以实验为依据的研究的结果，因而其形式更加明确得多。""新的自然观就其基本点来说已经完备：一切僵硬的东西溶解了，一切固定的东西消散了，一切被当作永恒存在的特殊的东西变成了转瞬即逝的东西，整个自然界被证明是在永恒的流动和循环中运动着。"[①]

---

① 《马克思恩格斯选集》第四卷，人民出版社 1995 年版，第 270—271 页。

第六节　德国古典哲学中的辩证法

18世纪末至19世纪初，资本主义社会生活的急剧变革和自然科学的发展，动摇了机械的运动观，促使哲学家们开始辩证地探讨物质的运动、变化和发展问题。从康德开始的德国古典哲学，批判了形而上学的自然观，探讨了宇宙的发展史，特别是分析了人类意识、精神的发展过程，提出了辩证的发展观。

一、康德与辩证法

康德哲学思想的发展，大致可以划分为两个阶段。在1770年前，也就是在康德提升为教授之前，他主要从事于自然科学的研究，此后，便转入研究哲学。人们一般以1770年为界限，把康德的思想的发展划分为"前批判时期"和"批判时期"两个阶段。

"前批判时期"，康德的重大研究成果是他提出了与当时占统治地位的宇宙不变论相对立的宇宙发展论，为近代辩证自然观的形成开辟了道路。

在《一般自然史与天体理论》一书中，康德运用对立统一的观点说明天体的形成，认为天体形成和演化的根本原因在于原始物质的内部矛盾，即引力和斥力的对立统一。他指出，在宇宙的原始状态中，物质微粒充满了整个宇宙空间。这些物质微粒具有促使它们相互运动的基本能力，这就是引力和斥力。"吸引作为运动的初始源泉，先于一切运动，不需要外来原因"[1]，它是没有界限的，普遍存在的。同样地，斥力也到处起作用。引力使密度较小的微粒向引力中心聚集，形成太阳。斥力和引力相结合，使向引力中心运动的方向发生改

---

[1] 《康德自然哲学文集》（注释版）上卷，李秋零译注，中国人民大学出版社2016年版，第225页。

变，直线运动变成圆周运动。行星就是由圆周轨道上的物质微粒构成的。康德关于引力和斥力在宇宙发展史中作用的论述，在哲学上具有多方面的意义。它不仅用物质本身原因解释了天体的产生，而且在物质范畴和对立统一范畴的发展上也作出了贡献。恩格斯指出过："康德早已把物质看作吸引和排斥的统一体了。"①

1763 年，康德在"将负值概念引入世俗智慧的尝试"一文中，从理论上研究了矛盾与对立的关系问题，探讨了逻辑上的对立面和现实的对立面的区别。他写道：

> 相互对立的东西是：其中一个取消通过另一个而设立的东西。这种对立是双重的；要么是由于矛盾而是逻辑的，要么是实际的，即没有矛盾。
>
> 第一种对立，即逻辑上的对立，是人们迄今为止惟一瞩目的对立。它在于对同一事物同时肯定和否定某种东西。这种逻辑结合的结果，就像矛盾律所说的那样，是什么也不是（否定的、不可想象的无）。一个在运动中的物体是某种东西，一个不在运动中的物体也是某种东西（可以设想的东西）；然而，一个在运动中并在同一个理解里面同时不在运动中的物体，就什么也不是。
>
> 第二种对立，即实际的对立，是这样一种对立：此时一个事物的两个谓词相互对立，但并不通过矛盾律。在这里，一个取消了通过另一个而设定的那种东西；但结果却是某种东西。一个物体朝向某个地方的运动力和同一个物体朝相反方向的同等努力并不相互矛盾，它们作为谓词在一个物体中同时是可能的。它们的结果就是静止，而静止是某种东西（可以想象的东西）。②

---

① 《马克思恩格斯全集》（第 1 版）第 20 卷，人民出版社 1971 年版，第 410 页。
② 《康德自然哲学文集》（注释版）下卷，李秋零译注，中国人民大学出版社 2016 年版，第 766 页。

康德的上述文字，阐述了逻辑上的对立面和现实的对立面的区别。在逻辑上，两个对立的判断不可能同时都是真的，两个判断的相互排斥不会得出任何结果。现实的对立面则是另外一回事。现实的对立面则是两种相反方向的力。二者虽然也是互相排斥，但这种排斥不是毫无结果，而是某种东西。两个相反方向的力作用于一个物体，即会使物体静止。康德认为，这种对立面不仅在自然界而且在人的行为中也存在着，在我们周围世界中比比皆是。

在《一般自然史与天体理论》一书中，他还以"冷""热"概念的"对立统一"，说明过"实际对立的概念在实践的世俗智慧中也有有益的运用。"① 他写道：

> 我们还想从自然科学中借用一个例子。……一个著名的问题是：冷是否需要一个肯定的原因，或者说，冷是否作为阙失可以归因于热的原因不在场呢？就它有助于我的目的而言，我在此稍事逗留。毫无疑问，冷自身是热的否定，很容易看出，它自身没有肯定的理由也是可能的。但同样很容易就可以理解的是，它也可以出自一个肯定性的原因，现实地有时产生自某种东西，无论人们为了一种热的起源的见解把这种东西假定为什么。在自然界中，没有绝对的冷，当人们谈到冷时，都是相对地理解它的。……如果物体中间的火元素在某个空间里处在平衡中，那么这些物体相比之下就既不冷也不热。如果这种平衡被取消，那么，火元素过渡进入的那种物质相对于由此被黜夺火元素的物体就是冷的，而后者与此相反，由于把这种热的物质出让给前者，相对于前者就叫做热的。在这一变化中，就前者而言就叫做变热，就后者而言就叫做变冷，直到一切又恢复平衡。②

---

① 《康德自然哲学文集》（注释版）下卷，李秋零译注，中国人民大学出版社 2016 年版，第 774 页。

② 《康德自然哲学文集》（注释版）上卷，李秋零译注，中国人民大学出版社 2016 年版，第 185—186 页。

从上可见，康德在"前批判时期"对"对立统一"做了研究。他承认在客观世界中存在着对立面，对立面的斗争可以产生出积极的结果；承认大自然是自身发展起来的，没有神来统治的必要。他还认为宇宙的秩序可以找到自然的原因，无需乞灵于上帝。

在"批判时期"，康德哲学的批判锋芒，主要是针对莱布尼茨-沃尔夫"形而上学"①即哲学体系。在当时的历史条件下，康德对莱布尼茨-沃尔夫哲学的批判，实质上就是对封建神学的批判。不过，与此同时，康德也不断地批判唯物论、无神论，调和唯物论与唯心论的对立，使二者妥协。和笛卡尔的"形而上学"一样，莱布尼茨-沃尔夫"形而上学"排斥感觉经验，坚持从概念出发进行抽象的推论，从而对它所研究的对象（上帝、灵魂和意志）作出片面规定，断言"上帝是存在的"，"灵魂是不灭的"，"意志是绝对自由的"，并且认定这些片面的规定是绝对的永恒不变的真理。康德是从认识论着手批判莱布尼茨-沃尔夫"形而上学"的；他认为，基本缺陷就是武断，就是说，在没有对人类的认识能力进行仔细考查之前，便预先断定人们无需经验之助，单凭理性就能对宇宙中的一些根本问题作出理论上的绝对无误的证明。因此，康德把莱布尼茨-沃尔夫"形而上学"称之为"独断论"。在《纯粹理性批判》中，康德力图对人的认识能力作一番批判考查，看看人的认识能力究竟有多大。康德最后的结论是，人的认识能力是有限的，只限于经验范围，不能超出经验，只能认识

---

① 这里所说的"形而上学"，不是指它的转义，即与辩证法相对立意义上的思维方法，而是指其本义，即关于超验存在之本性的哲学。这种哲学形态力图从一种永恒不变的"终极存在"或"初始本原"出发去理解和把握事物的本性以及人的本性和行为。从起源上看，形而上学形成于柏拉图哲学，后在亚里士多德的《形而上学》一书中达到了系统化程度。按照亚里士多德的观点，形而上学就是"第一哲学"，即关于存在之存在的学说，或者说是研究超感觉的、经验以外的对象的学说。概而言之，形而上学所追求的是一切实在对象背后的那种终极的存在，并把这种存在看作是事物的具体和特殊的存在及其各种特性的基础，即本体，然后据此推论出其他一切。正是在这个意义上，亚里士多德认为，哲学以"寻求最高原因的基本原理"为宗旨，因而是一切智慧的"最高的智慧"。海德格尔说，"形而上学就是一种超出存在者之外的追问，以求回过头来获得对存在者之为存在者以及存在者整体的理解。"（海德格尔：《路标》，孙周兴译，商务印书馆2000年版，第137页）

"现象",不能认识"自在之物"。在康德看来,"形而上学"所研究的对象(上帝、灵魂、自由)都不是"现象世界"中的东西,是人的认识所不能达到的"自在之物"。因此,"形而上学"关于上帝、灵魂、自由所作的一切理论证明统统是毫无根据,站不住脚的。①

"批判时期",康德关于矛盾问题的观点主要集中在他为反驳"形而上学"的理性宇宙论提出的著名的"二律背反"学说里。在康德看来,理性宇宙论的根本错误是用那些只能被应用于经验的先验形式,包括直观的形式——时空和知性范畴,如有限和无限、原因和结果、必然和偶然等,对世界的整体性质做出判断;其后果是造成一些正相反对的命题,而且每一对相反的命题都合乎逻辑。康德把在逻辑上都能够成立的一对相反判断称作二律背反,认为理性宇宙论有如下四个二律背反。

(1) 正题:世界在时间和空间上是有限的;

    反题:世界在时间和空间上是无限的。

(2) 正题:世界上一切事物都是由单一的东西构成的;

    反题:没有单一的东西,世界上一切事物都是由复合的东西构成的。

(3) 正题:世界有出于自由的原因;

    反题:没有自由,世界的一切都是被决定的。

(4) 正题:世界的因果系列以一个必然存在者为第一因;

    反题:没有绝对的必然存在者,世界的最初原因是偶然的。

康德这里列举的"正题"的观点代表了"形而上学"理性宇宙论的观点,其目的是为了论证灵魂不灭、意志自由和上帝存在。"反题"代表的是非主流的看法,大体上反映了十七、十八世纪机械唯物论的观点。康德把两者的对立总结为"柏拉图路线"与"伊壁鸠鲁路线"这两条思想路线的对立。他承认,

---

① 冒从虎、王勤田、张庆荣:《欧洲哲学通史》下卷,南开大学出版社1986年版,第134—135页。

后者虽然并非主流，但在近代却被经验论发扬光大，与代表"柏拉图路线"的莱布尼茨-沃尔夫唯理论体系尖锐对立。

对于上述的各个正题和反题，康德都给予了同等有效的逻辑证明。试以第一组"二律背反"中关于世界在时间和空间上是有限的还是无限的争执为例。①

时空有限论的证明是：某一确定时间以前不可能经过时间的无限系列，因此时间是有限的；如果空间是无限的，它将是部分的无限相加，这需要无限的时间；既然时间不可能无限，空间也不可能无限，而是有界限的。

时空无限论的证明是：如果世界在时间系列上有一开端，那将意味着，在此之前没有时间，而没有时间的状态中也没有任何时间存在的条件，时间系列不可能有从无到有的过渡，因此必须肯定时间没有开始；空间也不能被想象为部分的有限相加，这样想象出来的空间是不包含任何事物的虚空，是不存在的虚无，实际存在的只能是无限的空间。

在康德看来，正反双方都能自圆其说，各有各的道理，谁也驳不倒谁，致使"理性"陷入不可解决的矛盾之中。问题在哪里呢？康德认为，问题在于双方的出发点都是错误的，混淆了"现象"和"自在之物"的界限，超越经验胡乱使用了"知性"范畴。在他看来，"世界"如果作为"现象"，那么它完全以自我意识的活动的伸展度为转移，既说不上有限，也说不上无限；"世界"如果作为"自在之物"，那么，它究竟是有限的还是无限的，则是不可知的。于是，"理性"在关于"世界"的理念中陷入"二律背反"，说明人的认识能力是有限的，只能认识"现象"，不能超越"现象世界"去认识"自在之物"；"形而上学"的理性宇宙论的观点是没有根据的。

在康德的理论中，人们用理性认识有关世界的总体问题时，必然陷入不可解决的矛盾之中，即"二律背反"；这种矛盾，既不是可以纠正的逻辑错误，也不是来自感觉经验中的假象，而是理性在进行认识活动时必然产生的，是不可避免的。换言之，康德认为作为现象的条件系列的绝对的统一的世界（"物

---

① 赵敦华：《西方哲学简史》，北京大学出版社2001年版，第318页。

自体"）并不是一个经验；一旦把只能运用到经验上的范畴运用到"物自体"上面，矛盾就会必然产生。由此可见，康德已经认识到理性认识中的矛盾不是偶然出现的，而是不可避免的。但是，康德由理性矛盾做出了要限制人的认识能力的消极结论。对于康德的"二律背反"在对立与统一范畴史上的贡献，黑格尔的认识是，"这种思想认为知性的范畴所引起的理性世界的矛盾，乃是本质的，并且是必然的，这必须认为是近代哲学界一个最重要的和最深刻的一种进步。"①

二、费希特、谢林与黑格尔

在对立统一的学说上，费希特比康德前进了一步。费希特也探讨了变化发展问题。他说："自然在自己的永恒转化中迅速前进着，当我还在谈我所观察到的瞬刻时，它已经消逝不见了，一切也都起了变化，在我能够把握这瞬刻以前，一切又都成为另一个样子。一切东西并不总是像它们过去那样，也不总是像我现在把握的那样；它们是变成这样的。"②在费希特看来，自然、社会和人类思维的发展都是同一种原始的力量的和谐发展；这种原始力量即绝对"自我"。这个绝对"自我"是理性和意志统一的精神实体，是产生万物的本原——它设定"自我"和"非我"，由于"自我"和"非我"的相互依存、相互限制的对立斗争，"自我"才能认识自己和改造客观世界，达到"自我"和"非我"的统一，并由此推演出整个世界的观念来。这种主观唯心主义的发展观，克服了康德在认识过程中否认矛盾的形而上学，把"自我"和"非我"的对立统一看成是思维发展的规律。这种把矛盾看成是推动精神发展的辩证法，为谢林和黑格尔所继承和发展。

在费希特之后，谢林则创立了客观唯心主义的"同一哲学"。他提出，最

---

① 黑格尔：《小逻辑》，贺麟译，商务印书馆1980年版，第131页。

② 费希特：《人的使命》，梁志学、沈真译，商务印书馆1982年版，第8页。

高本原是存在和思维、物质和精神、客体和主体的绝对同一。在这个原始的绝对同一中没有任何差别。由于绝对同一的不自觉的盲目活动，才把自己同自己区别开，产生出存在和思维、物质和精神、客体和主体的差别和矛盾，从而产生出世界的万事万物。最后，整个世界以绝对同一为归宿。十分明显，谢林的绝对同一，只不过是上帝的别名而已；这样一个无差别、无矛盾的绝对同一，也是一个形而上学的怪物。但是，在谢林的同一哲学中合理的辩证思想为黑格尔所继承。

首先，在谢林看来，事物发展过程就是产生矛盾和解决矛盾的过程。尽管谢林认为自然界最初是没有任何差别的同一，然而他又认为在无所不包的同一性的范畴之外，不可能有任何东西。因此，与同一相对立的差别，就应该包含在同一本身；同一中就应该有对立。于是，自然界就不再是纯粹的同一性，而具有了两重性。两重性中又有统一性，统一性中又有新的两重性，自然界就是在这样一个过程中发展的。谢林认为，自然界的发展经历了三个阶段：质料、物质、有机界。他和康德一样，认为斥力和引力是最初的力。但是，他认为引力和斥力的综合是重力，只有重力才是真正的创造力，只有通过它才能完成"物质的构造"。

其次，谢林明确地论述了对立面的斗争和统一是一切运动的源泉。他说，"对立在每一时刻都重新产生，又在每一时刻被消除。对立在每一时刻这样一再产生又一再消除，必定是一切运动的最终根据。这条原理是动态物理学的基本原理，同各门附属科学的所有基本原理一样，在先验哲学里拥有它自己的地位。"①

黑格尔批判地继承了康德、费希特和谢林关于对立与统一的思想，成为欧洲哲学史第一个在唯心主义基础上自觉地系统阐述了对立统一规律的哲学家。恩格斯指出："这种近代德国哲学在黑格尔的体系中完成了，在这个体系中，黑格尔第一次——这是他的伟大功绩——把整个自然的、历史的和精神的世界

① 谢林：《先验唯心论体系》，梁志学、石泉译，商务印书馆1976年版，第166—167页。

描写为一个过程，即把它描写为处在不断的运动、变化、转变和发展中，并企图揭示这种运动和发展的内在联系。"①

黑格尔强调矛盾是运动的源泉。他认为矛盾"是一切自己运动的根本，而自己运动不过就是矛盾的表现。"②"矛盾是推动整个世界的原则"③。黑格尔把整个世界理解为一个既对立又统一的发展过程，他的整个哲学体系可以说就是对这样一个过程的描述。他指出："可以在一切种类的对象中，在一切的表象、概念和理念中发现矛盾。认识矛盾并且认识对象的这种矛盾特性就是哲学思考的本质。这种矛盾的性质构成我们后来将要指明的逻辑思维的辩证的环节。"④

黑格尔批判了"自然界中没有飞跃"的观念，揭示了运动的实质："变化从来都不仅是从一个大小到另一个大小的过渡，而且是从质到量和从量到质的过渡，是变为他物，即渐进过程之中断以及与先前实有物有质的不同的他物。""单纯的渐进过程突然中断了，遏止了，另一状态的出现就是一个飞跃。一切生与死，不都是连续的渐进，倒是渐进的中断，是从量变到质变的飞跃。"⑤ 他把运动的实质视为"一物变为他物"的质变，是新事物的产生，这就消除了机械唯物主义局限，对运动的概念做了辩证法的解释。

黑格尔还概括当时的自然科学成果，把自然界区分为"机械性""物理性""有机性"等几个发展阶段。虽然他谈的并不是自然界本身的运动发展，而是潜在于自然界背后的概念之间联系和运动发展，但也在唯心主义立场上否定了机械论，承认并论述了自然界运动形式的多样性。恩格斯指出："黑格尔（最初的）分类：机械论、化学论、有机论，对当时来说是完备的。机械论：物体的运动；化学论：分子的运动（因为这里也包括物理学；而且两者——物理和化学——都属于同一层次）和原子的运动；有机论：物体的运动和上述两种

---

① 《马克思恩格斯选集》第三卷，人民出版社 1995 年版，第 362 页。
② 黑格尔：《逻辑学》下卷，杨一之译，商务印书馆 1976 年版，第 66 页。
③ 黑格尔：《小逻辑》，贺麟译，商务印书馆 1980 年版，第 258 页。
④ 黑格尔：《小逻辑》，贺麟译，商务印书馆 1980 年版，第 132 页。
⑤ 黑格尔：《逻辑学》上卷，杨一之译，商务印书馆 1966 年版，第 404、403—404 页。

运动不可分地在一起。因为有机论无疑是把力学、物理学和化学联结为一个整体的更高的统一，在这里三位一体是不能再分离的。在有机体中，机械运动直接由物理变化和化学变化引起，营养、呼吸、排泄等等是如此，纯粹的肌肉运动也同样是如此。"[①]

不过，黑格尔认为，绝对精神是造物主，世界上的一切事物都是在它的运动过程中产生出来的。在这个运动过程中，绝对精神首先把自己异化为对象，产生了自然界；接着，又克服自己与对象的对立，回复到自身，于是出现了人类社会和国家；最后，在科学（即哲学）里绝对精神把自己理解为绝对精神。这就是黑格尔所理解的世界是一个既对立又统一的发展过程。由于黑格尔把精神看作是世界及其运动发展的本质和灵魂，认为自然和社会本身是没有能动性的，它们不过是精神、概念运动的外在表现，因此，他仅仅是在阐述精神、概念的运动发展中，不自觉地猜测到了自然和社会的运动和发展。所以，他的运动观是辩证法的精华和唯心主义的糟粕混杂在一起的。尽管如此，黑格尔关于矛盾是运动和发展源泉的观点，对克服形而上学机械论、建立辩证法的运动观，具有决定意义。

第七节　黑格尔创造了对辩证法的新理解

一、黑格尔以前的"主观辩证法"

在西方哲学的起始阶段，古希腊的哲学家们是从"否定的辩证法"涵义上称谓辩证法的；辩证法被理解为与人谈话过程中揭示对方言语中的矛盾，并把自己的观点阐述清楚的技术。苏格拉底的学生色诺芬在《回忆录》中说，苏格

---

① 　恩格斯：《自然辩证法》，于光远等译编，人民出版社 1984 年版，第 150—151 页。

拉底"注意到辩证这个词导源于人们的一种活动，就是聚在一起讨论问题时，按对象的种属加以辨析。在他看来，每个人都应当下决心掌握这种技术，下苦功夫去学习它，凭这门技术的帮助，就能成为最有才干的人，最能指导别人的人，讨论时见解最深刻的人。……在考察辩论主题的时候，他从一些公认为真理的命题出发，认为这样就为他的推理打下扎实的基础了。因此，每当说话的时候，就我所知，他是最容易说服听众同意他的论点的。"① 这位回忆者的观点可在亚里士多德的著作中找到佐证。

在亚里士多德的《辩谬篇》中，辩证法被说成是一种认识的训练方法，是一种据以同别人进行得心应手的论辩和论证的艺术，是一种达到一切研究原则的批判过程。他认为辩证法是一种无法得到逻辑证明，只能停留于直觉中的推理形式。亚里士多德在谈到哲学、物理学和辩证法的研究对象的区别时还说过："'实是'，就'实是'而论诸属性和所涵的诸对反，恰正是哲学这门所专研的对象。人们可以分别将事物之不属实是，只属动变者归之于物理学；将事物之不以'自身为是'而以'其属性之所是为是者'归之于辩证法与诡辩术；于是，留给哲学家的仍为我们所已举示的诸事物之所以为实是。"② 由此可见，亚里士多德认为哲学是研究实体及其属性的，而辩证法只研究实体的属性。他又说："诡辩术和辩证法谈论与哲学上同类的事物，但哲学毕竟异于辩证法者由于才调不同，哲学毕竟异于诡辩术者则由于学术生活的目的不同。哲学在切求真知时，辩证法专务批评；至于诡辩术尽管貌似哲学，终非哲学。"③

对于苏格拉底的辩证法，一般认为：

苏格拉底的方法是一种在讨论问题的过程中，通过各种意见的对立和冲突，从中不断揭露矛盾，克服矛盾，最后达到真理的方法。苏格拉底的

---

① 《西方哲学原著选读》上卷，北京大学哲学系外国哲学史教研室编译，商务印书馆1981年版，第59页。

② 亚里士多德：《形而上学》，吴寿彭译，商务印书馆1959年版，第215页。

③ 亚里士多德：《形而上学》，吴寿彭译，商务印书馆1959年版，第60页。

这个方法包括四个环节：(1) 讽刺。即从对方的意见中引出矛盾，迫使其陷入窘态，或者迫使其否定所肯定的东西。(2) 助产术。即在否定已有的意见之后，不断发现新的意见，产生新的认识；这个新意见、新认识并不是外在的，而是就在人的心灵之中。它开始以潜在的方式存在于人的心灵之中，经过讨论、讽刺、启发，成为一个确定的真理。苏格拉底说这个方法的形成，是受了他的母亲的助产职业的启发，所以被叫做助产术。不过，他的母亲是帮助人们生产孩子，而他是帮助人们生产真理。(3) 归纳。即通过讽刺否定了个别的、偶然的、错误的意见，通过助产术不断找到普遍的、必然的道理，也即由个别到一般的方法。(4) 结论或定义。即是对找到的真理加以表述，或者加以定义。苏格拉底在这里，从无知开始，经过运用讽刺、助产术、最后归纳出定义，这个方法就是古希腊哲学史上本来意义的辩证法。这个方法的创始人是芝诺，在苏格拉底这里得到自觉的运用。①

由此，可以得出：第一，辩证法在起源时局限于主观意识范围，发挥作用于二人或多人对谈的场合，与客观事物并无直接关系。第二，辩证法创始和运用的主体是人，离开人便不会有辩证法。第三，辩证法是对谈的技术，其作用是把对方言说中的矛盾揭露出来，借机把自己的观点表达清楚，其最佳效果是让对方在强劲的逻辑面前接受自己的观点，做到这一点的典范是苏格拉底。第四，作为对谈技术的辩证法，产生于以民主制为基础的社会中，虽然这种社会的客观基础是极不人道的奴隶制。②

西方人以如上方式，即从"否定的辩证法"涵义上理解辩证法持续了两千余年。其根本性的变化——从"肯定的辩证法"涵义上理解辩证法，即把辩证法作为"对世界及其事物本性的一种理解"——发生于19世纪上半叶。让这

---

① 冒从虎、王勤田、张庆荣：《欧洲哲学通史》上卷，南开大学出版社 1986 年版，第 101—102 页。

② 宫敬才：《诹论马克思的人化自然辩证法》，《河北学刊》2014 年第 1 期，第 29—30 页。

一变化成为现实者，是黑格尔。黑格尔对辩证法的新理解，可谓是在"通晓思维的历史和成就之基础上"实现的。①

二、解析芝诺论辩中的"客观辩证法"

在《逻辑学》一书中，黑格尔写道："辩证法是那些古代科学在近代人的形而上学中以及通过古代人和近代人的流行哲学而最遭到误解者之一。"②"人们通常把辩证法看成一种外在的否定的行动，不属于事情本身；这种行动，以单纯的虚荣心，即以想要动摇和取消坚实的东西和真的东西的主观欲望为根据；或者，这种行动至少是除了把辩证地研讨的对象化为空虚而外，只会一事无成。"③

亚里士多德称芝诺是"辩证法的创立者"。黑格尔十分重视芝诺否认运动的论证。在《逻辑学》中，黑格尔写道："古代爱利亚学派主要是应用他们的辩证法以反对运动……从这种辩证法所引出的结论，一般是所树立的主张之矛盾和虚无。但这可以有双重意义，——或者是客观的意义，即对象自身矛盾到如此程度，以致扬弃自身并且是虚无的，——例如爱利亚派的结论就是这样，按照这样的结论，世界、运动、点等的真理性，都被否认了，——或者是主观的意义，即认识是有缺憾的。在后一种结论下，或是作这样的了解，即玩弄骗人假象的把戏的，只就是这个辩证法。这是所谓人的常识的习惯观点，常识执着于感性的自明性和习惯的观念和说法"④。

在《哲学史讲演录》中，黑格尔十分深入地分析和讨论了芝诺否认运动的

---

① 恩格斯曾写道："黑格尔的思维方式不同于所有其他哲学家的地方，就是他的思维方式有巨大的历史感作基础。……何况黑格尔不同于他的门徒，他不像他们那样以无知自豪，而是所有时代中最有学问的人物之一。"(《马克思恩格斯选集》第二卷，人民出版社1995年版，第42页)

② 黑格尔：《逻辑学》下卷，杨一之译，商务印书馆1976年版，第537页。

③ 黑格尔：《逻辑学》上卷，杨一之译，商务印书馆1966年版，第38页。

④ 黑格尔：《逻辑学》下卷，杨一之译，商务印书馆1976年版，第538—539页。

论证，提出"我们在芝诺这里同样看到真的客观的辩证法。"① 他写道：

  芝诺很重要的方面就是作为辩证法的创始人，究竟他之为辩证法的创始人，是在我们上面所说的那个意义下的呢，还是只不过是初步有那个意义，这一点是不确定的——因为他否定了正相反对的宾词。塞诺芬尼、巴门尼德、芝诺皆以下面这一原则为根据：无就是无，无完全没有存在，或相同者（如麦里梭）是本质；这就是说他们肯定对立的宾词中的一个作为本质。他们坚执这一点；当他们碰见了一个规定中有对立者时，他们便扬弃这一规定。但这一规定之被扬弃只是通过别一规定，通过我的坚执，通过我所作的区别，即认为一方面是真理，另一方面是空无，——（这是从一个规定的命题出发）；一个规定的空无性并不表现在它本身，并不是它自己扬弃它自己，这就是说并非它有了一个矛盾在它里面。例如运动：我坚执某物，说它是空无，我又按照前提指出它是在运动；因此就推出说，运动是空无者。但另一个人并不坚执这种说法。我宣称一个东西是直接地真的，另一个人也有权利坚执某种别的东西是直接地真的，例如运动。当一个哲学系统反驳另一个系统时，就常是这样的情形。人们每每是以前一个系统为根据，从这个系统出发，去向另一个系统作斗争。这样，事情似乎就容易办了："别的系统没有真理，因为它同我的不相符合"；而别的系统也有同样的权利这样说。我不可通过别的东西去指出它的不真，而须即从它自身去指出它的不真。如果我只是证明我自己的系统或我自己的命题是真的，便从而推论说：所以那相反的命题是错的，——这种办法是无济于事的；前一命题对于这另一命题总是表现为一种生疏的外在的东西。错误的思想之所以错误，决不能说是因为与它相反的思想是真的，而乃是由于它自身即是错误的。

  我们看见这种理性的识见在芝诺这里觉醒了。在柏拉图的"巴门尼

---

① 黑格尔：《哲学史讲演录》第一卷，贺麟、王太庆译，商务印书馆 1959 年版，第 278 页。

德"篇里这种辩证法得到很好的描述。柏拉图在这篇对话里讲了这种辩证法。他让苏格拉底说:"芝诺所主张的基本上与巴门尼德相同,即一切是一,但由于绕了一个弯子就想欺骗我们,好像他是说了一些新的东西。譬如说,巴门尼德在他的诗里指出,一切是一,而芝诺便指出,多不存在。"芝诺答复道:"他写这篇论文的目的乃在于反对那些力求使得巴门尼德的命题成为可笑的人,因为他们指出即从他的主张的自身就可表明其如何矛盾可笑,自己反对其自身。因此他是在向那些肯定'多'是'有'的人作斗争,藉以指出,从'多'出发也会推出许多比起从巴门尼德的命题出发更加不通的结论。"

这就是客观辩证法的进一步的规定。在这个辩证法里,我们看见单纯的思想已不再独立地坚持其自身,而乃坚强到能在敌人的领土内作战了。辩证法在芝诺的意识里有着这个[消极的]方面;——但是我们也可以来观察辩证法的积极的方面。按照对于科学的通常观念,命题总是被认作由于证明而得的结果,证明就是理智的运动,就是通过媒介而达到的结合。这种辩证法一般是:(一)外在的辩证法,即运动的过程[内容]与对于这个运动过程的整个掌握[形式]是区别开的;(二)不仅是我们的理智的一种运动,而乃是从事实自身的本质出发,这就是说,从内容的纯概念的运动出发去证明。前者是一种考察对象的方法:提出一些理由,指出一些方面,加以反驳,藉此使得通常当作固定不移的对象,都摇动起来。这些理由也可能是十分外在的,在智者派那里我们对于这种的辩证法将有更多的要说。但那另一种辩证法则是对于对象的内在考察;这是就对象本身来考察,没有前提、理念、应当,不依照外在的关系、法则和理由。我们使自己完全钻进事实里面,即就对象本身而加以考察,即依它自己所具有的那些特性去了解它。在这样的考察里,于是对象自身便显示出其自身[的矛盾]:自身便包含有正相反的规定,因而自己扬弃自己;这种辩证法我们主要地在古代哲学家那里见到。那种从外在的理由去论证的主观辩证法是没有多大价值的,因为人们[只是]承认:"在正当的里面也有不正常的，在错的里面也有真的。"真的辩证法却不让它的对象有任何剩余，以致可以说，它只是就一方面看来好像有缺陷；而乃是就对象的整个性质看来，它陷于解体。这种辩证法的结果是空无，是否定；它里面所包含的肯定方面还没有出现。这种真的辩证法是与爱利亚派的工作分不开的。不过在他们那里［哲学］理解的意义和本质还没有得到广大的发展；而他们只是停留在那里，说：由于矛盾，所以对象是一个空无的东西。①

黑格尔的这段话，包含着以下几层意思。

第一，辩证法作为论辩的艺术、以问答方式发展科学知识的艺术，可以有消极辩证法与积极辩证法的区分。前者是外在的主观的辩证法，是外在的否定的行动；后者是内在的客观的辩证法，是内在的否定的行动。

第二，巴门尼德和芝诺作为爱利亚学派的成员，都坚执着"这样的命题：'无'是没有实在性的，完全不存在的，于是一切有生灭的东西也就因而消失了"②，亦即"存在是不动的一"。在与主张有运动变化者的论辩中，巴门尼德说"一切是不变的，因为在变化里便肯定了存在者的非有；但是只有'有'存在，在'非有存在'这句话里，主词与实词是矛盾的。""芝诺说：'假如你肯定变化；则在变化里就包含着变化的否定，或变化不存在'。"③巴门尼德的辩证法，是外在的主观的消极辩证法；而芝诺的辩证法，则是内在的客观的积极辩证法。

第三，外在的主观的消极辩证法，对于"驳倒对手、发现真理"是不充分、有瑕疵的。其一，"提出一些理由，指出一些方面，加以反驳，藉此使得通常当作固定不移的对象，都摇动起来"之"考察对象的方法"，是以"别的系统没有真理，因为它同我的不相符合"的理路为依托，而"别的系统也有同样的权利这样说"。其二，只是证明自己的系统或自己的命题是真的，便说相反的

---

① 黑格尔：《哲学史讲演录》第一卷，贺麟、王太庆译，商务印书馆1959年版，第278—280页。
② 黑格尔：《哲学史讲演录》第一卷，贺麟、王太庆译，商务印书馆1959年版，第272页。
③ 黑格尔：《哲学史讲演录》第一卷，贺麟、王太庆译，商务印书馆1959年版，第272页。

命题是错的，这种办法是有瑕疵的；因为"错误的思想之所以错误，决不能说是因为与它相反的思想是真的，而乃是由于它自身即是错误的。"并且"在正当的里面也有不正常的，在错的里面也有真的。"而芝诺所用的辩证法，是从事物的本身在发现矛盾，才是充分的。这种辩证法"是就对象本身来考察，没有前提、理念、应当，不依照外在的关系、法则和理由……使自己完全钻进事实里面，即就对象本身而加以考察，即依它自己所具有的那些特性去了解它"，从而"不让它的对象有任何剩余"——"就对象的整个性质看来，它陷于解体"。在黑格尔的观念中，芝诺否认运动存在的四个论证，是在承认"运动的现象是存在的"前提下，推导出"运动是不真的"结论，因为理性的推演表明"一个人不可能由此地到达彼地，跑得快的追不上跑得慢的，飞着的箭是不动的……"；于是，芝诺的工作揭示出"运动的观念里即包含有矛盾""运动存在着内在矛盾"[①]。于是，芝诺说：假如你肯定变化，则变化里就包含着"变化不存在"；因此，你不能肯定变化。

第四，尽管"真的辩证法是与爱利亚派的工作分不开的"，"不过在他们那里〔哲学〕理解的意义和本质还没有得到广大的发展；而他们只是停留在那里，说：由于矛盾，所以对象是一个空无的东西"，"它里面所包含的肯定方面还没有出现。"在《逻辑学》中，黑格尔写道："外在的感性运动是矛盾的直接实有。某物之所以运动，不仅因为它在这个'此刻'在这里，在那个'此刻'在那里，而且因为它在同一个'此刻'在这里又不在这里，因为它在同一个'这里'同时又有又非有。我们必须承认古代辩证论者所指出的运动中的矛盾，但不应由此得出结论说因此没有运动，而倒不如说运动就是实有的矛盾本身。"[②]

---

① 黑格尔：《哲学史讲演录》第一卷，贺麟、王太庆译，商务印书馆 1959 年版，第 282、281 页。
② 黑格尔：《逻辑学》下卷，杨一之译，商务印书馆 1976 年版，第 66—67 页。

三、把康德的"二律背反"与芝诺的论辩关联起来

黑格尔在《哲学史讲演录》中逐一讨论了芝诺否认运动存在的四个论证后指出,芝诺"曾经掌握了我们空间和时间观念所包含的诸规定;他曾经把它们[即时空的诸规定]提到意识前面,并且在意识里揭露出它们的矛盾。康德的'理性矛盾'比起芝诺这里所业已完成的并没有超出多远。"① 他还写道:

> 芝诺的辩证法的普遍原则,爱利亚学派的普遍命题因此是这样的:"真理只是太一,一切其他的东西都不是真的";正如康德哲学得到的结果:"我们只认识现象"。大体上他们的原则是相同的,即:"意识的内容只是一个现象,没有真的东西";但两者也有一个区别。即芝诺和爱利亚派人是在这样的意义下说出它们的命题的:"感性世界以及它无限复多的形相本身只是现象;——这一方面本身没有真理。"康德的意思与此不同。他主张:"由于我们面向着世界,应用我们的思维活动去规定外在世界"(对于思维,那内心给予的世界也是一个外在的世界),——"由于我们面向着它:我们把它造成现象;那是我们的思维的活动,它把如许多的范畴——感性的、反思的范畴等等——给予外界事物。因此只有我们的认识是现象,世界自身是绝对真实的。只是我们范畴的使用,我们的行为给我们摧毁了外在世界:凡我们所作的这一切,都毫无用处。外在世界成为一个不真实的东西,即由于我们投给它一套的范畴。"这是一个很大的区别。这种内容在芝诺看来也是空无的;但在康德看来,乃是因为它是我们的制作品。在康德看来,乃是精神的东西摧毁了这世界。照芝诺看来,这世界、现象界本身就是不真的。照康德看来,我们的思维,我们的精神活动是不好的东西;——这乃是精神的一种过度卑谦,把知识当作没有价值。在新约内基督说:"难道你们不比麻雀更好些吗?"作为能思维者的我们就

---

① 黑格尔:《哲学史讲演录》第一卷,贺麟、王太庆译,商务印书馆1959年版,第293页。

是这样；作为有感性者的我们是与麻雀差不多好或坏。芝诺的辩证法的意义比起这种近代的辩证法还有较大的客观性。①

康德的"理性矛盾"源于康德的"批判哲学"体系。贯穿于康德整个哲学体系的有两个基本概念："现象"和"自在之物"（或译"物自体""物自身"）。康德一方面肯定在我们之外存在着刺激我们感官从而产生感觉的客体，即所谓"自在之物"，另一方面，他又断言这个客体是不可认识的，认识所能达到的只是"自在之物"刺激我们感官而产生的感觉表象，即所谓"现象"。康德所说的"现象"，并不是指我们日常所说的客观事物的表面现象，而是指一种主观的感觉表象。"现象"虽然是由"自在之物"作用于我们的感官而引起的，但它并不反映"自在之物"的任何性质，而只是一种纯粹的主观心理状态。康德把我们日常感官所接触到的日月星辰、山川大地、树木鸟兽以及社会生活中的种种事物，统统称之为"现象世界"。这样一来，在康德面前就存在着两个世界：一个是可以认识的此岸的"现象世界"；一个是不可认识的或者说是在"现象世界"中不会出现的彼岸的"自在之物"世界。整个说来，康德哲学就是围绕着"现象"和"自在之物"的关系，也即思维和存在是否具有同一性这个基本问题展开的。

按照康德的观点，知识有两个来源：一个是感官提供的后天的感觉经验，它是零散的东西；一个是头脑先天地固有的具有普遍性、必然性的认识能力。人的认识活动就是用先天的认识能力（"形式"）去整理后天的感觉经验（"质料"），形成具有普遍性和必然性的科学知识。康德断言，人心具有三种先天的认识能力："感性""知性"和"理性"；其间，有笛卡尔的天赋观念的影子。

康德所谓的"感性"，是指主体自我借助于感觉经验而形成感性直观知识的先天认识能力，也即感性直观形式。康德认为，一个具有普遍性和必然性的

---

① 黑格尔：《哲学史讲演录》第一卷，贺麟、王太庆译，商务印书馆1959年版，第293—294页。

感性直观知识（如"2 + 3 = 5"）是由两种因素构成的：一是后天的质料即感觉经验，一是先天的直观形式。在他看来，"自在之物"作用于感官而产生的感觉，只是一团混乱的心理状态，只有经过先天的直观形式的整理才能形成一定的感性对象，构成感性直观知识。康德断定，人心中存在着两种先天的感性直观形式：时间和空间。

康德所谓的"知性"，是指主体自我对感性对象进行思维，把特殊的、没有联系的感性对象加以综合，并且联结成为有规律的自然科学知识的一种先天的认识能力。康德认为，"感性"管直观，"知性"管思维，二者结合起来形成具有普遍性和必然性的自然科学知识。

康德所谓的"理性"，是专指人心中具有的一种要求把握绝对的、无条件的知识，即超越"现象世界"去把握"自在之物"的先天的认识能力。在他看来，人们通过"感性"和"知性"所获得的知识，都是关于"现象世界"的知识，因而总是相对的、有条件的。例如，当"知性"运用因果性范畴于经验对象时就会看到，经验对象之间的因果关系是一个无尽的系列：甲是乙的原因，乙是丙的原因，丙又是丁的原因，如此递推下去，没有尽头；反过来，甲也有自己的原因，而甲的原因本身又有原因，如此追溯上去，同样没有尽头。这就是说，在"现象世界"里，一切都是相对的，有条件的，没有什么绝对的"第一因"（没有原因的原因），也没有什么绝对的"最终结果"（没有结果的结果）。可是，在人心中却存在着一种要把相对的、有条件的知识综合成为绝对的、无条件的知识的自然倾向，这就是所谓"理性"。理性的概念——"理念"要求一种无条件的绝对完满的东西。就如同柏拉图的"理念"那样，它是经验事物的范型，但在经验中却没有任何事物能同它完全符合。①

在康德的理论中，理性的对象和内容不是感性经验，而是知性自身。理性与感性无关，只与知性的活动和使用有关；它可以说是关于思维的思维。康德说："纯粹理性永远不会直接和对象有关，而是和有关对象的知性概念相

———————————
① 冒从虎、王勤田、张庆荣：《欧洲哲学通史》上卷，南开大学出版社1986年版，第147—148页。

关"①；"理性从来都不是直接针对着经验或任何一个对象，而是针对着知性，为的是通过概念赋予杂多的知性知识以先天的统一性，这种统一性可以叫做理性的统一性，它具有与知性所能达到的那种统一性完全不同的种类。"②纯粹知性的概念是范畴，纯粹理性的概念则是理念。纯粹知性范畴具有综合统一感性的功能，经由想象将感性杂多统一于知性的轨道。纯粹理性的理念则对知性具有统一的功能。理性由于只统一知性，与感性无关，所以它不是经验的统一，而只是概念的统一，是一种应用概念构造系统的统一。范畴是规范感性以用于经验的，理念则恰恰针对非经验的东西。这样，理性的统一性便只是主观的，没有任何客观意义和效力；即是说，不能把统一知性的理性的理念看作是客观存在的对象，或具有客观规定性和实在性。③

另一方面，知性的对象是感性经验，任何感性经验都是有条件的、有限制的具体存在，而人们总是不能满足于对这些有限、有条件的感性经验对象的认识，要不断地追求、认识无条件的、无限制的统一整体，亦即所谓绝对总体。但这种无条件无限制的绝对总体，是任何具体的感性经验所不能给予的。例如，关于世界如作为一个总体，便不是感性经验所能给予或提供的。任何感性经验总是有条件、有限制的。知性只能从这些有条件、有限制的感性经验出发，去推论和肯定一个无条件的、不受限制的绝对总体的存在对象，这便是知性超越感性对象（材料）的一种扩充，即由有条件的统一扩充到无条件的统一，由受限制的部分扩充到无限制的总体……从而越出了人们可能经验的范围，于是产生了理性的理念。灵魂、自由与上帝，就是由于知性超经验地追求无条件、无限制的统一而产生的先验理念。④康德指出，"其原因就在于，在我们的理性（它被主观地看作人的认识能力）中，包含着理性运用的一些基本规则和准则，它们完全具有客观原理的外表，并导致把我们的概念为了知性作某种

---

① 康德：《纯粹理性批判》，邓晓芒译，人民出版社 2004 年版，第 284 页。

② 康德：《纯粹理性批判》，邓晓芒译，人民出版社 2004 年版，第 263 页。

③ 李泽厚：《批判哲学的批判——康德述评》，人民出版社 1984 年版，第 213 页。

④ 李泽厚：《批判哲学的批判——康德述评》，人民出版社 1984 年版，第 214 页。

连结的主观必要性，看作了自在之物本身进行规定的客观必然性。这是一种幻觉，它是完全不可避免的"①。即是说，把主观思维中（通过概念的无限推移联结）追求的东西，看作客观存在的东西，构成了虚假的对象，即所谓"先验的幻相"。这种"先验的幻相"，不是逻辑错误，逻辑错误一经发现便可避免或纠正；它也不是经验的幻相，因为它是理性的。但正如看到月大日小、水天相接的经验幻相是无可避免的，是感官本身所必然产生的一样，"先验的幻相"也是理性进行认识必然要产生出来的。经验幻相是感官影响我们的知性，发生判断的错误。"先验幻相"则是知性本身超经验使用的结果。而所以如此，则是因为追求形而上学是人的一种自然要求，是思维进程不可避免的趋向，每个人心中都有一种形而上学倾向，都要求对这种超经验的总体有所认识和把握。

康德认为，这种以假为真、把概念当事实、以主观理念为客观对象的"先验幻相"，既然是认识进程所必然产生，那么，就要研究这种幻相，暴露它的谬误和矛盾。这种暴露认识进程所必然产生的"先验幻相"的矛盾谬误："二律背反"，就叫做辩证法。或者说，知性超出可能经验范围的误用所导致的理性的"二律背反"之"幻相之逻辑"即为"辩证法"。辩证法就是"先验幻相"的逻辑。他说：

> 先验辩证论将满足于揭示先验判断的幻相，同时防止我们被它所欺骗；但它永远也做不到使这种幻相（如同逻辑的幻相一样）也完全消失并不再是幻相。因为我们与之打交道的是一种自然的和不可避免的幻觉，它本身基于主观的原理，却把这种主观原理偷换成了客观原理；反之，逻辑的辩证论在解决谬误推理时却只是在处理遵守这些原理时的错误，或在模仿这些原理时的某种人为的幻相。所以纯粹理性有一种自然的和不可避免的辩证论，它不是某个生手由于缺乏知识而陷入进去的，或者是某个诡辩论者为了迷惑有理性的人而故意编造出来的，而是不可阻挡地依附于人类

---

① 康德：《纯粹理性批判》，邓晓芒译，人民出版社 2004 年版，第 260 页。

理性身上的，甚至在我们揭穿了它的假象之后，它仍然不断地迷乱人类理性，使之不停地碰上随时需要消除掉的一时糊涂。①

以上明确了康德的"理性矛盾"与其"批判哲学"体系的关系。下面，我们说明黑格尔究竟是在什么样的思想基础上把康德的"二律背反"与芝诺否定运动的论证放在一起的。

第一，从形态上看，康德的"二律背反"与芝诺否定运动的论证都是在"对话""辩论"过程中产生的，都是"否定的辩证法"。具体的论证上，康德对四组"二律背反"的每一个"正题"和"反题"的论证，用的是"反证法"；芝诺否定运动的论证，用的是"归谬法"；都"坚强到能在敌人的领土内作战"②。因此，就"对话""辩论"而言，都是"积极的辩证法"。

第二，芝诺否定运动的论证，也像康德哲学一样，包含着"现象"和"自在之物"的区分。黑格尔写道："芝诺否定了运动，因为运动存在着内在矛盾。但这话不可以了解为运动完全不存在；像我们说'有象，没有犀牛'那样。至于说有运动，说运动的现象是存在的，——芝诺完全不反对这话；感官确信有运动，正如确信有象一样。在这个意义下，芝诺可以说是从未想到过要否认运动。问题乃在于考察运动的真理性；但运动是不真的，因为它是矛盾的。因此他想要说的乃是：运动不能享有真正的存在。于是芝诺就指出，运动的观念里即包含有矛盾"③。即是说，在芝诺的认识中，作为"自在之物"的"存在"是"不变的一"，运动变化只是虚幻的"现象"，即假象；"自在之物"与"现象世界"是根本对立的。

第三，芝诺否定运动的存在，是因为运动的观念里包含有矛盾，不能以此表征"存在"的状态；康德认为理性不能认识自在之物，是因为"一旦理性去认识自在之物，就会出现'二律背反'的矛盾"。两者都包含着：思维对"现象"

---

① 康德：《纯粹理性批判》，邓晓芒译，人民出版社 2004 年版，第 261 页。

② 黑格尔：《哲学史讲演录》第一卷，贺麟、王太庆译，商务印书馆 1959 年版，第 279 页。

③ 黑格尔：《哲学史讲演录》第一卷，贺麟、王太庆译，商务印书馆 1959 年版，第 281—282 页。

的认识，由于出现"矛盾"，故不能达到对"自在之物"或"存在"的认识。

第四，亚里士多德称芝诺是辩证法的创始人，是因为芝诺发现运动存在着内在矛盾；即思维对"运动"的认识出现"矛盾"。康德把人类认识进程所必然产生的"先验幻相""二律背反"叫做辩证法。于是，芝诺和康德都在用辩证法揭示人类思维对存在事物认识中的矛盾。从而，辩证法可以理解为揭示人类思维的矛盾的方法。

四、在批判康德哲学中创建起对辩证法的新理解

康德在哲学史上第一次揭示了理性的矛盾本性，这一点，为整个德国古典唯心主义辩证法的形成提供了最为根本的"问题意识"，为黑格尔的反思、概念形态的辩证法奠定了极其关键的基础。黑格尔指出，"这种思想认为知性的范畴所引起的理性世界的矛盾，乃是本质的，并且是必然的，这必须认为是近代哲学界一个最重要的和最深刻的一种进步。"[1]"因为按照普通的想法，辩证法是有随意性的，他从辩证法那里把这种随意性的假象拿掉了，并把辩证法表述为理性的必然行动。"[2]

在康德止步的地方，黑格尔发现了极其重要的东西。他从理性的自我矛盾里发现了理性自我否定、自我超越、自我转化的力量和冲动，发现了概念超越和打破自身界限、不断自我创造和自我生存的内在生命力。在他看来，矛盾作为理性的矛盾，不仅不是其污点，恰恰构成其内在的存在方式和合法性之所在。他写道：

> 康德在纯粹理性的二律背反中所作的辩证法的表述，……这种表述诚然值不得大加赞美；但是他所奠定并加以论证的一个一般看法，就是假象

---

① 黑格尔：《小逻辑》，贺麟译，商务印书馆1980年版，第131页。
② 黑格尔：《逻辑学》上卷，杨一之译，商务印书馆1966年版，第38—39页。

的客观性和矛盾的必然性，而矛盾是属于思维规定的本性的：诚然，那只是在这些规定应用于自在之物时，康德才有以上的看法；但是，这些规定在理性中是什么，以及它们在观照到自在的东西之时是什么，那才恰恰是它们的本性。这个结果，从它的肯定方面来把握，不是别的，正是这些思维规定的内在否定性、自身运动的灵魂、一切自然与精神的生动性的根本。但是，假如只是停留在辩证法的抽象—否定方面，那么，结果便只是大家所熟知的东西，即：理性不能认识无限的东西；——一个奇怪的结果，既然无限的东西就是理性的东西，那就等于说理性不能认识理性的东西了。

　　思辨的东西，在于这里所了解的辩证的东西，因而在于从对立面的统一中把握对立面，或者说，在否定的东西中把握肯定的东西。这是最重要的方面，但对于尚未经训练的、不自由的思维能力说来，也是最困难的方面。①

在《逻辑学》中，黑格尔批判康德的观点写道：

　　通常人们总是首先把矛盾从事物、从一般有的、真的东西中去掉，断言没有任何矛盾的东西；然后又反过来把矛盾推到主观反思之中，似乎主观反思通过关系和比较才建立了矛盾。但即使在这种反思中，矛盾其实也不存在。因为矛盾的东西是不可想象的、无法思维的。总之，不论在现实的事物中或在思维的反思中，矛盾都被认为是偶然，好像是一种不正常的现象或一种暂时的病态发作。

　　但是，至于有人主张没有矛盾，主张矛盾不是当前现有的东西，那么，我们倒不需为这样的断言去操心；一个本质的绝对规定必定在一切经验中、一切现实事物中、一切概念中都找得到的。以前在无限物那里，我们已经谈过同样的事情，无限物就是在有之范围内显露出来的矛盾。普通经验本身也表明，至少有一大堆的矛盾的事物、矛盾的结构等等，其矛盾

---

① 黑格尔：《逻辑学》上卷，杨一之译，商务印书馆1966年版，第39页。

不仅仅呈现于外在反思之中，而且也呈现在它们本身之中。其次，矛盾不单纯被认为仅仅是在这里、那里出现的不正常现象，而且是在其本质规定中的否定物，是一切自己运动的根本，而自己运动不过就是矛盾的表现。①

假如在运动、冲动以及如此等类中，矛盾对于表象说来，是在这些规定的单纯性中掩盖住了，那么，在对比规定中就正相反，矛盾就会直接显露出来。上与下、左与右、父与子等等以至无穷最琐屑的例子，全都在一个事物里包含着对立。上是那个不是下的东西；上被规定为只是这个而不是下，并且只是在有了一个下的情况下才有的，反过来也是如此；在每一个规定中就包含着它的对立面。父亲是儿子的另一方，儿子也是父亲的另一方，而每个另一方都是这样另一方的另一方；同时每一规定只是在与其他规定的关系中才有的，这些规定之有是一个长在。父亲除了对儿子的关系以外，就其自身说，也还是某种事物，但那样他便不是父亲而是一个一般的人；正如上与下、左与右除了关系而外，也还是自身反思的，也是某种事物，但那样就仅仅是一般位置了。——对立物之所以包含矛盾是因为它们在同一观点下，既彼此相关或说互相扬弃而又彼此漠不相关。当表象转到各规定漠不相关的环节时，它忘记了其中否定的统一，因此只记得它们是一般的差异物，在这样的规定之下，右就不再是右，左就不再是左，如此等等。但是，由于表象面前的确有右与左，所以它仍旧面临着这些相互否定的规定，一个规定另一个规定之中，同时它们在这种统一中又不相互否定，而每一个都是漠不相关的、自为的。②

在《哲学史讲演录》中，黑格尔指出：

康德指出了四个矛盾；这未免太少了，因为什么东西都有矛盾，

---

① 黑格尔：《逻辑学》下卷，杨一之译，商务印书馆1976年版，第66页。
② 黑格尔：《逻辑学》下卷，杨一之译，商务印书馆1976年版，第67—68页。

在每一个概念里都很容易指出矛盾来。因为概念是具体的,因而不是简单的规定。所以每一个概念包含着许多规定,这些规定都是正相反对的;这些矛盾康德叫做"二律背反",这是很重要的,但与康德的原意相反。①

　　康德未免对于事物太姑息了,认为事物有了矛盾是不幸之事。但须知,精神(最高的东西)就是矛盾,这决不应该是什么不幸的事。由此足见,先验唯心主义丝毫没有解除矛盾。如果认为现象世界有一个物自体,这个物自体没有矛盾,它是不同于精神东西的,并且认为有矛盾的东西就会毁灭自己。那么,精神一有了矛盾就会陷于混乱、发狂。真正的解决在于认识到这样的道理:范畴本身没有真理性,理性的无条件者也同样没有真理性,只有两者的具体的统一才有真理性。②

　　黑格尔在批判康德哲学中揭示了矛盾的普遍性和矛盾是运动发展的源泉。他指出,矛盾不仅是理性思维的本质规定,而且"可以在一切种类的对象中,在一切的表象、概念和理念中发现矛盾。认识矛盾并且认识对象的这种矛盾特性就是哲学思考的本质。"③他深刻分析了矛盾为什么是事物运动的源泉,指出矛盾也就是在事物自身中包含着"他物":由于"一切现实之物都包含有相反的规定于自身",必然"自己过渡到自己的反面"④;"自在的肯定物本身就是否定性,所以它超出自身并引起自身的变化。某物之所以有生命,只是因为它自身包含矛盾,并且诚然是把矛盾在自身中把握和保持住的力量。"⑤

　　黑格尔对辩证法的理解,使辩证法的性质发生了根本性变化:由对谈中所表现出来的技术性质,变成了客观事物和思想观念的内在矛盾性质,这种性质

① 黑格尔:《哲学史讲演录》第四卷,贺麟、王太庆译,商务印书馆 1978 年版,第 279—280 页。
② 黑格尔:《哲学史讲演录》第四卷,贺麟、王太庆译,商务印书馆 1978 年版,第 282 页。
③ 黑格尔:《小逻辑》,贺麟译,商务印书馆 1980 年版,第 132 页。
④ 黑格尔:《小逻辑》,贺麟译,商务印书馆 1980 年版,第 133、177 页。
⑤ 黑格尔:《逻辑学》下卷,杨一之译,商务印书馆 1976 年版,第 66 页。

存在于客观事物和思想观念之中。早在《精神现象学》中，黑格尔就已在客观事物属性的意义上理解辩证法了；例如，他说"辩证法作为否定的运动，像它直接地存在着那样，对于意识说来显得首先是意识必须向它屈服而且它是不通过意识本身而存在着的东西。"① 从这个论述可以看出，黑格尔在辩证法内部分出主次关系，客观辩证法处于独立自在的地位，意识中的辩证法屈服于它。黑格尔彻底改变了辩证法的哲学分析框架，把古希腊式辩证法中包含的意识自身反思的关系，变成了意识中包含主观和客观二者之间的关系。这一转变非同小可，辩证法由技术性问题变成了哲学性问题，进而变成哲学的基本问题。自此以后，古希腊式的理解隐退于历史帷幕之后，跃居前台者是黑格尔式的理解。②

综上所述，黑格尔在客观唯心主义基础上丰富和发展了辩证法概念的含义，他不只是把辩证法看作一种思维方法，同时认为它也是适用于一切现象的普遍原则，是一种宇宙观。他继承了哲学史上关于辩证法是揭露对象自身矛盾的思想，同时在概念矛盾运动的辩证分析中进一步阐明了所谓辩证法就是研究对象本质自身的矛盾，并把这种矛盾视为支配一切事物和整个宇宙发展的普遍法则。他在哲学史上第一个明确地在宇宙观意义上使用"辩证法"概念。在黑格尔看来，辩证法所揭示的对象本质自身的矛盾和作为发展动力的原则，不仅是普遍适用的，而且是获得其他科学知识的灵魂，是哲学思考的本质；只有通过辩证法，才能把握哲学真理，才能真正获得其他各门科学知识。黑格尔以唯心主义的形式系统地阐述了辩证法的质量互变规律、对立统一规律、否定之否定规律以及本质与现象、原因与结果、同一与差别、可能与现实、必然与偶然、必然与自由等诸多辩证法范畴，建立了庞大的唯心辩证法的体系。他第一次把世界描写为一个过程，认为无论是自然的、历史的和精神的世界都是充满矛盾的过程，并且正是矛盾引起了运动、变化和发展。黑格尔在唯心主义的形

① 黑格尔：《精神现象学》上卷，贺麟、王玖兴译，商务印书馆 1979 年版，第 137 页。
② 宫敬才：《诹论马克思的人化自然辩证法》，《河北学刊》2014 年第 1 期，第 30 页。

式下反复说明了对立统一的思想，他认为"无论什么可以说得上存在的东西，必定是具体的东西，因而包含有差别和对立于自己本身内的东西。"①"既然两个对立面每一个都在自身那里包含着另一个，没有这一方也就不可能设想另一方，那么，其结果就是：这些规定，单独看来都没有真理，唯有它们的统一才有真理。这是对它们的真正的、辩证的看法，也是它们的真正的结果。"② 黑格尔还反复阐述了对立面互相转化的思想，他认为一切现象都因其内部矛盾而处于不断发展的过程中，对立面在一定条件下向相反的方向转化，标志着渐进过程的中断，意味着新的质态的产生。黑格尔的整个哲学体系就是绝对观念不断转化的过程。在黑格尔那里，"绝对观念"的发展从逻辑开始，经过自然历史阶段最后发展到精神阶段而回到自身。在这个发展过程中，概念之间不断地发生转化，一切逻辑范畴如质、量、度，同一、差别、矛盾，肯定、否定、否定之否定、必然和偶然、原因和结果等，都是互相转化的。黑格尔的唯心主义体系决定了他的辩证法不可能是彻底的，当他的"绝对观念"经过各种发展阶段和矛盾运动之后而终于完成了自我认识时，过程也就终结了，不再发展了。

恩格斯曾经提出，作为德国古典哲学集大成者的黑格尔哲学，"以最宏伟的方式概括了哲学的全部发展"③。这个"最宏伟的方式"，就是黑格尔以"绝对理念"，即马克思所说的"无人身的理性"自我运动和自我认识的形式所构成的宏大的概念发展的逻辑体系。这个"无人身的理性"所构成的概念发展的逻辑体系，就是黑格尔的本体论、认识论和逻辑学相统一的概念辩证法体系。④

---

① 黑格尔：《小逻辑》，贺麟译，商务印书馆 1980 年版，第 258 页。

② 黑格尔：《逻辑学》上卷，杨一之译，商务印书馆 1966 年版，第 208 页。

③ 《马克思恩格斯选集》第四卷，人民出版社 1995 年版，第 220 页。

④ 杨耕等：《马克思主义哲学基础理论研究》，北京师范大学出版社 2013 年版，第 116 页。

第八节　马克思恩格斯对黑格尔辩证法的继承与创新

一、马克思与黑格尔

马克思是黑格尔辩证法自觉的继承者，可以从马克思本人对其哲学与黑格尔哲学关系的不少论述中看到。

在 1837 年 11 月 10—11 日写给父亲的信中，马克思写道："在患病期间，我从头到尾读了黑格尔的著作，也读了他大部分弟子的著作。"[①] 其时，马克思年方十九。

1843—1848 年这个阶段，马克思通过费尔巴哈和国民经济学研究的媒介，从总体上对黑格尔哲学采取了批判的态度。在《德意志意识形态》中，马克思批评了费尔巴哈、布·鲍威尔等人仍然在黑格尔哲学体系的基地上活动，并认为"对黑格尔的这种依赖关系正好说明了为什么在这些新出现的批判家中甚至没有一个人想对黑格尔体系进行全面的批判，尽管他们每一个人都断言自己已超出了黑格尔哲学"[②]。从《黑格尔法哲学批判》到《哲学的贫困》蕴含着马克思对黑格尔哲学体系全面而深刻的批判。[③]

在 1858 年 1 月 14 日致恩格斯的信中，马克思提到关于《资本论》的准备性研究时指出：完全由于偶然的机会——弗莱里格拉特发现了几卷原为巴枯宁所有的黑格尔著作，并把它们当作礼物送给了我——我又把黑格尔的《逻辑学》浏览了一遍，这在材料加工的方法上帮了我很大的忙。如果以后再有功夫做这类工作的话，我很愿意用两三个印张把黑格尔所发现的，但同时又神秘化了的

---

① 《马克思恩格斯全集》（第 1 版）第 40 卷，人民出版社 1982 年版，第 16 页。
② 《马克思恩格斯全集》（第 1 版）第 3 卷，人民出版社 1960 年版，第 21 页。
③ 杨耕等：《马克思主义哲学基础理论研究》，北京师范大学出版社 2013 年版，第 39 页。

方法中所存在的合理的东西阐述一番，使一般人都能够理解。①

　　1868 年 5 月 9 日马克思在致约瑟夫·狄慈根的信中说："一旦我卸下经济负担，我就要写《辩证法》。辩证法的真正规律在黑格尔那里已经有了，自然是具有神秘的形式。必须把它们从这种形式中解放出来"②。

　　在 1873 年 1 月 24 日完成的《资本论》第二版"跋"中，马克思写道："将近 30 年以前，当黑格尔辩证法还很流行的时候，我就批判过黑格尔辩证法的神秘方面。但是，正当我写《资本论》第一卷时，今天在德国知识界发号施令的愤懑的、自负的、平庸的模仿者们，却已高兴地像莱辛时代大胆的莫泽斯·门德尔松对待斯宾诺莎那样对待黑格尔，即把他当作一条'死狗'了。因此，我公开承认我是这位大思想家的学生，并且在关于价值理论的一章中，有些地方我甚至卖弄起黑格尔特有的表达方式。辩证法在黑格尔手中神秘化了，但这决没有妨碍他第一个全面地有意识地叙述了辩证法的一般运动形式。在他那里，辩证法是倒立着的。为了发现神秘外壳中的合理内核，必须把它倒过来。"③

　　上述材料表明，马克思认为黑格尔是辩证法思想的集大成者，自己以黑格尔的学生的身份说话且为这一身份而自豪。他两次表示，要把对黑格尔辩证法的理解写成名为辩证法的小册子，借以传承黑格尔的辩证法，并将其发扬光大。这些材料明确地告诉我们，马克思顺着黑格尔的理解思路往前走，在改造黑格尔辩证法的过程中发展出自己的辩证法。

　　入选"国家哲学社会科学成果文库"的《马克思主义哲学基础理论研究》一书指出：在马克思读过的黑格尔著作中，他留下札记最多、作过系统研究和深刻评论的不是《逻辑学》和《自然哲学》，而是《法哲学原理》和《精神现象学》。

　　对马克思来说，《逻辑学》并不是黑格尔的最重要的著作。这是因为，

① 参见《马克思恩格斯全集》（第 1 版）第 29 卷，人民出版社 1972 年版，第 250 页。
② 《马克思恩格斯全集》（第 1 版）第 32 卷，人民出版社 1975 年版，第 535 页。
③ 《马克思恩格斯选集》第二卷，人民出版社 1995 年版，第 112 页。

《逻辑学》关注的是与一切现实相分离的绝对的、纯粹的知识，它既是逻辑理念自身的辩证运动，又是对这一运动的自我认识，而马克思关注的则是人类社会的现实问题。所以，对马克思来说，《精神现象学》比《逻辑学》更为重要。"黑格尔的《现象学》尽管有其思辨的原罪，但还是在许多方面提供了真实地评述人类关系的因素"①。因此，在剖析黑格尔哲学体系时，"必须从黑格尔的《现象学》即从黑格尔哲学的真正诞生地和秘密开始"②。③

在马克思看来，《精神现象学》的中心任务在于它抓住了"人的异化"这一核心问题，从而展开对整个社会、国家、宗教领域的批判。尽管这一批判被神秘化了，但它对马克思的启示是重大的。正是《精神现象学》中的"异化"和"劳动"概念启发了马克思，使他在研究政治经济学时提出了"异化劳动"这一概念。马克思后来对商品拜物教的批判就是在异化劳动批判的基础上提出来的。④

马克思发现，"黑格尔的《现象学》及其最后成果——作为推动原则和创造原则的否定性的辩证法——的伟大之处首先在于，黑格尔把人的自我产生看作一个过程，把对象化看作失去对象，看作外化和这种外化的扬弃；因而，他抓住了劳动的本质，把对象性的人、现实的因而是真正的人理解为他自己的劳动的结果"⑤。这一发现之所以重要，就在于马克思看到了《精神现象学》中的辩证法和《逻辑学》中的辩证法之间的差异。

在《逻辑学》中，辩证法的承担者乃是逻辑理念，而在《精神现象学》中，辩证法的承担者乃是劳动，因而可以把这种辩证法表达为劳动辩证法。尽管黑格尔关注的是劳动的积极方面，而未充分注意其消极的方面；

① 《马克思恩格斯全集》（第1版）第2卷，人民出版社1957年版，第246页。
② 《马克思恩格斯全集》（第1版）第42卷，人民出版社1979年版，第159页。
③ 杨耕等：《马克思主义哲学基础理论研究》，北京师范大学出版社2013年版，第40—41页。
④ 杨耕等：《马克思主义哲学基础理论研究》，北京师范大学出版社2013年版，第43页。
⑤ 《马克思恩格斯全集》（第1版）第42卷，人民出版社1979年版，第163页。

尽管从根本上说黑格尔承认的劳动仅仅是抽象的精神劳动，然而，《精神现象学》毕竟显示出人是在劳动中生成的。这正是《精神现象学》的伟大之处。马克思后来在谈到黑格尔的辩证法时指出："在他那里，辩证法是倒立着的。必须把它倒过来，以便发现神秘外壳中的合理内核。"①这里说的"合理内核"并不是没有任何载体的、空洞的辩证法，而是以劳动为载体的现实的辩证法。当然，在马克思那里，劳动不再是抽象的精神劳动，而是现实的物质生产活动。②

通过对黑格尔法哲学的批判，马克思认识到，"市民社会是全部历史的真正发源地和舞台"③，认识到"人并不是抽象地栖息在世界以外的东西。人就是人的世界，就是国家，社会"④。黑格尔是在家庭、市民社会和国家中来论述人的权利、义务和本质的，正是基于这方面的思考，马克思后来把人的本质规定为一切社会关系的总和。同时，通过黑格尔法哲学批判，还启发马克思制定了政治经济学研究的根本方法。如果说《逻辑学》主要是"在材料加工的方法上"为马克思提供了启示，那么，《法哲学原理》则主要在政治经济学研究的根本方法——"从抽象上升到具体的方法"——上为马克思提供了启示。马克思在论述这种研究方法时指出："黑格尔论法哲学，是从主体的最简单的法的关系即占有开始的，这是对的。"⑤《资本论》是这种研究方法的光辉典范。《资本论》关于占有、分工、契约、价值、人格、自由王国等的许多论述，或直接以批判的方式引证了《法哲学原理》，或间接地体现了《法哲学原理》的影响。在这个意义上说，不理解黑格尔的法哲学，就不可能真正理解马克思的《资本论》。⑥

---

① 《马克思恩格斯全集》（第1版）第23卷，人民出版社1972年版，第24页。
② 杨耕等：《马克思主义哲学基础理论研究》，北京师范大学出版社2013年版，第43页。
③ 《马克思恩格斯全集》（第1版）第3卷，人民出版社1960年版，第41页。
④ 《马克思恩格斯全集》（第1版）第1卷，人民出版社1956年版，第452页。
⑤ 《马克思恩格斯全集》（第1版）第46卷（上），人民出版社1979年版，第39页。
⑥ 杨耕等：《马克思主义哲学基础理论研究》，北京师范大学出版社2013年版，第42页。

二、恩格斯与黑格尔

恩格斯和马克思一样,是一个学识渊博而又永不满足的人。不同的是,他是一个只读过三年中学的自学者。1837 年,恩格斯还差一年中学毕业(四年制),他父亲便叫他退学去学生意,这时他还未满 17 岁;直到 1869 年他才停止经商。此间,他是一个业余研究者。

1841 年,恩格斯利用在柏林服兵役的机会,旁听了谢林在柏林大学的讲演,并于 1841 年 11 月下半月至 1842 年初接连写出批判谢林的三篇檄文:《谢林论黑格尔》《谢林和启示》《谢林——基督哲学家》。1841 年 11 月 14 日,是黑格尔逝世 10 周年,谢林于 11 月 15 日在讲演中对黑格尔哲学进行了攻击。11 月下半月,恩格斯批驳谢林的第一篇檄文就写出来了,并于 12 月间分两次发表在《德意志电讯》杂志上。第二篇檄文《谢林和启示》,写于 1841 年底至 1842 年年初,并于 1842 年匿名以单行本形式在莱比锡出版;中心思想正如副题所标出的"批判反动派扼杀自由哲学的最新企图"。如果说第一篇是总论,那么第二篇便是对总论中的论点的进一步展开。第三篇檄文《谢林——基督哲学家》,写于 1842 年年初,当年以单行本形式在柏林出版,未署名。这一篇可以说是批判的结论,并注明是"为不懂哲学用语的虔诚的基督徒而作",因此,关于宗教的论述较多。在第二篇檄文的结束语中,恩格斯写道:

黑格尔是一个为我们开辟了意识的新纪元的人,因为他结束了旧纪元。值得注意的是,正是现在他受到两方面的攻击:一方面来自他的先驱谢林,另一方面来自他的最年轻的继承人费尔巴哈。如果费尔巴哈非难黑格尔仍然深陷于旧事物之中,那么,他会注意到,对旧事物的意识就已经是新事物了,旧事物之所以进入历史范畴,是因为它已经被充分意识到了。由此可见,在黑格尔那里确实是:旧事物是新事物,新事物是旧事物;因此,费尔巴哈对基督教的批判,是对黑格尔创立的关于宗教的思辨学说的必要补充。①

　　青年恩格斯批判谢林的三篇檄文，虽然是站在黑格尔主义立场上写的，但是，和马克思的《博士论文》一样，在内容上已经超出了黑格尔哲学，与正统的黑格尔主义者不一样。尽管当时恩格斯还没有从唯心主义转到唯物主义方面来，但他着重注意的是黑格尔的思辨理性及其辩证法，而不是唯心主义。②
　　恩格斯对黑格尔辩证法的继承与创新，最显著地体现在他的自然辩证法研究中。
　　恩格斯在 18 岁时就研读过黑格尔的《自然哲学》。对自然科学的研究，是从 19 世纪 40 年代初开始的。到 50 年代后期，他和当时正在从事政治经济学研究的马克思不约而同地都重读起黑格尔的哲学。1858 年 7 月 14 日，恩格斯在致马克思的信中写道：

　　　　请把已经答应给我的黑格尔的《自然哲学》寄来。目前我正在研究一点生理学，并且想与此结合起来研究一下比较解剖学。在这两门科学中包含着许多从哲学观点来看非常重要的东西，但这全是新近才发现的；我很想知道，所有这些东西老头子是否一点也没有预见到。毫无疑问，如果他现在要写一本《自然哲学》，那末论据会从四面八方向他飞来。可是，人们对最近三十年来自然科学所取得的成就却一无所知。对生理学有决定性意义的，首先是有机化学的巨大发展，其次是最近二十年来才学会正确使用的显微镜。使用显微镜所造成的结果比化学的成就还要重大。使全部生理学发生革命并且首先使比较生理学成为可能的主要事实，是细胞的发现：在植物方面是由施莱登发现的，在动物方面是由施旺发现的（约在 1836 年）。一切东西都是细胞。细胞就是黑格尔的自在的存在，它在自己的发展中正是经过黑格尔的过程，最后直到"观念"这个完成的有机体从

①　《马克思恩格斯全集》（第 1 版）第 41 卷，人民出版社 1982 年版，第 266 页。
②　姜丕之：《恩格斯与黑格尔》，吉林人民出版社 1985 年版，第 211、31—32 页。

细胞中发展出来为止。会使老头子黑格尔感到很高兴的另一个结果就是物理学中各种力的相互关系，或这样一种规律：在一定条件下，机械运动，即机械力（譬如经过摩擦）转化为热，热转化为光，光转化为化学亲合力，化学亲合力转化为电（譬如在伏特电堆中），电转化为磁。这些转化也能通过其他方式来回地进行。现在有个英国人（他的名字我想不起来了）①已经证明：这些力是按照完全确定的数量关系相互转化的，一定量的某种力，例如电，相当于一定量的其他任何一种力，例如磁、光、热、化学亲合力（正的或负的、化合的或分解的）以及运动。这样一来，荒谬的潜热论就被推翻了。然而，这难道不是关于反思的规定如何互相转化的一个绝妙的物质例证吗？

可以非常肯定地说，人们在研究比较生理学的时候，对人类高于其他动物的唯心主义的矜夸是会极端轻视的。人们到处都会看到，人体的结构同其他哺乳动物完全一致，而在基本特征方面，这种一致性也在一切脊椎动物身上出现，甚至在昆虫、甲壳动物和蠕虫等等身上出现（比较模糊一些）。黑格尔关于量变系列中的质的飞跃这一套东西在这里也是非常适合的。最后，人们能从最低级的纤毛虫身上看到原始形态，看到简单的、独立生活的细胞，这种细胞又同最低级的植物（单细胞的菌类——马铃薯病菌和葡萄病菌等等）、同包括人的卵子和精子在内的处于较高级的发展阶段的胚胎并没有什么显著区别，这种细胞看起来就同生物机体中独立存在的细胞（血球、表皮细胞和粘膜细胞，腺、肾等等分泌出来的细胞）一样。②

---

① 这个英国人即焦耳。

② 《马克思恩格斯全集》（第 1 版）第 29 卷，人民出版社 1972 年版，第 324—325 页。苏联著名哲学家凯德洛夫曾写道：是否恩格斯的这封推动了马克思把商品同生物机体的细胞进行比较，并把劳动产物的商品形式或商品的价值形式称为"资产阶级社会经济细胞的形式"。恩格斯的信中关于细胞的议论以这样那样的方式指向下述思想：黑格尔关于从抽象上升到具体的辩证方法在这里也得到了唯物主义的重新解释，摆脱了黑格尔加之于它的神秘化（Б.М.凯德洛夫：《论辩证法的叙述方法——三个伟大的设想》，贾泽林、周国平、苏国勋译，中国社会科学出版社 1988 年版，第 85 页）。

　　恩格斯想重读《自然哲学》的目的，当然是为了研究自然辩证法。马克思和恩格斯对黑格尔哲学肯定最多的部分，除了辩证法之外，就是自然哲学了。黑格尔的自然哲学既是 18 世纪末到 19 世纪初自然科学蓬勃发展的产物，也是德国自然哲学发展的结果；是黑格尔通过长期酝酿形成的。这个过程包含两个方面：第一，黑格尔长期坚持学习自然科学，并且积极参加有关学术活动，他是耶拿矿物学会、威斯特伐伦自然研究会和海德堡物理学会的成员；通过同自然科学家的交往，通过对自然科学新成就的研究，为其哲学创作汲取了丰富的营养。第二，他长期讲授自然哲学课程，有时也讲授数学和物理学课程；在教学活动的促进下，不断扩大、修改和加深自己对自然界的概括和理解，写出了一系列自然哲学著作。他当然不以某门自然科学为专业，但是他至少不是这方面的外行。恩格斯甚至认为，"黑格尔的数学知识极为丰富，甚至他的任何一个学生都没有能力把他遗留下来的大量数学手稿整理出版。"① 从客观上来说，黑格尔的自然哲学是积 30 年的研究成果而形成的精心之作，除了唯心主义的出发点这一他的整个哲学体系的致命缺陷之外，他运用辩证法对 18 世纪末和 19 世纪初自然科学成就所作的百科全书式的概括，确实达到了当时的最高水平。在这方面，马克思就认为，稍后的法国实证主义者孔德和黑格尔比起来非常可怜，"虽然孔德作为专业的数学家和物理学家要比黑格尔强，就是说在细节上比他强，但是整个说来，黑格尔甚至在这方面也比他不知道伟大多少倍"②。恩格斯甚至认为"对自然科学的［……］概括和合理的分类是比一切唯物主义的胡说八道合在一起还更伟大的成就"③。

　　黑格尔在《自然哲学》中的科学分类思想不仅受到恩格斯的肯定，而且也被他用来加工自己所搜集的自然科学材料，以便阐述自然界的辩证法。1865年 4 月 13 日，恩格斯在致海·荣克的信中写道："说黑格尔的自然哲学的细节中有荒谬的东西，这我当然同意，但是他的真正的自然哲学是在《逻辑学》第

---

① 《马克思恩格斯全集》（第 1 版）第 31 卷（下），人民出版社 1972 年版，第 471 页。
② 《马克思恩格斯全集》（第 1 版）第 31 卷（下），人民出版社 1972 年版，第 236 页。
③ 《马克思恩格斯全集》（第 1 版）第 20 卷，人民出版社 1971 年版，第 546 页。

二册即本质论中，这是全部理论的真正核心。现代自然科学关于自然力相互作用的学说（格罗夫——《力的相互关系》，我记得该书最初是在 1838 年出现的）不过是用另一种说法表达了，或者更正确些说，是从正面证明了黑格尔所发挥的关于原因、结果，相互作用、力等等的思想。当然，我已经不再是黑格尔派了，但是我对这位伟大的老人仍然怀着极大的尊敬和依恋的心情。"[1] 黑格尔的《逻辑学》除了在"本质论"中实际论述了自然发展过程所遵循的辩证法规律即矛盾的对立统一规律之外，还将这个规律直接应用于《逻辑学》第二部第三编"概念论"中对自然科学分类的叙述中。他在"概念论"中分三章讨论客观性问题，它们是机械性、化学性和目的性；恩格斯称之为"机械论、化学论、有机论"（其中"化学论"也包括物理学），并肯定这样的分类"在当时是完备的"[2]。这个分类直接对应于黑格尔在《自然哲学》中的分类，即"力学""物理学"和"有机物理学"。这三大部门也正是黑格尔的绝对精神在自然阶段发展顺序的反映。按照黑格尔的哲学体系，逻辑学、自然哲学和精神哲学三大部分组成一个有机联系的整体，完整地体现了绝对精神辩证发展的全过程。其中，当绝对精神完成逻辑阶段的发展过程后"外化"为自然界时，它将必须依次经历"机械性""物理性"和"有机性"三个分阶段。这三个分阶段不是孤立的，而是有机地联系着的，其中一个阶段是从另一个阶段必然产生的。恩格斯十分欣赏这种辩证发展观。他在 1873 年 5 月 30 日给马克思的信中，以及在同年写作的《自然科学的辩证法》札记中所描述的有关自然辩证法的最初设想，正是严格按照上述黑格尔的自然哲学发展阶段顺序来构思的。他从"最简单的运动形式"即机械运动谈起，然后通过各个中间环节逐步过渡到比较复杂的物理和化学运动，最后进入高级的有机生命运动。[3] 在整个叙述中，已克服黑格尔自然哲学的两个缺陷，亦即首先把黑格尔自然哲学这个"倒置过来的唯物主义"再颠倒过来，强调这仅仅是自然界本身的发展，而不

---

① 《马克思恩格斯全集》（第 1 版）第 31 卷（下），人民出版社 1972 年版，第 471—472 页。
② 《马克思恩格斯全集》（第 1 版）第 20 卷，人民出版社 1971 年版，第 593 页。
③ 《马克思恩格斯全集》（第 1 版）第 33 卷，人民出版社 1973 年版，第 85—86 页。

再是什么绝对精神的"外化"。恩格斯强调："现在，当新的自然观在其基本特点上已经形成的时候，同样的要求又可以感觉得到了，并且有人正朝这个方向努力。但是，当现在自然界中发展的普遍联系已经得到证明的时候，外表上的顺序排列，如黑格尔人为地完成的辩证的转化一样，是不够了。转化必须自我完成，必须是自然而然的。正如一个运动形式是从另一个运动形式中发展出来一样，这些形式的反映，即各种不同的科学，也必然是一个从另一个中产生出来。"① 在 1876 年写成的自然辩证法"导言"的后半部分中，他又将这种运动形式辩证转化的抽象叙述，具体化为有关天体、地球、生命和人类四大起源的辩证发展的"自然图景"。②

　　恩格斯研究自然辩证法动机可以分为两个方面。从自然科学方面来说，人们对 19 世纪初以来自然科学正在不断提供越来越多的证实辩证法的事例却一无所知。当时的自然科学界反对黑格尔辩证法已达到这样的程度，以至于只有恩格斯的忠实朋友有机化学家卡尔·肖莱马（1834—1892）是例外，"他是当时唯一的一位不轻视向黑格尔学习的著名的自然科学家"③。由此可见，单单为了这一点，也有必要向当时的自然科学界强调学习黑格尔的辩证思维方法。同时，从社会主义运动方面来说，虽然社会主义思想由于马克思提出唯物史观和剩余价值学说这两个重大发现而使之从空想变为科学，但是资产阶级学者却攻击科学社会主义理论采用了主观辩证法。恩格斯为此"不得不引用现代自然科学来证明辩证法是存在于现实之中的"④。因此，综合起来说，他研究自然辩证法的动机只是想证明辩证法是适用于整个科学（实质上在他看来自然科学和关于人的科学是一门科学）的思维方法，这种思维方法尽管是主观的，但是却有客观的根据。⑤

---

① 《马克思恩格斯全集》（第 1 版）第 20 卷，人民出版社 1971 年版，第 593 页。

② 《马克思恩格斯选集》第四卷，人民出版社 1995 年版，第 271—279 页。

③ 《马克思恩格斯全集》（第 1 版）第 22 卷，人民出版社 1973 年版，第 364 页。

④ 《马克思恩格斯全集》（第 1 版）第 19 卷，人民出版社 1972 年版，第 347 页。

⑤ 周林东：《人化自然辩证法——对马克思的自然观的解读》，人民出版社 2008 年版，第 77 页。

三、马克思恩格斯对黑格尔辩证法的革命

恩格斯在《反杜林论》第二版的"序言"中写道:"马克思和我,可以说是把自觉的辩证法从德国唯心主义哲学中拯救出来并用于唯物主义的自然观和历史观的唯一的人。"①马克思主义辩证法是马克思主义经典作家批判地继承德国古典哲学的优秀成果,在对黑格尔哲学和费尔巴哈哲学辩证否定的基础上建立起来的——用唯物主义改造黑格尔的唯心主义辩证法,剥掉了黑格尔哲学的唯心主义外壳,批判地吸收了它辩证法的合理内核;用辩证法改造以前的唯物主义,并辩证唯物地概括和总结了当时自然科学的既有成就和工人运动的丰富经验;通过理论创新,实现了哲学发展中的质的飞跃和人类认识史上的空前大革命。

在 1873 年出版的《资本论》德文第二版的"跋"中,马克思阐明了他对自己的辩证法与黑格尔的辩证法之间的关系的观点:"我的辩证方法,从根本上来说,不仅和黑格尔的辩证方法不同,而且和它截然相反。在黑格尔看来,思维过程,即他称为观念而甚至把它变成独立主体的思维过程,是现实事物的创造主,而现实事物只是思维过程的外部表现。我的看法则相反,观念的东西不外是移入人的头脑并在人的头脑中改造过的物质的东西而已。"②恩格斯 1885 年则言:"对我来说,事情不在于把辩证规律硬塞进自然界,而在于从自然界中找出这些规律并从自然界出发加以阐发。"③"不言而喻,在我对数学和自然科学作这种概括叙述时,是要在细节上也使自己确信那种对我来说在总的方面已没有任何怀疑的东西,这就是:在自然界里,正是那些在历史上支配着似乎是偶然事变的辩证法运动规律,也在无数错综复杂的变化中发生作用;这些规律也同样地贯串于人类思维的发展史中,它们逐渐被思维着的人所意识到。这些规律最初是由黑格尔全面地、不过是以神秘的形式阐发的,而剥去它们的神

① 《马克思恩格斯选集》第三卷,人民出版社 1995 年版,第 349 页。

② 《马克思恩格斯全集》(第 1 版)第 23 卷,人民出版社 1972 年版,第 24 页。

③ 《马克思恩格斯选集》第三卷,人民出版社 1995 年版,第 351 页。

秘形式,并使人们清楚地意识到它们的全部的单纯性和普遍有效性,这是我们的期求之一。显然,旧的自然哲学,无论它包含有多少真正好的东西和多少可以结果实的萌芽,是不能满足我们的需要的。"①

恩格斯在 1859 年发表的《卡尔·马克思〈政治经济学批判〉》一文中写道:

> 黑格尔的思维方式不同于所有其他哲学家的地方,就是他的思维方式有巨大的历史感作基础。形式尽管是那么抽象和唯心,他的思想发展却总是与世界历史的发展平行着,而后者按他的本意只是前者的验证。真正的关系因此颠倒了,头脚倒置了,可是实在的内容却到处渗透到哲学中;何况黑格尔不同于他的门徒,他不像他们那样以无知自豪,而是所有时代中最有学问的人物之一。他是第一个想证明历史中有一种发展、有一种内在联系的人,尽管他的历史哲学中的许多东西现在在我们看来十分古怪,如果把他的前辈,甚至把那些在他以后敢于对历史作总的思考的人同他相比,他的基本观点的宏伟,就是在今天也还值得钦佩。在《现象学》《美学》《哲学史》中,到处贯穿着这种宏伟的历史观,到处是历史地、在同历史的一定的(虽然是抽象地歪曲了的)联系中来处理材料的。
>
> 这个划时代的历史观是新的唯物主义观点的直接的理论前提,单单由于这种历史观,也就为逻辑方法提供了一个出发点。如果这个被遗忘了的辩证法从"纯粹思维"的观点出发就已经得出这样的结果,而且,如果它轻而易举地就结束了过去的全部逻辑学和形而上学,那么,在它里面除了诡辩和烦琐言辞之外一定还有别的东西。但是,对这个方法的批判不是一件小事,全部官方哲学过去害怕而且现在还害怕干这件事。
>
> 马克思过去和现在都是唯一能够担当起这样一件工作的人,这就是从黑格尔逻辑学中把包含着黑格尔在这方面的真正发现的内核剥出来,使辩证方法摆脱它的唯心主义的外壳并把辩证方法在使它成为唯一正确的思想

---

① 《马克思恩格斯选集》第三卷,人民出版社 1995 年版,第 349—350 页。

发展形式的简单形态上建立起来。马克思对于政治经济学的批判就是以这个方法作基础的，这个方法的制定，在我们看来是一个其意义不亚于唯物主义基本观点的成果。①

在 1876—1878 年间完成的《反杜林论》中，恩格斯在反驳杜林"矛盾＝背理，因而它在现实中是不可能出现的"断言时写道："当我们把事物看作是静止而没有生命的，各自独立、相互并列或先后相继的时候，我们在事物中确实碰不到任何矛盾。我们在这里看到某些特性，这些特性，一部分是共同的，一部分是相异的，甚至是相互矛盾的，但是在这种情况下是分布在不同事物之中的，所以它们内部并不包含任何矛盾。如果限于这样的考察范围，我们用通常的形而上学的思维方式也就行了。但是一当我们从事物的运动、变化、生命和彼此相互作用方面去考察事物时，情形就完全不同了。在这里我们立刻陷入了矛盾。运动本身就是矛盾；甚至简单的机械的位移之所以能够实现，也只是因为物体在同一瞬间既在一个地方又在另一个地方，既在同一个地方又不在同一个地方。这种矛盾的连续产生和同时解决正好就是运动。"②同时，根据当时科学达到的水平，按照从低级到高级的顺序和复杂程度，把宇宙中各种各样的物质运动归结为机械的、物理的、化学的、生物的和社会的五种基本运动形式（不同的物质运动形式有着不同的物质基础，各种物质运动形式是相互联系的，它们依一定条件能相互转化），作出了"既然简单的机械的位移本身已经包含着矛盾，那末物质的更高级的运动形式，特别是有机生命及其发展，就更加包含着矛盾"③的"重要论断"。在这里，恩格斯简明扼要、强而有力地论述了辩证唯物主义的"矛盾的客观性和普遍性"原理。这些思想，被列宁、毛泽东等继承与发展。

---

① 《马克思恩格斯选集》第二卷，人民出版社 1995 年版，第 42—43 页。

② 《马克思恩格斯选集》第三卷，人民出版社 1995 年版，第 462 页。

③ 《马克思恩格斯选集》第三卷，人民出版社 1995 年版，第 462 页。

第五章　马克思主义辩证法与时空观研究

如何认识和理解马克思主义辩证法，既是现当代马克思主义哲学研究的重大问题，也是现当代西方哲学与中国哲学研究的重大问题。随着对马克思主义辩证法认识和理解的深入，马克思的时空观与传统的辩证唯物主义时空观——由恩格斯阐述的马克思主义时空观的差异被明确提出来了。宽窄哲学的研究与发展，既要重视这些理论的分歧与争论，也将消解这些分歧与争论。宽窄哲学可以丰富和发展实践唯物主义与实践辩证法的空间哲学。

第一节　马克思主义辩证法的现当代研究

一、苏联哲学对马克思主义辩证法的认识

按照苏联哲学界传统的且占主导地位的观点，马克思主义哲学就是辩证唯物主义，历史唯物主义不过是辩证唯物主义在历史领域中的推广与应用。这种认识是与普列汉诺夫、列宁和斯大林的认识紧密相关的。对马克思主义哲学史的深入考察结果是：马克思主义哲学创始人马克思一生都未提出和使用辩证唯物主义这一术语，恩格斯提出了唯物主义辩证法这一

术语①，但从未提出和使用过辩证唯物主义这一术语。

1. 普列汉诺夫、列宁与斯大林的认识

普列汉诺夫（1859—1918 年），是最早传播马克思主义的思想家，也是马克思主义政党的创始者之一；被誉为"俄国马克思主义之父"。普列汉诺夫不仅翻译了马克思和恩格斯合著的《共产党宣言》并为之作序，还翻译了恩格斯的《路德维希·费尔巴哈和德国古典哲学的终结》并为之作序和作注。在《黑格尔逝世六十周年》《论一元论历史观之发展》等论著中，普列汉诺夫论述了马克思哲学与黑格尔哲学的关系，并在这个过程中论述了对马克思主义哲学实质的理解。

1891 年，普列汉诺夫在《黑格尔逝世六十周年》一文中写道，"现代辩证唯物主义在历史上第一次破天荒地开辟了通向自由和自觉活动的王国的道路"②。同年 12 月 3 日，恩格斯在给考茨基的信中称赞了普列汉诺夫的这篇文章。原话只有一句："普列汉诺夫的几篇文章好极了"③，是加在信尾的；因为这篇文章连载于《新时代》杂志的三期上，所以信中说几篇文章。普列汉诺夫得知这一情况后，在 1893 年 3 月 25 日写给恩格斯的信中高兴地说："有人转告我，您在给考茨基的信中对我的论黑格尔的文章写了一些称赞之词。如果这是真的，那么我再不希望得到别的赞许了。我的全部愿望就是成为一个多少无愧于像马克思和您这样的导师的学生。"④ 这时的普列汉诺夫 36 岁。1894 年 5 月 21日，在给普列汉诺夫的信中，恩格斯非常谦虚地说："首先请您不要称我为'导师'。我的名字就叫恩格斯。"⑤1895 年 1 月下旬，普列汉诺夫通过维拉把《论一元历史观之发展》送给恩格斯；同年 2 月 8 日，恩格斯在回信中说："维拉把

① 《马克思恩格斯全集》（第 1 版）第 21 卷，人民出版社 1965 年版，第 337 页。
② 《普列汉诺夫哲学著作选集》第 1 卷，生活·读书·新知三联书店 1959 年版，第 496 页。
③ 《马克思恩格斯全集》（第 1 版）第 38 卷，人民出版社 1972 年版，第 236 页。
④ 转引自姜丕之：《恩格斯与黑格尔》，吉林人民出版社 1985 年版，第 110 页。
⑤ 《马克思恩格斯全集》（第 1 版）第 39 卷，人民出版社 1975 年版，第 238 页。

您的书交给我了，谢谢。我已开始读，但需要一定的时间。您争取到使这本书在本国出版，这本身无论如何是一次巨大的胜利。这是又一个阶段，即使我们不能保住这块刚刚争得的新阵地，但这仍不失为一个打破冻冰的先例。"①

普列汉诺夫在《论一元论历史观之发展》中明确指出："我们用'辩证唯物主义'这一术语，它是唯一能够正确说明马克思的哲学的术语。霍尔巴赫和爱尔维修是形而上学的唯物主义者，他们曾和形而上学的唯心主义斗争过。他们的唯物主义让位于辩证的唯心主义，而后者则为辩证唯物主义所战胜。'经济唯物主义'这一名字是非常不恰当的。马克思从来没有自称为经济唯物主义者。"② 可见，普列汉诺夫把马克思主义哲学称为"辩证唯物主义"是相对"形而上学唯物主义"，针对"辩证唯心主义""经济唯物主义"而言的。③

对于马克思哲学与黑格尔哲学的关系，普列汉诺夫写道，"谈了现代社会主义起源问题的人们，常常对我们说：马克思的哲学是黑格尔哲学的合乎逻辑的和必然的结果。这是正确的，但这是不完全的，很不完全的。马克思的承继黑格尔，正像丘比特的承继萨茨尔奴斯一样，是贬黜了后者的王位的。马克思的唯物主义哲学的出现，是人类思想史上绝无仅有的一次真正的革命，是最伟大的革命。"④ 这表明，普列汉诺夫坚信，马克思是通过唯物主义立场的确立而扬弃黑格尔唯心主义哲学的。

普列汉诺夫认为，马克思是在一般唯物主义的基础上批判改造黑格尔辩证法，从而创立自己的哲学的。在谈到马克思的《哲学的贫困》第二部分时，普列汉诺夫指出："在那个时候，马克思已经把辩证法（它在黑格尔那里有着纯粹唯心主义的性质，在蒲鲁东那里也保存了这样的性质）放在唯物主义的基础上面了。"⑤ 正是基于这一思想，普列汉诺夫提出，"马克思和恩格斯的哲学

---

① 《马克思恩格斯全集》（第 1 版）第 39 卷，人民出版社 1975 年版，第 383 页。

② 《普列汉诺夫哲学著作选集》第 1 卷，生活·读书·新知三联书店 1959 年版，第 768 页。

③ 杨耕：《论辩证唯物主义、历史唯物主义、实践唯物主义的内涵——基于概念史的考察与审视》，《南京大学学报》（哲学·人文科学·社会科学版）2016 年第 2 期，第 7 页。

④ 《普列汉诺夫哲学著作选集》第 2 卷，生活·读书·新知三联书店 1961 年版，第 507 页。

⑤ 《普列汉诺夫哲学著作选集》第 3 卷，生活·读书·新知三联书店 1962 年版，第 159 页。

不仅是唯物主义的哲学，而且是辩证的唯物主义"①。这里，普列汉诺夫借助于"辩证的唯物主义"这一术语，强调马克思唯物主义的辩证性，其基本思路是：马克思的哲学是由唯物主义（以费尔巴哈为媒介）和辩证法（以黑格尔为媒介）的结合而产生的。②

普列汉诺夫的"辩证唯物主义"是对整个马克思主义哲学的定义，包括后来被称为历史唯物主义的内容。按照普列汉诺夫的观点，"马克思和恩格斯的唯物主义世界观——如我们刚才所看到的，既包括自然界，也包括历史。无论是在自然界或是在历史方面，这种世界观'都是本质上辩证的'。但因为辩证唯物主义涉及到历史，所以恩格斯有时将它叫做历史的，这个形容语不是说明唯物主义的特征，而只表明应用它去解释的那些领域之一"③。所以，普列汉诺夫在阐述辩证唯物主义时，大量阐述的却是历史唯物主义即唯物主义历史观的内容，如地理环境与社会发展、人的理性与历史动力、生产力与生产关系的关系问题。这表明，普列汉诺夫实质上把历史唯物主义理解为辩证唯物主义在历史领域中的应用。"普列汉诺夫念兹在兹的'辩证唯物主义'，是渗透在历史唯物主义中的辩证唯物主义。因此普列汉诺夫在对拉布里奥拉的《关于历史唯物主义》的评论中说，拉布里奥拉借用的恩格斯的'历史唯物主义'概念其实是'辩证唯物主义'。换句话说，普列汉诺夫的'辩证唯物主义'最初是从马克思的唯物史观（历史科学或社会学）中提炼（逆推）出来的。""普列汉诺夫有意识地将自己的'辩证唯物主义'与恩格斯的'唯物主义辩证法'等同起来。然后，普列汉诺夫仿照恩格斯的说法，认为辩证唯物主义要应用于自然界和社会两个领域。其实，普列汉诺夫从来没有探讨过恩格斯所谓的'辩证的自然观'，他的侧重点一直是恩格斯所谓的'辩证的历史观'。"④

---

① 《普列汉诺夫哲学著作选集》第 3 卷，生活·读书·新知三联书店 1962 年版，第 159 页。
② 杨耕等：《马克思主义哲学基础理论研究》，北京师范大学出版社 2013 年版，第 26 页。
③ 《普列汉诺夫哲学著作选集》第 2 卷，生活·读书·新知三联书店 1961 年版，第 311 页。
④ 鲁克俭：《辩证唯物主义哲学教科书体系的早期建构及其反思》，《哲学动态》2017 年第 7 期，第 23 页。

普列汉诺夫涉猎过黑格尔的许多著作，如《逻辑学》《历史哲学》《法哲学原理》《精神现象学》《美学》等，但他探讨的重心始终落在《逻辑学》上。

列宁对普列汉诺夫及其辩证唯物主义思想给予了高度评价；他曾说普列汉诺夫是"最通晓马克思主义哲学的社会主义者"①，认为普列汉诺夫的《论一元论历史观之发展》"对辩证唯物主义作了极其完美的有价值的阐述"②，"培养了整整一代马克思主义者"③。从总体上看，普列汉诺夫的辩证唯物主义思想深深地影响了列宁。④

1894年列宁在《什么是"人民之友"以及他们如何攻击社会民主党人?》一书中首次使用了辩证唯物主义这一术语。从这一著作可以看出，尽管列宁没有对"辩证唯物主义"作出解释，但他实际上是把整个马克思主义哲学看作"辩证唯物主义"，并认为"马克思和恩格斯称之为辩证方法（它与形而上学方法相反）的，不是别的，正是社会学中的科学方法，这个方法把社会看作处在不断发展中的活的机体……把社会演进看作是社会经济形态发展的自然历史过程"。⑤1908年列宁在《向报告人提十个问题》的发言提纲中明确提出"马克思主义哲学是辩证唯物主义。"⑥后来，列宁多次重申了这一观点："马克思和恩格斯几十次地把自己的哲学观点叫做辩证唯物主义"，"马克思主义哲学即辩证唯物主义"，"马克思一再把自己的世界观叫做辩证唯物主义，恩格斯的《反杜林论》（马克思读过全部手稿）阐述的也正是这个世界观"。⑦从内涵上看，列宁所说的"辩证唯物主义"包括四个方面：哲学唯物主义、辩证法、唯物主义历史观、阶级斗争理论。在列宁看来，这四个方面的内容体现了马克思主义

---

① 《列宁全集》（第2版）第23卷，人民出版社1990年版，第153页。

② 《列宁全集》（第2版）第4卷，人民出版社1984年版，第67页。

③ 《列宁全集》（第2版）第19卷，人民出版社1987年版，第308页。

④ 杨耕：《论辩证唯物主义、历史唯物主义、实践唯物主义的内涵——基于概念史的考察与审视》，《南京大学学报》（哲学·人文科学·社会科学版）2016年第2期，第9页。

⑤ 《列宁全集》（第2版）第1卷，人民出版社1984年版，第151、153、135页。

⑥ 《列宁全集》（第2版）第18卷，人民出版社1990年版，第1页。

⑦ 《列宁全集》（第2版）第18卷，人民出版社1990年版，第7、11、258页。

的"整个世界观",表明"马克思的哲学是完备的哲学唯物主义"①。

列宁也非常重视马克思哲学与黑格尔哲学的关系。他说:"我总是竭力用唯物主义观点来读黑格尔:黑格尔是倒置过来的唯物主义(恩格斯的说法)——就是说,我大抵抛弃神、绝对、纯观念等等。"②在《唯物主义和经验批判主义》中,列宁对"一般唯物主义"的内涵及其与马克思唯物主义的关系作了具体说明:"物质是第一性的。感觉、思想、意识是按特殊方式组成的物质的高级产物。这就是一般唯物主义的观点,特别是马克思和恩格斯的观点。"③由此可见,在列宁的观念中,马克思的唯物主义与一般唯物主义没有本质区别,马克思和恩格斯都是从一般唯物主义的立场出发来阅读并批判黑格尔的。

在列宁看来,黑格尔《逻辑学》的最高成就是辩证法,马克思批判利用的正是这一最高成就。正是基于这样的思考,列宁反复强调马克思主义哲学就是辩证唯物主义,甚至建议成立"黑格尔辩证法唯物主义之友协会"。④

列宁认为,历史唯物主义是唯物主义在社会领域中的推广与运用:"马克思加深和发展了哲学唯物主义,而且把它贯彻到底,把它对自然界的认识推广到对人类社会的认识。""发现唯物主义历史观,或者更确切地说,把唯物主义贯彻和推广运用于社会现象领域,消除了以往的历史理论的两个主要缺点。"⑤后来,斯大林在《论辩证唯物主义和历史唯物主义》中对列宁的这一观点作了进一步发挥,明确提出历史唯物主义是辩证唯物主义在社会生活和社会历史领域中的推广与运用。这种表述,后来成为苏联马克思主义哲学教科书的经典性的表述。⑥

列宁读过黑格尔的《逻辑学》《历史哲学》《哲学史讲演录》,也留意过《精神现象学》,但他读得最认真、思考得最深入的则是《逻辑学》,并认为"不钻

---

① 《列宁全集》(第2版)第23卷,人民出版社1990年版,第45页。
② 《列宁全集》(第2版)第55卷,人民出版社1990年版,第86页。
③ 《列宁选集》第二卷,人民出版社1995年版,第51页。
④ 杨耕等:《马克思主义哲学基础理论研究》,北京师范大学出版社2013年版,第27页。
⑤ 《列宁选集》第二卷,人民出版社1995年版,第311、425页。
⑥ 杨耕等:《马克思主义哲学基础理论研究》,北京师范大学出版社2013年版,第27—28页。

研和不理解黑格尔的全部逻辑学，就不能完全理解马克思的《资本论》，特别是它的第 1 章。因此，半个世纪以来，没有一个马克思主义者是理解马克思的!!"① 这就是说，在列宁的观念中，马克思哲学与黑格尔哲学的关系本质上是马克思哲学与黑格尔逻辑学的关系。

按照普列汉诺夫和列宁的解释路线，黑格尔哲学对马克思哲学的影响主要是通过《逻辑学》；由于费尔巴哈哲学的媒介，马克思回到了一般唯物主义的立场；在此基础上，马克思批判改造了黑格尔的辩证法，从而创立了辩证唯物主义，并把辩证唯物主义推广到历史领域，形成了历史唯物主义。因此，马克思主义哲学的基础和核心是一般唯物主义和辩证唯物主义。②

到了斯大林时期，辩证唯物主义的内涵发生了变化，即从一种世界观演变为一种自然观。1938 年出版的《联共（布）党史简明教程》，斯大林亲自撰写了第四章第二节"论辩证唯物主义和历史唯物主义"，开宗明义地指出：

> 辩证唯物主义是马克思列宁主义党的世界观，它所以叫做辩证唯物主义，是因为它对自然界现象的看法、它研究自然界现象的方法、它认识这些现象的方法是辩证的，而它对自然界现象的解释、它对自然界现象的了解、它的理论是唯物主义的。
>
> 历史唯物主义就是把辩证唯物主义的原理推广去研究社会生活，把辩证唯物主义的原理应用于社会生活现象，应用于研究社会，应用于研究社会历史。③

以此为前提，斯大林论证了"马克思主义哲学唯物主义的基本特征"：一是世界按其本质说来是物质的，世界是按物质运动规律发展的；二是意识是物质的反映，思维是发展到高度完善的物质即人脑的产物；三是世界及其规律是

---

① 《列宁全集》（第 2 版）第 55 卷，人民出版社 1990 年版，第 151 页。
② 杨耕等：《马克思主义哲学基础理论研究》，北京师范大学出版社 2013 年版，第 28 页。
③ 《斯大林选集》下卷，人民出版社 1979 年版，第 424 页。

可以认识的。问题的关键在于，这三个特征在近代唯物主义那里都已具备。在《论辩证唯物主义和历史唯物主义》中，斯大林把霍布斯的话，即"物质是一切变化的主体"当作马克思本人的话加以引用。①

斯大林的《论辩证唯物主义和历史唯物主义》，后来出版了单行本。这本书曾被译为数十种文字，发行量在数千万册以上，成为当时马克思主义哲学的范本，对马克思主义哲学以后的发展影响十分巨大。然而，斯大林在《论辩证唯物主义和历史唯物主义》中对"马克思主义哲学唯物主义的基本特征"的认识，是与马克思的基本观点不同的；因为，反对抽象的自然科学唯物主义是马克思的一贯立场。

早在 1844 年，马克思在"经济学哲学手稿"中就已论及自然科学的抽象唯物主义问题。他写道："如果把工业看成人的本质力量的公开的展示，那么，自然界的人的本质，或者人的自然本质，也就可以理解了；因此，自然科学将失去它的抽象物质的或者不如说是唯心主义的方向，并且将成为人的科学的基础"。② 对此，人们一度用"思想不够成熟"为理由而将青年马克思关于自然科学的抽象物质方向就是唯心主义等观点撇在一边不加考虑。例如苏联学者列尼·巴日特诺夫就曾用如下话语批评存在主义者对马克思主义的"曲解"：

> 马克思在《手稿》中分析了人的劳动作为人的生命活动基本形式的本质和内容，……人的劳动赋予自然界以第二个生命，并且正是因为这个缘故，所以自然界越是为人的活动所占有，它就越是通过劳动这个洪炉，变成"劳动的人的作坊"，变成"被劳动所人化了的"自然界。存在主义者抓住马克思的这些还表述得极不确切、有时甚至非常含糊不清楚的命题，宣布马克思是把自然界看作"人的本质力量的异化"、看作"人的无机的身体"等的主观唯心主义者、存在主义者。……蒂尔在分析马克思对人的

---

① 杨耕：《论辩证唯物主义、历史唯物主义、实践唯物主义的内涵——基于概念史的考察与审视》，《南京大学学报》（哲学·人文科学·社会科学版）2016 年第 2 期，第 9—10 页。

② 《马克思恩格斯全集》（第 1 版）第 42 卷，人民出版社 1979 年版，第 128 页。

感性，即人能动地认识外部世界的能力时，就正是这样干的。这位存在主义的批判家利用青年马克思所使用的未尽完善的术语，断章取义地抽出这些思想，牵强附会地把这些思想同唯心主义人本主义的基本原理拉在一起，企图借此证明马克思在这里所说的自然界，不过是从人的感性派生出来的某种第二性的东西。①

上面引文中提到的《手稿》，就是马克思的《1844年经济学哲学手稿》，被列尼·巴日特诺夫视为"不是一部成熟的马克思主义的著作"②。然而，在时隔二十年之后，马克思在堪称成熟著作之典范的《资本论》第一卷第十三章的一个"脚注"中再次论及"抽象的自然科学的唯物主义"，他这样写道：

> 工艺学会揭示出人对自然的能动关系，人的生活的直接生产过程，以及人的社会生活条件和由此产生的精神观念的直接生产过程。甚至所有抽掉这个物质基础的宗教史，都是非批判的。事实上，通过分析来寻找宗教幻象的世俗核心，比反过来从当时的现实生活关系中引出它的天国形式要更容易得多。后面这种方法是唯一的唯物主义的方法，因而也是唯一科学的方法。那种排除历史过程的、抽象的自然科学的唯物主义的缺点，每当它的代表越出自己的专业范围时，就在他们的抽象的和唯心主义的观念中立刻显露出来。③

与前述1844年的"经济学哲学手稿"的引文相对照，不难看出两段引文的思想脉络是如此惊人的一致。它们都论及技术（工业或工艺学）使自然科学

---

① 列尼·巴日特诺夫：《哲学中革命变革的起源——马克思的〈1844年经济学—哲学手稿〉》，中国社会科学出版社1981年版，第9—10页。

② 列尼·巴日特诺夫：《哲学中革命变革的起源——马克思的〈1844年经济学—哲学手稿〉》，中国社会科学出版社1981年版，第162页。

③ 《马克思恩格斯全集》（第1版）第23卷，人民出版社1974年版，第410页。

直接应用于社会生产，参与人对自然的能动改造的实践，从而也将使自然科学融合于社会历史发展过程，而改变它原先仅对自然界作不涉及社会历史过程的"抽象唯物主义"解释的方向。①

　　抽象唯物主义实质上是抽象地谈论物质。自然科学的唯物主义就是这样的典型例子。自然科学的对象是抽象的物质（自然界），这种"抽象的物质（自然界）"之所以抽象，其原因并不在于它是一种抽象的科学概念，而在于它实质上是一种非对象的存在物，是一种抽象的、孤立的、与人分离的自然界。"抽象的物质"，或"抽象的自然界"，事实上是不合理的抽象。它之所以不合理，是因为它对人来说不是现实的存在物。这种存在物没有对象性，也就是说，在它之外没有对象，或者等于说，它对人来说也不是对象，是孤零零独立的存在物。马克思认为："非对象性的存在物是非存在物。……是一种非现实的、非感性的、只是思想上的即只是虚构出来的存在物，是抽象的东西。"②

　　除了马克思率先指出自然科学有"抽象物质的倾向"之外，恩格斯也持相同见解。他写道：

　　　　注意。物质本身是纯粹的思想创造物和纯粹的抽象。当我们把各种有形地存在着的事物概括在物质这一概念下的时候，我们是把它们的质的差异撇开了。因此，物质本身和各种特定的、实存的物质不同，它不是感性地存在着的东西。如果自然科学企图寻找统一的物质本身，企图把质的差异归结为同一的最小粒子的结合所造成的纯粹量的差异，那么这样做就等于不要看樱桃、梨、苹果，而要看水果本身，不要看猫、狗、羊等等，而要看哺乳动物本身，要看气体本身、金属本身、石头本身、化合物本身、运动本身。达尔文学说就要求这样的原始哺乳动物……③

① 周林东：《人化自然辩证法——对马克思的自然观的解读》，人民出版社 2008 年版，第 98 页。
② 《马克思恩格斯全集》（第 1 版）第 42 卷，人民出版社 1979 年版，第 168—169 页。
③ 《马克思恩格斯全集》（第 1 版）第 20 卷，人民出版社 1971 年版，第 598—599 页。

　　自然科学是以自然界中各种事物为研究对象的各种学科的总称。按照特定的分工和自身的需要，各门自然科学确实用不着讨论社会的人及其对自然界的作用（即使专门研究人体的医学也只是把人当作生物学的人），所以作为近代自然科学对象的自然物质就是所谓"单纯的自然物质"；它不仅排除了自身发展的历史过程从而成为黑格尔的从无（绝对精神）创造出来的"抽象自然界"，而且还排除了人类的能动的实践改造的历史过程，从而成为费尔巴哈的自开天辟地以来就存在的始终如一的"抽象自然界"。当然，并不能说这种抽象的单纯的自然物质概念在自然科学范围内没有价值。但是如果把自然观建立在这种抽象的自然物质理论的基础上，那么它就不是真正的唯物主义，而是抽象的自然科学唯物主义。由于抽象的自然物质，对人来说不是现实的存在物，因此抽象唯物主义实质上也是唯心主义。① 马克思用深邃的辩证眼光指出："任何极端都是它自己的另一极端。抽象的唯灵论是抽象的唯物主义，抽象的唯物主义是物质的抽象的唯灵论"②。

　　青年马克思在《1844 年经济学哲学手稿》中还作出了"人再生产整个自然界"③，"在人类历史中即在人类社会的产生过程中形成的自然界是人的现实的自然界"④ 等论断。从斯大林的观点看，实属匪夷所思：太平洋是人生产出来的？珠穆朗玛峰是人生产出来的？自然科学唯物主义的典型命题是："在人类出现以前自然界早已存在了。"但是，马克思在批判费尔巴哈的唯物主义观点时指出："这种先于人类历史而存在的自然界，不是费尔巴哈在其中生活的那个自然界……因而对于费尔巴哈说来也是不存在的自然界。"⑤ 可见，马克思的唯物主义命题跟自然科学唯物主义的（费尔巴哈唯物主义的）命题是冲突的。

---

① 　周林东：《人化自然辩证法——对马克思的自然观的解读》，人民出版社 2008 年版，第 102—103 页。
② 　《马克思恩格斯全集》（第 1 版）第 1 卷，人民出版社 1956 年版，第 355 页。
③ 　《马克思恩格斯全集》（第 1 版）第 42 卷，人民出版社 1979 年版，第 97 页。
④ 　《马克思恩格斯全集》（第 1 版）第 42 卷，人民出版社 1979 年版，第 128 页。
⑤ 　《马克思恩格斯全集》（第 1 版）第 3 卷，人民出版社 1960 年版，第 50 页。

马克思在 1844 年写的《神圣家族》中写道：

英国唯物主义和整个现代实验科学的真正始祖是培根。在他的眼中，自然科学是真正的科学，而以感性经验为基础的物理学则是自然科学的最重要的部分。阿那克萨哥拉连同他那无限数量的原始物质和德谟克利特连同他的原子，都常常被他当作权威来引证。按照他的学说，感觉是完全可靠的，是一切知识的泉源。科学是实验的科学，科学就在于用理性方法去整理感性材料。归纳、分析、比较、观察和实验是理性方法的主要条件。在物质的固有的特性中，运动是第一个特性而且是最重要的特性，——这里所说的运动不仅是机械的和数学的运动，而且更是趋向、生命力、紧张，或者用雅科布·伯麦的话来说，是物质的痛苦。物质的原始形式是物质内部所固有的、活生生的、本质的力量，这些力量使物质获得个性，并造成各种特殊的差异。唯物主义在它的第一个创始人培根那里，还在朴素的形式下包含着全面发展的萌芽。物质带着诗意的感性光辉对人的全身心发出微笑。但是，用格言形式表述出来的学说本身却反而还充满了神学的不彻底性。

唯物主义在以后的发展中变得片面了。霍布斯把培根的唯物主义系统化了。感性失去了它的鲜明的色彩而变成了几何学家的抽象的感性。物理运动成为机械运动或数学运动的牺牲品；几何学被宣布为主要的科学。唯物主义变得敌视人了。为了在自己的领域内克服敌视人的、毫无血肉的精神，唯物主义只好抑制自己的情欲，当一个禁欲主义者。它变成理智的东西，同时以无情的彻底性来发展理智的一切结论。①

在恩格斯誉为"包含着新世界观的天才萌芽的第一个文件"②的《关于费尔

---

① 《马克思恩格斯全集》（第 1 版）第 2 卷，人民出版社 1960 年版，第 50 页。
② 《马克思恩格斯选集》第四卷，人民出版社 1995 年版，第 213 页。

巴哈的提纲》中，马克思写道：

> 从前的一切唯物主义——包括费尔巴哈的唯物主义——的主要缺点是：对事物、现实、感性，只是从客体的或者直观的形式去理解，而不是把它们当作人的感性活动，当作实践去理解，不是从主观方面去理解。[①]

在 1945—1846 年写作的《德意志意识形态》中，马克思在批判费尔巴哈的唯物主义观点时还写道：

> 他没有看到，他周围的感性世界决不是某种开天辟地以来就已存在的、始终如一的东西，而是工业和社会状况的产物，是历史的产物，是世世代代活动的结果，其中每一代都在前一代所达到的基础上继续发展前一代的工业和交往方式，并随着需要的改变而改变它的社会制度。甚至连最简单的"可靠的感性"的对象也只是由于社会发展、由于工业和商业往来才提供给他的。大家知道，樱桃树和几乎所有的果树一样，只是在数世纪以前依靠商业的结果才在我们这个地区出现。由此可见，樱桃树只是依靠一定的社会在一定时期的这种活动才为费尔巴哈的"可靠的感性"所感知。[②]

按照马克思的观点，自然界具有"优先地位"，但"先于人类历史而存在的自然界"，或者在人的活动范围之外的自然界，对人类来说是"无"，或者说"是不存在的存在"。这是因为，原生态自然界本身的意义只有通过人的开掘、发现，才能获得对人而言的现实性；只有通过人的实践改造之后，才能构成人们生活于其中的"感性世界"。

---

① 《马克思恩格斯全集》(第1版)第3卷，人民出版社1960年版，第3页。

② 《马克思恩格斯全集》(第1版)第3卷，人民出版社1960年版，第48—49页。

马克思《关于费尔巴哈的提纲》中的"新唯物主义"的最根本的观点，即"革命的实践"①的观点。社会历史的基础是自然界以及活动于其中的人；人为了要生活，必须从事变革自然界的生产活动。生产活动是革命的实践，是认知与行动的统一。人们的认识活动本身也是一种客观活动，而且人们头脑里根据客观规律所设想出来的东西，将通过人们的实践活动转换为客观的东西，即通过实践，使主观见之于客观。革命的实践，以"感性活动"为问题意识的焦点。"感性活动"当然以"感性存在"为前提，我们不能撇开以"感性活动"为逻辑前提的"新唯物主义"，而以"感性存在"为基础的费尔巴哈式旧唯物主义（直观的唯物主义），作为马克思与恩格斯哲学的核心内容。忽略人的"感性活动"，即使给物的"感性存在"加上"辩证法"的外观，它仍然是"直观的唯物主义"。②

2. 马克思主义哲学体系化与研究对象的争论

围绕辩证唯物主义研究对象的争论，是与马克思主义哲学体系化建构紧密相关的。列宁在辩证唯物主义哲学教科书体系建构中，发挥了关键性作用。体系化不等于教科书化，但教科书化却极大地促进了马克思主义哲学的体系化。

（1）马克思主义哲学教科书的肇始

教科书化的提出者是列宁。列宁在 1922 年 3 月 18 日给伊·伊·斯捷潘诺夫《俄罗斯联邦电气化与世界经济的过渡阶段》一书写的序言中提出，"无产阶级掌握政权几乎有五年了，但旧的资产阶级学者还在无产阶级的国立学校和大学里用旧的资产阶级破烂教育（确切些说，腐蚀）青年，这是一种耻辱。要是我们所有的马克思主义著作家不把自己的精力浪费在令人生厌的报刊杂志的政治喧嚣上，而坐下来就所有的社会问题写作参考书或教科书，那我们就不会蒙受这样的耻辱了。"③ 在 1922 年 3 月 28 日俄共（布）十一大所作的关于俄共

---

① 《马克思恩格斯全集》（第 1 版）第 3 卷，人民出版社 1960 年版，第 4 页。

② 鲁克俭：《辩证唯物主义哲学教科书体系的早期建构及其反思》，《哲学动态》2017 年第 7 期，第 25 页。

③ 《列宁全集》（第 2 版）第 43 卷，人民出版社 1990 年版，第 51—52 页。

（布）中央政治报告的总结发言中，列宁再次提出："我丝毫也不否认教科书的益处，不久以前我曾说过，我们的著作家最好少注意些报纸，少搞点政治喧嚣，而去编写教科书。"①列宁提出理论教科书化的要求，也与他的灌输论密切相关。早在 1902 年，列宁在《怎么办？》这本小册子中，就提出了工人阶级先锋队和职业革命家组织的建党理论，并相应提出了作为工人阶级先锋队的职业革命家向工人阶级灌输马克思主义理论的要求。

列宁在《卡尔·马克思》一文中首次对马克思哲学作了体系化建构的尝试，包括对辩证唯物主义哲学进行了原理式概括，开创了引文服务于原理的写作方式以及引文不分马克思与恩格斯的先例；对辩证唯物主义作了两板块结构（哲学唯物主义＋辩证法）的建构；力图将马克思主义哲学体系的建构与马克思主义哲学史的研究相结合（史论结合）。列宁的《论战斗唯物主义的意义》《黑格尔〈逻辑学〉一书摘要》《谈谈辩证法问题》直接影响到德波林对辩证唯物主义认识重心的转移，并成为 1920 年代苏联辩证唯物主义哲学教科书体系建构的指南。②

通常把德波林的《辩证唯物主义哲学入门》看作辩证唯物主义哲学体系化的最初尝试。其实，德波林的《辩证唯物主义哲学入门》和列宁的《唯物主义与经验批判主义》都是写于 1908 年，都是在普列汉诺夫所倡导的"辩证唯物主义哲学"的基础上对马赫主义的批判。这两本著作对后来的辩证唯物主义哲学教科书都起到了奠基性作用，但其本身不是原理式教科书。《辩证唯物主义哲学入门》共 11 章，只有第 7 章是对辩证唯物主义的正面阐述，其他各章都是关于哲学史上经验主义各流派（包括当时最新的美国实用主义流派）的评析。德波林将该书的内容浓缩成一篇论文发表在《时代的交界线》文集（1909 年圣彼得堡版）中。在该文的结论部分，德波林作了如下总结："从形式上来看，我们知道，辩证唯物主义使人人必需的客观的认识成为可能，因为存在的形

---

① 《列宁全集》（第 2 版）第 43 卷，人民出版社 1990 年版，第 115—116 页。

② 鲁克俭：《辩证唯物主义哲学教科书体系的早期建构及其反思》，《哲学动态》2017 年第 7 期，第 26 页。

式，在辩证唯物主义看来，也就是思维的形式，知觉范围内的每一个变化是和客观世界中的每个变化符合的。至于谈到物质因素，辩证唯物主义的出发点是承认自在之物或外部世界或物质。'自在之物'是可以认识的。辩证唯物主义否认无条件的东西和绝对的东西。自然界中的一切都是处在变化和运动的过程中，物质的一定的结合就是运动和变化的基础。辩证法认为一种存在经过飞跃会转化为另一种存在。"① 列宁当时就对该文作了批注②。在对辩证唯物主义认识论的理解和把握上，列宁与德波林是基本一致的。德波林是苏联马克思恩格斯研究院的副院长，并担任苏共党中央的理论刊物《在马克思主义旗帜下》杂志主编，他对辩证唯物主义认识论的理解和把握，影响到 1920 年代后半期的辩证唯物主义哲学教科书的体系建构。

(2) "本体论"与"认识论"之争

苏联哲学界 20 世纪三十年代围绕德波林学派展开过争论，四十年代发生过围绕亚历山大洛夫《西欧哲学史》的争论。五十年代到八十年代长期围绕辩证唯物主义研究对象展开着争论。

一般认为，恩格斯通过《反杜林论》《路德维希·费尔巴哈和德国古典哲学的终结》《社会主义从空想到科学的发展》《自然辩证法》等著作，在马克思理论思想基础上，阐明了辩证唯物主义哲学的基本观点。在《路德维希·费尔巴哈和德国古典哲学的终结》中，恩格斯写道：

> 我们重新唯物地把我们头脑中的概念看作现实事物的反映，而不是把现实事物看作绝对概念的某一阶段的反映。这样，辩证法就归结为关于外部世界和人类思维的运动的一般规律的科学，这两个系列的规律在本质上是同一的，但是在表现上是不同的，这是因为人的头脑可以自觉地应用这些规律，而在自然界中这些规律是不自觉地、以外部必然性的形式、在无

---

① 阿·莫·德波林：《哲学与政治》，生活·读书·新知三联书店 1965 年版，第 116 页。
② 《列宁全集》（第 2 版）第 55 卷，人民出版社 1990 年版，第 516—522 页。

穷无尽的表面的偶然性中实现的，而且到现在为止在人类历史上多半也是如此。这样，概念的辩证法本身就变成只是现实世界的辩证运动的自觉的反映，从而黑格尔的辩证法就被倒转过来了，或者宁可说，不是用头立地而是重新用脚立地了。①

在《反杜林论》中，恩格斯写道：

在自然界里，正是那些在历史上支配着似乎是偶然事变的辩证法运动规律，也在无数错综复杂的变化中发生作用；这些规律也同样地贯串于人类思维的发展史中，它们逐渐被思维着的人所意识到。这些规律最初是由黑格尔全面地、不过是以神秘的形式阐发的，而剥去它们的神秘形式，并使人们清楚地意识到它们的全部的单纯性和普遍有效性，这是我们的期求之一。②

当我们深思熟虑地考察自然界或人类历史或我们自己的精神活动的时候，首先呈现在我们眼前的，是一幅由种种联系和相互作用无穷无尽地交织起来的画面，其中没有任何东西是不动的和不变的，而是一切都在运动、变化、生成和消逝。③

在《自然辩证法》中，恩格斯写道：

辩证法的规律是从自然界和人类社会的历史中抽象出来的。辩证法的规律不是别的，正是历史发展的这两个方面和思维本身的最一般的规律。实质上它们归结为下面三个规律：

量转化为质和质转化为量的规律；

---

① 《马克思恩格斯选集》第四卷，人民出版社1995年版，第243页。
② 《马克思恩格斯选集》第三卷，人民出版社1995年版，第349—350页。
③ 《马克思恩格斯选集》第三卷，人民出版社1995年版，第358—359页。

　　　　对立的相互渗透的规律；

　　　　否定的否定的规律。

　　所有这三个规律都曾经被黑格尔以其唯心主义的方式只当作思维规律而加以阐明：第一个规律是在他的《逻辑学》的第一部分即存在论中；第二个规律占据了他的《逻辑学》的整个第二部分，而且是最重要的部分，即本质论；最后，第三个规律是整个体系构成的基本规律。①

　　恩格斯认为黑格尔关于辩证法的表述，主要在于做了唯心主义的颠倒，"如果我们把事情顺过来，那末一切都会变得很简单，在唯心主义哲学中显得极端神秘的辩证法规律也立刻就会变成简单而明白的了。"②这就是说它们不是脱离客观的纯思维规律，而是自然与历史的实在的发展规律，而且对于反映客观的思维现象及其产物也是有效的。

　　正是基于恩格斯的上述论断，20世纪50年代苏联权威的马克思主义哲学教科书定义"马克思主义辩证法就是'关于外部世界和人类思维的运动的一般规律的科学'"③。并且写道：

　　　　马克思主义哲学（或作为哲学科学的唯物主义辩证法）的对象，是研究一切运动和发展的最一般的规律。各门科学研究的是世界现象的某一领域或某一方面，而辩证唯物主义是要揭示作为一切现象和过程的基础的共同的东西，提供关于支配任何运动和发展的那些一般规律的知识，不管运动和发展是发生于现象的哪个领域中：发生于自然界中、社会中还是人的思维中。④

---

① 《马克思恩格斯全集》（第1版）第20卷，人民出版社1971年版，第598—599页。
② 《马克思恩格斯全集》（第1版）第20卷，人民出版社1971年版，第401页。
③ 苏联科学院哲学研究所：《马克思主义哲学原理》上册，中国人民大学出版社编译室译，人民出版社1959年版，第21页。
④ 苏联科学院哲学研究所：《马克思主义哲学原理》上册，中国人民大学出版社编译室译，人民出版社1959年版，第20页。

由于恩格斯在《反杜林论》中又写道：

现代唯物主义本质上都是辩证的，而且不再需要任何凌驾于其他科学之上的哲学了。一旦对每一门科学都提出要求，要它们弄清它们自己在事物以及关于事物的知识的总联系中的地位，关于总联系的任何特殊科学就是多余的了。于是，在以往的全部哲学中仍然独立存在的，就只有关于思维及其规律的学说——形式逻辑和辩证法。①

于是，哲学教科书又写道：

马克思主义哲学不仅研究在整个世界中发生作用的最一般的规律，而且研究这些规律在认识过程中的运用。认识发展的一般规律性，并不是某一专门科学的研究对象，而是哲学的研究对象。②

苏联一些哲学家非常强调前者，而又有一些哲学家非常强调后者，因而形成针锋相对的所谓"本体论主义"与"认识论主义"的争论。这种划分完全是相对的、有条件的；因为在苏联哲学中，"本体论主义"和"认识论主义"这类提法，并不认为是马克思主义的标准哲学术语。论辩双方都有不少著名的马克思主义哲学家，例如 В.Н.图加林诺夫、В.П.罗任、С.Т.麦柳欣、Л.Ф.伊利切夫、П.В.科普宁、Э.В.伊里因科夫、Б.М.凯德洛夫等等。③

坚持从"本体论"出发来理解和说明马克思主义哲学对象的苏联哲学家，论点互有差别，但在强调恩格斯辩证法定义中的客观存在方面是相同的。在他

① 《马克思恩格斯选集》第三卷，人民出版社 1995 年版，第 364 页。
② 苏联科学院哲学研究所：《马克思主义哲学原理》上册，中国人民大学出版社编译室译，人民出版社 1959 年版，第 21 页。
③ 贾泽林、周国平等编著：《苏联当代哲学》（1945—1982），人民出版社 1986 年版，第 90—102 页。

们看来，哲学的对象就是客观存在即作为客观存在的物质及其所具有的变化和发展的规律性。按此种观点，只要通过某种方式弄清了"自然界的一般图景"或"世界图景"，那么作为其组成部分的社会和人类思维就可以自然而然地得到说明。换句话说，只要知道"整个世界"是怎么回事，那么就不难弄清人的问题、人对这一世界认识过程的性质和人类思维的逻辑。

图加林诺夫说："对科学对象持本体论观点，即研究对象本身，撇开它与认识它的主体的关系，这是每一门科学的主要的和最重要的任务"，"哲学也执行这个任务即说明整个世界。正是由于有了这个任务或职能，它才是世界观，因此不能否认马克思主义哲学的本体论意义。""我们把马克思主义哲学称之为关于自然界、社会和思维的最一般规律的科学，这样首先就说出了它的本体论的任务和本体论的职能——从哲学上向人们说明现实的这些普遍的规律"。"科学和哲学的本体论方面可以说是它们的最客观的方面：它不仅在内容方面而且在形式方面都是客观的，它撇开了主体，因此，本体论职能在哲学中是基本的和决定着所有其他任务和职能的职能"。①

罗任提出，马克思主义辩证法的对象应包括四个方面：第一，关于自然界及自然界运动和发展的普遍规律，即自然辩证法。第二，关于社会及社会发展的普遍规律，即社会辩证法。第三，关于思维及思维规律和形式，即逻辑。第四，关于认识及其规律和形式，即马克思主义的认识论。依据唯物辩证法既是马克思主义哲学的本体论，又是马克思主义哲学的逻辑和认识论，得出：唯物辩证法具有本体论职能，逻辑和认识论职能，世界观职能，方法论职能等等。关键在于，明确肯定唯物辩证法首先是本体论。

麦柳欣认为，辩证唯物主义的对象总的来说就是物质（各种存在形式）的普遍属性的发展和结构组织的规律、对世界的科学认识的一般特点和规律、存在和思维的相互关系问题。这种强调分析物质的"属性模型"的观点，后来得

---

① 贾泽林、周国平等编著：《苏联当代哲学》（1945—1982），人民出版社 1986 年版，第 90—93 页。

到进一步发展。

"本体论主义"的观点本身也有它的弱点。第一，这种观点没有说明为什么马克思、恩格斯和列宁都没有从肯定意义上来使用"本体论"一词；第二，这种观点没有对列宁关于唯物辩证法就是逻辑和认识论这一论点表明自己的明确态度；第三，这种观点强调"整个世界"是哲学的对象，而"整个世界"当然把人及意识包括在内，这样便模糊了意识同存在之间的关系是全部哲学的最高问题这一重要原理。①

20世纪70年代末80年代初，伊利切夫表示他反对两种片面性即"思辨本体论主义"和"抽象认识论主义"，但他毫不含糊地认定"从哲学的内容中排除本体论方面的辩证法，就会阉割它的逻辑方法论职能和世界观职能"，"出于这种或那种动机而从辩证法中排除任何'关于存在的理论'的人，没有看到，被理解为发展理论的关于存在的理论才是对以往那种超历史的本体论的克服"。"从哲学中排除'存在'的内容，实际上就是否认辩证法中的唯物主义"，而否定"整个世界"是哲学研究的对象，就是否认哲学制定的认识方法和哲学范畴的普遍性。肯定"整个世界"是哲学研究的对象，并不取消思维和存在这一哲学基本问题，因为精神的东西并不存在于物质和世界之外，而是同作为"物质的高级产物"的物质处于统一之中。从所有科学都这样那样地参与制定科学世界观（关于"整个世界"的科学图景）这一点出发，并不能得出结论说唯物辩证法不制定任何相对独立的世界观；也不能根据各门科学都以某种具体形式研究现实的辩证过程这一点，而否认还应有以普遍形式出现的客观辩证法；不能把哲学的内容仅归结为逻辑和认识论问题、仅归结为主观辩证法。他说，"马克思主义的思想敌人"故意制造一种二难判断：唯物辩证法如果是关于世界的普遍联系和发展的学说，那么其中就不包括人的问题；如果辩证法揭示人类存在、揭示人类能动性的根源，它就不能是关

---

① 贾泽林、周国平等编著：《苏联当代哲学》（1945—1982），人民出版社1986年版，第91—92页。

于不依赖于人的客观现实的学说，然而唯物辩证法克服了这种把世界与人形而上学地对立起来的作法。"认识论主义"，在伊利切夫看来，第一，否认马克思主义哲学的世界观职能；第二，在强调各门科学都研究客观辩证法因而不需要有以普遍形式出现的客观辩证法时，就是贩卖实证主义"科学本身就是哲学"的论点；第三，否认了辩证法的世界观和阶级立场的意义，而唯物辩证法必须包括阶级立场在内，这对哲学来说不是外在的东西。至此，持"本体论主义"观点的哲学家实际上把持"认识论主义"观点的哲学家看成是散布非政治、无党性、超阶级观点和传播资产阶级实证主义的一种隐晦表现或暗流。①

坚持"认识论主义"观点的哲学家，除了引证恩格斯关于"在以往的全部哲学中仍然独立存在的，就只有关于思维及其规律的学说——形式逻辑和辩证法"的提法之外，还引证列宁的话"虽说马克思没有遗留下'逻辑'（大写字母的）但他遗留下《资本论》的逻辑，应当充分地利用这种逻辑来解决这一问题。在《资本论》中，唯物主义的逻辑、辩证法和认识论［不必要三个词：它们是同一个东西］都应用于同一门科学"②，"辩证法也就是（黑格尔和）马克思主义的认识论。"③根据恩格斯和列宁的以上论断以及恩格斯关于反对复活自然哲学的论点，他们把唯物辩证法看作是逻辑和认识论，把人类思维的逻辑和认识过程摆在首位。属于这种观点之列的哲学家有科普宁、伊里因科夫和凯德洛夫等等。④

科普宁坚决反对"本体论主义"，认为秉持该观点的人把自然界看成是理解人、社会和思维的钥匙，然而，马克思主义则正相反——人是理解自然界的钥匙。他说：马克思主义哲学是从自然界的那些正在成为人的活动、人的实践

---

① 贾泽林、周国平等编著：《苏联当代哲学》(1945—1982)，人民出版社1986年版，第93—94页。

② 《列宁全集》(第2版) 第55卷，人民出版社1990年版，第290页。

③ 《列宁全集》(第2版) 第55卷，人民出版社1990年版，第308页。

④ 贾泽林、周国平等编著：《苏联当代哲学》(1945—1982)，人民出版社1986年版，第94—101页。

和认识的普遍原则的那些规律方面来研究自然界的。无论自然界以外的人，还是人以外的自然界，都不是世界观的对象。什么是世界观？世界观是从自然界与人的联系和关系方面来理解一切的，因此人的意识同其周围存在的关系才成了哲学的基本问题。世界观包括哲学基本问题、发展观和历史观，这些问题的解决归根到底服从于人及其存在问题的解决。人是马克思主义世界观的核心。哲学并不同自然和社会生活的现象和过程直接发生关系，而是通过在其他科学的诸概念中反映出来的东西来认识自然和社会，也就是说哲学直接与之打交道的不是事物和过程，而是有关它们的知识、科学概念和理论。

伊里因科夫断言：“哲学就是关于思维的科学”。他论证道：列宁把大写字母的逻辑理解为关于客观的、普遍的和必然的规律的学说，自然和社会发展、人类全部知识和思维发展全都服从于这些规律。因此，思维规律，从根本上和趋向上说，是同总的发展规律一致的，因此逻辑、认识论和发展论是一致的。如果对逻辑和认识论作这样的理解，即按列宁方式对它们作辩证唯物主义的理解，就没有任何理由担心贯彻辩证法、逻辑和认识论三者一致的思想会导致忽视哲学的世界观意义及其“本体论”方面。研究自然界、社会和思维的普遍规律是历史上所有辩证法的特点，马克思主义辩证法独具的特点则是：这种辩证法是唯物主义的。也就是说，这种辩证法把思维的普遍规律理解为经过人类千百年实践检验过的科学认识所反映的自然和历史的普遍规律。如果给马克思主义辩证法的“特殊对象”下一个最简短的定义，那么不能说这个对象仅仅是“存在和思维的普遍规律”，而应该说是“反映在思维中的存在的普遍规律”。也就是说，思维规律（逻辑规律、人认识世界的认识发展的规律）乃是被反映的、即被认识和经实践检验过的现实本身发展的规律。从辩证法之作为一种特殊的、独立的、并不凌驾予其他科学之上的科学来说，从辩证法之作为有严格限定对象的、从而与其他科学有同等权力的科学来说，辩证法也就是关于在人的思维中反映外部世界（自然界和历史）的过程的科学，即变现实为思想和变思想为现实的科学。这样一来，理论和实践（即反映和在反映基础上的行动）就结合为一个过程，即都受同一规律（辩证法规律）制约的过程；辩证法就成为大写字母的逻辑，成为社会的人从理论上和从实践上把握和改造世界的科学。这才是辩证法的首要的、巨大的世界观意义和作用及职能之所在。因此，那些根本反对把辩证法看作是逻辑和认识论的人，那些不承认全部科学世界观即体现在科学和实际活动中的全部人类思维发展规律的科学的人，才是"无视"辩证法的世界观意义。

这一派哲学家，一致反对把"整个世界"定义为哲学特有的对象，反对以任何形式"复活"自然哲学；坚决否定"哲学是世界观，即对整个世界及其规律的观点，认识的总和"、"哲学是对世界（自然界、社会和思维）的一般观点的体系"等提法。他们对这一提法出现在哲学书籍中的历史渊源进行了追根究底的考证，对其实质进行了深入的剖析，力求驳倒这一提法。

科普宁问道：所谓"整个世界"中的世界是指什么？当我们说世界观是关于整个世界的观念体系时，我们是从何种意义使用"世界"一词的？要知道，"世界"这一用语，在现代科学中是从各种不同的意义上来使用的。

凯德洛夫指出：对"整个世界"，既可以作唯物主义的解释，也可以作唯心主义的解释，既可从叔本华的主观唯心主义精神来解释，也可从黑格尔客观唯心主义精神来解释。马赫主义者和唯能论者完全可以承认"整个世界"的存在，但同时却仍可断然否定原子和电子的客观性。"整个世界"的提法中百分之百缺少的正是认识论方面，也即世界观方面。"哲学世界观"这一概念根本不以"整个世界"为前提，而以关于思维和存在、意识和物质、精神和自然、心理和生理、主体和客体之间关系这些哲学的基本问题为主要内容。在凯德洛夫看来，马克思主义不是关于自然界发展规律的科学，关于自然界发展规律的科学从来就是自然科学；马克思主义的唯物辩证法不能仅归结为关于存在（自然界和社会）规律的科学，它还是关于人类思维规律的科学。但它不是关于存在和思维的所有规律的科学，而是关于自然、社会和思维具有的最一般规律的科学。

这一派哲学家为什么坚决否定对马克思主义哲学作"本体论"的解释，反对"整个世界"的提法？首先，他们声明，他们并不反对研究整个世界，他们只反对把整个世界仅仅当作哲学特有的、独占的对象，哲学不是单独地、而是同各门科学一道认识整个世界的，也就是说，认识"整个世界"，并不是非哲学莫属的权力，并不是哲学的特权。其次，他们引用恩格斯反对"复活"自然哲学、反对杜林的"世界模式"论的明确而毫不含混的话来反对"本体论主义"者们的观点，指出恩格斯把真正的哲学理解为逻辑和辩证法，而自然科学和"本体论"（即不从主体与客体的关系方面来考察世界本身的本质）都不是哲学。他们还引用列宁的看法来佐证自己的观点。列宁曾经严厉斥责俄国马赫主义者苏沃洛夫说："曾被经院哲学的许多代表在极不相同的形式下发现过许多次的'普遍存在论'，现在又被苏沃洛夫发现了"①。他们说列宁坚持把辩证法理解"现代唯物主义"的逻辑和认识论并摒弃关于"普遍存在论"的种种修正主义的议论。第三，他们把"本体论主义"观点斥之为折衷主义，因为持"本体论主义"观点的人总是选择自己喜欢的东西，撇开自己不喜欢的东西，譬如这些人对列宁关于唯物辩证法同认识论和逻辑相符合、其间有不可分割的联系的提法，不是回避就是表示怀疑或反对。凯德洛夫说，折衷主义是唯物辩证法的最凶恶的敌人，从而也是整个马克思主义哲学的最凶恶的敌人。

被称之为"认识论主义"者的哲学家们为什么不遗余力地去驳斥"整个世界"这一提法，为什么对"本体论"那么反感，为什么甘冒被扣上"实证主义""否定哲学的世界观意义"等等帽子而继续坚持自己的观点，为什么他们并没有被取消发言权和被禁止发表文章或者说没有被打倒？原因起码有两个：第一，他们从马克思、恩格斯和列宁那里给自己的观点找到了依据，而反对他们观点的人无法否认马克思列宁主义经典作家的论点和提法，只能想尽办法来对其作出于自己有利的解释。第二，他们认真吸取了苏联曾经发生过的哲学对自然科学和社会科学进行错误干涉的教训，反对重新恢复凌驾于自然科学之上的自然哲学，较为正确地处理了哲学同自然科学的关系，从而维护了自然科学的应有的

---

① 《列宁选集》第二卷，人民出版社 1995 年版，第 341 页。

正当权利，维护了列宁关于哲学同自然科学联盟的思想。①

3.对马克思、恩格斯、列宁的辩证法构想的追问

1982 年，苏联莫斯科科学出版社出版了凯德洛夫的《论辩证法的叙述方法——三个伟大的构想》一书。该书以丰富的第一手资料，即以马克思、恩格斯、列宁用手稿、笔记及零散札记形式留下的那些纸上记载着的思想和材料为依据，论证了马克思、恩格斯、列宁在不同时期提出的关于撰写唯物主义辩证法著作的构想，并把三位革命导师的构思加以对比分析，说明这三个构想在本质上是一致的，即认为唯物主义辩证法的叙述方法应当是从抽象上升到具体的方法。

凯德洛夫说出版这本书的背景是："唯物辩证法已经获得深入而创造性的发展，广泛实际运用于我党的活动、党的历次代表大会和中央全会的文献中以及党的领导人和其他共产党、工人党领导人的言论中。所有这些与辩证法有关的极丰富材料的总合（不必说范围更广阔的现代历史的发展和科学的发展的材料了，为了使辩证法更加丰富充实，需要对这些材料进行总结概括），迫切要求哲学家，首先是在辩证唯物主义领域中从事研究工作的哲学家，要善于深入探讨作为一门科学的辩证法的理论问题。这个思想在《真理报》编辑部文章中以极其明确的形式得到了阐述，文章中提出在当前哲学科学所面临的任务中，中心工作是制定辩证法理论。这个任务还包括深入研究辩证法的科学系统化，当然也就包括了叙述和研究辩证法的有科学根据的方法。"②

该书强调了一些基本事实：1858—1914 年的半个多世纪中，在马克思主义思想史上产生了极为相似而又极不寻常的情况——起初是马克思（1858 年），随后是恩格斯（1873 年），最后是列宁（1914 年）都给自己提出了实质上完全同样的任务，即要撰写唯物主义辩证法的专著，辩证地叙述辩证的方法。但是

---

① 贾泽林、周国平等编著：《苏联当代哲学》（1945—1982），人民出版社 1986 年版，第 101 页。

② 凯德洛夫：《论辩证法的叙述方法——三个伟大的构想》，贾泽林、周国平、苏国勋译，中国社会科学出版社 1986 年版，第 434 页。

后来他们三个人又都没有完成这项工作，尽管他们完成任务的程度有所不同。马克思只是表达了写作这样一本著作的愿望，如果他能有时间的话，他是能够完成的。而恩格斯在研究自然辩证法，即在应用辩证方法于自然科学方面则大大向前推进了，并已着手著书。然而，历时十年后，他又中止了自己的工作，规划的著作并没有完成。列宁为写作构思好了的辩证法著作，基本的准备工作几乎全部就绪，并制定了该书的写作计划，但一年半后又中断了已顺利开展的工作。凯德洛夫说："马克思、恩格斯和列宁赋予唯物主义辩证法及其方法以如此重大的意义，其原因是非常清楚的：因为它是整个马克思主义学说的活的灵魂，是它的哲学核心，所以对它的研究和系统地叙述，对唯物主义辩证法的创始人及其学说的继承人列宁来说，就是一件具有极其重大意义的大事。我要强调指出，马克思首先是在政治经济学和历史科学中对唯物主义辩证法进行创造性研究的，而恩格斯则是在自然科学及其历史中来进行这种研究的。正如我们所看到的，马克思、恩格斯伟大学说的继承者列宁，是从分析帝国主义、无产阶级革命和自然科学中的最新革命这一时代的历史状况提供的新东西方面来研究唯物主义辩证法的。"①

依据凯德洛夫的研究，马克思、恩格斯和列宁都认为"严格辩证地叙述辩证法，不仅是可能的，而且是必需的"，"恰恰都是想要从抽象上升到具体的方法来叙述唯物主义辩证法"②。凯德洛夫写道：

　　马克思主义创始人把黑格尔方法中那些合理成分作为研究的出发点，即从简单上升到复杂、从低级上升到高级、抽象上升到具体（抽象的即思维中最初的、胚胎的东西，具体的即思维中发展了的东西）。这样就找到

① 凯德洛夫：《论辩证法的叙述方法——三个伟大的构想》，贾泽林、周国平、苏国勋译，中国社会科学出版社 1986 年版，第 4 页。

② 凯德洛夫：《论辩证法的叙述方法——三个伟大的构想》，贾泽林、周国平、苏国勋译，中国社会科学出版社 1986 年版，第 3 页。

了发展着的客体的起点。①

　　三个设想从根本上说要达到的目的只有一个，即制定和运用从抽象上升到具体的方法，而方式有三，一种是把它运用于政治经济学（马克思），一种是在制定这一方法的过程中把它运用于自然科学（恩格斯），还有一种是从研究这一方法入手把它运用于叙述辩证法本身（列宁）。从制定上述方法来说，最重要和最根本的方面就是找到（揭示）相应科学的出发点（开端或"细胞"），马克思发现商品是资产阶级社会的经济"细胞"（1858年5月）；恩格斯发现机械运动（或最简单的运动形式）是自然科学的"细胞"（1873年5月）；列宁发现在最简单的场合人的思维和语言中个别和一般的统一（"哈巴狗是狗"）是全部人类思维及其辩证法的"细胞"（1915年年末）。②

二、英美分析哲学的批判

以分析哲学为代表的英美哲学，是20世纪之初，作为传统形而上学的一种极端的叛逆力量而出现的；以黑格尔为代表的辩证法理论便是它攻击的重要目标之一。罗素写道，"19世纪末年，在美国和英国，一流的学院哲学家大多都是黑格尔派。在纯哲学范围以外，有许多新教神学家也采纳他的学说，而且他的历史哲学对政治理论发生了深远的影响。大家都知道，马克思在青年时代是个黑格尔的信徒，他在自己的完成了的学说体系中保留下来若干重要的黑格尔派特色。"③

---

① 凯德洛夫：《论辩证法的叙述方法——三个伟大的构想》，贾泽林、周国平、苏国勋译，中国社会科学出版社1986年版，第431—432页。

② 凯德洛夫：《论辩证法的叙述方法——三个伟大的构想》，贾泽林、周国平、苏国勋译，中国社会科学出版社1986年版，第416—417页。

③ 罗素：《西方哲学史》下卷，马元德译，商务印书馆1976年版，第276页。

受到数理逻辑进展的鼓舞和启示①，罗素等在20世纪初开始对数学的逻辑基础和语言意义进行探讨，开拓出新的哲学领域和哲学对象，实现了现代哲学的"语言学转向"。所谓语言学转向，指的是哲学接过语言学的对象为自己的对象，但哲学对语言的研究在方法、目的和结果等诸多方面都有别于语言学。哲学通过语言分析进入传统哲学的各个领域：世界、客体、思想、自我、真理、规律、经验、善恶、美丑，等等。在这些领域，有的哲学家得出了反对传统形而上学的结论，有的却阐发出古老哲学问题新意义。②

罗素对芝诺运动悖论、康德关于时间空间的二律背反，都给出了与黑格尔完全不同的观点。

对于芝诺运动悖论，罗素曾写道：运动是连续的，"如果我们一定要假定运动也是不连续的，由运动的连续性便产生某些困难之点。如此得出的这些难点，长期以来一直是哲学家的老行当的一部分。但是，如果我们像数学家那样，避开运动也是不连续的这个假定，就不会陷入哲学家的困难。假若一部电影中有无限多张影片，而且因为任何两张影片中间都夹有无限多张影片，所以这部电影中决不存在相邻的影片，这样一部电影会充分代表连续运动。那么，芝诺的议论的说服力到底在哪里呢？"③

罗素对芝诺论证的解答，主要集中在《我们关于外间世界的知识》（1914）

---

① 19世纪与20世纪交替之际，弗雷格、皮亚诺、罗素和怀特海等人建立了逻辑演算系统，并把数学的基本概念和规则纳入逻辑演算系统，从而首次把数学的基础归结为逻辑，证明了数学命题的分析性和数学公理系统的逻辑性。在哲学史上，数学和逻辑的性质一直是哲学家探讨的对象。休谟认为数学是分析命题，康德断定数学命题为先天综合判断，密尔则说数学公理为后天归纳命题。数理逻辑却以严密的方式证明，数学基础是不依赖于经验的分析命题。把数学的基础归结为逻辑，逻辑的基础又是什么呢？哲学家通过对逻辑性质的探究，开拓了一个新的哲学领域，这就是语言的意义。因为，逻辑由语言体现，语言的意义是与逻辑规则相辅相成的对应领域；更重要的是，语言的意义存在于事实、思想和语言之间，既不属于物理世界，也不属于个人的心理世界。通过语言的意义来界定逻辑的基础、性质和作用，必然会通向一个超越物理的和心理的经验的新领域（赵敦华：《现代西方哲学新编》，北京大学出版社2001年版，第56页）。

② 赵敦华：《现代西方哲学新编》，北京大学出版社2001年版，第57页。

③ 罗素：《西方哲学史》下卷，马元德译，商务印书馆1976年版，第361—362页。

一书中。罗素认为，"芝诺的辩论……就其反对有限长度的时空由有限数目的点和瞬间构成这种观点而言，他的论证不是诡辩，而是完全正确的"①，但是只要注意到康托尔在十九世纪后期建立的无穷数理论，那么，在康托尔以后，芝诺提出的问题也就得到解决了。罗素提出，芝诺的"飞矢不动"和"运动场"论证隐藏的错误前提是：把有限长度的时空看作是由有限数目的点和瞬间构成；而"两分法"和"阿基里斯与龟"论证隐藏的错误前提是：认为无穷集合不可能，"不可能有任何东西超出整个没有终结的系列"。②

罗素在1901年就把康托尔的工作与对芝诺论证的解答相联系。罗素写道，"芝诺关心过三个问题……这就是无穷小、无穷和连续的问题……从他那个时代到我们自己的时代，每一代最优秀的智者都尝试过解决这些问题，但是广义地说，什么也没有得到。魏尔斯特拉斯、戴德金和康托尔彻底解决了它们。它们的解答清楚得不再留下丝毫怀疑。这个成就可能是这个时代能够夸耀的最伟大的成就……无穷小的问题是魏尔斯特拉斯解决的，其他两个问题的解决是由戴德金开始，最后由康托尔完成的。"③

罗素还曾写道："在十八世纪和十九世纪初期，微积分学作为一种方法虽然已经十分发达，但是关于它的基础，它是靠许多谬误和大量混乱思想来支持的。黑格尔和他的门徒抓住这些谬误和混乱以为根据，企图证明全部数学是自相矛盾的。由此黑格尔对这些问题的讲法便传入了哲学家的流行思想中，当数学家把哲学家所依赖的一切困难点都排除掉之后很久，黑格尔的讲法在哲学家的流行思想中依然存在。只要哲学家的主要目的是说明靠耐心和详细思考什么知识也得不到，而我们反倒应该以'理性'为名（如果我们是黑格尔主义者），或以'直觉'为名（如果我们是柏格森主义者），去崇拜无知者的偏见——那么数学家为了除掉黑格尔从中得到好处的那些谬误而做的工作，哲学家就会故

① 罗素：《我们关于外间世界的知识》，陈启伟译，上海译文出版社1990年版，第127页。
② 罗素：《我们关于外间世界的知识》，陈启伟译，上海译文出版社1990年版，第127、136页。
③ E.T.贝尔：《数学大师——从芝诺到庞加莱》，徐源译，上海科技教育出版社2004年版，第667—668页。

意对之保持无知。"①

　　罗素的上述观点，被美国实用主义哲学家、西方马克思学学者悉尼·胡克直接用来批评恩格斯。在 1940 年出版的《理性、社会神话和民主》一书中，悉尼·胡克写道："辩证法的一切规律的基本前提是：相信矛盾'是客观地存在于事物和过程之中的'。至少可以说，这是对'矛盾'这个名词的奇怪的应用，因为自从亚里士多德的时代以来，认为矛盾的是命题或判断或陈述，而不是事物或事件，也已经成为逻辑理论的一种老生常谈了。恩格斯完全知道这种传统的用法，但在反驳杜林时，却认为，不承认可以把矛盾的概念应用于事物，这恰恰暴露了常识和形式逻辑的局限性。"②"恩格斯不仅认为矛盾是客观地存在于自然界之中的，他还坚称它'而且也是一种现实的力量'"③。然而，"恩格斯为他的关于运动就是矛盾的主张所提出的唯一的论证，是在很久以前由芝诺所提出的各种总的考虑中的一个考虑的变种。但是，芝诺是用它来证明运动的非实在性，而恩格斯却用它来证明矛盾的客观存在。"④悉尼·胡克认为，恩格斯作出"运动本身就是矛盾；甚至简单的机械的位移之所以能够实现，也只是因为物体在同一瞬间既在一个地方又在另一个地方，既在同一个地方又不在同一个地方。这种矛盾的连续产生和同时解决正好就是运动"⑤论断，"存在有一个重大的跳跃。因为恩格斯用如同上述的考察所能证明的全部东西，乃是关于运动的某些违反矛盾律的描述与陈述。在他能够得出结论说运动是矛盾的以前，他必须首先说明：要找到和运用关于运动的任何其他描述或陈述而又不陷于前后矛盾，

---

① 罗素：《西方哲学史》下卷，马元德译，商务印书馆 1976 年版，第 360—361 页。

② 悉尼·胡克：《理性、社会神话和民主》，金克、徐崇温译，上海人民出版社 1987 年版，第 201—202 页。

③ 悉尼·胡克：《理性、社会神话和民主》，金克、徐崇温译，上海人民出版社 1987 年版，第 202 页。

④ 悉尼·胡克：《理性、社会神话和民主》，金克、徐崇温译，上海人民出版社 1987 年版，第 202—203 页。

⑤ 《马克思恩格斯选集》第三卷，人民出版社 1995 年版，第 462 页。

那是不可能的。但他不仅没有这样做，而且在他于 1894 年写《反杜林论》第三版的序言的时候，关于能够用完全没有矛盾的方式来描述运动，这是已经清楚的了。对于任何分子的运动，都能够用这样一种表述来加以描绘。这就是指出：它在空间的地位，在任何时候都是时间的连续的函数。而关于连续的函数的概念，则是不需要假定时间和空间的无限小的间隙，就已经表述得很清楚的，而恩格斯却认为这种间隙是包含在运动中的，而且对于微积分理论来说还是基本的。"①

悉尼·胡克的上述议论的核心要义是：把矛盾的概念应用于事物，也就是承认对客观物理过程的表述可以违反形式逻辑的矛盾律，"它是同科学探讨的基本原则截然地不能调和的，因而甚至不能首尾一贯地把它表述出来。"②恩格斯作出"运动就是矛盾"的论断，并对机械—位移运动作出违反形式逻辑的矛盾律的表述时，理应首先说明"要找到和运用关于运动的任何其他描述或陈述而又不陷于前后矛盾，那是不可能的"；但是，恩格斯并未这样做。而在恩格斯 1894 年写《反杜林论》第三版的序言时，"无矛盾"地描述或陈述机械—位移运动已是可能的了；因为康托尔 1874 年发表了关于无穷级数的革命性论文，"证明了全体有理数 1，2，3，……的集合与'无穷地包含更广泛'的所有代数数的集合，恰恰包含着同样多的元素"，"与直观所能预测的相反，两个不等长的线段包含着同样数目的点"。③ 因此，在悉尼·胡克看来，恩格斯时至 1894 年还主张"运动就是矛盾"并对机械—位移运动作出违反形式逻辑的矛盾律的表述，根据是"不充分"的，在方法论上是有缺陷的。他还写道："假如一切存在都像恩格斯所说的那样是自相矛盾的，而一切正确的思维又是事物的映像或反映，那么，一致性就会成为虚假性的确实可靠的标

---

① 悉尼·胡克：《理性、社会神话和民主》，金克、徐崇温译，上海人民出版社 1987 年版，第 203 页。

② 悉尼·胡克：《理性、社会神话和民主》，金克、徐崇温译，上海人民出版社 1987 年版，第 202 页。

③ E.T. 贝尔：《数学大师——从芝诺到庞加莱》，徐源译，上海科技教育出版社 2004 年版，第 677、684 页。

志了。而把一致性看作至少是真理的一个必要条件的科学，也就不能前进一步了。"①

在罗素的思想中，数理逻辑已经证明，任何一个理论体系，如果它内部存在着互相矛盾的命题（逻辑悖论），那么整个理论体系就是不可靠的，我们可以从中推出任何一个荒诞的命题。用逻辑学家的话说，就是当"两个互相矛盾的命题同时都真，可以推出，所有的命题都真"。希尔伯特有一句名言："如果你证明了 $2 \times 2=5$，那么我可以证明女巫飞出烟囱"。表面上看，$2 \times 2=5$ 是一个错误的数学命题，而女巫飞出烟囱却是神话，它们两者毫不相干。但数理逻辑却表明，只要理论体系中有"既是"又"不是"这样悖论性命题，那么整个逻辑推理就会成为随心所欲，任何荒唐的结论都可能被推导出来。有人对这一点觉得不可思议，要罗素从 $2+2=4$ 和 $2+2=5$ 同时成立的悖论中推出"罗素与某主教 x 是一个人"。罗素立即作了下面推导，"假设 $2+2=5$，且 $2+2=4$，故 $4=5$，两边减一，得 $3=4$，再减一，得 $2=3$，再减一，得 $1=2$，大家知道罗素与某主教 x 是两个人，由于 $1=2$，所以推出罗素与某主教 x 是一个人。"在这里，每一步推导都是严格的。②

对于黑格尔等辩证论者用"玫瑰是红的""哈巴狗是狗"这些"最简单的场合人的思维和语言中个别和一般的统一"③ 来阐述矛盾的客观性普遍性，赖欣巴哈曾十分清楚明确地指出：黑格尔是犯了混淆类属性与同一性的逻辑错误。他写道：

> 黑格尔论证说，"玫瑰是红的"这一陈述是一个矛盾，因为在这里面同一个事物被说成为两个不同事物，即玫瑰和红。逻辑学家们早已解释过

---

① 悉尼·胡克：《理性、社会神话和民主》，金克、徐崇温译，上海人民出版社 1987 年版，第202 页。

② 金观涛：《系统的哲学》，新星出版社 2005 年版，第 125 页。

③ 凯德洛夫：《论辩证法的叙述方法——三个伟大的构想》，贾泽林、周国平、苏国勋译，中国社会科学出版社 1986 年版，第 417 页。

把类属性和同一性混同起来的这一种见解的幼稚谬误：按照这个陈述，这同一事物是同属于两个不同的类的，即玫瑰的类和红的事物的类，这不是矛盾。如果把两个不同的类认为是同一的，那才会发生矛盾；但这个陈述没有这个意思。黑格尔就企图用这种逻辑戏法建立他的被说成是一种无例外地普遍有效的逻辑规律的辩证法规律。①

综上所述，在辩证法认为存在着矛盾的地方，分析哲学家总是尽可能用定义与表述的严格化将所言的矛盾消解掉。"不严格""思维的混乱"以及诸如此类的批评落到辩证法的头上。

英美分析哲学家对黑格尔辩证法和马克思主义辩证法批判得最深入、最系统、在世界范围内产生的影响最大的当属波普尔。波普尔始终坚持并反复地指出，"科学是按照矛盾不能被允许和可以避免这一假设而推进的，因而发现矛盾就会迫使科学家尽一切努力去消除它……然而，黑格尔从他的辩证法三段式中却推衍出一个非常不同的教条。既然矛盾是科学进步的手段，他得出结论说，矛盾不仅是允许的和不可避免的，而且是非常有必要的。这就是黑格尔的学说，它必然要毁灭所有的论证和进步。因为，如果矛盾是不可避免的和必要的，那么，就不需要消除它们，这样，所有的进步就必然会完结。"②他还进一步写道："这种学说只是黑格尔主义的主要原则之一。黑格尔的意图是要自由地操纵一切矛盾。他主张'一切事情本身都是矛盾的'，为的是为一种观点辩护——这种观点不仅意味着所有科学的终结，而且意味着所有合理论证的终结。他希望承认矛盾的原因在于，他想终止合理的论证，并从而终止科学和理智的进步。通过使论证和批评成为不可能，他试图使他自己的哲学证伪一切批评，这样，就可以把自身建成为免受一切攻击的强制的独断论，建成为一切哲

---

① 赖欣巴哈：《科学哲学的兴起》，伯尼译，商务印书馆 1983 年版，第 59 页。
② 卡尔·波普尔：《开放社会及其敌人》第二卷，郑一明等译，中国社会科学出版社 1999 年版，第 80 页。

学发展之不可逾越的顶峰"①，"黑格尔及其学派那样提出的辩证法理论……把人们危险地引入歧途。"②

对于"接受矛盾，就要放弃任何一种科学活动，这就意味着科学的彻底瓦解"之论断，波普尔指出"这一点可以这样来证明：如果承认了两个互相矛盾的陈述，那就一定要承认任何一个陈述；因为从一对矛盾陈述中可以有效地推导出任何一个陈述来。"③ 这个论断的逻辑依据是经典逻辑演算的一条定理："$p \wedge 非 p \rightarrow q$"，即从 p 与非 p 的合取可推出任意命题 q，换言之，从矛盾可以推出任何命题。波普尔认为这条定理是"基础逻辑中那些未必无关紧要并值得每一个思考的人认识与理解的少量事实之一。"④ 在"辩证法是什么"一文中，他花了很大篇幅详细讨论这一定理；采用两种不同论证方式，从一些更简单更直观的逻辑定理将它导出。然后，举出从"现在太阳高照并且现在没有太阳"这个矛盾命题，既可推论出"恺撒是叛徒"，也可推论出"恺撒不是叛徒"的例子；同样，"我们还可推导出'$2 + 2 = 5$'和'$2 + 2 \neq 5$'——不仅可以推出任何我们喜欢的陈述，也可以推出我们并不喜欢的否定陈述"⑤。从而使不熟悉逻辑理论的人也能理解："如果一种理论含有矛盾，则它可以导出一切，因而实际上什么也导不出。如果一种理论给它所肯定的每一信息都加上其否定，那就不能给我们任何信息。因此，一种包含着矛盾的理论作为一种理论是

---

① 卡尔·波普尔：《开放社会及其敌人》第二卷，郑一明等译，中国社会科学出版社 1999 年版，第 80 页。

② 卡尔·波普尔：《猜想与反驳——科学知识的增长》，傅季重等译，上海译文出版社 1986 年版，第 462 页。

③ 卡尔·波普尔：《猜想与反驳——科学知识的增长》，傅季重等译，上海译文出版社 1986 年版，第 453 页。

④ 卡尔·波普尔：《猜想与反驳——科学知识的增长》，傅季重等译，上海译文出版社 1986 年版，第 453 页。

⑤ 卡尔·波普尔：《猜想与反驳——科学知识的增长》，傅季重等译，上海译文出版社 1986 年版，第 456 页。

毫无用处的。"①

对于"有人曾说过，从一对矛盾陈述出发我们可以随意引出任何结论这一事实，并不能证实矛盾理论无用：首先，这个理论虽然矛盾，它本身使人感到兴趣；其次，它可以引起使之前后一致的校正；最后，我们可以发展一种方法，即使是特设的方法（诸如量子理论中避免发散的方法），以阻止我们得出显然可由这一理论逻辑地导出的假结论"②，波普尔指出"所有这一切都很有理，但这样一种权宜的理论会造成前面讨论过的一种严重危险：如果我们真想容忍这种理论，就不会再去探求一种更好的理论；反过来说，如果我们探求更好的理论，那就是因为我们认为上述理论由于含有矛盾而是一种糟糕的理论。在这里同在任何地方一样，接受矛盾必定导致批判的终结，从而导致科学的毁灭。"③

对于黑格尔摈弃传统逻辑的矛盾律而伸张"承认矛盾"的"辩证逻辑"，波普尔指出"我们必须记住：在黑格尔时代甚至更晚得多的时代，逻辑通常被描述并定义为推理的理论或思维的理论，因而逻辑的基本定律也被称为'思维规律'。这就完全可以理解，黑格尔既然相信辩证法真实地描述了我们推理和思维时的实际程序，他当然坚持必须改造逻辑，使辩证法成为逻辑理论的一个重要部分，如果不是最重要的部分的话。这就有必要抛弃'矛盾律'，它显然是接受辩证法的严重障碍。这里我们看到这一观点的起源：辩证法既然可与逻辑相媲美，也就是'基本的'，而且还是对逻辑的改进。我已批判过这种辩证观点，我只想重复一下，任何一种逻辑推理，不管在黑格尔之前还是之后，也不管是在科学中还是在数学或任何一种真正理性的哲学中，总是建立在矛盾律

---

① 卡尔·波普尔：《猜想与反驳——科学知识的增长》，傅季重等译，上海译文出版社 1986 年版，第 456 页。

② 卡尔·波普尔：《猜想与反驳——科学知识的增长》，傅季重等译，上海译文出版社 1986 年版，第 458 页。

③ 卡尔·波普尔：《猜想与反驳——科学知识的增长》，傅季重等译，上海译文出版社 1986 年版，第 458—459 页。

基础之上的。"①

　　波普尔还分析和阐述了黑格尔伸张"承认矛盾"的"辩证逻辑"与康德思想的渊源关系。他写道："在《纯粹理性批判》一书中，康德在休谟的影响下认为，纯粹的思辨或理性一旦贸然进入经验不能检验的领域，很可能陷入矛盾或'二律背反'，产生出他明确地描述为'纯粹幻想''胡说''幻想'的东西……他试图表明，一切形而上学的判断或论题，例如，世界在时间上的开端或上帝的存在，都会有反判断或反题形成对照；他认为，两者都可以从同样的前提推论出来，而且可以在同样'自明'的程度上得到证明。换句话说，当离开经验的领域时，我们的思辨就没有科学的地位，因为对每一个论证来说，都必然有一个同样有效的反论证"②，而黑格尔认为"康德指出的二律背反是完全正确的，不过他对它的担心却是错误的。黑格尔断言，二律背反正好处在必然自相矛盾的理性的本性之中；这不是我们人类能力的弱点，而是一切触及矛盾和二律背反的合理性的真实本质；因为理性正是这样发展的"③；于是"黑格尔这样说：康德反驳了形而上学，但没有反驳理性主义。因为黑格尔所说的与'辩证法'相对立的'形而上学'是一种不考虑进化、运动、发展的理性主义系统，它力图把实在想象为某种稳定、不动而且没有矛盾的东西。黑格尔用他的同一哲学推出，既然理性是发展的，世界也一定发展；既然思想或理性的发展是辩证的，世界也一定按照辩

---

① 卡尔·波普尔：《猜想与反驳——科学知识的增长》，傅季重等译，上海译文出版社1986年版，第467—468页。

② 卡尔·波普尔：《开放社会及其敌人》第二卷，郑一明等译，中国社会科学出版社1999年版，第77—78页。

③ 卡尔·波普尔：《开放社会及其敌人》第二卷，郑一明等译，中国社会科学出版社1999年版，第79页。对于康德指出的二律背反，黑格尔在《小逻辑》中写道："这种思想认为理智的范畴所引起的理性世界的矛盾，乃是本质的，并且是必然的，这必须认为是近代哲学界一个最重要的和最深刻的一种进步。"（黑格尔：《小逻辑》，贺麟译，商务印书馆1980年版，第131页）在《哲学史讲演录》中，黑格尔写道："康德指出了四个矛盾；这未免太少了，因为什么东西都有矛盾。在每一个概念里都很容易指出矛盾来。"（黑格尔：《哲学史讲演录》第四卷，贺麟、王太庆译，商务印书馆1978年版，第279页）

311

证三段式发展。"① 波普尔还作出了如下总结：黑格尔"大致是这样论证的：'康德说理性主义必然引起矛盾，由此反驳了理性主义。我承认这一点。但这个论证显然是从矛盾律那里取得力量的：它反驳的只是那种承认矛盾律的系统，也即力求摆脱矛盾的系统。对于像我这样的系统来说，并没有危险，这种系统准备容许矛盾存在，这就是辩证系统。'显然这种论据建立了一种极端危险的教条主义，这种教条主义再也不需要害怕任何种类的打击。因为我前面说过，对任何理论的任何打击、任何批判，都必须以揭示出某种矛盾的方法为基础，要么揭示理论本身的内在矛盾，要么揭示理论与某种事实之间的矛盾。这样，黑格尔用以取代康德的方法是有效的，但不幸过于有效了。这使他的系统坚不可摧，免于遭到任何一种批判或打击，从而它也是一种非常特殊的意义上的教条主义，我愿意称之为一种'强化的教条主义'。"②

波普尔强调，"辩证法同唯物主义的结合在我看来甚至比辩证唯心主义还要糟糕。"③ 黑格尔关于理性和实在同一的哲学是（绝对）唯心主义，是因为它说实在类似于心灵或具有理性的特征；而这样一种辩证的同一哲学，可以很容易地倒转过来成为一种唯物主义。④ 但是，"我们必须记住，支持辩证法最有利的论据就在于它适用于思想发展、特别是哲学思想发展。现在我们莫名其妙地面对这样一个陈述：物理实在是辩证发展的———一个极端教条主义的论断，很少科学根据"⑤。波普尔写道："如果黑格尔所谓辩证推理是指废弃矛盾律的推理，那么他当然不可能在科学中给出任何这种推理的事例。（辩证法家

---

① 卡尔·波普尔：《猜想与反驳——科学知识的增长》，傅季重等译，上海译文出版社1986年版，第466页。
② 卡尔·波普尔：《猜想与反驳——科学知识的增长》，傅季重等译，上海译文出版社1986年版，第466—467页。
③ 卡尔·波普尔：《猜想与反驳——科学知识的增长》，傅季重等译，上海译文出版社1986年版，第472页。
④ 卡尔·波普尔：《猜想与反驳——科学知识的增长》，傅季重等译，上海译文出版社1986年版，第471页。
⑤ 卡尔·波普尔：《猜想与反驳——科学知识的增长》，傅季重等译，上海译文出版社1986年版，第472页。

引用的许多事例都毫无例外停留在上述恩格斯所提到的例子的水平上——谷粒和 $(-a)^2 = a^2$——甚至更糟)"[1]——"我们可以看到，辩证解释把谷种看作正题，由种子发育成的作物是反题，而所有从这一作物生产的种子是合题。这样的应用把本来已经太模糊的辩证三段式的意义更加扩大，显然更危险地增加了辩证法的模糊性。其结果是：我们把发展说成是辩证法，只不过是说那是分阶段的发展，并没有说出更多的东西。但是说作物发芽是种子的否定，因为当作物生长起来种子就不存在了，而由作物生长出许多新的种子则是否定的否定——更高水平上的新的开始——则显然只是玩弄词藻。(恩格斯说出这个任何小孩都知道的例子的理由就在这里吗?)""辩证法家在数学领域所提出的典型事例更加糟糕。以海克的简要形式引用恩格斯用过的著名事例：'更高的合题定律……经常应用于数学中。否定 $(-a)$ 自乘变成 a^2，即否定的否定达到新的合题。'但即使认为 a 是正题、$-a$ 是反题或否定，仍然可以期望否定的否定是 $-(-a)$ 即 a，这不是'更高的'合题而是等同于原来的正题本身。换句话说，为什么恰恰通过反题自乘才能得到合题呢?为什么不能通过例如正题加反题（得 0）或者正题乘反题（得 $-a^2$ 而不是 a^2）而得到呢?而且从什么意义上说 a^2 "更高于" a 或 $-a$ 呢?（这当然不是说数值更大，因为如 $a = 1/2$，则 $a^2 = 1/4$）。这一事例表明应用辩证法的模糊观念是极其任意的。"[2]

总的来说，波普尔基于"试错法"对"矛盾"的理解和对待矛盾的态度，与马克思主义辩证法是有原则性差别的。

（1）波普尔认为，辩证法本来与"试错法"一样，只是一种关于思想的历史发展的学说，而马克思主义者却把它变成了既是一种逻辑理论，又是一种关于世界的一般理论。这种主张很惊人，但毫无根据，只是一些模棱两可、含混不清的说法而已。而他的试错法，语言清楚明白，只是一种关于科学知识的增

---

① 卡尔·波普尔：《猜想与反驳——科学知识的增长》，傅季重等译，上海译文出版社 1986 年版，第 468 页。

② 卡尔·波普尔：《猜想与反驳——科学知识的增长》，傅季重等译，上海译文出版社 1986 年版，第 460—461 页。

长理论,没有奢望成为一种一般的世界观。

(2)波普尔认为马克思主义辩证法肯定客观事物中存在着矛盾,矛盾普遍地存在于一切事物以及人的认识之中;而他则否定客观事物中存在矛盾。如果说有矛盾存在,也只存在于人的思想中。因为所谓"矛盾"就是思想不一致,就是逻辑混乱,而逻辑混乱是不能肯定,只能否定的。因为容许逻辑混乱,这就意味着科学的彻底垮台。

(3)波普尔认为马克思主义辩证法人为地设置矛盾,而他的试错法是力求清除矛盾。假如故意设置矛盾,那末即使看到矛盾也不会去改变它。换言之,就会失去所有批判的力量,因为批判就是指出矛盾。而失去批判,理智的进步也就宣告终结。

(4)波普尔认为马克思主义辩证法反对形式逻辑的"矛盾律",这是十分错误的举动;而试错法则肯定形式逻辑的"矛盾律"。

(5)波普尔认为马克思主义辩证法肯定辩证逻辑,而他的试错法则反对辩证逻辑。他断言,科学的思想逻辑只有一种,那就是形式逻辑,而且只是形式逻辑的演绎部分,除此之外,别无逻辑可言。他认为马克思主义辩证法别出心裁,不但反对形式逻辑,而且另建辩证逻辑,这必然会导致逻辑上的极大混乱。他说,辩证法者经常认为辩证法是逻辑的一部分,而且是比较好的一部分,它是作了某种革新的现代化的逻辑;这是完全错误的。因为,无论如何得不出辩证法与逻辑有任何相似之处的结论。可以说逻辑是一种演绎推理,但是我们没有任何理由相信辩证法能演绎出什么东西来。

三、西方马克思主义的研究

在西方世界中的"西方马克思主义",作为一门研究学科来说,只是20世纪60年代以来的事情。但是作为一种思潮来说,可以从匈牙利的卢卡奇在1923年发表的《历史和阶级意识——马克思主义辩证法研究》一书算起。从总体上看,西方马克思主义就是从批判第二国际马克思主义、苏联马克思主义

开始其历史进程的。"西方马克思主义"这一概念明确地表述最早出现在德国
共产党人柯尔施于1930年重版的《马克思主义和哲学》一书的一个新增补的
材料中。这个材料题为《〈马克思主义和哲学〉问题的现状——一个反批评》。
五十年代后期，西方发达国家学术界有不少人以研究马克思和马克思主义为
名，在大学讲台开课，撰写文章出版专著，出现了研究和评价马克思的热潮，
即所谓"马克思热"，并形成"马克思学"。1955年，法国梅洛-庞蒂在《辩证
法的历险》中，比较全面地分析了卢卡奇在《历史与阶级意识》一书中提出的
基本观点，强调卢卡奇对马克思主义的解释代表了与列宁主义不同的新的方
向。他把那些受《历史与阶级意识》影响，倾向于从人道主义和社会理论的角
度来理解马克思主义的西方国家的马克思主义者，都归属到"西方马克思主义
者"。20世纪70年代以后，西方马克思主义概念在世界范围内广泛流传，出
现了存在主义的马克思主义、新实证主义的马克思主义、结构主义的马克思主
义等各种流派。

　　西方马克思主义取得不少有重要价值的哲学研究新成果，与20世纪
二三十年代以来马克思的手稿、遗著和笔记陆续面世密切相关。在新发表的马
克思文稿中，下述四个文本对深入理解马克思哲学与黑格尔哲学的关系最为密
切。①

　　一是马克思写于1843年，1927年第一次由苏共中央马克思列宁主义研究
院用德文出版的《黑格尔法哲学批判》。这部手稿对黑格尔《法哲学原理》第
261—313节作了全面的分析和批判。普列汉诺夫和列宁通过《德法年鉴》读
过《〈黑格尔法哲学批判〉导言》，但没有读过《黑格尔法哲学批判》。

　　二是马克思写于1844年，1932年第一次全文发表在《马克思恩格斯全集》
国际版第一部分第三卷的《1844年经济学哲学手稿》。在这部手稿中，马克思
着重分析了作为黑格尔哲学真正诞生地和秘密的《精神现象学》。恩格斯在《卡
尔·马克思》一文中没有提到这部手稿，普列汉诺夫和列宁也不可能读过这部

---

① 杨耕等：《马克思主义哲学基础理论研究》，北京师范大学出版社2013年版，第29—30页。

手稿。如同《黑格尔法哲学批判》显示出马克思哲学与黑格尔《法哲学原理》之间的联系一样，《1844年经济学哲学手稿》显示出马克思哲学与黑格尔《精神现象学》之间的重要联系。

三是马克思和恩格斯写于1845—1846年，1932年第一次由苏共中央马克思列宁主义研究院以德文出版的《德意志意识形态》。这部手稿除了第二卷第四章曾发表于《威斯特伐里亚汽船》杂志1847年8月号和9月号外，其余部分特别是对理解马克思哲学与黑格尔哲学、费尔巴哈哲学关系最为重要的第一卷第一章，普列汉诺夫和列宁都没有读到过。《德意志意识形态》的主要目的是批判费尔巴哈、布·鲍威尔、施蒂纳的历史哲学理论，但其中频繁地提及或引证了黑格尔的《精神现象学》《历史哲学》《法哲学原理》《宗教哲学》《哲学史讲演录》等著作，因而对重新理解马克思哲学与黑格尔哲学的关系有着极为重要的意义。

四是马克思的《1857—1858年经济学手稿》，这部手稿于1939年、1941年用德文在莫斯科出版，当时编者加的标题是《政治经济学批判大纲（草稿）》。显而易见，普列汉诺夫和列宁没有也不可能接触过这部手稿。

西方马克思主义者对马克思哲学作出新的思考，其中卢卡奇的创造性探索成果尤其值得关注。为了总结第一次世界大战后西欧革命失败的教训，卢卡奇写了一系列论文，并以《历史和阶级意识——马克思主义辩证法研究》为名结集于1923年出版。他在书中对恩格斯关于辩证法的观点——"辩证法就归结为关于外部世界和人类思维的运动的一般规律的科学，这两个系列的规律在本质上是同一的"[1]——提出了批评。他说，"非常重要的是，要认识到这种方法只限用于历史和社会领域。从恩格斯关于辩证法中所形成的误解主要是由下述事实造成的：恩格斯受到黑格尔的错误引导，而把这种方法扩大应用于自然界，而辩证法的一些基本要素，例如主体和客体的相互作用，理论和实践统一，作为思想变化的根本原因的各个范畴的基础的现实历史变化等，并非来自

---

① 《马克思恩格斯选集》第四卷，人民出版社1995年版，第243页。

于我们关于自然的知识。"① 在该书的"历史唯物主义变化着的功能"一文中，他为自己的批评提供了理论根据："自然是社会的范畴，就是说，在任何特定的社会发展阶段上不管把什么当作自然的，这样的自然总在和人相联系的，不管人与自然相联接采取什么形式（即自然是形式），自然的内容、范围和客观性总是被社会制约的。"② 即是说，卢卡奇从根本上否认自然辩证法，认为辩证法不属于自然，只属于历史，历史过程中的主体与客体的相互作用是辩证法的基础。但是，卢卡奇仍然是在肯定的意义上使用"辩证唯物主义"，尽管对其内涵作了根本的改造。他说：

> 我们记得，辩证唯物主义的前提是"不是人们的意识决定他们的存在，而是相反，他们的社会存在决定他们的意识。"只有通过上述的联系，这个前提才能超越纯理论而成为实践问题。只有当存在的核心披露为社会的过程，人们才有可能把存在看作为是人类活动的产物，尽管人们至今尚未意识到这点。……马克思要求我们把"感性世界"、客体、现实理解为人的感性活动。这就意味着，人必须意识到自己是社会的存在物，同时是社会历史过程的主体和客体。③

显然，卢卡奇所理解的辩证唯物主义实际上是和历史唯物主义融为一体的，这与斯大林所理解的辩证唯物主义具有本质的不同。

从卢卡奇的思路出发，施密特作出了进一步的探索。④ 施密特认为，"如果马克思的唯物主义像今天仍在苏联和东欧盛行的那样，只是作为一种抽象的

---

① 格奥尔格·卢卡奇：《历史和阶级意识——马克思主义辩证法研究》，王伟光、张峰译，华夏出版社 1989 年版，第 5 页。
② 格奥尔格·卢卡奇：《历史和阶级意识——马克思主义辩证法研究》，王伟光、张峰译，华夏出版社 1989 年版，第 237 页。
③ 格奥尔格·卢卡奇：《历史和阶级意识——马克思主义辩证法研究》，王伟光、张峰译，华夏出版社 1989 年版，第 21 页。
④ 杨耕等：《马克思主义哲学基础理论研究》，北京师范大学出版社 2013 年版，第 31 页。

意识形态的表白的话，那么它就与那种低劣的唯心主义没有什么区别了。不是物质的抽象本性，而是社会实践的具体本性才是唯物主义理论的真正主题和基础"。这里强调的是，马克思唯物主义与一般唯物主义之间的根本差异；表明的是，马克思并不是通过对一般唯物主义的回归而与黑格尔唯心主义相对立的。同时，施密特又指出："从实践上把客观主义与主观主义结合起来，构成黑格尔与马克思的劳动辩证法的特征，反映了现代知识论的基本立场。"这就是说，应当从劳动辩证法，即人与自然关系的视角来重新理解马克思哲学与黑格尔哲学的关系，理解自然辩证法。

萨特则写道："如果存在着辩证理性，那么它是在人类实践中，并通过人类实践，向处在某个特定社会内的人，在它发展的某一时刻表现出来，并且建立起来。在这种发现的基础上，必须确定辩证事实的界限和范围：只要辩证法像可理解性的规律和存在的合理结构一样是必要的，那么它就会是一种有效的方法。唯物辩证法只有在人类历史内部确定起物质条件的优先地位，由特定的人们在实践中发现了它们并承受它们时，它才有意义。简言之，如果存在某种像辩证唯物主义那样的东西，那它一定是一种历史唯物主义……至于自然辩证法，它在任何情况下都只能是一种由形而上学假设的客体。"①

西方马克思主义者对马克思哲学的新思考，凸显了黑格尔的《精神现象学》和《法哲学原理》对马克思哲学的巨大影响，从而加深了这样的认识，即马克思关注的始终是社会历史及其现实问题，因此，历史唯物主义构成了马克思主义哲学的基础和出发点。但是，西方马克思主义者对自然辩证法、辩证唯物主义、历史唯物主义等概念的界定和论述缺乏明晰性，反映出西方马克思主义者对马克思主义哲学的实质缺乏总体的把握。②

① 萨特：《辩证理性批判》，林骧华、徐和瑾、陈伟丰译，安徽文艺出版社1998年版，第166页。
② 杨耕等：《马克思主义哲学基础理论研究》，北京师范大学出版社2013年版，第31—32页。

四、当代中国马克思主义辩证法研究

1964 年上演、周恩来任总导演的大型音乐舞蹈史诗剧"东方红"中有这样的一段朗诵词:"黑暗的旧中国,地是黑沉沉的地,天是黑沉沉的天。灾难深重的人民哪,你身上带着沉重的锁链,头上压着三座大山,你一次又一次的呼喊,一次又一次的战斗;可是啊,夜漫漫、路漫漫,长夜难明赤县天。十月革命一声炮响,给我们送来了马克思列宁主义。走俄国人的路,这就是结论。"因此,当代中国马克思主义辩证法研究从一开始就与苏联哲学研究有着千丝万缕的联系。

1. 毛泽东早期的哲学学习与研究

毛泽东青年时代就对西方思想有浓厚的兴趣。1919 年下半年杜威到北京大学讲学时,正值毛泽东刚离开北京。但许多报刊对杜威讲演的实用主义、政治哲学、教育哲学等进行详细报道或连载。毛泽东追踪阅读这些报刊,对杜威的讲演录都详细加以研究。1920 年,毛泽东直接听过杜威在北京大学作的"现代的三大哲学家"的讲演。1920 年 10 月,毛泽东积极参加了杜威和罗素在湖南长沙讲演的筹备和接待工作,并被特聘为讲演大会的记录员。他奔走于各讲演会场之间,亲听了杜威和罗素的讲演,听完之后便立即与一些新民会会员展开详细的讨论。

早年毛泽东在哲学思想方面受蔡元培影响较大。他在对泡尔生《伦理学原理》一书所作批语中的一些观点,来自蔡元培编写的《哲学大纲》;《哲学大纲》在编写时兼采了孔德的观点。蔡元培对尼采及柏格森哲学和美学思想的介绍,都给了毛泽东较深的影响。1914 年到 1918 年,毛泽东在湖南第一师范学校就读期间还接触过黑格尔的思想。他读过《新青年》和其他杂志上介绍黑格尔(当时译为赫克尔)的有关著作,并在对马克思主义发生兴趣之后继续阅读黑格尔哲学著作。毛泽东和朋友们把讨论黑格尔哲学作为学习研究的一个重要内容。李维汉在毛泽东主办的湖南自修大学校刊《新时代》第一卷第二、三号上发表的《观念史观批评》,就较系统地评述过黑格尔唯心辩证法的得失。这篇文章的观点应该说凝结了他和毛泽东、蔡和森等人长期以来对黑格尔哲学"共同讨论、共同研究"的成果。毛泽东把马君武翻译的《赫克尔(黑格尔)一元论哲学》作为重要的研究著作,曾多次阅读并将此书推荐给别人。40年之后的1965年8月5日,他在会见外宾时还是强调黑格尔的书必须看。毛泽东曾说,不读唯心主义的书、形而上学的书,就不懂得唯物主义和辩证法。1932年他读了德波林的《欧洲哲学史》。①

毛泽东最早阅读恩格斯的《反杜林论》,是在1932年。② 从1935年11月起,毛泽东便开始认真钻研哲学。他在保安和延安除阅读马列著作外,还阅读了苏联和中国学者撰写的哲学著作10余种,其中包括西洛可夫、爱森堡等著,李达、雷仲坚合译的《辩证法唯物论教程》(中译本第3版),米丁主编、沈志远译的《辩证唯物论与历史唯物论》(上册),斯大林著、博古译的《辩证唯物论与历史唯物论》,李达著的《社会学大纲》,艾思奇著的《思想方法论》等。

1937年4月,毛泽东应抗日军政大学的邀请去讲授哲学课。为了讲课的需要,毛泽东自己编写了一本教材,题目叫《辩证法唯物论(讲授提纲)》。毛泽东撰写讲授提纲时,参考过苏联哲学教科书,如西洛可夫、米丁等编著的哲学教科书,既从中获益,又超出了它们,有自己的独立构思,并结合中国思想文化条件和中国革命实际的特点赋予了新的时代内容。《辩证法唯物论(讲授提纲)》总共三章的谋篇布局可说是一个相对完整的结构:第一章唯物论与唯心论,第二章辩证法唯物论,第三章唯物辩证法;尽管由于1937年7月抗日战争全面爆发,第三章未能最终完成。它是作者在充分吸收他人劳动成果基础

---

① 田辰山(Chenshan Tian):《中国辩证法:从〈易经〉到马克思主义》,萧延中译,中国人民大学出版社2016年版,第134—135页。

② 1932年4月,红军打下当时福建的第二大城市漳州,没收了一批军事、政治、科学方面的书送到总政治部,其中有一些马列著作。根据《反杜林论》的译者吴黎平的回忆文章:他于1932年11月第一次见到了毛泽东,"毛泽东看一看我就说:'你是吴亮平,《反杜林论》不就是你翻译的吗?'我说,是。他说:'这本书我看过好几遍了。今天碰到你,很高兴。'然后,他又讲了《反杜林论》是怎么样、怎么样的一本书。"(王占仁:《毛泽东读〈反杜林论〉相关问题略考》,《光明日报》2011年5月18日,第11版)

上精心构思的产物，成为了毛泽东努力学习和运用马克思主义哲学、建构中国的马克思主义哲学的一个重要成果。

20 世纪 50 年代初，毛泽东将《辩证法唯物论（讲授提纲）》中有关章节加以修改，以《实践论》《矛盾论》为题，先在苏联、后在中国的报刊上公开发表，形成巨大的影响。并且，两文都收入《毛泽东选集》。《实践论》《矛盾论》在阐述马克思主义的认识论和辩证法时，还结合新的时代特征，在总结中国革命斗争经验的基础上吸取苏联哲学教科书的理论精华，创造性地提出了一些新观点、新思想，向前发展了马克思主义哲学理论。

2. 当代中国马克思主义哲学教科书建设

新中国成立后，包括马克思主义哲学在内的教科书编写之动议始于 1956 年。1956 年 2 月 25 日，毛泽东在"中共中央宣传部关于组织编写中共党史、哲学、政治经济学、党的建设等课程教材给中央的报告"上批示："此件应提交政治局通过才好。"报告提出：高中级党校和高等学校中的中共党史、哲学、党的建设、中国历史、中国哲学史等课程，直到目前为止，还没有比较适用的教材。对上述书籍的编写工作，必须做全面的规划和及早准备。编写这些教材，不仅可以大大提高学校的教学水平，还可以对这几门学科的研究工作，发生根本的推动作用。[1] 从毛泽东的批示可见，他极其重视编写包括马克思主义哲学在内的教科书。

马克思主义哲学教科书最终由中央高级党校教师为主组成编写组。党校的编写者有艾思奇、韩树英、王哲民、方文、艾力农、李公天、耿立、马清健，及艾思奇的秘书卢国英等人，另有北京大学的高宝钧，中国人民大学的肖前、李秀林，中国科学院哲学研究所的邢贲思等人参加。胡绳和艾思奇主持教科书的编写工作，拟出了写作大纲后，十几位编写者分成小组分章写作。1961 年夏，书稿完成，胡绳、艾思奇、关锋、韩树英、肖前、邢贲思等 6 人在北戴河对之

---

[1] 中共中央文献研究室编：《毛泽东年谱》第 2 卷，人民出版社 2013 年版，第 537—538 页。

终审定稿。这本教科书的书名最后定为《辩证唯物主义　历史唯物主义》，署名主编为：艾思奇（时任中共中央高级党校副校长）。这本教科书，1961 年由人民出版社出版；正如它的写作方针所规定的，在阐述马克思列宁主义哲学一般原理的基础上，反映了以毛泽东为代表的中国共产党人对哲学理论的丰富和发展，联系了中国的历史和中国哲学史的实际来说明马克思主义哲学的基本原理。

《辩证唯物主义　历史唯物主义》在北戴河修改完成之时，1961 年 8 月毛泽东与老友李达相约庐山，嘱咐他另编一本马克思主义哲学教科书。1965 年，毛泽东在阅读李达主编的《马克思主义哲学大纲》（内部讨论稿上册，唯物辩证法）时，在其第三章第一节"两种对立的发展观"旁批注道："辩证法的核心是对立统一规律，其他范畴如质量互变、否定之否定、联系、发展……等等，都可以在核心规律中予以说明。……旧哲学传下来的几个规律并列的方法不妥，这在列宁已基本上解决了，我们的任务是加以解释和发挥。至于各种范畴（可以有十几种），都要以事物的矛盾对立统一去说明。例如什么叫本质，只能说本质是事物的主要矛盾和主要矛盾方面。"[1] 这段批注，精辟地阐述了辩证法的核心是对立统一规律的观点。他还在"两种发展观互相对立的焦点"一节明确批写道："不必抄斯大林"[2]。这些批注，蕴含着毛泽东对苏联马克思主义哲学教科书的不满，蕴含着毛泽东对中国化的马克思主义哲学教科书的期盼。

中国人自己编写马克思主义哲学教科书，应该展现自己的理论水平和理论风格，这是毛泽东所企盼的。1950 年代上期，毛泽东对斯大林的哲学观点和渗透了斯大林观点的苏联哲学教科书就不大满意。1956 年，毛泽东开始批评苏联的教条主义，批评斯大林。当年 11 月 15 日，他在《在中国共产党第八届中央委员会第二次全体会议上的讲话》中这样说："有一些同志就是不讲辩证法，不分析，凡是苏联的东西都说是好的，硬搬苏联的一切东西。其实，中国的东西也好，外国的东西也好，都是可以分析的，有好的，有不好的。"[3]1957

---

[1]　中共中央文献研究室编：《毛泽东哲学批注集》，中央文献出版社 1988 年版，第 506—507 页。

[2]　中共中央文献研究室编：《毛泽东哲学批注集》，中央文献出版社 1988 年版，第 507 页。

[3]　《毛泽东选集》第 5 卷，人民出版社 1977 年版，第 320 页。

年，毛泽东公开批评斯大林的哲学观点。他在《在省市自治区党委书记会议上的讲话》讲到："斯大林有许多形而上学，并且教会许多人搞形而上学。他在《苏联共产党（布）历史简明教程》中讲，马克思主义辩证法有四个基本特征。他第一条讲事物的联系，好像无缘无故什么东西都是联系的。究竟是什么东西联系呢？就是对立的两个侧面的联系。各种事物都有对立的两个侧面。他第四条讲事物的内在矛盾，又只讲对立面的斗争，不讲对立面的统一。按照对立统一这个辩证法的根本规律，对立面是斗争的，又是统一的，是互相排斥的，又是互相联系的，在一定条件下互相转化的。"①毛泽东接下还讲道："苏联编的《简明哲学辞典》第四版关于同一性的一条，就反映了斯大林的观点。辞典里说：'像战争与和平、资产阶级与无产阶级、生与死等等现象不能是同一的，因为它们是根本对立和相互排斥的。'这就是说，这些根本对立的现象，没有马克思主义的同一性，它们只是互相排斥，不互相联结，不能在一定条件下互相转化。这种说法，是根本错误的。"②另一方面，毛泽东多次赞扬列宁发展了马克思主义辩证法。这一贬一褒，毛泽东的立场分明可见。所以，他对仍然以苏联式马克思主义哲学教科书为蓝本编成的《辩证唯物主义　历史唯物主义》不以为意是在所难免的。

1964 年 8 月 18 日，毛泽东在北戴河召集康生、陈伯达等谈哲学问题时，说了两句很有意思的话："我是土哲学，你们是洋哲学。""哲学界的缺点是没有搞实际的哲学，而是搞书本的哲学。"③这是在阐明自己的哲学观点时，以轻松的口吻当面批评了康生、陈伯达等人；其实分量很重，因为是他们领导艾思奇主编了一本洋哲学教科书。在毛泽东眼中，《辩证唯物主义　历史唯物主义》就是搞书本哲学、搞洋哲学，没有搞实际的哲学。比较苏联的《马克思主义哲学原理》（人民出版社 1959 年中文版）与《辩证唯物主义　历史唯物主义》（人民出版社 1961 年版）的篇章结构，可见《辩证唯物主义　历史唯物主义》对

---

① 《毛泽东文集》第 7 卷，人民出版社 1999 年版，第 194 页。

② 《毛泽东文集》第 7 卷，人民出版社 1999 年版，第 194 页。

③ 龚育之：《听毛泽东谈哲学》，《北京党史》2003 年第 6 期，第 7、8 页。

洋哲学的模仿是明显的。①

对于李达主编的《马克思主义哲学大纲》，毛泽东有直截了当的批评。1966 年 1 月 13 日，毛泽东在长沙约陶铸、王重任等人谈话；当陶铸谈到李达主编的那部马克思主义哲学大纲时，主席说："李也送了我一本，我没有详细看，翻了一下，还是言必称希腊罗马，而且大纲内容基本还是照斯大林那几条讲的。不把矛盾的对立统一作为唯物辩证法最根本的规律，离开矛盾的对立统一来说什么运动发展和联系，就不是真正唯物辩证法的观点。"②

李达主编的《马克思主义哲学大纲》上册未及出版、下册正在撰写时，"文化大革命"开始了。李达在"文革"初期含冤去世，他的助手陶德麟被打成反革命送到农村劳动改造。直至 1978 年，陶德麟才将《马克思主义哲学大纲》上册书稿加以修订，以《唯物辩证法大纲》为书名由人民出版社出版。这是"文革"结束后最早出版的一本马克思主义哲学教科书。1981 年，肖前③ 等主编的《辩证唯物主义原理》，作为教育部组织编写的哲学专业教材，也由人民出版社出版。1983 年，肖前等主编的《历史唯物主义原理》，作为《辩证唯物主义原理》一书的续篇，由人民出版社出版。《唯物辩证法大纲》与《辩证唯物主义原理》等教科书，后来都获得了教育部优秀教材一等奖。1985 年，国家教委确定"马克思主义哲学原理体系改革"作为"七五"规划重点课题，翌年又被提升为国家"七五"规划重点课题，由全国高校的 8 个马克思主义哲学专业的博士点共同承担；肖前任主编，黄楠森、陈晏清任副主编的《马克思主义哲学原理》（上、下册）教科书就是这一课题研究的主要成果，1994 年由中国人民大学出版社出版。

---

① 胡为雄：《毛泽东与〈辩证唯物主义 历史唯物主义〉的编写》，《北京行政学院学报》2016 年第 4 期，第 66—74 页。

② 中共中央文献研究室编：《毛泽东年谱》第 5 卷，人民出版社 2013 年版，第 552 页。

③ 肖前曾在华北大学任艾思奇的秘书，在中国人民大学工作时是苏联专家凯列的助手。他参加了由艾思奇主编的《辩证唯物主义 历史唯物主义》的写作与定稿会，成为主要执笔人之一。在该书 1962 年、1968 年的几次修订中，肖前始终都承担着主要工作，作出了重要的贡献（高鸿：《历经风雨前行不已——记著名马克思主义哲学家肖前》，《中国人民大学学报》2004 年第 2 期）。

2004 年中共中央决定实施"马克思主义理论研究和建设工程";为深入推进马克思主义哲学教科书建设,中央实施马克思主义理论研究和建设工程课题首席专家袁贵仁策划了"马克思主义哲学基础理论研究"这一重大研究课题,先后纳入中央实施马克思主义理论研究和建设工程课题、国家哲学社会科学基金重大课题、教育部哲学社会科学研究重大课题攻关项目、国家新闻出版总署"十一五"重点图书出版规划项目和国家出版基金项目。一是汇编总结当代中国、西方(包括苏联、东欧)哲学界关于马克思主义哲学研究重大哲学问题和论争的《马克思主义哲学教学体系:历史与现状》(上、下册),袁贵仁、杨耕、吴向东任主编,2011 年由北京师范大学出版社出版。二是完成了作为"马克思主义理论研究和建设工程重点教材"之一的《马克思主义哲学》教科书,由袁贵仁、杨春贵、李景源、丰子义任教材编写课题组首席专家,2009 年由高等教育出版社、人民出版社联合出版。三是出版了"马克思主义哲学基础理论研究"丛书,包括:吴晓明、陈立新的《马克思主义本体论研究》,孙正聿的《马克思主义辩证法研究》,俞吾金的《马克思主义认识论研究》,丰子义的《马克思主义社会发展理论研究》,衣俊卿、陈树林等的《马克思主义文化理论研究》,马俊峰的《马克思主义价值理论研究》,王南湜的《马克思主义哲学中国化的历程及其规律研究》,刘放桐的《马克思主义哲学与现代西方哲学研究》等;袁贵仁、杨耕任丛书主编,2013 年由北京师范大学出版社出版。袁贵仁、杨耕在《马克思主义哲学教学体系的形成与演变》一文中写道:

> 改革开放以来,中国学者对马克思主义哲学教学体系的新探索,是沿着深化马克思主义的实践观点,以实践观点为首要观点、核心范畴和建构原则,以实践唯物主义、辩证唯物主义和历史唯物主义的统一为宗旨这一研究路径展开的。
>
> 之所以如此,一是因为中国学者立足于改革开放和现代化建设这一新的实践,深入解读马克思的《1844 年经济学哲学手稿》《1857—1858 年经济学手稿》等著作,重新解读马克思的《关于费尔巴哈的提纲》《神圣家

族》《德意志意识形态》《资本论》等著作。正是在这些著作中，实践观点在马克思主义哲学中的基础地位和核心作用得到了深刻而充分的论述。从根本上说，对经典的任何一种解读、重读都是由实践所激发，并受实践所制约的。

二是因为在一定程度上受到西方马克思主义、东欧新马克思主义的启发。1982年，徐崇温的《西方马克思主义》、贾泽林的《南斯拉夫当代哲学》出版，这标志着西方马克思主义、东欧新马克思主义在中国"登陆"，为中国学者展示了一个不同于苏联马克思主义哲学教学体系的研究领域。西方马克思主义、东欧新马克思主义对马克思早期著作的解读，对社会存在理论、社会批判理论、实践观点的研究等，扩展了马克思主义哲学的研究视野，提供了更多的马克思主义哲学的研究方法。中国学者以实践观点为首要观点、核心范畴和建构原则建构马克思主义哲学教学体系，既有中国现实的基础，又在一定程度上受到西方马克思主义、东欧新马克思主义的启发。

三是因为改革开放以来中国学界关于实践标准的讨论，关于人、人道主义和异化问题的讨论，关于主体性问题的讨论，关于实践唯物主义的讨论不断深化。对人、人道主义和异化问题研究到一定程度必然引发主体性问题，主体性维度是马克思主义哲学本身所固有的。主体性维度的背后还有一个更为基础性的东西，那就是实践。只有正确把握实践的内涵、地位和作用，才能正确理解主体性维度，因此，对主体性问题的讨论又必然引发关于实践唯物主义的讨论。从历史上看，用实践唯物主义来称谓马克思主义哲学并非始于中国学者。1927年，河上肇就在强调实践性、阶级性的意义上，把马克思主义哲学称作实践唯物主义；1948年，梅洛-庞蒂在否定辩证唯物主义的意义上，把马克思主义哲学看作实践唯物主义。从理论上看，西方马克思主义、东欧新马克思主义以及日本马克思主义都对实践唯物主义做过探讨。但是，无论是从广度上看，还是就深度而言，中国学者对实践唯物主义及其与辩证唯物主义、历史唯物主义关系的讨论、研究，都是无与伦比的；它直接推动了马克思主义哲学教学体系的改革，并在马克思主义哲学史上留下了浓墨重彩的一章。①

3. 对马克思主义哲学本质的新认识

袁贵仁、杨耕在"马克思主义哲学基础理论研究"丛书的"总序"中写道：

　　在这次编写"马克思主义哲学基础理论研究"丛书的过程中，我们认识到，马克思主义哲学是无产阶级解放和人类解放的高度统一，它使哲学的理论主题从"世界何以可能"转向"人类解放何以可能"；马克思主义哲学是形而上学批判、意识形态批判和资本批判的高度统一，三者的高度统一构成马克思主义哲学独特的思维方式和存在方式；马克思主义哲学是实践唯物主义、辩证唯物主义和历史唯物主义的高度统一，是以改造世界为宗旨的新唯物主义。②

要理解上述新认识，首先必须明确马克思实现的"哲学主题的根本转换"③。

毫无疑问，马克思主义哲学是唯物主义哲学。但是，唯物主义哲学的理论主题是随着时代的发展而变化的。作为新唯物主义、现代唯物主义，马克思主义哲学绝不是旧唯物主义以至整个传统哲学原有理论主题的延伸和对这个主题的进一步解答。相反，马克思主义哲学实现了哲学理论主题的根本转换，即"从世界何以可能"转向"人类解放何以可能"，并由此建构起了一个新的哲学空间。

"传统哲学"是相对于"现代哲学"而言的，它是指从古希腊到19世纪中

---

① 袁贵仁、杨耕：《马克思主义哲学教学体系的形成与演变》（下），《哲学研究》2011 年第 11 期，第 16 页。

② 参见孙正聿：《马克思主义辩证法研究》，北京师范大学出版社 2012 年版，"总序"，第 3 页。

③ 杨耕等：《马克思主义哲学基础理论研究》，北京师范大学出版社 2013 年版，第 5—6 页。

叶这一历史阶段的哲学形态，包括古代哲学和近代哲学。追溯整个世界的本原或基质是传统哲学的目标，并构成了其中不同派别的共同主题。从根本上说，传统哲学就是"形而上学"，即关于超验存在之本性的理论，它力图从一种"终极存在""初始本原"中去理解和把握事物的本性以及人的本质和行为依据。

在哲学史上，马克思和孔德是同时举起"拒斥形而上学"旗帜的，马克思甚至认为，他所创立的现代唯物主义才是"真正实证的科学"。在时代性上，马克思的"拒斥形而上学"与孔德的"拒斥形而上学"具有一致性；在指向性上，马克思的"拒斥形而上学"与孔德的"拒斥形而上学"却有本质的不同。孔德把"拒斥形而上学"局限于经验、知识以及"可证实"的范围内；马克思提出的是另一条思路，即"拒斥形而上学"之后，哲学应关注"自己时代的现实世界"和人的生存状况，"把人们的全部注意力集中到自己身上"[1]。马克思时代的现实世界，就是资本主义世界；而"把人们的全部注意力集中到自己身上"，就是促使人们关注"无产阶级解放和人类解放"。

（1）马克思主义哲学是无产阶级解放和人类解放的高度统一[2]

马克思主义哲学是在批判资本主义的过程中产生的。在资本主义世界中，生产社会化和生产资料私有制之间的矛盾导致人的活动、人的关系和人的世界都异化了，人的生存状态成为一种异化的状态。具体地说，在资本主义社会中，"物的世界的增值同人的世界的贬值成正比"，物的异化与人的自我异化是同一个过程的两个方面。在这种异化状态中，资本具有"个性"，个人却没有个性，人的个性被消解了，个人成为一种"孤立的人"，国家也不过是"虚幻的共同体"。这是一个"颠倒的世界"。

资本主义社会是一个由资本关系所造成的人的生存状态全面异化的社会，揭露并消除这种异化因此成为"为历史服务的哲学的迫切任务"[3]。可是，西方传统哲学包括德国古典哲学无法完成这一"迫切任务"。这是因为，从总体上

---

① 《马克思恩格斯全集》（第 1 版）第 2 卷，人民出版社 1957 年版，第 161—162 页。
② 参见孙正聿：《马克思主义辩证法研究》，北京师范大学出版社 2012 年版，"总序"，第 3—8 页。
③ 《马克思恩格斯选集》第一卷，人民出版社 1995 年版，第 2 页。

看，西方传统哲学在"寻求最高原因"的过程中把本体同人的活动分离开来，同人类面临的种种紧迫的生存问题分离开来，从而使存在成为一种抽象的存在，物质成为一种"抽象的物质"，本体则是同现实的人及其活动无关的抽象的本体。从这种抽象的本体出发无法认识现实的人和人的现实。以形而上学为存在形态的西方传统哲学向人们展示的实际上是抽象的真与善，它似乎在给人们提供某种希望，实际上是在掩饰现实的苦难，抚慰被压迫的生灵，因而无法消除人的生存的异化状态，将现实的人带出现实的生存的困境。因此，马克思认为，随着自然科学的独立化并"给自己划定了单独的活动范围"①，随着社会实践的发展"把人们的全部注意力集中到自己身上"，哲学应该从"天上"来到"人间"，关注人的生存的异化状态的消除，关注人类解放。

马克思发现，如果不能给工人、劳动者这些占人口绝大多数、被压迫的人们以真实的利益和自由，人类解放就是空话，甚至沦为一种欺骗。所以，马克思提出了超越"政治革命"的"彻底革命、全人类解放"的问题，并认为能够完成这一历史使命、担当"解放者"这一历史角色的，只能是无产阶级。按照马克思的观点，无产阶级本身就是一个需要解放自己的阶级，在他身上"表明人的完全丧失"；同时，无产阶级又是一个"只有通过人的完全回复才能回复自己本身"的阶级，是一个只有解放全人类才能最后解放自己的阶级。在人类解放过程中，哲学把无产阶级当作自己的"物质武器"，无产阶级则把哲学当作自己的"精神武器"；如果说无产阶级是人类解放的"心脏"，那么，哲学就是人类解放的"头脑"。②"头脑"不清，就不可能确立人类解放的真实目标，不可能理解人类解放的真正内涵。因此，联系经济学的研究和历史学的考察，从哲学上探讨人类解放的内涵、目的和途径，就成为马克思的首要工作。这一工作的成果，就是马克思主义哲学的创立。

——为了解答"人类解放何以可能"，马克思主义哲学必须探讨人的存在

---

① 《马克思恩格斯全集》（第1版）第2卷，人民出版社1957年版，第161—162页。

② 《马克思恩格斯选集》第一卷，人民出版社1995年版，第15、16页。

方式或生存本体，并使哲学的聚焦点从宇宙本体转向人的生存本体。

按照马克思的观点，人类历史的"第一个前提"是"有生命的个人"的存在；"有生命的个人"要存在，首先就要进行物质生产活动，生产物质生活本身。从根本上说，人是在物质生产活动中自我塑造、自我改变、自我发展的；人不仅是自然存在物，而且是社会存在物。换句话说，人是自然存在物和社会存在物的统一，而这种统一恰恰是在实践活动中完成的，直接决定人的本质的社会关系也是在实践活动中生成的。人通过实践创造了自己的社会关系、社会存在。换言之，人是实践中的存在，实践构成了人的存在方式，或者说，构成了人的生存本体。

正因为实践构成了人的存在方式和生存本体，所以人的生存状态不是凝固不变的，而是处在不断的建构和改变之中。人的生存状态的异化及其扬弃也是在实践活动中发生和完成的，"异化借以实现的手段本身就是实践的"①。在资本主义社会，劳动，这种人的生命活动的异化使人与人的关系体现为物与物的关系，不是人支配物，而是物统治人，人本身的活动对人来说成为一种异己的、同他对立的力量。马克思主义哲学正是通过对资本主义私有制的批判，揭示出被物的自然属性掩蔽着的人的社会属性，揭示出被物与物的关系掩蔽着的人与人的关系，并力图付诸"革命的实践"消除人的生存的异化状态，"确立有个性的个人"。如果说无产阶级和人类解放是马克思主义哲学的理论主题，那么，"确立有个性的个人"，实现人的自由而全面发展就是马克思主义哲学的最高命题。

——为了解答"人类解放何以可能"，马克思主义哲学必须探讨现实世界或现存世界，并使哲学的聚焦点从解释世界转向改变世界。

按照马克思的观点，"人就是人的世界"，现实的人总是生存于"自己时代的现实世界"中，而现存世界是人化自然与人类社会、社会的自然与自然的社会所构成的世界。一方面，现存世界生成于人的实践活动中，实践犹如

---

① 《马克思恩格斯全集》（第 1 版）第 42 卷，人民出版社 1979 年版，第 99 页。

一个转换器，通过实践，社会在自然中贯注了自己的目的，使之成为社会的自然；同时，自然又进入社会，转化为社会中的一个恒定的因素，使社会成为自然的社会，现存世界中的自然与社会是在人的实践活动中融为一体的。实践活动是现存世界得以存在的根据和基础，在现存世界的运动中具有导向作用，即人通过自己的实践活动"为天地立心"，在物质实践的基础上重建世界。实践"这种活动、这种连续不断的感性劳动和创造、这种生产，正是整个现存的感性世界的基础"①。实践构成了现存世界的本体。另一方面，现存世界一经形成又反过来制约甚至决定现实的人及其活动。现存世界的状况如何，现实的人的状态就如何；要改变资本主义社会中的人及其异化状态，首先就要改变资本主义社会。因此，"对实践的唯物主义者即共产主义者来说，全部问题都在于使现存世界革命化，实际地反对并改变现存的事物"②。正是在这个意义上，马克思认为，哲学家们只是用不同的方式解释世界，而问题在于改变世界。

在马克思主义哲学中，实践不仅是人的生存的本体，而且是现存世界的本体，是改变现存世界、消除人的异化的现实途径，是"确立有个性的个人"这一人的生存和发展终极状态的现实途径。这样，马克思主义哲学就实现了对人的现实关怀和终极关怀的统一。这是一种双重关怀，是全部哲学史上对人的生存和价值的最激动人心的关怀。

——实现无产阶级和人类的解放，"确立有个性的个人"，让马克思一生魂牵梦绕，从精神上和方向上决定了马克思一生的理论活动。在《1884年经济学哲学手稿》中，马克思提出，共产主义就是私有财产即人的自我异化的积极扬弃，是通过人并且为了人而对人的本质的真正占有，或者说，人以一种"全面的方式"，作为一个"完整的人"，占有自己的"全面的本质"。在《德意志意识形态》中，马克思提出，要消除"个人力量转化为物的力量"，人本身的

---

① 《马克思恩格斯选集》第一卷，人民出版社1995年版，第77页。
② 《马克思恩格斯选集》第一卷，人民出版社1995年版，第75页。

活动对人来说成为一种异己的力量的现象，从而"确立有个性的个人"，使"各个人在自己的联合中并通过这种联合获得自己的自由"。在《共产党宣言》中，马克思又提出，共产主义社会将是一个"联合体"，在那里，每个人的自由发展是一切人的自由发展的条件。在《资本论》中，马克思再次重申，共产主义社会就是要确立人的"自由个性"，实现人的自由而全面发展。

可以看到，无论是所谓的"不成熟"时期，还是所谓的"成熟"时期，马克思关注的都是消除人的生存的异化状况，实现人类解放。无产阶级和人类解放构成了马克思主义哲学的理论主题，在马克思主义哲学体系中，无产阶级和人类解放是高度统一的。

(2) 马克思主义哲学是形而上学批判、意识形态批判和资本批判的高度统一①

传统哲学以一种抽象的、超时空的方式去理解和把握存在，而马克思主义哲学从实践出发去理解和把握人的存在，从人的存在即社会存在出发去解读存在的意义。马克思主义哲学对本体论的这一变革与重建，是与对形而上学的批判密切相关、融为一体的。

"形而上学就是一种超出存在者之外的追问，以求回过头来获得对存在者之为存在者以及存在者整体的理解。"②"形而上学是包含人类认识所把握的东西之最基本根据的科学。"③海德格尔的这一见解正确而深刻。形而上学形成之初，研究的就是"存在的存在"，力图把握的就是"最基本根据"和"不动变的本体"。

从历史上看，形而上学在对世界终极存在的探究中确立了一种严格的逻辑规则，即从公理、定理出发，按照推理规则得出必然结论。这无疑具有积极意义，标志着作为理论形态的哲学的形成。然而，哲学家们又把形而上学中的存在日益引向脱离了现实的人及其活动的存在，成为一种抽象的存在。无论是近

---

① 参见孙正聿：《马克思主义辩证法研究》，北京师范大学出版社 2012 年版，"总序"，第 9—15 页。

② 海德格尔：《路标》，孙周兴译，商务印书馆 2000 年版，第 137 页。

③ 《海德格尔选集》上，孙周兴选编，上海三联书店 1996 年版，第 84 页。

代唯心主义哲学中的"绝对理念"，还是近代唯物主义哲学中的"抽象物质"，从根本上说都是一种与现实的人和现实的社会无关的抽象本体。因此，马克思明确提出："反对一切形而上学"，并认为哲学应趋向现存世界和人的存在，对人的异化了的生存状态给予深刻批判，对人的解放和全面发展给予深切关注。对于马克思主义哲学来说，重要的不是所谓的世界的终极存在，而是"对象、现实、感性"何以成为这样的存在，人的存在何以异化为这样的状态。这样，马克思便使哲学从抽象的宇宙本体转向人的生存的本体。换言之，马克思主义哲学对本体论的变革与重建，是同对形而上学的批判密切相关、融为一体的。

马克思对形而上学的批判没有停留在"纯粹哲学"的层面上，而是将这种批判同意识形态批判结合起来了；在马克思那里，形而上学批判与意识形态批判同样是密切相关、融为一体的。按照马克思的观点，就意识形态表现为自在的存在、"独立性的外观"而言，它是虚假的；就意识形态与现实社会生活的必然关联而言，它又是真实的。在资本主义社会，形而上学就是资产阶级的意识形态，或者说，是以意识形态的方式发挥其政治功能，从而为统治阶级政治统治辩护和服务的。形而上学之所以成为资产阶级意识形态，是因为形而上学中的抽象存在与资本主义社会中的"抽象统治"具有同一性。"个人现在受抽象统治，而他们以前是互相依赖的。但是，抽象或观念，无非是那些统治个人的物质关系的理论表现。"[①]"统治阶级的思想在每一时代都是占统治地位的思想。这就是说，一个阶级是社会上占统治地位的物质力量，同时也是社会上占统治地位的精神力量。支配着物质生产资料的阶级，同时也支配着精神生产资料……占统治地位的思想不过是占统治地位的物质关系在观念上的表现，不过是以思想的形式表现出来的占统治地位的物质关系；因而，这就是那些使某一个阶级成为统治阶级的关系在观念上的表现，因而这也就是这个阶级的统治的思想。"[②]这就说明，现实社会中抽象关系的统治与形而上学中抽象存在的统

---

① 《马克思恩格斯全集》（第 1 版）第 46 卷（上），人民出版社 1979 年版，第 111 页。
② 《马克思恩格斯选集》第一卷，人民出版社 1995 年版，第 98 页。

治，具有必然关联性及其同一性。

哲学总是以抽象的概念体系反映着特定的社会关系，体现着特定阶级的利益和价值诉求。哲学既是知识体系，又是意识形态，追求的既是真理，又是某种信念。马克思自觉地意识到这一点，所以，在马克思那里，形而上学批判进行到一定程度必然展开意识形态批判。在这种双重批判中建立起来的马克思主义哲学，不仅是客观认知某种规律的知识体系，更重要的，是批判资本主义的意识形态。我们不能从西方传统哲学、"学院哲学"的视角去理解马克思主义哲学，而应从形而上学批判与意识形态批判"双重批判"的视野，从无产阶级和人类解放这一新的实践出发去理解马克思主义哲学。

马克思的形而上学批判、意识形态批判又是与资本批判密切相关、融为一体的。在马克思看来，无论是对形而上学的批判，还是对意识形态的批判，都应延伸到对现实生活过程的批判。在马克思的时代，"资产阶级社会是历史上最发达的和最复杂的生产组织。因此，那些表现它的各种关系的范畴以及对于它的结构的理解，同时也能使我们透视一切已经覆灭的社会形式的结构和生产关系。"①因此，要真正认识历史，把握人类历史运动的一般规律，就必须对资本主义的生产方式进行批判，即对资本展开批判。"基督教只有在它的自我批判在一定程度上，可说是在可能范围内准备好时，才有助于对早期神话作客观的理解。同样，资产阶级经济只有在资产阶级社会的自我批判已经开始时，才能理解封建的、古代的和东方的经济。"②

在资本主义社会，资本是最基本和最高的社会存在物，它自在自为地运动着，创造了一个不同于传统社会的现代社会。资本是一个不断自我建构和自我扩张的自组织过程，在这个过程中，资本不仅改变了人与自然的关系，而且改变了人与人的关系，资本家不过是资本的人格化，而雇佣工人只是资本自我增值的工具；不仅改变了与人相关的自然界的存在属性，而且改变了人类社会的

---

① 《马克思恩格斯全集》（第 1 版）第 46 卷（上），人民出版社 1979 年版，第 43 页。
② 《马克思恩格斯全集》（第 1 版）第 46 卷（上），人民出版社 1979 年版，第 44 页。

存在形态，创造了"社会因素占优势"的资本主义社会。这就是说，正是资本使资本主义社会总体化了。在资本主义社会，资本具有支配一切的权利，资本本身就是一种独特的社会存在，就是现代社会的根本规定、存在形式和建构原则，构成了资本主义社会的基本建制。因此，马克思以商品为起点范畴、以资本为核心范畴展开的对资本主义社会的批判，本质上是一种存在论意义上的批判。换言之，马克思主义哲学对本体论重建、形而上学批判是通过资本批判实现的。正是在这种批判过程中，马克思主义哲学扬弃了抽象的存在，发现了现实的社会存在，发现了资本主义社会存在的秘密，并由此"透视出一切已经覆灭的社会形式的结构"；发现了人与人的关系以物化方式而存在的秘密，并透视出人的自我异化的逻辑，从而把本体论与人间的苦难和幸福结合起来了，开辟了"从本体论认识现实的道路"，使无产阶级和人类解放得到了本体论证明。这表明，马克思的资本批判理论不仅具有重大的经济学意义，而且具有重大的哲学意义。我们既不能从西方传统哲学、"学院哲学"的视角去认识马克思的资本批判，也不能从西方传统经济学、"学院经济学"的视角去认识马克思的资本批判。实际上，马克思的资本批判已经超出了经济学的边界，越过了政治学的领土，而到达了哲学的"首府"——存在论或本体论。马克思主义哲学的意义只有在同马克思资本批判的关联中才能显示出来；反之，马克思的资本批判只有在马克思主义哲学这一更大的概念背景下才能得到真正理解，只有在无产阶级和人类解放这一更大的意识形态背景下才能得到真正理解。"就这种批判代表一个阶级而论，它能代表的只是这样一个阶级，这个阶级的历史使命是推翻资本主义生产方式和最后消灭阶级。这个阶级就是无产阶级。"① 形而上学批判、意识形态批判和资本批判融为一体，这是马克思独特的思维方式，是马克思主义哲学独特的存在方式。

（3）马克思主义哲学是实践唯物主义、辩证唯物主义和历史唯物主义的高

---

① 《马克思恩格斯全集》（第1版）第23卷，人民出版社1972年版，第18页。

度统一①

马克思主义哲学是新唯物主义，是在对旧唯物主义和唯心主义哲学的批判中形成和发展起来的。从总体上看，旧唯物主义包括自然唯物主义和费尔巴哈的人本唯物主义两种形态。旧唯物主义不理解实践是人的存在方式，"没有把感性世界理解为构成这一世界的个人的全部活生生的感性活动"②，因而"只是从客体的形式"，没有"从主体方面"去理解"对象、现实、感性"，从而忽视了人的能动性、创造性和主体性。造成这种状况的主要原因，就是旧唯物主义不了解现实的实践活动及其意义。唯心主义肯定了主体意识的能动性，论证了人在认识活动中是通过自身的性质和状况去把握外部对象的，但唯心主义却否定了能动的意识活动的唯物主义基础，因而只是"抽象地发展了"人的"能动的方面"。造成这种状况的主要原因，就是唯心主义也不理解现实的实践活动及其意义。可见，旧唯物主义与唯心主义虽然各执一端，但又有共同的主要缺点，这就是，二者都不理解人类实践活动及其意义。正是由于这一主要缺点，在近代哲学中造成了唯物论和辩证法的分离；在旧唯物主义哲学中又形成了"唯物主义和历史彼此完全脱离"，即形成了唯物主义自然观和唯心主义历史观的对立。

旧唯物主义与唯心主义主要缺点惊人的一致，促使马克思深入而全面地探讨了人类实践活动及其意义，并把马克思主义哲学规定为"实践的唯物主义"。"实践的唯物主义"这一概念所要表明的不仅仅是一种要把理论付诸行动的哲学态度，更重要的是指，实践的观点是马克思主义哲学首要的和基本的观点，实践原则是马克思主义哲学体系的建构原则。换言之，实践唯物主义构成了马克思哲学的第一个基本特征。

按照马克思的观点，实践首先是人以自身的活动来引起、调整和控制人与自然之间物质变换的过程；在这个过程中，人与人之间又必然要结成一定的关系并互换其活动。正是通过实践，人们不仅改造自然存在，而且自身也进入到

①　参见孙正聿：《马克思主义辩证法研究》，北京师范大学出版社 2012 年版，"总序"，第 15—20 页。

②　《马克思恩格斯选集》第一卷，人民出版社 1995 年版，第 78 页。

自然存在之中，并赋予自然存在以新的尺度——社会性；正是通过实践，自然与社会相互作用、相互制约、相互渗透，成为"社会的自然"或"历史的自然"，社会成为"自然的社会"，历史成为"自然的历史"。现存世界是自然与社会"二位一体"的世界，而这个"二位一体"的基础就是人的实践活动。实践内在地包含着人与自然的关系、人与社会的关系以及社会与自然的关系，这些关系的总和构成了现存世界的基本关系。

　　实践不仅构成了现有世界的本体，而且构成了人的生存的本体和存在方式。按照马克思的观点，人最初来自自然界，"人的存在是有机生命所经历的前一个过程的结果。只是在这个过程的一定阶段上，人才成为人。但是一旦人已经存在，人，作为人类历史的经常前提，也是人类历史的经常的产物和结果，而人只有作为自己本身的产物和结果才成为前提"①。这就是说，人是通过自己的活动自我创造、自我塑造的结果。动物是以自身对环境的消极适应获得与自然的统一，维持自己生存的，所以，动物只能成为自然界的一部分。与此不同，人是以自身对环境的积极改造获得与自然的统一，维持自己的生存并不断发展自己的，所以，人自成一类，构成了独特的人类存在。人类进化不仅仅是生物学意义上的遗传与变异，而且是历史学意义上的延续与创新。无论是前者的统一，还是后者的统一，都是在实践活动中完成的。实践因此构成了人的生存本体和存在方式。

　　在实践中，人是以物的方式去活动并同自然发生关系的，得到的却是自然或物以人的方式而存在，从而使人成为主体，自然成为客体。"整个所谓世界历史不外是人通过人的劳动而诞生的过程，是自然界对人说来的生成过程。"②这表明，实践使人与自然的关系成为"为我而存在"③的关系。这种"为我而存在"的关系是一种否定性的矛盾关系，即人类要维持自身的存在，即肯定自身，就要对自然界进行否定性的活动，改变自然界的原生态，使之成为"人化

---

① 《马克思恩格斯全集》（第 1 版）第 26 卷（Ⅲ），人民出版社 1974 年版，第 545 页。

② 《马克思恩格斯全集》（第 1 版）第 42 卷，人民出版社 1979 年版，第 131 页。

③ 《马克思恩格斯选集》第一卷，人民出版社 1995 年版，第 81 页。

自然""为我之物"。与动物不同，人总是在不断制造与自然的对立关系中去获得与自然的统一关系的，对自然客体的否定正是对主体自身的肯定。这种肯定、否定的辩证法使主体与客体处于双向运动中。实践不断地改造、创造着现存世界，同时又不断地改造、创造着人本身。作为人的存在方式，实践当然体现着人的内在尺度以及对现存世界的批判性，包含着人的自我发展在其中。

可以看出，人与自然之间的这种"为我而存在"的否定性关系是最深刻、最复杂的矛盾关系。这种矛盾关系构成了马克思之前众多哲学大师的"滑铁卢"，致使唯物主义对人的主体性"望洋兴叹"，唯物论与辩证法遥遥相对。马克思主义哲学高出一筹的地方就在于，通过对人的实践活动及其意义深入而全面的剖析，使唯物主义与人的主体性统一起来了，唯物论与辩证法因此也结合起来了。辩证唯物主义因此构成了马克思主义哲学的第二个基本特征。当马克思主义哲学以科学的实践观为基础把唯物主义与人的主体性、唯物论与辩证法结合起来的同时，也就实现了唯物主义自然观与历史观的统一。

按照马克思的观点，人们为了创造历史，必须能够生活；为了能够生活，必须进行物质实践，实现人与自然之间的物质变换；为了实现人与自然之间的物质变换，人与人之间必须互换其活动，并必然结成一定的社会关系。社会关系"不过是他们的物质的和个体的活动所借以实现的必然形式"[①]，即使社会生产力本质上也是在人们改造自然的实践活动中形成的。实践是全部社会关系的发源地和全部社会生活的本质。从根本上说，社会就是在人与自然之间的物质变换中形成和发展起来的。人与自然之间的物质变换形成了社会存在和发展的"永恒的自然必然性"。

正因为如此，以往的哲学家，包括旧唯物主义者把人对自然的实践关系从历史中排除出去后，只能走向唯心主义历史观；而马克思从物质实践这一现实基础出发去解释观念以及历史过程，则创立了唯物主义历史观，从而消除了物质的自然与精神的历史对立的神话，实现了唯物主义的自然观和历史观的统

---

① 《马克思恩格斯选集》第四卷，人民出版社 1995 年版，第 532 页。

一。人类是从自然研究领域开始自己的唯物主义历程的，但在马克思之前，在历史领域却是唯心主义一统天下两千年。从空间上看，唯物主义自然观与唯物主义历史观似乎相距很近，近在咫尺；从时间上看，唯物主义历史观与唯物主义自然观则相距遥远，从唯物主义自然观的形成到唯物主义历史观的创立，人类整整走了两千多年的心路历程，可谓咫尺天涯。

唯物主义历史观始终站在现实历史的基础上，"从物质实践出发来解释观念的形成"，并发现"人创造环境，同样，环境也创造人"，发现人的实践活动"是整个现存的感性世界的基础"①。因此，唯物主义历史观的创立，从根本上科学地解答了思维与存在、主观与客观、主体与客体的关系，科学地解答了人与自然的关系和人与社会的关系，即人与世界的关系。在这个意义上，唯物主义历史观又是唯物主义世界观，一种"真正批判的世界观"②。"自从历史也得到唯物主义的解释以后，一条新的发展道路也在这里开辟出来了。"③离开了历史唯物主义，就不可能产生辩证唯物主义。历史唯物主义因此构成了马克思哲学的第三个基本特征。

由此可见，实践的观点的确是马克思哲学首要的和基本的观点。辩证唯物主义、历史唯物主义这两个基本特征都是从实践唯物主义这一本质特征引申出来的，是这一本质特征展开的逻辑要求和理论表现。在哲学史上，马克思第一次把实践提升为哲学的根本原则，转化为哲学的思维方式，从而创立实践、辩证、历史的唯物主义。实践唯物主义、辩证唯物主义、历史唯物主义不是"三个主义"或"两个主义"，而是同一个"主义"，即马克思的新唯物主义的不同表述。用实践唯物主义称谓马克思主义哲学，是为了透显马克思主义哲学所内含的实践维度及其首要性和基本性，因为"对实践的唯物主义者即共产主义者来说，全部问题都在于使现存世界革命化，实际地反对并改变现存的事物"④；

① 《马克思恩格斯选集》第一卷，人民出版社 1995 年版，第 81 页。
② 《马克思恩格斯全集》（第 1 版）第 3 卷，人民出版社 1960 年版，第 261 页。
③ 《马克思恩格斯选集》第四卷，人民出版社 1995 年版，第 228 页。
④ 《马克思恩格斯选集》第一卷，人民出版社 1995 年版，第 75 页。

用辩证唯物主义称谓马克思主义哲学，是为了透显马克思主义哲学所内含的辩证法维度及其批判性和革命性，因为"辩证法在对现存事物的肯定的理解中同时包含对现存事物的否定的理解……按其本质来说，它是批判的和革命的"[①]；用历史唯物主义称谓马克思主义哲学，是为了透显马克思主义哲学所内含的历史维度及其彻底性和完备性，因为马克思唯物主义的彻底性和完备性集中体现在历史唯物主义中。

第二节　马克思主义时空观的当代研究

一、辩证法与时空观

在古往今来的辩证法发展过程中，时空观一直是一个重要的问题。亚里士多德认为，芝诺运动悖论需要通过深入研究时间与空间属性来进行解决。黑格尔、列宁乃至罗素对芝诺运动悖论的解答，尽管各自的观点有所差异，但基本上都是沿袭着亚里士多德在其《物理学》一书中提出的解答方式在进行，即通过时间和空间关系看待芝诺的论证；讨论的就是时间空间的间断性与连续性、时间空间分割的有限性与无限性，以及"地点"与"瞬间"等问题。

近代科学的发展，凸现了时空实体学说与时空关系学说的分歧。1687 年，牛顿在其构建力学体系的《自然哲学的数学原理》一书中，以"附注"的形式阐述了自己的时空观。他写道：

> 绝对的、真实的和数学的时间由其特性决定，自身均匀地流逝，与一切外在事物无关，又名延续；相对的、表象的和普通的时间是可感知和外

---

① 《马克思恩格斯选集》第二卷，人民出版社 1995 年版，第 112 页。

在的（不论是精确的或是不均匀的）对运动之延续的量度，它常被用以代替真实时间，如一小时，一天，一个月，一年。

绝对空间：其自身特性与一切外在事物无关，处处均匀，永不移动。相对空间是一些可以在绝对空间中运动的结构，或是对绝对空间的量度，我们通过它与物体的相对位置感知它；它一般被当作不可移动空间，如地表以下、大气中或天空中的空间，都是以其与地球的相互关系确定的。绝对空间与相对空间在形状与大小上相同，但在数值上并不总是相同。例如，地球在运动，大气的空间相对于地球总是不变，但在一个时刻大气通过绝对空间的一部分，而在另一时刻又通过绝对空间的另一部分，因此，在绝对的意义上看，它是连续变化的。①

在牛顿的观念中，"处所是空间的一个部分，为物体占据着，它可以是绝对的或相对的，随空间的性质而定。""绝对运动是物体由一个绝对处所迁移到另一个绝对处所；相对运动是由一个相对处所迁移到另一个相对处所"。②

牛顿绝对时空观一出现就受到了同时代人的激烈批判。其中三位哲学家代表了最著名的三种批判：笛卡尔（或笛卡尔主义者）、贝克莱和莱布尼兹。这三种批判也导致了三种不同的空间观。三种批判的共同点都是基于各自的形而上学理由拒斥绝对空间的独立实存，即都拒绝承认有一个独立于其内容物的自在空间。在他们看来，无论将绝对空间构想为独立自存的实体还是作为属性归属于上帝这个神圣实体，都是无法获得辩护的。这些观念还会带来严重的神学问题。它们或者会将空间变成独立于上帝的永恒实体，或者会导致上帝内在于空间。因此，他们都选择让空间植根于某种相对的、附属性的实体。笛卡尔主义者将空间归属于物质性的实体，贝克莱和莱布尼兹则将空间归属于精神性的

---

① 伊萨克·牛顿：《自然哲学之数学原理》，王克迪译，陕西人民出版社、武汉出版社2001年版，第10—11页。

② 伊萨克·牛顿：《自然哲学之数学原理》，王克迪译，陕西人民出版社、武汉出版社2001年版，第11页。

实体。①

关于绝对空间的各种"形而上学—神学"争论背后隐含的一个困难是：一方面，几何学与经典物理学的理论体系内在地要求预设一个同质、无限的空间概念，以便用它来表述各种数学定律，并将这些定律构造为一个整体性的系统，这意味着，近代自然科学的产生与发展需要预设空间的某种绝对性作为前提条件。另一方面，由于人类经验似乎无法提供这种绝对性，牛顿、笛卡尔、莱布尼兹与贝克莱归根结底都需要通过上帝来提供这种绝对性。但是，这种神学意义上的绝对永远不可能是人类心灵能够先天认识的对象；它无法抵挡怀疑论者的攻击，从而严重威胁着近代自然科学追求知识的绝对确定性基础的努力。②

正是康德通过他的空间观的"哥白尼革命"对上述困难以及休谟的怀疑论挑战作出了回应。他的解决方案的实质是用一种人类学意义上的"绝对"来替代神学意义上的绝对。他不再根据上帝的某种属性，也不再根据我们面对的世界及其中的各种事物的秩序来构想空间，而是把空间构想为人类与世界及诸事物打交道的方式本身。对于康德来说，空间（与时间）是使人类认识成为可能的先天直观形式。

在《自然哲学》一书中，黑格尔批判康德把时间和空间看成是感性直观形式的主观唯心主义，肯定康德认为时间和空间是单纯的抽象的形式的观点；他说"如果我们撇开康德概念中属于主观唯心论及其规定的东西，那么剩下的正确规定就在于认为空间是一种单纯的形式，即一种抽象，而且是直接外在性的抽象"。③ 同时，黑格尔肯定了牛顿把时间和空间规定为自然界存在的客观形式，批评了牛顿把时间和空间同物质运动割裂开的形而上学观点。

---

① 刘胜利：《身体、空间与科学——梅洛–庞蒂的空间现象学研究》，江苏人民出版社 2014 年版，第 25 页。

② 刘胜利：《身体、空间与科学——梅洛–庞蒂的空间现象学研究》，江苏人民出版社 2014 年版，第 3 页。

③ 黑格尔：《自然哲学》，梁志学等译，商务印书馆 1980 年版，第 41 页。

按照黑格尔的观点，自然界是逻辑理念完成自己的外化，即自然是精神的己外存在；时间和空间是绝对精神外化为自然界的两个范畴，是纯抽象的、观念的东西。力学领域是理念在自然界发展的最初阶段，空间是己外存在的肯定形式，时间是其否定形式。空间之所以是己外存在的肯定形式，是因为在空间中一切事物依然保持持续存在，甚至界限都具有持续存在的方式；时间之所以是己外存在的否定形式，是因为在时间中各个漠不相干的持续存在自己扬弃自己，而时间正是这种持续不断的自我扬弃的存在。黑格尔说："自然界最初的或直接的规定性是其己外存在的抽象的普遍性，是这种存在的没有中介的无差别性，也就是空间。空间是己外存在，因此空间构成完全观念的、相互并列的东西；这种相互外在的东西还是完全抽象的，内部没有任何确定的差别，因此空间就是完全连续的"①，"时间是那种存在的时候不存在，不存在的时候存在的存在，是被直观的变易；这就是说，时间和各种确实是完全瞬间的，即直接自我扬弃的差别"②。黑格尔关于空间和时间的论述旨在按照它们各自的特点推演它们的相互过渡，而过渡的终了显现出"时间和空间的本质就是运动"。③

通过推演与阐释，黑格尔不仅得出"运动的本质是成为空间和时间的直接统一；运动是通过空间而现实存在的时间，或者说，是通过时间才被真正区分的空间。因此，我们认识到空间与时间从属于运动。……空间与时间在运动中才得到现实性"④的论断，而且得出"就像没有无物质的运动一样，也没有无运动的物质。运动是过程，是由时间进入空间和由空间进入时间的过渡；反之，物质则是作为静止的同一性的空间与时间的关系"⑤等论断。

黑格尔本质上是在坚持时空关系学说的基础上批判牛顿绝对时空观。笔者

① 黑格尔：《自然哲学》，梁志学等译，商务印书馆 1980 年版，第 39—40 页。
② 黑格尔：《自然哲学》，梁志学等译，商务印书馆 1980 年版，第 47 页。
③ 参见文兴吾：《析黑格尔、罗素对芝诺佯谬的解答》，《天府新论》1994 年第 2 期，第 49—50 页；中国人民大学复印报刊资料《外国哲学与哲学史》1994 年第 3 期，第 42—43 页。
④ 黑格尔：《自然哲学》，梁志学等译，商务印书馆 1980 年版，第 58 页。
⑤ 黑格尔：《自然哲学》，梁志学等译，商务印书馆 1980 年版，第 60 页。

曾经写道① :

      对于历史上存在的时空实体学说和时空关系学说，我们的认识是：时空实体学说源于人类的感性经验，而时空关系学说则源于人类理性对时间、空间和物质运动关系的反思。事实上，时空关系学说在亚里士多德的著作中就已有萌芽。亚里士多德曾写道："应该注意到，如果不曾有过某种空间方面的运动，也就不会有人想到空间上去。须知也正是因为这个缘故我们才特别觉得宇宙也是在空间里的，因为它总是在运动着"② ；"时间是运动和运动持续量的尺度，而时间计量运动是通过确定一个用以计量整个运动的运动来实现的"③ ；"如果没有意识的话，也就不可能有时间，而只有作为时间存在基础的运动存在了（我们想象运动是能脱离意识而存在的）。但运动是有前和后的，而前和后作为可数的事物就是时间。"④ 当然，在亚里士多德时代，人类理性还不能完全摆脱时空实体观念的束缚，把时空关系学说真正提炼出来。如果说作为近代大科学家的牛顿为建立其科学体系将时空实体观念提升为时空实体学说了，那么，作为牛顿同时代人的莱布尼兹则发展了时空关系学说。继莱布尼兹之后，时空关系学说经过种种曲折，得到进一步的倡导和发展。黑格尔针对牛顿的绝对空间概念写道，有人以为空间"必然像一个箱子，即使其中一无所有，它也仍然不失为某种独立的特殊东西。可是，空间是绝对柔软的，完全不能作出什么抵抗"，"人们决不能指出任何空间是独立不依地存在的空间"⑤ ，相反，"确实可以说，空间是一种秩序"⑥ 。针对牛顿的绝对时间概念，黑格尔写道，

---

① 文兴吾、徐荣良：《相对论时空理论与辩证唯物主义时空观新论》，《天府新论》1993年第2期，第49—50页。

② 亚里士多德：《物理学》，张竹明译，商务印书馆1982年版，第100页。

③ 亚里士多德：《物理学》，张竹明译，商务印书馆1982年版，第129页。

④ 亚里士多德：《物理学》，张竹明译，商务印书馆1982年版，第136页。

⑤ 黑格尔：《自然哲学》，梁志学等译，商务印书馆1980年版，第41页。

⑥ 黑格尔：《自然哲学》，梁志学等译，商务印书馆1980年版，第41页。

"时间并不像一个容器，它犹如流逝的江河，一切东西都被置于其中，席卷而去。时间仅仅是这种毁灭活动的抽象。事物之所以存在于时间中，是因为它们是有限的；它们之所以流逝，并不是因为它们存在于时间中；反之，事物本身就是时间性的东西，这样的存在就是它们的客观规定性。所以，正是现实事物本身的历程构成了时间"。① 对于康德的"时间与空间，合而言之，是一切感性直观的纯粹形式"之观点，黑格尔认为，"如果我们撇开康德概念中属于主观唯心论及其规定的东西，那么剩下的正确规定就在于认为空间是一种单纯的形式，即一种抽象，而且是直接外在性的抽象"②，并且"时间如同空间一样，也是感性或直观的纯粹形式"③。又如马赫写道，"我们实际上只认识到物体 K 同 A，B，C，……的一种关系。如果我们现在突然想忽略 A，B，C，……，而要谈论物体 K 在绝对空间中的行为，那末我们就要犯双重错误。首先，在 A，B，C，……不存在的情况下，我们就不能知道 K 将怎样运动；其次，我们也就因此而没有任何办法，可用以判断物体 K 的行为，并用以验证我们的论断。这样的论断因而也就没有任何自然科学的意义。"④"如果有一事物 A 随时间而变化，那末这只是说事物 A 的状态同另一事物 B 的状态有关……我们无法量度事物随时间（指牛顿的绝对时间——引者注）所发生的变化。时间宁可说是我们从事物的变化中得到的一种抽象"⑤。马赫对于牛顿绝对时空观的批判，尽管就其本身思想而言是从实证主义——即只有被经验证实的概念才有科学意义这一要求出发；但他对时空关系学说的倡导，却是与历史上的辩证法思想家的观点一致的。爱因斯坦曾多次谈到马赫对绝对时空观的批判和对时空关系学说的倡导给他创立相对论以很大启发，称赞马赫"卓越

① 黑格尔:《自然哲学》，梁志学等译，商务印书馆 1980 年版，第 50 页。
② 黑格尔:《自然哲学》，梁志学等译，商务印书馆 1980 年版，第 40 页。
③ 黑格尔:《自然哲学》，梁志学等译，商务印书馆 1980 年版，第 47 页。
④ 《爱因斯坦文集》第一卷，许良英等编译，商务印书馆 1976 年版，第 87—88 页。
⑤ 《爱因斯坦文集》第一卷，许良英等编译，商务印书馆 1976 年版，第 86—87 页。

地表达了那些当时还没有成为物理学家的公共财富的思想"①。爱因斯坦甚至认为，"倘使在马赫还是精力充沛的青年时代，光速不变的重要性这个问题已经激动了物理学家，那末，马赫也许会发现相对论，这并不是不可能的。"②很显然，爱因斯坦在表达这种看法时，不是基于马赫的实证主义哲学的特点，而是基于认为作为物理学家的马赫在当时就已经把握了时间、空间和物质运动的正确关联。这也正是爱因斯坦即使后来尖锐地指出马赫的实证主义哲学"不可能创造出什么有生命的东西，而只能扑灭有害的虫豸"③，也仍然认为马赫是相对论的先驱的原因。

二、辩证唯物主义时空观与相对论时空观

笔者曾经在《相对论时空理论及其评价再探讨》④和《相对论时空理论再认识》⑤两篇文章中，依据爱因斯坦在20世纪初建立狭义和广义相对论时就时空问题提出的一些基本观点，以及狭义和广义相对论自身的概念逻辑，明确了爱因斯坦通过建立相对论实现的人类时空观念重大变革的实质及意义在于：以时空关系学说——时间、空间不是实体，而是人们对现实世界的物质关系以及普遍存在的物质运动过程进行抽象得到的、并且反过来用于描述和量度物质及其运动的两个基本概念——在物理学中取代了昔日占统治地位的时空实体学说，由此导致了人类时空观念的"范式"转换；这两个基本概念就其来自于人类思维对外部世界的抽象，它们是主观的，就其抽象对象是客观实在，它们又是客观的。并且写道："我们也不同意通常那种认为牛顿的绝对时空和绝对运动概念是纯粹理智构造之观点。依据我们目前的认识，我们认为牛顿的绝对时空和

① 《爱因斯坦文集》第一卷，许良英等编译，商务印书馆1976年版，第86页。
② 《爱因斯坦文集》第一卷，许良英等编译，商务印书馆1976年版，第88页。
③ 《爱因斯坦文集》第三卷，许良英等编译，商务印书馆1979年版，第432页。
④ 文兴吾：《相对论时空理论及其评价再探讨》，《哲学研究》1989年第12期。
⑤ 文兴吾：《相对论时空理论再认识》，《中国社会科学》1990年第5期。

绝对运动是有其现实的基础或根据的；当然这种根据并不是简单的感觉经验，而是人和环境交往过程中沉积起来的人类心理的'无意识'结构。牛顿在其巨著中对绝对时间、绝对空间和绝对运动等作的那些解说，不仅是为了建立体系的需要，而且也是人类理性第一次用明晰的概念表达了人类对机械运动的感性直觉；或者说，把那种自然而然地沉积在人们心灵中的运动观念发掘出来，并以科学概念的形式加以确定。……倘若不是牛顿努力把人类无意识的运动观念发掘出来，加以科学概念化，并把它作为自己建立理论的脚手架，在予以一定调和的基础上（例如提出相对时间、相对空间、相对运动等概念）建立起表征宏观物体机械运动基本规律的力学体系，极大地提高了人类的实践能力和认知能力，使后来的人们能够依据新的经验事实，利用实证科学的材料去批判它、改造它，恐怕人类理性至今还耽于那种'虚枉'的运动表象。"[1]

相对论的建立以及相对论所实现的人类时空观念变革与历史上一些著名思想家对时空关系学说的倡导有着密切的关系；这一事实本身清楚地说明：哲学的批判、争论与探讨，往往成为推进人类认识的先导。但是，必须看到，由于社会历史条件的限制以及人类思想发展的曲折性，许多倡导时空关系学说的思想家在关于时间和空间的本质的问题上，都不同程度地持有唯心主义观点，认为时间和空间完全是精神、意识、观念的产物。例如贝克莱在批判牛顿绝对时空观时就反复强调时间和空间是主观感受的形式，在马赫的观念中，时间和空间则是我们人所调整了的感觉系列的体系。即是说，结果竟是这样：那能动的方面是和唯物主义相反地由唯心主义加以发展了，——但只是由它抽象地加以发展了。就由于这种历史的复杂性，西方许多学者倾向于从唯心主义的角度去阐释相对论时空理论的哲学意义，把相对论时空理论的正确结论同错误的哲学建筑拼凑在一起，造成种种理智的迷乱。例如，爱因斯坦作序的《宇宙与爱因斯坦》一书的作者林肯·巴勒特就这样写道："像唯物主义的主要敌人贝克莱所说的：'所有天上的歌唱队乃至人间的家具杂物，总而言之，所有构成世界

---

[1]　文兴吾：《相对论时空理论及其评价再探讨》，《哲学研究》1989 年第 12 期，第 35 页。

这个大构造物的那些物体，要是没有心觉察，根本就没有实质。……只要它们实际上没有被我发觉，或者它们并不存在于我的或任何其他生灵的心中，那么，它们不是根本不存在，就是存在于永生神灵的心中。'爱因斯坦把这一连串的逻辑条理推演到了极点，他说明连时间和空间也只是直觉的两种形式，和我们对颜色、形状和大小的概念一样，同是不能脱离意识而存在。空间，除了借我们所发觉的客观事物的秩序或排列来认识它之外，并无客观的实在；时间，除了我们借事情发生的先后次序来量度它之外，没有独立的存在。"①

历史上，真正能够为正确认识和理解相对论时空理论提供科学的哲学背景的，是马克思和恩格斯创立的辩证唯物主义哲学。辩证唯物主义哲学的时空观点是在充分批判地吸收前人对时间、空间和物质运动关系有益的研究成果基础上提出来的。辩证唯物主义哲学的创始人既看到莱布尼兹认为事物存在于时间之中就是以"前后相随的形式"存在，存在于空间之中就是"互相邻近的形式"存在，是正确的；也看到黑格尔把时间、空间看作是人们对外部世界进行抽象得到的两个基本概念，认为不是物质及其运动存在于作为实体的时间和空间之中，相反，物质及其运动本身是时间性和空间性的，时间和空间的本质是运动，这些思想是黑格尔"神秘外壳中的合理内核"，是揭示了时间、空间和物质运动的真实关系的；更看到费尔巴哈从形式和内容的关系角度去把握时间、空间和物质及其运动的关系，是发现了真理的。辩证唯物主义哲学创始人依据"唯物主义既然承认客观实在即运动着的物质不依赖于我们的意识而存在，也就必然要承认时间和空间的客观实在性"② 这一逻辑，明确提出"一切存在的基本形式是空间和时间，时间以外的存在像空间以外的存在一样，是非常荒诞的事情"③；"物质的这两种存在形式离开了物质，当然都是无，都是只在我们

① 参见该书中译本，巴勒特：《相对论入门》，仲子译，生活·读书·新知三联书店1989年版，第9—10页。
② 《列宁全集》（第2版）第18卷，人民出版社1988年版，第179页。
③ 《马克思恩格斯选集》第三卷，人民出版社1995年版，第392页。

头脑中存在的空洞的观念、抽象"①；时间和空间与物质和运动这样的名词一样"无非是简称，在这种简称下，我们把许多不同的、可以感知的事物，依照其共同的属性概括起来。"②由此，既从原则上否定了那种把时间、空间看作是独立于物质及其运动的客观实在的观点，也堵塞了对时间、空间作唯心主义理解的通道，把时空关系学说确立在唯物主义的基础之上了。

辩证唯物主义时空观从内容和形式相互依存的角度把握时间、空间和物质、运动的关系，从思维和存在、抽象和具体相统一的角度理解时间、空间和物质、运动的关系，是与爱因斯坦通过自然科学的实践活动确定下来的认识根本一致的。在相对论建立起来后，爱因斯坦曾这样谈道："如果我们假定一切物质会在世界中消失，那么在相对论以前，人们相信，空间和时间会在虚空的世界中继续存在。但是依据相对论，如果物质及其运动消失了，那就不会再有什么空间或者时间了"③；"空间、时间……从逻辑上说来，这些概念是人类智力的自由创造物，是思考的工具，这些概念能把各个经验相互联系起来，以便更好地考察这些经验。"④爱因斯坦的前一段话显然表明了辩证唯物主义从内容和形式的相互依存角度把握时间、空间和物质、运动的相互关系的正确性；后一段话则是与辩证唯物主义关于时间、空间"无非是简称，在这种简称下，我们把许多不同的、可以感知的事物，依照其共同的属性概括起来"之观点本质相同的。如果我们再结合爱因斯坦的科学观："相信有一个离开知觉主体而独立的外在世界，是一切自然科学的基础"⑤；"科学力求理解感性知觉材料之间的关系，也就是用概念来建立一种逻辑结构，使这些关系作为逻辑结果而纳入这样的逻辑结构。对于构造全部结构的概念和规则的选择是自由的。只有结果才是选择的根据。那就是说，选择应当造成感性经验之间的正确关系"⑥，去看

① 恩格斯：《自然辩证法》，于光远等译编，人民出版社 1984 年版，第 108 页。
② 恩格斯：《自然辩证法》，于光远等译编，人民出版社 1984 年版，第 108 页。
③ 菲利普·弗兰克：《科学的哲学》，许良英译，上海人民出版社 1985 年版，第 146 页。
④ 爱因斯坦：《狭义与广义相对论浅说》，杨润殷译，上海科学技术出版社 1964 年版，第 112 页。
⑤ 《爱因斯坦文集》第一卷，许良英等编译，商务印书馆 1976 年版，第 292 页。
⑥ 《爱因斯坦文集》第一卷，许良英等编译，商务印书馆 1976 年版，第 235 页。

待后一断语，则能够更深地感受到其间所闪耀的辩证唯物主义思想光辉。

三、马克思时空观的当代研究

辩证唯物主义时空观的传统表述的主要内容，是恩格斯在《反杜林论》《自然辩证法》等著作中提出来的，与所谓"旧唯物主义"特别是 18 世纪法国唯物论与费尔巴哈唯物论所持观点有着密切关系。例如，拉美特里说："广袤这种特性是属于一切物质的，是只能属于物质的，因而也是与物质的实体不可分的。"① 费尔巴哈指出："空间和时间是一切实体的存在形式。只有在空间和时间内的存在才是存在。"② 于是，也就存在着下述问题：既然马克思的新唯物主义与费尔巴哈的旧唯物主义存在着根本的区别，那么由恩格斯作出的辩证唯物主义时空观的传统表述，是否能代表马克思对时空观的认识？如何认识马克思的"新唯物主义"时空观？马克思的时空观和恩格斯的时空观应该如何关联起来？

1996 年，俞吾金在《马克思时空观新论》一文中写道："关于马克思主义哲学教科书体系的改革问题已成为学术界的共识。近年来，有不少论著在这个方面作出了可贵的探索，但几乎都没有触及到马克思的时空理论。人们仍然借用传统哲学教科书中关于时空问题的表述，试图对马克思哲学的整个体系作出新的说明。这种努力是不可能取得成功的。事实上，只有重新反思马克思的时空理论，揭示出长期以来被马克思哲学的解释者们所掩蔽的马克思在时空理论上的重大发现和划时代创造的真相，对马克思哲学体系的重新理解和构造才真正是可能的。"③

俞吾金提出，马克思的时空学说的发展可以划分为两个阶段：第一阶段以

---

① 《十八世纪法国哲学》，北京大学哲学系外国哲学史教研室编译，商务印书馆 1963 年版，第 199 页。

② 《费尔巴哈哲学著作选集》上卷，荣震华、李金山等译，商务印书馆 1984 年版，第 109 页。

③ 俞吾金：《马克思时空观新论》，《哲学研究》1996 年第 3 期，第 11 页。

他的《博士论文》为代表，主要是从哲学上来阐述其时空学说；第二阶段以《大纲》（即《经济学手稿〈1857—1858〉》）和《资本论》为代表，主要从经济学出发来表述其时空学说。他说："这两个阶段都为研究者们所忽视。人们之所以忽视第一个阶段，理由是在写作《博士论文》时马克思的思想尚未成熟；人们之所以忽视第二个阶段，理由是马克思的《大纲》和《资本论》表达的仅仅是经济学意义上的时空学说。这充分表明，人们对马克思的时空学说还存在许多误解，亟需加以廓清。"

对于马克思的第一阶段的时空学说，俞吾金通过考察分析后的结论是："总的说来，马克思既反对从抽象物质、从实体出发去讨论时空问题，也反对把时空问题自我意识化、纯粹主观化。在马克思看来，时空乃是现象的纯粹形式，而现象又是相对于感性而言的，所以，感性才是时空的源泉，才是解开时空，尤其是时间之谜的真正的钥匙。由此可见，青年马克思的时空学说深受康德的影响，但这一学说与康德的时空学说的区别也初见端倪。康德把时空理解为先天的感性直观的纯粹形式，马克思则从后天的感性（即感官知觉）出发去理解时空。"从俞吾金的这个结论看，"马克思的第一阶段的时空学说"是与辩证唯物主义时空观的传统表述在本质上一致的。

俞吾金强调："毋庸讳言，真正能代表马克思的时空观的，是他在《大纲》《资本论》等成熟时期的著作中表达出来的时空理论，即我们在上面所说的第二阶段的时空理论。"对于第二阶段的时空理论的基本特征，俞吾金提出了以下认识。

第一，虽然马克思的时空观主要是在其经济学著作中表述出来的，但却不应当局限在经济学的范围内去理解他的这一理论。事实上，马克思的时空观始终保持着哲学的高度。例如马克思做出的"时间是人的发展的空间"，"从整个社会来说，创造可以自由支配的时间，也就是创造产生科学、艺术等等的时间"等论述，谁都不会怀疑，它们已逸出单纯经济学研究的范围，显示出独特的哲学的眼光。

第二，马克思不是从传统哲学的时空框架出发引申出实践概念，相反，是从人的实践活动，特别是从生产劳动出发引申出时空概念的。所以，马克思的时空观以生产实践活动为轴心，显示出人活动于其中的世界的整体图景。但是，传统的哲学教科书却在"辩证唯物主义"部分撇开人的实践活动，从所谓自己运动着的物质世界或自然界本身出发去阐述马克思的时空观，形成所谓"自然时—空"，这就把马克思的时空观二元化了。因为它蕴含着这样的意思，似乎在以社会历史为研究对象的"历史唯物主义"部分还有另一种时空观。实际上，在马克思那里，并不存在一种与人的实践活动相脱离的"自然时—空"，因为现实的自然界只能是被人的社会实践活动所中介的自然界。

第三，马克思并不是超越一切历史条件、以形而上学的方式来谈论时空问题，而是始终把这一问题放在资本主义社会这一特定的社会历史条件下来进行考察的。马克思并不像传统的哲学教科书所设想的那样，是从抽象的物质和运动出发来讨论时空问题的；相反，马克思不以超历史的、抽象的态度来谈论时空问题，而是从考察人的生存实践活动，尤其是资本主义生产劳动出发来阐述自己的时空学说的。因此，传统哲学的时空观的抽象的、形而上学的特征被扬弃了，它的社会历史内涵被充分地显示出来了。

第四，正是从对资本主义历史条件下的时空观的考察出发，马克思形成了社会形态时空观，强调在三大社会形态中，时空概念有着质的差异。在第一社会形态，即前商品经济社会中，时间和空间都是非常狭小的，商品的价值是以劳动时间作为尺度的；在第二社会形态，即商品经济社会中，时间和空间都有了巨大的扩展，商品的价值是以社会必要劳动时间为尺度的；在第三社会形态，即后商品经济的社会（指共产主义社会）中，时间和空间都无限地扩大化了，那时财富的尺度是人们自由支配的时间。

第五，马克思的时空观并不在时间概念和空间概念上平均使力，而是从人的生命的根本追求出发，始终把考察的重点放在时间概念上。马克思还从对历史性的强调出发，把时间看作是空间的真理。而这些重要的观点在传统的哲学教科书中都未体现出来。

对于马克思的时空观的"划时代意义"，俞吾金写道：

第一，马克思的时空观从根本上超越了传统哲学或者从抽象的物质和运动出发，或者从纯粹主观感受和意识出发来讨论时间、空间概念的做法，而是把全部讨论置于人类实践活动的基本形式——生产劳动的基础上。应该承认，这是时间、空间概念发展史上的一场划时代的革命。就其实质而言，马克思以前的哲学家主要是在宇宙起源论或自然哲学的基础上来谈论时间、空间问题的，而马克思则是从社会存在本体论或实践唯物主义的基础上来谈论时间、空间问题的。遗憾的是，传统的哲学教科书正是站在前马克思的立场上来解释马克思的时空观的，这就把马克思在时空观上的划时代的贡献给掩蔽起来了。

其次，不领悟马克思的时空观，就不可能真正进入其实践唯物主义的境域。在传统哲学教科书体系的改革中，愈来愈多的人跳出了"辩证唯物主义和历史唯物主义"的框架，主张把马克思哲学理解为"实践唯物主义"，并且努力按新的方式来重建马克思哲学体系的架构。但他们在这样做的时候，却从未考虑到应对传统哲学教科书体系中所叙述的马克思的时空观作出新的反思。在马克思那里，实践不光是自然观、物质观、认识论、方法论等的基础，也是时间、空间概念的基础。如前所述，马克思的时空概念是直接与价值、自由、社会革命这样的问题关联在一起的。换言之，马克思实践唯物主义的丰富内涵正是借助于其特定的时空观展示出来的。所以，只有在时空观上彻底摆脱传统哲学教科书的束缚，进入到马克思本人的时空观的视野中，才能真正进入实践唯物主义的原创性的境界中。

最后，马克思对不同社会形态中的时空概念的差异性的强调，为比较哲学文化的研究奠定了基础。马克思实际上创立了社会形态时空的新学说。按照这种新的学说，人类社会的发展表现为三大社会形态。不同文明区域的哲学文化只有在本质上从属于同一社会形态时，在其深层文化精神上才真正是同时代的，才具有可比性。否则，就不具有可比性。比如，人们常常对朱熹的"理"和黑格尔的"绝对精神"进行比较。乍看起来，这两个概念是相似的，实际上它们具有完全不同的文化精神：前者从属于第一社会形态，在这一社会形态中，占主导地位的是以血缘关系为纽带、以宗法等级制度为基础的原始伦理精神；后者则从属于第二社会形态，在这一社会形态中，占主导地位的是以独立人格和法权关系为基础的启蒙精神。所以，"理"与"绝对精神"有着完全不同的深层文化内涵。在这个意义上可以说，只有深入领悟马克思的时空观，比较哲学文化的研究才能上升为科学。

由于俞吾金并没有真正阐明马克思的时空观前后两个阶段的相互关系，而只是抽象地讲到"马克思第二阶段的时空理论已把生产劳动作为时空的源泉。但这一思想与他早期以感性作为时空的源泉的想法是有内在联系的。"① 于是，俞吾金抑或没有厘清"马克思第二阶段的时空理论"与辩证唯物主义时空观的传统表述的关系，抑或就是认为"马克思第二阶段的时空理论"构成对辩证唯物主义时空观的传统表述的否定。正是有鉴于此，江秉国在对俞吾金的商榷文章② 中写道：

"马克思虽然没有辟出专门的篇幅来讨论空间问题，但他认为空间也是与感性联系在一起的，所以有感性的空间的提法"。"……在马克思看来，时间乃是现象的纯粹形式，而现象又是相对于感性而言的，所以感性才是时空的源泉，才是解开时空，尤其是时空之谜的真正的钥匙。""……马克思第二阶段的时空理论，已把生产劳动作为时空的源泉。"看了"俞文"上述见解，让我们想起了法国物理学家彭加勒的下述论点："不是自然界把空间和时间的概念给予（或强加于）我们，而是我们把这些概念给予了自然界"，列宁说："这是唯心主义的结论"，并说"彭加勒是一个糊涂虫和半马赫主义者"。③"俞文"说时间和空间是人通过生产劳动把它引入到

① 俞吾金：《马克思时空观新论》，《哲学研究》1996 年第 3 期，第 15 页。
② 江秉国：《对〈马克思时空观新论〉的一点看法》，《哲学研究》1997 年第 1 期。
③ 《列宁全集》（第 2 版）第 18 卷，人民出版社 1988 年版，第 265—266 页。

自然界的，这同彭加勒的表述又有多大区别呢！

　　人类实践是物质运动的一种形式，但它不能囊括所有的形式。因此，用人的感性和实践活动方面的主观因素来抽象和概括时空概念，从逻辑上讲，难以成立。质言之，这是用关于时空意识的起源来解释时空的起源。而且，当"俞文"把时空起源归结为实践时，就把实践绝对化、抽象化了，其结果也正如"俞文"所批评的那样："这种抽象的时空观只能导致对实践、生产劳动的超历史的叙述"。

《江海学刊》2004 年第 1 期发表了张奎良的论文《马克思时空观新论》。该文首先"不点名"地批评了俞吾金将马克思与恩格斯时空观相割裂的观点：

　　　　恩格斯在《反杜林论》序言中说："本书所阐述的世界观，绝大部分是由马克思确立和阐发的，而只有极小的部分是属于我的，所以，我的这部著作不可能在他不了解的情况下完成，这在我们相互之间是不言而喻的。在付印之前，我曾把全部原稿念给他听，……在各种专业上互相帮助，这早就成了我们的习惯。"而《反杜林论》恰恰是恩格斯集中论述时空问题的著作，那里曾专辟一章《自然哲学·时间和空间》。既然马克思对《反杜林论》全书，其中包括时空这一章已经"听"了，有所"了解"，并未提出异议，那么就可以认为，恩格斯在《反杜林论》中所阐发的时空观也就是马克思所赞同的时空观。[1]

接着，张奎良有分析地指出，马克思赞同恩格斯的时空观不是偶然的，而是有着深刻的时代背景和学理意义。恩格斯在《反杜林论》中把时空定义为"一切存在的基本形式"，并在批判杜林的过程中深刻地论述了空间的无限性和三维性以及时间的永恒性与一维性等原理。恩格斯对时空本质和特性的表述是对

---

[1]　张奎良：《马克思时空观新论》，《江海学刊》2004 年第 1 期，第 11 页。

历史上唯物主义时空观的批判继承，代表了当时对时空认识的最高水平。"因此，在《反杜林论》中一接触到时空问题，马克思赞同恩格斯的观点就十分自然了。"

张奎良进而阐明了马克思的实践时空观及其重大意义。他写道：马克思既然用实践超越了抽象的物质或自然，确立了实践活动的世界基础地位，那么原来作为物质存在基本形式的时空也就必然相应地向实践转移。经过马克思的哲学革命变革，时空已不局限于与物质相联结，为物质而存在，只表征物质存在的持续性和广延性；而是相反，时空开始与实践活动相关联，为实践而存在，用以表征实践活动的规模大小和持续的长短。对马克思来说，时空既是他一贯认同的物质存在的基本形式，更是人类实践活动的基本形式，它表明实践活动的持续和广延特性。因此，马克思新时空观的重大意义在于它使时空由原来对物质存在的"解释"转向对实践活动的规模和持续性的关注，使时空问题成为人类实践活动时刻都必须重视的问题。

张奎良还指出：马克思说过，实践即人的自由自觉的活动是人的最根本的类特性，只要人类存在，人的实践活动就永远伴随，生生不息。在这个意义上，实践活动就如同物质一样，其时间和空间也具有无限和永恒的特性。但是，实践是个总体性概念，任何具体的实践，其时空持续和规模又是暂时的、有限的，永恒和暂时、无限和有限的对立和统一是马克思新时空观的根本特点。正确处理人类实践活动的有限和无限的关系，使实践活动的持续和广延相宜适度，这是个价值取向问题。

张奎良总结道：

> 总之，伴随着马克思的哲学革命变革，马克思在时空观上也进行了一场深刻的变革，他把对世界的实践理解带到时空观中，使时空由物质存在的基本形式变成实践活动的基本形式。从此过去一向与人类实践活动毫不沾边并只用来"解释世界"的时空范畴就转化为人类"改变世界"的实践活动的基本样态。过去以本体论思维方式所理解的时空，由于只具有"解

释世界"的世界观的意义，其实践功能就全部让位于牛顿经典力学的绝对时空观了。由于相对论时空观离现实太远，绝对时空观在日常生活中又畅通无阻，所以绝对时空观虽被批判，但对人类的实践活动并无妨碍。人们照样可以把时空理喻为均匀不变的河流和贮藏器，并用以计量实践活动的规模和速度。马克思的新时空观不仅使时空与实践相联结，而且赋予时空以主体性和价值选择的功能。正确地处理好实践中的时空适度问题是当代科学和哲学的新课题，它鲜明地体现了时空观也像全部哲学一样，已离开"解释世界"的静谧王国，而向生活世界回归。①

张奎良最后写道：

世界和中国经济发展的成就表明，关注时空问题，注重适度的时空调控十分重要。时空调控没有统一的模式，要根据实际需要和主客观的力和条件，该大就大，该小就小，该快就快，该慢就慢，把大小快慢调整到一个合适的度，这正是领导决策的艺术和水平的体现，也是科学和实践应该深入研究的课题。②

在如何看待"马克思第二阶段的时空理论"与辩证唯物主义时空观的传统表述的关系问题上，张奎良的观点是与"俞文"提及的刘奔的《时间是人类发展的空间——社会时—空特性初探》一文的观点本质上一致的。张奎良指出：按照恩格斯的定义，时空既然是物质存在的基本形式，那么，时空的特性就应由物质的状况所决定，这是逻辑上的潜台词，是可以而且应该能够导引出来的。刘奔更是明确写道：

---

① 张奎良：《马克思时空观新论》，《江海学刊》2004 年第 1 期，第 15 页。
② 张奎良：《马克思时空观新论》，《江海学刊》2004 年第 1 期，第 17 页。

按照现代观念，时间和空间的本质就是运动；时—空结构从属于运动；不存在脱离物质运动而独立自存的时—空结构，也没有一成不变的、适用于一切运动系统的绝对时空模式；物体的时空特性取决于它所属的物质系统运动形式的特点。……这实际上是说，物质运动的形式是具体的，在具体的运动形式中展开的时空关系也有其更具体的方式。每一种运动形式都有自己的时间、空间和时空结构，时空问题的哲学研究，应当充分注意不同运动形式中时空关系的"更具体的方式"。

把这个逻辑贯彻到底，就不能不承认：物质运动的社会形式也有自己特有的时空结构。这个推论能够成立，自然会发生这样的问题：哲学上的时空范畴只满足于概括自然科学研究成果，何以具有普遍意义？不了解社会运动形式中时空关系的"更具体的方式"，套用自然科学的时空概念，能否深刻地把握社会运动的本质呢？

这是坚持思维的首尾一贯性必然要提出的问题。社会时—空特性，无非是社会运动的规律性在时—空关系上的体现。①

张奎良与刘奔的论述是与改革开放以来"沿着深化马克思主义的实践观点，以实践观点为首要观点、核心范畴和建构原则"②多次改编的马克思主义哲学教科书的观点一致的。以作为"马克思主义理论研究和建设工程重点教材"、2009年问世的《马克思主义哲学》一书为例。该书在讨论"物质及其存在形态"时指出：

现代科学为合理地划分物质运动形态亦即物质存在形态提供了理论证据。划分物质存在形态的依据是物质的运动形式。一般说来，物质运动有

① 刘奔：《时间是人类发展的空间——社会时—空特性初探》，《哲学研究》1991年第10期，第4页。
② 袁贵仁、杨耕：《马克思主义哲学教学体系的形成与演变》（下），《哲学研究》2011年第11期，第16页。

机械运动、物理运动、化学运动、生命运动和社会运动五种形式。……物质运动的五种形式构成了一个层层递进的等级阶梯。在这一等级阶梯之中，一方面，较低级的运动形式构成较高级运动形式的基础，高级的运动形式包含着低级的运动形式；另一方面，高级运动形式又具有自己的特殊规定性，不能归结为低级的运动形式。①

而在"矛盾的普遍性与特殊性"子标题下，该书写道：

每一种运动形式内部都包含着特殊的矛盾，正是这种特殊矛盾构成一事物区别于他事物的特殊本质。机械运动、物理运动、化学运动、生命运动、社会运动、思维运动，每一种运动形式所具有的特殊本质，都为自己的特殊矛盾所规定。②

把上述论述与该书在"运动、时间和空间"子标题下阐明的观点——"时间和空间作为运动着的物质的基本存在形式，是同物质运动不可分离的。一方面，时间和空间离不开物质运动，离开物质运动的时间和空间是不存在的；另一方面，物质运动也离不开时间和空间，离开时间和空间的物质运动也是不存在的"③——相联系，自然要得出：不同的运动形式有不同的时空表现形式，社会运动作为一种高级的运动形式，其时空表现形式有其特殊性；但是，时间和空间的基本属性在社会运动中依然存在——"任何事物的运动过程总有其存在的持续性，一个运动过程与另一运动过程之间总有一定的间隔，总有一定的顺序，总会体现出某种节律，这些都是时间的体现。时间的特点是一维性或不

---

① 《马克思主义哲学》编写组：《马克思主义哲学》，高等教育出版社、人民出版社2009年版，第60—61页。

② 《马克思主义哲学》编写组：《马克思主义哲学》，高等教育出版社、人民出版社2009年版，第126页。

③ 《马克思主义哲学》编写组：《马克思主义哲学》，高等教育出版社、人民出版社2009年版，第59页。

可逆性。这是指时间只有从过去到现在、从现在到将来一个维度。所谓'机不可失，时不再来'，正是人们对时间不可逆性的体验。空间是指事物运动的广延性、伸张性。这种广延性、伸张性表现为事物之间的并存关系、分离状态，即事物的体积、形态、位置、排列次序等。空间的特点是三维性，即任何事物的广延、伸张都在三个方向进行，都由长、宽、高三个维度构成。"[①] 因此，当人们强调"马克思是从社会存在本体论或实践唯物主义的基础上来谈论时间、空间问题"，"实际上创立了社会形态时空的新学说"，并不需要、也不可能否认辩证唯物主义时空观的传统表述；相反，是在丰富和发展着辩证唯物主义时空观的传统表述。

---

① 《马克思主义哲学》编写组:《马克思主义哲学》，高等教育出版社、人民出版社 2009 年版，第 58—59 页。

第六章　实践辩证法及空间观与宽窄哲学

改革开放以来，中国学者对马克思主义哲学本质的追问，是沿着深化马克思主义的实践观点这一研究路径展开的；基本确定了"以实践观点为首要观点、核心范畴和建构原则建构马克思主义哲学教学体系"[1]，以及"实践唯物主义、辩证唯物主义和历史唯物主义的高度统一"[2] 的认识。在进一步的持续及深入研究中，人们又提出了实践辩证法、生存论辩证法等理论认识。另一方面，随着对马克思主义时空观研究的深入，以及西方马克思主义研究的"空间转向"，我国学术共同体对空间哲学研究也在不断深化。宽窄哲学正是在推进马克思主义实践辩证法、空间观深入研究中得到的结果。宽窄哲学研究，对深化马克思主义空间哲学研究，具有重要意义；必将成为当代马克思主义空间哲学研究浓墨重彩的篇章。

---

① 袁贵仁、杨耕：《马克思主义哲学教学体系的形成与演变》(下)，《哲学研究》2011 年第 11 期，第 16 页。

② 参见孙正聿：《马克思主义辩证法研究》，北京师范大学出版社 2012 年版，"总序"，第 3 页。

第一节　生存论辩证法与实践辩证法

一、生存论辩证法概说

生存论辩证法，是在追问、寻求和确立马克思（主义）辩证法的真实根基的过程中提出并发展的；而"追问辩证法的理论基础和理论根基，其实只是追问辩证法所要解决的究竟是何种性质的哲学问题，辩证法所赖以存在的理论合法性根据究竟是什么？用通俗的话讲，就是究竟为什么要有辩证法？辩证法所针对和处理的到底是什么问题？很显然，这是一些对于辩证法而言最为基本也是最为关键的问题，倘若不能对此作出有力的回答，辩证法的存在正当性就可能要打上一个大大的问号。"① 贺来在《辩证法的生存论基础——马克思辩证法的当代阐释》一书中，把国内关于辩证法的其他研究，概括为三种主要的理论范式，即"自然主义范式""知识论范式"和"实践论范式"，并分别对其进行了批判性的反思。② 这三种主要的理论范式，在本书第五章中都有其对应："自然主义范式"与第五章第一节所述的苏联"'本体论'与'认识论'之争"中的"本体论主义"相一致，"知识论范式"与"认识论主义"相一致；"实践论范式"则与第五章第一节所述的"当代中国马克思主义辩证法研究"中"对马克思主义哲学本质的新认识"有相关性，尽管它消除了贺来所批判的"实践论范式"的一些弊端，但仍然保留着其基本内涵。贺来肯定了"实践论范式"在否定和替代"自然主义范式""知识论范式"中的重大贡献，但是提出我国的辩证法研究不能止步于现行实践论范式的确立，因为它还有许多暧昧不清的地

---

① 贺来：《辩证法的生存论基础——马克思辩证法的当代阐释》，中国人民大学出版社 2004 年版，自序：第 6 页。

② 贺来：《辩证法的生存论基础——马克思辩证法的当代阐释》，中国人民大学出版社 2004 年版，第 19—44 页。

方。他写道：

　　毫无疑问，对于实践论范式在为马克思辩证法奠基工作中所取得的重大理论成果，我们应该给予高度的肯定。但是，这并不意味着实践论范式对辩证法根基的奠定工作就一劳永逸地完成了。如果对国内"实践论范式"所展示的理论状态进行全面深入的反思，我们认为，实践论范式无论是在对"实践"、对"辩证法"，还是对"实践"和"辩证法"关系的阐释上，都依然存在着不少理论上的缺陷和不足，它为辩证法奠基的工作仍然存在许多未能尽言之处，要真正使辩证法的根基变得更加牢固和坚实，我们有必要在充分吸收其研究成果的基础上往前再走一步。①

贺来具体地指出了以下问题。②

　　第一，需要反思的是，"实践"作为人与世界、主体与客体之间中介性的功能统一性活动，究竟是在何种意义上充当着辩证法的载体和根基这一具有本体论要求的角色？"实践"对传统抽象的形而上学的实体本体论的解构，是否有充足的理由表明，辩证法的根基和载体已完全失却了本体论性质而必须由一种活动来承担？这一问题的要害在于：实践在否定传统抽象的实体本体论，并由此摧毁了辩证法的教条化和神秘化以后，却并没有因此同时确立起另一种相应的本体论承诺（一种不同于实体本体论的新的本体论），来承当辩证法的根基和载体，从而实质上使辩证法的根基依然处于隐约未彰、悬而未决之中。

　　第二，需要反思的是，国内实践论范式在对"实践"和"辩证法"所作的阐释中，还存在着障蔽实践的本源性意义，把实践庸俗化、简单化的倾向，这种倾向已严重影响着对辩证法理论精神的揭示和彰显，直接导致辩证法理论精

---

①　贺来：《辩证法的生存论基础——马克思辩证法的当代阐释》，中国人民大学出版社 2004 年版，第 41 页。

②　贺来：《辩证法的生存论基础——马克思辩证法的当代阐释》，中国人民大学出版社 2004 年版，第 41—44 页。

神的扭曲和丧失。这些倾向中具有比较代表性的，例如：把实践完全等同于经济学意义上的物质生产劳动，从而使之成为一个描述性的、中性的概念；以一种狭隘的功利态度和工具主义方式来理解和运用实践概念，从而使辩证法所固有的超功利的价值关怀和人文精神不再存在，把实践当成"实干"的代名词，这就为一些人把辩证法实用化、工具化提供了理论借口，为辩证法沦为"变戏法"提供强大的思想支持；还有人在为"实践"与"物质"二者之间究竟何者为第一性、何者为二性等无聊的问题担忧甚至争论不休，认为以实践为辩证法的基础，唯物主义将面临威胁，因此，为了捍卫唯物主义，必须在坚持实践观点的同时，为人之外的物质留出独立的空间（这种观点一方面将导致"实践"与"物质"之间二元对峙，使实践观点失去理论上的彻底性，辩证法由此将成为一种折衷主义的、破绽百出的理论。另一方面，"实践"与"物质"的二元构架将有可能被自然主义范式所充分利用，最终使实践论转向获致的理论成果毁于一旦）。对实践观点的上述理解充分表明，我们对实践的理解尚存在重大偏差，这给以实践为根基和载体的辩证法留下了重大的理论隐患。

第三，以实践作为辩证法的根基和载体，辩证法所固有的一些重要理论本性虽然在一定程度被展露，但仍然没有得到充分的、透辟的展开和阐发，甚至包含着严重的自我矛盾，直接影响人们对辩证法理论精神的深入领会。例如：马克思辩证法极为重要的本性是其革命性与批判性，以实践为根基，辩证法的革命性和批判性虽然得到了一定程度的表达，但是，在实践背后所隐含的总体主义情结却使批判性和革命性没有贯彻到底而笼罩在保守主义的阴影之下。再如：辩证法的另一个极为重要的特性就是对于矛盾概念的高度重视，矛盾观点是辩证法核心性的观点，也是辩证思维区别于常规思维的特质之所在，以实践为根基，矛盾被理解为内在于实践活动的根本环节，应该说，这种理解的确比以往的范式都更好地解释了矛盾概念，但它一方面承认矛盾为自身的环节，另一方面又悬设了这样一个终结矛盾，实现最终统一，直到完全达到主客和解、思维与存在同一、人我一体的目标。于是，辩证法就成了以承认矛盾为开始，却以追求矛盾的终结为归宿的一种理论，因此其矛盾观点仍然是不彻底的，仍是带有浓厚的传统形而上学痕迹的。又如：发展是辩证法一个十分重要的基本原则，以实践为根基，发展被理解为人们通过自己的实践活动所实现的社会和历史的自我发展，应该承认，这种发展观要比以前的理解深刻得多，但是，它一方面承诺发展原则，另一方面又认为这种发展遵循着某种客观的规律和法则，这种规律和法则如同"看不见的手"，具有不以人的意志为转移的性质，很显然，承认一只"看不见的手"在掌握和操纵社会历史的命运，人的活动必然失去任何真实的自主性而只剩下表面的独立性和自主性，因而这种发展观仍然是不彻底的。

贺来还写道：

> 使用"实践"这个字眼，愿意承认"实践"是马克思哲学中最重要的概念，甚至使用"实践本体论"等概念，并不意味着必然会理解马克思实践概念的真实意义和价值。正像哲学史上的任何重要概念一样，"实践"并非现成摆在那里的、其义自明的概念，而是一个在后人那里不断得到阐释和理解的概念。既然是阐释和理解，那么就不可避免地存在着不同的理解框架和解释模式，在不同的理解框架和解释模式里，马克思的实践概念将呈现出完全不同的内涵。因此，问题的关键不在于重复"实践"这个字眼，而在于究竟选择和确定何种理解框架和解释模式来对实践概念进行阐发。①

作为超越"实践论范式"的生存论辩证法，在坚执实践观点是马克思哲学首要的基本的观点基础上，从生存论本体论的视域来理解"实践"；强调"实践"所意指的乃是人"本源性"的生命存在和活动方式，是一个与"人的存在"内在相关的生存论本体论概念。这里的"本源性"不是指时间上的起始，也不是

---

① 贺来：《实践与人的现实生命——对"生存论本体论"的一点辩护》，《学术研究》2004年第1期，第50页。

指逻辑上的在先，而是指存在论层面的基础性。它意指实践活动是人独特的、具有本体论意义的生存方式；或者说，"实践"是一个与"人的存在"内在相关的生存论本体论概念。

实践活动作为人本源性的生存方式，以一种现实的方式展开着"人的存在"，使"人的存在"所具有的辩证本性得以充分地揭示出来。按照生存论辩证法，"人的存在"的辩证本性典型地表现为如下方面。

(1)"人的存在"具有"自相矛盾"、"二律背反"的悖论性质，这一点既体现在人与世界的关系上，又体现在人内在的生命结构上。就人与世界关系而言，"人的存在"是一个由多重矛盾关系构成的开放网络，其中交织着人与自然、人与人之间既有确定区别同时又否定性统一的复杂关系；就人内部生命结构而言，人的生命是一个由多重矛盾关系相互渗透、相互交错的复杂系统，自然性与超自然性、有限性与无限性、自在与自为、本能与智慧……，这些相互对立的两极性矛盾关系在人身上同在共存，共同构成人生命的有机环节，人的生命不存在于任何一极，而存在于这些矛盾性环节的否定性统一之中。

(2)"人的存在"拥有无限的包容性与开放性。人来自于自然，直接的就是"自然存在物"，人不但要与各种事物乃至一切对象打交道，而且通过对象化的活动还能够把它们变成自身结构的组成部分，成为"为我的存在"和"人的无机身体"。

(3)"人的存在"处于与自然的普遍联系之中，又处于与他人的普遍的社会关系之中，就前者而言，自然是人的"无机身体"，是"人必须不断与之交往的人的身体"；就后者而言，人在对象化的活动中，总是超越个体的特殊性，成为一个普遍的、具有社会共同性的人，人是与整个世界融为一体的，人与世界具有一种否定性的统一关系。

(4)"人的存在"是一个自我否定、自我超越的历史发展过程，"否定性"与"超越性"以及由此而生的"历史性"是人生存方式的又一重大特性。人不是一个"现成"的、被某种前定本质所规定的存在者；通过生存实践活动，不断实现自我否定和自我超越，以"是其所不是，不是其所是"，并在此历史过程中"成其所是"，正是人最基本的生存本性。①

贺来认为：以上充分表明，由于实践活动被理解为人本源性的生存方式，人的存在不再是一种单向的、现成的存在者，而已成为一种自我创生性的、禀赋"辩证本性"的特殊存在者，甚至可以说，人已经具有了一种与众不同的禀赋辩证本性的"存在逻辑"。

另一方面，贺来还论证了"辩证法是关于'人的存在'的自我理解学说"，得出了"无论辩证法的实质和核心还是辩证法的理论原则和理论本性等，都植根于以实践活动为本源性生存方式的'人的存在'之中"之结论。②

二、实践辩证法概说

2018 年，张奎良在《马克思主义与现实》和《哲学研究》上分别发表论文《论辩证法的合理形态》③和《论辩证法的实践基因》④。前者指出：历史上，马克思敏锐地意识到辩证法有一个存在形态问题，在《资本论》第 1 卷 1873 年第 2 版"跋"中明确地写道，黑格尔的唯心辩证法笼罩在"神秘形式"中，而真正科学的唯物辩证法则处于"合理形态"之下。由此可以说，"神秘形式"与"合理形态"是黑格尔的辩证法与马克思的辩证法之根本区别；"合理形态"集中地体现了辩证法的精神实质和真实意义。该文按照逻辑与历史统一的原则，依据马克思论述的先后次序，把辩证法的合理形态概括为以下三种形式：主体辩

---

① 贺来：《辩证法与人的存在——对辩证法理论基础的再思考》，《哲学研究》2002 年第 6 期，第 31—32 页。
② 贺来：《辩证法与人的存在——对辩证法理论基础的再思考》，《哲学研究》2002 年第 6 期，第 33—34 页。
③ 张奎良：《论辩证法的合理形态》，《马克思主义与现实》2018 年第 4 期。
④ 张奎良：《论辩证法的实践基因》，《哲学研究》2018 年第 1 期。

证法、否定辩证法和实践辩证法。对于实践辩证法，及其与主体辩证法、否定辩证法的关系，该文写道：

> 实践作为人和世界存在的基础，既是世界的存在方式也是理解世界的方式，辩证法和唯物主义一样，都要从实践去理解世界和人，马克思的唯物主义是实践的唯物主义，马克思的辩证法也与唯物主义一脉相通，是实践的辩证法，实践是贯通唯物主义与辩证法的桥梁，辩证法作为主体的方法应该与世界观相一致，也要用实践的观点去理解世界和人。在实践面前，一切秘密都将被戳穿。马克思说："全部社会生活本质上是实践的。凡是把理论引向神秘主义的神秘东西，都能在人的实践以及对这个实践的理解中得到合理的解决。"辩证法作为理解事物的正确方法既离不开实践的指引，更需要最后落实到实践上，用实践来证实和检验认识的真理性。马克思说辩证法在本质上是批判的和革命的，而真正的批判和革命就是实践，体现了辩证法的本质。对于马克思来说，批判的武器当然不能代替武器的批判，思想上的批判、理论上的否定固然十分重要，但是如果不跃入武器批判层面，不实行物质实践批判，那么辩证法的主体和否定的合理形态就永远落不到实处，批判的武器也就沦为空论和玄谈。武器的批判就是革命实践，就是使辩证法成为资产阶级及其夸夸其谈的代言人恼怒和恐惧的东西。因此，要把辩证法的合理形态最后落到实处，必须回归实践，使辩证法成为武器批判的方法，体现辩证法的批判和革命本质。
>
> 实践辩证法作为辩证法的合理形态是对黑格尔辩证法神秘形式的终极超越，是马克思辩证法革命的最后完成。辩证法只有进入实践形态才从世界观和方法论的视角实现对以往全部哲学的总体变革和超越，只限于世界观的变革，而无方法论上的突破，就会重蹈费尔巴哈的覆辙，成为历史唯心主义者。马克思的辩证法的合理形态的命题既批判了黑格尔的唯心主义的神秘形式，又继承其合理内核，把辩证法置于实践这一最新哲学革命变

革的基础上，体现了哲学的时代精神。①

另一篇文章的开篇之处写道：

> 长期以来，马克思哲学一直被锁定在唯物层面：马克思的世界观是唯物主义的，马克思的辩证法也是唯物辩证法。这对于区分哲学营垒当然是必要的、正确的，可马克思当年在创建自己的哲学时，并不满足于这种传统的唯物定性，他坚信哲学是时代精神的精华，唯物论和辩证法作为哲学的主要板块也要随着时代的发展而不断地改变自己的形态。马克思所要确立的唯物主义不是以自然科学的物质为始基的唯物主义，而是"新唯物主义"，即"把感性理解为实践活动的唯物主义"；他所理解的辩证法也不是纯粹客观的外在的辩证法，而是"主体的""革命的""批判的"实践的辩证法。唯物论和辩证法以实践为基因而一脉相承，彼此贯通，构成完整而统一的天才的世界观。发掘马克思辩证法的实践基因，是当前哲学研究中相对薄弱的环节，也是马克思主义哲学中国化、时代化、通俗化的深层意蕴，对于我们深入理解马克思的哲学革命变革和他所创立的新世界观具有重大的理论和现实意义。②

这段开篇之辞，事实上已经指出了：对于马克思主义哲学本质的追问，不能止步于言说"实践唯物主义、辩证唯物主义和历史唯物主义的高度统一"，还必须在充分吸收实践唯物主义研究成果的基础上，进一步"发掘马克思辩证法的实践基因"，深入研究实践辩证法。在不满足于既有的"实践论范式"方面，张奎良与贺来是一致的。

张奎良按照"实践是人的存在方式，现实的世界是由人类连续不断的实践

---

①　张奎良：《论辩证法的合理形态》，《马克思主义与现实》2018年第4期，第6页。

②　张奎良：《论辩证法的实践基因》，《哲学研究》2018年第1期，第6页。

活动产生的；辩证法是人类实践积淀、创造和发展起来的认知方法"的思想理路，阐释了马克思主义辩证法的本质与意义；并且以此梳理了辩证法曲折的发展历史，总结了马克思哲学革命的意义。

第一，马克思的新唯物主义"把感性理解为实践活动"，把自然理解为"人化自然"。马克思认为，从人和自然界的关系来说，不能不承认"外部自然界的优先地位仍然会保持着"①，总是先有自然界，然后才产生作为自然界的产物的人。但是，历史发展到了今天，自然界在先的那段历史早已过去，今天的世界恰好相反：先有人的对象化，即人化，然后才化出与人的存在相统一的自然界。马克思花了很大功夫来澄清这个道理，特意把自然界区分为现实的、哲学所面对的自然界和科学所面对的自然界。科学中的自然界，比如微观粒子世界和宇观遥远的天体，都是无人的、先在的，如马克思曾说这种自然界"表现得最确实、最少受干扰"，能在"纯粹形态进行的条件下从事实验"②为最好。哲学作为人的世界观所面对的自然界，是人生活在其中并加以改变的自然界；这种自然界和人紧密相关，是真正的现实的自然界，而离开人的自然界既不现实，因而也无从理解，因为这种与人分离的自然界就其本性来说"都不是直接地同人的存在物相适应的"③存在物，它既不能给人提供衣食，也不能给人以遮风避雨的住房。人要生活，就不能躺在自然界上，必须从主体的需要出发，不断地使自然界对象化、人化，最后使"自然界对他说来才成为人"④。所以，真正的自然界都是和人以及人的历史密切相连，人类历史是不断适应自然和改变自然界的历史，历史本身就是自然界被改变的镜子和记录，正是在这个意义上，马克思说："在人类历史中即在人类社会的产生过程中形成的自然界是人的现实的自然界；因此，通过工业——尽管以异化的形式——形成的自然界，

① 《马克思恩格斯选集》第一卷，人民出版社 1995 年版，第 77 页。
② 《马克思恩格斯选集》第二卷，人民出版社 1995 年版，第 100 页。
③ 《马克思恩格斯全集》（第 1 版）第 42 卷，人民出版社 1979 年版，第 169 页。
④ 《马克思恩格斯全集》（第 1 版）第 42 卷，人民出版社 1979 年版，第 122 页。

是真正的、人类学的自然界"①。对于人来说，自然界既然是对象化、人化的，那么，自然界就有一个形成的过程，而这个过程与人类历史相适应。自然史与人类史是相统一的，所以马克思又说："整个所谓世界历史不外是人通过人的劳动而诞生的过程，是自然界对人说来的生成过程"②。马克思的这些确凿无疑的话语，集中表明一个道理：现实的世界或自然界对人来说不是先在的，而是人化的，是在人类历史中生成的。人类的历史是实践的积淀，现实的世界就是由人类的连续不断的实践活动而产生的。因此，根本就不存在先于人的世界，然后人再去认识这个世界是什么样的问题。

第二，本来意义上的辩证法，发端于古希腊，是辩论中揭露对方矛盾、博取辩论胜利并进而发现真理的方法。由于时代和科学发展水平的限制，古代的辩证法水平不高，基本上停留在感性直观和主观臆测范围内。看到了江河日下，奔流不息，就形成了一切皆变和一切皆流的动态观念。古希腊辩证法家赫拉克利特等初步地意识和猜到了矛盾的普遍存在和对立统一的原理。中国老子也提出了"有无相生，难易相成，长短相形，高下相倾"等。坚持这些观念并把它们凝聚为辩论中常用的方法，不仅有利于战胜对方，而且也避免了发现真理的道路上的许多坎坷和失误。古代辩证法由于具有明晰、直观、朴实、猜测等特性，被后人称为朴素辩证法。但它在基本点上，坚持了辩证法的主体和实践性质，一直把辩证法视为方法，在人的思维如何简洁、实用、举一反三和行之有效的范围内运行着，从未把辩证法神秘化和用来强制人以外的未知世界。

第三，黑格尔对哲学发展的最大贡献，是他在哲学史上第一个把辩证法系统化和完善化，总结出辩证法的三大规律和五大范畴。马克思说黑格尔"第一个全面地有意识地叙述了辩证法的一般运动形式"③，"黑格尔的辩证法是一切辩证法的基本形式"④。但是，黑格尔在为辩证法做出巨大贡献的同时，也使辩

---

① 《马克思恩格斯全集》（第 1 版）第 42 卷，人民出版社 1979 年版，第 128 页。
② 《马克思恩格斯全集》（第 1 版）第 3 卷，人民出版社 1979 年版，第 131 页。
③ 《马克思恩格斯选集》第二卷，人民出版社 1995 年版，第 112 页。
④ 《马克思恩格斯选集》第四卷，人民出版社 1995 年版，第 579 页。

证法在他手中被神秘化了。辩证法一般都被理解为聪明之学，是人的智慧之果，可是黑格尔硬是把它非人化，推向一个谁也说不清楚的在自然和人出现之前就已经存在的绝对观念。黑格尔认定，绝对观念是宇宙间万事万物的本原，自然界、人类社会和精神现象都是绝对观念外化的体现；正是绝对观念的辩证运动和体现，才生成了整个世界。所以，世界既是绝对观念的外化，也是概念辩证演化和发展的结果。由此，黑格尔的极有价值的辩证法就被唯心主义体系所遮蔽，淹没在神秘的绝对观念的海洋中。黑格尔把辩证法神秘化的直接后果就是辩证法头足倒置，成为"倒立着"的辩证法。黑格尔把概念的辩证演化过程当作世界生成的基础和过程，这就彻底颠倒了辩证法，把思维着的头脑立地，当作生成世界的根基，成为彻头彻尾的唯心主义的辩证法。为了深刻揭露黑格尔辩证法的神秘性，发现神秘外壳中的合理内核，马克思对黑格尔的辩证法做了"倒过来"的大手术。马克思说："我的辩证方法，从根本上来说，不仅和黑格尔的辩证方法不同，而且和它截然相反。在黑格尔看来，思维过程，即他称为观念而甚至把它变成独立主体的思维过程，是现实事物的创造主，而现实事物只是思维过程的外部表现。我的看法则相反，观念的东西不外是移入人的头脑并在人的头脑中改造过的物质的东西而已。"①

第四，辩证法作为人类的一种思维方法本身极为简洁明确，并非神秘莫测，非得塞进绝对观念体系中。马克思明确指出：人是有生命的类存在物，自由的有意识的活动作为人的类本质和类特性把人与动物根本区别开来；人的类本质决定人先天就追逐摆脱自然和社会限制的自由境界，一直在有目的有意识的框架内进行生命活动。人类在不断地对自然界进行对象化的同时，也不断地把自己的生命活动作为意识的对象，反思自己对象化活动的成败得失，从而积淀经验，生成智慧，凝聚为辩证的思维方法。对辩证法的这种理解极为通畅、自然，是常识都能够理解和达到的，可是黑格尔却被他的客观唯心主义偏见遮蔽了智慧的视野。

---

① 《马克思恩格斯全集》（第 1 版）第 23 卷，人民出版社 1972 年版，第 24 页。

第五，辩证法在工具和方法的层面上，唯人作为主体所独有，是人类思维能力进步和提高的表现。人类童年时期认识能力低下，曾经很长时期没有辩证法，随着实践及其智慧的积淀，辩证法才逐渐产生出来。所以，辩证法并不是存在于人的认识之外的他物，辩证法是为我的，具有属人性，是思想珍品、智慧之花，反映认识主体的评价标准和衡量尺度。人是天地间唯一具有智慧和灵性的动物，只有人作为主体才有资格拥有辩证的智慧方法。不同领域都有自己实践智慧凝聚的辩证法：孙子兵法是军事辩证法，中医辨证施治是医学辩证法，唯物史观是历史辩证法，等等。对人类的这些辩证智慧用哲学概念加以总结和升华，抽取出适用一切领域的一般方法就是辩证法。对马克思来说，对世界都要"从主体方面去理解"，那么同样看待世界的存在状态，是辩证的存在还是形而上学的存在，当然也要从主体出发，辩证法就是主体理解和把握世界存在的一种成功的有效的方法。对于高举主体和实践旗帜的马克思来说，坚持辩证法的主体性是必然的，是他哲学革命变革的直接后果。马克思虽然高度评价黑格尔的辩证法的伟大意义，但是这必须有一个前提，那就是要把黑格尔颠倒了的辩证法"倒过来"，辩证法不是以头立地生成世界的神秘基础，而是移入人的头脑并在头脑中改造过的物质性的东西，马克思用人的头脑来框架辩证法，就是对辩证法的主体定性。所以，马克思把感性理解为实践活动的革命变革，也带来了辩证法的革命变革，辩证法在马克思的实践和主体面前，消除了客体性和神秘性，如实地向主体回归，归向人的认识方法和思维智慧。

第六，马克思对黑格尔的辩证法既肯定、赞扬、继承光大，又批判、划清界限，在扬弃的意义上创立了自己的实践的、革命的和批判的辩证法。马克思虽然以实践为中心在世界观上进行了划时代的哲学革命变革，但是辩证法并没有被忽视："黑格尔不是简单地被放在一边，恰恰相反，上面所阐释的他的革命方面，即辩证方法被接过来了。"① 但是，马克思不再简单重蹈旧唯物

① 《马克思恩格斯选集》第四卷，人民出版社 1995 年版，第 242 页。

主义的纯粹自然物质的单向决定论，而是站在新唯物主义即实践唯物主义立场，认为现实的物质自然界是人化的物质自然界，体现了马克思的"把感性理解为实践活动的"新唯物主义的思想成果。所以，马克思的辩证法不仅在基本立场上是唯物主义的辩证法，而且是经过哲学革命变革的实践唯物主义的辩证法。

第七，辩证法作为主体的实践智慧，具有明确的目的性，发展就是辩证法的本质特征，而实践恰恰是发展的基本路径。列宁坚持辩证法的发展观，他曾别开生面地给辩证法下了一个定义，称辩证法是"最完备最深刻最无片面性的关于发展的学说"①。这个定义十分精准，揭示了辩证法深刻的属人性和主体前提。发展是人类赋予世界和人自身的基本属性，辩证法的普遍性和主体性就体现在对发展的深刻理解中。马克思曾经提出人的发展的本质问题，恰好可以作为列宁的辩证法定义的史学根据。马克思说："现在要问，人怎么使他的劳动外化、异化？这种异化又怎么以人类发展的本质为根据？"② 在马克思看来，人作为有生命的类存在物，不仅具有自由的有意识的类本质和类特性，人和动物的更深刻的区别还在于人具有需要本性。他曾批评粗陋的共产主义者"还不理解需要的人的本性"③。人与动物不同，不以维持生命需要为满足；人还要生活得更好，在维持生命需求的第一需要的基础上，还产生了"新的需要"，即扩大再生产和生产出更多的产品的需要。需要是无止境的，"已经得到满足的第一个需要本身、满足需要的活动和已经获得的为满足需要而用的工具又引起新的需要，而这种新的需要的产生是第一个历史活动。"④ 人为了满足不断增长的新的需要，就构成人的发展的本质的内涵，在需要本质的推动下，人类不断进步、发展，从原生形态的氏族社会一直发展到共产主义无限美好的未来。

---

① 《列宁选集》第二卷，人民出版社 1995 年版，第 310 页。
② 《马克思恩格斯全集》（第 1 版）第 42 卷，人民出版社 1979 年版，第 102 页。
③ 《马克思恩格斯全集》（第 1 版）第 42 卷，人民出版社 1979 年版，第 120 页。
④ 《马克思恩格斯选集》第一卷，人民出版社 1995 年版，第 79 页。

三、马克思主义哲学是实践唯物主义与实践辩证法的统一

不满足于言说马克思主义哲学是"实践唯物主义、辩证唯物主义和历史唯物主义的高度统一"而进一步开展生存论辩证法与实践辩证法研究，从现有的研究成果看，我们可以说：马克思主义哲学是"实践唯物主义、辩证唯物主义和历史唯物主义的高度统一"，也是"实践唯物主义与实践辩证法的高度统一"。笔者认为，张奎良对实践辩证法的研究成果，既肯定了"实践论范式"的研究成果，又超越了"实践论范式"；既包含着生存论辩证法，又超越了生存论辩证法。下面，我们先把张奎良的实践辩证法研究成果与作为"马克思主义理论研究和建设工程重点教材"的《马克思主义哲学》以及肖前主编、1994 年出版的《马克思主义哲学原理》的相关论述相结合，略加一点辨析，给出的辩证法与自然界、人类社会、人类实践相互关系的表述，可以清楚地展现出张奎良的研究成果对"实践论范式"的承接与发展。然后，再阐明张奎良的研究成果是如何"既包含着生存论辩证法，又超越了生存论辩证法"的。

第一，人类社会是自然界长期发展的产物。人类的出生地是地球，自然界是人类社会产生的自然物质前提。人类社会从自然分化出来形成为一个特殊的存在领域之后，并没有脱离自然界，自然对于社会仍然具有制约的作用，仍然是一个基础性的条件。[①] 实践是人特有的存在方式，是人为了解决自身需要与外部世界的矛盾而进行的能动地改造世界的物质活动。随着实践的进程，无限变化着的"自在自然"一部分又一部分地转化成为"人化自然"或人的现实的自然界。"历史发展到了今天，自然界在先的那段历史早已过去，今天的世界恰好相反：先有人的对象化，即人化，然后才化出与人的存在相统一的自然界。马克思花了很大功夫来澄清这个道理"[②]。

第二，人类实践包括物质生产实践、社会政治实践和科学文化实践三种基

---

① 肖前主编：《马克思主义哲学原理》上册，中国人民大学出版社 1994 年版，第 270、282 页。
② 张奎良：《论辩证法的实践基因》，《哲学研究》2018 年第 1 期，第 7 页。

本类型。马克思在哲学史上第一次把物质生产看成首要的实践形式，并把实践提升到人特有的存在方式的高度。物质生产实践之所以是首要的实践活动，这是因为：人类源自生物界，作为生命体生存于自然界之中，必然依靠自然界为其提供生活资料，但自然界不能自动地、直接地为人类提供生活资料。人作为一种特殊的生命体，只有通过自己能动地改造自然的活动，才能生产出自己所必需的生活资料。要能动地改造自然，就必须以劳动资料为中介。这样，由于生产物质生活资料的需要，又产生了人类特有的第二个需要，即生产劳动资料的需要。生产生活资料的活动和生产劳动资料的活动，构成了生产物质资料的物质生产实践。这一实践类型所要解决的矛盾，就是人和自然之间的矛盾，是人的物质生活需求与自然界不能直接满足人的需求的矛盾。①

社会政治实践是形成各种社会关系的实践活动。这种实践活动的基本形式就是人们之间的交往活动。人并不是以个体的形式去直接面对自然的。人类个体在空间和时间上的有限性，使得单个个体无法真正以人的方式存在，而必须通过共时性的个体间的合作和历时性的代际文化传承，构成超越个体存在的社会性关系，才能够真正以人的方式存在。社会是人类存在的必然形式。因此，人类在生产物质资料实践的同时，又进行着形成社会关系的社会政治实践。社会政治实践是在物质资料生产实践的基础上发生和发展的，人们在生产物质资料的同时，也在生产着自己的社会关系。与物质生产方式的发展变化相适应，社会政治实践的方式也是历史地变化的。②

科学文化实践是生产精神文化产品的实践活动。人要以人的方式存在，还需要精神文化产品来满足自身。因此，生产精神文化产品的科学文化实践也构成了人类实践的一个不可或缺的组成部分。生产精神文化产品需要经过人脑的意识活动，但仅有意识活动还不足以生产精神文化。精神文化的生产不是一个

---

① 《马克思主义哲学》编写组：《马克思主义哲学》，高等教育出版社、人民出版社2009年版，第73、74、78页。
② 《马克思主义哲学》编写组：《马克思主义哲学》，高等教育出版社、人民出版社2009年版，第78页。

纯粹的意识过程。人类的任何实践形式都离不开意识活动，没有意识活动的纯粹肉体性活动，绝非人的实践活动。一种活动能否视之为实践活动，关键是要看它是否超出了纯粹的意识活动，是否改变了除实践主体的意识状态之外的其他存在物的状态。科学文化实践也是如此。例如，教育是一种科学文化实践活动，在教育活动中，教师并不仅仅进行意识活动，而且还通过自己的声音、书写、演示等超出意识活动的方式，去实际地改变受教育者的存在状态。科学文化实践本身也包括不同的形式，最重要的形式有科学、艺术、教育等。①

物质生产实践、社会政治实践和科学文化实践三种实践类型既各具不同的社会功能，又密切相关。在三者的关系中，物质生产实践是最基本的社会实践，它构成全部社会生活的基础，社会政治实践和科学文化实践则是在此基础上发展起来的，它们受物质生产实践的制约并对物质生产实践产生反作用。②

第三，实践是人为了解决自身需要与外部世界的矛盾而进行的活动，人的需要与外部世界的矛盾反映在实践活动中，便是规律的客观性与活动的目的性、个别性与普遍性、有限性与无限性等方面的矛盾；实践活动就是对这些矛盾的不断解决。③人类以自己的活动来引起、调节和控制人与自然之间物质变换的劳动过程，是从制造工具开始的。人类祖先最初制造的劳动工具，就是石器。最初的石器主要是打制石器，也就是把石块打碎，挑选形状合适的碎块当作砍砸器、刮削器和手斧等。打制石器标志着人类掌握了第一种最基本的材料加工技术，因而它也就成为古代技术发端的第一个标志。④人们在制造工具的过程中，不断地寻求劳动工具与劳动对象的客观规律，这种在劳动过程中寻求规律的思考就是脑力劳动，也是科学劳动的开端。认识事物、寻求事物发展变

① 《马克思主义哲学》编写组：《马克思主义哲学》，高等教育出版社、人民出版社 2009 年版，第 79 页。
② 《马克思主义哲学》编写组：《马克思主义哲学》，高等教育出版社、人民出版社 2009 年版，第 79 页。
③ 《马克思主义哲学》编写组：《马克思主义哲学》，高等教育出版社、人民出版社 2009 年版，第 76 页。
④ 文兴吾：《科技进步与社会发展导论》，四川人民出版社 2016 年版，第 17 页。

化规律，这是由个别到一般、由局部到整体、由实践到理论、由现实到规律的思考过程；正是这个过程推动了人类社会进步和人类思维的发展。①"人类在不断地对自然界进行对象化的同时，也不断地把自己的生命活动作为意识的对象，反思自己对象化活动的成败得失，从而积淀经验，生成智慧，凝聚为辩证的思维方法。"②

第四，辩证法是人类实践积淀、创造和发展起来的认知方法。本来意义上的辩证法，发端于古希腊，是辩论中揭露对方矛盾、博取辩论胜利并进而发现真理的方法。③辩证法在工具和方法的层面上，唯人作为主体所独有，是人类思维能力进步和提高的表现。人类童年时期认识能力低下，曾经很长时期没有辩证法，随着实践及其智慧的积淀，辩证法才逐渐产生出来。所以，辩证法并不是存在于人的认识之外的他物，辩证法是为我的，具有属人性，是思想珍品、智慧之花，反映认识主体的评价标准和衡量尺度。④人是天地间唯一具有智慧和灵性的动物⑤，只有人作为主体才有资格拥有辩证的智慧方法⑥。对人类的这些辩证智慧用哲学概念加以总结和升华，抽取出适用一切领域的一般方法就是辩证法。⑦

第五，黑格尔辩证法的前提是先验的世界，任务是挖掘其固有的规律和法则，而马克思辩证法的前提是人化的世界，任务是考察凝结在人化世界中人的本质和实践，看人是怎样通过对象化活动铸就现实世界的，在这个过程中，提高人的素质，提炼和培育辩证法精神，指导人以辩证的实践去创造世界和改变世界。⑧

---

① 文兴吾：《科技进步与社会发展导论》，四川人民出版社 2016 年版，第 19 页。
② 张奎良：《论辩证法的实践基因》，《哲学研究》2018 年第 1 期，第 9 页。
③ 张奎良：《论辩证法的实践基因》，《哲学研究》2018 年第 1 期，第 9 页。
④ 张奎良：《论辩证法的实践基因》，《哲学研究》2018 年第 1 期，第 10 页。
⑤ 张奎良：《论辩证法的实践基因》，《哲学研究》2018 年第 1 期，第 9 页。
⑥ 张奎良：《论辩证法的实践基因》，《哲学研究》2018 年第 1 期，第 10 页。
⑦ 张奎良：《论辩证法的实践基因》，《哲学研究》2018 年第 1 期，第 10 页。
⑧ 张奎良：《论辩证法的实践基因》，《哲学研究》2018 年第 1 期，第 8 页。

第六，马克思的实践辩证法与其新唯物主义不是同步的，马克思首先确立把感性理解为实践活动的新唯物主义，为实践辩证法做了前提性的理论奠基。① 马克思认为，黑格尔辩证法在"倒过来"的意义上，是一切辩证法的基本形式；不管是什么具体形式的辩证法，其核心都是三大规律、五大范畴，都从最一般的意义上表明发展的动力、机制、路径、趋势及其蕴含的原因与结果、可能与现实、偶然与必然等普遍联系和转化的范畴。三大规律特别是对立统一规律是辩证法的精髓，正是这个规律在最精准的意义上表明了辩证法的主体实践智慧的属性。②

第七，对马克思来说，对世界都要"从主体方面去理解"，那么怎样看待世界的存在状态，是辩证的存在还是形而上学的存在，当然也要从主体出发，辩证法就是主体理解和把握世界存在的一种成功的有效的方法。对于高举主体和实践旗帜的马克思来说，坚持辩证法的主体性是必然的，是他哲学革命变革的直接后果③——它在基本点上，坚持了辩证法的主体和实践性质，一直把辩证法视为方法，在人的思维如何简洁、实用、举一反三和行之有效的范围内运行着，从未把辩证法神秘化和用来强制人以外的未知世界。④

第八，辩证法作为实践智慧的积淀，具有鲜明的时代性，黑格尔的辩证法反映着经典力学时代的哲学智慧的顶峰状态。经典力学把辩证法的矛盾和对立统一的思想贯彻到极致，任何一个学科都以矛盾对立作为立足的基础，列宁在《哲学笔记》中罗列了这些矛盾和对立：数学中的正和负、微分和积分，力学中的作用和反作用，物理学中的阳电和阴电，化学中的化合和分解，社会科学中的阶级斗争，等等。这些差别和对立不仅表现了矛盾的普遍性，而且在对矛盾的理解中普遍向对立面的斗争倾斜，认为对立面的斗争是事物发展的动力，发展就是对立面的斗争，否定性对事物的发展起着决定性的作用。辩证法和整

①　张奎良：《论辩证法的实践基因》，《哲学研究》2018 年第 1 期，第 8 页。

②　张奎良：《论辩证法的实践基因》，《哲学研究》2018 年第 1 期，第 11 页。

③　张奎良：《论辩证法的实践基因》，《哲学研究》2018 年第 1 期，第 11 页。

④　张奎良：《论辩证法的实践基因》，《哲学研究》2018 年第 1 期，第 9 页。

个哲学一样都是时代精神的精华，是实践智慧的凝聚。随着时代的前进，辩证法不会停留在某一点上，它必然随着实践和科学的发展而不断改变自己的形态：古代产生朴素的辩证法，近代盛行否定辩证法，现代彰显和谐辩证法。显然，在信息化、智能化和人类全面发展取得长足进步的今天，哲学应该从中为辩证法摄取新的发展资源。辩证法的发展趋势越来越显示出实践奠基和智慧积淀的重要性。①

从以上表述我们看到了张奎良的研究成果对"实践论范式"的承接与发展，并且可以结论：马克思主义哲学是来源于人类实践并能有效地指导人类辩证实践的世界观与方法论，这种世界观与方法论伴随人类的实践发展而不断发展。下面我们指出，张奎良的研究成果，正是通过阐明马克思的实践辩证法是世界观与方法论的统一，从而"既包含着生存论辩证法，又超越了生存论辩证法"。

张奎良在《论辩证法的实践基因》一文中写道：马克思一生很少有机会去阐述自己对世界的终极理解，《关于费尔巴哈的提纲》是马克思不受拘束的关于世界观和唯物主义的坦荡表白。如果说一个完整的世界观的第一个板块是世界是什么的话，那么，马克思的新唯物主义的回答已经画上了完满的句号，即要"把感性理解为实践活动"，把自然理解为"人化自然"。可是"提纲"几乎只字没有牵涉到世界观的第二个追问，即世界是怎样的问题，这如何能称得上天才世界观萌芽的第一个文件呢？长期以来，辩证法一直作为对世界状态的拷问和回答而在哲学中居于第二重要地位，为人们所垂青。但是，正是辩证法的这种提出方式经不起新唯物主义的挑战。确信辩证法是对"世界是怎样"问题的回答，这就埋伏下一个不证自明的前提，即世界不是人化的，而是先于人存在的，然后才有世界是怎样的追问。这种先于人而存在的世界早就遭到马克思的批判和质疑。② 在马克思的新唯物主义观念中，现实的世界或自然界对人来说不是先在的，而是人化的，是在人类历史中生成的；人类的历史是实践的积

---

① 张奎良：《论辩证法的实践基因》，《哲学研究》2018 年第 1 期，第 13 页。

② 张奎良：《论辩证法的实践基因》，《哲学研究》2018 年第 1 期，第 7 页。

淀，现实的世界就是由人类的连续不断的实践活动而产生的。因此，根本就不存在先于人的世界，然后人再去认识这个世界是什么样的问题。世界是什么样的，是否是辩证的发生的，这不是先于人和历史的外在世界所能回答的问题，而是作为主体的人及其实践是否具有辩证的精神，能否按照这种精神外化出辩证的世界。① 因此，对于世界观的第二个追问，即世界是怎样的问题，马克思是把黑格尔的辩证法"倒过来"、从世界观与方法论的统一方面进行回答的：人的实践生成的"整个世界"都是辩证地运动和发展着的。对马克思来说，对世界都要"从主体方面去理解"，那么同样看待世界的存在状态，是辩证的存在还是形而上学的存在，当然也要从主体出发，辩证法就是主体理解和把握世界存在的一种成功的有效的方法。辩证法是人类实践积淀、创造和发展起来的认知方法。② 马克思辩证法的前提是人化的世界，任务是考察凝结在人化世界中人的本质和实践，看人是怎样通过对象化活动铸就现实世界的，在这个过程中，提高人的素质，提炼和培育辩证法精神，指导人以辩证的实践去创造世界和改变世界。③

从以上表述可见，张奎良的研究成果具体地指出了马克思的实践辩证法与其新唯物主义不是同步的，是通过把世界观与方法论统一起来才确立的。历史上，1845 年马克思在《关于费尔巴哈的提纲》中首先确立"把感性理解为实践活动"的新唯物主义，为实践辩证法做了前提性的理论奠基。而在 1858 年前后写作《资本论》中，尤其是在《资本论》第 1 卷 1873 年第 2 版"跋"中，马克思才实现把黑格尔的辩证法"倒过来"，并以对资本主义的研究成果展现了与他的实践唯物主义相统一的实践辩证法。

生存论辩证法，从生存论本体论的视域来理解"实践"，强调"实践"所意指的乃是人"本源性"的生命存在和活动方式，是一个与"人的存在"内在相关的生存论本体论概念。对于"人的实践性也就是人之为人的基本规定性，

---

① 张奎良：《论辩证法的实践基因》，《哲学研究》2018 年第 1 期，第 8 页。

② 张奎良：《论辩证法的实践基因》，《哲学研究》2018 年第 1 期，第 11 页。

③ 张奎良：《论辩证法的实践基因》，《哲学研究》2018 年第 1 期，第 8 页。

人有什么样的实践性、从事何种实践活动，人也就有什么样的生存状态和生存特性。基于这种理解，当我们从'生存论本体论'来阐发马克思哲学及其实践概念时，实际上包含了密不可分的两层基本含义：第一，由于实践观点把实践活动理解为人本原性、基础性的生存本性和生存方式，就此而言，实践观点具有鲜明的'本体论'意义；第二，由于实践观点以现实的人的生命活动作为人的存在的基本规定并由此超越了传统的知性化实体本体论，因此，它又具有鲜明的'生存论'性质"①的说法，以及认为"无论辩证法的实质和核心还是辩证法的理论原则和理论本性等，都植根于以实践活动为本源性生存方式的'人的存在'之中"②，张奎良所主张的实践辩证法都是认同的。因为实践辩证法坚执"实践是人的存在方式，现实的世界是由人类连续不断的实践活动产生的"的观点，其中的"现实的世界"包括了"作为人的存在的基本规定"的"人的生命活动"。认同马克思"人化自然"理论的实践辩证法，当然认同马克思的如下论断："人直接地是自然存在物。……说人是肉体的、有自然力的、有生命的、现实的、感性的、对象性的存在物，这就等于说，人有现实的、感性的对象作为自己的本质即自己的生命表现的对象；或者说，人只有凭借现实的、感性的对象才能表现自己的生命。""不仅五官感觉，而且所谓精神感觉、实践感觉（意志、爱等等），一句话，人的感觉、感觉的人性，都只是由于它的对象的存在，由于人化的自然界，才产生出来的。五官感觉的形成是以往全部世界历史的产物。"③。但是，不会同意"辩证法是关于'人的存在'的自我理解学说"④的说法。实践辩证法主张"辩证法是关于'人类实践'的自我理解学说"。很显然，"人类实践"是以"人的存在"为基础，故而包含着"人的存在"；而

---

① 贺来：《实践与人的现实生命——对"生存论本体论"的一点辩护》，《学术研究》2004年第1期，第48页。

② 贺来：《辩证法与人的存在——对辩证法理论基础的再思考》，《哲学研究》2002年第6期，第34页。

③ 《马克思恩格斯全集》（第1版）第42卷，人民出版社1979年版，第167—168、126页。

④ 贺来：《辩证法与人的存在——对辩证法理论基础的再思考》，《哲学研究》2002年第6期，第33页。

"人的存在"却不可能包容"人类实践",不可能推论出人类实践的三种基本类型:物质生产实践、社会政治实践和科学文化实践。列宁说:"虽说马克思没有遗留下'逻辑'(大写字母的),但他遗留下《资本论》的逻辑。应当充分利用这种逻辑"①。很显然,《资本论》中体现的实践辩证法是生存辩证法所概括不了的。

按照实践辩证法的逻辑,辩证法是人类实践积淀、创造和发展起来的认知方法,是来源于人类实践并能有效地指导人类辩证实践的世界观与方法论。"在人类历史发展过程中,人类为了生存,不断地亲近自然、了解自然、适应自然、依赖自然、利用自然,并在一定条件下能动地改造自然,使自然界不断满足自身的需要,从而产生了在自然界中生存、生产、享受和发展的一种特殊方式。这种特殊方式就是人与自然之间的文化。这种文化把人与其他动物区分开来。与此同时,人们在前进发展过程中,也必须与周围其他人以及个体自身之间的关系进行协调、处理、融合和调整,进而形成各种各样的社会文化、政治文化。所以,文化伴随着人类的诞生而出现,人类世界在漫长的岁月里逐渐形成人与自然、人与人、人与自身三大文化主题。在三大文化主线中,人与自然之间的关系更多和更直接地影响着人类的生存与发展,影响着人类的智力与情感;而人与人之间的关系相对于人与自然的关系更为复杂和微妙。"②辩证法正是人类实践积淀、创造和发展起来的"三大文化"的精华。因此,辩证法是关于"人类实践"的自我理解学说,而不仅仅是关于"人的存在"的自我理解学说。

有必要明确,生存论辩证法的研究并不因为实践辩证法研究对其的超越而丧失其意义。生存论辩证法研究本身是有重大意义的,它使得当代中国的马克思主义辩证法研究与当代西方哲学的辩证法研究有机地结合起来。生存论辩证法与梅洛-庞蒂、海德格尔的思想有着密切的联系。本章第四节中将讨论海德格尔和梅洛-庞蒂的空间观。

---

① 《列宁全集》(第2版)第55卷,人民出版社1990年版,第290页。

② 文兴吾:《科技进步与社会发展导论》,四川人民出版社2016年版,第16—17页。

第二节　西方马克思主义的"空间转向"

时间与空间作为人类实践活动的尺度，是正确认识和全面把握人类实践活动的两个基本维度。然而，纵观哲学社会科学研究的历史，长期以来存在着一种重时间、轻空间的倾向。福柯在 1977 年说："从康德以来，哲学家们思考的是时间。黑格尔，柏格森，海德格尔。与此相应，空间遭到贬值，因为它站在阐释、分析、概念、死亡、固定还有惰性的一边。我记得十年前参加过对空间政治问题的讨论，人家告诉我，空间是一种反动的东西，时间才与生命和进步有关。"① 空间只是作为传统的地理学、建筑学、城市学等的研究对象，游离于社会批判理论之外；"空间仅仅被视为社会关系与社会过程运行其间的、自然的、既定的处所，这样，社会理论空间之纬的缺失就抹杀了地理学想象力。"② 然而，从 20 世纪六七十年代开始，在城市化、全球化的迅猛发展中，西方社会科学出现了"空间转向"：从哲学、社会学、文学批评等多角度观之，会发现一种线性历史观指导下的研究正越来越趋向瓦解，而与此同时，地理和空间要素正越来越多地成为观察社会问题的视角和切入点；"空间"成为社会批判理论研究的新视角、新范式，"空间与资本""空间与政治""空间与文化""空间与革命"等论题开始被广泛讨论。"空间"被赋予社会意义，而不再是给定的自然条件。空间转向作为当代文化思想范式的转型，是提问方式、言说方式和解释方式的转换变革，因此，它对人文社会科学的影响是全面的。

---

① 福柯：《权力的眼睛——福柯访谈录》，严锋译，上海人民出版社 1997 年版，第 152—153 页。
② 何雪松：《社会理论的空间转向》，《社会》2006 年第 2 期，第 34 页。

一、"空间转向"概说

相关研究表明，最早明确提出"空间转向"并进行系统论证的是美国学者爱德华·苏贾；他在1989年的《后现代地理学——重申批判社会理论中的空间》第二章中，提出西方马克思主义中形成了所谓的空间转向。他认为这个转向是在20世纪六七十年代的法国巴黎开始的一项工作，以列斐伏尔的《空间的生产》(1974)、卡斯特的《城市问题》(1972)、福柯的《他者的空间》(1976年法兰西学院的演讲)为代表——结合马克思对当代社会的批判，对当代社会生活中社会空间的社会特性被忽视的现象进行了批判，提出空间不是被动和一个空的容器，而是社会生活中的主动因素，是人们的空间实践形成的；从而突出空间主题和拓展空间分析，打开了现代性批判的广阔视野。① 苏贾写道：

> 自1970年代早期至今，现代地理学与西方马克思主义的相互碰撞，以及马克思主义地理学的形成和完善，一直围绕并朝着一种业已改造的辩证法方向发展。……这是一种日益空间化的辩证法，不断要求我们在思考方式上进行彻底的转变，改变我们对空间、时间、存在、地理、历史、社会、空间的产生、历史的创造、社会关系的建立以及实践意识的看法。②

历史上，正是马克思开启了空间的社会性及其现代性视域。在马克思的分析中，资产阶级本着开拓全球市场的需要，使得整个生产与消费都变成世界性的了，市场原有的地方性和区域性被打破；"资产阶级使农村屈服于城市的统治。它创立了巨大的城市，使城市人口比农村人口大大增加起来，因而使很大一部分居民脱离了农村生活的愚昧状态。正像它使农村从属于城市一样，它使未开化和半开化的国家从属于文明的国家，使农民的民族从属于资产阶级的民

---

① 强乃社：《空间转向及其意义》，《学习与探索》2011年第3期，第14页。

② 爱德华·苏贾：《后现代地理学——重申批判社会理论中的空间》，王文斌译，商务印书馆2004年版，第78—79页。

族，使东方从属于西方。"①资本主义的扩展，把城乡、民族以及东方等地方性凸显出来，并使之成为激进政治的主题。正是在这一点上，资本与空间形成了密切的联系，全球化及资本主义实践中的空间尖锐冲突被带入空间分析，成为当代西方新马克思主义空间地理学派的基础。正如美国学者迈克·迪尔在《后现代都市状况》中所说："列斐伏尔对空间生产加以分析的方法完全以马克思主义思想为基础，……对空间加以正确认识的话，将可以使马克思主义重新焕发活力。"②

法国学者的工作直接或者间接地影响到英美国家。一些英美学者进行空间转向探索的路径，可以概括为地理学和批判理论尤其是马克思批判理论的结合。20世纪七八十年代，美国一些学者从地理学的角度，提出了资本和市场条件下，城市化、城市危机和重建，与资本主义的积累模式有密切关系。哈维在1973年《社会公正与城市》、1985年《资本的城市化》中提出，资本在当代条件下，对城市化具有重要的影响；城市发展中的地理和空间中的正义问题值得重视。苏贾在1989年《后现代地理学——重申批判社会理论中的空间》一书中，将地理学和社会批判理论的结合历史进行了梳理；空间概念此时已经不仅仅是一个社会学、地理学、城市和区域研究的问题了，而是和历史社会理论的基本构成有了密切的关联；空间与时间、社会等概念一起，构成了社会历史理解基本因素。

20世纪末到21世纪初，空间转向逐渐在社会哲学和社会科学哲学层面上展开。哲学、地理学、社会学、历史学、建筑学、城市和区域研究、文化学、文学等都有了空间转向。这种情况主要表现为，空间转向成为跨人文、社会科学的研究范式，成为一种跨学科的视野和话语，可以细分为三个方面。第一，认识论的角度；在人们研究、认识和描述社会历史事件的过程中，空间和地理是不能忽视的因素。第二，本体论的角度；在人们的生活和生产中的活动中，

①　《马克思恩格斯选集》第一卷，人民出版社1995年版，第226—227页。
②　迈克·迪尔：《后现代都市状况》，李小科等译，上海教育出版社2004年版，第65页。

社会、历史（时间）和空间是相互联系的几个因素，这些因素共同作用才是社会生活和市场的根本所在。第三，价值论的角度；空间问题的兴起和城市社会的发展有关，和现代人生存中空间问题有关。人们生活中，在空间生产、占有和消费中，存在很多不正义，比如因为居住条件差异形成人和人之间的隔离，房地产资本和金融资本勾结形成了攫取财富的新路径，人们宜居的空间并没有和国民生产总值同步增加等，更不用说城乡二元分割在很多地方存在并有恶化趋势。这些都是人文社会科学研究中需要重视的价值论问题。"总的看来，所谓空间转向在不同的学科、时间、学派和地域有不同的具体含义。从社会学、地理学和政治学来看，在城市和区域研究中，空间是人们生产和生活的条件与结果，受占据主导地位的市场化和资本化的生产模式的制约。从国外马克思主义社会批判理论的研究看，理解资本主义发展需要加入地理和空间的视角。城市化、不平衡的地理发展等是资本保持正常运行的形式，是资本主义历经危机而幸存的路径。从社会哲学或社会科学哲学的角度看，人们在进行社会和历史的研究与描述的过程中，空间与社会、时间是同样重要的要素或者维度。重视空间在当下成为一种范式、共识或者话语。"[1]"重视空间问题的学者们，其研究各有侧重，但有一个共性，那就是从社会空间是被人的活动生产出来的角度，对空间在人类社会生活和行为中的重要性都是肯定的。"[2]

在很长一段时间里，"空间转向"并没有引起我国学界的高度重视。1998年，李三虎在《自然辩证法通讯》上发表了论文《科学知识话语的空间转向与科学地理学》[3]，这是我国最早直接讨论"空间转向"问题的理论成果。该文指出，在20世纪80年代以来，随着在众多学术话语中"空间转向"的明显出现，空间和地点问题也成了科学和科学知识社会研究关注的焦点；许多学者不仅研究了科学实践的地理特征，而且分析了科学知识的空间特质。该文考察了科学

① 强乃社：《空间转向及其意义》，《学习与探索》2011年第3期，第17页。
② 强乃社：《空间转向及其意义》，《学习与探索》2011年第3期，第15页。
③ 李三虎：《科学知识话语的空间转向与科学地理学》，《自然辩证法通讯》1998年第6期，第32—38页。

知识话语空间转向的文化背景，展示在这一转向过程中有关科学知识空间化研究的进展情况，并就科学地理学作出相关的评论。其后，吴瑞财在《华侨大学学报（哲学社会科学版）》2005年第3期发表论文《全球化：现代性研究的空间转向》，何雪松在《社会》2006年第2期发表论文《社会理论的空间转向》；《空间转向》问题逐步受到我国城市社会学、哲学、文艺理论等学科的关注。

二、列斐伏尔"空间转向"追溯

列斐伏尔（1901—1991）是一位和20世纪一同降生的现代法国思想大师、马克思主义哲学家，是20世纪法国乃至西方重要的"新马克思主义"理论家之一。他一生著书60多部、论文300余篇；最重大贡献就是将空间和地理的分析带进马克思主义中，提出了"社会空间""空间生产"等理论，强化了马克思主义的空间的一面；《空间的生产》一书长期以来被奉为空间分析的经典之作。

1928年，列斐伏尔与一批年轻的哲学家创办了法国第一个马克思主义哲学刊物《马克思主义杂志》，1929年加入法国共产党。1939年出版《辩证唯物主义》一书。该书与1938年出版的斯大林的《辩证唯物主义与历史唯物主义》时隔甚短，但几乎是对后者的反驳和颠覆。列斐伏尔研究专家齐普夫在为该书新版英译本所作的序言中指出："尽管有着同样的题目，但是列斐伏尔的这本书跟共产国际的辩证唯物主义却不一样。"[①] 在《辩证唯物主义》中，列斐伏尔坚持马克思主义首先是理论与实践的动态活动，而不是作为党派策略的固定学说和工具；他把马克思的著作描述为一种运动着的、开放性的、没有终结点的、整体上紧密结合的理论体系，坚持了马克思对政治经济的批判等诸多基本观点。更重要的是，他特别强调了历史唯物主义和辩证唯物主义的统一。根据

---

① 张华：《列斐伏尔空间哲学思想溯因》，《燕山大学学报》（哲学社会科学版）2015年第2期，第57页。

列斐伏尔的理解，马克思和恩格斯对费尔巴哈和施蒂纳的批判，极大地丰富和发展了历史唯物主义，把观念论和唯物论统一了起来。具体而言，就是"全面发展的人的可能性"。因此，《辩证唯物主义》的第二章谈的是"人类的产生"，从对生产的分析开始，到"总体的人"的含义结束，把经济学的"生产"概念延伸到"人学"的意义上。这一延伸，为其"空间的转向"埋下了伏笔。①

列斐伏尔十分重视马克思的《1848年经济学哲学手稿》《德意志意识形态》等著述，他同马克思一样，从人与自然的关系出发，将"人性"看作是人从自然中挣脱、并克服自身局限的历史性结果。他写道："人类历史就是人类的诞生史，就是独立于自然之外与自然作斗争，又是从自然中脱胎而出的历史。在这个历史过程中，人凌驾于自然界之上并逐步统治着自然。马克思说，'历史就是人类的自然历史'，但人类的诞生是一种改造，是一种越来越自觉的改造。精力充沛的人类以自己为中心改造着自然并使自然也变成人类。人类以自然界为对象创造着自然，把自己变成自然界而又把自然界变成人类。人类按照自己的需要塑造自己，也在自己的活动中改变着自己并提出新的要求。在创造客体、'产品'的同时，人类形成了并成为一种巨大的力量，人类在积极解决自己活动中出现的问题的同时不断进步。"②因此，列斐伏尔最终的哲学道路走向的"空间"，正是发展中的"人"的空间。

列斐伏尔的"空间转向"，与他的日常生活批判理论密切相关，而他的辩证唯物主义理论又是他日常生活批判的哲学基础。他认为辩证唯物主义的中心参照点不是思维的内部运动，而是实践，也就是人类活动、行动、思想、身体劳作和知识的总体。人类现实中的日常生活的实践总体，是他所有哲学关注的中心。他在1947、1962年以及1981年分别出版了三卷本的《日常生活批判》，1968年他还出版了《现代世界中的日常生活》。这些著作合在一起形成了列斐

---

① 张华：《列斐伏尔空间哲学思想溯因》，《燕山大学学报》（哲学社会科学版）2015年第2期，第58页。

② 复旦大学哲学系现代西方哲学研究室编译：《西方学者论〈一八四四年经济学—哲学手稿〉》，复旦大学出版社1983年版，第167页。

伏尔日常生活批判理论的宝藏，是列斐伏尔对现代性状况下人们的生存状态、消费习性和异化理论的思考。在《日常生活批判》第二卷中，列斐伏尔提到了"社会空间"，并且将它与社会时间相提并论。他说："存在一个有别于生物、生理和物理时间尺度的社会时间或社会时间尺度。存在一个有别于几何、生物、地理和经济的社会空间。日常生活空间不同于几何空间。日常生活空间有四个维度，两两对立：'左／右——上／下'。不同于数学家和物理学家对时间的定义，日常生活时间有四个维度，即完成的、预见的、不确定的和不可预测的（或者说，过去、现在、短期的未来和长期的未来）。"① 在这里，他将现实的日常空间与作为理论范畴的空间区分开来，对待时间亦是如此。接着，列斐伏尔指出社会空间可以分成主观和客观两方面。从主观方面来说，社会空间既是群体的空间，也是群体中个人的空间，它是人们安置自身和生活其中的空间。因为群体的状况和它们从事的特定活动有区别，所以，社会空间的范围因群体的不同而不同。例如，工人生活其中的空间与资本家的不同。从客观来说，社会空间"意味着建立社会流动性的网络和渠道。这个网络是日常生活的组成部分。"②

　　日常生活与社会空间的关系，在1981年的《日常生活批判》第三卷中得到更清晰的澄清。第三卷的副标题为"从现代化到现代主义（关于日常生活的哲学）"。此书写在《空间的生产》之后，也就是列斐伏尔对于空间问题已经有了全面通盘的思考之后。在第三卷的"引言"中，他总结了早年提出的日常生活批判的一些基本概念，在其归纳的要点之中，"空间"在场。他写道："日常生活在一种有别于天然时空和精神时空的时空里展开和组成"③，"日常生活可以定义为'需要—欲望—愉悦'辩证运动的场所。这个动态机制与其他因素联

① 亨利·列斐伏尔:《日常生活批判》第二卷，叶齐茂、倪晓晖译，社会科学文献出版社2018年版，第434页。
② 亨利·列斐伏尔:《日常生活批判》第二卷，叶齐茂、倪晓晖译，社会科学文献出版社2018年版，第434页。
③ 亨利·列斐伏尔:《日常生活批判》第三卷，叶齐茂、倪晓晖译，社会科学文献出版社2018年版，第552页。

系在一起：劳动和非劳动，使用和交换，等等。……日常生活的另一个方面，距离关系集合——相邻和接近，或反之，遥远——时空间隔，揭示了日常生活自己。"① 在列斐伏尔的文本中，他的空间概念是从属于日常生活概念的。

在《日常生活批判》第三卷中，列斐伏尔对"社会空间"阐释道：

> 社会空间（像戏剧空间、绘画空间或建筑空间）似乎不再像发现一个先在的、"真实的"外部空间，倒像用一个"地道的"精神空间去覆盖一个自然空间。这些哲学模式不再是可以接受的。社会空间把自己表现为一种实际模式的实现。作为一种产品，社会空间是按照一群专家、技术权威手中的操作指令制造出来的，而这些专家、技术权威本身代表了特定的利益，同时代表了一种生产方式。社会空间不是设想为一个完成的现实或一个抽象的整体，而是作为成为现实过程中的一组可能性。这种理论既考虑了这种组织模式（同——分割—分层）的特殊性，也考虑了生产方式在一个时刻的历史现象。在这个时刻，人们认为空间表达是一种公正的实证知识，实际上，因为空间涉及和包含了战略，所以，空间不是纯粹的单纯的。人们客观地计划空间，通过实践手段，物质性地作用于空间。所以，没有地地道道或纯正的空间，只有按照一般社会结构内某种特殊群体发展起来的一定模式（也就是生产方式）生产出来的空间。这个理论还考虑了一般社会空间、建筑空间、日常空间、交通空间和设施空间等多种空间之间的对应关系。②

在这里，列斐伏尔概括了"社会空间"的几个重要特质，首先，它打破了物质性的外部空间和精神性的内在空间的二元对立。其次，它是人们生产实践

---

① 亨利·列斐伏尔：《日常生活批判》第三卷，叶齐茂、倪晓晖译，社会科学文献出版社 2018年版，第 554 页。

② 亨利·列斐伏尔：《日常生活批判》第三卷，叶齐茂、倪晓晖译，社会科学文献出版社 2018年版，第 652 页。

活动的产物，与其他产品一样，也是被"生产"出来的。再次，空间也可以作为某种尚待实现的生产关系产生的前提条件。总之，没有本真的空间，"空间"总是某个特定社会群体的利益。这一分析模式，可以看作是马克思主义关于物质生产的政治经济学的空间投射。同时，在既定的社会条件和空间的未来潜力之间，列斐伏尔又保持了必要张力——它可以是既有生产关系的结果，也可以是未来生产关系的条件。在这个意义上，空间才能成为社会生产关系之历史变迁的连续性载体，它作为"生产关系的再生产"才能被理解。

综上所述，可以说列斐伏尔的"空间转向"是其长期开展现代社会结构的实践经验研究的"自然结果"，"是其乡村社会学、都市社会学研究水到渠成的最高成果。早期的乡村社会学研究及其对新兴城镇建设的考察为其城市空间生产研究提供了方法论基础与问题式构架。正是在法国新型城镇空间开发建设的刺激之下，列斐伏尔看到了现代性在城市中的诞生、发展与矛盾所在。于是将其视野从早期乡村社会学的日常生活批判转向了资本主义大都市的空间政治研究，实现了从乡村历史社会学向都市马克思主义的视野转换。"①

列斐伏尔的"空间转向"是自觉的。在1970年一次题为"对空间政治的反思"的讲座中，列斐伏尔明确地说："在过去的十年中，几乎在任何地方都可以肯定的是，或者在一定程度上可以肯定的是，作为对象的、尤其是作为科学的对象的，是空间，而不是时间。"②1972年1月8—9日，纽约现代艺术博物馆举行了一场关于未来的思考的专题研讨会，列斐伏尔向研讨会提交了一篇题为《空间：空间的生产和空间政治经济学》③的报告，尽管只是发言的概要，但是洋洋数万言，清晰地勾勒了其思想的一个核心概念"空间的生产"。报告首先阐述了他的两个重要的命题：第一，人们由在空间中的物品生产过渡到了对这样的空间的直接生产（即从"空间中的生产"到"空间的生产"）；第二，

---

① 鲁宝：《从乡村历史社会学到都市马克思主义——列斐伏尔实践经验与日常生活批判理论的视野转换》，《山东社会科学》2019年第10期，第39页。
② 亨利·列斐伏尔：《空间与政治》（第二版），李春译，上海人民出版社2016年版，第35页。
③ 亨利·列斐伏尔：《空间与政治》（第二版），李春译，上海人民出版社2016年版，第73页。

这种生产不再属于分散在"学科"中的知识。只有在这两个前提下，有关空间的研究才能真正被组织起来。① 列斐伏尔接着指出，空间研究的一个重要背景就是"政治经济学的危机"，他认为："经济学家们遭受的这些挫折，仔细看来，更好地表明了他们的主张。事实上，他们把作为一门学科的政治经济学和作为实践、技术、权力行为的政治经济学混为一谈。"② 进而，他提出了一个极具原创性的命题"不动产的动产化"，那些曾经的"不动产"被动产化（建筑、金融投机）已经居于资本主义的中心地位，城市过程本质上成为一种空间的生产，在资本主义的逻辑下，交换价值替代了使用价值，"走向空间政治经济学"已经成为一种必然的选择。报告的最后，简要地从 6 个方面对"空间的生产"概念进行论述。③ 两年后，即 1974 年，列斐伏尔出版了一生最重要的专著《空间的生产》法文版，1991 年出版了《空间的生产》英文版。

第三节　马克思恩格斯的空间社会化探讨

列斐伏尔将空间和地理的分析带进马克思主义中，提出了"社会空间""空间生产"等理论，成为当代西方新马克思主义空间地理学派的基础。另一方面，如本书第五章所述，"马克思是从社会存在本体论或实践唯物主义的基础上来谈论时间、空间问题"，"实际上创立了社会形态时空的新学说"，已是我国哲学界的共识。因此，以下梳理马克思恩格斯对空间社会化的探讨，就是要确证马克思、恩格斯对于空间哲学的原创性、奠基性和革命性贡献。比较而言，马克思更侧重空间的实践本质、社会意蕴的探讨，以及从宏观视域研究资本主义空间

---

① 亨利·列斐伏尔：《空间与政治》（第二版），李春译，上海人民出版社 2016 年版，第 74 页。
② 亨利·列斐伏尔：《空间与政治》（第二版），李春译，上海人民出版社 2016 年版，第 75 页。
③ 亨利·列斐伏尔：《空间与政治》（第二版），李春译，上海人民出版社 2016 年版，第 92—98 页。

生产过程；恩格斯更侧重空间的自然本质、物质运动的探讨，以及从微观视域研究资本主义城市空间生产过程。①

空间的社会化是指环绕人类社会的自然空间经受着人类实践的生产性重构。人类在改变其生存空间物理形态的过程中，依循生产方式的发展，从政治经济文化活动及其结构、体制等方面，对空间展开社会性形塑。社会生活本质上是实践的、物质的活动，它们必然在作为物质运动形式的空间中发生和展开，也必然作为一种物质的空间事件和力量，影响并改变人类生存的空间。人类社会生活及其物质实践，内容丰富，永不止息，它们对空间的筑造和再生产，亦形形色色且不断变构。社会生活各个方面都以其特殊的方式再生产空间，形成自身存在的空间格局，具体而实际地改变人与人、社会与自然的空间关系，生成互有特性的社会化空间。②

马克思的实践唯物主义的旨趣是在批判旧世界中去发现新世界，他说："我们不想教条式地预料未来，而只是希望在批判旧世界中发现新世界。"③"旧世界"与"新世界"代表着不同的空间形态，代表着劳动者与生产资料不同的空间组合。马克思所理解的"空间"是现实的社会空间，是由现实的人和现实的自然所构成的空间。

马克思从实践唯物主义出发，坚持"对事物、现实、感性，……当作实践去理解"④，显然"空间"也必须"当作实践去理解"。实践是把人的目的、理想、知识、能力等本质力量对象化为客观现实的活动，是与纯粹观念活动相区别的对象性活动。马克思对于时空的研究，立足点是实践，"特别是从生产劳动出发引申出时空概念"⑤。马克思主张"实践的空间"，既关注"现实的个人"，又

① 李维意：《试论马克思空间哲学的当代建构》，《西南民族大学学报（人文社会科学版）》2019年第6期，第67页。
② 胡潇：《空间的社会逻辑——关于马克思恩格斯空间理论的思考》，《中国社会科学》2013年第1期，第114页。
③ 《马克思恩格斯全集》（第1版）第1卷，人民出版社1956年版，第416页。
④ 《马克思恩格斯全集》（第1版）第3卷，人民出版社1960年版，第3页。
⑤ 俞吾金：《马克思时空观新论》，《哲学研究》1996年第3期，第16页。

放眼人类活动的"社会—历史"领域。"实践的空间",突出空间的现实性,强调实践活动过程和结果的空间化。现实的"空间"源自于人类有目的的实践活动,是人类生产和交往的对象化确证。马克思基于实践活动的现实空间形态,包括"人化自然空间""社会关系空间"和"历史活动空间"。三种空间形态,统一于"实践活动空间"。①

一、关于"人化自然"与"人化自然空间"

在马克思看来,人首先是自然存在物,人的身体占有空间,呈现出的是有生命的自然力;"现实的、有形体的、站在稳固的地球上呼吸着一切自然力的人通过自己的外化把自己现实的、对象性的本质力量设定为异己的对象"②。马克思在《1844年经济学哲学手稿》中写道:

> 人直接地是自然存在物。人作为自然存在物,而且作为有生命的自然存在物,一方面具有自然力、生命力,是能动的自然存在物;这些力量作为天赋和才能、作为欲望存在于人身上;另一方面,人作为自然的、肉体的、感性的、对象性的存在物,和动植物一样,是受动的、受制约的和受限制的存在物,也就是说,他的欲望的对象是作为不依赖于他的对象而存在于他之外的;但这些对象是他的需要的对象;是表现和确证他的本质力量所不可缺少的、重要的对象。说人是肉体的、有自然力的、有生命的、现实的、感性的、对象性的存在物,这就等于说,人有现实的、感性的

---

① 李维意:《马克思空间哲学的研究对象、内容结构和出场方式》,《深圳大学学报(人文社会科学版)》2019年第2期,第123页。

② 《马克思恩格斯全集》(第1版)第42卷,人民出版社1979年版,第167—168页。马克思还曾写道:"实物是为人的存在,是人的实物存在"(《马克思恩格斯全集》(第1版)第2卷,人民出版社1960年版,第52页);这里的"实物"指的是人的实践对象,人的实践对象因人的活动而对人具有现实意义,所以说是"为人的存在";同时,它毕竟是物而不是人,因此是人的社会关系的物化,是以物的形式存在的人的关系,因此是"人的实物存在"。

对象作为自己的本质即自己的生命表现的对象；或者说，人只有凭借现实的、感性的对象才能表现自己的生命。①

按照马克思的本意，"人化自然"是作为形成人性感觉的原因提出来的。所谓人化自然，也就是指人性化的自然，或人性的自然。人的感觉之所以具有人性，是因为感觉的对象——自然界——是具有人性的。而自然界之所以会具有人性，乃是因为人的对象化活动（亦即实践或劳动）的结果。这里，人的感觉是作为人的本质力量来加以考察的。马克思在《1844年经济学哲学手稿》中还写道："不仅五官感觉，而且所谓精神感觉、实践感觉（意志、爱等等），一句话，人的感觉、感觉的人性，都只是由于它的对象的存在，由于人化的自然界，才产生出来的。五官感觉的形成是以往全部世界历史的产物。"②在后来的《资本论》第一卷中，马克思说：在劳动过程中，"为了在对自身生活有用的形式上占有自然物质，人就使他身上的自然力——臂和腿、头和手运动起来。当他通过这种运动作用于他身外的自然并改变自然时，也就同时改变他自身的自然。他使自身的自然中沉睡着的潜力发挥出来，并且使这种力的活动受他自己控制。"③总之，在马克思看来，人和自然都是历史的产物，因为历史不过是追求着自己目的的人的活动而已；其间包含着人类劳动创造了自己的包括感觉器官在内的各种器官，如同恩格斯后来在《劳动在从猿到人的转变中的作用》一文中所描述的那样。

人是社会空间中确定性的存在，空间是人类生命运动的基本方式。人类生命的存续以及各种生命活动都以一定的空间条件为基础。马克思在把握"人化自然空间"时坚持一种彻底的自然主义或彻底的人道主义立场。他强调，人直接地和能动地是一个自然存在物，人自身存在必须占有和依赖一定的自然空间。马克思从"自在自然空间"和"人化自然空间"两个维度对自然空间进行

---

① 《马克思恩格斯全集》（第1版）第42卷，人民出版社1979年版，第167—168页。

② 《马克思恩格斯全集》（第1版）第42卷，人民出版社1979年版，第126页。

③ 《马克思恩格斯全集》（第1版）第23卷，人民出版社1972年版，第202页。

了深刻阐释。

　　"自在自然空间"具有客观独立性和历史优先性，在马克思空间哲学中，它是一种隐性的抽象物。与"自在自然空间"相对应的便是"人化自然空间"。"人化自然空间"是实践活动真正的直接的对象，具有现实性、历史性。"自在自然空间"是作为对象的自然，"人化自然空间"是作为产物的自然。马克思重视"人化自然空间"，但并没有否定和抛弃"自在自然空间"。"自在自然空间"是自在的和外在的，是人类实践活动还没有通达的领域，是没有被人类的实践活动所规定、没有与人类建立起现实联系的空间。①它的意义在于为人类有限活动的无限扩张提供可能。人靠自然界生活，人类要想存续与发展必须要与自然进行持续的交互作用。

　　"人化自然空间"是由人类实践活动塑造的现实感性世界，它是由实践活动塑造的人与自然关系的形式存在。马克思说："在人类历史中即在人类社会的产生过程中形成的自然界是人的现实的自然界"②。经过人类实践改造过的"自在自然空间"便失去了它的自在性，变成了一种为我的属人的存在物。"自在自然空间"向"人化自然空间"实践转化的过程，记载着人类文明的发展轨迹。"人化自然空间"是由人的自由自觉活动建构起来的，随着人的活动能力和范围的变化而变化。人类通过实践活动，从多个层面、多个方面拓展和突破"自在自然空间"的限制，按照人类自身的意志重塑世界；这个过程表现为在实践基础上"自在自然空间"向"人化自然空间"的持续转化。③

---

① 马克思曾写道："这种先于人类历史而存在的自然界，不是费尔巴哈在其中生活的那个自然界，也不是那个除去在澳洲新出现的一些珊瑚岛以外今天在任何地方都不再存在的、因而对于费尔巴哈说来也是不存在的自然界。"（《马克思恩格斯全集》（第 1 版）第 3 卷，人民出版社 1960 年版，第 50 页）

② 《马克思恩格斯全集》（第 1 版）第 42 卷，人民出版社 1979 年版，第 128 页。

③ 李维意：《马克思空间哲学的研究对象、内容结构和出场方式》，《深圳大学学报（人文社会科学版）》2019 年第 2 期，第 123 页。

二、关于"社会关系空间"与"历史活动空间"

按照马克思的观点,"人的社会化"与"自然界的人化"是同一件事情的两个不同方面;在这两方面从事创造性劳动的还是人类自己。人类通过实践的对象化,从对象化的结果中确证自身、复现自身。马克思写道:"通过实践创造对象世界……正是在改造对象世界中,人才真正地证明自己是类存在物。这种生产是人的能动的类生活。通过这种生产,自然界才表现为他的作品和他的现实。因此,劳动的对象是人的类生活的对象化:人不仅像在意识中那样理智地复现自己,而且能动地、现实地复现自己,从而在他所创造的世界中直观自身。"① 人类"所创造的世界",就是"人化自然空间"和"社会关系空间"。

马克思从一定的个人生活过程出发说明社会结构,"社会结构和国家总是从一定的个人的生活过程中产生的"②。在马克思看来,个人作用于社会有机体的各个部分,社会有机体的各个部分又反作用于个人;人类社会就是在人或人的本性与社会有机体的相互作用中发展的。正因为如此,人类社会发展史又是人或人性的发展史,"整个历史也无非是人类本性的不断改变而已"③。

马克思对人的本质问题的探索可以概括为:人的本质根源于人的社会性,人的社会性又源于物质生产活动,而物质生产活动总是在一定的技术基础上或社会组织体制下展开的。这就是说,人的本质和力量应该在劳动、生产、工业以及它的历史演变中得到解释。在马克思看来,人性是随着生产力的发展,生产与生活方式的改变而改变的。技术进步必然带动生产力发展。社会关系的改变势必会带来人性的丰富和发展。④

马克思把实践作为人的根本存在方式。实践性是人性的根本特征。关于人追求自由的有意识的创造活动与社会历史的关系,马克思曾做过许多探讨,强

---

① 《马克思恩格斯全集》(第 1 版)第 42 卷,人民出版社 1979 年版,第 96—97 页。

② 《马克思恩格斯选集》第一卷,人民出版社 1995 年版,第 71 页。

③ 《马克思恩格斯选集》第一卷,人民出版社 1995 年版,第 172 页。

④ 王伯鲁:《马克思技术思想纲要》,科学出版社 2009 年版,第 41—43 页。

调人类所进行的"物质生产"是"历史的发源地"。"整个所谓世界历史不外是
人通过人的劳动而诞生的过程，是自然界对人说来的生成过程，……因为人和
自然界的实在性，即人对人说来作为自然界的存在以及自然界对人说来作为人
的存在，已经变成实践的、可以通过感觉直观的"①。正是因为这样，马克思把
人类的这个实践本性及其所从事的物质生产活动，确定为"人类生存"和"历
史"的"第一个前提"或"第一个历史活动"，把实践提升为哲学的根本原则。

　　在批判费尔巴哈等思想家抽象人性论的同时，马克思给出了自己的人性界
说。他认为，有意识的劳动就是人类区别于其他动物的"类特性"(种差)②。"劳
动这种生命活动"就是人类特有的"有意识的生命活动"。有目的、有计划地
改造自然界的生产劳动是人的本质属性，是人类生存与发展的第一个前提。人
类要生存就必须从事劳动生产，这是一切时代的人类的共同本性；可以称之为
第一层次的人性。

　　人所从事的自由的有意识的物质生产活动，又决定了人类社会生产及其发
展。社会是由人的追求自由的有意识的创造本性，通过自己的实践活动，在改
造自然的过程中形成的。生产劳动并不是一成不变的，也不是人类唯一的活动
方式。随着时代的变迁，不仅劳动方式、劳动内容在变化，而且在生产劳动的
基础上，又会产生出内容丰富的第二层次的人性。"在再生产的行为本身中，
不但客观条件改变着，例如乡村变为城市，荒野变为清除了林木的耕地等，而
且生产者本身也改变着，炼出新的品质，通过生产而发展改造着自身，造成新
的力量和新的观念，造成新的交往方式、新的需要和新的语言。"③

　　概而言之，马克思把有意识的劳动（包括物质和精神的劳动）视为最基本
的、第一层次的人类本性；把随着劳动生产能力的发展和与之相应的生产方式
与生活方式的变迁，而导致人类生发出来的以新的世界观、价值观为核心的新
的品质或属性，视为在第一层次人性基础上产生出来的第二层次的人性。第二

---

① 《马克思恩格斯全集》(第 1 版)第 42 卷，人民出版社 1979 年版，第 131 页。
② 《马克思恩格斯选集》第一卷，人民出版社 1995 年版，第 46 页。
③ 《马克思恩格斯全集》(第 1 版)46 卷上，人民出版社 1979 年版，第 494 页。

层次的人性与第一层次的人性的最大区别，就在于它们都是派生的、多样的，并随着不同时代的生产与生活方式的变化而改变。"个人怎样表现自己的生活，他们自己就是怎样。因此，他们是什么样的，这同他们的生产是一致的——既和他们生产什么一致，又和他们怎样生产一致。"①"一切生产都是个人在一定社会形式中并借这种社会形式而进行的对自然的占有"②。人们要进行社会生产，就必须以一定的社会形式结合起来，从而形成复杂的社会关系与意识形态。不同时代的人的生产方式不同，从而他们的社会关系、意识形态等也各不相同。

"人化自然空间"体现的是"他对他人的人的关系，是人对人的社会关系"③，是"社会关系空间"的表征。人类的实践活动是人生与空间的桥梁。"社会关系空间"的深刻本质是实践，是实践基础上生成的空间社会性。在实践的作用下，"人化自然空间"成为人与自然、人与人、人与社会之多重关系、多向作用、多种品格的体现，并伴随对原有生存空间的社会性解构与重塑。"社会关系空间"是马克思最为关注的空间形态，它既有具象的一面，又有抽象的一面。从具象的一面来说，"社会关系空间"以"人化自然空间"为基础，"人化自然空间"是人类实践活动意义展现的舞台。从抽象的一面来说，"社会关系空间"是由人与人之间结成的社会关系如生产关系、婚姻家庭关系、民族关系等等所组成的，是只有人类才能建构的高级空间形态。

考察空间样态的社会意义，离不开人对自然和社会的对象性关系。"人的感觉、感觉的人性，都只是由于它的对象的存在，由于人化的自然界，才产生出来的。"④"人化自然空间"是人的存在方式和生命力量的投射，是"社会关系空间"的复现，它们都取决于人的类能力。在马克思看来，作为人与人联系的纽带和人的现实生活要素，"人化自然空间"是"他为别人的存在和别人为

---

① 《马克思恩格斯选集》第一卷，人民出版社 1995 年版，第 67 页。

② 《马克思恩格斯选集》第二卷，人民出版社 1995 年版，第 5 页。

③ 《马克思恩格斯全集》（第 1 版）第 2 卷，人民出版社 1960 年版，第 52 页。

④ 《马克思恩格斯全集》（第 1 版）第 42 卷，人民出版社 1979 年版，第 126 页。

他的存在"①。"人化自然空间"为"社会关系空间"提供了物质基础和生产要素，"社会关系空间"又规定着"人化自然空间"的界限。人们不结成一定的社会关系，改造和形塑自然空间的过程便无法进行，因此，"社会关系空间"构成了人与自然关系的中介。以人与自然关系为基础的"人化自然空间"和以人与人的关系为基础的"社会关系空间"是同构的。②

　　"社会关系空间"的基础是人的生命活动。"历史活动空间"是从人的生命活动过程对"社会关系空间"的考察。马克思从自然史和人类史的双重维度把握"历史活动空间"，强调"历史可以从两方面来考察，可以把它划分为自然史和人类史"③。自然史是从人的生命活动时间维度对"人化自然空间"的考察，人类史是从人的生命活动时间维度对"社会关系空间"的考察。在资本主义条件下，物质生产和价值增值过程，既会产生作为"物质"结果的"人化自然空间"，又会产生作为"关系"结果的"社会关系空间"。资本主义物质生产和价值增值过程是"资本家和工人的关系的本身的再生产和新生产"，"比其物质结果更为重要"④。

　　"社会关系空间"是处于一定历史发展阶段的"历史活动空间"，"历史活动空间"是"社会关系空间"形象且生动的展现。"社会关系空间"是"历史活动空间"的静态形式，"历史活动空间"是"社会关系空间"的动态形式，二者是人类实践活动时间与空间辩证法的体现。社会历史时空是通过实践活动及其方式的改变获得的现实性时空，即社会历史运动在空间上的展开就表现为社会历史时间。换言之，实践活动在时间上的展开就是人类发展空间的创造与拓展，"时间是人类发展的空间。"⑤"时间实际上是人的积极存在，它不仅是人

---

① 《马克思恩格斯全集》（第 1 版）第 42 卷，人民出版社 1979 年版，第 122 页。

② 李维意：《马克思空间哲学的研究对象、内容结构和出场方式》，《深圳大学学报（人文社会科学版）》2019 年第 2 期，第 123—124 页。

③ 《马克思恩格斯全集》（第 1 版）第 3 卷，人民出版社 1960 年版，第 50 页。

④ 《马克思恩格斯全集》（第 1 版）第 46 卷上，人民出版社 1979 年版，第 455 页。

⑤ 《马克思恩格斯选集》第二卷，人民出版社 1995 年版，第 90 页。

的生命的尺度，而且是人的发展的空间。"①社会历史时空的结构可以通过改变实践活动方式加以调整和改变。

"社会关系空间"不仅有一个人与自然和人与人相互联接的共时性结果，而且也有一个前后承续的历时性结构。"人化自然空间"和"社会关系空间"具有历史继承性，预先规定了新一代的生产条件又为新一代所改变，每一代人都以前一代人的实践活动所形塑的空间条件为前提，并且在此基础上进行新的空间生产。马克思认为，"以物的依赖性为基础的人的独立性"的"历史活动空间"是对"以人的依赖性为主"的"历史活动空间"的超越，而随着人类实践活动的深入发展，它终将被人的自由全面发展的"历史活动空间"所取代。

马克思对"历史活动空间"的理解和阐释，包含着"物质空间形态"向"精神空间形态"的升华，以及"现实空间形态"和"理想空间形态"的发展；而"社会关系空间"内在地包含着"物质空间形态"和"精神空间形态"。"物质空间形态"表征着自然史，"精神空间形态"表征着人类史。只要有人类存在，自然史和人类史就彼此相互制约。另一方面，马克思从实践唯物主义出发，立足点是"现实空间形态"，但又有着强烈的对"理想空间形态"的诉求。人类的实践活动对于空间形塑过程就是从"现实空间形态"走向"理想空间形态"的过程，"历史活动空间"便是这一过程的表征。由此，马克思恩格斯以社会空间的实践本质论为基础，围绕劳动空间解放问题，从经济、政治、文化、伦理等视角对社会空间进行哲学反思。马克思通过对资本空间的"解剖"，发现了资本压榨劳动的秘密，找到了劳动空间解放的方法，揭示了社会空间解放的规律。②

应该明确，马克思空间解放思想的出发点是"现实的个人"。对此，李维意写道：

马克思空间解放思想的出发点是"现实的个人"，但是，"现实的个

---

① 《马克思恩格斯全集》（第 1 版）第 47 卷，人民出版社 1979 年版，第 532 页。

② 李维意：《马克思空间哲学的研究对象、内容结构和出场方式》，《深圳大学学报（人文社会科学版）》2019 年第 2 期，第 124 页。

人"在资本空间中发生了个体与类的分裂，表现为无产阶级与资产阶级的
对立。资本的空间逻辑具有同质化和异质化两种趋势，其中蕴含着劳动空
间解放的力量。马克思"现实的个人"空间解放的历史逻辑包含三个方面
的内容：一是"现实的个人"及其空间解放的诉求。"现实的个人"是时
间性与空间性、历史性与社会性的统一。"现实的个人"在资本主义条件
下出现了生存发展空间的分裂。"现实的个人"的解放就是从资本的空间
统治中解放出来。二是从资本空间终结到劳动空间解放的逻辑转换。资本
具有空间扩展功能，它"力求摧毁交往即交换的一切地方限制，征服整个
地球作为它的市场"。对全球自然力和劳动力的剥夺，规定了资本逻辑的
空间边界，它意味着劳动空间解放的开启。无产阶级将取代资产阶级成为
空间解放的主体力量。三是走向"现实的个人"空间解放的自由王国。资
本空间化造成工业国与农业国、西方与东方之间的从属关系，以及世界资
产阶级与世界无产阶级的对立。实现"现实的个人"的空间解放必须颠覆
资本空间，实现由"必然王国"到"自由王国"的飞跃。①

在《共产党宣言》中，马克思更是明确地把基于感性个体的"自由人联合
体"的空间建构看成是人类历史的目标。

第四节　"人的身体"与宽窄哲学

在实践辩证法视域中，马克思恩格斯基于"人化自然"的身体哲学思想与
空间社会化探讨，海德格尔的空间生存论解构，梅洛-庞蒂的现象空间学说，

---

① 李维意：《马克思空间哲学的研究对象、内容结构和出场方式》，《深圳大学学报（人文社会
科学版）》2019 年第 2 期，第 126 页。

列斐伏尔的社会空间理论，基本阐明了空间的身体本源论思想。正是空间的身体本源论，从"人的尺度"赋予了宽窄哲学明确的意蕴，使宽窄哲学在现代哲学的研究中具有一种基本的、深层次的地位。

一、马克思恩格斯的身体哲学思想

身体哲学是与意识哲学相对的哲学范畴，但在传统意识哲学中，身体一直是被鄙视和贬黜的对象。早在古希腊时期，苏格拉底就指出，身体是不可信赖的，因为其是人们追求知识、智能、真理、正义和成就美德的阻碍。柏拉图也把身体称为"无知的身体"，因为它阻碍灵魂寻找真实的智慧。在《斐多》篇中，柏拉图借用苏格拉底之口说："如果和肉体一起去寻求智慧，肉体是帮手还是阻碍呢？……带着肉体去探索任何事物，灵魂显然是要上当的。……如果思想集中，不受外物干扰——一切声音、形象、痛苦、喜乐都没有，尽量撇开肉体，脱离肉体的感受，专心一意地追求真实，这该是最适于思想的境界吧？……就为这个缘故，哲学家的灵魂很瞧不起肉体，并且避开肉体，追求孤独自守。不是吗？"[①]近代以来，人类在追求知识真理的过程中，主要依赖的是心灵的思考、理性的推算、智能的创建，所以，从笛卡尔的唯理论一直到黑格尔的辩证思维和绝对精神，都仍是将身体置之度外，认为身体只是"个体借以显示其原始本性的东西。"[②]

马克思哲学的出发点是"现实的人"，这在逻辑上是确定无疑的事实。"现实的人"，无论如何首先都是一个"身体的人"。就此而言，身体问题，或称身心关系问题，一开始就横亘在马克思的眼前。为了切近地把握真实的人，马克思首先窥见了旧哲学身体观念的谬误，并且正是从旧有身体观念的悖谬出发，马克思抓住了问题的要害并订正了那些谬误。具体地说，旧哲学对身体的理解

① 柏拉图：《斐多：柏拉图对话录》，杨绛译，中国国际广播出版社 2006 年版，第 14—15 页。
② 黑格尔：《精神现象学》（上），贺麟、王玖兴译，商务印书馆 1979 年版，第 204 页。

存在三个主要错误：一是把身体的起源这个发生学问题，或者归结为上帝创造或者归结为纯粹自然的结果；二是在认识论方面，主要地将身体视作完全惰性的消极的因素或仅仅具有极其有限的低等功能；三是从思有关系这个哲学基本问题来看，旧哲学始终没有真正解决思有同一问题，即始终无法说明身心统一的问题。此处所谓的三个错误，实质上同属于一个根本错误，是同一根本错误在不同方面的表现。那根本的错误不是别的，是思有对立、身心分裂的错误。在《1844 年经济学哲学手稿》中，马克思对身体做了有别于西方传统哲学的意识化或机械化的理解。他指出："人直接地是自然存在物。人作为自然存在物，而且作为有生命的自然存在物，一方面具有自然力、生命力，是能动的自然存在物；这些力量作为天赋和才能、作为欲望存在于人身上"[1]，而"自然界，就它自身不是人的身体而言，是人的无机的身体。人靠自然界生活。这就是说，自然界是人为了不致死亡而必须与之不断交往的、人的身体。所谓人的肉体生活和精神生活同自然界相联系，也就等于说自然界同自身相联系，因为人是自然界的一部分。"[2] 马克思跳出了西方传统哲学把人设定为"没有广延的思维的东西"的窠臼，明确肯定了人自身是有生命的、肉体的、现实的感性存在；并且，更进一步指出人具有能动性，人的生命活动是有意识的、创造性的实践活动，"通过实践创造对象世界，即改造无机界，证明了人是有意识的类存在物"[3]。马克思认为黑格尔"把人的自我产生看作一个过程"，把"现实的因而是真正的人理解为他自己的劳动的结果"[4] 是抓住了劳动的本质，即人通过劳动生产自身，揭示了身体的生成性；"他把劳动看作人的本质，看作人的自我确证的本质"[5]。就理论方面而言，马克思对身体问题的思想有三条进路。[6]

[1] 《马克思恩格斯全集》（第 1 版）第 42 卷，人民出版社 1979 年版，第 167 页。
[2] 《马克思恩格斯全集》（第 1 版）第 42 卷，人民出版社 1979 年版，第 95 页。
[3] 《马克思恩格斯全集》（第 1 版）第 42 卷，人民出版社 1979 年版，第 96 页。
[4] 《马克思恩格斯全集》（第 1 版）第 42 卷，人民出版社 1979 年版，第 163 页。
[5] 《马克思恩格斯全集》（第 1 版）第 42 卷，人民出版社 1979 年版，第 163 页。
[6] 张璟：《马克思身体哲学何以可能——从现实基础到理论进路》，《学术论坛》2017 年第 6 期，第 104—107 页。

　　第一，从发生学上展开。关于人的身体的起源问题，旧哲学的回答始终没有摆脱神秘主义。无论是将身体视为上帝的精巧造物，还是视作某种纯粹自然过程的产物，都同样陷入神秘主义的巢窠。为了科学地说明身体的起源问题，即"自然的躯体"如何生成为"人的身体"之过程，马克思既不能求助于上帝的神意，也不能委于无序的自然机制，而必须从人本身、从实践、从人的历史和现实的活动来说明身体的诞生。换言之，离开了人本身（他的处境、生存和活动）这个确定的基础，对身体起源问题的解释注定是要落空的。就身体的生成过程而言，人必须被理解为主体。在《1844年经济学哲学手稿》中，针对"谁生出了我的父亲？谁生出了他的祖父？"这类势必导致"无限过程"的抽象设问，马克思明确指出："你应该不仅仅注意一个方面即无限的过程……你还应该紧紧盯住这个无限过程中的那个可以直接感觉到的循环运动，由于这个运动，人通过生儿育女使自身重复出现，因而人始终是主体。"[1]也就是说，拘泥于这一"无限过程"只会引出谁生出了第一个人和整个自然界的问题，而这就必然会导向神秘的"创造"观念。相反，循环运动则确定表明了如下事实，即人是由人自己产生的，"人的肉体的存在也要归功于人"[2]。在此，产生出人的"人"和应当归功于的"人"，都不能仅仅看作是具体的、固定的个人，看作是生物学意义上的父本和母本，而应当更恰当地理解为人类，作为类的人。这是因为，在新生下来的人身上，不单有父母的遗传特征，更多的是类的遗传特征。此外，要彻底地说明身体的生成过程，就不能抛开历史的和社会的考察，而类的概念直接就是关联历史和社会的概念。同样，"人始终是主体"，马克思这句话中的"人"，也应该从"类"的角度来理解，即作为类的"人"——人类。因此，在马克思看来很清楚的是，身体既不是上帝的伟大设计，也不是自然无意的作品，而是人（类）自己的产物。

　　既然身体是人类自己的产物，那么人类到底是怎样生产出自己的身体的？

---

① 《马克思恩格斯全集》（第1版）第42卷，人民出版社1979年版，第130页。
② 《马克思恩格斯全集》（第1版）第42卷，人民出版社1979年版，第130页。

马克思写道:"在社会主义的人看来,整个所谓世界历史不外是人通过人的劳动而诞生的过程,是自然界对人说来的生成过程,所以,关于他通过自身而诞生、关于他的产生过程,他有直观的、无可辩驳的证明。"①关于这一点,恩格斯指出:"甚至连达尔文学派的具有唯物主义精神的自然研究家们对于人类的产生也没有提出明确的概念,因为他们在这种唯心主义的影响下,认识不到劳动在这中间所起的作用。"②也就是说,脱离了劳动这块基地,人类是怎样产生的问题就注定是晦暗不明的。因为,从直立行走,解放出来从事更复杂活动的人手,再到语言、艺术和文化的产生,一句话,人类的自我生成过程和自然界向人类的展开过程,都是通过劳动而逐步积累实现的。正是在此意义上,恩格斯才说:"它是一切人类生活的第一个基本条件,而且达到这样的程度,以致我们在某种意义上不得不说:劳动创造了人本身。"③

第二,从认识论上展开。与传统形而上学无限贬低身体的认识论地位,视身体为思维的陷阱,或仅承认身体具有感觉这种低等功能不同,也与旧唯物主义强行抬高身体的地位,把思维看作是身体的机能而取消思维的独立性不同,马克思完整地说明了身体在认识当中的基础地位。之所以能够完整地说明,恰是因为马克思把握住了完整的身体,即不是片面地从分立的灵魂或肉体出发,而是从灵肉统一的真实的身体出发。马克思一眼洞穿了如下事实,身体的认识论地位问题无法在旧哲学的范围内得到有效解决。所谓旧哲学的范围,是指思维与存在对立、身心分裂这一理论预设。就此而言,旧唯物主义与形而上学并无本质区别。对马克思而言,具有直观的确定性的是,认识始终是灵魂和肉体同时发动无间协作的成果。也就是说,唯有完整的身体,现实的身体才有资格参与认识过程。在认识活动中,单独的思维或肉体都无法立足,只有双方的统一即完整身体才能展开认识。对身体灵肉分离的克服,同时就是对人之自我分裂的克服;由此可以说,"身体即人,人即身体",身体是人的身体,人是身体

---

① 《马克思恩格斯全集》(第1版)第42卷,人民出版社1979年版,第131页。
② 《马克思恩格斯选集》第四卷,人民出版社1995年版,第381页。
③ 《马克思恩格斯选集》第四卷,人民出版社1995年版,第373—374页。

的人。严格说来，动物是没有身体的，它们拥有的只是躯体。因此，"身体的人""人的身体"在认识中的基础地位是显而易见的：这种身体既是认识之主体，也可以充当认识之客体。处于认识过程中的身体，既是主动的也是受动的，主动性在于它对认识活动的组织和筹划，受动性则体现在它总是受制于认识的环境和认识的对象。

那么，身体究竟是通过什么执行其认识功能的？扼要地说，是通过感觉。《1844年经济学哲学手稿》中有句充满玄机的话："感觉通过自己的实践直接变成了理论家。"①感觉直接成为理论家？感觉直接就是理论？实在令人颇费思量。因此，首要的是正确理解马克思的"感觉"概念：这个感觉不仅是肉体的，不仅是动物般的感觉，而是完整的身体的全面感觉，人的意识和思维都包含在这个感觉当中。马克思写道："不仅五官的感觉，而且连所谓精神感觉、实践感觉（意志、爱等），一句话，人的感觉、感觉的人性，都是由于它的对象的存在，由于人化的自然界，才产生出来。"②即是说，马克思理解的感觉，不仅指五官的肉体的感觉，也包括精神感觉（思维）和实践感觉；是包括五官的、精神的和实践的感觉在内的"全部感觉"。"人的感觉"或"感觉的人性"，说到底都有一个对象性根源，都是对象性活动（劳动）的产物。人的生存本质上就是总体性的，在世之中的生存，人同世界的交道，从来就不是单纯的肉体活动，也不是单纯的思维活动，而是作为双方之统一的感性对象性活动。恰如马克思所说："人不仅通过思维，而且以全部感觉在对象世界中肯定自己。"③谈论人以其全部感觉在他的世界中肯定自己，无非是说人通过全部感觉来把握和认识世界，这是同一件事情的两面。舍弃身体的全面的总体的感觉，就无法说明认识如何可能。

第三，从思维与存在上展开。于马克思而言，身体（人）既是物质存在，又是精神存在，既是肉身，又是思想。马克思写道："人是一个特殊的个

① 《马克思恩格斯全集》（第1版）第42卷，人民出版社1979年版，第124页。
② 《马克思恩格斯全集》（第1版）第42卷，人民出版社1979年版，第126页。
③ 《马克思恩格斯全集》（第1版）第42卷，人民出版社1979年版，第125页。

体……可见，思维和存在虽有区别，但同时彼此又处于统一中。"①简单地说，人（身体）既是个体又是总体，既是客体又是主体，既是特殊的、现实的存在物，又是思考的、观念的存在物，亦即是说人（身体）同时是存在和思维，并且是处于统一中的存在和思维；思有同一，最直接最典型地体现在身体中。

那么，身体作为肉身和精神，作为自然存在物和类存在物，作为存在和思维的这两副面孔，是如何直接统一起来的？对此，我们只能说：身体的思有同一是通过活动而实现的，在活动中身体必须动用它的全部的感觉，身体开展的任何活动都远远超出了单纯的肉体运动或思维运动而是肉体和精神、自然反应和理性筹划的联动。严格说来，人的身体不存在纯粹的生理活动，也不存在纯粹的精神活动，即便是呼吸这种最典型的生理活动也要受到感觉、情绪和精神活动的影响；即便是最正宗的精神活动——哲学反思，也摆脱不掉肉体和器官状态的限制。可见，身体在活动之中天然地就是思有同一的。身体的思有统一、协调的肉身和灵魂、身体的全部感觉，都是在活动中生长出来的。不经历劳动（活动）的训练和陶冶，完整统一的身体，身体的全部丰富的感觉，即人的身体是不可能诞生的。马克思把握住了思有同一的身体，把握住了一个完整意义上的人。

很显然，马克思恩格斯的身体哲学思想，较之于他们对空间社会化的探讨，"逻辑在先"。这些研究，对海德格尔、梅洛-庞蒂的思想，产生了深刻的影响。海德格尔、梅洛-庞蒂的空间观，可谓马克思恩格斯空间社会化探索与西方马克思主义研究"空间转向"的中介和过渡。

二、海德格尔对空间的生存论解构

对于海德格尔来说，空间问题的重要性也许无法与时间问题相提并论，但不难看到的是，无论是在以《存在与时间》为代表的前期著作中，还是

---

① 《马克思恩格斯全集》（第 1 版）第 42 卷，人民出版社 1979 年版，第 123 页。

在《诗·语言·思》等后期著作中，对空间问题的讨论都占有不少的篇幅。海德格尔空间理论的一个显著特点是他把人与空间的关系作为思考的重心。在他看来，只有从人与空间的关系出发，才能使空间的本质得到正确的说明，而要弄清人与空间的关系，则必须首先弄清空间与物体及其位置的关系。

海德格尔认为，在世界中存在的人是唯一能够以他自己的存在样式使自己澄明的存在者。海德格尔提出，如果我们要探寻"存在"，就必须首先向自己发问："我们应当在哪种存在者身上破解存在的意义？我们应当把哪种存在者作为出发点，好让存在开展出来？出发点是随意的吗？抑或在拟定存在问题的时候，某种确定的存在者就具有优先地位？这种作为范本的存在者是什么？它在何种意义上具有优先地位？"① 对这个问题，海德格尔的回答是："观看、领会和理解、选择、通达，这些活动都是发问的构成部分，所以它们本身就是某种特定的存在者的存在样式，也就是我们这些发问者本身向来所是的那种存在者的存在样式。因此，彻底解答存在问题就等于说：就某种存在者——即发问的存在者——的存在，使这种存在者透彻可见。……这种存在者，就是我们自己向来所是的存在者，就是除了其他存在的可能性外还能够发问存在的存在者，我们用此在这个术语来称呼这种存在者。"② 海德格尔的设问与回答表明，他所规定的在存在论上具有优先地位的"此在"，就是意识到自身存在的存在，也就是人的存在。③

在《存在与时间》中，海德格尔从"在世界之中"的生存论结构把握空间，他把"在世界之中"拆分为三个环节："世界之中"，"向来以在世界之中的方

---

① 海德格尔:《存在与时间》，陈嘉映、王庆节译，生活·读书·新知三联书店1987年版，第9页。

② 海德格尔:《存在与时间》，陈嘉映、王庆节译，生活·读书·新知三联书店1987年版，第9—10页。

③ 孙正聿:《存在论、本体论和世界观:"思维和存在的关系问题"的辩证法》，《哲学研究》2016年第6期，第22页。

式存在着的存在者"，以及"在之中"①。最后一个环节"在之中"，即指向此在的空间性，"此在本身有一种切身的'在空间之中的存在'，不过这种空间存在唯基于一般的在世界之中才是可能的。"②海德格尔特别提示，不能从通常那种"一个在一个之中"的空间关系理解"在之中"，"应当看到作为生存论环节的'在之中'与作为范畴的现成东西的一个对另一个的'在里面'这两者之间的存在论区别。"③"在里面"或者"在之内"意味着："一个本身具有广袤的存在者被某种广袤事物的具有广袤的界限环围着。在之内的存在者与环围者都现成摆在空间之内"④。对海德格尔而言，弄清了空间与物体及其所占的位置的上述这种错综复杂的关系，我们对人与空间的关系的思考就有了可靠的依据。当我们谈起人与空间的关系时，听起来似乎是人站在一边，而空间站在另一边。但是，空间实际上并非存在于人的存在之外的某种东西。当我们谈起"某个人"时，我们总是把他作为居于这个世界上的某处的人来看待；甚至已经去世的人，我们也把他们设想为在天堂之上或九泉之下存在着。⑤

　　因此，在海德格尔那里，空间和空间性成为生存论概念。这首先表现在，空间维度意义上的上下、前后等是通过人的生存活动所使用的用具（即所谓的"上手事物"）的位置来决定的。例如，"上面"就是"房顶那里"，"下面"就是"地板那里"，"后面"就是"倚着门"。⑥ 而上手事物或用具之所以有各不相同的位置，则是由于人的生存活动有种种不同的需要。举例来说，只是因为

① 海德格尔：《存在与时间》，陈嘉映、王庆节译，生活·读书·新知三联书店 1987 年版，第 66 页。

② 海德格尔：《存在与时间》，陈嘉映、王庆节译，生活·读书·新知三联书店 1987 年版，第 70 页。

③ 海德格尔：《存在与时间》，陈嘉映、王庆节译，生活·读书·新知三联书店 1987 年版，第 69—70 页。

④ 海德格尔：《存在与时间》，陈嘉映、王庆节译，生活·读书·新知三联书店 1987 年版，第 126 页。

⑤ 朱耀平：《海德格尔与现象学的存在论转向》，苏州大学出版社 2014 年版，第 192 页。

⑥ 海德格尔：《存在与时间》，陈嘉映、王庆节译，生活·读书·新知三联书店 1987 年版，第 128 页。

人的生存离不开太阳的光和热，因此太阳处在天空的哪个位置才成为人所关心的问题，于是才有诸如东方（日出处）与西方（日落处）之类的空间概念。再如，只是因为人有采光、避寒、取暖等需要，人所居住的房屋才有向阳面与背风面之分。① 另一方面，经常使用的物品总是比很少需要的东西来得更切近。此在，在与用具物品打交道中，依据不同的切近性、重要性给予物品以适当的空间。这样，不同的物品就在人与物的整体联系中各自获得了一定的空间。用具的切近性，反映在空间中，即占据着不同的、有着一定秩序的位置或场地。这种切近性，或者说，空间的秩序，通过此在的活动中所体现的秩序组织原则而得到确定。

海德格尔认为真正的源始空间是由我们对用具的使用和操作的"上手状态"决定的，上手状态即操作活动决定了用具摆放的具体位置，如笔、墨、纸张为何放在一起，毛巾、牙膏、牙刷又为何放在一起，这都基于它们属于不同的活动整体，从不同的活动整体取得的位置。这种活动整体本身的空间性，一方面规定了用具的客观位置："周围世界上到手头的工具联络使各个位置互为方向，而每一位置都由这些位置的整体方面规定自身为这一用具对某某东西的位置。"② 作为"上手状态"的空间性，"它在一种更源始的意义上具有熟悉而不触目的性质。只有在寻视着揭示上手的东西之际，场所本身才以触目的方式映入眼帘，而且是以烦忙活动的残缺方式收入眼帘的。往往当我们不曾在其位置上碰到某种东西的时候，位置的场所本身才首次成为明确可通达的。"③ 也就是说，在正常的操作活动中，用具的位置或场所我们往往没有意识到，而在操作活动异常即"残缺"时，如因某种东西不合手，该用时找不到，其空出的位置或场所反而更容易被意识到。这种"上手状态"的空间性所具有的从整体制

① 海德格尔：《存在与时间》，陈嘉映、王庆节译，生活·读书·新知三联书店 1987 年版，第 129 页。
② 海德格尔：《存在与时间》，陈嘉映、王庆节译，生活·读书·新知三联书店 1987 年版，第 127 页。
③ 海德格尔：《存在与时间》，陈嘉映、王庆节译，生活·读书·新知三联书店 1987 年版，第 129 页。

定位置以及不触目的熟悉性，就发展出了"定向"和"去远"这种最一般的空间生成形式。①

上手事物不仅处于不同的位置，而且还有远近和方向上的不同，而这种远近和方向不能用物理学意义上的空间距离和方向来衡量，而同样是由此在的生存活动所决定。决定着从周围世界上到手头的东西之远近的，乃是人的烦忙活动所包含的特有的"视"，海德格尔把这种"视"称为"寻视"。他写道：

> 如果说此在在烦忙活动中把某种东西带到近处来，那么这却不意味着把某种东西确定在某个空间地点上而这个地点离身体的某一点距离最小。"近"说的是：处在寻视着首先上手的东西的环围之中。接近不是以执着于身体的我这物为准的，而是以烦忙在世为准的，这就是说，以于在世之际总首先来照面的东西为准的。所以，此在的空间性也就不能通过列举物体现成所处的地点得到规定。虽然我们谈到此在时也说它占据一个位置，但这一"占据"原则有别于处在某一个场所中一个位置上的上手存在。必须把占据位置理解为：将周围世界上到手头的东西去远而使它进入由寻视先行揭示的场所里面去。②

> 例如，眼镜从距离上说近得就在"鼻梁上"，然而对戴眼镜的人来说，这种用具在周围世界中比起对面墙上的画要相去远甚。这种用具并不近，乃至于首先往往不能把它找出来。我们曾提出首先上手的东西的不触目性质，而这种去看的用具，以及诸如此类去听的用具，例如电话筒，就具有这种不触目性质。再例如对街道这种行走用具来说，上面这点仍是有效的。行走时每一步都触到街道，似乎它在一般上手的东西中是最切近最实在的东西了，它仿佛就顺着身体的一个确定部分即脚底向后退去。

①　海德格尔：《存在与时间》，陈嘉映、王庆节译，生活·读书·新知三联书店1987年版，第130页。

②　海德格尔：《存在与时间》，陈嘉映、王庆节译，生活·读书·新知三联书店1987年版，第133页。

但比起"在街上"行走时遇见的熟人，街道却相去远甚，虽然这个熟人相"去二十步之远"。决定周围世界首先上到手头的东西之远近的，乃是寻视烦忙。①

海德格尔的"上手状态"的空间性，揭示出了现象学意义上的原初空间是与人的存在方式、生活实践内在相关的，因此最原初的空间不是客观空间，而是一种实践空间。王珏提出：

> 海德格尔对空间思想谱系的一大贡献就是指出原初的空间现象是以在其体验、活动中的身体为中心的一系列位置的集合，并以此打破了广延空间观念的钳制："诸空间乃是从诸位置那里而不是从'这个'空间那里获得其本质的"，"这个"空间就是绝对均一的、几何化的广延空间。②

近代与现代广延空间观念以笛卡尔式身心二元论为前提的。身心二元论割裂了主体与身体的关联，将主体性仅仅归于纯粹意识，而将身体贬低为与其他物体无区别的现成之物。只有在如此敉平了一切区别、彻底去人格化的世界之中，空间才能被抽象为作为纯粹背景的广延：其中每一个位置与其他位置本质上都是可以互换的，并最终都被量化地表达为纯粹几何空间中的一个坐标点。空间作为坐标点的集合仅仅被看作是测量作为距离状态的切近和遥远的参数，完全沦为现代计算思维的产物。在海德格尔看来，这种纯粹几何化的广延空间概念的最大问题就在于，它掩盖了生存论上原初给予的空间现象。③

正是将生存论引入空间分析，生成了空间哲学的当代话语。但空间的生存

① 海德格尔：《存在与时间》，陈嘉映、王庆节译，生活·读书·新知三联书店 1987 年版，第133 页。

② 王珏：《身体的位置：海德格尔空间思想演进的存在论解析》，《世界哲学》2018 年第 6 期，第 111 页。

③ 王珏：《身体的位置：海德格尔空间思想演进的存在论解析》，《世界哲学》2018 年第 6 期，第 110 页。

论阐释依然困难重重。对此海德格尔有明确意识："空间存在的阐释工作直到今天还始终处于窘境，……关键在于：把空间存在的问题从那些偶或可用，多半却颇粗糙的存在概念的狭窄处解放出来；着眼于现象本身以及种种现象上的空间性，把空间存在的讨论领到澄清一般存在的可能性的方向上来。"①依海德格尔的意思，无论康德的先验感性空间，还是自然科学的空间观，以及新康德主义或现代实证社会哲学的空间分析，都不属于空间的存在论阐释。但是，即使海德格尔的《存在与时间》，也只是为空间的生存论分析开了一个头，依然是其以时间为主轴的生存论或存在论分析的附属方式。②

值得注意的是，海德格尔对空间的生存论描述在两个关键点上恢复了亚里士多德把空间作为"位置"的含义。首先，位置参与构成着存在者显现的方式，而不仅仅是无差别的背景，并由此突破了几何学化、背景化的广延空间观念的钳制。其次，位置作为边界是外在于存在者的，正如用具的位置与其说是由用具自身的物性因素（比如材质、大小）所决定的，不如说是由位置与位置之间的交互关系所决定的。而其中最基础也最重要的关系就是身体的位置与其他位置的区别及联系。《存在与时间》中尚未解决的"身体的位置与其他位置之间的张力关系"，成为推动海德格尔空间思想发展的一个线索问题。③

在《筑·居·思》（1951）中，海德格尔讨论了空间的"场"及其栖居本质，栖居乃后期海德格尔空间观的主题。这一思想已完全有别于《存在与时间》中那种从时间领会空间的做法。这一点，海德格尔自己有确定的看法。他说："在《存在与时间》的第七十节中，我试图把此在的空间性归结为时间性，这种企图是站不住脚的。"④这是海德格尔对自己前后空间观转变的一个自我表

---

① 海德格尔：《存在与时间》，陈嘉映、王庆节译，生活·读书·新知三联书店 1987 年版，第 139 页。

② 邹诗鹏：《空间转向的生存论阐释》，《哲学动态》2012 年第 4 期，第 20 页。

③ 王珏：《身体的位置：海德格尔空间思想演进的存在论解析》，《世界哲学》2018 年第 6 期，第 112 页。

④ 《海德格尔选集》上，孙周兴选编，上海三联书店 1996 年版，第 686 页。

态。那么：怎么理解前后期空间思想转变的性质？是什么动机促使海德格尔转变他的立场？从前期的生存论空间到后期作为栖居的本真空间是一种包含着断裂的转折，还是有着内在连续性的演进？王珏提出：

> 《存在与时间》之所以能将空间归结为时间，是因为它将空间仅仅理解为其他存在者来照面的活动空间暨显现视域。而就存在者的位置总是为时机化的生存活动所揭示而言，时间性就被把握为空间的可能性条件，或者用海德格尔式的术语说，此在时间性地设置空间。一旦我们超越对上手事物的位置的关注，转而追问揭示着这些位置的生存活动本身的位置，追问作为诸位置的原点——身体自身——的位置时，作为存在显现的先验视域的空间观念就被作为让在场的本真空间观念所代替。本真空间的最典型形象就是诸位置的相互关涉与共属一体，空间的本质就隐含在这些位置交错关系之中。于是，空间与其说是由人的生存活动所设置的，毋宁说，人的自由筹划的生存活动只有基于对这些先行被给予的位置的承受才得以可能。①

王珏指出：通过比较海德格尔前后期对"近"的不同使用方式，可以清楚地展示：正是位置之间交互奠基的张力关系，推动了海德格尔前后期在空间问题上的立场转变；这种转变不应当被看作是一种断裂，而应当被理解为是对身体境域化的、居间的存在论位置的一个越来越清晰的确认。

《存在与时间》中的"近"首要地被归属于非此在式的存在者来照面的方式："'近'说的是：处在寻视着首先上手的东西的环围之中。接近不是以执着于身体的我这物为准的，而是以烦忙在世为准的"。② 换言之，"近"被看作此在的

---

① 王珏：《身体的位置：海德格尔空间思想演进的存在论解析》，《世界哲学》2018 年第 6 期，第 115 页。
② 海德格尔：《存在与时间》，陈嘉映、王庆节译，生活·读书·新知三联书店 1987 年版，第 133 页。

生存活动的结果。既然此在的生存活动被看作是时间性的，那么就不难得出空间性是奠基于时间性的结论。

《存在与时间》之后海德格尔仍然持续地使用着“近”这个词及其各种变化了的形式，但意义重心已经悄然发生了转变。“近”不再仅仅是存在者来照面的方式，“近”首要的含义毋宁说是人的本真存在方式。海德格尔后期所谈论的“栖居”的原始含义就是“在邻近处居住”①，切近到一任自身为物所召唤，一任自身为物所限制。相应地，那能够起聚集作用而使一个空间成形的东西不再是此在，而是“物”。在《筑·居·思》中，“近”不再被狭隘地理解为此在操劳活动（时间性）的结果，而扩展为那更原初的敞开之境：人和物的位置第一次明确地从交互关系中被给出，空间不仅仅是此在的操劳活动所构成的，而且也是被给予此在的，是此在已经预先承受着的；通过这种承受着的揭示关系，人才获得他的本己位置，得以栖居于存在者中间——“我们始终是这样穿行于空间的，即：我们通过不断地在远远近近的位置和物那里的逗留而已经承受着诸空间。当我走向这个演讲大厅的出口处，我已经在那里了；倘若我不是在那里的话，那我就根本不能走过去。我从来不是仅仅作为这个包裹起来的身体在这里存在；而不如说，我在那里，也就是已经经受着空间，而且只有这样，我才能穿行于空间。”②

综上所述，海德格尔通过将空间理解为以身体为中心的一系列位置的聚集，颠覆和重塑了现代空间思想图景。从空间观念的思想谱系看，海德格尔空间思想至少作出了如下三点重要贡献。首先，海德格尔令人信服地证明了，基于身体性存在的位置经验才是最原初形态的空间经验；相反，现代人习以为常的均质的、敉平的广延空间反而是丧失了原初空间经验的结果。其次，当海德格尔将空间性看作人身体性存在的本质可能性时，发展了一条重要的通达原初

① 《海德格尔文集·演讲与论文集》（修订译本），孙周兴译，生活·读书·新知三联书店 2018 年版，第 159 页。

② 《海德格尔文集·演讲与论文集》（修订译本），孙周兴译，生活·读书·新知三联书店 2018 年版，第 171 页。

身体现象的思想通道：我们最本己的身体被揭示为一个境域化的概念，身体承载着我们在存在者中间预先被给与的活动境域，是主体在世存在诸关系的扭结，也是自由与有限性的交汇点。海德格尔是第一个将空间理解为具身化主体介入世界中的可能性的现象学家，并下启了梅洛-庞蒂等人的身体现象学探索。最后，海德格尔通过复兴位置观念而表现出向更古典的亚里士多德式空间观复归的倾向，但是这种复归同时也是超越，因为海德格尔已经置换了位置系统的存在论基础，将之由实体化的宇宙论图景转变为立足于身体经验的境域化概念。①

三、梅洛-庞蒂的"现象空间"与身体

从空间哲学的角度看，梅洛-庞蒂早期代表作《知觉现象学》（1945）的主要贡献在于它在客观空间的层次之下揭示出了一种更本源的生存论空间，即"现象空间"。此外，他还将这种新的空间概念与意识、身体、时间、世界等概念紧密地编织在一起。②

在《知觉现象学》的"空间"一章中，梅洛-庞蒂对传统空间观进行了分析，将其论说为"被空间化的空间"和"能空间化的空间"。③

其一，如果我们直接从被知觉对象出发来构想空间，就会认为空间来源于对象，并随着感觉经验内容一起给予主体。空间仿佛早已被构成在对象之中（即早已被空间化了）。梅洛-庞蒂将这样构想出来的空间称为"被空间化的空间"。在这种情况下，我们有时将空间设想为对象的共存环境，有时将空间设想为对象的相互关系或共同属性。在这种空间里，我们"与物理空间及其不同

---

① 王珏：《身体的位置：海德格尔空间思想演进的存在论解析》，《世界哲学》2018年第6期，第116—117页。

② 刘胜利：《现象空间的诞生——斯特拉顿实验的现象学解释》，《自然辩证法通讯》2012年第1期，第60页。

③ 莫里斯·梅洛-庞蒂：《知觉现象学》，姜志辉译，商务印书馆2001年版，第311页。

性质的区域打交道"①，因为我们的身体与各种物理对象根据上下、左右、远近
等各种方位所形成的具体关系对我们呈现出不可还原的多样性。由于这种空间
涉及实在对象及其关系，并随着经验内容一起被给予主体，梅洛-庞蒂随后将
它理解为"经验主义空间"或"实在论空间"。

其二，如果我们反思空间经验的可能性条件，就会思考归属于空间这个词
语之下的各种关系，思考这些关系的根源。于是，我们意识到这些关系只有通
过一个能够描述和支撑它们的主体才得以存在。换言之，空间与主体描述或构
成空间的能力相关联。通过这种能力，主体将空间关系或形式赋予感觉经验中
被给予的内容。梅洛-庞蒂将这种作为能力或形式的空间称为"能空间化的空
间"。在这种空间里，我们与"各个维度可相互替代的几何空间打交道"②。它
是一种同质的和各向同性的空间。相应地，他随后将它理解为"理智主义空间"
或"观念论空间"。

在梅洛-庞蒂看来，上述分析框架揭示了传统空间观面临着某种"非此即
彼的选择"：空间要么来源于对象，呈现出异质性和多样性；要么来源于主体，
呈现出同质性和单一性。梅洛-庞蒂通过对原初空间经验的现象学分析同时拒
绝了上述两种空间观。梅洛-庞蒂认为，无论是实在论空间还是观念论空间都
属于对象化的客观空间，它们是客观空间的两种类型。

实在论空间是一种对象化的客观空间，这是容易理解。而观念论空间，溯
源于主体心灵的能力，它是由心灵在整理感觉内容时所执行的各种联系活动综
合而成的一个单一、不可分割的系统；这种归属于主体的空间为什么也是一种
客观空间呢？这是因为：理智主义所构想的这个支撑空间关系的主体并不是一
个"知觉主体"，而是一个"先验自我"。先验自我是一个"世界之外"的纯粹
意识主体，它并不介入世界中的各种关系。这使得世界中的诸对象及其关系仍
然保持它们在经验主义中之所是。因此，理智主义构想的世界实际上仍是一个

---

① 莫里斯·梅洛-庞蒂：《知觉现象学》，姜志辉译，商务印书馆 2001 年版，第 311 页。

② 莫里斯·梅洛-庞蒂：《知觉现象学》，姜志辉译，商务印书馆 2001 年版，第 311 页。

对象化的"现成世界"。它成了空间名义下各种联系活动的规范性的唯一来源。因此，观念论空间并没有增加什么实质内容。它只不过在每一个实在论空间描述的末尾，都加上了"由主体心灵来构成……"这样一个空洞的标记。在这个意义上，观念论空间仍然是一种对象化的客观空间。所不同的只是：实在论空间的对象化是一种直接对象化，观念论空间的对象化则是一种借助"先验自我"进行的间接对象化。①

梅氏的空间思想的展开是从身体入手的，但他为身体赋予了新的内涵，在梅洛-庞蒂那里，身体不再是笛卡尔意义上的与心灵相对立的肉身，也不再是肉体和意识的结合，而是一种总体性的空间，是肉体和意识整合在一起的现实空间，是一种"双重性"的存在。这一存在具有面向内在和外在的两种属性，它既是物质性的又是精神性的，是肉体与心灵相互交织的整体性存在。身体各部分联合起来构成"身体图式"，这是决定人类的所有活动的基础性的图式框架，也是"我的身体在世界上存在的方式"②。梅洛-庞蒂说："我的身体在我看来不但不只是空间的一部分，而且如果我没有身体的话，在我看来也就没有空间。"③"身体的空间性不是如同外部物体的空间性或'空间感觉'的空间性那样的一种位置的空间性，而是一种处境的空间性。"④这种处境的空间性，是指我们不是根据物体的外部位置来区别空间，而是在由身体活动的综合机制形成的某种情境中就使我们对空间有一种类本能的直接洞悉。梅洛-庞蒂写道：

> 如果我站着，手中紧握烟斗，那么我的手的位置不是根据我的手与我的前臂，我的前臂与我的胳膊，我的胳膊与我的躯干，我的躯干与地面形

① 刘胜利：《现象空间的诞生——斯特拉顿实验的现象学解释》，《自然辩证法通讯》2012年第1期，第61页。
② 莫里斯·梅洛-庞蒂：《知觉现象学》，姜志辉译，商务印书馆2001年版，第138页。
③ 莫里斯·梅洛-庞蒂：《知觉现象学》，姜志辉译，商务印书馆2001年版，第140页。
④ 莫里斯·梅洛-庞蒂：《知觉现象学》，姜志辉译，商务印书馆2001年版，第137—138页。

成的角度推断出来的。我以一种绝对能力知道我的烟斗的位置，并由此知道我的手的位置，我的身体的位置，就像在荒野中的原始人每时每刻都能一下子确定方位，根本不需要回忆和计算走过的路程和偏离出发点的角度。词语"这里"如果用于我的身体，则不表示相对于其他位置，或相对于外部坐标而确定的位置，而是表示初始坐标的位置，主动的身体在一个物体中的定位，身体面对其任务的处境。①

在此，梅洛-庞蒂阐明了位置空间的观念本身是滞后于我们直接拥有的身体活动空间的观念，即后者对于前者具有始源性；亦即：如果我没有身体的话，在我看来也就没有位置空间的观念。一如亚里士多德所说，"如果不曾有过某种空间方面的运动，也就不会有人想到空间上去。"② 当然，梅洛-庞蒂是在比亚里士多德更深的层次上讨论着空间概念的起源问题。

梅洛-庞蒂还进一步指出了"对病人的'抽象运动'的分析使我们能更清楚地看到这种作为一切生动知觉的最初条件的空间占有和空间存在。"③ 后又对斯特拉顿实验进行了深入的现象学研究 ④。刘胜利的《现象空间的诞生——斯特拉顿实验的现象学解释》一文写道：

> 梅洛-庞蒂通过对斯特拉顿实验的现象学阐释揭示出了一种比客观空间更本源的现象空间。现象空间既不是与知觉经验的纯质料相联系的实在

---

① 莫里斯·梅洛-庞蒂：《知觉现象学》，姜志辉译，商务印书馆 2001 年版，第 138 页。

② 亚里士多德：《物理学》，张竹明译，商务印书馆 1982 年版，第 100 页。

③ 莫里斯·梅洛-庞蒂：《知觉现象学》，姜志辉译，商务印书馆 2001 年版，第 149—150 页。

④ 莫里斯·梅洛-庞蒂：《知觉现象学》，姜志辉译，商务印书馆 2001 年版，第 311—324 页。斯特拉顿实验，为美国心理学家斯特拉顿 1897 年在加利福尼亚大学首创；是用传统的空间观解释不了的。梅洛-庞蒂写道："理智主义，包括经验主义，都不能解释有方向的空间的问题，因为他们不能提出问题：按照经验主义，问题在于知道自在颠倒的世界映像在我看来为什么会变正。理智主义甚至不承认戴上眼镜后的世界映像是颠倒的。"（莫里斯·梅洛-庞蒂：《知觉现象学》，姜志辉译，商务印书馆 2001 年版，第 315 页）

论空间，也不是与纯形式相联系的观念论空间，而是这两种空间的原初综合。它意味着：在我们原初的世界经验中，不存在完全无意义、纯粹被动的质料，也不存在纯粹主动的先天形式。质料已经蕴涵着原初的形式，两者之间是不可相互还原的奠基关系。在其中，一个匿名的现象身体或身体主体已经在原初地把握着世界。这种把握正是空间隐秘的，但却是真正的起源。在我们看来，这种把握就是身体主体所拥有的一种原初空间经验。它是所有其他空间经验始终需要预设的前提，也是一切空间观念进行理论构造的基础。它意味着身体与世界的原初关联，意味着人类意识通过身体朝向世界的原初开放，意味着这个身体主体与世界之间拥有一种比思想更古老的沟通方式。①

梅洛-庞蒂揭示的"现象空间"所指是：在没有形成明确的空间意识之前对空间的一种直接的体验性把握，即"现象身体或身体主体"所拥有的一种原初空间经验；这种直接体验发展出了后来作为意识的客观对象来认识的空间。这本质上是一种实践的构造性、生成性活动。换言之，现象空间是从人的活动出发引申出的空间概念，是人的"实践活动空间"。梅洛-庞蒂提出："空间不是物体得以排列的（实在或逻辑）环境，而是物体的位置得以成为可能的方式。也就是说，我们不应该把空间想象为充满所有物体的一个苍穹，或把空间抽象地设想为物体共有的一种特性，而是应该把空间构想为连接物体的普遍能力。"②

把梅洛-庞蒂对传统空间观进行的批判，与其提出的新的空间理论关联起来，他在《知觉现象学》一书中区分了三种类型的空间。其一，身体和物体的空间，它以上下、左右、远近等具体的方位而呈现自身，是个体身体直接与自然物质的物理性质打交道的空间。其二，阐述的空间；这种空间并非是真实的

---

① 刘胜利：《现象空间的诞生——斯特拉顿实验的现象学解释》，《自然辩证法通讯》2012年第1期，第66页。

② 莫里斯·梅洛-庞蒂：《知觉现象学》，姜志辉译，商务印书馆2001年版，第310—311页。

物理空间形态，而是对空间的阐述。人们用几何学、物理学、空间社会学等对自然空间进行理论建构。其三，人的充满活力的知觉空间；知觉空间让身体空间和阐述空间实现了融合。知觉空间既不是单纯的身体机能感知，也不是个体意识的单纯建构，而是身体机能感知和个体意识思考的结合。他写道："成为一个意识，更确切地说，成为一个体验，就是内在地与世界、身体和他人建立联系，和它们在一起，而不是在它们的旁边。"①知觉主体能对世界进行感知，这种对世界的感知源于我们身体的体验，体验使我们与世界、身体和他人联系起来，即身体的体验构成了知觉的主体。在梅洛-庞蒂看来，人与世界最直接的接触是"我看"，不是"我思"；他要突出知觉的主体性，而不是思维的主体性。看，就是眼睛作为身体器官的体验活动，是一种身体的意向性的突出表现，是知觉主体将世界、身体和他人联系在一起的一个纽带；即如他所言，"看，就是进入一种呈现出来的诸存在的世界"②，再根据物体朝向它的一面来把握它。这种意向关系中的视觉角度和观看位置，建构了身体介入世界的方式，"在我看来，我的观看位置与其说是我的体验的一种限制，还不如说是我进入整个世界的一种方式。"③因此，他把视看归结为目光的投射，就是一种身体性的介入，构成了身体与世界的意向性关系。④

四、列斐伏尔的空间生产理论与身体

南京大学刘怀玉 2006 年出版的《现代性的平庸与神奇：列斐伏尔日常生活批判哲学的文本学解读》一书，在中国学术界是首部以一手文本为基础深入解读列斐伏尔的日常生活批判理论的著作，并突出了列斐伏尔后期日常生活批

---

① 莫里斯·梅洛-庞蒂：《知觉现象学》，姜志辉译，商务印书馆 2001 年版，第 134 页。

② 莫里斯·梅洛-庞蒂：《知觉现象学》，姜志辉译，商务印书馆 2001 年版，第 100 页。

③ 莫里斯·梅洛-庞蒂：《知觉现象学》，姜志辉译，商务印书馆 2001 年版，第 417 页。

④ 刘伟：《"脱离肉身的视看的形而上学"批判——梅洛-庞蒂对笛卡尔和胡塞尔哲学中的"心看"的解构》，《江海学刊》2018 年第 2 期，第 91 页。

判的空间化转向与都市社会批判维度。该书写道：列斐伏尔曾多次不无自负地表白，日常生活批判理论是他对马克思主义社会理论的最重要贡献。但20世纪七八十年代以后，他的思想发生了一次意味深长的转变。这就是把马克思的社会历史辩证法翻转成为一种"空间化本体论"，或将历史辩证法"空间化"。然而，这只是改变了日常生活批判的理论视野——列斐伏尔试图用空间性的"问题式"熔化面对的所有问题，在他看来，"日常生活"、"都市"、"重复与差异"，"战略"、"空间"与"空间的生产"是一些"近似问题"，其母体就是马克思的社会关系生产与再生产的辩证法理论。①

　　按照列斐伏尔的理解，作为马克思历史辩证法的最高形态与核心形态，社会生产关系的再生产辩证法的进一步发展就是"空间的生产"的辩证法。资本主义的物的生产关系与生产力的极端与高度发展，最终必然是超越空间中的物的生产界限，变为"空间本身"即生产关系本身的再生产。马克思当年所谓的"资本越发展……资本同时也就越是力求在空间上更加扩大市场，力求用时间去更多地消灭空间"，其实就已经预感到资本主义的生产必然要突破自然界的空间中的物的生产限制，而寻求在一种社会关系所生产出的社会空间本身中实现自我的无限生产。经典马克思主义的问题式是"资本主义生产就是要'用时间消灭空间的限制'"，而在他的"后马克思哲学"问题式看来，所谓"消灭空间的限制"其实就是"创造出新的空间"。资本主义"为什么幸存而没有灭亡"就在于资本主义对空间的占有，"通过占有空间，通过生产空间"。②

列斐伏尔继承了马克思对生产中的空间的关注。列斐伏尔认为，在马克思

---

① 刘怀玉：《现代性的平庸与神奇：列斐伏尔日常生活批判哲学的文本学解读》，中央编译出版社2006年版，第400、401页。

② 刘怀玉：《现代性的平庸与神奇：列斐伏尔日常生活批判哲学的文本学解读》，中央编译出版社2006年版，第403页。

的学说中，空间基本上是支持物质生产的外部环境，一种"中立"的东西，换句话说，空间是自然界提供的消费品。而当代资本主义不只是生产物质产品，更主要的是将空间变成了生产和再生产的对象，即扩展为空间的生产和再生产。他不仅把现代空间看作资本主义的产物，而且指出当代资本主义正是通过空间的生产和再生产得以维持下来——资本主义把空间由自然的消费品变成谋取剩余价值的生产对象，空间进入了生产领域；正是这个空间的生产过程，给资本集团带来利润，成就了官僚和技术专家的统治。据此，可以说，列斐伏尔的空间生产理论与德国学者哈贝马斯的"科学技术今天具有双重职能：它们不仅是生产力，而且也是意识形态"理论 ① 异曲同工，是对"资本主义为什么没有迅速灭亡"之奥秘的揭露——资本主义空间生产及其再生产，成为维持资本主义生产关系、生产方式、社会体制存在的基本方式；资产阶级通过空间对人的支配与统治而强化了其对整个社会的领导权和支配权。

列斐伏尔在《空间的生产》一书中写道：

　　"生产空间"是令人惊异的说法：空间的生产，在概念上与实际上是最近才出现的。主要是表现在具有一定历史性的城市的急速扩张、社会的普遍都市化，以及空间性组织的问题等各方面。今日，对生产的分析显示我们已经由空间中事物的生产转向空间本身的生产。②

---

① 哈贝马斯指出："自十九世纪的后二十五年以来，先进的资本主义国家中出现了两种引人注目的发展趋势：第一，国家的干预活动增强了，而这种干预活动必然保障制度的稳定性；第二，科学和技术之间的相互依赖性日益密切，这种相互依赖关系使得科学成了第一位的生产力"，这两种发展趋势破坏了自由资本主义时期生产力与生产关系之间的原有格局，使作为第一位生产力的科学技术成为晚期资本主义社会的意识形态。科学技术的第一生产力作用，使社会物质财富的高度丰富、人民生活水平的大幅度提高，从而使阶级差异和对抗消失，成了维护晚期资本主义社会统治的合法性的基础，使大众丧失了对现存社会否定和批判的向度，成功地压制了人们寻求解放的观念和努力（文兴吾：《关于历史唯物主义传统叙述方式的改变问题——与俞吾金先生商榷》，《社会科学研究》2014年第4期，第127页）。

② 列斐伏尔：《空间：社会产物与使用价值》。包亚明主编：《现代性与空间的生产》，上海教育出版社2003年版，第47页。

　　资本主义与新资本主义生产了一个抽象空间，在国家与国际的层面上反映了商业世界，以及货币的权力和国家的"政治"。这个抽象空间有赖于银行、商业和主要生产中心所构成的巨大网络。我们也可以见到公路、机场和资讯的网络散布在空间中。在这个空间中，积累的摇篮、富裕的地方、历史的主体、历史性空间的中心——换句话说，就是城市——急速地扩张了。

　　空间作为一个整体，进入了现代资本主义的生产模式：它被利用来生产剩余价值。土地、地底、空中、甚至光线，都纳入生产与产物之中。都市结构挟其沟通与交换的多重网络，成为生产工具的一部分。城市及其各种设施（港口、火车站等）乃是资本的一部分。①

　　这个形式的与量化的抽象空间，否定了所有的差异，否定那些源于自然和历史，以及源自身体、年龄、性别和族群的差异……在新资本主义的空间中，经济与政治倾向于汇合……②

　　列斐伏尔把迄今为止的人类历史分为三个阶段：农业时代、工业时代和都市时代。在他看来，20世纪后期，我们所处的时代，现代性已经深刻地城市化了，这个世界正在成为城市社会、城市世界。这种世界范围的城市化，深刻地改变了世界的空间结构，也深刻地改变了世界的社会结构，并已深刻地改变人们的认识和心理结构。

　　在列斐伏尔的空间思想中，有很多种空间形式，如自然空间、精神空间、社会空间、资本主义空间、社会主义空间、男性空间、女性空间、地上空间、地下空间、感官空间、视觉空间、绝对空间、抽象空间、差异空间、政治空间和国家空间，等等。但是，最基本的只有三种空间，即自然空间、精神空间

---

① 列斐伏尔：《空间：社会产物与使用价值》。包亚明主编：《现代性与空间的生产》，上海教育出版社2003年版，第49页。

② 列斐伏尔：《空间：社会产物与使用价值》。包亚明主编：《现代性与空间的生产》，上海教育出版社2003年版，第52页。

和社会空间；其他空间都可以划归在这三种空间名下。列斐伏尔区分了自然空间、精神空间与社会空间，但这种区分绝不是认同而恰恰是为了批判传统的本体论及认识论的空间观，进而破解自然空间与精神空间，凸显社会空间的总体性。①1986 年，列斐伏尔在《空间的生产》新版序言中写道："在传统意义上，'空间'一词更多地让人联想到数学，（欧几里德）几何学及其定理，因而它是一个抽象物：没有内容的空壳子。……至于说到各种学科对空间的研究，它们最大限度地分割了它，空间按照被简化的方法论前提而遭到随意的肢解：地理学的、社会学的、历史学的等等空间。空间至多被当作一个空洞无物的领域被扫描，作为对其内容漠不关心的空壳子来看待，但它本身却是被某些秘而不宣的标准所规定：绝对的、光学的、几何学的，欧几里德的——笛卡尔的——牛顿的。我们也许可以接受各种各样的'空间'，但却是把它们归拢到一个干巴巴的概念当中。"② 列斐伏尔谈论的"空间生产"，是"社会空间的生产"，主要内容是社会关系，以及以社会关系为基础的人与"人化自然"的关系。其所揭示的空间与空间生产的辩证法，重要内容是社会关系存在与运行、转换的辩证法；其所揭示的空间问题，其实就是社会关系中的问题与矛盾；其所揭示的空间和空间生产的不平等，重要本质就是社会等级、阶层及阶层间的不平等；其所揭示的空间行动，其实也就是处于社会关系中的人对既有社会关系的变革，对新社会关系的建构。③ 在列斐伏尔看来，在现代性条件下，无论自然空间还是精神空间，其实都是从属于社会空间，而社会空间本身就是空间的存在方式空间，就是社会性的，并且构成了现代性社会的存在基础。他写道：

> 空间是社会性的；它牵涉到再生产的社会关系，亦即性别、年龄与特

---

① 邹诗鹏：《空间转向的生存论阐释》，《哲学动态》2012 年第 4 期，第 21 页。

② 列斐伏尔：《〈空间的生产〉新版序言》。张一兵：《社会批判理论纪事》，中央编译出版社 2006 年版，第 177 页。

③ 陈忠：《空间与城市哲学研究》，上海社会科学院出版社 2017 年版，第 33—34 页。

定家庭之间的生物—生理关系，也牵涉到生产关系，亦即劳动及其组织的分化。……空间是一种社会关系吗？当然是，不过它内含于财产关系（特别是土地的拥有）之中，也关联于形塑这块土地的生产力。空间里弥漫着社会关系；它不仅被社会关系支持，也生产社会关系和被社会关系所生产。……因此，社会空间总是社会的产物，但这个事实却未获认知。社会以为它们接受与转变的乃是自然空间。①

不论其为生活空间、个人空间、学术空间、监狱空间、军队空间或医院空间。在各处人们都理解到空间关系也正是社会关系。②

空间一向是被各种历史的、自然的元素模塑铸造，但这个过程是一个政治过程。空间是政治的、意识形态的，它真正是一种充斥着各种意识形态的产物。③

在列斐伏尔看来，空间具有人文性、文化性、意识形态性。空间不是与人无关的永恒不动的空容器，而是由具有观念、情感的社会人所生产和创造。社会关系的存在及其生成、传承具有空间性，人们之间社会关系的改变通过空间得以呈现；不改变空间形态，不诉诸空间这个现实机体，所谓社会关系的改变，也就不具有现实性，只能是抽象的。在列斐伏尔那里，空间以辩证的形式存在。具体而言，空间辩证法由"同时发生"与辩证互动的三个层面构成，这三个层面的有机互动构成"空间生产的辩证法"。其一，空间实践（spatial practices）。即人们对物理性、物质性环境的改变，人们在一定的观念、计划、愿望指导下，把自然改造成"第二自然"即"人化的自然"。例如，建造具有具体用途和功能的房屋、道路、场所、城市等。其二，空间的表达（representations of space）。

① 列斐伏尔：《空间：社会产物与使用价值》。包亚明主编：《现代性与空间的生产》，上海教育出版社 2003 年版，第 48 页。
② 列斐伏尔：《空间：社会产物与使用价值》。包亚明主编：《现代性与空间的生产》，上海教育出版社 2003 年版，第 52 页。
③ 列斐伏尔：《空间政治学的反思》。包亚明主编：《现代性与空间的生产》，上海教育出版社 2003 年版，第 62 页。

现实中的空间必然表现、表达了占主导地位的生产关系，以及与此相关的各种关系。由谁控制空间，空间如何被控制，空间如何被生产、组织和使用，深刻影响、制约着人们的日常生活。物质性空间具有非物性，具有强烈的政治性、意识形态性。空间现实性地呈现着政治与意识形态，感性地表达着现实世界的不平等等深层问题。其三，表达的空间（spaces of representation）。如果说，列斐伏尔用"空间的表达"意指空间总是对社会关系的表现，总是表现着现实世界、现代社会关系的不平等本质，并意指空间中的支配方、主宰方；那么，列斐伏尔用"表达的空间"来意指与支配方、主宰方相对立的被支配方、被主宰方，作为日常生活的空间。在列斐伏尔看来，作为被支配方，在精英统治下的"表达的空间"、日常生活，并不是毫无行动可能的沉寂者。在充满问题的不平等的现实空间中，人们从来没有停止过对更合理空间、新的可能性空间的希望、想象。在被精英主宰、秩序化的空间中，人们一直通过默默行动实践性地不断营建与理性化、秩序化空间相对的日常空间。例如，在被规划、设计好的建筑与城市中，人们往往会进行内部改造，或搭建所谓的违章建筑。①

刘怀玉写道：

列斐伏尔的空间化辩证法是一种三重性辩证法。请注意，对他来说，三重性的空间辩证法不等于是黑格尔—马克思式的否定之否定的三个阶段或层次，而是彼此不可分离的同时并存的三个面向维度。这就是：

第一，物质性的空间实践（Spatial practice），它是指那些发生在空间中的并穿越过空间的自然的与物质的流动、传输与相互作用等方式，保证着生产与社会再生产的需要。空间的实践，作为社会空间性的物质形态的制造过程而既表现为人类活动、行为与经验的一种中介，也表现为其一种结果。这相当于马克思的直接的与自然打交道的物质生产实践的空间化重述与改写。

第二，空间的表象化（Representations of space），它是任何一个社会

---

① 陈忠：《空间与城市哲学研究》，上海社会科学院出版社2017年版，第32—33页。

中（或生产方式）占主导地位的空间，是知识权力的仓库。这相当于马克思的生产关系、社会结构和上层建筑。这种空间被社会的精英阶层构想成为都市的规划设计与建筑。他们把这种空间视为"真正的空间"。他们经常把对空间的表象作为达到与维持其统治的手段。因此例如，都市化设计者规划者与建筑师们一度有这样一种流行的城市更新模式，即拆迁原有的贫困人口居住区，取而代之以现代化的高层建筑社区。这就是美其名曰的都市化迁移。这个过程更多考虑的是中产阶级与既得利益阶层的生存需要、发展利益与生活兴趣，而穷人则非其所愿地被赶到所谓新居：那狭小而拥挤的、火柴盒般的高层建筑群中。他们被迫过上一种拥挤但是没有邻居的、孤独的、离群索居的生活。所以穷人的"空间的实践"，被那些支持创造都市空间规划改造的成功人士们梦想的"空间的表象"所残酷地剧烈地改变了。这是消费社会、都市化时代资本主义生产关系上层建筑对穷人们的日常生活的一次次严重的空间化控制与剥削。

第三，再现性空间（Space of representation/representational spaces）。即精神的虚构物（代码、符号、"空间性的话语"，乌托邦计划，想象的风景，甚至还有诸如象征性的空间、特殊的建筑背景，绘画，博物馆等等这样一些物质性建筑物），以便为空间性实践提供某些具有崭新意义或可能性的想象。再现性空间同时包含着所有"他者的"、亦真亦幻的空间。空间的表象所控制的不仅是空间性实践，而且还有各种各样的再现性空间。当统治阶级成功人士们兴高采烈地创造出自己的空间的表象时，再现性空间则从人们的实际生活体验中悄然隐去了。已如上述，空间的表象总被那些手握重权的社会阶层视为"惟一真实的空间"，与此同时再现性空间则透露出"空间的真理"。这就是说它们反映了人们的真实的生活体验，而不是本质上的那种被某些都市规划者们所创造出来以便于统治的抽象真理。不过，在当代世界里，再现性空间如同空间的实践一样，它们均受着空间的表象专制垄断地统治之苦。事实上，列斐伏尔观点已经悲观到如此地步，以至于认为，"再现性空间已经消失在空间的表象之中"，技术设计的"真实空间"正在冒名顶替人们身体要体验的"空间真理"。①

在列斐伏尔的学生苏贾看来,列斐伏尔的"三维空间"在一定程度上揭示了空间存在的辩证法;但在本质上,列斐伏尔的空间观并不是一种真正动态的、走向真正社会行动的空间辩证法。苏贾提出,空间由第一空间、第二空间、第三空间构成。所谓第一空间,就是物质化的"空间性实践",也就是城市空间意识的感性对象。城市空间被物理和经验地意识为形式和过程,意识为都市生活可衡量、可标志的形状和实践。所谓第二空间,就是"概念性空间",即人们对经验、现实空间的主体观念性反映。如果说第一空间视角更客观地考虑和强调"空间中的物体",第二空间视角则倾向于更为主观,更涉及"关于空间的思想"。苏贾认为,第一空间是一种实在性空间,第二空间是一种想象性空间,而城市空间的真正深层本质是第三空间。所谓第三空间,就是实践性与想象性相结合的空间,在本质上具有动态性的鲜活空间。在苏贾看来,一方面,第三空间是被统治、被动的空间;另一方面,第三空间又是最具有变动潜质的空间。在被动性与变动性的辩证统一中,第三空间是一种真正鲜活的空间:既真实又想象化的,既是事实又很实际,既是结构化个体的位置,又是集体的经验与动机。苏贾之所以特别强调第三空间,或者说空间的第三性,深层原因在于他希望通过切实可行的集体行为,改变空间生产与社会结构的不平等,改变生活于第三空间中的人的边缘地位,建构一种空间正义。在财富、阶层等不平等日益通过住宅等空间差异、空间隔离得以再生和表现的情况下,社会空间结构中的弱者只有通过有组织的集体行动,才可能现实地改变这个社会的空间不平等、空间不正义等现象。②

刘怀玉还指出:列斐伏尔的"空间的生产"理论所推崇的"生产",主要

---

① 刘怀玉:《现代性的平庸与神奇:列斐伏尔日常生活批判哲学的文本学解读》,中央编译出版社 2006 年版,第 414—416 页。

② 陈忠:《空间与城市哲学研究》,上海社会科学院出版社 2017 年版,第 36—37 页。

不是指马克思意义上的物质生产与社会关系的生产与再生产，而具有尼采式的
"生命的（身体的）生产"这种更广泛的内涵。他的空间观是与身体理论密不
可分。身体是空间性的，而空间也是身体性的。身体只能在空间中展现，而空
间的发生起源是身体性的活动。①

　　海德格尔曾写道：尼采"从身体出发，并且把身体用作指导线索。身体是
更为丰富、丰富得多的现象，它可以得到更为清晰的观察。确定对身体的信
仰，胜过确定对精神的信仰。""据此看来，身体和生理现象是更为熟悉的，作
为人所固有的东西，它们是人自己最熟悉的东西。"②

　　这种以生理学为根本依据的真理观，促使列斐伏尔在具体分析空间的构成
和历史生成时，采取了从身体空间出发的基本策略。他在《空间的生产》第一
章介绍全书计划时便提出：要理解社会空间，首先要思考身体，因为"作为一
个群体或社会的成员，'主体'与空间的关系是指他与自己身体的关系，反之
亦然。一般来说，社会实践以使用身体为前提"③；为社会空间的建立设置了一
个生理学和人类学的基础，把这些直接因素作为社会空间建立的前提。该书的
第三章名为"空间的建筑学"，用了大量的篇幅描述身体空间的具体生成；描
述了这些生理学、人类学因素是如何以隐喻性的词汇、变化了的形式进入现代
学科的，如人口学、人文地理学、人类学、历史学和社会学等等。

　　列斐伏尔通过身体体验来想象空间，用身体的实践展开去体现、去构成空
间；在身体与其空间之间，在身体于空间中的展示和它对空间的占有之间，具
有一种直截了当的关系。在产生物质领域的（工具与对象）影响之前，在通过
这个领域获得自我丰富从而自我生产之前，在导致其他的身体而进行自我再生
产之前，每个具有生命的躯体都已经是空间并拥有其空间：它既在空间中生产

---

① 刘怀玉：《现代性的平庸与神奇：列斐伏尔日常生活批判哲学的文本学解读》，中央编译出版
社 2006 年版，第 409 页。

② 海德格尔：《尼采》（上卷），孙周兴译，商务印书馆 2010 年版，第 165 页。

③ Henri Lefebvre: The Production of Space, Trans. Donald Nicholson-Smith, Oxford: Blackwell,
1991: 40.

自身也生产出这个空间。[①] 对列斐伏尔来说，"空间的生产始于身体的生产。"[②]
从列斐伏尔本人的概括来看，地理上的空间，社会化的空间，思维与精神意义
上的空间，根源于身体实践过程的空间，是身体与空间互动的空间。

五、空间的身体本源论与时空观念变革

在讨论海德格尔、梅洛-庞蒂、列斐伏尔的空间观之后，在十分肯定他们
对空间概念本源的研究成果即空间的身体本源论之时，我们要明确一个基本问
题：是否能够认为这些工作对辩证唯物主义时空观的传统表述构成了否定呢？

回答是：不能。如前所述，辩证唯物主义时空观的传统表述的主要内容，
是恩格斯在《反杜林论》《自然辩证法》等著作中提出来的；要义是：时间和空
间是人们对现实世界的物质关系以及普遍存在的物质运动过程进行抽象得到
的、并且反过来用于描述和量度物质及其运动的两个基本概念；"时间是指物
质运动过程的持续性、间隔性和顺序性，是事物运动节律的体现。……空间是
指事物运动的广延性、伸张性。这种广延性、伸张性表现为事物之间的并存关
系、分离状态，即事物的体积、形态、位置、排列次序等。"[③]辩证唯物主义时
空观与历史上笛卡尔、康德的时空观有联系，但又有根本的区别。从实践论的
观点看辩证唯物主义时空观之前的传统时空理论，其缺欠与不足在于：它们均
不能从人的生存实践活动出发理解时间和空间，而只能经验直观或超验抽象地
去理解时间和空间，只能从主观与客观分离割裂的立场出发来理解时间和空
间。然而，辩证唯物主义时空观是从内容和形式相互依存的角度把握时间、空
间和物质、运动的关系，从思维和存在、抽象和具体相统一的角度理解时间、

① 刘怀玉：《现代性的平庸与神奇：列斐伏尔日常生活批判哲学的文本学解读》，中央编译出版
社 2006 年版，第 409—410 页。

② Henri Lefebvre: The Production of Space, Trans. Donald Nicholson-Smith, Oxford: Blackwell,
1991: 173.

③ 《马克思主义哲学》编写组：《马克思主义哲学》，高等教育出版社、人民出版社 2009 年版，
第 58—59 页。

空间和物质、运动的关系；正是从人的生存实践活动出发理解时间和空间。以下两段文字，是恩格斯在《反杜林论》和《自然辩证法》中就时间和空间问题作出的重要论断。

按照杜林先生的说法，时间仅仅通过变化才存在，不是变化存在于时间之中并通过时间而存在。正因为时间是和变化不同的，是离开变化而独立的，所以可以用变化来量度时间，因为在量度的时候总是需要一种与所量度的东西不同的东西。而且，不发生任何显著变化的时间，远非不是时间；它宁可说是纯粹的、不受任何外来的混入物所影响的时间，因而是真正的时间，作为时间的时间。事实上，如果我们要把握完全纯粹的、排除一切外来的不相干的混入物的时间概念，那么，我们就不得不把所有在时间上同时或相继发生的各种事变当作与此无关的东西放在一旁，从而设想一种其中没有发生任何事情的时间。因此，我们这样做并没有使时间概念沉没在一般的存在观念中，而是由此才得到纯粹的时间概念。①

先从感性的事物得出抽象，然后又期望从感性上去认识这些抽象的东西，期望看到时间，嗅到空间。经验论者深深地陷入经验体验的习惯之中，甚至在研究抽象的东西的时候，还以为自己置身在感性体验的领域内。我们知道什么是一小时或一米，但是不知道什么是时间和空间！仿佛时间不是实实在在的小时而是其他某种东西，仿佛空间不是实实在在的立方米而是其他某种东西！物质的这两种存在形式离开了物质当然都是无，都是仅仅存在于我们头脑之中的空洞的观念、抽象。的确，据说我们也不知道什么是物质和运动！当然不知道，因为物质本身和运动本身还没有人看到过或在其他场合下体验过；只有现实地存在着的各种物和运动形式才能看到或体验到。物、物质无非是各种物的总和，而这个概念就是从这一总和中抽象出来的，运动无非是一切感官可感知的运动形式的总和，"物

---

① 《马克思恩格斯选集》第三卷，人民出版社 1995 年版，第 392—393 页。

质"和"运动"这样的词无非是简称，我们就用这种简称把感官可感知的许多不同的事物依照其共同的属性概括起来。因此，不研究个别的物和个别的运动形式，就根本不能认识物质和运动，并且通过认识个别的物和个别的运动形式，我们也就相应地认识物质和运动本身。因此，当耐格里说我们不知道什么是时间、空间、物质、运动、原因和结果的时候，他不过是说：我们先用我们的头脑从现实世界作出抽象，然后又无法认识我们自己作出的这些抽象，因为它们是思维的事物，而不是感性的事物，而一切认识都是感性的量度！ ①

以上引文表明，恩格斯正是从人的生存实践活动出发，理解和诠释时间和空间——时间和空间是"用我们的头脑从现实世界作出抽象"得到的两个基本概念，"我们就用这种简称把感官可感知的许多不同的事物依照其共同的属性概括起来。"或许，"它意味着：在我们原初的世界经验中，不存在完全无意义、纯粹被动的质料，也不存在纯粹主动的先天形式。质料总已经蕴涵着原初的形式，两者之间是不可相互还原的奠基关系。在其中，一个匿名的现象身体或身体主体已经在原初地把握着世界。"②

应该明确，作为辩证唯物主义空间观基础的自然科学的空间观，是建立在对物质及其运动的广延性、伸张性的测度基础上的，本身就有着一个由具体到抽象、由个别到一般的演化过程。自然科学的空间测度与描述最早就是与人的身体紧密联系的。下面展现的是近代科学之父伽利略完成的著名的"斜面实验"。

取大约 12 库比特长、半库比特宽、三指厚的一个木制模件或一块木料，在上面开一条比一指稍宽的槽，把它做得非常直、平坦和光滑，并且

---

① 《马克思恩格斯选集》第四卷，人民出版社 1995 年版，第 342—343 页。
② 刘胜利：《现象空间的诞生——斯特拉顿实验的现象学解释》，《自然辩证法通讯》2012 年第 1 期，第 66 页。

用羊皮纸给它画上线，羊皮纸也是尽可能地平坦和光滑，我们沿着它滚动一个硬的、光滑的和非常圆的黄铜球。把这块木板放在倾斜的位置，使一端比另一端高出1或2库比特，照我刚才说的把球沿着槽滚下，并用马上将要描述的方法记录下落所需的时间。我们不止一次地重复这个实验，为的是精确地测量时间，以使两次观测的偏差不超过1/10次脉搏。在完成这种操作并且确认它的可靠性之后，我们现在仅在槽的1/4长度上滚这个球；在测得它下降的时间后，我们发现它精确地是前者的一半。接下去我们尝试别的距离，把球滚过整个长度的时间与1/2、2/3、3/4或者任何分数长度上的时间作对比，在成百次重复的这种实验中，我们总是发现通过的距离之比等于时间的平方之比，并且这对于平面，即我们滚球的槽所在平面的所有倾角都是对的。①

为了测量时间，我们用一个大的盛水的容器，把它放在高处；在容器的底部焊上一根小直径的能给出细射流的水管，在每一次下落的时间内，我们把射出的水收集在一个小玻璃杯内，不管是对槽的整个长度还是它的部分长度，在每一次水下落后，这样收集的水都在非常精密的天平上被称量；这些重量的差别和比例给了我们时间的差别和比例，我们以这样的精度重复操作了许多许多次，结果没有可以感知的差别。②

上述文字中的"库比特"，是古埃及采用的长度测量单位，表示从人的肘到中指尖的距离；1库比特约为0.46米。因此，在伽利略的理论建构中，"一个匿名的现象身体或身体主体已经在原初地把握着世界"。

同样，牛顿建构理论时，使用着英尺的空间单位，"一个匿名的现象身体或身体主体已经在原初地把握着世界"。在英语里，"foot"是脚的意思；同时长度单位英尺也写作"foot"，这是因为，英尺本身就是从脚的长度上得来的。

---

① 伽利略：《关于两门新科学的对话》，武际可译，北京大学出版社2006年版，第164页。

② 伽利略：《关于两门新科学的对话》，武际可译，北京大学出版社2006年版，第164—165页。

古代的欧洲人用脚来表示长度，久而久之，一种基于成年男子单脚的长度就被公认为英国等国家认可的标准度量衡。13 世纪初期，英国尺度紊乱，全国没有统一的标准，为全国贸易往来带来了很多麻烦，仅尺度上带来的民事纠纷就使英国皇室大为苦恼，他们先后召开了 10 余次大臣会议商讨此事。由于商量来、讨论去，始终确定不下来一个统一的标准，曾在大宪章上签字的约翰王便愤怒地在地上踩了一脚，然后指着凹陷下去的脚印对大臣们庄严宣布："There is a foot，let it be the measure from this day forward.（这个脚印让它永远作为丈量的标准吧！）"大英博物馆中珍藏着用膨胀系数很小的合金制成的长方形框子，其中空心部分即为英王御足的标准长度。因为英王穿着鞋，所以，1 英尺的标准长度为：30.48 厘米。

需要明确的认识是：海德格尔、梅洛-庞蒂、列斐伏尔对空间概念本源的研究成果，阐明了位置空间的观念本身是滞后于我们直接拥有的身体活动空间的观念，即后者对于前者具有始源性；由此，可以丰富和发展辩证唯物主义时空观。但是，马克思主义哲学的空间范畴，仍然"是指事物运动的广延性、伸张性。这种广延性、伸张性表现为事物之间的并存关系、分离状态，即事物的体积、形态、位置、排列次序等。"①换言之，厘清当代的空间范畴源于身体活动空间的观念，源于社会空间，这是一种思想的进步。而当我们说，承认空间的身体本源论、承认社会空间就要否定自然科学的空间观、辩证唯物主义空间观，则是一种思想的退步或混乱。

我们必须始终牢记：时间和空间概念的提出，是与对物质及其运动的描述紧密关联的。马克思主义哲学的空间范畴，是建立在通晓人类时空观念变革的历史和成就的基础上的理论思维。

人类生活在世界上，就要进行认识活动和实践活动。人的认识是以观念的形式去把握客体，人的实践活动是贯彻人的意志去改造客体。广义地说，客体

---

① 《马克思主义哲学》编写组：《马克思主义哲学》，高等教育出版社、人民出版社 2009 年版，第 58—59 页。

是包括人自身在内的人所生活的世界的总体。在这一意义上，人所生活的世界都是人的活动的对象，关于客体的认识，就是对作为人的对象的整个世界的认识。恩格斯写道："当我们深思熟虑地考察自然界或人类历史或我们自己的精神活动的时候，首先呈现在我们眼前的，是一幅由种种联系和相互作用无穷无尽地交织起来的画面，其中没有任何东西是不动的和不变的，而是一切都在运动、变化、生成和消逝。所以，我们首先看到的是总画面，其中各个细节还或多或少地隐藏在背景中，我们注意得更多的是运动、转变和联系，而不是注意什么东西在运动、转变和联系。"① 对于辩证运动观的缘起，高清海主编的《马克思主义哲学基础》教科书是这样描述的：当人们观察自然界时，随处可以看到往返流动，生生灭灭，没有什么事物是不运动、不变化的。因此，除个别哲学家外，绝大多数人都把事物处于运动中看作是不言自明、无可怀疑的客观事实。与此同时，还看到另一种相反的现象，即不变的现象。事物总有相对的稳定性，使其和他事物彼此区别；变化中还有不变的东西，使得"万变不离其宗"。② 时间和空间范畴正是为了描述世间各种运动、变化而提出来的，并且在亚里士多德时代就得到有系统的研究。

亚里士多德肯定了运动的多样性，把事物的质变、增减、产生、灭亡、位移等变化都包括在"运动"范畴中。他对运动的认识，是与人的生活生产实践密切相关的。他说："潜能的事物（作为潜能者）的实现即是运动。例如，能质变的事物（作为能质变者）的实现就是性质变化；能够增多的事物及其反面——能够减少的事物（这两者没有共通的名称）的实现就是增和减；能产生的事物和能灭亡的事物的实现就是生与灭；能够动的事物之实现就是位移，这就是运动。"③ 他写道，"一个运动""涉及到的方面有三——'主体'、'运动内容'和'时间'。我这是说，运动必须有某一运动着的事物，例如人或金；其次，这事物的运动必须落在空间里，或落在性质里；还有运动所经的时间，因

① 《马克思恩格斯选集》第三卷，人民出版社 1995，第 733 页。

② 高清海主编：《马克思主义哲学基础》（上册），人民出版社 1985 年版，第 375 页。

③ 亚里士多德：《物理学》，张竹明译，商务印书馆 1982 年版，第 69—70 页。

为万物皆在时间里运动。这三者中，运动的具体内容决定了运动在类上或种上是一个，时间决定了运动的连续性；所有这三者共同决定了运动是无条件的一个。"① 亚里士多德在《物理学》一书中用了大量篇幅讨论时间、空间及其与运动的关系。这些讨论都直接与人的生存和生活实践经验相关联。他写道：

> 大家公认，存在的事物总是存在于某一处所（不存在的事物就没有处所，例如"鹿羊和狮人在哪里存在呢？"）。并且，"运动"的最一般最基本的形式是空间方面的运动（我们称之为位移）。②

> 恰如物体皆在空间里一样，空间里也都有物体。那么我们应该如何来说明关于生长的事物呢？根据这里的前提得出的结论应该是：每一生长事物的空间必须和它们一起长大，既然每一事物的空间不大于也不小于每一事物。③

> 既然有的说法是直接用于自身的，有的说法则是间接的，空间也有两种：一是共有的，即所有物体存在于其中的；另一是特有的，即每个物体所直接占有的。

> 我说的意思是，譬如，你现在在宇宙里，因为你在空气里，空气在宇宙里；并且，在空气里又是因为在地上；同样，你在地上是因为你是在这个只包容着你的空间里。④

> 可能有人会问，有事物能在自身里吗？或者没有一个事物能在自身里，而是，一切事物要么无处所，要么就在别的事物里。

> "在自身里"有两种涵义：或为自身直接的，或为通过别的事物而间接的。当整体有几个组成部分时（包容者和被包容物），整体将被说成是在自身里；因为我们看到有类似的说法，例如事物由于部分而被说成是白的（因为它的外表是白的），或如一个人因为他的智慧而被说成是有学问

---

① 亚里士多德：《物理学》，张竹明译，商务印书馆1982年版，第149、150页。
② 亚里士多德：《物理学》，张竹明译，商务印书馆1982年版，第92页。
③ 亚里士多德：《物理学》，张竹明译，商务印书馆1982年版，第95页。
④ 亚里士多德：《物理学》，张竹明译，商务印书馆1982年版，第95页。

的。因而坛子不能在自身内，酒也不能在自身内，而"酒坛子"就能在自身内，因为被容物和包容者是同一整体的组成部分。

因而在这种意义上，事物有可能在自身内，但这不是直接意义上的"在自身内"，这像白在人体里。因为外表在身体里，学问在心灵里。但这些属性作为"在人体里"的，是靠了人身上的部分推及于人的。但是坛子和酒分离着就不是整体的部分，虽然在一起时它们都是组成部分。因此，当有部分时，事物就是在自身内，像白在"人"里，因为它是在"人体里"，而它在人体里又因为它在人体外表的"皮肤里"。不过在皮肤里不能再推展下去说是由于别的什么了。①

现在，空间究竟是什么呢？这个问题下面大概可以明白了。让我们把那些被正确地认为本来属于空间的特性肯定下来吧。

我们认为：（1）空间乃是一事物（如果它是这事物的空间的话）的直接包围者，而又不是该事物的部分；（2）直接空间既不大于也不小于内容物；（3）空间可以在内容事物离开以后留下来，因而是可分离的；（4）此外，整个空间有上和下之分，每一种元素按本性都趋向它们各自特有的空间并在那里留下来，空间就根据这个分上下。

我们必须在这些基础上继续研究其余的问题。我们应该试着这样来研究说明空间是什么：既解答提出来的有关疑难，也说明被认为是空间所具有的那些特性事实上确实是它所具有的，还说明与它有关的疑难和问题产生的原因。因为这样做可以使每一个问题得到最令人满意的解答。②

亚里士多德讨论时间、空间问题，总是与物体的运动或身体的运动相关联的；他尤其指出："如果不曾有过某种空间方面的运动，也就不会有人想到空间上去。"③但是，如本书第五章第二节的相关讨论所言，亚里士多德"挣扎在"

---

① 亚里士多德：《物理学》，张竹明译，商务印书馆 1982 年版，第 98 页。
② 亚里士多德：《物理学》，张竹明译，商务印书馆 1982 年版，第 100 页。
③ 亚里士多德：《物理学》，张竹明译，商务印书馆 1982 年版，第 100 页。

时空实体观念与时空关系学说之间，还不能完全摆脱时空实体观念的束缚，把时空关系学说真正提炼出来。尽管如此，亚里士多德以时间空间的变化或表达、或表述、或表征运动，建立了人类历史上的第一个物理学体系。亚里士多德的位移运动理论是"机体论"的，"它用动物运动的类比来处理无生物（比如石头）的运动。正像我们说一只狗为了得到一块肉而作某种运动一样……一块石头下落是为了到达它的'自然位置'。"①空间中的位置移动，与植物的生长一样，也是一种变化；他把占据一个空间位置理解成物体的性质，因此，物体在空间中的位置移动，由一个空间位置到另一个空间位置，就是物体的性质变化——"一切变化都是由一事物变成另一事物（变化这个词就表明了这个意义：在某一事物之后出现某另一事物，也就是说，先有一事物，后又有一事物）"②。按照亚里士多德的"潜能"位移运动观，物体的位移运动是"物体通过空间实现位置变化的过程"；一块石头的下落，是石头通过空间到达它的"自然位置"的过程。

　　近代自然科学正是在批判和继承亚里士多德思想的基础上发展起来的。伽利略对自由落体问题的研究，是一种改变了问题的研究："伽利略想做的是描述运动，而不是思考运动。他所看到的是，物体以变化的速度通过了某段路线和距离，他将这段路线（或轨迹）看作速度函数的变量。"③这种思考的结果，得到了一种新的分析运动的方式，或者说，一种新的运动概念。"首先，对怎样运动的数学研究必然要把时间和空间概念推到一个显著的地位，当我们从数学上来处理任何情形的运动时，我们是按照它在某些单位时间里走过某些单位的距离来分析它"④；第二，"伽利略对速度和加速度的精确研究，使他设计出一种对时间进行几何表示的简单技术，这种技术特别适合于他试图说明

---

① 菲利普·弗兰克：《科学的哲学》，许良英译，上海人民出版社 1985 年版，第 114 页。
② 亚里士多德：《物理学》，张竹明译，商务印书馆 1982 年版，第 141 页。
③ 亚历山大·柯瓦雷：《伽利略研究》，刘胜利译，北京大学出版社 2008 年版，第 112—113 页。
④ 爱德文·阿瑟·伯特：《近代物理科学的形而上学基础》，徐向东译，北京大学出版社 2003 年版，第 70 页。

的真理。"①

近代物理学与亚里士多德的理论最终断绝关系，是由于笛卡尔的工作。笛卡尔与培根一样，都希望建立一种不受陈旧观点束缚的新哲学。笛卡尔力图完全抛弃过去的知识而重新建立新知识，他只把上帝和一个人自身的存在这种实在（我思故我在）视为公理。笛卡尔否定了亚里士多德的"运动"定义，奠定了近现代物理学对"位移运动即物体之间的相对位置变化"的基本认识。笛卡尔在《哲学原理》中为了清晰地表明"位移运动即物体之间的相对位置变化"这一认识，分别对"外在的场所是什么""空间和场所的差异在哪里""外在的场所如何可以正确地认为是周围物体的表层"进行了深入的阐述。

对于"外在的场所是什么"，他写道：

> 场所和空间这两个词同"占场所的物体"这个词所指示的并非真正相异，前者所指示的只是物体的体积、形相及其在其他物体中位置。因为在确定这个位置时，我们必须注意其他一些我们所认为不动的物体，而且随着我们注意不同的物体，我们可以知道，同一事物在同一时间内，又是改变又是不改变场所。例如，一只船开到海上，一个人坐在船尾，我们如果注意船的各部分，则那个人可以说是永远留在一个场所，因为他对这些部分来说，是保持其位置的。另一方面，我们如果注意两边邻近的海岸，则那个人又显得不断移动其场所，因为他是不断地远离这一岸而趋近那一岸的。此外，我们如果假设地球在运动，而且它由西往东的运动正等于船由东往西的运动，则我们又将说，船尾上那个人并没有变化其场所，因为这个场所将是被我们所想象的天际的一些不动点所决定的。但是我们如果终于相信，全宇宙中并没有真正静止的点（后面将指出这一层是可能的），我们就会因此断言，任何事物，除了在我们思想中使之固定不变外都没有

---

① 爱德文·阿瑟·伯特：《近代物理科学的形而上学基础》，徐向东译，北京大学出版社 2003 年版，第 73 页。

恒常的位置。①

对于"空间和场所的差异在哪里"，他写道：

　　场所一词较为明确地指示位置，很少指示体积或形相，而另一方面，我们在说到空间时，我们就想到体积或形相。因为我们常说一个物体占据了另一个物体的位置（虽然它们两个的形相或体积不一定恰恰相等），可是我们并不因此就承认一个物体和另一个物体占着同一的空间。在位置变化时，虽然仍有以前一样的体积和形相，我们也说场所有了变化。因此，当我们说一件事物是"在"一个特殊的场所中存在时，我们的意思只是说，它对一些别的物体来说占有某种确定的位置。我们如果再说，它"占"着那样一个空间或场所，则我们的意思，除了那个位置以外还说，它那种确定的体积和形相正足以使它恰好充满那段空间。②

对于"外在的场所如何可以正确地认为是周围物体的表层"，他写道：

　　我们的确从来不把空间和长、宽、高三向的广袤加以区分。我们只是有时以为场所是在事物以内的，有时以为它是在事物以外的。内在的场所和空间是全无差异的，不过外在的场所可以认为是直接围绕着那个占场所的事物的表层。不过我必须声明，此处所谓表层，并不是指周围物体的任何部分而言，只是指能围绕的物体和被围绕的物体间的界限而言，而这种界限又只是一种情状。若不如此说，至少我们也是说的一般的表层，它不是或此或彼的物体的一部分，而且它只要保持同样的体积和形相，我们就总认为它是前后同一的。因为，虽然整个周围的物体

①　笛卡尔：《哲学原理》，关文运译，商务印书馆1958年版，第40页。
②　笛卡尔：《哲学原理》，关文运译，商务印书馆1958年版，第40—41页。

和它的表层改变了，可是被围绕的那个物体，如果同别的被认为不动的事物仍保持同一的位置，我们就不能假设那个物体也因此改变了它的场所。例如，我们如果假设，一只船被川流朝一个方向冲走，同时又被风以相等的力量推向相反的一个方向，因而它对两岸的位置都没有改变。则围绕它的全部表层虽然不断地在变动，可是我们仍然承认它留在原来的场所。①

笛卡尔对空间问题的讨论，都是与人类的生存经验、生活经验密切关联的，由此为近现代物理学把握"位移运动即物体之间的相对位置变化"奠定了基础。除了一些话语方式不同外，笛卡尔的观点是与爱因斯坦日后阐述的如下观点根本一致的。爱因斯坦说，"对于空间概念，下面的见解似乎是紧要的。把物体 B，C，……加到物体 A 上去，我们能形成新的物体；这就是说我们延伸了物体 A。我们能延伸物体 A，使它同任何别的物体 X 相接触。物体 A 的一切延伸的全体，我们可称之为'物体 A 的空间'。因此，说一切物体都是在（任意选定的）物体 A 的空间里，这是正确的。在这个意义上，我们不能抽象地谈论空间，而只能谈论'属于物体 A 的空间'"②。我们不能简单地说"物体在空间中运动"，而应该"代之以相对于在实际上可看作刚性的一个参考物体的运动"③。

以上从哲学史、科学史的角度，或者更一般地说，从人类认识实践史的角度，追溯了表征"事物运动的广延性、伸张性"的空间范畴的产生历史；"这种广延性、伸张性表现为事物之间的并存关系、分离状态，即事物的体积、形态、位置、排列次序等。"在牛顿提出"绝对空间"概念之前，科学和哲学的空间范畴是感性的、经验的，是"带着诗意的感性光辉对人的全身心发出微

---

① 笛卡尔：《哲学原理》，关文运译，商务印书馆 1958 年版，第 41 页。

② 《爱因斯坦文集》第一卷，许良英等编译，商务印书馆 1976 年版，第 158 页。

③ 爱因斯坦：《狭义与广义相对论浅说》，杨润殷译，上海科学技术出版社 1964 年版，第 8 页。

笑"①的。

空间范畴的形而上学性、思辨性，是在牛顿提出"绝对空间"概念之后产生的。因为牛顿的绝对空间是"超验的"。对于为什么牛顿会提出绝对时间、绝对空间概念，爱因斯坦在彻底否定牛顿的时空观和运动观以后，曾作出过如下分析："在牛顿力学中，空间和时间起着双重作用。首先，它们起着物理学中所出现的事件的载体或者构架的作用，事件是参照这种载体或构架用空间坐标和时间来描述的。原则上，物质被看作是由'质点'所组成的，质点的运动构成了物理事件。……空间和时间的第二个作用是作为一种'惯性系'。惯性系之所以被认为比一切可想象的参照系都优越，就是因为对它们来说，惯性定律必定是成立的。"②爱因斯坦这里提到的"第二个作用"，实际上指出了牛顿为什么要把绝对时间规定为是均匀的，把绝对空间规定为永远是相同的和不动的原因；即是说，牛顿想获得一个使惯性定律能够成立的参考系，并由此构筑一个公理化的力学体系。但是，为什么牛顿要把时间和空间看作物体运动的载体或构架呢？也就是说，"第一种作用"的构想又是从何面来的呢？爱因斯坦曾提出过这样的看法："这是因为在牛顿运动定律中出现了加速度的观念"③，"如果人们从相对运动这概念出发，那末在牛顿运动方程中出现的加速度能难以理解了。这迫使牛顿想出一种物理空间，假定加速度是相对于它而存在的"④，"对于时间也差不多一样，时间当然也同样进入加速度概念里。"⑤按照这种看法，牛顿把时间和空间看作是物体运动的载体或构架，是不得已而为之的纯粹理智的构造。不过，爱因斯坦也曾有过这样的看法："科学从科学以前的思想中接受了空间、时间和物质客体这些概念，并且加以修改，使它更加严格。"⑥

在爱因斯坦之前，历史上一些著名思想家如莱布尼兹、贝克莱、黑格尔、

---

① 《马克思恩格斯全集》（第1版）第2卷，人民出版社1960年版，第50页。
② 《爱因斯坦文集》第一卷，许良英等编译，商务印书馆1976年版，第549页。
③ 《爱因斯坦文集》第一卷，许良英等编译，商务印书馆1976年版，第543页。
④ 《爱因斯坦文集》第一卷，许良英等编译，商务印书馆1976年版，第166页。
⑤ 《爱因斯坦文集》第一卷，许良英等编译，商务印书馆1976年版，第543页。
⑥ 《爱因斯坦文集》第一卷，许良英等编译，商务印书馆1976年版，第548页。

马赫等都从不同角度对牛顿"绝对时空"进行过批判。关于绝对空间的各种"形而上学—神学"争论背后隐含的基本问题是：一方面，牛顿力学是富有成效的，而几何学与经典物理学的理论体系内在地要求预设一个同质、无限的空间概念，以便用它来表述各种数学定律，并将这些定律构造为一个整体性的系统，这意味着，近代自然科学的产生与发展需要预设空间的某种绝对性作为前提条件。另一方面，人类经验似乎无法提供这种绝对性，牛顿、笛卡尔、莱布尼兹与贝克莱归根结底都需要通过上帝来提供这种绝对性。这种神学意义上的绝对，无法抵挡怀疑论者的攻击，从而严重威胁着近代自然科学追求知识的绝对确定性基础的努力。

康德的空间观"哥白尼革命"，是对上述困难以及休谟的怀疑论挑战作出回应，实质上是用一种人类学意义上的"绝对"来替代神学意义上的绝对。他不再根据上帝的某种属性，也不再根据我们面对的世界及其中的各种事物的秩序来构想空间，而是把空间构想为人类与世界及诸事物打交道的方式本身。对于康德来说，空间（与时间）是使人类认识成为可能的先天直观形式。在《纯粹理性批判》一书中，康德首先对空间的先验性做了形而上学的四条阐明①，他写道：

（1）空间不是什么从外部经验中抽引出来的经验性的概念。因为要使某些感觉与外在于我的某物发生关系（也就是与在空间中不同于我所在的另一地点中的某物发生关系），并且要使我能够把它们表象为相互外在、相互并列，因而不只是各不相同，而且是在不同的地点，这就必须已经有空间表象作基础了。因此空间表象不能从外部现象的关系中由经验借来，相反，这种外部经验本身只有通过上述表象才是可能的。

（2）空间是一个作为一切外部直观之基础的必然的先天表象。对于空间不存在，我们永远不能形成一个表象，虽然我们完全可以设想在空间中

---

① 康德强调，"所谓阐明，我理解为将一个概念里所属的东西作出清晰的（哪怕并不是详尽的）介绍；而当这种阐明包含那把概念作为先天给予的来描述的东西时，它就是形而上学的。"（康德：《纯粹理性批判》，邓晓芒译，人民出版社2004年版，第28页）

找不到任何对象。因此，空间被看作是现象的可能性条件，而不是一个附属于现象的规定，而且它是一个先天的表象，必然成为外部现象的基础。

（3）空间决不是关于一般事物的关系的推论的概念，或如人们所说，普遍的概念，而是一个纯直观。因为首先，我们只能表象一个惟一的空间，并且，如果我们谈到许多空间，我们也是把它们理解为同一个独一无二的空间的各部分。这些部分也不能先行于那惟一的无所不包的空间，仿佛是它的组成部分（由它们才得以复合起来惟一的空间）似的，相反，它们只有在惟一空间中才能被设想。空间本质上是惟一的，其中的杂多、因而就连一般诸多空间的普遍概念，都只是基于对它的限制。由此可见，在空间方面一切有关空间的概念都是以一个先天直观(而不是经验性的直观)为基础的。一切几何学原理也是如此，例如在一个三角形中，两边之和大于第三边，这决不是从有关线和三角形的普遍概念中，而是从直观、并且是先天直观中，以无可置疑的确定性推导出来的。

（4）空间被表象为一个无限的给予的量。虽然我们必须把每一个概念都设想为一个被包含在无限数量的各种可能表象中（作为其共同性标志）、因而将这些表象都包含于其下的表象；但没有任何概念本身能够被设想为仿佛把无限数量的表象都包含于其中的。然而，空间就是这样被设想的（因为空间的所有无限的部分都是同时存在的）。所以，空间的原始表象是先天直观，而不是概念。①

康德的"形而上学阐明"的前两条意在表明人类经验并不能形成空间，空间实质上是人类认识的先天表象；后两条则把由人类理性思维中的普遍概念排除在真正的空间之外，空间本质上是先天直观的形式，有关空间的普遍概念只是先验空间的表象而已。紧接着，康德又对空间概念做了所谓"先验的阐明"，指出作为空间科学的几何学是以纯粹的先天直观为本源的。最后，康德

① 康德:《纯粹理性批判》，邓晓芒译，人民出版社 2004 年版，第 28—29 页。

结论道：

> 我们就只有从人的立场才能谈到空间、广延的存在物等等。如果我们脱离了惟一能使我们只要有可能为对象所刺激就能获得外部直观的那个主观条件，那么空间表象就失去了任何意义。这个谓词只有当事物对我们显现、亦即当它们是感性对象时才能赋予事物。我们称之为感性的这个接受性的固定形式，是诸对象借以被直观为在我们之外的那一切关系的必然条件，而如果我们抽掉这些对象，它就是带有空间之名的一个纯直观。由于我们不能使感性的这一特殊条件成为事物的条件，而只能使之成为事物的现象的条件，所以我们很可以说：空间包括一切可能向我们外在地显现出来的事物，但不包括一切自在之物，不论这些自在之物是否能被直观到，也不论被何种主体来直观。……"一切事物都相互并存于空间里"这个命题，只有在这个限制之下，即如果这些事物被看作我们感性直观的对象，才会有效。当我在这里把这个条件加到概念去，说"一切事物，作为外部现象，都相互并存于空间里"时，那么这条规则就是普遍而无限制地有效的。所以，我们的这些阐明说明了一切能从外部作为对象呈现给我们的东西的空间的实在性（即客观有效性），但同时也说明了在那些凭借理性就它们自身来考虑、即没有顾及到我们感性之性状的事物方面的空间的观念性。所以我们主张空间（就一切可能的外部经验而言）的经验性的实在性，虽然同时又主张空间的先验的观念性，也就是只要我们抽掉一切经验的可能性这个条件，并把空间假定为某种给自在之物提供基础的东西，空间就什么也不是了。①

19 世纪上半叶，黎曼和洛巴切夫所基创立的几何学，都与欧几里德几何学不同，而统称"非欧几里德几何学"。20 世纪初，爱因斯坦创立了相对论；其中广义相对论运用了黎曼几何学，揭示了牛顿万有引力的产生是由于物质的

---

① 康德：《纯粹理性批判》，邓晓芒译，人民出版社 2004 年版，第 31—32 页。

存在及其一定的分布状况使空间的性质呈现出各处不同的结果，即所谓空间弯曲的结果；揭示了物体的广延性取决于物体的运动，取决于物质的质量及其所引起的引力场分布状况。在物理世界某区域的引力场越强，则其中空间特性的变化就越大，在物质质量大量积聚时，空间的曲率增大。这些科学成就，显然对康德关于"作为空间科学的几何学是以纯粹的先天直观为本源的"断言构成了极大的冲击。20 世纪物理学的狭义相对论与量子力学的建立与发展，既展现出用时间空间概念对宏观物体位移运动描述的完备性，也展现出仅仅使用时空概念来描述微观物体运动的不完备性。在《相对论时空理论及其评价再探讨》一文中，笔者曾写道：

　　狭义相对论的建立以及它本身所具有的实践和逻辑的力量，导致了一种与牛顿绝对时空观根本对立的新时空观的产生。时间不能再理解为独立于物体运动的均匀的、统一的世界流程，空间也不能再理解为物体运动的场所或者表演物体运动的舞台；时间和空间只有与具体的参考系结合起来，并用于描述或量度物体运动时才有意义。即是说，时间和空间在物理学的概念逻辑中不再具有实体的性质了，相反，只有关系的性质；它们是人们对现实世界的物质关系以及普遍存在的物体运动过程进行抽象得到的，并且反过来用于描写和量度物质关系及其物体运动过程的两个基本概念。这两个基本概念就其来自于人类思维对外部世界的抽象，它们是主观的，就其抽象对象是客观实在，它们又是客观的。这两个基本概念的物理操作对应物就是钟和量尺。物体的机械运动——由物体位置移动而构成的现实过程——其次序和持续由钟的指针与刻度盘上的刻度相重合所指示的数和指针移动完成的同期数来表征；其到达的位置和通过的距离由尺上的刻度以及刻度间隔来表征。爱因斯坦指出："这样的空间时间观点历来存在于物理学家的头脑中，虽然通常他们未必意识到这一点。"在这样的时空观念之下，物体的机械运动当然不能再理解为："一方面是由空间和时间，另一方面又是由那些相对于空间和时间而运动着的永久存在的质点所组成"，不能再认为物体的机械运动是在时空框架中进行的物质过程，相反，物体的时空变化就是物体的机械运动，物体的时空变化既是物体机械运动的表现形式，也是物体机械运动的存在方式。①

不能把闵可夫斯基的"四维时空"理解为外在于物体运动的客观实在。闵可夫斯基描述"实体点"（粒子）及其运动的"四维时空"理论，清楚地表达着相对论时空理论的精髓：粒子及其运动是第一性的，时空坐标是人们对粒子状态的描写；由粒子在不同时间占据不同位置"生成"的世界线，就代表时空概念描写的粒子的机械运动过程（但决不能误认为世界线就是粒子的径迹）。世界线对于不同参考系中的观察者的测量来说，时间间隔和空间间隔是各不相同的，但"四维间隔"却是相同的；这清楚地表征着持续性和广延性是物体机械运动的两个基本特征，要完备地描述物体机械运动过程必须同时使用时间和空间概念，由此也消除了观察者任荷程度的主观性或任意性。②

我们认为，狭义相对论揭示出"物体的时空变化和物体的机械运动是同一的"，这事实上表达了主观和客观的统一，思维和存在的统一；并且只到这时，才原则上证明了人们对现实的物体运动过程进行的这两种抽象是合理的，至少对宏观物体的机械运动是这样；物理学用时间和空间这两个参量的函数关系能完备地描述现实的物体机械运动过程才有了科学理论的根据。③

以上引文表明了狭义相对论的建立与发展，展现出用时间空间概念对宏观物体位移运动描述的完备性。下面我们阐明，为什么说量子力学的建立与发展展现出了仅仅使用时空概念来描述微观物体运动的不完备性。

自 1897 年英国科学家汤姆逊发现电子以后，科学界就开始了对原子结构的探索，遇到了一系列"新经验现象"。为说明原子结构、电子运动等问题，

---

① 文兴吾：《相对论时空理论及其评价再探讨》，《哲学研究》1989 年第 12 期，第 36 页。
② 文兴吾：《相对论时空理论及其评价再探讨》，《哲学研究》1989 年第 12 期，第 37 页。
③ 文兴吾：《相对论时空理论及其评价再探讨》，《哲学研究》1989 年第 12 期，第 36 页。

量子力学得以建立。在对量子力学的数学模型——波动力学方程和矩阵力学方程进行说明的过程中，1927 年德国科学家海森堡提出了微观领域里的"测不准关系"，即任何一个粒子的位置和动量不可能同时准确测量，要准确测量一个，另一个就完全测不准。海森堡称它为"测不准原理"（不确定原理）。作为"量子力学哥本哈根学派"领袖的丹麦科学家玻尔敏锐地意识到它的意义，以之为基础提出了"互补原理"：一些经典概念的应用不可避免地排除另一些经典概念的应用，而这"另一些经典概念"在另一条件下又是描述现象不可或缺的；必须而且只需将所有这些既互斥又互补的概念汇集在一起，才能而且定能形成对现象的详尽无遗的描述。按照"量子力学哥本哈根学派"的观点，对于电子等微观客体的位置变化，我们不可能像对宏观物体那样：以时空概念对其位移运动作出"运行轨迹的空间描述"。爱因斯坦指出，"力学的目的在于描述物体在空间中的位置如何随'时间'而改变"[①]，"为了能够描述某个物理过程，我们必须能够量度空间中单个质点在位置上和时间上发生的变化"[②]；要用时空概念对物体位置变化作出"运行轨迹的空间描述"，就必须测量运动物体在同一时刻的位置与速度（动量）。然而，测量就意味着实验仪器与被观测物体之间存在相互作用。经典物理学中，仪器与物体的相互作用可以通过对实验条件的改进而减少，或者通过更细致的理论分析后被补偿掉，在理论上这种相互作用如此微小因而完全可以被忽略掉。因此，我们可以测得运动物体在同一时刻的位置与速度（动量）。但是在微观领域里，仪器与物体的相互作用在原则上是不可避免、不可控制、也不可被忽略的。于是，在同一时刻，要测得准确的位置，速度（动量）就完全不能确定，相反，要准确地确定速度（动量），位置则完全不能确定。因此，我们不可能用时空概念对微观物体的位置变化作"运行轨迹的空间描述"。

　　狭义相对论展现出用时间空间概念对宏观物体位移运动描述的完备性，量

---

① 爱因斯坦：《狭义与广义相对论浅说》，杨润殷译，上海科学技术出版社 1964 年版，第 8 页。
② 《爱因斯坦文集》第二卷，范岱年等编译，商务印书馆 1977 年版，第 153 页。

子力学展现出仅仅使用时空概念来描述微观物体运动的不完备性；两者共同清楚地表明了时间和空间是人们为了描述物质及其运动现象而提出的两个基本概念。

但是，康德确实十分清楚地说明了：空间概念不可能是从外界事物或人的实践活动中抽象出来的，因为我们在考察事物或人的实践活动的时候，就已经使用了空间概念了。

于是，"康德问题"的本质是：既然空间概念不是从外界事物或人的实践活动中抽象出来的，那么，人的空间观念及其空间概念来自什么？

历史上，黑格尔把时间和空间说成是绝对精神外化为自然界的两个范畴，空间是己外存在的肯定形式，时间是其否定形式；是对"康德问题"虚假的解决。而列宁所言"人的实践经过亿万次的重复，在人的意识中以逻辑的式固定下来。这些式正是（而且只是）由于亿万次的重复才有着先入之见的巩固性和公理的性质"①，用于"康德问题"的回答，也是不充分的；因为列宁的这句话之于"康德问题"，仍然是说空间概念是从外界事物或人的实践活动中抽象、总结出来的。只有到海德格尔、梅洛-庞蒂，"康德问题"才得到有效的解决。梅洛-庞蒂阐明了位置空间的观念本身是滞后于我们直接拥有的身体活动空间的观念，即后者对于前者具有始源性，亦即："如果我没有身体的话，在我看来也就没有空间"②；他阐明的"现象空间"所指是：在没有形成明确的空间意识之前对空间的一种直接的体验性把握，即"现象身体或身体主体"所拥有的一种原初空间经验，这种直接体验发展出了后来作为意识的客观对象来认识的空间。

有了海德格尔、梅洛-庞蒂等人的工作，康德的问题得以回答，列宁的说法成为有效；由此，"时间和空间人们对现实世界的物质关系以及普遍存在的物质运动过程进行抽象得到的、并且反过来用于描述和量度物质及其运动的两

① 《列宁全集》（第2版）第55卷，人民出版社1990年版，第186页。
② 莫里斯·梅洛-庞蒂：《知觉现象学》，姜志辉译，商务印书馆2001年版，第140页。

个基本概念"之辩证唯物主义时空观，得到丰富和发展。梅洛-庞蒂的现象空间，是从人的身体活动出发引申出的空间概念，本质上是一种实践的构造性、生成性活动，生成了"人的身体实践活动空间"。而把"人的身体实践活动空间"与外部世界的物质及其运动相关联，最终也就产生了梅洛-庞蒂的"如果我没有身体的话，在我看来也就没有空间"到亚里士多德的"如果不曾有过某种空间方面的运动，也就不会有人想到空间上去"的"飞跃"，使空间成为"描述和量度物质及其运动的基本概念"。

厘清当代的空间范畴源于身体活动空间的观念，源于社会空间，这是一种思想的进步。但是，我们不会因为有了空间的身体起源论，就否定马克思主义哲学的空间范畴"是指事物运动的广延性、伸张性。这种广延性、伸张性表现为事物之间的并存关系、分离状态，即事物的体积、形态、位置、排列次序等。"①正如我们不会因为有了空间的身体起源论而否认欧几里德几何学与非欧几何学的正确性一样。这也如同人们在努力弄清楚某一个人的父母的来路之后，绝不会否认这个人是由他的父母所生、有着他父母的遗传基因的一样；也如同人们在弄明白修建房屋的钢材的冶炼方法和制造方法之后，不会否认修建房屋的钢材通常所具有的硬度、强度和韧性一样。

六、空间的身体本源论与宽窄哲学

梅洛-庞蒂等人的工作揭示了人类空间概念的身体本源，展现了空间概念起源上的"人的尺度"，切实阐明了"我们就只有从人的立场才能谈到空间、广延的存在物等等"②。列斐伏尔继海德格尔、梅洛-庞蒂等人之后，进一步展开了身体与社会空间的关系。如前所述，列斐伏尔的空间观与身体理论密不可分，身体是空间性的，空间也是身体性的；身体只能在空间中展现，而空间的

---

① 《马克思主义哲学》编写组：《马克思主义哲学》，高等教育出版社、人民出版社 2009 年版，第 59 页。

② 康德：《纯粹理性批判》，邓晓芒译，人民出版社 2004 年版，第 31 页。

发生起源是身体性的活动；在身体于空间中的展示和它对空间的占有之间，具有一种直截了当的关系。列斐伏尔通过身体体验来想象空间，用身体的实践展开去体现、去构成空间。对列斐伏尔来说，地理上的空间，社会化的空间，思维与精神意义上的空间，都根源于"人的身体实践活动空间"；他写道，"整个社会空间都从身体开始，不管它是如何将身体变形，以致彻底忘记了身体，也不管它是如何与身体彻底决裂，以至于要消灭身体。"①

既然几何学的研究抽象掉了人的存在，那么空间就应该分为身体空间与身体外的空间。既然几何学已建构起了庞大的科学体系，在生活世界、科学世界的方方面面得到广泛运用，也就表明几何学的研究抽象掉了人的存在是卓有成效的。现在，需要我们阐明的是：人类是怎样从"人的身体实践活动空间"，抽象出"空无一物、广阔平坦、无限延伸"的外空间——欧几里德几何空间的，这种空间表征着物体运动的场所和物体之间的相互关系。然而，一经追问怎样从"人的身体实践活动空间"抽象出欧几里德几何空间的，我们发现，长期以来被人们看作是关于空间属性的"宽窄"意识，本身却是决定几何空间存在的"根据"。下面，我们逐步给出这些认识。

首先我们列出三个场景或经验现象，并由此作出一定的推论。

场景一，由《宽窄九章——写给大众的哲学》一书的"前言"在论及"宽窄与场域生成"时给出："当人在一个大幅超越自身尺度的环境独处，比如在剧场中央放一张床，你睡得着吗？人会产生恐惧感，因为人体无法去把握这个'场'。人的双臂延伸 3 到 6 倍，才是最适中的尺度。超过这个尺度，人们就会感觉空旷，无所适从，一有风吹草动便担惊受怕。过宽或过窄，都让人无法好好地生活。合理的范围才是人需要的尺度。"②

场景二，由 1960 年正式上映的电影"红色娘子军"给出：

---

① Henri Lefebvre: *The Production of Space, Trans*. Donald Nicholson-Smith, Oxford: Blackwell, 1991: 405.

② 李后强、李明泉、汤柱国主编：《宽窄九章——写给大众的哲学》，光明日报出版社 2018 年版，"前言"：第 17 页。

　　剧情：吴琼花随洪常青走进了他的办公室。洪常青桌子上有一张地图。洪常青挂好自己的文件包和手枪，走到了吴琼花的对面。

　　洪常青（指着地图）：琼花，你找找我们海南岛在哪？

　　剧情：吴琼花趴在地图上找着，没有找着，她摇了摇头。

　　洪常青（指着地图）：在这儿，你看。

　　吴琼花（吃惊地）：这么小啊？

　　洪常青：你再找找我们椰林寨。

　　吴琼花：那……哪有啊？

　　洪常青：呵呵……是啊！刚才我们走过的那个地方，多大呀！可是到这上面，连个影儿都没了。琼花，你想一想，要是光靠个人的勇敢，能解放这么大的国家吗？

　　场景三，一个人追一条小狗，前方是一排栅栏。小狗的宽度为 20 厘米，人的宽度为 60 厘米，栅栏的宽度为 40 厘米，其中在人狗追逐路线的左边不远处缺损了一根栏杆，出现 80 厘米的一个缺口。狗跑到栅栏边，直接从 40 厘米宽度的栅栏中穿过。而人没有半点犹豫，径直跑到 80 厘米宽度的缺口处穿过，继续追狗。

　　基于上述场景，模仿康德在《纯粹理性批判》中的话语方式，我们对"宽窄"的先验性作出以下几点"形而上学阐明"。

　　第一，"宽窄"不是什么从外部经验中抽引出来的经验性的概念，也不是关于一般事物的关系的推论的概念。

　　第二，"宽窄"被表象为一种"整体与部分"的关系，被表象为"整体大于部分"的直观。

　　第三，"宽窄"被身体直接经验为：畅通与受阻。

　　对于第一点，我们指出，人类知识至今也没有给出独立的宽和窄定义，因为宽窄作为空间的属性是相对概念，正如黑格尔所说，"上与下、左与右、父与子等等以至无穷最琐屑的例子，全都在一个事物里包含着对立。上是那个不是下的东西；上之被规定为只是这个而不是下，并且只是在有了一个下的情况下才有的，反过来也是如此；在每一个规定中就包含着它的对立面。"① 也如罗素所说，"存在舅舅就暗含着存在外甥。"② 也就是说，离开了宽，我们无从说窄，我们不可能有独立的宽的概念，也不可能有独立的窄的概念。但是场景一告诉我们，尽管人们没有独立的宽和窄概念，但是人们却有着对宽和窄的直接感受，或者说有着对宽和窄直接的区分。把人关在笼子里，人们的四肢受到束缚，那么他就会通过身体的不舒服而有空间窄的感受；相反，把人放在剧场里面，那么他又会觉得空间宽得让人恐慌。在这两种状况中的宽和窄，都不是人的思想进行比较、分析出来的，也不是人的思想进行归纳、总结出来的，而是"灵魂和肉体统一的人"通过"感受"直接就得出来的。另外，场景三告诉我们，尽管从空间属性看没有宽和窄的独立概念与定义，但是对于宽和窄，人类经验却是普遍存在的，"灵魂和肉体统一的人"能够作出"先天判断"。人对于宽和窄的把握，类同于梅洛-庞蒂所言："如果我站着，手中紧握烟斗，……我以一种绝对能力知道我的烟斗的位置，并由此知道我的手的位置，我的身体的位置，就像在荒野中的原始人每时每刻都能一下子确定方位，根本不需要回忆和计算走过的路程和偏离出发点的角度。"③ 这种把握就是身体主体所拥有的一种原初空间经验。甚至，可以说这是有生命物体的共性。例如蝙蝠发出和接收超声波，它就能够知道自己的身体是否能够通过某一个空间。

对于第二点，我们指出，在特定事物的空间关系中，是宽是窄是一个先天判断，是具有普遍性、必然性、又能提供真实知识的判断。例如，对于一个正方形，任何人都会认为它们是长宽一致。而对于一个长方形，任何人都会认为它们是长宽不一致。场景二和场景三表明，宽窄包含着整体与部分的关系，特定事物的宽窄是一个空间直观。对于地图中，中国的面积大于海南岛的面积，这不仅是洪常青、吴琼花的结论，也会是任何理性的人的结论。同样，在人追

---

① 黑格尔：《逻辑学》下卷，杨一之译，商务印书馆 1976 年版，第 67—68 页。

② 罗素：《西方哲学史》下卷，马元德译，商务印书馆 1976 年版，第 278 页。

③ 莫里斯·梅洛-庞蒂：《知觉现象学》，姜志辉译，商务印书馆 2001 年版，第 138 页。

狗的过程中，任何人都不会否认 80 厘米的缺口空间大于 40 厘米的空间。因为，就空间属性而言，80 厘米的空间与 40 厘米的空间是整体与部分的关系，而"整体大于部分"则是一个"先天判断"。

对于第三点，我们指出："宽窄"作为空间的属性是相对概念，离开了宽，我们无从说窄，我们不可能有独立的宽的概念，也不可能有独立的窄的概念；但是，场景三表明："宽窄"作为特定的、个体的、灵魂和肉体统一的人与外部事物的关系，被身体直接经验为"畅通与受阻"。在人与外部事物交往的过程中，例如场景三中的人通过栅栏的行为，如果人的身体能够顺利通过，该栅栏空间为"宽"，如果人的身体不能够顺利通过，该栅栏空间为"窄"。"它意味着身体与世界的原初关联，意味着人类意识通过身体朝向世界的原初开放，意味着这个身体主体与世界之间拥有一种比思想更古老的沟通方式。"①

"宽窄"被身体直接经验为：畅通与受阻；它是所有其它空间经验始终需要预设的前提，也是一切空间观念进行理论构造的基础。"我们始终是这样穿行于空间的，即：我们通过不断地在远远近近的位置和物那里的逗留而已经承受着诸空间。当我走向这个演讲大厅的出口处，我已经在那里了；倘若我不是在那里的话，那我就根本不能走过去。我从来不是仅仅作为这个包裹起来的身体在这里存在；而不如说，我在那里，也就是已经经受着空间，而且只有这样，我才能穿行于空间。"②

我们首先有着"身体"的意识，有着"身体空间"的意识，有着"身体实践活动空间"的意识。身体空间的意识，身体实践活动空间的意识，就是人的存在的尺度的意识，人的实践活动空间的意识；是我们与外部世界事物空间并存关系的意识，是我们对自身与外部事物运动的广延性、伸张性的意识。当我们在思想中把阻碍我们的东西都排除掉的时候，我们的道路，我们的行走就宽

---

① 刘胜利：《现象空间的诞生——斯特拉顿实验的现象学解释》，《自然辩证法通讯》2012 年第 1 期，第 66 页。
② 《海德格尔文集·演讲与论文集》（修订译本），孙周兴译，生活·读书·新知三联书店 2018 年版，第 171 页。

阔起来。当我们把这样的抽象继续下去，得到的就是空无一物的欧几里德几何空间。早在 1995 年，笔者就曾写道：

> 从感性的意义上讲，把空间看作是物体作运动的容器或场所，这是很自然的；因为谁也不会否认一个物体要作由此及彼的位置移动，必须要有一个没有其他物体的空间，否则就会发生与它物的碰撞。把时间看作是外在于位置移动的一种客观实在也是很自然，因为昼夜交替这种人的感官能直接感觉的自然节律是不以人的意识为转移的并且也不受人或物的位置移动所影响。至于把物体实现由此及彼的位置移动看作是"运动的"物体在时间流程中不断通过空间的过程，也是很自然的。首先，只有"运动的"物体才能实现由此及彼的位置移动；其次，一个人作由此及彼的位置移动，只要距离足够远，他就可能要经历一个昼夜，这就足以使他建立"运动的"物体实现位置移动要花时间这种联系。因此，我们说，那种把时间和空间理解为外在于物体运动的客观实在、把物体的机械运动看作是在时间流程中和空间框架中进行的过程之时空和运动观念，实际上是人们在不断和外部环境发生接触的过程中，在生活和生产实践中自然而然地形成的。或许可以这样说，这种时空和运动观念在人类刚刚从一般生物界提升出来时就已经萌生，并且随着语言和抽象能力的提高，逐渐以观念的形式沉积在一般的人类意识之中了。一当这种心灵的无意识结构被人们运用来说明物体的运动，就被投射到人类的文化现象之中了。

人类的思维结构原则上由人类的实践结构所决定的观点，是辩证唯物主义认识论"实践是认识的基础和源泉"这一基本原理的自然推论。马克思主义哲学经典作家对实践结构转化为思维结构问题作出了许多精辟的分析。例如，恩格斯指出："由于人的活动，就建立了因果观，这个观念是：一个运动是另一个运动的原因。"列宁还作出更明确的表述："人的实践经过千百万次的重复，它在人的意识中以逻辑的格固定下来。"列维-斯特劳斯也曾指出，"我们要想发现人的本质，就必须回过头来找到解释人怎样同自然联系的途径。"①

以上讨论表明，当我们把空间的身体本源论贯彻到底，就会得出：长期以来被人们看作是关于空间属性的"宽窄"意识，本身却是决定人类抽象空间概念存在的"根据"。于是，基于空间的身体本源论，基于生存论辩证法和实践辩证法，宽窄哲学在现代哲学的研究中具有一种基本的、深层次的地位。

第五节 "空间生产"与宽窄哲学

在作为本书的最后一章的最后一节中，我们要阐明宽窄哲学是什么，并给出宽窄哲学的定义。宽窄哲学在现代哲学的研究中，具有一种基本的、深层次的地位；这是本书对宽窄哲学是一种什么样的辩证法进行追问，得到的基本结论。

为了说明宽窄哲学是什么样的辩证法，我们批判地继承了波普尔的工作，追问了辩证法是什么？在考察辩证法曲曲折折的发展历史和当代前沿中，我们不得不关注当代空间辩证法的研究成果。一经重视当代空间辩证法的研究成果"空间的身体本源论"并将其贯彻到底，我们就不得不说：长期以来被人们看作是关于空间属性的"宽窄"意识，本身却是决定空间概念存在的"根据"，即人类关于"身体实践活动空间"的宽窄意识，是人类空间学说的基础。换言之，表征事物运动的广延性、伸张性的空间概念，正是从"宽窄"这种基本意识抽象得到的。这些依据现代科学研究方法论所取得的创新性认识，不仅丰富

---

① 文兴吾：《芝诺佯谬与牛顿绝对时空观——从结构主义的观点看》，《天府新论》1995年第4期，第47页。

和发展了当代哲学对辩证法、空间观的研究，丰富和发展了马克思主义辩证法与空间观；从而也成为宽窄哲学研究真正的逻辑起点。把这些创新性认识与列斐伏尔提出的空间生产理论相关联，我们可以提出：宽窄哲学是关于人生发展和人类发展空间生产的辩证哲学；由此，进一步丰富和发展马克思主义的发展学说。

一、发展理论与"空间生产"

对于列斐伏尔的空间生产理论，时至今日，中外学术界的研究著述已经很多了。但是，在实践唯物主义与实践辩证法相统一的马克思主义哲学视域中，空间生产理论的本质应该是什么？并没有得到系统有效的回答。我们的认识是：空间生产理论本质上是关于人类社会发展的理论。唯物辩证法告诉我们，任何事物总是有一个产生、发展和消亡的过程；不断拓展其发展空间，就意味着不断拓展其存续的时间。"空间生产"是人类消除其存在的阻碍，使其存在的空间"由窄变宽"的过程。如此，宽窄哲学的研究对于丰富和发展马克思主义哲学的发展理论具有重大意义。

列宁曾指出，"马克思的辩证唯物主义""即最完备最深刻最无片面性的关于发展的学说"[①]。但是，什么是发展？我们为什么要发展？长期以来，在马克思主义哲学教科书中的阐述并不是令人满意的。1981年肖前等主编的《辩证唯物主义原理》哲学教科书写道：

> 唯物辩证法通常用运动、变化、发展等概念一起来表述自己的发展观，它把运动理解为一般的变化，把变化理解为某种新东西的生成过程，即理解为发展。所谓发展，就不是同一事物的简单重复，而是新事物不断产生、旧事物不断灭亡。……新事物不断战胜旧事物，或如毛泽东所概括

[①] 《列宁选集》第二卷，人民出版社1995年版，第310页。

的，"新陈代谢""推陈出新""除旧布新"，是宇宙间普遍的、永远不可抗拒的发展规律。

所谓新生事物，是指合乎历史发展趋势的、进步的、必然向前发展的、具有远大前途的东西。与此相反，旧事物则是历史发展过程中逐渐丧失其存在必然性的、日趋灭亡的东西。区别新事物和旧事物，不能单凭出现时间的先后，不能根据形式上、现象上是否新奇，更不能靠人们的主观上的自封。新旧事物相互区别的根本标志在于，它们是否同历史发展的必然趋势相符合。

任何事物的发展，总要经历一个由小到大、由不完善到比较完善的过程。新事物的成长也是这样，它在最初出现的时候总是比较弱小，总是难免有这样那样的缺陷，而旧事物则往往比较强大，显得合乎"常规"。并且，在社会现象中，由于新旧事物的利害冲突、旧事物对新事物的抵抗，因而使新事物的成长必然经历一个曲折的过程。……新生事物不可战胜的规律，在自然界特别是无机界的表现，是一个有待深入研究的课题。这一规律在社会生活中的表现则是异常明显的。因此，把握这一规律，对理解社会生活、认识社会历史的发展、增强人们为美好事业而奋斗的精神和必胜信念具有重要的人生观和方法论的意义。①

肖前任主编，黄楠森、陈晏清任副主编，1994 年首次出版的《马克思主义哲学原理》写道：

在辩证法范畴体系中，运动、变化、发展是属于同一序列的范畴。……"运动"和"变化"都是最高程度上抽象的范畴。在这两个范畴中，都没有直接表达或规定运动、变化的总体性质、趋势和方向性。单纯的数量增加或减少，位置的变更和持续，状态的重复和循环，进化与

---

① 肖前、李秀林、汪永祥：《辩证唯物主义原理》，人民出版社 1981 年版，第 154—155 页。

退化，上升与下降等等，都是运动和变化。辩证法不能停留于在一般意义上承认运动和变化，而是要进一步揭示世界万物各种不同的运动变化之间的整体联系及其所包含的趋向性，揭示每一种运动变化在世界总体运动中的地位和作用，这就必然提出发展的问题。列宁指出："发展显然不是简单的、普遍的和永恒的生长、增多（或减少）等等。——既然如此，那首先就要更确切地理解进化，把它看作一切事物的产生和消灭、相互过渡。"①

唯物辩证法的"发展"范畴，就是在运动、变化的基础上进一步揭示物质世界运动的整体趋势和方向性的范畴。发展是指前进的变化或进化，即指事物从一种质态转变为另一种质态，或从一种运动形式中产生出另一种运动形式的过程，特别是指人类所处的现实世界中从低级向高级、从无序向有序、从简单向复杂的上升运动。把握唯物辩证法的"发展"范畴，需要有对于客观世界辩证运动的丰富特征的深刻理解，其中包括运动变化的多样性、多向性与现实的总体方向性（前进性）的统一，事物的量变过程与质变过程的统一，事物自己运动、自我完善与向他事物转化的新事物产生与旧事物灭亡的统一，等等。②

作为"马克思主义理论研究和建设工程重点教材"、2009 年出版的《马克思主义哲学》教科书写道：

从总体上看，现实运动有三种方向，一是单一水平的转化及同一等级运动形式间的变化；二是下降的运动，即从高级形式向低级形式；三是上升的运动，即从低级形式向高级形式。发展是有序的、上升的运动。唯物辩证法的发展范畴，是在承认现实运动具有三种不同方向的前提下，揭示

① 《列宁全集》（第 2 版）第 55 卷，人民出版社 1990 年版，第 215 页。
② 肖前主编：《马克思主义哲学原理》上册，中国人民大学出版社 1994 年版，第 150—151 页。

现存世界尤其是人类社会运动的整体趋势的范畴，其着眼点是新事物的产生与旧事物的灭亡。

新事物是在旧事物的"母腹"中孕育成熟的。它否定了旧事物中消极的、过时的因素，继承了旧事物中某些合理的因素，添加了为旧事物所不能容纳的因素，并具有新的结构和功能，适应已经变化了的环境和条件，因而必然产生；旧事物的结构和功能由于不能适应已经变化了的环境，因而必然灭亡。新事物的产生与旧事物的灭亡是不可避免、不可抗拒的。

发展的方向性通过发展的过程性体现出来。一切都处在过程之中。每一事物存在本身就是一种特定的运动过程，每一事物都有其生成与灭亡的过程，而生成与灭亡意味着事物的个体存在过程从属于另外一个过程。……所谓过程，就其内容来说，是指事物的发生、发展和灭亡，一个事物向另一个事物的变化，或不同事物之间的相互转化。①

上述对"发展"阐释，核心内容是：发展是向前的、上升的、进步的运动。发展的本质是新事物的产生和旧事物的灭亡，即新陈代谢，指新事物代替旧事物。《辞海》在"发展"词条下有两个解释：一是"哲学名词，指事物由小到大，由简到繁，由低级到高级，由旧质到新质的运动变化过程"。二是"特指团体吸收新成员"。这里的第二个解释实际是发展的延伸意义。在2003年中共中央提出"科学发展观"之后，学术界在追求对"科学发展"明晰的理解中，指出了上述对"发展"的阐释并不准确。因为，小大、简繁、低高、旧新、向前、向上等等皆是缺乏确定性的相对的范畴。比如，由小到大、由简到繁是发展，难道反过来就不能是发展吗？我们又该如何解释如精简机构，电子产品的微型化，工艺技术、操作行为和程序的简略化等这类相反的进步呢？由低到高，由

---

① 《马克思主义哲学》编写组：《马克思主义哲学》，高等教育出版社、人民出版社2009年版，第98—99页。

旧到新，虽然指出了发展的向前、向上、新陈代谢的运动特质，使发展与一般运动区分开来，但是低、高，旧、新，后、前，下、上，都缺乏明确的客观规定性，它们往往与人的主观立场、价值取向相关；这样一来发展不就成为说不清、道不明的东西了吗？① 相应提出，对于发展这一范畴，应摆脱这些缺乏明确规定性的、相对的概念，给予一个明晰的定义；发展可分为两个方面：一是自然的发展，二是人为的发展。自然的发展，也叫自在或自发的发展，这是指任何存在由于其自身内部的矛盾所引起的变化，即其潜能的展示与实现的过程。如生命的过程，生物的成长和进化，社会形态的更替，自然事物自身的变化等等。人为的发展，也叫自觉或自为的发展。即人在对自然发展认识的基础上，从人自身的需要出发，确定发展的目标，并通过自身的活动所引发的客观存在的变化。一如常说的：发展自己、发展经济、发展政治、发展科学、发展文化、发展社会，等等。自然的发展是自发的，是由其自身内在的矛盾，即其潜能所引起的发展，这种发展无论人们的认识与否，也无论人们的喜怒好恶，它都以其自身固有的规律进行，实现或展示自身。但人为的发展则不一样，它通常与人们的认识水平、价值取向、实践能力等相关。因此，人为的发展又可分为两个不同的层次：一是主观发展。这主要指人们对发展的认识、理解、看法与观念，即通常所说的发展观。它包括人对自然发展的认识、认同与对人为发展的规划、设计等。二是客观改变。这主要指人们在主观发展层面下所进行的客观活动及其成果，即通常所谓的发展的实践过程及其客观结果。人为发展的这两个方面既密切联系，又有一定的差异；有什么样的发展观，就会有什么样的发展的实践活动；但实践的实际结果又不一定符合预期的发展目标。②

对于上述认识，我在 2015 年出版承担的国家社科基金重点课题的研究成果《西部民族地区农牧区科学发展与社会信息化发展战略研究》一书时，就已

① 袁诗弟、刘华桂：《何谓科学？何谓发展？——对科学发展的深层解读》，《天府新论》2011年第 4 期，第 27—28 页。
② 袁诗弟、刘华桂：《何谓科学？何谓发展？——对科学发展的深层解读》，《天府新论》2011年第 4 期，第 28—29 页。

经给予了高度重视。①现在，基于实践辩证法，抑或生存论辩证法，及其空间生产理论，对马克思主义的发展范畴作出一个相对完备的新阐释。

发展有广义和狭义之分。广义的发展，"是在运动、变化的基础上进一步揭示物质世界运动的整体趋势和方向性的范畴；发展是指前进的变化或进化，即指事物从一种质态转变为另一种质态，或从一种运动形式中产生出另一种运动形式的过程，特别是指人类所处的现实世界中从低级向高级、从无序向有序、从简单向复杂的上升运动。"②"着眼点是新事物的产生与旧事物的灭亡。"③

狭义的发展，是指为了排除阻碍人、（人的）社会、人类持续存在的问题，而作出的"人为的"变化和运动，即前述的"人为发展"，是给人、人类社会带来福祉的"空间生产"。概言之，狭义的发展是指给人、人类社会带来福祉的"空间生产"。

在马克思主义哲学体系中，现实中千差万别的物质存在，归根到底可以划分为两种基本存在，即自然存在与社会存在。划分物质存在形态的依据是物质运动形态，一般分为机械运动、物理运动、化学运动、生命运动和社会运动五种形式。在这五种运动形式中，机械运动、物理运动和化学运动又可归结为无机界的运动。这样，物质运动可归结为三种基本形式，即无机界运动、生命运动和社会运动。相应地，物质存在的基本形态也可划分为无机物质、生命物质与社会物质或社会存在。如果进一步把无机物质与生命物质归结为自然物质或自然存在，那么，全部物质世界则可划分为自然存在与社会存在两种基本形态。在自然存在范围内，从无机物质到生命物质，是物质世界发展的一次重大的飞跃；从自然存在到社会存在，则是一次意义更为重大的飞跃。人类社会与

①　文兴吾、何翼扬：《西部民族地区农牧区科学发展与社会信息化发展战略研究》，人民出版社2015年版，第100—102页。

②　肖前主编：《马克思主义哲学原理》上册，中国人民大学出版社1994年版，第151页。

③　《马克思主义哲学》编写组：《马克思主义哲学》，高等教育出版社、人民出版社2009年版，第99页。

自然界在运动方式上存在着本质的不同，构成了社会存在与自然存在之间的深刻差异。社会存在是在人的活动中形成的，人的活动则是有意识、有目的的。尽管人的活动的目的性并没有也不可能使人的活动脱离物质世界的客观制约性而成为主观任意的活动，但人的活动的目的性却将人与其他存在物区别开来，使之成为物质世界中最高级的存在物。

人类社会产生之前，只有单纯的自然存在。人类社会产生之后，一部分自然存在通过人的实践活动进入社会生活领域，成为社会存在，它作为人类社会生活的自然条件，以被改造过的形式包含在社会存在之中。这就是说，自然存在可以根据与人类社会生活的关系分为两个部分：一是未进入人类社会生活的自然存在，一是进入了人类社会生活的自然存在。其中，后一部分自然存在是构成人类社会的前提、基础的自然环境，它是社会存在的重要组成部分，具有自然存在和社会存在的双重属性。人类社会发展史表明，进入社会存在中的自然存在的领域在广度和深度上都随着人类活动的发展而不断地扩大着。社会存在是不断变化发展着的客观实在。①

本章第三节讨论了马克思恩格斯的空间社会化探讨，论及"自在自然空间"向"人化自然空间"的实践转化过程，论及"人化自然空间"是由人的自由自觉活动建构起来的，记载着人类文明的发展轨迹；就已经内在地肯定了空间是能够被"生产"的。这是因为历史唯物主义强调人们在从事一切其他活动之前，首先必须衣食住行；"人们为了能够'创造历史'，必须能够生活。但是为了生活，首先就需要吃喝住穿以及其他一些东西。因此，第一个历史活动就是生产满足这些需要的资料，即生产物质生活本身，而且这是这样的历史活动，一切历史的一种基本条件，人们单是为了能够生活就必须每日每时去完成它，现在到几千年前都是这样。"②"不言而喻，野蛮人的每一个家庭都有自己的洞穴和

---

① 《马克思主义哲学》编写组：《马克思主义哲学》，高等教育出版社、人民出版社2009年版，第60—61页。
② 《马克思恩格斯选集》第一卷，人民出版社1995年版，第79页。

茅舍，正如游牧人的每一个家庭都有独自的帐篷一样。"①就人类实践的历史和现实状况而言，人类的空间活动或者说人类活动的空间性是和人类的存在相伴而生的。空间是人类生存和发展的前提。不仅有诸如洞穴、茅舍或者是帐篷之类的直接的空间性消费，满足人类生存需要的其他各种物质生活资料同样具有空间的形式，是空间性的存在物。人本身也占有一定的空间，是空间性的存在。在马克思主义哲学中，空间是物质的存在方式，是表征物质存在的范围、场所和条件的范畴，既可以理解为物质存在的具体样式也可以理解为物质存在的一种属性（表明物质存在的广延性、伸展性）。当然，空间只是物质存在的一个方面、一种属性，物质还有其他的存在形式或属性，比如时间、运动以及各种具体物质形态所具有的带有各自特殊性的具体属性。因此，事物的空间与事物本身不能等同。作为物质的存在方式，空间与物质不可分。谈到物质，总是具有一定空间形式的物质，不存在脱离空间形式或空间属性的物质；反之，谈到空间，总是指物质的空间，不存在脱离物质的纯粹空间，空间的具体特性取决于物质的存在状况。空间的度量总是通过具体物质形态来体现的，空间的大小根本上指称的是物质形态之间的空间关系。在这样的意义上，空间是客观的，空间总是物质性的空间。②

历史唯物主义强调，生产活动是人的基础性的生存活动，人之所以为人就在于人生产出自己的生活资料和生存条件；"一当人们自己开始生产他们所必需的生活资料的时候（这一步是由他们的肉体组织所决定的），他们就开始把自己和动物区别开来。人们生产他们所必需的生活资料，同时也就间接地生产着他们的物质生活本身。"③正是在这样的意义上，实践是人的存在方式，消极地适应自然界则是动物生存的根本特征。事实上，天然物品及其产生机制很难满足不断发展的人类需要，这就要求必须推进物质生产活动。作为一个普通物种，人类自始至终都在寻求最基本的生存需求的满足，而这种满足只有在物质

---

① 《马克思恩格斯选集》第一卷，人民出版社 1995 年版，第 116 页。

② 庄友刚：《空间生产的历史唯物主义阐释》，苏州大学出版社 2017 年版，第 33 页。

③ 《马克思恩格斯全集》（第 1 版）第 3 卷，人民出版社 1960 年版，第 24 页。

生产劳动中才能实现，"这一生产上的技能，对于人类的优越程度和支配自然的程度具有决定的意义；一切生物之中，只有人类达到了几乎绝对控制食物生产的地步。"①人的物质生活资料的生产过程就是人改造自然的过程，即从自在自然向人化自然转化的过程。物质与空间不可分，任何具体的物质资料都具有自己特定的空间形式；物质资料的生产过程，也是生产、创造这些事物的空间形式的过程。从空间的角度来说，就是从自在空间向"为人"空间转化的过程。人的生存空间的大小实际上反映的是自然的人化的范围和程度。"在这样的意义上，一切人类生存的现实空间都是由人的活动创造出来的。物质生产的过程也是新的空间形式和空间关系创造的过程。就这样的角度而言，整个人类发展史也可以说就是生产空间的历史，是空间的生产不断拓展和扩张的历史。"②庄友刚提出：

> 可以给空间生产下一个简要的定义。空间生产的含义有广义和狭义之分。广义的空间生产就是指自然的"人化"。任何物质生产同时也是空间的生产，物质生产的发展过程同时也是空间生产扩张的过程。在狭义上，所谓空间生产就是人创造符合自身生存和发展需要的空间产品的活动过程。简单的空间生产如住宅的建造，复杂的空间生产如城市的规划与构建。人在历史发展中不断生产出自己的生存空间。人类越是发展，人化的空间越是扩大，空间产品越是增加，空间产品的具体形式越是远离自在空间的原初状态。空间生产表现为一个从简单到复杂、从低级到高级、从单一到多样的历史发展过程，越来越呈现出复合化、系统化的趋势。③

在上述定义中，之所以把"空间生产"界说为自然的"人化"过程，这是

---

① 《马克思恩格斯选集》第四卷，人民出版社 1995 年版，第 18 页。
② 庄友刚：《空间生产的历史唯物主义阐释》，苏州大学出版社 2017 年版，第 36 页。
③ 庄友刚：《空间生产的历史唯物主义阐释》，苏州大学出版社 2017 年版，第 37 页。

因为人对物质生活资料的生产过程也就是人化自然的过程；而人对物质生活资料的生产过程，亦即通过人的实践活动实现物质在空间中的重置或重构，创造出符合人的现实需要的空间属性的物质产品的过程。因此，物质资料生产也就是广义的空间生产。

"物质资料生产的过程也就是创造自然界原先不存在的事物即具体物质形态的过程。……也是生产、创造这些事物的空间形式的过程。生产了具体的物质资料同时也就生产了这些物质资料的空间形式，这种空间形式是自然界原先不存在的。因此，历史唯物主义在理论逻辑上肯定'空间'能够生产，即创造自然界原先不存在的具体物质资料的空间形式。物质生产越是发展，物质产品的具体存在形式越是远离自然界的原初状态。"[1] 这种"空间生产"，是"人在对自然发展认识的基础上，从人自身的需要出发，确定发展的目标，并通过自身的活动所引发的客观存在的变化"[2]，是包含着价值取向的"人为的运动和变化"。因此，"给人类带来福祉的'空间生产'"这种"人为的运动和变化"，满足着"人为发展"的全部要义。于是，给人类带来福祉的空间生产，既是人类社会发展的表现形式，也是人类社会发展的存在方式。

历史上，当人类把牛羊圈养起来，是在改变着它们存在的空间形式，也改变了牛羊与人类的空间关系；是给人类带来福祉的空间生产，是"发展"。当人类把野生的植物进行种植的时候，是改变着植物存在的自然空间形态，也改变了植物与人类的空间关系；是给人类带来福祉的空间生产，是"发展"。当人类拦河设坝，制造水流落差，进行水能发电，改变了河流的空间形式，也改变了河流与人类的空间关系；是给人类带来福祉的空间生产，是"发展"。这些发展不是"人们的主观上的自封"[3]，而是经过长期历史检验得出的。

① 庄友刚：《空间生产的历史唯物主义阐释》，苏州大学出版社2017年版，第36页。
② 袁诗弟、刘华桂：《何谓科学？何谓发展？——对科学发展的深层解读》，《天府新论》2011年第4期，第28页。
③ 肖前、李秀林、汪永祥：《辩证唯物主义原理》，人民出版社1981年版，第155页。

二、人类发展与"空间生产"

人类生活在大自然中，本是自然界众多生物中极其普通的一员。人的自然能力并没有什么出类拔萃的地方。在体力上，远不如凶禽猛兽；在感知能力上，也不如许多各有所长的动物；在适应能力上，则不像许多动物那样能够忍耐恶劣的环境。人所具有的自然属性虽不比许多动物强，但却成为了"自然之王"，这种力量是从何而来的呢？简言之，是从人的理性的支配下所创造的工具中获得的，也就是从人造的技术中获得的。

我们的先祖，起初与其他动物在获取食物以维持生命所使用的手段方面并没有太大的区别，也只是用手和牙齿。逐渐地，由于人类智力的发展远超过其他动物，人类便知道使用天然的木棍和石块来获取食物和保护自己。例如，人类不仅懂得如何用捡来的大石块和木棒来猎取动物，而且逐渐地认识到，在捕获猎物后，不光只能用手和牙齿撕开皮毛和割开筋肉，还能用捡来的带锐边的石块进行切割，这样就逐渐学会了使用工具。

在实践中人类又逐渐地认识到，某些石头（如砾石）在石块上摔破时，可以产生带锐边的石块。于是他们就慢慢地懂得了用石头来击打另一块石头，使其产生带锐边的石块。这便是历史学家所说的制造打制石器，也就是古人类制造工具的起源。打制石器标志着人类掌握了第一种最基本的材料加工技术，因而它也就成为原始时代技术发端的第一个标志。由此，揭开了人类改造自然的第一个时代——石器时代的序幕。

猿人在技术上取得的一项决定性的进步是学会了用火。原始人在长期的劳动中逐渐认识到火的用途，并发明了取火的方法。早在旧石器时代，人类已开始用火。我国距今170万年前的云南元谋人和距今80万年前的陕西蓝田人，都留下了用火的遗迹。距今40—50万年前的北京猿人，在他们居住过的洞穴里留下厚达6米的灰烬，说明他们已掌握保存火种和控制燃烧的能力。但是，人类最初利用的还是天然火，为了用火，他们不得不把从森林或草原野火取得的火种，视为神圣的东西悉心加以保存。后来，人类才终于掌握了人工取火——"钻木取火"或"击石取火"的方法。

在长期制造石器工具的过程中，人类逐渐发现打石取火的方法；特别是弓箭发明和推广后，人们产生利用弓弦绕钻杆来打孔的想法，从而发明了钻具。人们利用钻具与被钻物之间的摩擦生热发明了"钻木取火"技术。人工取火是人类在原始社会最伟大的发明；恩格斯指出："尽管蒸汽机在社会领域中实现了巨大的解放性变革……但是毫无疑问，就世界性的解放作用而言，摩擦生火还是超过了蒸汽机，因为摩擦生火第一次使人支配了一种自然力，从而最终把人同动物界分开。"①

火的使用在人类进化史上具有特别重要的意义。有了火，人类才能从"茹毛饮血"进步到熟食，食物的种类和范围扩大了，营养丰富了，进而促进了人体特别是大脑的发育。有了火，人类可以用火防止野兽的侵袭，又能用火围攻猎取野兽。有了火，人类还能用火取暖、照明，从而扩大了人类活动的时空范围。有了火，人类渐渐学会用火烧制陶器、冶炼金属并在火的利用过程中积累了越来越多的化学知识……可以说，火的使用和人工取火的发明具有划时代的意义，没有火就不可能有文明世界的出现。

在大约距今 10 万年前，原始人类在漫长的相互交往和群体生活中，经过了形体语言、手势语言等无声语言阶段，学会了用语言符号（声音）来代表具体事物和抽象意义。恩格斯写道："劳动的发展必然促使社会成员更紧密地互相结合起来，因为它使互相支持和共同协作的场合增多了，并且使每个人都清楚地意识到这种共同协作的好处。一句话，这些正在生成的人，已经达到彼此间不得不说些什么的地步了。需要也就造成了自己的器官：猿类的不发达的喉头，由于音调的抑扬顿挫的不断加多，缓慢地然而肯定无疑地得到改造，而口部的器官也逐渐学会发出一个接一个的清晰的音节。"②语言的产生，使经验得以交流，文化得以传承，语言成为人类最基本、最常用和最灵活的传播手段；

---

① 《马克思恩格斯选集》第三卷，人民出版社 1995 年版，第 456 页。
② 《马克思恩格斯选集》第四卷，人民出版社 1995 年版，第 376 页。

古往今来，人类一直通过声音来相互娱乐和传递信息，用语言歌唱、讲故事。

文字是口语传播的技术延伸，特别是视觉系统的延伸，由此人类的传播活动摆脱了本能，进入了技术传播时代。由于文字的产生，一种可以跨越时间、空间传递信息的工具出现了；使异时、异地传播成为了可能，大大提高了传播的广度和范围。有了文字，人类有了记载的历史，人类对历史的认识更加确切和完整；有了文字，以描述人类感情和命运的文学不再仅是口头形式的了，因而流传和影响也更为广远；有了文字，人类的生产经验和自然知识才容易传播、继承和积累，并开始了有文字记载的文明历史。

"石器时代"的称呼被考古学家用来表示冶金时代以前的漫长时期，并把距今 200 万年前至 1.2 万年前左右的最近一次冰川期结束这一段时间划出来作为一个单独时代，称之为旧石器时代。采集食物是这一时代的本质特征，正式的说法是"狩猎者—采集者"社会。旧石器时代的工具，是用来捕猎或宰杀动物，搜集和处理动植物食物的。按今天的说法，旧石器时代的技术是为适应一种基本的食物采集经济而发展起来的。

旧石器时代以采集食物为主，必然是一种生存经济和公有社会。食物采集，受季节所限和漂泊之危，基本上不会有节余，因此也不会产生社会等级和支配权，更没有阶层社会所需要的那类专司储存、征税和重新分配剩余食物的强制性机构（实际上没有任何机构）。旧石器时代的社会基本上是平等的，尽管在群体内部也许存在着不同权力和地位的等级。人们生活在由若干家庭组成的小族群中。

食物采集社会长达 200 万年。在距今的三、四万年前，解剖学意义上的现代人业已出现，有着繁荣的文化，他们为什么仍旧过着食物采集生活，制造石器，四处漂泊呢？为什么到了 1.5 万年前，变化步伐又急剧加快，食物采集的生活方式终于让位给食物生产方式？在那以后，先是新石器时代在屋旁种植（简单园艺）和豢养动物，接着是另一场技术革命，在政治国家的控制和管理下从事集约化耕作（农业）。对于在旧石器时代及其向新石器时代的社会和经济转型，学者们曾提出过好些不同的解释。一种颇有说服力的假说：只要狩猎者和采集者的数量保持足够低，使得他们居住地附近的资源能够满足他们适度的开发利用，那么，采集食物的生活方式就不会改变。因为人口增长缓慢，从全球来看适宜居住的地方还不少，所以就可以这样乐不思变地过上 200 万年，直至由于旧石器时代人口数量的增多和采集的巨量消耗而达到可采集环境"承载力"的极限。这样的说明还可以解释在旧石器时代后期以前技术创新为什么那样少：有丰富资源供给的少量人口，凭借他们那些技术和手艺，已经可以过得十分惬意。虽然旧石器时代的人类已经知道种子能够发芽生长，也许还会种植（偶尔还有实践），但是他们缺乏变革自己已有生活方式的迫切动机。只有当人口增长到密度相当大，漂泊流浪实在解决不了问题时，需求和资源之间的平衡被打破，在屋旁进行种植和豢养动物才开始成为一种新的生活方式。①

我们的祖先放弃他们旧石器时代的生存方式并非出于自愿。他们是在生态退化的压力之下才放弃了原来四处流浪采集食物的生活方式，而采取了一种生产食物的生活方式，亦即从狩猎和采集"进步"到屋旁种植和豢养动物。

新石器时代以磨制石器为主，大约从 1.2 万年前开始，结束时间从距今5000 多年至 2000 多年不等。这个时期，人类开始从事农业和畜牧，将植物的果实加以播种，并把野生动物驯服以供食用。在这样的基础上，人类文化进一步发展，人类文明曙光初现。

新石器革命，关键是从食物采集转至食物生产。它开始发生在少数区域，后来才铺开到全球。基于栽培植物和驯养动物的新石器时代部落，在公元前 1万年以后独立出现在世界的不同地区——近东、印度、非洲、北亚、东南亚和中南美，各自独立地栽培小麦、稻谷、玉米和马铃薯。

从旧石器时代的食物采集转型到新石器时代的食物生产，有两条路径可以选择。一是从采集到谷物园艺（屋旁种植），进而到农耕；二是从狩猎到畜养

① 詹姆斯·E.麦克莱伦第三、哈罗德·多恩：《世界科学技术通史》，王鸣阳译，上海世纪出版集团 2007 年版，第 21—22 页。

动物，进而到游牧。到底选择哪一种转向新石器时代路径，主要取决于地理环境。在气候适宜，有充沛降水或地表水的地方，出现园艺和定居村落；在贫瘠得不宜于耕种的草原，牧人和畜群保留了漂泊的生活方式。这两条很不一样的转型路径，一条历史性地发展至游牧社会，如蒙古人和贝都因人即是如此；另一条，尤其是同时进行耕作和驯养动物的情形，则发展为伟大的农业文明，最终进入工业文明。

新石器时代是一连串事件和过程的产物，最终实现了从简单的园艺和畜牧到新石器时代后期复杂的"村镇"生活的过渡。最初，一些人群定居下来，他们在完成向新石器时代的生产方式转型之前还继续狩猎和采集，保存了某种程度的旧石器时代经济。这些定居下来的人群，在有限的区域内用各种办法寻找食物来求生。他们扩大了植物的采集范围，对次等乃至更差的食物资源，如坚果和海产等，也加以利用。他们住在房屋里，开始在屋旁种植，出现了转向在清理出来的小块土地上种植农作物的基本经济。在房屋旁种植与集约型农业是不同的，后者利用了灌溉、耕具和畜力，那是后来在近东最早的文明地区才发展起来的。早期新石器时代的人还没有用犁，必要时，他们用大的石斧和石锛清理土地，用锄或掘地棒翻耕地块。在世界上许多地方，特别是热带和亚热带地区，发展出一种称为扫荡式或者"刀耕火种"式的农业；土地耕种几年后便被弃荒，待其自然恢复后再行耕种。新石器时代的工具库已大大扩充，增加了一些较大的、常常被磨光了的器具，如石斧和研磨石器。动物的角也被用作锄和掘地棒。

分布在世界各地的居民，开始栽培种植各种各样的植物：在中国北方有稷和大豆，在东南亚有稻谷和蚕豆，在中美洲有玉蜀黍（玉米），在南美洲有马铃薯、豌豆和木薯。栽培种植是一个过程（而非一次性行为），包括浇水除草、移植秧苗、去除害虫等，涉及改良、育种、遗传选择等，由此，慢慢产生了驯化的品种。这些品种要依靠栽培者，同样栽培者也要依靠它们提供更多的生产。以小麦为例，野生小麦极易掉粒，便于风和动物把种子带到其他地方，这在自然条件下是一个有利于繁殖的特性。栽培种植的小麦则不易掉粒，容易收割，但是这样一来，就要靠农民来播种。人类栽培种植改变了植物的基因，植物的栽培种植也改变了人类。一旦开始培植植物，人类便安顿下来，开始固定的村落生活，接着就开始驯养绵羊、山羊和牛。

动物的驯化，是由人类与它们的野生种型长期亲密接触而来的。同栽培植物一样，动物驯化也涉及对野生种型的人工选择、选择性宰杀、选择性饲养。动物对于人类有多方面的价值。有些动物可以把不可食的植物转化为肉类，而肉类含有比植物更多的复杂蛋白质。动物还是长在蹄子上的食物，不怕腐败变质，随吃随取。动物能提供许多有用的副产品，牛、绵羊、猪及其他家畜，简直就是"动物工厂"，它们能生产出更多的牛、绵羊和猪。鸡会下蛋，奶牛、绵羊、山羊和马可以产奶，加工得到的耐存放、易处理的奶制品，如酸奶酪、干奶酪和用奶酿制成的饮料，养活着各大畜牧社会的牧人。后来，粪便也成了有用的动物产品，可以用作肥料和燃料。动物的毛皮则成为皮革和许多其他制品的原材料，而绵羊当然还能生产羊毛——在新石器时代的织机上，最先就是用羊毛来编织织物。动物还被用于牵引和运输。新石器时代仍然极大地依赖植物和动物，那是继承了人类在前 200 万年中发展起来的传统。然而，利用动植物的技术和由这些技术支撑的社会形态，却发生了根本变化。

从采集、渔猎到种植、畜牧，开启了人类原始的农业和畜牧业，标志着技术的进步改变了人与自然界的关系。在长期用火的基础上，人类发展到利用陶土烧制陶器。在用兽皮缝制衣物和用枝条编制器物的基础上，发展到利用植物纤维纺织。在用木枝、兽皮搭造原始居室的基础上，发展到利用石块或泥砖构筑房屋。在使用滚木、木排和独木舟的基础上，人类又学会制造有轮车辆和木船。在烧制陶器的长期实践中，人们学会了冶炼金属，最早使用的金属是天然铜。在大约公元前 3000 年，人类发明了青铜；青铜是铜锡合金，熔点为 800℃左右，比纯铜低，而硬度比纯铜高，易于锻制，被用来制造武器、工具、生活用具和装饰品。

陶器代表了新石器革命的另一项关键性的新技术，它也是在世界的多个居住中心独立发展起来的。如果说旧石器时代的人类只是在不经意中曾经造出过接近陶器的火烧泥一类东西的话，那么，在旧石器时代的经济中却没有任何因素去要求进一步发展那项技术。陶器几乎可以肯定是出于对储物技术的需要应运而生的：坛或者缸可用来存储和携带首批农耕社会的剩余产品。新石器时代的部落在建造房屋时已经使用到灰泥和砂浆，制陶技术恐怕就是将灰泥成型技术应用于制造盛物器皿发展而来的。最后，终于出现了一批"制造中心"，还开始小规模地运输陶制品。制陶属于"火法技术"，其核心是通过"火烧"把水分从黏土中赶出来，将其变成人造石。新石器时代的火窑可以产生高达900℃的温度。新石器时代那种制陶火法技术，到了后来的青铜时代和铁器时代，发展成冶金技术。

陶器的发明，是人类文明发展的重要标志，是人类第一次利用天然物，按照自己的意志，创造出来的一种崭新的东西。用泥土烧制的陶器，既改变了物体的性质，又塑造出便于使用的形状。它使人们在处理食物时，除了烧烤之外，又增加了蒸煮的方法。

在新石器时代的环境下，人们用木料、土坯和石块建造起永久性的建筑，这一切都体现出他们拥有熟练的技艺；由此导致了生活方式的根本改变。新石器时代部落的标准形式，是由十几到二十几所房舍构成的一个个分散的、自给自足的定居村落，每个村落里住着好几百人。与旧石器时代较小的群体相比，村落生活可以将许多家庭结合成部落。新石器时代的家庭无疑成为社会组织的中心，生产是以家庭为基础进行的。可以想象得到，住在房屋里面，新石器时代的人们不得不以新的方式去处理诸如公共空间、私密性以及待客等问题。新石器时代的人们也开始试着酿造发酵饮料。随着更多的剩余食品的出现，交换也更加频繁，从而产生了比较复杂、比较富裕的定居点。在那里开始有了专职的陶匠、编织匠、泥水匠、工具制作匠、祭司和头人。社会阶层的形成始终与剩余产品的增长同步。到了新石器时代后期，低级的阶级社会，基于宗族的头人统治，或者如考古学家所说的"酋长"社会也开始出现。这些社会均以血缘关系、等级关系以及积聚和重新分配财物的权力为基础建立起来，有时还会举行实质上是进行再分配的宏大盛宴。到这时，头领已经能控制数千到上万人的资源。但他们还不是国王，一方面因为他们留给自己的东西相对还比较少，另一方面因为新石器社会还没有能力生产出真正大量的财富。

到公元前 3000 年，渐渐有了比较富裕、比较复杂的社会结构，出现了区域性的道路要津和贸易中心；到新石器时代后期，真正的市镇也已经出现。典型的例子是特别富裕的新石器时代古城耶利哥。耶利哥在公元前 7350 年便已经有了相当好的供水系统和砖砌的城墙，拥有 2000 人左右的居民；在周围的乡间，则有豢养的畜禽和生产粮食的耕地。耶利哥古城有一座塔形建筑，高 9 米，基底直径 10 米。它那著名的城墙厚 3 米，高 4 米，周径长 700 米。这堵城墙非要不可，因为城内储存的多余的产品会招引盗贼。即是说，到了新石器时代，人们已生产出值得偷盗的剩余的食物和财富，因而也值得加以保护。①

原始人从狩猎与采集经济过渡到农业经济，是人类文明的一个重大进步。"农业革命"不仅是社会文明与人类原始野蛮状态的最显著的历史分水岭，而且是人类文明赖以迅速成长的巨大驱动器。与原来粗陋的"采集经济"和"狩猎经济"中自发的生产生活方式不同，农业革命给人带来了较为精细的农业经济与畜牧经济，并开始了自觉的生产生活方式。人类由过去的那种简单、被动的自然资源的索取者，逐渐转化为有头脑的、主动的自然资源的开发者、生产者，并进而获得了稳定的生活来源。由此，人类的人口数量不断增长，分布的区域空间不断扩展，相应的产品交换与社会分工也在扩大，村庄、城镇、城市的建立成为可能。

以上对人类历史发展一个片段的回顾，足以说明：一部人类发展史，也就是一部"人化自然空间""社会关系空间""历史活动空间"生产的历史。在"人化自然空间""社会关系空间""历史活动空间"生产中，技术始终发挥着最重要的作用。

从人类进化的观点看，技术的起源从属于人类的起源。作为动物本能的补

---

① 詹姆斯·E.麦克莱伦第三、哈罗德·多恩：《世界科学技术通史》，王鸣阳译，上海世纪出版集团 2007 年版，第 28—31 页。

充和延伸，技术是伴随着人类的进化而出现的。正如恩格斯所指出，人类"为了在发展过程中脱离动物状态，实现自然界中的最伟大的进步，还需要一种因素：以群的联合力量和集体行动来弥补个体自卫能力的不足。"① 这里的"联合力量和集体行动"，就是先民们的组织技术形态。在马克思看来，人类以自己的活动来引起、调节和控制人与自然之间物质变换的劳动过程，是从制造工具开始的。生产工具的制作及其使用是当时最主要的技术形态，"劳动者利用物的机械的、物理的和化学的属性，以便把这些物当做发挥力量的手段，依照自己的目的作用于其他的物。劳动者直接掌握的东西，不是劳动对象，而是劳动资料（这里不谈采集果实之类的现成的生活资料，在这种场合，劳动者身上的器官是唯一的劳动资料）。"②"人的最初的工具是他本身的肢体，不过，这些肢体必定只是他本身占有的。只是有了用于新生产的最初的产品，哪怕只是一块击杀动物的石头之后，真正的劳动过程才开始。人所占有的最初的工具之一是动物（家畜）。因此，富兰克林从劳动的观点出发，对人下了一个正确的定义："制造工具的动物"或"工程师"。"③ 这就是说，技术性是人的本质属性。

另一方面，技术运用与技术进步是由人的需要决定的。需要是马克思主义的一个基本范畴。在马克思看来，需要的发生和实现是人类活动的基础和核心。在需要的实现过程中，围绕人的基本需要又会衍生出一系列间接的需要链条，形成包括物质生产在内的社会运作体系，派生出复杂的社会关系。"第二个事实是，已经得到满足的第一个需要本身、满足需要的活动和已经获得的为满足需要而用的工具又引起新的需要，而这种新的需要的产生是第一个历史活动。"④ 同时，马克思也指出，人的活动的"基本形式当然是物质活动，一切其他的活动，如精神活动、政治活动、宗教活动等取决于它。当然，物质生活的这样或那样的形式，每次都取决于已经发达的需求，而这些需求的产生，也像

---

① 《马克思恩格斯选集》第四卷，人民出版社 1995 年版，第 30—31 页。

② 《马克思恩格斯全集》（第 1 版）第 23 卷，人民出版社 1972 年版，第 203 页。

③ 《马克思恩格斯全集》（第 1 版）第 47 卷，人民出版社 1979 年版，第 105 页。

④ 《马克思恩格斯选集》第一卷，人民出版社 1995 年版，第 79 页。

它们的满足一样，本身是一个历史过程"①。

在马克思看来，技术不仅支持着需要的实现，而且也是区分经济时代、反映社会关系的标志。"各种经济时代的区别，不在于生产什么，而在于怎样生产，用什么劳动资料生产。劳动资料不仅是人类劳动力发展的测量器，而且是劳动借以进行的社会关系的指示器。"② 这就是说，"生产什么""怎样生产"的技术特征，直接决定着物质生产与需要的实现样式，进而间接塑造着社会上层建筑的面貌。马克思考察了从工场手工业到机器大工业初期机器的发展过程后指出，"手工磨产生的是封建主为首的社会，蒸汽磨产生的是工业资本家为首的社会。"③ 因此，在需要的产生与实现过程中，我们不仅要看到物质生产活动与生产关系，更要看到其中所形成的技术形态及其演变历程。技术手段的革新，必然会引起生产关系本身的变革，因为"随着一旦已经发生的、表现为工艺革命的生产力革命，还实现着生产关系的革命"④；人们满足生存需要的社会实践活动，以及在社会历史活动过程中对物质生活资料的永无止境的追求，使得技术成为不可或缺的东西，赋予了技术以特别重要的追求自由的意义。马克思指出："需要是同满足需要的手段一同发展的，并且是依靠这些手段发展的。"⑤

马克思还不断提醒人们，人类创造和使用技术最终目的是为了人自身，为了整个人类的解放，为了实现人全面而自由的发展，人全面而自由的发展才是人类一切工作的目标。而为了实现这一目标，还是得依赖于技术的使用，"只有在现实的世界中并使用现实的手段才能实现真正的解放；没有蒸汽机和珍妮走锭精纺机就不能消灭奴隶制；没有改良的农业就不能消灭农奴制；当人们还不能使自己的吃喝住穿在质和量方面得到充分供应的时候，人们就根本不能获

① 《马克思恩格斯选集》第一卷，人民出版社 1995 年版，第 123 页。
② 《马克思恩格斯全集》（第 1 版）第 23 卷，人民出版社 1972 年版，第 204 页。
③ 《马克思恩格斯全集》（第 1 版）第 4 卷，人民出版社 1958 年版，第 144 页。
④ 《马克思恩格斯全集》（第 1 版）第 47 卷，人民出版社 1979 年版，第 473 页。
⑤ 《马克思恩格斯全集》（第 1 版）第 23 卷，人民出版社 1972 年版，第 559 页。

得解放。"①

马克思认为，人在通过实践改造客观世界的同时，也改造着人本身。在长期的技术形态创建与应用过程中，人作为技术单元被纳入多种技术系统之中，按照技术系统的模式与节奏运行，从而在人的思维、心理、生理、器官、肢体等方面都打上了技术的烙印。② 从人类种系进化角度看，长期的技术活动也是推动人类进化的重要力量。例如，以操作技巧为内容的手的灵巧化，就直接刺激了肢体与大脑的进化。就个体而言，长期的技术活动尤其是职业技术活动，会使人成长为带有各种职业技术观念或特征的人；马克思写道："工场手工业把工人变成畸形物，它压抑工人的多种多样的生产志趣和生产才能，人为地培植工人片面的技巧，这正像在拉普拉塔各州人们为了得到牲畜的皮或油而屠宰整只牲畜一样。"③

在人的技术化问题上，马克思更多地关注了资本主义条件下的技术异化现象；但是，阐明了人的技术化的基本机制。事实上，任何人都是出生在一定的社会体制和人工自然环境之中，并在特定的技术世界之中成长和发展的，从衣、食、住、行、用到自我实现精神文化需求的满足等方面，无一不受到技术的直接或间接影响；他必须自觉或不自觉地引入、学习、适应和建构各种技术形态，把外在的技术模式内化为个体观念和行为方式。在这一过程中，生物意义上的人就逐步成长和转变为技术意义上的人，自然的人就被塑造成为技术的人、社会的人，技术模式就内化为人们的思想观念与行为方式。因此，人的技术化是人的社会化的重要方面，二者同步展开，可以作为个体发展状况的衡量尺度。人与社会一开始就处于技术化进程之中，一部社会发展史就是一部社会技术化的历史。

生活世界（life—world）是现象学的基本概念，指的是人们生活于其中的世界，是人们可以感性体验的世界。人们在这个世界中不仅实现了自己存在的

① 《马克思恩格斯全集》（第 1 版）第 42 卷，人民出版社 1980 年版，第 368 页。
② 《马克思恩格斯全集》（第 1 版）第 23 卷，人民出版社 1972 年版，第 378 页。
③ 《马克思恩格斯全集》（第 1 版）第 23 卷，人民出版社 1972 年版，第 399 页。

价值，而且还进一步拓展着人类活动的范围，不断地将天然自然转化为人工自然；这一切的一切都是通过技术的使用活动而达致的。"技术使用正在以各种不同的方式形塑着人们生活着的世界。现时代，信息技术的使用甚至已经改变了人们对于本体的看法，人们不再执拗于物质本体的信仰，而是通过信息技术的使用建构起了一个虚拟的网络世界，在这个世界里，政府、警局、社区、商场、娱乐设施等一应尽有，人们一样地进行着结婚、生子、工作等社会活动，除了建构出一个虚拟现实外，电子邮件、QQ 等现代网络通讯工具也无时不在传递着信息，沟通着真实的心灵。信息技术通过使用者的使用已然融入到了生活世界里，成为人们不可分割的有机组成部分。"①

技术使用对生活世界的影响是双面性的。一方面是积极的建构作用，人类正是凭借着技术的使用一步一步地建立起了自己的王国，建构着自己赖以生存的生活世界；另一方面便是消极的解构作用，新技术的使用会逐步腐蚀掉原有生活世界的形式和内容，动摇原有生活世界的根基，甚至会使原来的生活方式瓦解乃至消失。这就是说，技术使用不仅孕育了生活世界，也毁灭着生活世界；不仅建构着生活世界，也解构着生活世界；不仅是新的生活世界的起点，也可能是原有的生活世界的终点。②

三、人生发展与"空间生产"

人生，简单地说，就是指人从生到死的过程，即人的在世生活过程。人生发展问题也就是人应该怎样生活的问题。历史上，无数的思想家做出过无数的探讨。

据《论语》记载，一次孔子的弟子季路问关于鬼神的问题，孔子回答说："未能事人，焉能事鬼？"季路接着追问死的问题，孔子按照同样的逻辑，又给

① 陈凡、陈多闻：《文明进步中的技术使用问题》，《中国社会科学》2012 年第 2 期，第 35 页。
② 陈凡、陈多闻：《文明进步中的技术使用问题》，《中国社会科学》2012 年第 2 期，第 35—36 页。

出了"未知生，焉知死"的答案。显然，孔子试图把季路的注意力引向对人事和生命的思考，而不要去追问死亡和鬼神（即死后的状况）问题。这体现了孔子解决生死问题的实践智慧，即放弃对死亡问题直接而抽象的超验思考，而通过实践活动，通过沉思生命来解决死亡问题。宋朝理学家程颐对此心领神会，进一步发挥道："知生之道，则知死之道；尽事人之道，则尽事鬼之道。"此语言简意赅，可谓揭示了孔子生死论的真谛。①

奥地利哲学家、精神分析学派的创始人弗洛伊德把生和死界定为人的两种本能，其中生存本能力图将生命的物质合成一个有机统一体；而死亡本能则表现为一种破坏力量，它试图瓦解生存，使生命的物质重返无机状态。生存本能和死亡本能的斗争贯穿于生命的全过程，最后结果则是死亡本能的胜利，个体的生命也实现了从无机状态到有机状态再回到无机状态的循环。在此意义上，生命的目标就表现为死亡。弗洛伊德的这一理论印证了上帝耶和华对亚当的训导：你本是尘土，仍要归于尘土。②

海德格尔把死亡问题放入人的整个生存状态中去考察。在他看来，人是被抛到这个世界上来的，在这个世界上，人既不知道自己现在为什么这样，也不知道自己将来会怎样，唯一知道的只是人总有一天要死去。人的生命是一维的、不可重复的，人的存在是一种面向死亡的存在。尽管人不能确定自己将来何时死、怎样死，但是他能够确定自己总有一死。因此并不是人在苟延残喘时才意识到死，死亡的意识与生存形影相伴，人在生命中对死亡总有某种自觉或不自觉的领悟。海德格尔还强调了死亡和死亡意识的个体性。对于一个人而言，死亡和死亡意识总是自己的，旁人绝对无法替代，死亡及其意识是每一个人的事情。唯有死亡才把单个人从芸芸众生中分离出来，唯有对自身死亡的意识才能使这个人回归自我。在对死亡的意识中，在"畏死"的生存状态中，人体验到了自己的有限性和历史性。海德格尔从人的生存状况出发探究死亡问

① 施忠连：《世界人生哲学金库》，上海文化出版社 1994 年版，第 224 页。
② 施忠连：《世界人生哲学金库》，上海文化出版社 1994 年版，第 227 页。

题，最后又回到了人的生存，他的目的是要唤醒人们自觉地"向死而在"，使他们承认自己必死的命运，保持对死亡的意识。"只有自由地为死而在，才给此在（人）以绝对目标并将存在推入其有限中。"由此可得出结纶：不知道死，就不知道生。①

孔子"未知生，焉知死"的生死观通过悬置死亡问题而提醒人们注重对生存问题的探究，弗洛伊德和海德格尔等人"未知死，焉知生"的生死观则把重心放到对死亡问题的讨论，进而上升到对生存本质的思考。他们的最终落脚点都是人的生存，都是为人更好地生存寻求哲学依据。因此，可以说是殊途同归，表现出了一种共同的哲学旨趣，即对生存的重视和强调。

谈论"人生发展与'空间生产'"，经典之作是早已为世人诵颂的马克思于1835 年 8 月 12 日在特里尔中学毕业考试时写的德语作文《青年在选择职业时的考虑》。马克思写道：

　　每个人眼前都有一个目标，这个目标至少他本人看来是伟大的……我们应当认真考虑：所选择的职业是不是真正使我们受到鼓舞？我们的内心是不是同意？我们受到的鼓舞是不是一种迷误？我们认为是神的召唤的东西是不是一种自欺？但是，不找出鼓舞的来源本身，我们怎么能认清这些呢？

　　伟大的东西是光辉的，光辉则引起虚荣心，而虚荣心容易给人鼓舞或者是一种我们觉得是鼓舞的东西；但是，被名利弄得鬼迷心窍的人，理智已无法支配他，于是他一头栽进那不可抗拒的欲念驱使他去的地方；他已经不再自己选择他在社会上的地位，而听任偶然机会和幻想去决定它。

　　我们的使命绝不是求得一个最足以炫耀的职业，因为它不是那种使我们长期从事而始终不会感到厌倦、始终不会松动、始终不会情绪低落的职业，相反，我们很快就会觉得，我们的愿望没有得到满足，我们理想没有

---

① 施忠连：《世界人生哲学金库》，上海文化出版社 1994 年版，第 229—230 页。

实现，我们就将怨天尤人。

但是，不只是虚荣心能够引起对这种或那种职业突然的热情。也许，我们自己也会用幻想把这种职业美化，把它美化成人生所能提供的至高无上的东西。我们没有仔细分析它，没有衡量它的全部份量，即它让我们承担的重大责任；我们只是从远处观察它，然而从远处观察是靠不住的。

在这里，我们自己的理智不能给我们充当顾问，因为它既不是依靠经验，也不是依靠深入的观察，而是被感情欺骗，受幻想蒙蔽。然而，我们的目光应该投向哪里呢？在我们丧失理智的地方，谁来支持我们呢？

是我们的父母，他们走过了漫长的生活道路，饱尝了人世的辛酸。——我们的心这样提醒我们。

如果我们通过冷静的研究，认清所选择的职业的全部份量，了解它的困难以后，我们仍然对它充满热情，我们仍然爱它。觉得自己适合它，那时我们就应该选择它，那时我们既不会受热情的欺骗，也不会仓促从事。

但是，我们并不能总是能够选择我们自认为适合的职业；我们在社会上的关系，还在我们有能力对它们起决定性影响以前就已经在某种程度上开始确立了。

我们的体质常常威胁我们，可是任何人也不敢藐视它的权利。

诚然，我们能够超越体质的限制，但这么一来，我们也就垮得更快；在这种情况下，我们就是冒险把大厦筑在松软的废墟上，我们的一生也就变成一场精神原则和肉体原则之间的不幸的斗争。但是，一个不能克服自身相互斗争的因素的人，又怎能抗拒生活的猛烈冲击，怎能安静地从事活动呢？然而只有从安静中才能产生伟大壮丽的事业，安静是唯一生长出成熟果实的土壤。

尽管我们由于体质不适合我们的职业，不能持久地工作，而且工作起来也很少乐趣，但是，为了恪尽职守而牺牲自己幸福的思想激励着我们不顾体弱去努力工作。如果我们选择了能力不能胜任的职业，那么我们决不能把它做好，我们很快就会自愧无能，并对自己说，我们是无用的人，是不能完成自己使命的社会成员。由此产生的必然结果就是妄自菲薄。还有比这更痛苦的感情吗？还有比这更难于靠外界的赐予来补偿的感情吗？妄自菲薄是一条毒蛇，它永远啮噬着我们心灵，吮吸着其中滋润生命的血液，注入厌世和绝望的毒液。

如果我们错误地估计了自己的能力，以为能够胜任经过周密考虑而选定的职业，那么这种错误将使我们受到惩罚。即使不受到外界指责，我们也会感到比外界指责更为可怕的痛苦。

如果我们把这一切都考虑过了，如果我们生活的条件容许我们选择任何一种职业；那么我们就可以选择一种能使我们最有尊严的职业；选择一种建立在我们深信其正确的思想上的职业；选择一种能给我们提供广阔场所来为人类进行活动、接近共同目标（对于这个目标来说，一切职业只不过是手段）即完美境地的职业。

尊严就是最能使人高尚起来、使他的活动和他的一切努力具有崇高品质的东西，就是使他无可非议、受到众人钦佩并高出于众人之上的东西。

但是，能给人以尊严的只有这样的职业，在从事这种职业时我们不是作为奴隶般的工具，而是在自己的领域内独立地进行创造，这种职业不需要有不体面的行动（哪怕只是表面上不体面的行动），甚至最优秀的人物也会怀着崇高的自豪感去从事它。最合乎这些要求的职业，并不一定是最高的职业，但总是最可取的职业。

但是，正如有失尊严的职业会贬低我们一样，那种建立在我们后来认为是错误的思想上的职业也一定使我们感到压抑。

这里，我们除了自我欺骗，别无解救办法，而以自我欺骗来解救又是多么糟糕！

那些不是干预生活本身，而是从事抽象真理研究的职业，对于还没有坚定的原则和牢固、不可动摇的信念的青年是最危险的。同时，如果这些职业在我们心里深深地扎下了根，如果我们能够为它们的支配思想牺牲生命、竭尽全力，这些职业看来似乎还是最高尚的。

这些职业能够使才能适合的人幸福，但也必定使那些不经考虑、凭一时冲动就仓促从事的人毁灭。

相反，重视作为我们职业的基础的思想，会使我们在社会上占有较高的地位，提高我们本身的尊严，使我们的行为不可动摇。

一个选择了自己所珍视的职业的人，一想到他可能不称职时就会战战兢兢——这种人单是因为他在社会上所居地位是高尚的，他也就会使自己的行为保持高尚。

在选择职业时，我们应该遵循的主要指针是人类的幸福和我们自身的完美。不应认为，这两种利益是敌对的，互相冲突的，一种利益必须消灭另一种的；人类的天性本来就是这样的：人们只有为同时代人的完美、为他们的幸福而工作，才能使自己也达到完美。

如果一个人只为自己劳动，他也许能够成为著名的学者、大哲人、卓越诗人，然而他永远不能成为完美无疵的伟大人物。

历史承认那些为共同目标劳动因而自己变得高尚的人是伟大人物；经验赞美那些为大多数人带来幸福的人是最幸福的人；宗教本身也教诲我们，人人敬仰的理想人物，就曾为人类牺牲了自己——有谁敢否定这类教诲呢？

如果我们选择了最能为人类福利而劳动的职业，那么，重担就不能把我们压倒，因为这是为大家而献身；那时我们所感到的就不是可怜的、有限的、自私的乐趣，我们的幸福将属于千百万人，我们的事业将默默地、但是永恒发挥作用地存在下去，面对我们的骨灰，高尚的人们将洒下热泪。①

树立人生目标与实现人生目标，以及不断地确定阶段性目标与不断地实现阶段性目标，这些过程就是人生的空间生产，也是人的自身发展。

明确人生目的，既是人的一种需要，也是人生的一种必然。所以，茅盾说，"没有了希望，生活还有什么意义呢？人之所以异于禽兽，就因为人知道

---

① 《马克思恩格斯全集》(第1版) 第40卷，人民出版社1982年版，第3—7页。

希望。既有希望，就免不了有失望。失望不算痛苦，无目的无希望而生活着，才是痛苦。"一个人哪怕投入了一个虚幻的（如宗教的）人生目的，他也能感受到自己的生活的意义，从而从内心得到充实和幸福。要真正地毁灭一个人，最重要的是毁灭他的人生目的、精神支柱；而要建立一个人，使之作为人而活着，就必须建立起他的人生目的来。因此，歌德叹道：一个人，即使驾着的是一只脆弱的小舟，但只要舵掌握在他手中，他就不会任凭波浪的摆布，而有选择方向的主见。①

从人生目的的词义上来看，它意味着人生想要达到的结果和境界。人是向着社会的存在，人生目的也只能是向着社会的。马克思在青年时期就有了这种自觉的为社会、为人类而生活、而奋斗的人生目的："如果我们选择了最能为人类福利而劳动的职业，那么，重担就不能把我们压倒，因为这是为大家而献身；那时我们所感到的就不是可怜的、有限的、自私的乐趣，我们的幸福将属于千百万人，我们的事业将默默地、但是永恒发挥作用地存在下去，面对我们的骨灰，高尚的人们将洒下热泪。"事实上，马克思后来毕生所从事的就是一项"为大家而献身"的"最能为人类福利而劳动的职业"。尽管，他常常穷困潦倒，他因为事业而失去过亲人，但是，面对自己的人生，他一定感到了充实和幸福。而面对他的事业，人们无不肃然起敬。

爱因斯坦也是一个把个人的人生目的、个人的幸福与他人与整个社会联系起来的典型。他说：从日常生活的观点来看，至少有一点是我们所深信不疑的，那就是人是为了别人的缘故才活在这个地球上，特别是为了那些给我们微笑与幸福而使我们感到快乐的人；此外也是为那些无数不认识的只是透过对彼此命运的同情而产生一体之感的同类活着。因此，爱因斯坦还说：个人的生命只有当它用来使一切有生命的东西都生活得更高尚、更优美时才有意义。

其实，向着社会、向着人类的人生目的是人生的一种升华。无论怎样，人的自然生命是极其有限的，而如果人生目的已经被融进了人类的一种共同的事

---

① 施忠连：《世界人生哲学金库》，上海文化出版社 1994 年版，第 216—217 页。

业，那么，这种人生目的就是不可超越的了，个人的人生从中也就得到了升华，或曰"永生"。因此，罗素说：在成百上千种情形下，纯个人希望的破灭将是无法避免的，然而如果个人的目标只是人类的伟大希望的一部分时，那么个人希望的破灭就不会是彻底的失败。正是在这个意义上，郭沫若把个人的人生理解成了一种工具："人生也不外是为人民服务的工具，要能为人民服务而且要服务得好，这生命才可贵。"①

从马克思的文章中，还可以得出如下结论。

第一，目标是必须的，但是目标也是可以不断做出修正的。阶段性目标的确定与阶段性目标的实现，整体目标的树立与整体目标的实现，这就构成了人生发展，亦即人的空间生产。目标的树立和目标的实现是偶然性与必然性的统一，受着自身努力与外部条件的制约，乃至存有命运与机遇等等。

第二，学习意识和批判精神在人生发展的空间生产中具有重要作用。学习是继承前人和别人的知识，而只有在批判地继承前人和别人的知识基础上，才能够实现创新，才能够拓展出新的知识空间和新的人生发展空间。历史唯物主义承认教育在人类社会中始终具有基础性地位。教育将人类世世代代所积累的丰富的经验和知识加以整理、保存、传递和发展，使后人能够尽快站在前人的肩上，去创造新的历史，从而推动人类社会的不断向前发展。马克思曾提出，"科学的发展则同前一代人遗留下的知识量成正比例。"②"这种劳动部分地以今人的协作为条件，部分地又以对前人劳动的利用为条件。"③ 他还指出，"再生产科学所必要的劳动时间，同最初生产科学所需要的劳动时间是无法相比的，例如，学生在一小时内就能学会二项式定理。"④

第三，对于人生发展的空间生产的"最后的自我评判"，一如苏联作家尼古拉·奥斯特洛夫斯基的《钢铁是怎样炼成的》一书的主人公保尔·柯察金所

① 施忠连：《世界人生哲学金库》，上海文化出版社 1994 年版，第 219 页。
② 《马克思恩格斯全集》（第 1 版）第 1 卷，人民出版社 1956 年版，第 621 页。
③ 《马克思恩格斯全集》（第 1 版）第 25 卷，人民出版社 1974 年版，第 120 页。
④ 《马克思恩格斯全集》（第 1 版）第 26 卷（Ⅰ），人民出版社 1972 年版，第 377 页。

言:"当他回首往事的时候,不因虚度年华而悔恨,也不因碌碌无为而羞耻。"

第四,人生发展和人的空间生产要有坚定的信念和坚忍不拔的意志;这才真正体现着:"不论世上的路有多窄,唯有心宽的人能通过。"①"心宽",源于"坚定的信念和坚忍不拔的意志"。

四、宽窄哲学是什么

在宽窄哲学的前期研究中,人们明确了"宽窄"是关系范畴,"宽窄说"是辩证矛盾学说;通过普遍联系的辩证眼光,认识和阐述"宽窄无所不包""宽窄渗透在万事万物之中"。宽窄概念似乎反映着自然界、人类社会、人类思维运动的本质。同时,人们也认识到:"世上本无宽窄,宽窄在人心中。"宽窄是人对事物空间现象的直接描述,也是人对具体空间的一种直接感受;与平面空间的"尺度"相联系。而当我们说"不论世上的路有多窄,唯有心宽的人能通过",这里的"宽窄"就不仅仅是我们通常看到和触摸的物体的外部形状和范围的物理空间,而是精神意识中的空间,即认知空间、心理空间、审美空间和文化空间。既然宽窄真实的"空间性的再现"只能是物质的广延本身,即建筑、设施、道路本身作为表象、符号(符号的一个重要特性在于摆脱直觉当下给予的感性世界)呈现在我们面前,其他的表象都不具有这种"空间性的再现"能力,那么,宽窄缘何由"物理学"进入"形而上学"、闪耀起"辩证哲学"的光辉,就是必须予以明确回答的重要问题。

另一方面,必须阐明宽窄哲学是一种什么样的辩证哲学,阐明它对于当代哲学发展有何重大意义。

追问宽窄哲学的理论基础或理论根基,其实质是追问宽窄哲学所要解决的究竟是何种形式的哲学问题,宽窄哲学所赖以存在的理论合法性究竟是什么?

---

① 李后强、李明泉、汤柱国主编:《宽窄九章——写给大众的哲学》,光明日报出版社 2018 年版,"前言":第 12 页。

用通俗的话讲，就是究竟为什么要有宽窄哲学？宽窄哲学所针对和处理的到底是什么问题？很显然，对于一个知识系统而言，这些是最为基本也是最为关键的问题。倘若不能作出有力的回答，宽窄哲学存在的正当性就要被打上一个又一个大大的问号；这样的"辩证法就将失去其真实的根基，成为一种无根漂浮的知性话语，……就将彻底丧失其理论的合法性而流俗化为一种'闲谈'和'两可'的无聊话语游戏。"①

正如现代哲学对辩证法的研究，最终已经回归到 100 多前马克思所开创的生存论辩证法及实践辩证法研究的基础上；宽窄哲学的本质，也要从生存论辩证法及实践辩证法的视阈进行阐释。

空间是物质存在的基本形式，现实的万事万物都有广延性、伸张性，表现为事物之间的并存关系、分离状态，即事物的体积、形态、位置、排列次序等。空间概念，在现代人类文化体系中，科学技术知识体系中，都有着十分广泛的运用；它富有成效，渗透在人类生产生活实践的各个方面，并且还在不断地拓展。但是，决定人类空间概念起源的经验基础，正是人类身体空间活动的宽窄体验、宽窄意识。现代哲学家海德格尔的空间生存论解构，梅洛-庞蒂的现象空间学说，列斐伏尔的社会空间理论，以及"发生认识论"创始人皮亚杰的儿童心理学研究②，基本阐明了空间的身体本源论思想。正是空间的身体本

① 贺来：《辩证法的生存论基础——马克思辩证法的当代阐释》，中国人民大学出版社 2004 年版，自序：第 9 页。
② 皮亚杰把儿童心理的发展划分为四大阶段，第一阶段是感知—运动阶段，从出生到一岁半、两岁，相当于婴儿期。感知—运动阶段的"感知—运动的智慧"，这是智慧的萌芽。他写道，"感知—运动智慧构成现实，是凭借永久客体、空间、时间和因果关系等图式组成广大的动作范畴，成为日后这些相应的概念产生的基础。这些范畴中没有一个是在开始就产生的，儿童最初的世界是完全以他自己的身体和动作为中心的'自我中心主义'，它完全是无意识的（因为还不能意识到自己）。但是，在儿童头十八个月的过程中，发生一种好比'哥白尼式'的革命，或者更简单地说，发生一种普遍的'脱离自我中心'的过程，使儿童把自己看作是由许多永久客体（即是以空间—时间状态组成的永久客体）组成的世界中的一个客体。而在这永久客体中，因果关系在起着作用，它既在空间上得到确定的位置，并使各种事物都成为客体化。"（J. 皮亚杰、B. 英海尔德：《儿童心理学》，吴福元译，商务印书馆 1987 年版，第 12 页）

源论，从生存论辩证法及实践辩证法的视阈，从"人的尺度"，赋予了宽窄哲学明确的意蕴。

"宽窄"作为特定的、个体的、灵魂和肉体统一的人与外部事物的关系，被身体直接经验为"畅通与受阻"。在人与外部事物交往的过程中，例如人通过栅栏的行为，如果人的身体能够顺利通过，该栅栏空间为"宽"，如果人的身体不能够顺利通过，该栅栏空间为"窄"。"宽窄"被身体直接经验为：畅通与受阻；它是所有其他空间经验始终需要预设的前提，也是一切空间观念进行理论构造的基础。我们首先有着"身体"的意识，有着"身体空间"的意识，有着"身体实践活动空间"的意识。身体空间的意识，身体实践活动空间的意识，就是人的存在的尺度的意识，人的实践活动空间的意识；是我们与外部世界事物空间并存关系的意识，是我们对自身与外部事物运动的广延性、伸张性的意识。换言之，长期以来被人们看作是关于空间属性的"宽窄"意识，本身却是决定人类抽象空间概念存在的"根据"。这些依据现代科学研究方法论所取得的创新性认识，切实阐明了在何种意义上"我们就只有从人的立场才能谈到空间、广延的存在物等等"①，不仅解决了历史上的遗留问题，丰富和发展了当代哲学对辩证法、空间观的研究，丰富和发展了马克思主义辩证法与空间观，也使宽窄哲学研究拥有了真正的逻辑起点。于是，基于空间的身体本源论、基于生存论辩证法和实践辩证法，宽窄哲学在现代哲学的研究中具有一种基本的、深层次的地位。

"不论世上的路有多窄，唯有心宽的人能通过"，这是宽窄哲学前期研究得到的一个格言式的陈述。很显然，这个陈述与我们的新认识——"宽窄"作为特定的、个体的、灵魂和肉体统一的人与外部事物的关系，被身体直接经验为"畅通与受阻"——是相通的。另一方面，这个陈述无论是中国人还是外国人，无论是白人还是黑人，无论是男人还是女人……都会同意。这说明，这句话表征着人类思想的共同认识，似乎是一个哲学陈述。当我们说哲学是世界观、方

---

① 康德：《纯粹理性批判》，邓晓芒译，人民出版社 2004 年版，第 31 页。

法论，根据就在于哲学认识的普遍性、渗透性，是在各个方面都有用的概念体系，并且可以成为人类思想的共同认识。这个陈述是优美的，也是很"辩证的"：它似乎体现着宽窄相通、宽窄转换，乃至物质与精神世界中的宽窄互变。然而，这个陈述不是一个真正的哲学陈述，因为它经不起经验与思想的批判。

近些年，中央电视台有一档节目叫"挑战不可能"，呈现出不少在人们看来根本不可能完成的事，表演者居然克服种种困难最终完成了。其中有一期节目是：三一重工股份有限公司的挖掘机测试工程师刘仁伟，在撒贝宁、董卿、王力宏、李昌钰现场的惊叹声中，驾驶着7.5吨重的履带式挖掘机，在两条"悬空"的钢丝绳上行进了30米，顺利完成挑战，成功进入"挑战不可能"的荣誉殿堂。这可谓"无论道路有多窄，只有心宽的人才能通过"的直接体现。这种"心宽"根源于"技艺超群"。但是"无论道路有多窄"是一个全称判断。若令"道路"窄一点、再窄一点……，最后"窄的道路"总是存在着，"心宽"的人却无法通过。在前述场景三中，宽度和厚度均为60厘米的人，无论"心有多宽"，都无法直接通过宽度为40厘米的栅栏。

正如当代不断深入的哲学研究揭示出，表述事物的运动、变化、发展等辩证性质，不需要也不应该停留于说一些诸如"既大又小""既是又不是""既在同一个地方又不在同一个地方"的"矛盾表述"；宽窄哲学也不应该纠缠于"既宽又窄""宽窄相通""宽窄转换""宽窄互变"之上。辩证法的本质特征，不在于概念的"矛盾表述"，而在于它是对人类生命体运动、变化、发展最一般规律的研究；生存论辩证法及实践辩证法是其最新的合理形态。相应地，宽窄哲学作为一种辩证学说，是对人类生命体运动、变化、发展中普遍存在的"宽窄问题"进行研究的学问。人类生命体运动、变化、发展中普遍存在的"宽窄问题"，也就是人类与人生发展的"空间生产"问题。

我们需要逐步确立以下认识。

第一，用于描述事物空间属性的宽窄概念，是一种"抽象的"相对概念。而用于描述人的身体活动空间经验的宽窄概念，则是"具体的"相对概念。在抽象的宽窄相对概念中，宽是相对于窄而言，窄是相对于宽而言，无宽就无窄，无窄就无宽。1米相对于1厘米是宽，相对于1千米却是窄。这种抽象的宽窄，是与"恶的无限性"紧密相关的。纠缠于这样的宽窄，具体事物就无"确定的"宽窄可言。对于简单地、机械地运用抽象的观念思考问题的无效性、荒谬性，马克思在《1844年经济学哲学手稿》中，针对"谁生出了我的父亲？谁生出了他的祖父？"这类势必导致"无限过程"的抽象设问，有一段精彩的议论。马克思写道：

> 你应该不是仅仅注意一个方面即无限的过程，由于这个过程你会进一步发问：谁生出了我的父亲？谁生出了他的祖父？等等。你还应该紧紧盯住这个无限过程中的那个可以直接感觉到的循环运动，由于这个运动，人通过生儿育女使自身重复出现，因而人始终是主体。但是你会回答说：我承认这个循环运动，那么你也要承认那个无限的过程，这过程驱使我不断追问，直到提出谁产生了第一个人和整个自然界这一问题。我只能对你作如下的回答：你的问题本身就是抽象的产物。请你问一下自己，你是怎样想到这个问题的；请你问一下自己，你的问题是不是来自一个因为荒谬而使我无法回答的观点。请你问一下自己，那个无限的过程本身对理性的思维说来是否存在。既然你提出自然界和人的创造问题，那么你也就把人和自然界抽象掉了。你假定它们是不存在的，然而你却希望我向你证明它们是存在的。那我就对你说：放弃你的抽象，那么你也就放弃你的问题，或者，你要坚持自己的抽象，那么你就要贯彻到底，如果你设想人和自然界是不存在的，那么你就要设想你自己也是不存在的，因为你自己也是自然界和人。不要那样想，也不要那样向我提问，因为一旦你那样想，那样提问，你就会把自然界和人的存在抽象掉，这是没有任何意义的。
>
> ……
>
> 在社会主义的人看来，整个所谓世界历史不外是人通过人的劳动而诞生的过程，是自然界对人说来的生成过程，所以，关于他通过自身而诞生、关于他的产生过程，他有直观的、无可辩驳的证明。因为人和自然界

的实在性，即人对人说来作为自然界的存在以及自然界对人说来作为人的存在，已经变成实践的、可以通过感觉直观的，所以，关于某种异己的存在物、关于凌驾于自然界和人之上的存在物的问题，即包含着对自然界和人的非实在性的承认的问题，在实践上已经成为不可能的了。……社会主义，已经不再需要这样的中介；它是从把人和自然界看作本质这种理论上和实践上的感性意识开始的。①

用于描述人的身体活动空间经验的宽窄概念，是具体的相对概念，"是从把人和自然界看作本质这种理论上和实践上的感性意识开始的"②。具体的宽窄相对概念，反映的是人与具体事物的相对关系。"宽窄"作为特定的、个体的、灵魂和肉体统一的人与外部事物的关系，被身体直接经验为"畅通与受阻"。在人与外部事物交往的过程中，例如场景三中的人通过栅栏的行为，如果人的身体能够顺利通过，栅栏空间为"宽"、人的身体为"窄"，如果人的身体不能够顺利通过，栅栏空间为"窄"、人的身体为"宽"。"它意味着身体与世界的原初关联，意味着人类意识通过身体朝向世界的原初开放，意味着这个身体主体与世界之间拥有一种比思想更古老的沟通方式。"③

历史上，长期存在着以相对运动否定牛顿绝对运动的争论，最初人们只是说，经验告诉我们，运动是相对的，是与参照系的选择相关的。后来柏格森、梅洛-庞蒂等人论证道，我们的运动经验是绝对的，例如，当我的意志决定把手从一个地方移到另一个地方时，我进行且感觉到的是实实在在的、真真切切的运动。这种运动是与参照系的选择没有任何关系的。柏格森写道："当我愿意做出一个运动的时候，我确信这个运动的真实性，才会做出这个运动；而我的肌肉感觉则使我产生了对这个运动的意识。换句话说，当运动在我体内呈现

---

① 《马克思恩格斯全集》（第1版）第42卷，人民出版社1979年版，第130—131页。

② 《马克思恩格斯全集》（第1版）第42卷，人民出版社1979年版，第131页。

③ 刘胜利：《现象空间的诞生——斯特拉顿实验的现象学解释》，《自然辩证法通讯》2012年第1期，第66页。

为状态或性质的变化时，我就把握了它的真实性。"①"当我安静地坐着的时候，另一个人走到了一千步之外，他疲惫不堪，满脸涨红。不用说，运动的是他，而静止的是我。"② 被身体直接经验为"畅通与受阻"的宽窄概念，亦作如是说，即"人的身体活动空间的宽窄经验"是实实在在的、真真切切的，

第二，宽窄是直观的，而不是反思定义的。"宽窄"不是什么从外部经验中抽引出来的经验性的概念，也不是关于一般事物的关系的推论的概念。尽管从空间属性看没有宽和窄的独立概念与定义，但是对于宽和窄，人类经验却是普遍存在的，"灵魂和肉体统一的人"能够作出"先天判断"。"宽窄"被表象为一种"整体与部分"的关系，被表象为"整体大于部分"的直观。人对于宽和窄的把握，类同于梅洛-庞蒂所言："如果我站着，手中紧握烟斗，……我以一种绝对能力知道我的烟斗的位置，并由此知道我的手的位置"③。这种把握就是身体主体所拥有的一种原初空间经验。

在特定事物的空间关系中，宽、窄是一个先天判断，是具有普遍性、必然性、又能提供真实知识的判断。例如，对于一个正方形，任何人都会认为它们是长宽一致。而对于一个长方形，任何人都会认为它们是长宽不一致。任何人都不会否认 80 厘米的空间大于 40 厘米的空间。因为，就空间属性而言，80 厘米的空间与 40 厘米的空间是整体与部分的关系，而"整体大于部分"则是一个"先天判断"。

宽窄是元概念④。对此，可以模仿对秃头悖论的讨论来说明。

秃头悖论，源于古希腊，最初为谷堆悖论：一颗谷粒不能成为谷堆，但是很多谷粒就可以成为谷堆；同样，从一个谷堆上拿走一颗谷粒，谷堆还是谷堆，那么反复不停地一颗一颗拿走，是否最后剩下的一颗谷粒也还是谷堆？当

---

① 柏格森：《材料与记忆》，肖聿译，华夏出版社 1999 年版，第 176 页。

② 柏格森：《材料与记忆》，肖聿译，华夏出版社 1999 年版，第 175 页。

③ 莫里斯·梅洛-庞蒂：《知觉现象学》，姜志辉译，商务印书馆 2001 年版，第 138 页。

④ 词典中的词语是用语言来解释的，而语言是感知经验的符号，用语言去解释语言，必然有一部分最基础的词语是无法用语言来解释的，这些词语直接依附于直觉，即元概念。

代学者对"秃头悖论"通常采用如下表述：

（1）有 10000 根头发的人不是秃头；

（2）如果有 N 根头发的人不是秃头，那么有 N-1 根头发的人也不是秃头；

（3）所以，有 0 根头发的人不是秃头。[①]

通常认为，产生悖论的根源在于所谓"秃头"是一个意义模糊的谓词，语言系统中不存在一个此谓词何时为真的明确界定。对此，一种认识是：可以通过以模糊逻辑代替传统二值逻辑解决问题，即一个有 n 根头发的人在 $p(n)$ 的概率下是秃头；秃与不秃之间没有一个确定的分界点，却有一个中间过渡区间。对此观点的最有力的反驳来自于"第二级的模糊性"，即概率 $p(n)$ 本身也是模糊的。而对于所谓的中间过渡区间，修改后加强的秃头悖论依然生效，即使我们容忍在过渡区间不作秃与不秃的划分，区间边界的确立依然无法解决，除非我们声称所有人都是既秃又不秃的。另一种认识是：可以约定一个数 k（比如说 500）作为秃与不秃的界线，如此"秃头"谓词的模糊性消失。但是，人们指出此方案存在两个缺陷：其一，不符合人类的思维习惯和语言的日常用法；其二，没有考虑主体间性，即语言的意义必须在共同体中确立。[②]事实上，秃头悖论无需涉及多个主体，而模糊性依然存在。李大强写道：

> 日常语言中的大多数语词（如果不是全部的话）具备与"秃头"一词同样的模糊性：我们既不能为其内涵构造一个严格的定义，也不能为其外延界定一个明确的划分。我们解释这个词的含义必须依赖于具体的语言环境，我们判定这个词是否被满足（例如一个具体的人是否秃头）必须借助

---

① 李大强：《悖论的基础分析》，吉林人民出版社 2001 年版，第 40 页。

② 李大强：《悖论的基础分析》，吉林人民出版社 2001 年版，第 40—41 页。

于具体的经验背景，即我们只能通过对语词的实际使用过程本身来理解语词的使用规则——这已经构成了一个"自我指涉"。在通常的语言的日常运用中这种自我指涉并不构成明显的危害，因为使用规则在语言系统中保持相对的稳定，但是在特定的语言环境和巧妙的追问下，使用规则的相对稳定性遭到破坏，因为每一次对一语词的运用都立即进入语词的使用过程并成为背景的一部分，从而明显地扰动其使用规则，产生不一致。这种情况正如玻尔和海森堡强调的测不准原则，要想精确地测量一个物理对象必须先弄脏它；又如康德强调的"神秘的物自体"，每当我们试图把握它时它都离我们更远。从理论上说，这是语言自身无法超越的极限。

秃头悖论把这种语词的使用过程对使用规则的扰动表现得极为尖锐。当我们面对一个具体的人判定其是否秃头时，并无困难。关键在于秃头悖论设计了一个巧妙的情境：我们同时面对 10001 个人，这 10001 个人的头发依次为 10000 根，9999 根，9998 根以至于 0 根，而我们必须连续作出 10001 次判定。第一次判定我们必须回答"否"，最后一次判定我们必须回答"是"，那么第一次"是"是在哪里出现的？实际情况是我们的每一次判定都是对"秃头"这一语词的一次使用，并且立即影响了这一语词的使用规则，因此每一次判定都干扰了下一次判定的结果，而 10001 次判定中使用了 10001 个不同的判定标准。推敲前提（2）："如果有 N 根头发的人不是秃头，那么有 N-1 根头发的人也不是秃头"，这里表达的就是这种扰动关系。

需要明确指出的是，这种由命题的测不准原则决定的模糊性具有普遍性。分析学家通常以为，日常语言是广泛而模糊的，符号语言是明确而狭窄的，因此逻辑研究的使命就是在日常语言与符号语言之间寻找强有力的整合状态，使符号语言的严格性和明确性进入日常语言。这是一个值得尊重的理想，却几乎无法实现。因为分析哲学的研究仅仅涉及语言的使用过程而无法触及意义的生成过程，所以模糊性注定不能被分析哲学彻底消解——无论是否引入模糊逻辑。①

休谟和莱布尼兹已认识到有两种不同的知识。这种关于人类知识的最基本的区分经过康德、波普尔等人尤其是奎因的梳理，研究已极为深入和专门化。然而，随着局部问题的清晰和深入，我们对问题整体的了解却变得越来越没有把握。经验知识和先验知识的分界可以有许多表述方式：前者指向事实，后者指向意义（塔斯基）；前者包含内容，后者缺乏内容（维特根斯坦）；前者关涉世界的结构，后者关涉语言的结构（奎因），等等。②

日常语言的模糊性已为常识熟知，事实上，这种模糊性同样被形式语言继承，根源也在于语义生成过程。在形式语言系统中，词项可以分为两类：初始词项和非初始词项，后者由前者定义。可以假设，这种定义关系被记录在一本辞典中。为避免语义的混乱，循环定义是被禁止的，于是即有所谓的"辞典悖论"：如果辞典中的每一个词项都有定义，则其中必然存在循环定义。这说明在形式语言系统中必须有在系统内部未定义的词项。依据词项的意义生成过程，所有词项的意义都来自于未定义的词项，那么未定义的词项的意义从何而来？只能来自于系统外部。③

在以上议论的基础上，现在我们作出如下表述：

（1）有 10000 米尺度的物体不是窄的物体；

（2）如果有 N 米尺度的物体不是窄的物体，那么有 N-1 米尺度的物体也不是窄的物体；

（3）所以，有 0 米尺度的物体也不是窄的物体。

很显然，对于"秃头悖论"的全部讨论都可以与上面的表述相关联。这就清楚地说明：宽窄是元概念。

第三，人类有实实在在的、真真切切的"宽窄经验"，但是人类知识库中

---

① 李大强：《悖论的基础分析》，吉林人民出版社 2001 年版，第 42—43 页。
② 李大强：《悖论的基础分析》，吉林人民出版社 2001 年版，第 45—46 页。
③ 李大强：《悖论的基础分析》，吉林人民出版社 2001 年版，第 48 页。

却没有对宽窄、宽与窄的概念定义，这就是为什么宽、窄、宽窄在人类文化知识的方方面面得到广泛运用的原因。人们之所以能够言说"不论世上的路有多窄，唯有心宽的人能通过"；把"宽窄"从我们通常看到和触摸的物体的外部形状和范围的物理空间，引入精神意识中的空间，即认知空间、心理空间、审美空间和文化空间；使"宽窄"由"物理学"进入"形而上学"；皆源于此。这一切都来自于对"宽窄经验"的类比联想。一方面，在人们的日常生活中，宽窄是个非常普通的平面空间概念，是可量度的物理存在，与诸如高下、大小、深浅、方圆等一样，见惯不惊；另一方面，实实在在的、真真切切的"宽窄经验"会激发人们对类比器物或状态的关联性联想，并随关联性联想而衍生体验性人生感悟。"第一个层面，宽窄会激发人们对类比器物或状态的关联性联想，如长短、大小、方圆、曲直、粗细、厚薄或丰腴窈窕等等，而这些与宽窄的关联性联想，无可置疑都会生发诗意，激发诗兴。……第二个层面，随关联性联想而衍生的体验性人生感悟，极大地丰富了宽窄及其关联性状态所可能展现的诗意，让诗意的宽窄远远地超越了宽窄的诗意。因为在这样的层面上，宽窄的诗意已经转化为人生的诗意，诗意的宽窄也升华为诗意的人生。"①所谓诗意，是诗人用一种艺术的方式，对于现实或想象的描述与自我感受的表达。海德格尔曾写道："作诗是一种别具一格的度量。……度量的基本行为就在于：人一般地首先采取他当下借以进行度量活动的尺度。在作诗中发生着尺度之采取。作诗乃是'采取尺度'——从这个词的严格意义上来加以理解；通过'采取尺度'，人才为他的本质之幅度接受尺度。"②"这个对通常的观念来说——特别地也对一切纯粹科学的观念来说——奇怪的尺度绝不是一根凿凿在握的尺棍；不过，只要我们不是用双手去抓握，而是受那种与这里所采取的尺度相应的姿态的引导，这个奇怪的尺度实际上就比尺棍更容易掌握。这是在一种采取中发生的；这种采取决不是夺取自在的尺度，而是在保持倾听

① 曹廷华：《宽窄的诗意与诗意的宽窄》，2019 年 7 月 13 日《华西都市报》，第 A5 版。
② 海德格尔：《海德格尔文集·演讲与论文集（修订译本）》，孙周兴译，商务印书馆 2018 年版，第 213 页。

的专心觉知中取得尺度。"①

　　另一方面，德国哲学家卡尔纳普曾以区分语言的"表述"职能和"表达"职能为基本前提，批判了传统哲学的三个基本学科——形而上学、认识论和逻辑学。所谓表达功能，主要指那些抒发个人情感、表现个人心理状态、展示个人想象等语言，"几乎一个人的一切有意识和无意识的活动，包括他的语言的发抒，都表达着他的情感、他当前的心情、他对反应的暂时的或恒常的倾向以及诸如此类的东西。所以，我们可以把一个人的几乎一切活动和语言都看作是征象，我们能够从这种征象作出关于他的情感和性格的某种判断。这就是活动和语言的表达作用。"② 除此之外，语言还有表述作用，即"表述一定的事态；它告诉我们，是怎样一回事；它们有所断定；它们有所诉说；它们有所判断。"③ 他认为，作为"表达"的"形而上学"即传统哲学只是给予知识的幻相而实际上并不给予任何知识，属于用朴素的类比法和图解语言构成的假问题；"形而上学的命题既不是真的也不是假的，因为它们无从断定，它们既不包含知识也不包含错误，它们完全处在知识领域之外，理论领域之外，处于真或假的讨论之外。但是，它们像笑、抒情诗和音乐一样是具有表达作用的。"④"危险是在于形而上学的欺惑人的性质；它给予知识的幻相而实际上并不给予任何知识。这就是我们为什么要拒斥它的理由。"⑤ 赖欣巴哈也指出，"哲学向来总是因逻辑和诗搅混、理性的解释与比喻搅混、普遍性与类似性搅混而受到伤害。许多哲学体系就像《圣经》一样，那是一首杰出的诗，充

---

① 海德格尔：《海德格尔文集·演讲与论文集（修订译本）》，孙周兴译，商务印书馆 2018 年版，第 215 页。

② 卡尔纳普：《哲学与逻辑语法》。M.怀特编著：《分析的时代》，杜任之主译，商务印书馆 1981 年版，第 221 页。

③ 卡尔纳普：《哲学与逻辑语法》。M.怀特编著：《分析的时代》，杜任之主译，商务印书馆 1981 年版，第 221 页。

④ 卡尔纳普：《哲学与逻辑语法》。M.怀特编著：《分析的时代》，杜任之主译，商务印书馆 1981 年版，第 222 页。

⑤ 卡尔纳普：《哲学与逻辑语法》。M.怀特编著：《分析的时代》，杜任之主译，商务印书馆 1981 年版，第 223 页。

满着刺激我们的想象力的图景，但没有科学解释所具有的那种说明问题的力量。"①

第四，孙正聿在《马克思主义辩证法研究》一书中对哲学的"表征"方式、对发展的辩证理解，作出了较深入的讨论。关于哲学的"表征"方式，他写道：

> 在我看来，卡尔纳普对语言职能及其哲学意义的分析，具有强烈的理论冲击力，即强烈地冲击了人们对哲学的通常理解。……针对卡尔纳普用以批判"哲学"的关于语言的"表述"职能和"表达"职能的理论，及后来的哲学家沿着"表述"或"表达"的思路对"哲学"的阐释，我逐渐地形成了一种看法，这就是：哲学作为"思想中的时代"或"时代精神的精华"，既不是"表述"时代状况的经验事实，也不是"表达"对时代的情感和意愿，而是"表征"人类对时代的生存意义的自我意识，即关于人类生活的时代意义的理论"表征"。
>
> 所谓"表征"，并不是与"表述"和"表达"相对峙的另一种语言职能，而是哲学呈现人类关于自身存在的自我意识的一种独特方式。哲学总是在"表述"或"表达"什么，但这种"表述"或"表达"的意义却不是对"经验事实的陈述"或对"情感意愿的传递"，而是"表征"着人类关于自身存在意义的自我意识。②

英国文化研究著名学者斯图尔特·霍尔在 1997 年出版的《表征——文化表象与意指实践》一书中，对表征问题进行了有系统的阐释。表征，是如图 6—1③ 所示的霍尔与英国华威大学教授保罗·杜盖伊创立的"文化的循环"理论中的一个关键"要素"。

① 赖欣巴哈：《科学哲学的兴起》，伯尼译，商务印书馆 1983 年版，第 12 页。
② 孙正聿：《马克思主义辩证法研究》，北京师范大学出版社 2012 年版，第 298—300 页。
③ 斯图尔特·霍尔编：《表征——文化表象与意指实践》，商务印书馆 2003 年版，第 1 页。

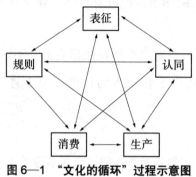

图6—1 "文化的循环"过程示意图

斯图尔特·霍尔在《表征——文化表象与意指实践》的第一章"表征的运作"中写道：

　　表征的概念已经在文化研究中占据了一个新的重要的地位。表征将意义和语言同文化相联系。但人们用它确切意指什么？表征与文化和意义有何关联？此术语的一个通常用法如下："表征意味着用语言向他人就这个世界说出某种有意义的话来，或有意义地表述这个世界。"①

　　简言之，表征是通过语言生产意义。《牛津英语简明辞典》给出此词的两个相关意义：

　　（1）表征某物即描绘或摹状它，通过描绘或想象而在头脑中想起它；在我们头脑和感官中将此物的一个相似物品摆在我们面前；例如，下述句子中的情形："此画表征了该隐对亚伯的谋害。"

　　（2）表征还意味着象征，代表，做（什么的）标本，或替代；如在下述句子中的情形："在基督教里，十字架表征了基督的受难和受刑。"

　　画中诸形象代替，同时代表着该隐和亚伯的故事。同样，十字架只是由两根木杆钉合起来的，但在基督教信仰和教导的语境中，它承担、象征或成了代表更广泛的有关上帝之子受刑的一系列意义，这是我们能够放到

---

① 斯图尔特·霍尔编：《表征——文化表象与意指实践》，商务印书馆2003年版，第15页。

词与图画中去的一个概念。①

表征是在我们头脑中通过语言对各种概念的意义的生产。它就是诸概念与语言之间的联系，这种联系使我们既能指称"真实"的物、人、事的世界，又确实能想象虚构的物、人、事的世界。②

在"对发展的辩证理解"中，孙正聿写道：

人是历史性的存在，而不是复制性的存在，这就意味着人实现了生命演化中的自我超越——人成为超越其所是的存在即以"发展"为其存在方式的存在。因此，对人的存在方式的辩证理解，最重要的是对"发展"的辩证理解。

"发展"是人的存在方式，也是当代人类面对的最大问题，是当代学界争论最激烈的问题。在关于"发展"问题的激烈论争中，学界在时代性与人类性的交接点上深化了对"发展"的辩证理解，提出并形成了以"发展"为聚焦点的一系列哲学范畴，诸如生存与发展、发展的事实与价值、发展的价值与代价、发展的标准与选择、发展的大尺度与小尺度、发展的人化与物化等，特别是处于从计划经济转向社会主义市场经济过程中的当代中国学者，更是以反思市场经济为出发点，深化了对发展的辩证理解，为当代辩证法理论提供了丰富的理论内容。③

发展问题不仅是一个实践中的重大现实问题，而且是一个必须从学术上深入探索的重大理论问题……生存与发展分别代表着人的生命存在的两极，即生命的底线和上线。作为一种底线，生存是相对于死亡而言的。生死攸关，有了人的生命存在，才能谈得上人的一切其他问题。但人的生命存在又不同于动物的直接性和重复性生命存在，而是一种历史性的和有意

---

① 斯图尔特·霍尔编：《表征——文化表象与意指实践》，商务印书馆 2003 年版，第 16 页。

② 斯图尔特·霍尔编：《表征——文化表象与意指实践》，商务印书馆 2003 年版，第 17 页。

③ 孙正聿：《马克思主义辩证法研究》，北京师范大学出版社 2012 年版，第 301—302 页。

义的生命存在，是在发展中得到展示与实现的生命存在。人的生命的本真意义正在于谋求发展，因此，发展是人类生命存在的高级自觉与永恒追求，也是生命意义的标志。每一代人都无法摆脱死亡的命运，却又在自己的有限生命中不断地谋求着自己的发展；人类永远无法摆脱死亡的威胁，却又通过生生不息的世代更替推动着文明的进步与社会的发展。这正是人生的悖论，也是人生的价值。对于生存与发展的关注，实际上都包含着对于生命的终极性关注。①

更为重要的还在于，人类惊愕地发现了生存与发展之间的某种根本性冲突。长期以来，人类把生存作为发展的基础，把发展作为生存的目标，以发展求生存，在发展中改进生存方式，实现生存价值，使生存意义在发展中得以表现和实现，得到彰显和升华，也使作为人的生命本质规定的生存与发展在发展的基础上得到内在的统一，并由此而形成了对于生存意义的理解。而现在，生存危机在很大的程度上是由发展的极限所引发的。发展的极限同时冲击着人类生存的底线，而带着沉重的生存危机意识，人们也很难将发展设为明确的活动目标并有效地加以追求。于是，发展作为一种人生理想与追求目标受到了质疑，生存的意义与价值也遭遇挑战，人类在长期的历史进程中形成的生存信念与发展理想同时受到了根本挑战。这就必然把生存与发展问题由一个普遍和现实的实践问题转化为一个极富挑战性和紧迫性的理论以至哲学问题，迫使人们去对其加以关注，并使之成为当代哲学与社会科学的前沿问题。

发展问题的严峻性在于，发展的过程具有正、负两面效应，具体言之，发展的过程表现为人自身的"人化"与"物化"的二重化过程。发展，对人自身的正面效应来说，就是"人化"的过程；然而，在当代人类的"发展"进程中，却突出地表现为"人化"与"物化"的双重性过程。市场经济按照自己的要求去塑造全部社会生活，不仅塑造了人的"独立性"，

① 孙正聿：《马克思主义辩证法研究》，北京师范大学出版社2012年版，第303—304页。

而且塑造了人对"物"的依赖关系。马尔库塞提出，"发达工业文明的内在矛盾正在于此：其不合理成分存在于其合理性中"。他具体地指出，这种"不合理成分存在于其合理性中"的情况，可以说是"它的各种成就的标志"："掌握了科学和技术的工业社会之所以组织起来，是为了更有效地统治人和自然，是为了更有效地利用其资源。当这些成功的努力打开了人类实现的新向度时，它就变得不合理了"。这突出地表现在，在普遍性的市场机制中，每个个体的生存都被抛向了"市场"，每个个体的生存状况都取决于在"市场"中的"赢利"或"亏损"，谋求个人利益便不仅成为实现个人的生存与发展的"基本"手段，也成为实现个人的生存与发展的基本"观念"，即市场经济所内含的"功利主义的价值观"。①

人的"物化"，从根本上说，就是作为"人的本质"的丰富的"社会关系"，以及由丰富的"社会关系"所展现的丰富的"社会生活"，被"简化"、"抽象化"为纯粹的功利关系、金钱关系、交换关系。在这种被"简化"和"抽象化"的社会关系中，是"人对物的关系"决定"人对人的关系"，因此，"人的独立性"只能是"以物的依赖性"为基础。这就是马克思所说的市场经济条件下的"以物的依赖性为基础的人的独立性"。②

发展，它既是对存在状态或存在过程的描述，又是对存在状态或存在过程的评价，因而是以评价为逻辑先在的对存在的描述。这意味着，"发展"问题的核心问题是对存在状态如何评价即评价的标准问题，以及依据某种标准做出行为选择的问题。标准与选择，是"发展"作为哲学问题的最重要的基本范畴，并且越来越明显地成为当代辩证法理论的最重要的基本范畴。③

---

① 孙正聿：《马克思主义辩证法研究》，北京师范大学出版社 2012 年版，第 302—303 页。
② 孙正聿：《马克思主义辩证法研究》，北京师范大学出版社 2012 年版，第 305—306 页。
③ 孙正聿：《马克思主义辩证法研究》，北京师范大学出版社 2012 年版，第 306 页。

根据孙正聿的上述论述，把握宽窄哲学在当代哲学中的地位和意义，需要阐明宽窄哲学何以表征和丰富当代人类的发展理论。

第五，孙正聿在《马克思主义辩证法研究》一书中"对发展的辩证理解"，只是说："发展"是人的存在方式，人成为超越其所是的存在即以"发展"为其存在方式的存在；并没有给出对"何谓发展"的"表述"，即没有对"发展"概念"有所断定、有所判断"，没有说明"何以表征人类关于发展的自我意识"。当我们把当代空间生产理论与马克思主义的发展理论有机地结合起来，"何以表征人类关于发展的自我意识"这个问题已得到有效的解决，即发展是指：给人、人类社会持续存在带来福祉、使之从低级状态过渡到高级状态的"空间生产"。亦即孙正聿所言的——作为"人的本质"的丰富的"社会关系"，以及由丰富的"社会关系"所展现的丰富的"社会生活"——的生成。

把马克思恩格斯的空间社会化探讨与列斐伏尔的空间生产理论统一起来后，空间生产理论中包含着两种空间生产。一种是通过人的劳动，使物质资料由不满足人的特定需要的空间形式，转化为满足人的特定需要的空间形式，实现物质资料的生产。资本主义社会中，日复一日的商品生产，就是在资本支配下的空间生产；商品是有着各种各样的空间形式的，因此，不仅修房造屋、城市建设是空间生产，种植业、养殖业、工业制造业等商品生产也都是空间生产。另一种是解决人、人类社会等特殊生命体的存在困境的空间生产。当前，最富有吸引力、令人震撼的研究成果是：列斐伏尔等人对"资本主义存在悖论"的解答。

1848 年，马克思和恩格斯在《共产党宣言》中指出："资产阶级的灭亡和无产阶级的胜利是同样不可避免的。"① 这就是关于"两个必然"的著名论断，指出了人类社会变化的根本趋势。然而，时光过去了 150 年，在 20 世纪 90 年代，随着苏联解体与东欧剧变的发生，社会主义运动遭受了重大的挫折。而

---

① 《马克思恩格斯选集》第一卷，人民出版社 1995 年版，第 284 页。

在这之前，列斐伏尔已经敏锐地觉察到了资本主义生产方式的变化。从他开始，福柯、卡斯特、鲍德里亚、大卫·哈维、爱德华·W.苏贾等西方学者不断在叩问：资本主义何以能够从马克思那个时代充满竞争的工业形式生存到今天先进的、由国家管理的并且是寡头垄断的形式。"这些学者无一例外地认为占有空间并生产出相应的空间的形态，是资本主义淡化内在矛盾、摆脱生存危机、获得新生的工具性力量。"① 资本主义生产方式是人类生存方式的一种，也是人类社会的一个必要环节。一般认为，人类历史上有五种生产方式：原始社会生产方式、奴隶社会生产方式、封建主义生产方式、资本主义生产方式、共产主义生产方式。在资本主义生产方式之前，每一种生产方式都有上千年的历史。资本主义从诞生到现在，历时有五百年。列斐伏尔将这一生产方式分为两个阶段：第一个阶段是空间中对象的生产（the production of things in space）；第二个阶段是空间本身的生产（the production of space itself）。资本主义的生产方式已经从"空间中对象的生产"过渡到"空间本身的生产"。"资本主义是一种变革性的生产方式，总是寻找新的组织形式、新的生活方式、新的生产和剥削机制。"② 概而言之，资本主义为什么没有迅速灭亡，是因为资本主义通过采用科学技术（包括社会科学技术），通过大规模的城市建设，让无产阶级也有着生存空间的改善，生活质量的提高，在这样的过程中也就磨灭了反抗者的意志。从本质上讲，资本主义社会的继续存在，是通过再生产资本主义生产方式与生产关系、淡化内在矛盾的"社会关系空间生产"实现的；"空间里弥漫着社会关系；它不仅被社会关系支持，也生产社会关系和被社会关系所生产。""空间一向是被各种历史的、自然的元素模塑铸造，但这个过程是一个政治过程。空间是政治的、意识形态的，它真正是一种充斥着各种意识形态的产物。"③ 列斐伏尔尤其指出，现代城市空间是权力和资本的产物，反过来现代社会又通过控制和操纵城

---

① 孙江：《空间的生产——从马克思到当代》，人民出版社 2008 年版，第 2 页。

② 冉思伟：《当代空间问题的辩证向度研究》，浙江大学出版社 2017 年版，第 41 页。

③ 列斐伏尔：《空间政治学的反思》。包亚明主编：《现代性与空间的生产》，上海教育出版社 2003 年版，第 48、62 页。

市空间来实现操控社会的目的。既然每一种生产方式有它自己的专门空间，从一种生产方式向另外一种生产方式的转变，就需要一种新的空间的生产。①

　　以上区分两种空间生产，正如辩证唯物主义哲学区分了运动、变化与发展范畴一样。人类要生存就要从事物质资料的生产活动，这可以说是"与生俱来的"。物质资料的产品（商品）生产，都是在一定的社会关系空间、一定的生产方式空间中进行的活动，是人类的基本生存活动，也是人类的基本实践活动。正如"单纯的数量增加或减少，位置的变更和持续，状态的重复和循环，进化与退化，上升与下降等等，都是运动和变化"②而不是"发展"一样，维持人和人类社会存在的"人和物的简单再生产"的空间生产也不被称为"发展"。我们把维护人和自然和谐关系而实现"人和物的扩大再生产"的空间生产称为"发展"，把给人、人类社会持续存在带来福祉、使之从低级状态过渡到高级状态的"空间生产"称为"发展"——"发展是指前进的变化或进化，即指事物从一种质态转变为另一种质态，或从一种运动形式中产生出另一种运动形式的过程，特别是指人类所处的现实世界中从低级向高级、从无序向有序、从简单向复杂的上升运动。"③

　　确实，"发展"问题的核心问题是对存在状态如何评价即评价的标准问题，以及依据某种标准做出行为选择的问题。马克思曾经提出"人类发展的本质"问题，他说："现在要问，人怎么使他的劳动外化、异化？这种异化又怎么以人类发展的本质为根据？"④在马克思看来，人作为有生命的类存在物，不仅具有自由的有意识的类本质和类特性，人和动物的更深刻的区别还在于人具有需要本性。他曾批评粗陋的共产主义者"还不了解需要所具有的人的本性"⑤。人与动物不同，不以维持生命需要为满足；人还要生活得更好，在维持生命需求

---

① Henri Lefebvre: The Production of Space, Trans. Donald Nicholson-Smith, Oxford: Blackwell, 1991: 46.
② 肖前主编：《马克思主义哲学原理》上册，中国人民大学出版社 1994 年版，第 150—151 页。
③ 肖前主编：《马克思主义哲学原理》上册，中国人民大学出版社 1994 年版，第 151 页。
④ 《马克思恩格斯全集》（第 1 版）第 42 卷，人民出版社 1979 年版，第 102 页。
⑤ 《马克思恩格斯全集》（第 1 版）第 42 卷，人民出版社 1979 年版，第 120 页。

的第一需要的基础上，还产生了"新的需要"，即扩大再生产和生产出更多的产品的需要。需要是无止境的，"已经得到满足的第一个需要本身、满足需要的活动和已经获得的为满足需要而用的工具又引起新的需要，而这种新的需要的产生是第一个历史活动。"①人为了满足不断增长的新的需要，就构成人的发展的本质的内涵，在需要本质的推动下，人类不断进步、发展，从原生形态的氏族社会一直发展到共产主义无限美好的未来——"在再生产的行为本身中，不但客观条件改变着，例如乡村变为城市，荒野变为清除了林木的耕地等，而且生产者本身也改变着，炼出新的品质，通过生产而发展改造着自身，造成新的力量和新的观念，造成新的交往方式、新的需要和新的语言。"②马克思还指出，人的活动的"基本形式当然是物质活动，一切其他的活动，如精神活动、政治活动、宗教活动等取决于它。当然，物质生活的这样或那样的形式，每次都取决于已经发达的需求，而这些需求的产生，也像它们的满足一样，本身是一个历史过程"③。

那么，究竟应该如何确定"人的发展""评价的标准"呢？我们的观点是：既然马克思主义认为"人和动物的深刻区别在于人具有需要本性"，那么，美国心理学家马斯洛于1954年创立的"需求层次理论"可以作为"人的发展"的一种"评价的标准"，体现出人的现实存在由"一种质态转变为另一种质态"，"从低级向高级、从无序向有序、从简单向复杂的上升运动"。

需求层次理论是一种运用人类学、社会学、心理学研究如何根据人的需求来激励动机的管理理论。人的需求与动机激励问题，是行为科学研究的重要领域；认为管理的首要问题是如何调动职工的积极性。换成心理学的术语来讲，就是如何激励动机。动机支配人的行为，可谓是"人实现了生命演化中的自我超越"的动力。马斯洛认为动机一般是由人的需求引起的，而需求激励动机又要遵守两条法则：一条法则是，凡是已经满足了的需求不能激励动机，只有尚

① 《马克思恩格斯选集》第一卷，人民出版社1995年版，第79页。
② 《马克思恩格斯全集》（第1版）第46卷上，人民出版社1979年版，第494页。
③ 《马克思恩格斯选集》第一卷，人民出版社1995年版，第123页。

未满足的需求才能激励动机而影响人的行为；再一条法则是，人的需求是有层次、有顺序的，一种层次的需求得到满足，更高层次的需求会相继出现，又激励人们继续为实现它而努力。

在《激励和个性》（1954 年）一书中，马斯洛把人的需求由低级到高级排列分为五个层次：①生理需求。包括衣、食、住、行等。这是最基本的需求。②安全需求。包括劳动和职业的安全、财产和住所的安全、生病和年老有依靠，以及社会保险等。③社会需求。包括友谊、感情、社交、团体归属等。④尊重需求。包括自尊和受人尊重两个方面，即要求自尊心、自信心能得到维护，工作、劳动能受到社会和他人的承认、尊重。⑤自我实现需求。包括对知识、能力、威望的追求，以及为理想和事业而奋斗等。①

人的需求与人的阶段性目标是统一的，人的需求的实现与人的阶段性目标的实现是统一的。因此，按照需求层次理论，人的不同阶段的需求的确立与实现，也就是人生由"一种质态转变为另一种质态"，"从低级向高级、从无序向有序、从简单向复杂的上升运动"；也就是人生的空间生产过程，即人的自身发展过程。

马斯洛相信自我价值的实现是人类生存的最高需要；而这个最高的需求，在马克思、爱因斯坦这两位"千年伟人"人物心目中，也就是"为人类福利而劳动""为大家而献身"②。必须明确，马克思不仅是无产阶级和社会主义国家敬仰的革命导师，也是为资本主义世界所推崇并必将为未来社会所铭记的世界文化名人。

在世纪之交、千年更替之时，从资本主义的故乡——英国接连传出三条震撼人心的消息：一是 1999 年，由英国剑桥大学文理学院教授们发起的"千年第一思想家"评选活动，结果马克思位居第一，而似乎早已习惯被公认为第一的大科学家爱因斯坦却居第二。二是紧随其后，英国广播公司（BBC）以同一

---

① 文兴吾：《现代科学技术概论》，四川人民出版社 2007 年版，第 391 页。

② 《马克思恩格斯全集》（第 1 版）第 40 卷，人民出版社 1982 年版，第 7 页。

主题，在国际互联网上公开投票，一个月后汇集来自全球的投票，结果仍然是马克思第一，爱因斯坦、牛顿、达尔文分别位列第二、三、四位。三是2005年7月14日，英国广播公司第四频道以古今最伟大的哲学家为题，调查了3万多名听众，结果是马克思以27.93%的得票率荣登榜首，居于第二位的苏格兰哲学家大卫·休谟的得票率仅为12.6%，远远落后于马克思。西方著名的思想家柏拉图、康德、苏格拉底、亚里士多德等更是望尘莫及，德国古典哲学的集大成者黑格尔连前20名都未进入。① 可见，马克思在当今西方资本主义世界享有崇高的威望。只要不带任何偏见，人们都会做出这样公允的评判：马克思是一位为人类社会和精神的发展做出不朽贡献的历史伟人！事实上，马克思已经超越了阶级、民族、地域、时代、文化、意识形态的狭隘性，他所创造的精神财富是属于历史和全人类的。

第六，我们把辩证唯物主义的发展理论与空间生产理论结合起来，把"发展"界说为：给人、人类社会持续存在带来福祉、使之从低级状态过渡到高级状态的"空间生产"；解决了"何谓发展"的"表述"问题。但是，还有一个问题没有解决，这就是：何以能说"'发展'是人的存在方式"②？很显然，仅仅说"人是历史性的存在，而不是复制性的存在，这就意味着人实现了生命演化中的自我超越——人成为超越其所是的存在即以'发展'为其存在方式的存在"③，"人的生命的本真意义正在于谋求发展，因此，发展是人类生命存在的高级自觉与永恒追求，也是生命意义的标志"④，并不能构成"'发展'是人的存在方式"的充足理由。"'发展'是人的存在方式"这一判断不是自明的，它实际上是把"发展"看作是人的一种本性。为何存在这种本性，是需要阐释的。正如拉马克把"生物体内部固有的进化倾向"作为生物进化的动力之一，不为

---

① 中国社会科学院"苏共兴衰与苏联兴亡"课题组：《苏共兴衰与苏联兴亡（解说词）》第二集，中国方正出版社、吉林出版集团联合摄制，解放军艺术学院电视艺术中心承制，2006年6月出品。

② 孙正聿：《马克思主义辩证法研究》，北京师范大学出版社2012年版，第302页。

③ 孙正聿：《马克思主义辩证法研究》，北京师范大学出版社2012年版，第301—302页。

④ 孙正聿：《马克思主义辩证法研究》，北京师范大学出版社2012年版，第303页。

科学界所认同一样。对于人性是积极的、向上发展的，还是消极的、惰性的，科学界进行过不少实证科学方面的研究；比如 X 理论、Y 理论、Z 理论的建立与验证。

X 理论和 Y 理论，由美国心理学家麦格雷戈提出，是关于人性的两套系统性假设。X 理论基本上是一种关于人性的消极观点，它假设人们缺乏雄心壮志，不喜欢工作，总想回避责任，以及需要在严密监督下才能有效地工作。Y 理论则提出了一种积极观点，它假设人们能够自我管理，愿意承担责任，以及把工作看作像休息和娱乐一样自然。麦格雷戈相信 Y 理论假设最恰当地抓住了工人的本质，对管理实践具有指导意义。[1]

自麦格雷戈提出"X 理论—Y 理论"后，有人选了两个工厂和两个研究所进行应用实验，一个工厂和一个研究所用 X 理论管理，另一个工厂和研究所用 Y 理论管理。结果表明，工厂实行 X 理论的效率较高，研究所实行 Y 理论时效率较高。美国学者莫尔斯和洛希据此提出一种"超 Y 理论"，其要点是：①人们是怀着许多不同的需求加入工作组织的。有的人需要更正规化的组织结构和条例规章，有的人需要有更多机会参以决策和承担责任。②不同的人对管理方式的要求是不同的。如上述的第一种人欢迎以 X 理论为指导的管理方式，第二种人欢迎以 Y 理论为指导的管理方式。③凡组织结构和管理方式适合工作性质和职工素质的，效率就高；反之则低。④当一个目标达到以后，可以继续激起职工的胜任感，使之为达到更高的新目标而努力。[2]

在我们用空间生产来表征"发展"后，"'发展'是人的存在方式"之阐释问题同样能够得到合理的、有效的解决。因为，"'发展'是人的存在方式"这个"表达"，可以通过"'空间生产'是人的存在方式"这种"表述"来逐步辨析。

厘清"'发展'是人的存在方式"这个"表达"的合理性，首先要追问"人为什么要发展"？而追问"人为什么要发展"，也就变成了首先问"人为什么要

---

① 文兴吾：《现代科学技术概论》，四川人民出版社 2007 年版，第 391—392 页。

② 文兴吾：《现代科学技术概论》，四川人民出版社 2007 年版，第 395 页。

进行空间生产"？对于这样的问题，回答是简单而明确的：这是人的需要。正如辩证唯物主义认为，运动是物质的固有属性，历史唯物主义认为，人的需要与劳动，是人的固有属性。人类要生存，就必须要劳动；天然物品及其产生机制很难满足不断扩大的人类需要，这就要求必须推进物质生产活动。作为一个普通物种，人类自始至终都在寻求最基本的生存需求的满足，而这种满足只有在物质生产劳动中才能实现。这就是说，人类的生存与人类的劳动是直接统一的。物质资料的生产，也就是空间生产；使物质资料由不满足人的特定需要的空间形式，转化为满足人的特定需要的空间形式。因此，人类的生存与人类的空间生产是直接统一的。人的需要与空间生产，是人的固有属性。

物质资料的生产劳动是以获取生活资料为指向的目的性活动，它必然会形成特定的活动序列或方式，这就是生产技术。可以说，生产劳动总是在一定的技术基础上展开的，不存在离开生产技术的生产劳动。即使是在原始的采猎经济时代，也离不开一定的生产工具、采集或围猎方式等。生产愈发达，产业层次愈高，生产技术体系就愈复杂。生产技术的革新必然推动着生产劳动的发展；反过来，生产劳动上的需求也会刺激生产技术的开发。可见，生产劳动与生产技术是同一事物的两个侧面。人们在物质资料的生产劳动过程中，不仅制造了工具，运用着技术，而且进行着理性思考，不断地寻求劳动工具与劳动对象的客观规律。这种在劳动过程中寻求规律的思考就是脑力劳动，也是科学劳动的开端。认识事物、寻求事物发展变化规律，这是由个别到一般、由局部到整体、由实践到理论、由现实到规律的思考过程；正是这个过程不断推动着人类的技术进步。

按照马克思的理论，作为人类肢体、器官的延伸，技术绝不仅仅意味着某种手段或工具性的东西，更为重要的是它所包含的社会学意蕴；技术性是人的本质属性。人类通过对技术的使用，不但构造了生存处境，也生成了生活世界。每一种新技术的引入，都要求在人与人、人与自然、人与社会之间建立起一种新型的关系。每一种新的技术都为人类打开了一扇通向新型感知和活动领域的大门，创造出一种新的社会环境，导致人的观念发生结构性的变化，也就客观上推动着人的进步与发展。

以上从"人的生存需要"→"人的物质资料生产（劳动）"→"产品（商品）空间生产"→"技术运用"→"技术空间生产"→"社会关系空间生产"→"人的发展空间生产"，阐明了：需要和劳动是人的本性，而人的发展则是在不断满足需要的实践过程中实现的一种丰富和完善人的本性的结果。"人的发展是在不断满足需要的实践过程中实现的一种丰富和完善人的本性的结果"这种认识，表明"人的发展"只是人的运动变化实现的多种可能的一种结果，它并不具有必然性，因此不能说"'发展'是人的存在方式"。这正如：依据辩证唯物主义理论，我们能够说"运动变化是物质的固有属性"，而不能说"发展是物质的固有属性"。

第七，发展不是人的存在方式，不是人的本质属性，需要和劳动才是人的本质属性。劳动就是指的空间生产。那么需要又指的什么呢？

需要是指生命体在内外条件刺激下，对促使自身生存、发展条件或因素的渴求倾向，是个体对内外环境的客观需求在意识中的反映，也是生命体对生存环境依赖性的反映。需要常以一种"缺乏感"体验着，以意向、愿望的形式表现出来，最终演变为付诸行动的动机。"人以其需要的无限性和广泛性区别于其他一切动物"①。一般地说，需要总是指向某些东西、条件或活动的结果等，具有周期性，并随着满足需要的具体内容和方式的改变而不断发展。需要（也称需求、欲望）原本是心理学、经济学等学科的基本概念，由于它的基础性、一般性和普遍性，而逐步演变为哲学的基本范畴，成为说明和理解人的活动、价值概念、经济生活等重大理论和现实问题的出发点。②

需要，是一种心理感受和生理感受，与欲望紧密相关。如果需要未得到满

① 《马克思恩格斯全集》（第1版）第49卷，人民出版社1982年版，第130页。
② 王伯鲁：《马克思技术思想纲要》，科学出版社2009年版，第48页。

足，那么人的生理和心理就会受到伤害，就会有所损失。比如说，我想与朋友见面，这是我的需要，若没有得到满足，我就有郁闷等感受。

为什么人类需要劳动？最直白的说法是：不劳动就要死。"生命长度 X 当然不能为零，几乎是固定常数，但通过医学和运动可能增大，我们不能放弃。"[①]不劳动就没有生命的延续，就没有人存在的时间。反之，劳动就是为了延长人存在的时间，拓展人的生存空间。于是，"时间实际上是人的积极存在，它不仅是人的生命的尺度，而且是人的发展的空间。"[②]人的劳动，既是实现物质资料的生产，使物质资料由不满足人的特定需要的空间形式，转化为满足人的特定需要的空间形式；同时，也是在延长人存在的时间，拓展人的生存空间。即是说，就满足人的存在需要而言，人的劳动——物质资料的生产——包含着两种含义的空间生产。

人类需要劳动，人的劳动包含着两种含义的空间生产；空间生产，除了使人和人类社会摆脱存在的困境，而且创建了人和人类社会从低级状态过渡到高级状态的现实条件与可能性。

空间生产，始终对应着人和人类社会的生存与发展问题，是力图使人和人类社会的生存与发展空间由窄变宽的实践活动。人类生命体运动、变化、发展中普遍存在的"宽窄问题"，也就是人类与人生发展的"空间生产"的基本问题。于是，宽窄哲学作为一种辩证学说，是对人类生命体运动、变化、发展中普遍存在的"宽窄问题"进行研究的学问。换言之，宽窄哲学是关于人生发展和人类发展空间生产的辩证哲学。

---

① 李后强：《人生圆满在于做大"体积"》，2019 年 6 月 13 日《四川经济日报》，第 8 版。
② 《马克思恩格斯全集》（第 1 版）第 47 卷，人民出版社 1979 年版，第 532 页。

结语：辩证法与宽窄哲学

作为本书结束语的第一句话，我们说：辩证法是表征人类关于"广义的发展"意识的知识系统，宽窄哲学是表征"狭义的发展"意识的知识系统。

所谓"广义的发展"，等同于现行马克思主义哲学教科书表述的"发展"。

所谓"狭义的发展"，是指人、人类社会从低级向高级、从无序向有序、从简单向复杂的上升运动；是指给人、人类社会带来福祉的"空间生产"。

所谓"表征"，"是在我们头脑中通过语言对各种概念的意义的生产。它就是诸概念与语言之间的联系，这种联系使我们既能指称'真实'的物、人、事的世界，又确实能想象虚构的物、人、事的世界。""表征意味着用语言向他人就这个世界说出某种有意义的话来，或有意义地表述这个世界。"[①]

列宁曾说，马克思的唯物辩证法"即最完备最深刻最无片面性的关于发展的学说"[②]。这句名言中至少包含着两层意思。第一，辩证法是关于"发展"的理论。第二，马克思创立的唯物辩证法中存在着对"发展"最完备最深刻最无片面性的思想。现行的马克思主义哲学教科书对发展的表述是："唯物辩证法的'发展'范畴，就是在运动、变化的基础上进一步揭示物质世界运动的整体趋势和方向性的范畴；发展是指前进的变化或进化，即指事物从

---

① 斯图尔特·霍尔编：《表征——文化表象与意指实践》，商务印书馆 2003 年版，第 17、15 页。
② 《列宁选集》第二卷，人民出版社 1995 年版，第 310 页。

一种质态转变为另一种质态，或从一种运动形式中产生出另一种运动形式的过程，特别是指人类所处的现实世界中从低级向高级、从无序向有序、从简单向复杂的上升运动。"①"着眼点是新事物的产生与旧事物的灭亡。"② 对于"表征"，"我们要在三种不同的解释或理论——反映论的、意向性的和构成主义的表征方法——中找出一种区别。语言单纯反映已经存在于那里的关于物、人和事的世界的一个意义（反映论的）？语言仅仅表达说者或作者或画家想说的，表达他或他个人意向的意义（意向性的）？或者意义是在语言中或通过语言而被建构的（构成主义的）？"③ 我们所说的"表征"，是从"构成主义"而言的。

辩证法是表征人类关于"广义的发展"意识的知识系统，这是我们纵观和分析辩证法曲折的历史得出的结论。

辩证法起源于古希腊的辩论术。在古希腊哲学家那里，辩证法被理解为与人谈话过程中揭示对方言说中的矛盾，并把自己的观点阐述清楚的技术。辩论不同于诡辩，其本质是为了发现真理，本身是一个知识发展的过程；它要否定旧的东西而产生新的东西，而新的东西是在旧的东西里面生长和孕育出来的；它是使知识"从一种质态转变为另一种质态，……从无序向有序、从简单向复杂的上升运动。"④直到黑格尔之前，西方哲学家一般都是把辩证法与人对真理的认识过程相关联；尽管有积极的理解与消极的理解之分。亚里士多德在提出演绎推理等形式逻辑的基本思想后，把辩证法看作是对形式逻辑发现真理过程的"必要补充"；他认为辩证法是一种无法得到逻辑证明，只能停留于直觉中的推理形式。这是一种积极的理解。近代笛卡尔、康德强调了演绎推理发掘真理的"必然性""唯一性"，进而从消极的方面理解辩证法；笛卡尔把辩证法看

① 肖前主编：《马克思主义哲学原理》上册，中国人民大学出版社1994年版，第151页。
② 《马克思主义哲学》编写组：《马克思主义哲学》，高等教育出版社、人民出版社2009年版，第99页。
③ 斯图尔特·霍尔编：《表征——文化表象与意指实践》，商务印书馆2003年版，第15页。
④ 肖前主编：《马克思主义哲学原理》上册，中国人民大学出版社1994年版，第151页。

成"胡搅蛮缠"①，康德把人类认识进程所必然产生的"先验幻相""二律背反"叫做辩证法。

明确地以辩证法表征"发展"，是从黑格尔开始的。

康德在哲学史上第一次揭示了理性的矛盾本性，为黑格尔的反思、概念形态的辩证法奠定了极其关键的基础。在康德止步的地方，黑格尔发现了极其重要的东西。他从理性的自我矛盾里发现了理性自我否定、自我超越、自我转化的力量和冲动，发现了概念超越和打破自身界限、不断自我创造和自我生存的内在生命力。在他看来，矛盾作为理性的矛盾，不仅不是其污点，恰恰构成其内在的存在方式和合法性之所在。黑格尔指出，矛盾不仅是理性思维的本质规定，而且"可以在一切种类的对象中，在一切的表象、概念和理念中发现矛盾。认识矛盾并且认识对象的这种矛盾特性就是哲学思考的本质。"②他深刻分析了矛盾为什么是事物运动的源泉，指出矛盾也就是在事物自身中包含着"他物"：由于"一切现实之物都包含有相反的规定于自身"，必然"自己过渡到自己的反面"③；"自在的肯定物本身就是否定性，所以它超出自身并引起自身的变化。某物之所以有生命，只是因为它自身包含矛盾，并且诚然是把矛盾在自身中把握和保持住的力量。"④

黑格尔对矛盾的理解，使辩证法的性质发生了根本性变化：由对谈中所表现出来的技术性质，变成了客观事物和思想观念的内在矛盾性质，这种性质存在于客观事物和思想观念之中。早在《精神现象学》中，黑格尔就已在客观事物属性的意义上理解辩证法了；例如，他说"辩证法作为否定的运动，像它直接地存在着那样，对于意识说来显得首先是意识必须向它屈服而且它是不通过

① 笛卡尔说："应当研究逻辑。不过我所说的，不是指经院中的逻辑而言，因为他们的逻辑只是一种辩证法，只教人如何把我们已知的东西来向人解释，只教人没有真知灼见就来絮絮不休地议论我们所不知道的事物，因此，它不能增加人们的良知，而只能毁坏人们的良知。"（笛卡尔：《哲学原理》，关文运译，商务印书馆1958年版，第xvii页）
② 黑格尔：《小逻辑》，贺麟译，商务印书馆1980年版，第132页。
③ 黑格尔：《小逻辑》，贺麟译，商务印书馆1980年版，第133、177页。
④ 黑格尔：《逻辑学》下卷，杨一之译，商务印书馆1976年版，第66页。

意识本身而存在着的东西。"①从这个论述可以看出，黑格尔在辩证法内部分出主次关系，客观辩证法处于独立自在的地位，意识中的辩证法屈服于它。黑格尔彻底改变了辩证法的哲学分析框架，把古希腊式辩证法中包含意识自身反思的关系，变成了意识中包含主观和客观二者之间的关系。这一转变非同小可，辩证法由技术性问题变成了哲学性问题，进而变成哲学的基本问题。自此以后，古希腊式的理解隐退于历史帷幕之后，跃居前台者是黑格尔式的理解。

黑格尔在客观唯心主义基础上丰富和发展了辩证法概念的含义，他不只是把辩证法看作一种思维方法，同时认为它也是适用于一切现象的普遍原则，是一种宇宙观。他继承了哲学史上关于辩证法是揭露对象自身矛盾的思想，同时在概念矛盾运动的辩证分析中进一步阐明了所谓辩证法就是研究对象本质自身的矛盾，并把这种矛盾视为支配一切事物和整个宇宙发展的普遍法则。黑格尔以唯心主义的形式系统地阐述了辩证法的质量互变规律、对立统一规律、否定之否定规律以及本质与现象、原因与结果、同一与差别、可能与现实、必然与偶然、必然与自由等诸多辩证法范畴，建立了庞大的唯心辩证法的体系。

黑格尔在论证思维和存在的同一性这个基本观点的过程中，构造了一个"绝对理念"自己认识自己、自己实现自己、不断走向思维和存在同一的哲学体系。这个体系由"逻辑学""自然哲学"和"精神哲学"三个部分组成。按照黑格尔的观点，"逻辑学"描述的是"绝对理念"自我发展过程，在这个阶段上，"绝对理念"表现为它的各个环节——范畴的推演。"自然哲学"描述的是"绝对理念"外化（或异化）为自然界后在自然界中的发展过程。"精神哲学"描述的是"绝对理念"摆脱了自然界进入人的意识并在人的意识中回复到了自己，认识了自己，达到了思维和存在的同一的过程。这就是黑格尔所理解的世界是一个既对立又统一的发展过程。

黑格尔的哲学体系是一个客观唯心主义的体系。绝对精神是造物主，世界

---

① 黑格尔：《精神现象学》上卷，贺麟、王玖兴译，商务印书馆 1979 年版，第 137 页。

上的一切事物都是在它的运动过程中产生出来的。他在《自然哲学》中写道："自然必须看作是一种由各个阶段组成的体系，其中一个阶段是从另一阶段必然产生，是得出它的另一阶段的最切近的真理，但并非这一阶段好像会从另一阶段自然地产生出来，相反地，它是在内在的、构成自然根据的理念里产生出来的。形态的变化只属于概念本身，因为唯有概念的变化才是发展。"① 但是，黑格尔的哲学体系所体现的辩证发展观点，即把自然界、人类社会和人类认识看作是一个合理的发展过程的历史观点，在当时的历史条件下是别开生面的。欧洲十七、十八世纪，形而上学的绝对静止的观点在人们的思想上占据统治地位。在那时的人们看来，自然界的一切都是从来如此的、永恒不变的。天上的日月星辰的运转，地上的大陆海洋的分布，以及动物、植物的种类等等，过去是这样，现在是这样，将来也还是这样。在一些资产阶级思想家心目中，过去的历史完全是一笔糊涂账，不过是错误和荒唐的陈列馆，只是从他们突然发现了所谓永恒的"人性""理性"之日起，人类才开始了真正的历史。黑格尔通过他的唯心主义辩证法体系系统地阐发了普遍发展的观点，从根本上动摇了十七、十八世纪的形而上学宇宙观。

恩格斯指出："黑格尔第一次——这是他的伟大功绩——把整个自然的、历史的和精神的世界描写为一个过程，即把它描写为处在不断的运动、变化、转变和发展中，并企图揭示这种运动和发展的内在联系。"② 列宁也指出："'在一切自然界的、科学的和精神的发展中'——这就是黑格尔主义的神秘外壳中所包含的深刻真理的内核。"③

在马克思看来，"辩证法在黑格尔手中神秘化了，但这决没有妨碍他第一个全面地有意识地叙述了辩证法的一般运动形式。在他那里，辩证法是倒立着的。为了发现神秘外壳中的合理内核，必须把它倒过来。"④ 在 1873 年出版的

---

① 黑格尔：《自然哲学》，梁志学等译，商务印书馆 1980 年版，第 28 页。

② 《马克思恩格斯选集》第三卷，人民出版社 1995 年版，第 362 页。

③ 《列宁全集》（第 2 版）第 55 卷，人民出版社 1990 年版，第 130 页。

④ 《马克思恩格斯选集》第二卷，人民出版社 1995 年版，第 112 页。

《资本论》德文第二版的"跋"中，马克思阐明了他对自己的辩证法与黑格尔的辩证法之间的关系的观点："我的辩证方法，从根本上来说，不仅和黑格尔的辩证方法不同，而且和它截然相反。在黑格尔看来，思维过程，即他称为观念而甚至把它变成独立主体的思维过程，是现实事物的创造主，而现实事物只是思维过程的外部表现。我的看法则相反，观念的东西不外是移入人的头脑并在人的头脑中改造过的物质的东西而已。"① 在马克思那里，辩证法是表征人类生存与实践的发展规律的知识体系。

在马克思的理论中，人类社会是自然界长期发展的产物，自然界是人类社会产生的自然物质前提。人类社会从自然分化出来形成为一个特殊的存在领域之后，自然对于社会仍然具有制约的作用，仍然是一个基础性的条件。实践是人特有的存在方式，是人为了解决自身需要与外部世界的矛盾而进行的能动地改造世界的物质活动。随着实践的进程，无限变化着的"自在自然"一部分又一部分地转化成为"人化自然"或人的现实的自然界。

马克思辩证法的前提是人化的世界，任务是考察凝结在人化世界中人的本质和实践，看人是怎样通过对象化活动铸就现实世界的。实践是人为了解决自身需要与外部世界的矛盾而进行的活动，人的需要与外部世界的矛盾反映在实践活动中，便是规律的客观性与活动的目的性、个别性与普遍性、有限性与无限性等方面的矛盾；实践活动就是对这些矛盾的不断解决。在这个过程中，需要提高人的素质，提炼和培育辩证法精神，指导人以辩证的实践去创造世界和改变世界。

马克思认为，黑格尔辩证法在"倒过来"的意义上，是一切辩证法的基本形式；不管是什么具体形式的辩证法，其核心都是三大规律、五大范畴，都从最一般的意义上表明发展的动力、机制、路径、趋势及其蕴含的原因与结果、可能与现实、偶然与必然等普遍联系和转化。三大规律特别是对立统一规律是辩证法的精髓，正是这个规律在最精准的意义上表明了辩证法的主体实践智慧

---

① 《马克思恩格斯全集》（第1版）第23卷，人民出版社1972年版，第24页。

的属性。①

按照实践辩证法的逻辑，辩证法是人类实践积淀、创造和发展起来的认知方法，是来源于人类实践并能有效地指导人类辩证实践的世界观与方法论。"在人类历史发展过程中，人类为了生存，不断地亲近自然、了解自然、适应自然、依赖自然、利用自然，并在一定条件下能动地改造自然，使自然界不断满足自身的需要，从而产生了在自然界中生存、生产、享受和发展的一种特殊方式。这种特殊方式就是人与自然之间的文化。这种文化把人与其他动物区分开来。与此同时，人们在前进发展过程中，也必须与周围其他人以及个体自身之间的关系进行协调、处理、融合和调整，进而形成各种各样的社会文化、政治文化。所以，文化伴随着人类的诞生而出现，人类世界在漫长的岁月里逐渐形成人与自然、人与人、人与自身三大文化主题。在三大文化主线中，人与自然之间的关系更多和更直接地影响着人类的生存与发展，影响着人类的智力与情感；而人与人之间的关系相对于人与自然的关系更为复杂和微妙。"②辩证法正是人类实践积淀、创造和发展起来的"三大文化"的精华。因此，辩证法是关于"人类实践发展的自我理解学说"，辩证法是表征人类生存与实践的发展规律的知识体系。

在马克思主义发展历史上，恩格斯占有特殊的地位：不仅是马克思主义哲学的创立者之一，而且是马克思主义哲学，尤其是唯物主义辩证法的第一个解释者；不仅在《反杜林论》《路德维希·费尔巴哈和德国古典哲学的终结》中以较大的篇幅阐述了辩证法的观点，而且写下了《自然辩证法》这样专门阐述辩证法的著作。在恩格斯那里，"辩证法不过是关于自然、人类社会和思维的运动和发展的普遍规律的科学"③；辩证法是表征自然、人类社会和思维的运动和发展的普遍规律的知识体系。

历史上，恩格斯写作《自然辩证法》，就是想"表明辩证法的规律是自然

---

① 张奎良：《论辩证法的实践基因》，《哲学研究》2018 年第 1 期，第 11 页。
② 文兴吾：《科技进步与社会发展导论》，四川人民出版社 2016 年版，第 16—17 页。
③ 《马克思恩格斯全集》（第 1 版）第 20 卷，人民出版社 1971 年版，第 154 页。

界的实在的发展规律，因而对于理论自然科学也是有效的。"① 在恩格斯看来，要把黑格尔的辩证法"倒过来"，首先就要把它"倒"在自然界上，"倒"在现代自然科学上。这是因为，"自然界是检验辩证法的试金石，而且我们必须说，现代自然科学为这种检验提供了极其丰富的、与日俱增的材料，并从而证明了，自然界的一切归根到底是辩证地而不是形而上学地发生的。"② 正因为如此，恩格斯较为系统地进行了"自然科学研究工作"，探讨了"自然科学的辩证法"，并认为只要把黑格尔的辩证法倒过来，"倒"在自然界上，那么，其神秘的辩证法规律就会变得"朗若白昼"了。恩格斯的《自然辩证法》从天体、地球、生命和人类四大起源及其演化的全方位视角，描绘了一幅既是自然界的发展过程，又超出自然界的范围而达到人类社会领域的辩证图景。③

1888 年，马克思逝世 5 年后，恩格斯在《路德维希·费尔巴哈和德国古典哲学的终结》中写道："在自然界和历史中所显露出来的辩证的发展，即经过一切迂回曲折和暂时退步而由低级到高级的前进运动的因果联系，在黑格尔那里，只是概念的自己运动的翻版，而这种概念的自己运动是从来就有的（不知在什么地方），但无论如何是不依任何能思维的人脑为转移的。这种意识形态上的颠倒是应该消除的。我们重新唯物地把我们头脑中的概念看作现实事物的反映，而不是把现实事物看作绝对概念的某一阶段的反映。这样，辩证法就归结为关于外部世界和人类思维的运动的一般规律的科学，这两个系列的规律在本质上是同一的，但是在表现上是不同的，这是因为人的头脑可以自觉地应用这些规律，而在自然界中这些规律是不自觉地、以外部必然性的形式、在无穷无尽的表面的偶然性中实现的，而且到现在为止在人类历史上多半也是如此。这样，概念的辩证法本身就变成只是现实世界的辩证运动的自觉的反映，从而黑格尔的辩证法就被倒转过来了，或者宁可说，不是用头立地而是重新用

---

① 《马克思恩格斯全集》（第 1 版）第 20 卷，人民出版社 1971 年版，第 402 页。

② 《马克思恩格斯全集》（第 1 版）第 20 卷，人民出版社 1971 年版，第 25 页。

③ 杨耕：《回到辩证法——关于恩格斯辩证法思想的再思考》，《哲学研究》2019 年第 12 期，第 9 页。

脚立地了。…… 而这样一来，黑格尔哲学的革命方面就恢复了，同时也摆脱了那些曾经在黑格尔那里阻碍它贯彻到底的唯心主义装饰。一个伟大的基本思想，即认为世界不是既成事物的集合体，而是过程的集合体，其中各个似乎稳定的事物同它们在我们头脑中的思想映象即概念一样都处在生成和灭亡的不断变化中，在这种变化中，尽管有种种表面的偶然性，尽管有种种暂时的倒退，前进的发展终究会实现，——这个伟大的基本思想，特别是从黑格尔以来，已经成了一般人的意识，以致它在这种一般形式中未必会遭到反对了。"①

从黑格尔把辩证法作为绝对精神发展的表征，马克思把辩证法作为人类生存与实践的发展规律的表征，恩格斯把辩证法作为自然、人类社会和思维运动和发展的普遍规律的表征，我们得出结论：辩证法是表征人类关于"广义的发展"意识的知识系统。当我们作出这个判断后，我们的脑际中浮现出这样的一些画面：亚里士多德与柏拉图在辩论——"吾爱吾师，吾更爱真理"；哥白尼与托勒密在辩论，伽利略、笛卡尔、培根在与亚里士多德辩论；牛顿高举着反射式望远镜和牛顿力学公式，标示着一个阶段的发展成果和新的发展历程的开始……接着，我们的脑际中浮现出：原始人在钻木取火、打造石器，旧时的农民在农田里插栽秧、打谷，现代工厂里的机器生产，现代城市的高楼林立……。再接着，我们的脑际中浮现出："宇宙蛋"爆炸，宇宙膨胀与降温，夸克和轻子相互转变、四种基本相互作用逐一分化；经过约 15 万年，"电子与原子核结合为稳定的原子，光子不再被自由电子散射，从此宇宙变得透明。又过了几十亿年，中性原子在引力作用下逐渐凝聚为原星系，原星系聚在一起形成等级式结构的星系集团。与此同时，原星系本身又分裂，形成千千万万的恒星，开始了恒星的起源和演化的过程。在亿万颗恒星中，有一颗就是太阳，在太阳系的演化中出现了能认识宇宙的人类。"② 以"辩证法"表征这些"发展"，体现了人类文化在知识的批判与创新中的不断积累与壮大，体现了人类物质生

① 《马克思恩格斯选集》第四卷，人民出版社 1995 年版，第 244 页。
② 文兴吾：《现代科学技术概论》，四川人民出版社 2007 年版，第 156 页。

产实践、社会政治实践和科学文化实践的持续进步——"尽管有种种暂时的倒退，前进的发展终究会实现。"

孙正聿在《马克思主义辩证法研究》一书中写道："用概念的逻辑去表达运动，这就是辩证法问题。"① 这个判断，是孙正聿根据列宁在阅读黑格尔的《哲学史讲演录》对芝诺运动悖论的讨论时做出的两个论断而得出来的。其一，列宁借用黑格尔的论述，提出"芝诺从没有想到要否认作为'感性确定性'的运动，问题仅仅在于运动的真实性"；其二，又是针对如何理解"运动的真实性"，列宁提出，"问题不在于有没有运动，而在于如何用概念的逻辑来表达它。"② 孙正聿评价说：列宁的这两个论断是振聋发聩的。通常总是以"是否承认"运动、变化、联系和发展为依据来区分"辩证法"和"形而上学"，似乎只要"承认"运动、变化、联系和发展就是"辩证法"。而列宁则针锋相对地指出，由于无人否认作为"感性的确定性"的运动，因而"问题不在于有没有运动"。这样，列宁就把经验层面的常识问题跃迁为超验层面的哲学问题。这个超验层面的哲学问题，就是"如何在概念的逻辑中表达"运动的问题。③

应该明确，列宁在阅读黑格尔对芝诺运动悖论的讨论时还写下了一段话："对于'发展原则'，在20世纪（还有19世纪末）'大家都同意'。——是的，不过这种表面的、未经深思熟虑的、偶然的、庸俗的'同意'，是一种窒息真理、使真理庸俗化的同意。——如果一切都发展着，那么一切就都相互过渡，因为发展显然不是简单的、普遍的和永恒的生长、增多（或减少）等等。——既然如此，那首先就要更确切地理解进化，把它看作一切事物的产生和消灭、相互过渡。——其次，如果一切都发展着，那么这是否也同思维的最一般的概念和范畴有关？如果无关，那就是说，思维同存在没有联系。如果有关，那就是说，存在着具有客观意义的概念辩证法和认识辩证法。此外，还必须把发展的普遍原则和世界、自然界，运动、物质等等的统一的普遍原则联结、联系、

---

① 孙正聿：《马克思主义辩证法研究》，北京师范大学出版社2012年版，第19页。
② 《列宁全集》（第2版）第55卷，人民出版社1990年版，第216页。
③ 孙正聿：《马克思主义辩证法研究》，北京师范大学出版社2012年版，第18页。

结合起来。"① 列宁的这段话，是与黑格尔对芝诺运动悖论的讨论无关的；是由黑格尔对"运动"的讨论联想到恩格斯在《路德维希·费尔巴哈和德国古典哲学的终结》中对"发展"的论述而作出的。恩格斯在论述了关于"发展"的"伟大的基本思想"之后继续写道："口头上承认这个思想是一回事，实际上把这个思想分别运用于每一个研究领域，又是一回事。"② 因此，列宁的这段话事实上是指出了：对于"发展原则"，有许多问题是尚待解决的。列宁的思想同样可以表述为："问题不在于有没有发展，而在于如何用概念的逻辑来表达它。"既然"用概念的逻辑去表达运动，这就是辩证法问题"，那么，用概念的逻辑去表达发展，同样是辩证法问题。列宁尤其强调：要从思维与存在的关系方面深入研究"发展原则"，要把发展的普遍原则和世界、自然界，运动、物质等等的统一的普遍原则联结、联系、结合起来。

孙正聿在《马克思主义辩证法研究》一书中还写道："作为哲学的形而上学，它的根本特征是以思维（概念）规定感性（事物），在概念中确认哲学所追求的'最高原因的基本原理'。这种'基本原理'可以使人类经验中的各种各样的事物得到统一性的解释，或者可以被解释为某种普遍本质的各种具体表现，从而使思维实现其把握和解释世界的'全体的自由性'"。③ 黑格尔说，"哲学的最高目的就在于确认思想与经验的一致，并达到自觉的理性与存在于事物中的理性的和解，亦即达到理性与现实的和解。"④ 这就是黑格尔的关于"思存同一"的"真理"的哲学。⑤ 思想是否反映了对象的本质，即"对不对"的问题；"在'对不对'的问题中，又可以分为'表象'之真与'思想'之真的问题，即'表象'是否'正确地反映了'对象的'现象'，以及'思想'是否'正确地反映了'对象的'本质'"⑥，"所谓'表象'，按照通行的普通心理学的定义，就是

① 《列宁全集》（第2版）第55卷，人民出版社1990年版，第215—216页。
② 《马克思恩格斯选集》第四卷，人民出版社1995年版，第244页。
③ 孙正聿：《马克思主义辩证法研究》，北京师范大学出版社2012年版，第66页。
④ 黑格尔：《小逻辑》，贺麟译，商务印书馆1980年版，第43页。
⑤ 孙正聿：《马克思主义辩证法研究》，北京师范大学出版社2012年版，第65页。
⑥ 孙正聿：《马克思主义辩证法研究》，北京师范大学出版社2012年版，第23页。

'感知过的事物在头脑中的再现'；所谓'表象思维'，就是以'表象'的自我运动的方式来理解和描述经验世界。在这种'表象思维'中，最大的特点就是概念围绕表象旋转，概念变成指称表象的'名称'。因此，'表象思维'也可以说是没有概念内容的'名称'的自我运动。表象思维之所以沉浸在物质材料里，以思维方式上看，是以外物作为思维的尺度，因而是一种消极的客观性原则。……因此，表象思维虽然能够不断地把外在世界的规定性转化成思维的规定性，却只能是沉浸在经验世界的各种具体的、无尽的规定性之中，因此根本无法实现思维的'全体自由性'。表象思维不是哲学层次的思维方式。"[①] 这些论述是非常重要的。根据这些重要论述，我们可以说："广义的发展"，即现行的马克思主义哲学教科书对发展的表述——"指事物从一种质态转变为另一种质态，或从一种运动形式中产生出另一种运动形式的过程，特别是指人类所处的现实世界中从低级向高级、从无序向有序、从简单向复杂的上升运动。"——只是停留在"表象思维"的对"发展"的表述。这些关于发展的表述符合一般人类意识对发展的表象思维，用列宁的话来说，"'大家都同意'。——是的，不过这种表面的、未经深思熟虑的、偶然的、庸俗的'同意'，是一种窒息真理、使真理庸俗化的同意。"这些表述是经不起理性批判的。

毋庸讳言，现行的马克思主义哲学教科书对发展的表述，与比利时物理化学家和理论物理学家、1977 年诺贝尔化学奖获得者普里高津创立的耗散结构理论有密切的联系。笔者曾对"耗散结构理论"作出过如下议论。

依据耗散结构理论，与外界环境不断交换物质、能量、信息的开放系统，在远离平衡态的情况下，由于非线性的复杂因素而出现涨落，当发生某些特殊事件耦合，达到一定的阈值时，会突然出现以新的方式组织起来的现象，产生新的质变，使原来混沌无序的混乱状态转变为在时空上或功能上的有序状态。

---

① 孙正聿：《马克思主义辩证法研究》，北京师范大学出版社 2012 年版，第 53 页。

普利高津研究了由贝纳德在实验中最初发现的"贝纳德花纹"现象。1900 年，法国的贝纳德首次发现了蜂巢状的自组织花纹。在一个透明的碟子里加入一些液体，在炉子上加热，液体在竖直方向上便产生一个温度差。当液层顶部和底部之间的温度差达到一个阈值后，对流开始，下层较热的液体流入上面较冷的部分。当达到某种特定程度时，液体会从混乱的流动突然跃入一种有序的上下对流状态，从液体表面可以看到规则有序的六角形图案。这种蜂巢结构的尺度约为分子间距的 1 亿倍。为了形成这种蜂巢状的对流单元，无数分子必须遥相呼应、协调行动。这表明，热的耗散把熵从系统中输出，使系统低熵的蜂巢结构得以产生并维持下去。这一实验表明，即使在无机的环境中，一定的开放条件也会造成系统从无序到有序的进化过程。

生命是一个从无序到有序的发展过程。无论植物、动物还是人类，都向着熵增原理的反方向发展。这是一个与非生命的自然界截然相反的过程，而且是一个主动的过程。

试看一个人的生命周期过程：受精卵在母体内开始进行细胞分裂和复制，逐渐形成胚胎的各种器官，成熟后便诞生出世。随着婴儿的成长，各种器官与器官功能日趋完善，越来越有序化。谁也不会否认，当孩子渐渐长大，他体内储存的能量也就与日俱增了。不仅一个人是如此，每当我们观察任何一种生命个体时，都会发现这个"能量从低向高流动"的熵定律的逆过程。

不但每个生命个体是如此，整体生物进化过程本身就代表着日益增长的秩序的不断积累。人类社会这个系统中，同样存在着实实在在的熵定律的逆过程。古往今来，人类社会的历史总是贫的越贫、富的越富，社会变得越有序，直到爆发一场社会动荡，例如农民起义或世界大战。动荡使世界在瞬间从有序变回无序状态，再重新开始新一轮有序化过程。①

---

① 文兴吾：《现代科学技术概论》，四川人民出版社 2007 年版，第 137—138 页。

现在我们说，根据耗散结构理论，"所谓结构，是说客观世界不是一派混沌无序的状态，而是相对有序的状态。而所谓有序，是指事物内部的要素和事物之间有规律的联系或转化；所谓无序，是指事物内部诸要素或事物之间混乱而无规律的组合，以及事物运动转化的无规则性。例如，人类社会中按一定纵向隶属关系形成的各司其职的管理系统是有序的体现；打破社会正常秩序的无政府状态是无序的体现。"①那么，上面所说的"人类社会的历史总是贫的越贫、富的越富，社会变得越有序"是发展吗？由此导致的"农民起义"是发展吗？在马克思主义理论中，前者尽管是"从无序向有序"，但是它包含着"社会的非正义"，孕育着人民的反抗与起义。而人民的反抗与起义，尽管是"打破社会正常秩序的无政府状态""是无序的体现"，但是它包含着"新事物的产生与旧事物的灭亡"。

人类理性绝不会否认发展。如果人类思想没有发展，人类知识为何会越来越多？如果人类社会没有发展，人类生存与活动的空间为何越来越广阔？如果自然界没有发展，人类社会和人类思维又何以能够出现？承认人类社会和人类思维是从自然界发展而来的，这是与"神创论"根本对立的现代观念。因此，"问题不在于有没有发展，而在于如何用概念的逻辑来表达它。"

在当代知识体系中，人类知识的发展模式可以用波普尔的进化认识论与知识增长模式的概念系统来表征。

波普尔把"认识论看成是关于科学知识的理论"，他说："与认识论相干的是研究科学问题和问题境况，研究科学推测（我把它看作是科学假说或科学理论的别名），研究科学讨论，研究批判性论据以及研究证据在辩论中所起的作用；因而也研究科学杂志和书籍，研究实验及其在科学论证中的价值。或简言之，研究基本上自主的客观知识的第三世界对认识论具有决定性的重要意义。"② 因此，"所有科学工作都是为使客观知识发展的工作。我们是使客观知

---

① 文兴吾：《现代科学技术概论》，四川人民出版社 2007 年版，第 137 页。

② 卡尔·波普尔：《客观知识——一个进化论的研究》，舒炜光等译，上海译文出版社 1987 年版，第 119 页。

识进一步发展的工人，就像建造教堂的工匠一样。"① 波普尔在科学方法论中提倡的变革，是把认识论的物理学模式转变为生物学模式。进而言之，达尔文主义对于波普尔来说是一个科学研究的纲领；在这一纲领的理论框架中，他建立了进化认识论，使他的"试错法""猜测—反驳"等科学方法论获得了认识论乃至本体论的依据。波普尔认为，认识论的主要任务是理解人类知识与动物知识之间的连续性与非连续性。为此，他把知识分为"动物知识、前科学知识和科学知识"，指出"知识的增长是一个十分类似于达尔文叫做'自然选择'的过程的结果；即自然选择假说：我们的知识时时刻刻由那些假说组成，这些假说迄今在它们的生存斗争中幸存下来，由此显示它们的（比较的）适应性；竞争性的斗争淘汰那些不适应的假说。"②

波普尔提出"知识增长模式"："关于理论成长的方式……我现在要提出一个总的图式，我发觉它作为对理论成长的描述愈来愈有用。它是这样的：$P_1 \longrightarrow TT \longrightarrow EE \longrightarrow P_2$。其中'$P$'代表'问题'，'$TT$'代表'试探性理论'，而'$EE$'则代表'（尝试）排除错误'，尤其是利用批判性讨论排除错误。我的四段图式试图指出，把批判或排除错误应用于试探性理论的结果，通常是新问题的突现，或者说，其实是种种新问题的突现。问题在得到解决并且其答案受过适当的考察之后，有助于产生子问题即新问题，它们较之旧问题具有更大深度、更丰富。"③ 波普尔的"知识增长模式"，强调了"问题"在认识过程中、知识增长过程中的重要作用："科学始于问题""科学从问题开始（而不是从观察或理论开始，虽然问题的'背景'无疑会包括理论和神话）"④，"科

---

① 卡尔·波普尔：《客观知识——一个进化论的研究》，舒炜光等译，上海译文出版社 1987 年版，第 130 页。

② 卡尔·波普尔：《客观知识——一个进化论的研究》，舒炜光等译，上海译文出版社 1987 年版，第 273 页。

③ 卡尔·波普尔：《客观知识——一个进化论的研究》，舒炜光等译，上海译文出版社 1987 年版，第 298 页。

④ 卡尔·波普尔：《客观知识——一个进化论的研究》，舒炜光等译，上海译文出版社 1987 年版，第 154、191 页。

学和知识的增长永远始于问题，终于问题——愈来愈深化的问题，愈来愈能启发新问题的问题。"① 并且，"一种理论对于科学知识增长所能做出的最持久的贡献，就是它所提出的新问题"②。也就是在这个基础上，波普尔强调科学的历史就是问题的历史，或"科学问题境况的历史"③，"科学史不应该看成理论的历史，而应该看成问题境况及其变化（有时是感觉不出来的变化，有时是革命性的变化）的历史。这些变化是通过解决问题的各种尝试引起的。因此从历史上说，不成功的尝试对于取得进一步的成就可能像成功的尝试一样重要"④。

在从"问题到问题"的"知识增长模式"中，波普尔突出地强调了理性批判的作用。他认为，在人类知识增长的过程中，"我们的出发点是常识，我们获得进步的主要手段是批判"⑤；"科学本质上是批判的"⑥，"阿米巴和爱因斯坦的区别在于，尽管他（它）们都是使用尝试和排除错误的方法，但阿米巴不喜欢出错，而爱因斯坦却对错误很感兴趣：他怀着在发现错误和排除错误的过程中学习、提高的愿望，有意识地寻找自己的错误。科学的方法就是批判的方法。"⑦ 波普尔指出，在科学中"我们解决问题是通过试探性地提出各种竞争性理论和假说（可以说就像试探气球）；而且为了排错，使这些理论和假说受

---

① 卡尔·波普尔：《猜想与反驳——科学知识的增长》，傅季重等译，上海译文出版社 1986 年版，第 318 页。

② 卡尔·波普尔：《猜想与反驳——科学知识的增长》，傅季重等译，上海译文出版社 1986 年版，第 318 页。

③ 卡尔·波普尔：《猜想与反驳——科学知识的增长》，傅季重等译，上海译文出版社 1986 年版，第 195—196 页。

④ 卡尔·波普尔：《猜想与反驳——科学知识的增长》，傅季重等译，上海译文出版社 1986 年版，第 187 页。

⑤ 卡尔·波普尔：《客观知识——一个进化论的研究》，舒炜光等译，上海译文出版社 1987 年版，第 36 页。

⑥ 卡尔·波普尔：《客观知识——一个进化论的研究》，舒炜光等译，上海译文出版社 1987 年版，第 85 页。

⑦ 卡尔·波普尔：《客观知识——一个进化论的研究》，舒炜光等译，上海译文出版社 1987 年版，第 75 页。

到批判性讨论和经验性检验"①，"科学理论的检验是它们的批判性讨论的一部分。"② 强调理性的批判是波普尔的知识论的一大特色，也是他的一大贡献。

很显然，波普尔的进化认识论与知识增长模式的概念系统作为对人类知识发展的表征，体现着人类知识"从低级向高级、从无序向有序、从简单向复杂的上升运动。"而且着眼点是新知识的产生。

至于自然界的发展，则由相应的自然科学的研究成果来表征。但是，自然界的任何发展，包括天体、地球、生命和人类四大起源及其演化，都是以"新的空间结构的产生与变化"为表现形式与存在方式。

对于人类社会发展的概念表达，我们已明确将其界定为"狭义的发展"：是指人、人类社会从低级向高级、从无序向有序、从简单向复杂的上升运动；是指给人、人类社会带来福祉的"空间生产"。我们把维护人和自然和谐关系而实现"人和物的扩大再生产"的"空间生产"称为"发展"，把给人、人类社会持续存在带来福祉、使之从低级状态过渡到高级状态的"空间生产"称为"发展"。

就满足人的存在需要而言，人的劳动——物质资料的生产——包含着两种含义的空间生产：既是实现物质资料的生产，使物质资料由不满足人的特定需要的空间形式，转化为满足人的特定需要的空间形式；同时，是在延长人存在的时间，拓展人的生存空间。我们已经阐明：人的需要与空间生产，是人的固有属性；并且从"人的生存需要"→"人的物质资料生产（劳动）"→"产品（商品）空间生产"→"技术运用"→"技术空间生产"→"社会关系空间生产"→"人的发展空间生产"阐明了：需要和劳动是人的本性，而人的发展则是在不断满足需要的实践过程中实现的一种丰富和完善人的本性的结果。

空间生产，始终对应着人和人类社会的生存与发展问题，是力图使人和人

---

① 卡尔·波普尔：《客观知识——一个进化论的研究》，舒炜光等译，上海译文出版社 1987 年版，第 251 页。

② 卡尔·波普尔：《客观知识——一个进化论的研究》，舒炜光等译，上海译文出版社 1987 年版，第 251 页。

类社会的生存与发展空间"由窄变宽"的实践活动。人类生命体运动、变化、发展中普遍存在的"宽窄问题"，也就是人类与人生发展的"空间生产"的基本问题。于是，宽窄哲学作为一种辩证学说，是对人类生命体运动、变化、发展中普遍存在的"宽窄问题"进行研究的学问。换言之，宽窄哲学是关于人生发展和人类发展空间生产的辩证哲学。

　　不断深化的宽窄哲学研究，必将再现辩证法关于人类认识发展的否定之否定规律。宽窄哲学研究的前期成果《宽窄九章》，着眼于宽窄无所不包、宽窄无所不在，是肯定性研究；展现出丰富的具体的"宽窄"现象。《宽窄哲学研究与辩证法》即本书，着眼于对宽窄哲学是什么样的辩证学说的追问，是否定性研究；是对思想中的丰富的具体的"宽窄"现象进行思维的抽象，是对宽窄哲学前期研究成果的批判与创新。在本书明确了"宽窄哲学是关于人生发展和人类发展空间生产的辩证哲学"的基础上，"宽窄哲学与可持续发展""宽窄哲学与构建人类命运共同体""宽窄哲学与科学生死观""宽窄哲学与中庸之道"等等研究成果，将陆续产生。它们将体现出对《宽窄九章》《宽窄哲学研究与辩证法》的批判与创新，体现出宽窄哲学的抽象规定在思维的进程中导致具体的再现，实现对具体的人生发展与社会发展的世界观与方法论的指导作用。